Le Routard
Londres

Directeur de collection et auteur
Philippe GLOAGUEN

Cofondateurs
Philippe GLOAGUEN
et Michel DUVAL

Rédacteur en chef
Pierre JOSSE

Rédacteurs en chef adjoints
Amanda KERAVEL
et Benoît LUCCHINI

Directrice de la coordination
Florence CHARMETANT

Directrice administrative
Bénédicte GLOAGUEN

Direction éditoriale
Catherine JULHE

Rédaction
Isabelle AL SUBAIHI
Mathilde de BOISGROLLIER
Thierry BROUARD
Marie BURIN des ROZIERS
Véronique de CHARDON
Gavin's CLEMENTE-RUÏZ
Fiona DEBRABANDER
Anne-Caroline DUMAS
Géraldine LEMAUF-BEAUVOIS
Olivier PAGE
Alain PALLIER
Anne POINSOT
André PONCELET

Administration
Carole BORDES
Solenne DESCHAMPS

2013

hachette

Remarque importante aux hôteliers et restaurateurs

Les enquêteurs du *Routard* travaillent dans le plus strict anonymat. Aucune réduction, aucun avantage quelconque, aucune rétribution n'est jamais demandé en contrepartie. Face aux aigrefins, la loi autorise les hôteliers et restaurateurs à porter plainte.

Avis aux lecteurs

Le *Routard*, ce n'est pas comme le bon vin, il vieillit mal. On ne veut pas pousser à la consommation, mais évitez de partir avec une édition ancienne. Les modifications sont souvent importantes.
Les réductions accordées à nos lecteurs ne sont jamais demandées par nos rédacteurs afin de préserver leur anonymat. Les hôteliers et restaurateurs sont sollicités par une société de mailing, totalement indépendante de la rédaction, qui reste donc libre de ses choix. De même pour les autocollants et plaques émaillées.

routard.com, le voyage à portée de clics !

✓ Rejoignez la plus grande communauté francophone de voyageurs : plus de **2 millions** de visiteurs !

✓ Échangez avec les routarnautes : forums, photos, avis sur les hôtels...

✓ Retrouvez aussi toutes les informations actualisées pour choisir et préparer vos voyages : plus de 200 fiches pays, une centaine de dossiers pratiques et un magazine en ligne pour découvrir tous les secrets de votre destination.

✓ Enfin, comparez les offres pour organiser et réserver votre voyage au meilleur prix.

Pictogrammes du *Routard*

Établissements
- Hôtel, auberge, chambre d'hôtes
- Camping
- Restaurant
- Boulangerie, sandwicherie
- Glacier
- Café, salon de thé
- Café, bar
- Bar musical
- Club, boîte de nuit
- Salle de spectacles
- Office de tourisme
- Poste
- Boutique, magasin, marché
- Accès internet

Sites
- Plage
- Site de plongée
- Piste cyclable, parcours à vélo

Transports
- Aéroport
- Gare ferroviaire
- Gare routière, arrêt de bus
- Station de métro
- Station de tramway
- Parking
- Taxi
- Taxi collectif
- Bateau
- Bateau fluvial

Attraits et équipements
- Présente un intérêt touristique
- Recommandé pour les enfants
- Adapté aux personnes handicapées
- Ordinateur à disposition
- Connexion wifi
- Inscrit au Patrimoine mondial de l'Unesco

Mille excuses, on ne peut plus répondre individuellement aux centaines de CV reçus chaque année.

Le *Routard* est imprimé sur un papier issu de forêts gérées.

I.S.B.N. 978-2-01-245558-0

TABLE DES MATIÈRES

LES QUESTIONS QU'ON SE POSE LE PLUS SOUVENT 12

LES COUPS DE CŒUR DU ROUTARD 13

QUELQUES ITINÉRAIRES CONSEILLÉS 14

COMMENT Y ALLER ?

- EN TRAIN 18
- EN VOITURE 20
- EN BATEAU 20
- EN CAR 22
- EN AVION 22
- LES ORGANISMES DE VOYAGES 24
- UNITAID 29

LONDRES UTILE

- ABC DE LONDRES 30
- AVANT LE DÉPART 30
- ARGENT, BANQUES, CHANGE 36
- ARRIVÉE EN EUROSTAR 37
- ARRIVÉE AUX AÉROPORTS 38
- ACHATS 40
- BUDGET 43
- CLIMAT 44
- DANGERS ET ENQUIQUINEMENTS 45
- DÉCALAGE HORAIRE 45
- ÉLECTRICITÉ 45
- ENFANTS 45
- FÊTES ET JOURS FÉRIÉS 48
- HÉBERGEMENT 49
- LANGUE 52
- LIVRES DE ROUTE 53
- LONDRES GRATUIT 55
- S'ORIENTER DANS LONDRES 55
- POIDS ET MESURES 57
- POSTE 58
- POURBOIRE 58
- SANTÉ 58
- SITES INTERNET 59
- TÉLÉPHONE – TÉLÉCOMS 60
- TRANSPORTS 62
- TRAVAILLER À LONDRES 69
- URGENCES 72
- VISITES GUIDÉES 72

HOMMES, CULTURE, ENVIRONNEMENT

- ARCHITECTURE 75
- BOISSONS 77
- COMÉDIES MUSICALES 80
- CUISINE 80
- ÉCONOMIE 82
- ENVIRONNEMENT 83

- **HISTOIRE** 85
- **MÉDIAS** 87
  • Votre TV en français : TV5-MONDE • Euronews • Presse • Radio • Télévision
- **MONARCHIE : DIEU VA-T-IL SAUVER LA REINE ?** 89
- **PATRIMOINE CULTUREL** 90
- **POPULATION** 92
- **SAVOIR-VIVRE ET COUTUMES** 95
- **SITES INSCRITS AU PATRIMOINE MONDIAL DE L'UNESCO** 96
- **SPORTS ET LOISIRS** 96

LE CENTRE TOURISTIQUE : SOHO, PICCADILLY, COVENT GARDEN ET OXFORD CIRCUS

- **OÙ DORMIR ?** 102
- **OÙ MANGER ?** 101
- **OÙ PRENDRE LE THÉ ? OÙ MANGER UNE GLACE OU DES PÂTISSERIES ?** 111
- **OÙ BOIRE UN VERRE ?** 113
- **OÙ ÉCOUTER DU ROCK, DU JAZZ, DU BLUES, DE LA COUNTRY... ?** 116
- **CONCERTS CLASSIQUES** 117
- **OÙ SORTIR ?** 117
- **THÉÂTRES** 118
- **SHOPPING** 118
- **MARCHÉS** 123
- **GALERIES ET MUSÉES** 123
- **MONUMENTS ET BALADES** 131
  • Le Londres commerçant : Piccadilly, Mayfair et Oxford Street • Le Londres « branché » : Soho et Covent Garden • Le Londres politique

PIMLICO (AUTOUR DE VICTORIA), WESTMINSTER ET SAINT JAMES'S PARK

- **OÙ DORMIR ?** 136
- **OÙ MANGER ?** 138
- **OÙ BOIRE UN VERRE ? OÙ ÉCOUTER DE LA MUSIQUE ?** 140
- **SHOPPING** 141
- **GALERIES ET MUSÉES** 141
- **MONUMENTS ET BALADES** 144
  • Le Londres politique : Trafalgar Square, Whitehall et Westminster • Le Londres royal : Saint James's

BROMPTON, CHELSEA ET SOUTH KENSINGTON

- **OÙ DORMIR ?** 155
- **OÙ MANGER ?** 157
- **PUBS** 161
- **OÙ PRENDRE LE THÉ ? OÙ MANGER DES PÂTISSERIES ?** 162
- **CONCERTS CLASSIQUES** 162
- **SHOPPING** 162
- **GALERIES ET MUSÉES** 165
- **MONUMENTS ET BALADES** 175
  • Le Londres résidentiel : South Kensington, Brompton, Knightsbridge et Belgravia • Le Londres des artistes : Chelsea

EARL'S COURT, WEST BROMPTON, HAMMERSMITH ET SHEPHERD'S BUSH

- OÙ DORMIR ?.............................. 182
- OÙ MANGER ?............................. 184
- OÙ BOIRE UN VERRE ? OÙ DANSER ? OÙ VOIR UN SPECTACLE ?...................... 185
- MARCHÉ 186
- À VOIR 186

HOLLAND PARK ET KENSINGTON

- OÙ DORMIR ?.............................. 187
- OÙ MANGER ?............................. 188
- OÙ PRENDRE LE THÉ ? OÙ MANGER DES PÂTISSERIES ?.................. 189
- OÙ BOIRE UN VERRE ?............ 189
- MONUMENTS ET BALADES...... 190

NOTTING HILL (PORTOBELLO) ET BAYSWATER

- OÙ DORMIR ?.............................. 191
- OÙ MANGER ?............................. 193
- OÙ PRENDRE LE THÉ ? OÙ MANGER DES PÂTISSERIES ?.. 197
- OÙ BOIRE UN VERRE ?............ 197
- SHOPPING 198
- MARCHÉ AUX PUCES............... 198
- FESTIVAL...................................... 199

PADDINGTON ET MARYLEBONE

- OÙ DORMIR ?.............................. 200
- OÙ MANGER ?............................. 203
- PUBS.. 204
- THÉÂTRES..................................... 205
- SHOPPING 205
- MARCHÉ 205
- GALERIES ET MUSÉES............. 205
- MONUMENTS ET BALADES...... 209
  - Le Londres bourgeois : Marylebone, Regent's Park et Little Venice

BLOOMSBURY, KING'S CROSS, EUSTON ET SAINT PANCRAS

- OÙ DORMIR ?.............................. 211
- OÙ MANGER ?............................. 217
- OÙ PRENDRE LE THÉ ? OÙ MANGER DES PÂTISSERIES ?.. 219
- OÙ BOIRE UN VERRE ?............ 219
- OÙ VOIR UN CONCERT ? OÙ SORTIR ?.............................. 219
- THÉÂTRE ET DANSE................. 220
- SHOPPING 220
- GALERIES ET MUSÉES............. 221

CAMDEN TOWN

- OÙ DORMIR ? 234
- OÙ MANGER ? 235
- OÙ BOIRE UN VERRE ? 238
- OÙ SORTIR ? 239
- SHOPPING 240
- À VOIR. À FAIRE 241

ANGEL ET ISLINGTON

- OÙ MANGER ? 242
- OÙ DÉGUSTER L'UN DES MEILLEURS PETITS DÉJ DE LONDRES ? 243
- OÙ BOIRE UN VERRE ? OÙ SORTIR ? 244
- THÉÂTRE 245

HOLBORN, FARRINGDON ET CLERKENWELL

- OÙ DORMIR ? 246
- OÙ MANGER ? 247
- OÙ BOIRE UN VERRE ? 250
- OÙ DANSER ? 251
- SHOPPING 252
- MARCHÉ 252
- GALERIES ET MUSÉES 252

LA CITY, TOWER BRIDGE ET LES DOCKLANDS

- ADRESSES UTILES 254
- OÙ DORMIR ? 254
- OÙ MANGER ? 255
- PUBS 258
- THÉÂTRE ET CONCERTS CLASSIQUES 259
- MARCHÉ 259
- MUSÉE 259
- MONUMENTS ET BALADES 260
  • Le Londres des traditions et de la finance : Holborn, la City et Tower of London • Le Londres futuriste : les Docklands

SHOREDITCH ET HOXTON

- OÙ DORMIR ? 271
- OÙ MANGER ? 271
- OÙ BOIRE UN VERRE ? OÙ SORTIR ? 273
- MARCHÉ 276
- GALERIES ET MUSÉES 276
- MONUMENTS ET BALADES 277
  • Le Londres des faubourgs : East End

BRICK LANE, WHITECHAPEL ET SPITALFIELDS

- OÙ MANGER ? 279
- OÙ PRENDRE LE THÉ ? 282
- OÙ BOIRE UN VERRE ? OÙ SORTIR ? 282
- SHOPPING 283
- MARCHÉS 285
- GALERIE 285
- MONUMENTS ET BALADES 285
  • Le Londres des faubourgs : East End

SOUTHWARK, SOUTH BANK ET WATERLOO

- INFO UTILE 288
- OÙ DORMIR ? 288
- OÙ DORMIR DANS LES ENVIRONS ? 290
- OÙ MANGER ? 291
- OÙ BOIRE UN VERRE ? 294
- OÙ SORTIR ? 295
- THÉÂTRES ET CONCERTS CLASSIQUES 295
- CINÉMAS 296
- SHOPPING 296
- MARCHÉS 296
- MONUMENTS, GALERIES ET MUSÉES 296
- BALADE 302

BRIXTON

- OÙ MANGER ? 303
- OÙ BOIRE UN VERRE ? OÙ SORTIR ? 304
- MARCHÉ 306

LES AUTRES QUARTIERS DE LONDRES

GREENWICH

- COMMENT Y ALLER ? 307
- ADRESSE UTILE 310
- OÙ DORMIR ? 310
- OÙ MANGER ? 310
- OÙ BOIRE UN VERRE ? 311
- SHOPPING ET MARCHÉ 311
- MONUMENTS ET BALADES 312
- DANS LES ENVIRONS DE GREENWICH 314
  • Thames Barrier • Eltham Palace

HAMPSTEAD ET HIGHGATE

- COMMENT Y ALLER ? 314
- OÙ DORMIR ? 315
- OÙ MANGER ? 315
- PUBS 316
- OÙ PRENDRE LE THÉ ? 317
- MONUMENTS ET BALADES 317
- DANS LES ENVIRONS DE HAMPSTEAD 318
  • Freud Museum

LE GRAND LONDRES

- WINDSOR CASTLE 320
  • Legoland
- HAMPTON COURT PALACE 322
- KEW GARDENS 325
  • Richmond Park • Osterley Park
- DULWICH PICTURES GALLERY .. 328

QUITTER LONDRES

- EN BUS 329
- EN TRAIN 329

- **INDEX GÉNÉRAL** 346
- **OÙ TROUVER LES CARTES ET LES PLANS ?** 359

Recommandations à nos lecteurs qui souhaitent profiter des réductions et avantages proposés dans le *Routard* par les hôteliers et les restaurateurs : à l'hôtel, prenez la précaution de les réclamer **à l'arrivée,** et au restaurant, **au moment** de la commande (pour les apéritifs) et surtout **avant** l'établissement de l'addition. Poser votre *Routard* sur la table ne suffit pas : le personnel de salle n'est pas toujours au courant, et une fois le ticket de caisse imprimé, il est difficile pour votre hôte d'en modifier le contenu. En cas de doute, montrez la notice relative à l'établissement dans le guide, et ne manquez pas de nous faire part de toute difficulté rencontrée.

NOUVEAU ET IMPORTANT : DERNIÈRE MINUTE

Sauf exception, le *Routard* bénéficie d'une parution annuelle à date fixe. Entre deux dates, des événements fortuits (formalités, taux de change, catastrophes naturelles, conditions d'accès aux sites, fermetures inopinées, etc.) peuvent modifier vos projets de voyage. Pour éviter les déconvenues, nous vous recommandons de consulter la rubrique « Guide » par pays de notre site • *routard.com* • et plus particulièrement les dernières *Actus voyageurs.*

Remerciements

Nous tenons à remercier tout particulièrement Loup-Maëlle Besançon, Thierry Bessou, Gérard Bouchu, François Chauvin, Grégory Dalex, Stéphanie Déro, Fabrice Doumergue, Cédric Fischer, Carole Fouque, Michelle Georget, David Giason, Claude Hervé-Bazin, Emmanuel Juste, Dimitri Lefèvre, Sacha Lenormand, Fabrice de Lestang, Romain Meynier, Éric Milet, Pierre Mitrano, Jean-Sébastien Petitdemange, Thomas Rivallain, Dominique Roland et Solange Vivier pour leur collaboration régulière.

Et pour cette nouvelle collection, nous remercions aussi:

Emmanuelle Bauquis
Jean-Jacques Bordier-Chêne
Michèle Boucher
Lisa Buchter
Stéphanie Condis
Agnès Debiage
Jérôme Denoix
Tovi et Ahmet Diler
Clélie Dudon
Sophie Duval
Clara Favini
Alain Fisch
Mathilde Fonteneau
Adrien et Clément Gloaguen
Xavier Haudiquet
Bernard Hilaire
Sébastien Jauffret
Anaïs Kerdraon
Jacques Lemoine
Béatrice Mace de Lepinay
Jacques Muller
Caroline Ollion
Nicolas et Benjamin Pallier
Martine Partrat
Odile Paugam et Didier Jehanno
Prakit Saiporn
Jean-Luc et Antigone Schilling
Camille Veillard

Direction: Nathalie Pujo
Contrôle de gestion: Héloïse Morel d'Arleux et Virginie Laurent-Arnaud
Secrétariat: Catherine Maîtrepierre
Direction éditoriale: Catherine Julhe
Édition: Matthieu Devaux, Géraldine Péron, Olga Krokhina, Gia-Quy Tran, Julie Dupré, Pauline Fiot, Julien Hunter, Emmanuelle Michon, Marion Sergent et Clémence Toublanc
Préparation-lecture: Véronique Rauzy
Cartographie: Frédéric Clémençon et Aurélie Huot
Fabrication: Nathalie Lautout et Audrey Detournay
Relations presse France: COM'PROD, Fred Papet. ☎ 01-70-69-04-69. • *info@comprod.fr* •
Direction marketing: Muriel Widmaier, Adrien de Bizemont, Lydie Firmin et Laure Illand
Contacts partenariats: André Magniez (EMD). • *andremagniez@gmail.com* •
Édition des partenariats: Élise Ernest
Informatique éditoriale: Lionel Barth
Couverture: Clément Gloaguen et Seenk
Maquette intérieure : le-bureau-des-affaires-graphiques.com, Thibault Reumaux et npeg.fr
Relations presse: Martine Levens (Belgique) et Maureen Browne (Suisse)
Régie publicitaire: Florence Brunel-Jars

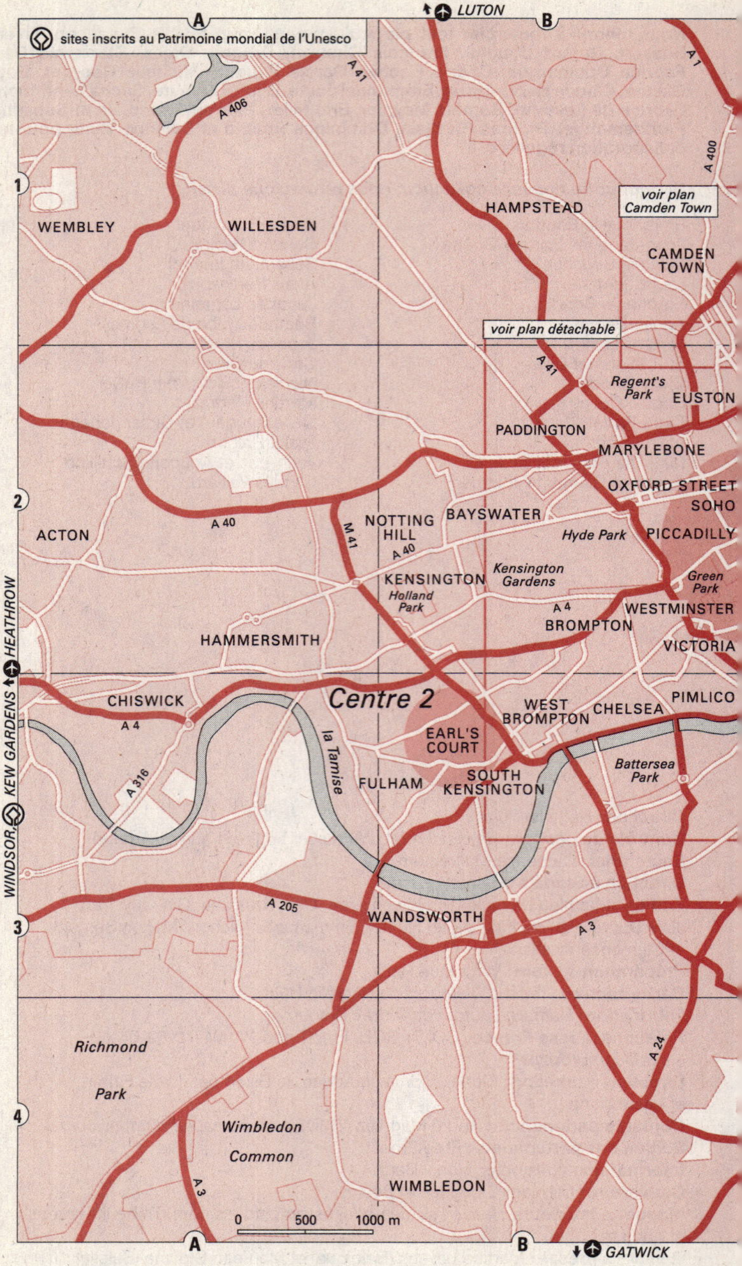
sites inscrits au Patrimoine mondial de l'Unesco
LUTON
A
B
A 1
A 41
A 406
A 400
voir plan Camden Town
HAMPSTEAD
CAMDEN TOWN
WEMBLEY
WILLESDEN
voir plan détachable
A 41
Regent's Park
EUSTON
PADDINGTON
MARYLEBONE
OXFORD STREET
SOHO
ACTON
A 40
M 41
NOTTING HILL
BAYSWATER
Hyde Park
PICCADILLY
A 40
KENSINGTON
Kensington Gardens
Green Park
Holland Park
A 4
WESTMINSTER
BROMPTON
HAMMERSMITH
VICTORIA
WINDSOR, KEW GARDENS, HEATHROW
CHISWICK
Centre 2
WEST BROMPTON
CHELSEA
PIMLICO
A 4
EARL'S COURT
la Tamise
A 316
FULHAM
SOUTH KENSINGTON
Battersea Park
A 205
WANDSWORTH
A 3
A 24
Richmond Park
Wimbledon Common
A 3
WIMBLEDON
0
500
1000 m
GATWICK
1
2
3
4

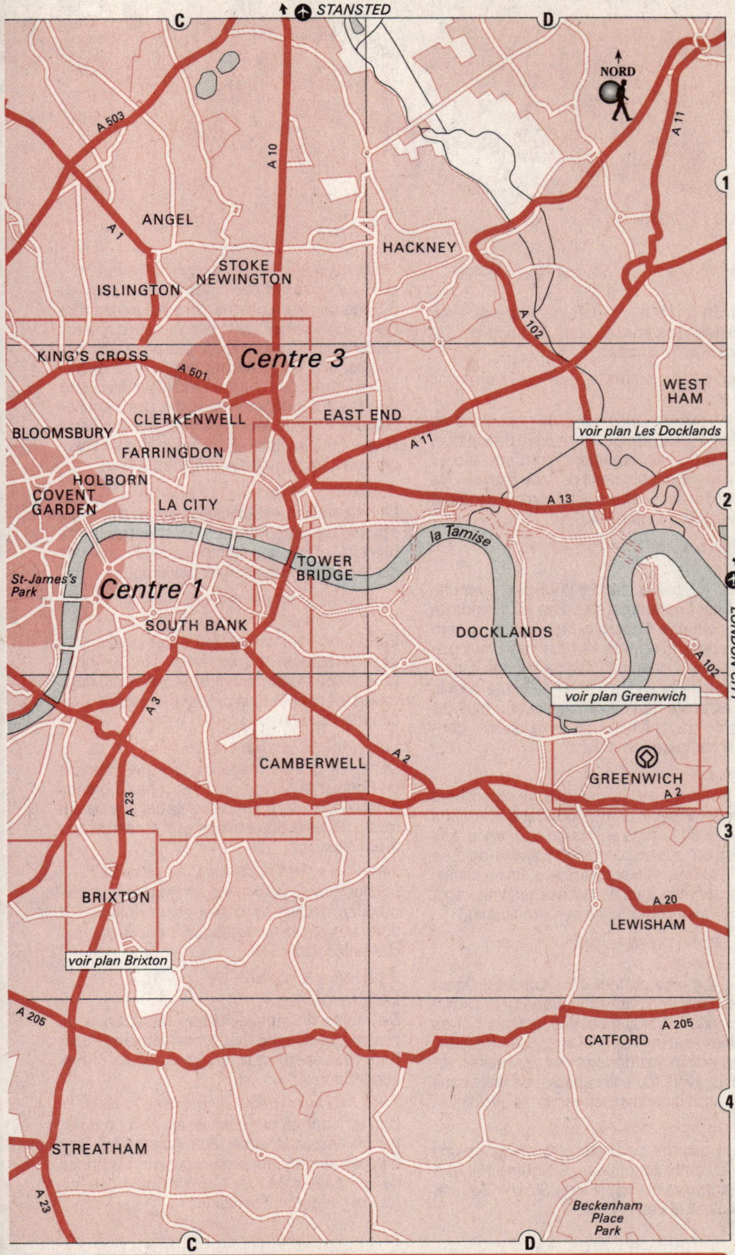

L'AGGLOMÉRATION DE LONDRES

??? LES QUESTIONS QU'ON SE POSE LE PLUS SOUVENT

Partir un week-end, n'est-ce pas trop court ?

Non ! En 2h15 au départ de Paris et avec l'Eurostar, vous êtes au cœur de Londres, à la gare de Saint Pancras.

Quelle est la meilleure période pour y aller ?

Le printemps est idéal : peu de gens dans les musées, le beau temps est souvent de la partie, et les tarifs d'hébergement n'ont pas encore atteint les sommets de la période estivale. Ne pas oublier aussi les soldes d'hiver et du début de l'été, très avantageux.

Quel est le meilleur moyen pour circuler ?

Rien de tel que la marche pour découvrir une ville ! Mais Londres est gigantesque. Prendre le bus (économie d'énergie) ou le métro, propre et sûr, pour aller plus vite. Le taxi reste une solution plus onéreuse, naturellement. Sinon, les Boris Bikes (vélos à louer à l'heure ou à la journée, sorte de Vélib') fleurissent à tous les coins de rue, même si ça reste encore dangereux car le trafic est dense.

La vie est-elle chère ?

Oui ! Londres est la capitale la plus chère d'Europe. Prévoir un bon budget car les prix sont 40 à 50 % plus élevés qu'en France. Les hôtels n'ont pas un bon rapport qualité-prix ; on s'en tire un peu mieux côté restos. En revanche, bonne nouvelle, tous les musées nationaux sont gratuits (sauf ceux dirigés par le royaume).

Quel est le quartier des auberges de jeunesse ?

En fait, il y en a partout dans Londres. On en trouve dans le centre touristique, à la City, à Southwark, à Paddington, à Bloomsbury... Nos préférées sont vers King's Cross Saint Pancras. Ne pas oublier les dortoirs des universités, répartis à travers toute la capitale ; de vrais bons plans, surtout pendant les vacances scolaires.

Où trouver un hôtel de charme ?

Dans le quartier de Brompton, quelques-uns dans le centre touristique, à Notting Hill et à Paddington, mais aussi vers Sloane Square, Clerkenwell et Farringdon.

Peut-on partir avec des enfants ?

Bien sûr ! Londres plaira aux petits (à partir de 5-6 ans) comme aux ados. On a indiqué les sites qu'ils apprécieront par le picto . Les musées londoniens proposent aussi plein d'activités manuelles, sans la barrière de la langue (Science Museum, Tate Modern, Victoria and Albert Museum). Beaucoup d'espaces verts et des parcs pour se défouler. En outre, les restos de chaîne disposent souvent de l'équipement nécessaire pour changer bébé, tout comme les grands musées.

Peut-on partir avec des animaux ?

La quarantaine est officiellement levée. Mais, officieusement, Médor doit montrer patte blanche, avec puce électronique et carnet de santé conforme aux règles britanniques.

Les prises de courant sont-elles différentes des prises françaises ?

Oui. Le courant est de 240 V. Les prises sont plus grosses et toutes munies de fusibles. N'oubliez pas votre adaptateur (en vente dans toutes les bonnes quincailleries en France et en Grande-Bretagne).

Les Anglais acceptent-ils l'euro ?

Dans les grands magasins comme *Harrods* ou *Fortnum & Mason* ou dans certains grands hôtels, la devise européenne est acceptée. En revanche, les petits commerces n'acceptent que la livre sterling.

La reine est-elle souvent à Londres ?

Le plus simple pour le savoir : regarder le drapeau au-dessus de Buckingham Palace. S'il flotte au vent, la reine est là. S'il est descendu, elle est en vadrouille.

Peut-on encore voir des punks à Londres ?

De moins en moins, hélas ! Mais, en vous promenant du côté de Camden et dans l'East End, vous apercevrez encore quelques crêtes ébouriffantes.

Jack l'Éventreur a-t-il vraiment existé ?

Oui, le tueur en série sévissait dans le quartier de Whitechapel en 1888. Aujourd'hui, des balades sont même organisées sur les traces de ses crimes, et Patricia Cornwell nous fait revivre l'enquête. Terrifiant !

LES COUPS DE CŒUR DU ROUTARD

- En été, savourer la **première gorgée de Pimm's,** alcool à base de fruits, dans un grand verre de limonade et de menthe fraîche. 79
- Attraper un torticolis sous la résille de verre et d'acier de Norman Forster au **British Museum,** avant d'affronter les momies en tête à tête. Sans oublier d'admirer le drapé des fresques du Parthénon. 221
- Entamer un ***pub crawl*** : aller entre amis de pub en pub, chacun payant sa tournée au fur et à mesure de la balade. Et on rentre à pied ou en taxi !
- Traverser le **Millenium Bridge,** pour se balader un dimanche matin sur les **quais de la Tamise devant la Tate Modern** et arpenter tout le quartier de **Southwark,** symbole du nouveau Londres. Rester jusqu'au soir pour profiter des illuminations. 288
- Découvrir de nouveaux artistes à la **Saatchi Gallery** ou chez le célèbre marchand **Gagosian.** Visiter les galeries contemporaines de l'East End.... 174, 233
- Dénicher des fripes sur **Brick Lane** et admirer le « Cornichon », le **Gherkin,** immeuble surréaliste, tout proche.... 283
- Tenter un petit déj **chez Jamie Oliver, au *Fifteen*** : de la gastronomie à petits prix ! 273
- Compter les étages de **The Shard,** près de London Bridge, le plus grand immeuble d'Europe de l'Ouest. Bon courage ! 288
- Au printemps, se rouler dans les jonquilles de **Hyde Park** et taquiner les écureuils.. 178
- Courir les ***charity shops,*** à la recherche de fringues vintage : se relooker pour pas cher... et faire une bonne action !
- Marcher dans les pas des Beatles sur **Abbey Road,** se laisser pousser les cheveux et refaire la photo du célèbre album entre potes, sur le passage clouté. Tirer au sort celui qui sera pieds nus ! 209
- Se perdre dans le ***Cyberdog*** déjanté du marché aux puces de **Camden Town** le dimanche matin. 241
- Tenter de mettre un nom sur les chefs-d'œuvre de la **National Gallery.** 123
- Avaler un ***fish & chips*** en oubliant son cholestérol.
- Assister à une **comédie musicale** dans le quartier de Soho ***(fluent English only).***
- Par une belle journée ensoleillée, flâner dans les ruelles bucoliques de **Hampstead.** Déjeuner dans un pub historique et s'autoriser une petite sieste dans le parc. Dépaysant au possible ! 314
- Démarrer une session shopping sur **Oxford Street,** en faisant un stop chez ***Primark,*** ou encore dans les boutiques branchées de ***Knig's Road.*** 131, 133, 181
- Croquer des **bagels** 24h/24 à Brick Lane. 279
- Faire son **jogging** dans les parcs londoniens, le long des canaux de Little Venice ou dans les bois de Hampstead Heath.
- Franchir le fameux méridien à **Greenwich.** Observer Londres à ses pieds... 307
- Prendre un thé à **Buckingham Palace** avec la reine, ou mieux, avec Kate (nan, on déconne !). 153

QUELQUES ITINÉRAIRES CONSEILLÉS

Nous avons essayé de créer des itinéraires par quartiers. Évidemment, ce ne sont que des propositions. N'hésitez pas à fureter et à vagabonder le nez en l'air !

EN UN JOUR

– Pour commencer, allons flâner du côté de ***Houses of Parliament*** avec la fameuse ***Big Ben.*** Petit tour vers ***Buckingham Palace*** pour la relève de la garde à 11h30 (en été, on pourra même visiter le palais de la reine). Petite pause dans ***Hyde Park*** pour voir le fameux *corner* où s'époumonent hurluberlus et sérieux gentlemen de tout poil. Profitons-en pour croquer un bout (pas mal de marchands ambulants).
– Filons ensuite vers le ***British Museum.*** Ses momies, sa fameuse pierre de Rosette, un must. Les amateurs de peinture se rendront plutôt à la ***National Gallery.*** Rien que des chefs-d'œuvre !
– On redescend vers ***Covent Garden*** et ses animations de rue ou vers ***Oxford Street*** pour le shopping.
– S'il est encore temps, vous pourrez vous détendre le temps d'une croisière sur la Tamise. Pour cela, il suffit de prendre une navette fluviale au départ de ***Embankment*** ou ***Westminster*** pour rejoindre la ***Tower of London*** et apercevoir au passage le ***London Eye,*** la ***Tate Modern, Saint Paul's Cathedral*** et le fameux ***Globe Theatre,*** qui a vu naître le talent d'un certain Shakespeare.
– On finit la journée – sur les rotules – dans ***Soho,*** quartier chaud des nuits londoniennes, avec un détour par ***Leicester Square*** et les nombreux restos de ***Chinatown.***

EN TROIS JOURS

Premier jour

– Petit déj autour de ***Green Park*** et ***Saint James's Park,*** deux des poumons de Londres, au milieu des jonquilles, pour un bon bol d'air ! Un petit tour par ***Buckingham Palace*** pour la relève de la garde à 11h30. On n'oublie pas, en route, les ***Houses of Parliament,*** l'***abbaye de Westminster*** et ***Big Ben,*** bien sûr.
– Pour se mettre en jambes, direction la ***National Gallery*** (pour les *Tournesols* de Van Gogh). Puis ***Piccadilly Circus.*** Tous les grands magasins sont concentrés dans cette zone : ***Virgin, Fortnum & Mason, Harvey Nichol's*** (qui abrite un *Wagamama* au sous-sol, chaîne de restos japonais bon marché, parfait pour déjeuner !), ***Harrods.*** Les couturiers de renom sont légion sur Fulham Road, Sloane Avenue et Brompton Road. Quelques bonnes affaires sur King's Road. Ensuite, on file se promener du côté de ***Covent Garden*** avec ses animations de rue et son ancien marché.
– Ceux qui ne sont pas atteints de fièvre acheteuse fileront tout droit au ***Victoria and Albert Museum*** ou iront conter fleurette dans ***Hyde Park.***
– On reviendra passer la soirée dans ***Soho,*** incontournable des nuits londoniennes. Bars branchés, théâtre, opéra, comédie musicale, demandez le programme... Sur place, on peut trouver des billets pas trop chers quelques minutes avant la repré-

sentation. Le mieux est encore de passer au kiosque *TKTS* (voir « Sports et loisirs » dans « Hommes, culture et environnement »). Après le spectacle, il est de tradition de manger chinois à ***Chinatown.***

Deuxième jour

– On démarre (tôt) la journée à ***Notting Hill,*** pour les ***puces de Portobello,*** le samedi matin.
– Allez, on retourne dans le centre et on prend un peu plus de hauteur avec le ***London Eye*** (réservez à l'avance !), la grande roue qui offre une vue sublime sur tout Londres.
– Ensuite, un peu de culture à la ***Tate Britain,*** pour les peintures classiques, et on file à la ***Tate Modern,*** ne serait-ce que pour en admirer l'architecture. Une navette fluviale (payante) relie les deux musées (gratuits) ; on peut donc enchaîner les deux sans trop de problèmes.
– On consacrera le reste de la journée à la découverte des ***bords de la Tamise*** dont les berges ont été aménagées. Les anciens docks de Southwark sont devenus le dernier endroit à la mode. Vos pas vous guideront jusqu'au ***Tower Bridge*** et vous pourrez même pousser jusqu'à la ***Tour de Londres.*** En route, plein de choses à voir, à faire. Pour dîner, on vous propose un *fish and chips* dans une belle verrière illuminée ou un voyage en Anatolie, à deux pas du ***Shakespeare Globe Theatre.***
– Pour sortir, faire un tour vers les bars et les boîtes de ***Hoxton, Shoreditch*** ou encore ***Dalston,*** plus au nord, vers Hackney.

Troisième jour

– On commence par le ***British Museum,*** l'un des plus beaux musées d'antiquités du monde. Être là pour l'ouverture. Des momies en veux-tu en voilà, les fresques des Grandes Panathénées et l'*Homme de Lindow* qui fera frémir les plus fragiles. Une pause dans la ***Great Court,*** le nez en l'air sous la plus grande place couverte d'Europe. En repartant, coup d'œil sur la place où Marx a écrit *Le Capital* dans la *Library* centrale.
– Pour changer, on vous conseille une escapade à ***Greenwich*** (on peut y aller en *Docklands Light Railway* ou en bateau). On passera l'après-midi à flâner dans les rues de ce « village » incroyablement préservé et l'on prendra le temps de visiter le magnifique ***Maritime Museum*** et, qui sait même, d'aller jouer les funambules sur le méridien.
– Le soir, au choix, un concert au ***Royal Albert Hall*** ou une virée dans l'***East End,*** où pulse le cœur de la ville.

EN SEPT JOURS

Dites-vous bien qu'en une semaine vous n'aurez toujours pas le temps de tout faire. Néanmoins, vous aurez tout loisir de composer, de broder autour de quelques incontournables.
L'idée est donc de reprendre l'itinéraire proposé pour 3 jours et de l'enrichir en fonction de vos goûts, de vos envies et... de la météo ! Les parcs anglais, c'est bien beau, mais en plein hiver et sous la pluie, c'est tout de suite moins bucolique. Vous aurez enfin du temps à consacrer à des quartiers un peu éloignés qui témoignent d'un autre visage de Londres, souvent insolite, parfois excentrique.
– Au nord, par exemple, ***Camden Town,*** berceau de la culture punk, bien assagi aujourd'hui, mais dont les puces constituent l'un des incontournables des dimanches londoniens. Installé dans un ancien hôpital pour chevaux, le site ne manque ni de charme ni de cachet. Sur place, toutes sortes de stands proposent des spécialités du monde entier. De là, on rejoint sans problème (et pourquoi pas en bateau ?) l'ouest et ***Marylebone,*** pour découvrir ***Little Venice*** et ses canaux.

Inattendu et délicieux. Visite éventuelle du ***London Zoo,*** l'un des plus grands et des plus vieux du monde. Pas loin, ***Abbey Road,*** la célèbre rue où enregistraient quatre garçons dans le vent. Un peu plus loin encore, ***Primrose Hill Park,*** que les « Beatles-maniaques » ne louperont pas.

– Autre jour, autre quartier : ***Chelsea,*** le Londres des artistes. ***King's Road, Battersea, Royal Hospital...*** Il réserve bien des surprises, à commencer par ***Cheyne Walk,*** aux délicieuses et multiples ruelles. Si vous avez déjà visité le ***Victoria and Albert Museum,*** vous visiterez les autres musées de South Kensington, comme le ***Science Museum*** ou le ***Natural History Museum*** qui, eux aussi, valent le détour. On finira la journée par une balade dans le Londres résidentiel, à l'architecture victorienne, aux demeures cossues.

– Le nord et l'est sont deux quartiers populaires qui ne séduisent pas d'emblée pour leur architecture mais montrent une autre façon de vivre. De plus en plus branchés, de plus en plus bobos, peu de touristes s'y aventurent malgré tout. Les fêtards partiront à la recherche du dernier bar à la mode et les fans d'ambiance et de sociologie urbaines apprécieront la mixité culturelle qui caractérise le quartier. Rendez-vous donc à ***Islington*** ou ***Whitechapel.*** Balade nocturne sur les traces de Jack l'Éventreur au départ du métro Aldgate (voir « Visites guidées »).

– Même genre d'ambiance plus au sud, à ***Brixton,*** l'ancien quartier des *Clash* et de la communauté jamaïcaine.

Vous pourrez également approfondir les quartiers du centre, tenter de sortir des sentiers battus.

– Prenez quelques heures pour flâner dans ***Covent Garden*** et, pourquoi pas, visiter ses musées. Celui des Transports, par exemple, est en tout point exceptionnel. À l'occasion de la visite du ***British Museum,*** vous découvrirez le quartier de Virginia Woolf, ***Bloomsbury*** l'intellectuel. Ne pas louper la ***British Library,*** vaste bloc de brique.

– Toujours au cœur de la ville, ***Saint Paul's Cathedral*** et la ***City.*** Si vous voulez croiser de beaux businessmen cravatés, évitez de vous y rendre le week-end : vous n'y croiserez alors rien, ni personne, car cette ruche ne bourdonne qu'en semaine.

– Ça paraît idiot comme ça, mais passer plusieurs jours à Londres permet aussi d'étaler ses visites dans les musées gratuits. Par exemple en consacrant 1h chaque soir, entre 17h et 18h (nocturne le vendredi) à la visite d'une aile de la ***National Gallery*** (qui présente l'avantage de se situer à *Trafalgar Square,* en plein centre donc). Si vous n'êtes pas un rat de musée ou si, au contraire, vous en avez déjà exploré un ou deux à fond dans la journée, cela vous permettra de mieux en apprécier les innombrables chefs-d'œuvre : Botticelli, Léonard de Vinci, Raphaël, Holbein, Titien, Van Gogh...

En une semaine, vous pourrez découvrir (sans pour autant faire le tour de la question) l'incroyable palette de cuisines étrangères qu'offre Londres. Après Chinatown, pourquoi ne pas aller manger indien, bengla ou pakistanais dans l'***East End*** du côté de ***Brick Lane*** ? Vous pourrez aussi vous initier aux cuisines japonaise, vietnamienne, thaïe, coréenne, turque, africaine... et britannique ! Car il serait vraiment dommage de faire l'impasse sur des spécialités, certes roboratives mais souvent savoureuses. Et faire les boutiques de fripes après ! Que d'aventures !

SI VOUS ETES...

– ... **en famille :** les grands musées de l'ouest londonien (vers Kensington), mais aussi les boutiques comme *Hamley's* et le Museum of London (voir aussi notre rubrique « Enfants »).

– ... **fan de la famille royale :** Pimlico, Westminster, Chelsea, South Kensington, Greenwich.

– ... **fêtard :** Hoxton, Shoredicth, Dalston, Bricklane, Brixton, Camden, Soho (pour commencer ou finir la soirée...).

– ... **en amoureux :** les parcs, une balade sur la Tamise, un verre sur le toit du *Shard*, un hôtel à Notting Hill ou vers Holborn, un bon brunch au *Fifteen* chez Jamie Oliver et une visite soit de la Courtauld Gallery ou National Portrait Gallery.

– ... **plutôt nature :** Hamstead, Kew Gardens, Greenwich et tous les parcs du centre (notre préféré, c'est Green Park !).

– ... **plutôt shopping :** tout le centre touristique (King's Rd, Oxford St, Regent St), mais aussi vers Brick Lane, Whitechapel et Spitalfields, ou encore Camden, pour les fripes. Pour rêver devant les boutiques chic, vers Brompton, Chelsea et South Kensington.

COMMENT Y ALLER ?

EN TRAIN

En Eurostar

➢ Eurostar relie directement jusqu'à 18 fois/j. en sem ***Paris-Gare du Nord à Saint Pancras International à Londres*** en 2h15, par le tunnel sous la Manche. IMPORTANT : se présenter à l'enregistrement au moins 30 mn avt le départ muni d'une carte nationale d'identité ou d'un passeport en cours de validité.

Eurostar relie aussi :

➢ ***Paris et Ashford*** (1h40 de trajet).

➢ ***Paris et Ebbsfleet*** (2h05), dessert le Kent et la péninsule à l'est de Londres.

➢ ***Lille et Londres*** (1h20 de trajet).

➢ ***Lille et Ashford*** (env 1h de trajet).

➢ ***Calais-Frethun et Londres*** (env 1h de trajet).

➢ ***Bruxelles et Londres*** (1h51 de trajet).

Les billets Eurostar sont disponibles à partir de 88 € l'A/R en classe standard (tarif soumis à conditions) et 220 € en 1re classe *Loisir Select* (avec repas et vins servis à la place).

Eurostar est la première compagnie ferroviaire proposant des voyages neutres en CO_2, sans surcoût pour les voyageurs. À travers le programme « Voyage Vert », Eurostar propose à ses clients un voyage encore plus respectueux de l'environnement et s'engage à réduire les émissions résiduelles de CO_2 de 25 % par trajet et par voyageur d'ici à 2015.

Pour vous rendre en Eurostar à Londres ou Ashford au départ de la province, rien de plus simple : Eurostar propose des prix comprenant le trajet en train jusqu'à Lille ou Paris, puis le voyage en Eurostar. Des promotions pour des voyages A/R sont proposées au départ de nombreuses villes de province...

Réductions

De nombreuses promotions tout au long de l'année au départ de Paris et de Lille avec A/R dans la journée, pendant le week-end, etc. Renseignez-vous.

– Internet : • eurostar.com • voyages-sncf.com •

– Ligne directe Eurostar : ☎ 0892-353-539 (0,34 €/mn).

– Téléphone : ☎ 36-35 (0,34 €/mn).

– Également dans les gares, les boutiques SNCF et les agences de voyages agréées.

Et gardez bien vos billets d'Eurostar ! *Eurostar Culture Connect* est un partenariat culturel unique entre Eurostar et une sélection de galeries et musées de Londres, Paris et Bruxelles.

– ***Comment ça marche ?*** C'est simple. Lorsque vous voyagez avec Eurostar, il vous suffit de présenter votre billet aux galeries et musées listés ci-dessous pour bénéficier de deux entrées pour une. Pour Londres l'offre s'applique aux expositions payantes, l'entrée générale dans les musées étant gratuite. Cette offre est soumise à conditions.

– ***À savoir :*** l'offre est valable dans la ville de destination des voyageurs. Par exemple, si vous voyagez de Paris à Londres, vous pouvez bénéficier de deux entrées pour une pour toutes les expositions payantes des galeries et musées londoniens listés ci-dessous. Une pièce d'identité peut vous être demandée.

L'offre est valable pendant 5 jours à compter de la date de votre arrivée à destination. Seule une personne doit être en possession d'un billet Eurostar pour profiter de l'offre deux entrées pour une.

– ***Dans quels musées et galeries puis-je profiter de cette offre ?*** La National Gallery, la National Portrait Gallery, la Tate Modern, la Tate Britain, le British Museum et le Victoria and Albert Museum.

Pour préparer votre voyage

– ***Billet à domicile :*** commandez votre billet par téléphone ou sur Internet, Eurostar vous l'envoie gratuitement à domicile. Vous réglez par carte de paiement (pour un montant minimum de 1 € sous réserve de modifications ultérieures) au moins 4 jours avant le départ (7 jours si vous résidez à l'étranger).
– ***Cartes de transport :*** il est possible d'acheter votre carte de transport (*Oyster Card,* voir « Transports » dans « Londres utile ») à bord de l'Eurostar, dans les voitures bar-buffet, ou sur le site internet d'Eurostar.

En train, puis bateau

Les lignes ferroviaires ne desservent plus les gares maritimes françaises. On conseille donc cette formule aux habitants du Nord, aux claustrophobes (sous le tunnel) et à ceux qui ont vraiment le temps. Dorénavant, il faut prendre le train pour Calais, Boulogne ou Dieppe. À l'arrivée, des navettes sont assurées avec les gares maritimes d'embarquement. Pour les traversées, se reporter à la rubrique « En bateau ». Côté britannique, de nombreux trains relient les villes portuaires à Londres.

EN VOITURE

Avec la navette Eurotunnel via le tunnel sous la Manche

Le terminal est situé sortie n° 42 sur l'A 16 à Calais et vous arrivez directement sur la M 20 sans avoir à quitter votre véhicule.
Vous embarquez dans la navette au volant de votre véhicule, ce qui en fait un service idéal pour les personnes à mobilité réduite ou avec des petits.
Durant les 35 mn de traversée à bord de votre véhicule, vous pouvez vous détendre et consulter votre guide préféré pour préparer votre escapade !
Et pour que toute la famille soit du voyage, sachez que les animaux et « leur puce » sont les bienvenus à bord (voir plus loin le paragraphe consacré au voyage avec les animaux de compagnie dans la rubrique « Avant le départ » du chapitre « Londres utile ») ! *Rens sur le site internet.*
– *Fréquence :* les départs se font 24h/24. Réservez votre billet à l'avance sur Internet pour obtenir les meilleurs tarifs.
– *Billet :* sur place, lorsque vous avez réservé, des bornes automatiques vous permettent d'imprimer votre titre de transport et de gagner du temps !
– *Tarifs :* à partir de 62 € l'A/R pour la voiture et ses passagers.
– *Résas :* ● *eurotunnel.com* ● *ou auprès du centre d'appels au* ☎ *0810-63-03-04 (prix d'un appel local).*

EN BATEAU

De France

▲ **BRITTANY FERRIES**
Rens et résas : ☎ *0825-828-828 (0,15 €/mn),* ● *brittanyferries.fr* ● *ou dans les agences de voyages.*
5 lignes directes vers le sud de l'Angleterre :
➢ ***Roscoff-Plymouth :*** 6h de traversée. Jusqu'à 3 départs/j.
➢ ***Saint-Malo/Portsmouth :*** 9h30 de traversée. 1 départ/j.
➢ ***Cherbourg-Poole :*** 3h de traversée. Jusqu'à 3 départs/j. Un autre bateau, le *Normandie Express,* plus rapide (2h15 de trajet), mai-sept.
➢ ***Caen/Ouistreham-Portsmouth :*** 6h de traversée. Jusqu'à 4 départs/j. 1 départ/j. en navire rapide le w-e en été (3h30 de traversée).
➢ ***Cherbourg-Portsmouth :*** jusqu'à 3 départs/j. Compter 3h45 de traversée. Un autre bateau, le *Normandie Express,* plus rapide (2h15 de trajet), de mi-mars à fin oct.
Propose aussi des séjours à Londres : *B & B,* appartements et AJ ; les cartes de transports ; le bus (compagnie *National Express*) ; des excursions,

NOUVEAUTÉ

NOS MEILLEURS SITES POUR OBSERVER LES OISEAUX EN FRANCE (octobre 2012)

Pour répondre à l'attente des amoureux de la nature et de ceux qui souhaitent mieux connaître les oiseaux, *Le Routard*, en partenariat avec la Ligue de Protection des Oiseaux, a sélectionné dans toute la France plus de 70 sites pour approcher et observer les voyageurs du ciel. À travers différents milieux (forêt, parc, étang, montagne...), c'est l'occasion de prendre conscience de la richesse et de la diversité du monde des oiseaux et de la nécessité de le protéger. Pour vous aider à les identifier, vous trouverez des planches en couleurs, des conseils et des informations surprenantes sur nos amis à plumes, sans oublier les hébergements et restos à proximité. Que vous soyez *bird watcher* occasionnel ou ornithologue averti, ce guide vous prend sous son aile.

des visites et de nombreuses formules week-end et court séjour tout compris.

▲ **CONDOR FERRIES**
– Saint-Malo : terminal-ferry du Naye, BP 99, 35412 Cedex. ☎ 0825-135-135 (0,15 €/mn). • condorferries.com •
Navires à grande vitesse, pouvant contenir plus de 750 passagers.
➢ ***Saint-Malo/Poole*** (via Jersey et Guernesey) ***:*** à partir de 5h30 de traversée. 1 départ en fin d'ap-m, et retour en début d'ap-m, avr-oct.
➢ ***Saint-Malo/Weymouth*** (via Jersey et Guernesey) ***:*** à partir de 5h30 de traversée. Départ et retour le mat.
Horaires variables selon saison, se renseigner.

▲ **LD LINES**
– Suresnes : 28, quai Gallieni, 92158 Cedex. ☎ 0825-304-304 (0,15 €/mn). • ldlines.fr •
Propose plusieurs liaisons/j. :
➢ ***Dieppe-Newhaven :*** 2 traversées/j.
➢ ***Le Havre-Portsmouth :*** 1 A/R par j.
➢ ***Calais-Douvres :*** 5 traversées/j.
Bateaux rapides, transport voitures et piétons, horaires à disposition sur le site internet. Plein de promos en ligne également.

▲ **NORFOLK LINE**
– Dunkerque : c/o Flandre Artois Tourisme, 57, bd Alexandre-III, BP 2089, 59376 Cedex 01. ☎ 03-28-28-95-50. • norfolkline.com •
➢ Propose des liaisons entre Dunkerque ou Calais et Douvres en 2h env : 11-12 départs/j. selon saison. Uniquement des passagers motorisés, pas de piétons ni de bus, min un vélo.

▲ **P & O FERRIES**
Résa centrale : ☎ 0820-900-061 (0,35 €/mn). • customer.services-calais@poferries.com • poferries.com • Lun-sam 9h-17h30 ; fermé dim.
➢ P & O Ferries assure jusqu'à 23 traversées/j. entre Calais et Douvres (traversée en 1h30).

EN CAR

▲ **EUROLINES**
☎ 0892-89-90-91 (0,34 €/mn), lun-sam 8h-21h, dim 10h-17h. • eurolines.fr • Vous trouverez également les services d'Eurolines sur • routard.com • Eurolines propose 10 % de réduc pour les jeunes (12-25 ans) et les seniors. 2 bagages gratuits/pers en Europe.
– Gare routière internationale à Paris : 28, av. du Général-de-Gaulle, 93541 Bagnolet Cedex. Ⓜ Gallieni.
Première *low-cost* par bus en Europe, Eurolines permet de voyager vers plus de 500 destinations en Europe et au Maroc avec des départs quotidiens depuis 90 villes françaises.
– *Pass Eurolines :* pour un prix fixe valable 15 ou 30 jours, vous voyagez autant que vous le désirez sur le réseau entre 44 villes européennes. également un *minipass* pour visiter deux capitales européennes (six combinés possibles).
– On attend l'arrivée sous peu des bus anglais de la compagnie *low-cost* *• megabus.com •*

En car via Eurotunnel

Toujours avec Eurolines, voir ci-dessus.

EN AVION

Les compagnies régulières

▲ **AIR FRANCE**
Rens et résas au ☎ 36-54 (0,34 €/mn, tlj 6h30-22h), sur • airfrance.fr •, dans les agences Air France (fermées dim) et dans ttes les agences de voyages.
– Centre d'appel à Londres : ☎ 0871-663-37-77. Lun-ven 8h-20h, w-e 9h-17h30.
➢ Air France dessert London-City au départ d'Orly avec 6 vols/j. lun-dim (1 vol sam et 2 vols dim) ; pour London-Heathrow, 7 vols/j. au départ de Roissy-Charles-de-Gaulle.
➢ Au départ de Nantes, Brive, Deauville, Avignon, Brest, Pau et Toulon vers London-City avec plusieurs vols/sem en partenariat avec *City Jet.*
➢ Air France dessert également au départ de Paris : Birmingham avec 6 vols/j. en sem et 2-4 vols le w-e, en partenariat avec *Flybe* ; Bristol avec 3 vols/j. en sem et 1-2 vols le w-e ; Manchester avec 7 vols/j. en partenariat avec *Flybe* ; Newcastle avec 3 vols/j. et

1 vol le sam, en partenariat avec *Brit Air* ; Southampton avec 3 vols/j. lun-sam et 1 vol le dim en partenariat avec *Flybe*.

➢ Air France propose aussi des lignes saisonnières vers ces destinations au départ de la province en partenariat avec *Flybe*.

Air France propose à tous des tarifs attractifs toute l'année. Vous avez la possibilité de consulter les meilleurs tarifs du moment sur Internet, directement sur la page d'accueil « Meilleures offres ».

Le programme de fidélisation Air France KLM permet de cumuler des *miles* à son rythme et de profiter d'un large choix de primes. Avec votre carte *Flying Blue*, vous êtes immédiatement identifié comme client privilégié lorsque vous voyagez avec tous les partenaires. Air France propose également des réductions jeunes avec la carte *Flying Blue Jeune*, réservée aux jeunes âgés de 2 à 24 ans résidant en France métropolitaine, dans les départements d'outre-mer, au Maroc ou en Tunisie. Avec plus de 800 destinations et plus de 100 partenaires, *Flying Blue Jeune* offre autant d'occasions de cumuler des *miles* partout dans le monde.

▲ KLM

Résas : ☎ 0892-702-608 (0,34 €/mn), sur ● klm.fr ●, dans les agences Air France et dans ttes les agences de voyages.

➢ KLM dessert Londres-Heatrow avec 12 vols/j. et London-City avec 8 vols/j. au départ d'Amsterdam-Schiphol et plusieurs vols/j. au départ de Bordeaux, Lyon, Marseille, Mulhouse, Nantes, Nice, Pau, Strasbourg et Toulouse via Amsterdam.

KLM, c'est également d'autres destinations au Royaume-Uni dont Aberdeen, Birmingham, Bristol, Cardiff, Durham, Édimbourg, Glasgow, Humberside, Leeds Bradford, Manchester, Newcastle...

▲ BMI – BRITISH MIDLAND

Résas : ☎ 01-41-91-87-04 (lun-ven 8h-19h ; fermé le w-e). ● flybmi.com ●

➢ Au départ de Nice et Bruxelles, vols pour Londres-Heathrow. Vols pour Manchester au départ de Bruxelles, Nice et Lyon. Nombreuses correspondances à partir de Londres-Heathrow vers le reste de la Grande-Bretagne, l'Écosse et l'Irlande.

▲ BRITISH AIRWAYS

☎ 0825-825-400 (0,15 €/mn). ● ba.com ●

➢ Au départ de Paris (Roissy-Charles-de-Gaulle), British Airways propose plusieurs vols/j. à destination de Londres (Heathrow ou Gatwick).

➢ British Airways dessert également Londres en direct depuis plusieurs villes de province (Chambéry, Lyon, Nice, Marseille, Toulouse, Bordeaux).

En complément d'un billet, British Airways propose aussi sur Londres et toute la Grande-Bretagne des séjours à la carte très compétitifs (du *B & B* aux cartes de métro, location de voitures, spectacles, etc.). Plus d'infos sur *● baholidays.com ●*

▲ SN BRUSSELS AIRLINES

Pour tt rens : ☎ 0892-640-030 (0,34 €/mn depuis la France) ou ☎ 0902-51-600 (0,75 €/mn en Belgique). ● brusselsairlines.com ●

➢ Liaisons à destination de Londres (aéroports de Heathrow) via Bruxelles depuis Strasbourg, Nice, Lyon, Marseille, Toulouse et Genève.

Les compagnies *low-cost*

Ce sont des compagnies dites « à bas prix ». De nombreuses villes de province sont desservies, ainsi que les aéroports limitrophes des grandes villes. Ne pas trop espérer trouver facilement des billets à prix plancher lors des périodes les plus fréquentées (vacances scolaires, week-ends...). À bord, c'est service minimum. Afin de réduire les files d'attente dans les aéroports, certaines font même payer l'enregistrement aux comptoirs d'aéroport. Pour éviter cette nouvelle taxe qui ne dit pas son nom, les voyageurs ont intérêt à s'enregistrer directement sur Internet où le service est gratuit. La réservation se fait parfois par téléphone (pas d'agence, juste un numéro de réservation et un billet à imprimer soi-même) et aucune garantie de remboursement n'existe en cas de difficultés financières de la compagnie. En outre, les pénalités en cas de changement d'horaires sont assez importantes et les taxes d'aéroport rarement incluses. Il faut aussi rappeler que plusieurs compagnies facturent maintenant les bagages en soute. Ne pas oublier non plus d'ajouter le prix du bus pour se rendre à ces aéroports, souvent assez éloignés du centre-ville. Au final, même si les prix de base restent très attractifs, il convient de prendre en compte tous ces frais annexes pour calculer le plus justement son budget.

▲ EASYJET

☎ *0820-420-315 (1,35 € l'appel puis 0,12 €/mn).* • *easyjet.com* •

➢ Départs de Roissy-Charles-de-Gaulle, Ajaccio, Bastia, Nice, Nantes, La Rochelle, Biarritz, Lyon, Toulouse, Bordeaux, Grenoble, Marseille, Montpellier, Genève, Bâle-Mulhouse pour Londres-Luton, Londres-Stansted, Londres-Gatwick. Réductions intéressantes pour toute réservation faite sur leur site internet. Également des vols depuis Bruxelles.

▲ FLYBE

☎ *(+44) 13-922-685-29 (en Angleterre).* • *flybe.com* •

➢ Permet de relier Londres-Gatwick depuis Roissy-Charles-de-Gaulle, Bergerac et Nantes.

▲ RYANAIR

☎ *0892-780-210 (0,34 €/mn).* • *ryanair.com* •

➢ Billets à prix réduits vers Londres-Luton et Londres-Stansted avec des vols quotidiens et directs au départ de Bergerac, Béziers, Biarritz, Brest, Carcassonne, Dinard, Grenoble, La Rochelle, Limoges, Marseille, Nîmes, Pau, Perpignan, Poitiers, Rodez, Toulon et Tours.

LES ORGANISMES DE VOYAGES

– Ne pas croire que les vols à tarif réduit sont tous au même prix pour une même destination à une même époque : loin de là. On a déjà vu, dans un même avion partagé par deux organismes, des passagers qui avaient payé 40 % plus cher que les autres. De plus, une agence bon marché ne l'est pas forcément toute l'année (elle peut n'être compétitive qu'à certaines dates bien précises). Donc, contactez tous les organismes et jugez vous-même.

– Les organismes cités sont classés par ordre alphabétique, pour éviter les jalousies et les grincements de dents.

EN FRANCE

▲ BOURSE DES VOLS / BOURSE DES VOYAGES

• *bdv.fr* • *ou par tél, au* ☎ *01-42-61-66-61, lun-sam 8h-20h.*

Agence de voyages en ligne, BDV.fr propose une vaste sélection de vols secs, séjours et circuits à réserver en ligne ou par téléphone. Pour bénéficier des meilleurs tarifs aériens, même à la dernière minute, le service de Bourse des Vols référence en temps réel un large panel de vols réguliers, charters et dégriffés au départ de Paris et de nombreuses villes de province. Bourse des Voyages propose des promotions toute l'année sur une large sélection de destinations (séjours, circuits...).

▲ FUAJ

– Paris : antenne nationale, 27, rue Pajol, 75018. ☎ *01-44-89-87-27.* Ⓜ *La Chapelle, Marx-Dormoy ou Gare-du-Nord. Mar-ven 13h-17h30. Rens dans ttes les auberges de jeunesse, les points d'info et de résa en France et sur le site* • *fuaj.org* •

La FUAJ (Fédération unie des auberges de jeunesse) accueille ses adhérents dans 160 auberges de jeunesse en France. Seule association française membre de l'IYHF *(International Youth Hostel Federation)*, elle est le maillon d'un réseau de 4 000 auberges de jeunesse réparties dans 90 pays. La FUAJ organise, pour ses adhérents, des activités sportives, culturelles et éducatives ainsi que des rencontres internationales. Vous pouvez obtenir gratuitement les brochures *Printemps-Été, Hiver,* le dépliant des séjours pédagogiques, la carte pliable des AJ et le *Guide des AJ en France*.

▲ GAELAND ASHLING

• *gaeland-ashling.com* •

– Paris : 4, quai des Célestins, 75004. ☎ *0825-12-30-03 (0,15 €/mn). Lun-ven 9h30-18h30, sam 10h-17h.*

– Et dans ttes les agences de voyages.

Trois destinations phares pour ce tour-opérateur spécialisé sur l'ouest de l'Europe (la Grande-Bretagne, l'Écosse et l'Irlande). L'équipe est composée de fanas de la Grande-Bretagne, qui connaissent très bien la destination. En Grande-Bretagne, sélection rigoureuse d'hôtels en Angleterre, au pays de Galles ou en Écosse. Du week-end à Londres (hôtels toutes catégories) aux *B & B* ou aux manoirs de charme dans le reste du pays, les hôtels ont été sélectionnés en privilégiant le charme et la qualité, du plus familial au luxe.

▲ NOUVELLES FRONTIÈRES

Rens et résas dans tte la France : ☎ 0825-000-825 (0,15 €/mn). • nouvelles-frontieres.fr •
Les brochures Nouvelles Frontières sont disponibles gratuitement dans les 300 agences du réseau, par tél et sur Internet. Nombreuses formules : vols sur Corsairfly, la compagnie de Nouvelles Frontières au départ de Paris et de province, et sur toutes les compagnies aériennes régulières ; circuits, aventure ou organisés ; séjours en hôtels, en hôtels-clubs et en résidences ; week-ends, formules à la carte.

▲ NOVO.TRAVEL

– Tarnos : 306, rue de l'Industrie, 40220. Rens et résas : ☎ 0892-060-060 (0,34 €/min). • novo.travel • Lun-ven 10h-18h.
Spécialiste des voyages en autocar à destination de toutes les grandes cités européennes. Week-ends, séjours et circuits en bus toute l'année, grands festivals et évènements européens, formules pour tout public, individuel ou groupe, au départ de toutes les grandes villes de France.

▲ PARTIRENEUROPE.COM

– Grenoble : 45, rue Lesdiguieres, 38000. ☎ 04-76-47-19-18. • partireneurope.com • Lun-jeu 9h-12h30, 14h-18h30 (17h30 ven).
Une agence dynamique qui organise des séjours économiques en Europe et en Russie dans les grandes capitales européennes au départ de 30 villes de France. Plusieurs formules d'hébergement, de la cité U aux hôtels 3 étoiles. Départs toute l'année et pour des concerts et des festivals rock en Europe. Nouveau : départs possibles chaque semaine avec des formules bus + hôtels dans les capitales européennes.

▲ PROMOVACANCES.COM

Les offres Promovacances sont accessibles sur • promovacances.com • ou au ☎ 0899-654-850 (1,35 € l'appel puis 0,34 €/mn) et dans 10 agences situées à Paris et à Lyon.
N° 1 français de la vente de séjours sur Internet, Promovacances a fait voyager plus de 2 millions de clients en 10 ans. Le site propose plus de 10 000 voyages actualisés chaque jour sur 300 destinations : séjours, circuits, week-ends, thalasso, plongée, golf, voyages de noces, locations, vols secs... L'ambition du voyagiste : prouver chaque jour que le petit prix est compatible avec des vacances de qualité. Grâce aux avis clients publiés sur le site et aux visites virtuelles des hôtels, vous réservez vos vacances en toute tranquillité.

▲ VOYAGES-SNCF.COM

Voyages-sncf.com, acteur majeur du tourisme français qui recense 9 millions de visiteurs par mois, propose d'acheter en ligne des billets de train, d'avion, des chambres d'hôtel, des locations de voitures, de vacances et des séjours clés en main ou Alacarte®, ainsi que des spectacles, des excursions et des visites de musées. Un large choix et des prix avantageux sont offerts toute l'année, pour tous types de voyages dans le monde entier : SNCF, 180 compagnies aériennes, 84 000 hôtels référencés et les principaux loueurs de voitures.
Leur site *• voyages-sncf.com •* permet d'accéder tous les jours, 24h/24, à plusieurs services : envoi gratuit des billets à domicile, Alerte Résa pour être informé de l'ouverture des réservations et profiter du plus grand choix, calendrier des meilleurs prix (TTC), mais aussi des offres de dernière minute et des promotions...
Pratique : *• voyages-sncf.mobi •*, le site mobile pour réserver, s'informer et profiter des bons plans n'importe où et à n'importe quel moment.
Et grâce à l'ÉcoComparateur, en exclusivité sur *• voyages-sncf.com •*, possibilité de comparer le prix, le temps de trajet et l'indice de pollution pour un même trajet en train, en avion ou en voiture.

▲ **VOYAGEURS EN IRLANDE ET DANS LES ÎLES BRITANNIQUES (ANGLETERRE, ÉCOSSE, IRLANDE)**
☎ *01-42-86-17-60.* • *vdm.com* •
– Paris : La Cité des Voyageurs, 55, rue Sainte-Anne, 75002. ☎ *01-42-86-16-00.* Ⓜ *Opéra ou Pyramides. Lun-sam 9h30-19h.*
– Également des agences à Bordeaux, Caen, Grenoble, Lille, Lyon, Marseille, Montpellier, Nantes, Nice, Rennes, Rouen, Strasbourg et Toulouse.
Parce que chaque voyageur est différent, que chacun a ses rêves et ses idées pour les réaliser, Voyageurs du Monde conçoit, depuis plus de 30 ans, des projets sur mesure. Les séjours proposés à travers 120 destinations sont des suggestions élaborées par nos 180 conseillers voyageurs. Spécialistes de leur pays, ils vous aideront à personnaliser les voyages présentés à travers une trentaine de brochures d'un nouveau type et sur le site internet où vous pourrez également découvrir nos hébergements exclusifs et consulter votre espace personnalisé.
Chacune des 15 Cités des Voyageurs est une invitation au voyage : librairies spécialisées, accessoires de voyage, expositions-ventes d'artisanat et conférences. Voyageurs du Monde est membre de l'association ATR (Agir pour un tourisme responsable) et a obtenu en 2008 sa certification « Tourisme responsable » AFAQ AFNOR.

Comment aller à Roissy et à Orly ?

Bon à savoir :
– Le ***pass Navigo*** est valable pour Roissy-Rail (RER B, zones 1-5) et Orly-Rail (RER C, zones 1-4).
– Le ***billet Orly-Rail*** permet d'accéder sans supplément aux réseaux métro et RER.

À Roissy-Charles-de-Gaulle 1, 2 et 3

Attention : si vous partez de Roissy, pensez à vérifier de quelle aérogare votre avion décolle car la durée du trajet peut considérablement varier en fonction de cette donnée.

En transports collectifs

🚌 ***Les cars Air France :*** ☎ *0892-350-820 (0,34 €/mn).* • *lescarsairfrance.com* • *Paiement par CB possible à bord.*
Le site internet diffuse les informations essentielles sur le réseau (lignes, horaires, tarifs...) permettant de connaître en temps réel des infos sur le trafic afin de mieux planifier son départ. Il propose également une boutique en ligne, qui permet d'acheter et d'imprimer les billets électroniques pour accéder aux bus.
➢ *Paris-Roissy :* départ pl. de l'Étoile (1, av. Carnot), avec un arrêt pl. de la Porte-Maillot (bd Gouvion-Saint-Cyr). Départs ttes les 20-30 mn, 6h-22h. Durée du trajet : 35-50 mn env. Tarifs : 15 € l'aller simple, 24 € l'A/R ; réduc enfants 2-11 ans.
Autre départ depuis la gare Montparnasse (arrêt rue du Commandant-Mouchotte, face à l'hôtel *Pullman*), ttes les 30 mn, 6h-21h30, avec un arrêt gare de Lyon (20 bis, bd Diderot). Tarifs : 16,50 € l'aller simple, 27 € l'A/R ; réduc enfants 2-11 ans.
➢ *Roissy-Paris :* les cars *Air France* desservent la pl. de la Porte-Maillot, avec un arrêt bd Gouvion-Saint-Cyr, et se rendent ensuite au terminus de l'av. Carnot. Départs ttes les 20-30 mn, 6h-23h des terminaux 2A et 2C (porte C2), 2E et 2F (niveau « Arrivées », porte 3 de la galerie), 2B et 2D (porte B1), et du terminal 1 (porte 34, niveau « Arrivées »).
À destination de la gare de Lyon et de la gare Montparnasse, départs ttes les 30 mn, 6h-21h30 des mêmes terminaux. Durée du trajet : 45 mn env.

🚌 ***Roissybus :*** ☎ *32-46 (0,34 €/mn).* • *ratp.fr* • Départs de la pl. de l'Opéra (angle rues Scribe et Auber) ttes les 15 mn (20 mn à partir de 20h), 5h45-23h. Durée du trajet : 60 mn. De Roissy, départs 6h-23h des terminaux 1, 2A, 2B, 2C, 2D et 2F, et à la sortie du hall d'arrivée du terminal 3. Tarif : 10 €.

🚌 ***Bus RATP n° 351 :*** de la pl. de la Nation, 5h35-20h20. Solution la moins chère mais la plus lente. Compter 3 tickets ou 5,70 € et 1h40 de trajet. Ou ***bus n° 350,*** de la gare de l'Est (1h15 de trajet). Arrivée Roissypôle-gare RER.

🚆 ***RER ligne B + navette :*** ☎ *32-46*

(0,34 €/mn). Départ ttes les 15 mn (4h55-0h20) depuis la gare du Nord et à partir de 5h26 depuis Châtelet. À Roissy-Charles-de-Gaulle, descendre à la station (il y en a 2) qui dessert le bon terminal. De là, prendre la navette adéquate. Compter 50 mn de la gare du Nord à l'aéroport (navette comprise). Tarif : 10,90 €.
Si vous venez du nord, de l'ouest ou du sud de la France en train, vous pouvez rejoindre les aéroports de Roissy sans passer par Paris, la gare SNCF Paris-Charles de Gaulle étant reliée aux réseaux TGV.

En taxis

Compter au moins 50 € du centre de Paris, en tarif de jour.

En voiture

Chaque terminal a son propre parking. Compter 34 € par tranche de 24h. Également des parkings longue durée (PR et PX), plus éloignés des terminaux, qui proposent des tarifs plus avantageux (forfait 24h 25 €, forfait 7 j. pour 151 €). Possibilité de réserver sa place de parking via le site ● *aeroportsdeparis.fr* ● Stationnement au parking Vacances (longue durée) dans le P3 Résa (terminaux 1 et 3) situé à 2 mn du terminal 3 à pieds ou le PAB (terminal 2). Formules de stationnement 1-30 j. (120-205 €) pour le P3 Résa. De 2 à 5 j. dans le PAB 13 € par tranche de 12h et de 6 à 14 j. 24 € par tranche de 24h. Réservation sur Internet uniquement. Les P1, PAB et PEF accueillent les deux-roues : 15 € pour 24h.

Comment se déplacer entre Roissy-Charles-de-Gaulle 1, 2 et 3 ?

Les rames du CDG-VAL font le lien entre les 3 terminaux en 8 mn. Fonctionne tlj, 24h/24. Gratuit. Accessible aux personnes à mobilité réduite. Départ ttes les 4 mn, et ttes les 20 mn, minuit-4h. Desserte gratuite vers certains hôtels, parkings, gares RER et gares TGV. *Infos au : ☎ 39-50.*

À Orly-Sud et Orly-Ouest

En transports collectifs

Les cars Air France : *☎ 0892-350-820 (0,34 €/mn).* ● *lescarsairfrance.com* ● *Tarifs : 11,50 € l'aller simple, 18,50 € l'A/R ; enfants 2-11 ans : 5,50 €. Paiement par CB possible dans le bus.*

➢ *Paris-Orly :* départs de l'Étoile, 1, av. Carnot, ttes les 30 mn 5h-22h40. Arrêts au terminal des Invalides, rue Esnault-Pelterie (Ⓜ Invalides), Gare Montparnasse (rue du Commandant-Mouchotte, face à l'hôtel *Pullman* ; Ⓜ Montparnasse-Bienvenüe, sortie Gare SNCF) et Porte d'Orléans (arrêt facultatif uniquement dans le sens Orly-Paris).

➢ *Orly-Paris :* départs ttes les 20 mn, 6h-23h40 d'Orly-Sud, porte L, et d'Orly-Ouest, porte H, niveau « Arrivées ».

RER C + navette : *☎ 01-60-11-46-20.* ● *parisparletrain.fr* ● Prendre le RER C jusqu'à Pont-de-Rungis (un RER ttes les 15-30 mn). Compter 25 mn depuis la gare d'Austerlitz. Ensuite, navette pdt 15-20 mn pour Orly-Sud et Orly-Ouest. Compter 6,45 €. Très recommandé les jours où l'on piétine sur l'autoroute du Sud (w-e et jours de grands départs) : on ne sera jamais en retard. Pour le retour, départs de la navette ttes les 15 mn depuis la porte G à Orly-Ouest (5h40-23h14) et la porte F à Orly-Sud (4h45-0h55).

Bus RATP Orlybus : *☎ 08-92-68-77-14 (0,34 €/mn).* ● *ratp.fr* ●

➢ *Paris-Orly :* départs ttes les 15-20 mn de la pl. Denfert-Rochereau. Compter 20-30 mn pour rejoindre Orly (Ouest ou Sud). Orlybus fonctionne tlj 5h35-23h, jusqu'à minuit ven, sam et veilles de fêtes dans le sens Paris-Orly ; et tlj 6h-23h20, jusqu'à 0h20 ven, sam et veilles de fêtes dans le sens Orly-Paris.

➢ *Orly-Paris :* départ d'Orly-Sud, porte H, quai 4, ou d'Orly-Ouest, porte J, niveau « Arrivées ». Compter 7 € l'aller simple.

Orlyval : *☎ 32-46 (0,34 €/mn).* ● *ratp.fr* ● Compter 10,90 € l'aller simple entre Orly et Paris. Ce métro automatique est facilement accessible à partir de n'importe quel point de la capitale ou de la région parisienne (RER, stations de métro, gare SNCF). La jonction se fait à Antony (ligne B du RER) sans aucune attente. Permet d'aller d'Orly à Châtelet et vice versa en 40 mn env, sans se soucier de la densité de la circulation automobile.

➢ *Paris-Orly :* départs pour Orly-Sud et Ouest ttes les 6-8 mn, 6h-22h15.
➢ *Orly-Paris :* départ d'Orly-Sud, porte K, zone livraison des bagages, ou d'Orly-Ouest, porte W, niveau 1.

En taxis

Compter au moins 35 € en tarif de jour du centre de Paris, selon circulation et importance des bagages.

En voiture

À proximité d'Orly-Ouest, parkings P0 et P2. À proximité d'Orly-Sud, P1, P2 et P3 (à 50 m du terminal, accessible par tapis roulant). Compter 28,50 € pour 24h de stationnement. Les parkings P0 et P2, à proximité immédiate des terminaux, proposent un forfait « week-end » intéressant valable du ven 0h01 au lun 23h59 (45 €). Forfaits disponibles aussi pour les P4, P5 et P7 : 15,50 € pour 24h et 1 € par jour supplémentaire au-delà de 8 j. (45 j. de stationnement max). Il existe pour le P7 des forfaits Vacances 1 à 30 j. (15-130 €).
Les P4, P7 (en extérieur) et P5 (couvert) sont des parkings longue durée, plus excentrés, reliés par navettes gratuites aux terminaux. *Rens : ☎ 01-49-75-56-50.* Comme à Roissy, possibilité de réserver en ligne sa place de parking (P0 et P7) sur ● *aeroportsdeparis.fr* ● Les frais de résa (en sus du parking) sont de 8 € pour 1 j., de 12 € pour 2-3 j. et de 20 € pour 4-10 j. de stationnement pour le P0. Les parkings P0-P2 à Orly-Ouest, et P1-P3 à Orly-Sud accueillent les deux-roues : 6,20 € pour 24h.

Liaisons entre Orly et Roissy-Charles-de-Gaulle

Les cars Air France : *☎ 0892-350-820 (0,34 €/mn).* ● *lescarsairfrance.com* ● Départs de Roissy-Charles-de-Gaulle depuis les terminaux 1 (porte 32), 2A et 2C, 2B et 2D, 2E et 2F (galerie de liaison entre les terminaux 2E et 2F) vers Orly 5h55-22h30. Départs d'Orly-Sud (porte K) et d'Orly-Ouest (porte H) vers Roissy-Charles-de-Gaulle 6h30 (7h le w-e)-22h30. Ttes les 30-45 mn (dans les 2 sens). Durée du trajet : 50 mn env. Tarif : 19,50 € ; réduc.

RER B + Orlyval : *☎ 32-46 (0,34 €/mn).* Depuis Roissy, navette puis RER B jusqu'à Antony et enfin Orlyval entre Antony et Orly, 6h-22h15. Tarif : 19,50 €.

– **En taxi :** compter 50-55 € en journée.

EN BELGIQUE

▲ CONNECTIONS

Rens et résas : ☎ 070-233-313. ● *connections.be* ● *Lun-ven 9h-19h, sam 10h-17h.*
Fort d'une expérience de plus de 20 ans dans le domaine du voyage, Connections dispose d'un réseau de 30 *travel shops* dont un à Brussels Airport, Connections propose des vols dans le monde entier à des tarifs avantageux et des voyages destinés à des voyageurs désireux de découvrir la planète de façon autonome et de vivre des expériences uniques. Connections propose une gamme complète de produits : vols, hébergements, locations de voitures, autotours, vacances sportives, excursions, assurances « protections »...

▲ NOUVELLES FRONTIÈRES

● *nouvelles-frontieres.be* ●
– Nombreuses agences dans le pays dont Bruxelles, Charleroi, Liège, Mons, Namur, Waterloo, Wavre et au Luxembourg.
Voir texte dans la partie « En France ».

EN SUISSE

▲ STA TRAVEL

☎ 058-450-49-49. ● *statravel.ch* ●
– Fribourg : rue de Lausanne, 24, 1701. ☎ 058-450-49-80.
– Genève : rue de Rive, 10, 1204. ☎ 058-450-48-00.
– Genève : rue Vignier, 3, 1205. ☎ 058-450-48-30.
– Lausanne : bd de Grancy, 20, 1006. ☎ 058-450-48-50.
– Lausanne : à l'université, Anthropole, 1015. ☎ 058-450-49-20.
Agences spécialisées notamment dans les voyages pour jeunes et étudiants. 150 bureaux STA et plus de 700 agents du même groupe répartis dans le monde entier sont là pour donner un coup de main *(Travel Help).*
STA propose des voyages avantageux :

vols secs *(Blue Ticket)*, hôtels, écoles de langues, *work & travel*, circuits d'aventure, voitures de location, etc. Délivre la carte internationale d'étudiant et la carte *Jeune*.
STA est membre du fonds de garantie de la branche suisse du voyage ; les montants versés par les clients pour les voyages forfaitaires sont assurés.

▲ TUI – NOUVELLES FRONTIÈRES

– Genève : rue Chantepoulet, 25, 1201.
☎ 022-716-15-70.
– Lausanne : bd de Grancy, 19, 1006.
☎ 021-616-88-91.
Voir texte dans la partie « En France ».

AU QUÉBEC

▲ TOURS CHANTECLERC

• *tourschanteclerc.com* •
Tours Chanteclerc est un tour-opérateur qui publie différentes brochures de voyages : Europe, Amérique du Nord, Amérique du Sud, Asie et Pacifique sud, Afrique et le Bassin méditerranéen en circuits ou en séjours. Il se présente comme l'une des « références sur l'Europe » avec deux brochures : groupes (circuits guidés en français) et individuels. « Mosaïque Europe » s'adresse aux voyageurs indépendants qui réservent un billet d'avion, un hébergement (dans toute l'Europe), des excursions ou une location de voiture. Aussi spécialiste de Paris, le grossiste offre une vaste sélection d'hôtels et d'appartements dans la Ville Lumière.

▲ VACANCES TOURS MONT ROYAL

• *http://vacancestmr.com* •
Le voyagiste propose une offre complète sur les destinations et les styles de voyages suivants : Europe, destinations soleils d'hiver et d'été, forfaits tout compris, circuits accompagnés ou en liberté. Au programme Europe, tout ce qu'il faut pour les voyageurs indépendants : locations de voitures, cartes de train, bonne sélection d'hôtels, excursions à la carte, forfaits à Paris, etc. À signaler : l'option achat/rachat de voiture (17 jours minimum, avec prise en France et remise en France ou ailleurs en Europe). Également : vols entre Montréal et Londres, Bruxelles, Bâle, Madrid, Malaga, Barcelone et Vienne avec Air Transat ; les vols à destination de Paris sont assurés par la compagnie Corsair au départ de Montréal, d'Halifax et de Québec avec Corsairfly. Nouvelle destination : l'Islande.

▲ VOYAGES CAMPUS/TRAVEL CUTS

• *voyagescampus.com* •
Voyages Campus/Travel Cuts est un réseau national d'agences de voyages spécialisées pour les étudiants et les voyageurs qui disposent de petits budgets. Le réseau existe depuis 40 ans et compte plus de 50 agences dont 6 au Québec. Voyages Campus propose des produits exclusifs comme l'assurance « Bon voyage » le programme de vacances-travail (SWAP), la carte d'étudiant internationale (ISIC) et plus. Ils peuvent vous aider à planifier votre séjour autant à l'étranger qu'au Canada et même au Québec.

UNITAID

UNITAID a été créé pour lutter contre le VIH/sida, le paludisme et la tuberculose, principales maladies meurtrières dans les pays en développement. UNITAID intervient dans 94 pays en facilitant l'accès aux médicaments et aux diagnostics, en en baissant les prix, dans les pays en développement. Le financement d'UNITAID provient principalement d'une contribution de solidarité sur les billets d'avion mise en place par six pays membres, dont la France, où la taxe est de 1 € sur les vols intérieurs et de 4 € sur les vols internationaux (ce qui représente le traitement d'un enfant séropositif pour un an). Depuis 2006, UNITAID a réuni plus d'un milliard de dollars. Les financements ont permis à près d'un million de personnes atteintes du VIH/sida de bénéficier d'un traitement et de délivrer plus de 19 millions de traitements contre le paludisme. Moins de 5 % des fonds sont utilisés pour le fonctionnement du programme, 95 % sont utilisés directement pour les médicaments et les tests. Pour en savoir plus : • *unitaid.eu* •

LONDRES UTILE

ABC DE LONDRES

- *Superficie :* 1 579 km².
- *Population :* 7,6 millions d'habitants.
- *Le Grand Londres est composé de* 32 boroughs, *circonscriptions administratives, dont 12 forment Londres intra-muros :* Camden, Greenwich, Hackney, Hammersmith & Fulham, Islington, Kensington & Chelsea, Lambeth, Lewisham, Southwark, Tower Hamlets, Wandsworth et Westminster.
- *Densité :* 4 878 hab./km².
- *Langues :* anglais officiellement, mais plus de 300 dans la capitale !
- *Monnaie :* la livre sterling (£). En 2012, 1 £ = env 1,20 €.
- *Maire :* Boris Johnson, deuxième maire de l'histoire de la capitale, membre du parti conservateur, élu en 2008.
- *Taux de chômage :* environ 9 % en 2011.
- *Culture :* 22 musées nationaux (gratuits !) et plus de 200 musées en tout, plus de 900 librairies (2 fois plus qu'à New York) et près de 200 festivals au cours de l'année.

Pour se repérer, voir le plan d'ensemble de la ville et les centres 1 (Soho, Covent Garden), 2 (Earl's Court) et 3 (Hoxton, Shoreditch) en fin de guide.

AVANT LE DÉPART

Adresses utiles

En France

- ***Office de tourisme de Grande-Bretagne :*** • *visitbritain.com* • *Pas d'accueil du public, infos sur Internet slt.* Un site internet très riche avec des thématiques d'exploration du pays (des jardins aux sites de tournage de films). Également sur • *visitbritainshop.com* •, vente de cartes de métro, billets *Heathrow Express, Original London Sightseeing Tours,* billets avec transport pour le tout nouveau *Harry Potter Studio Tour,* ou tickets pour Madame Tussauds et *London Pass*. Possibilité également d'acheter des billets de train du réseau national, des billets coupe-file pour les plus grandes expositions, des places de spectacles, de comédies musicales, des plans, guides, cartes, etc.
- ***Consulat de Grande-Bretagne :*** *18 bis, rue d'Anjou, 75008 Paris.* ☎ *01-44-51-31-00.* • *ukinfrance.fco.gov.uk/fr* • Ⓜ *Madeleine. Lun-ven 9h30-13h, 14h30-17h30.*
- ***The British Council :*** *9, rue de Constantine, 75007 Paris.* ☎ *01-49-55-73-00.* • *britishcouncil.org* • *M. ou RER C : Invalides. Lun-ven 9h-17h30. Fermé j. fériés, à Noël et début août.* Pour son atmosphère feutrée et aimable, très

anglaise. Pas de méthodes d'anglais ; il faut déjà parler la langue. Journaux, livres, renseignements, discothèque.

Transports

■ ***BMS Voyages :*** *64, bd Sébastopol, 75003 Paris. ☎ 01-42-66-07-07.* • *bms-travelshop.com* • *laboutiquedutrain.com* • Vente de billets Eurostar, Brittany Ferries, billets de train point à point, un *pass* ferroviaire pour le Royaume-Uni, qui permet de prendre les liaisons aéroports (Heathrow, Gatwick, Stansted, Luton, Manchester, Birmingham), hébergements en hôtels, et surtout *passes* de transport, billets de métro/bus, etc. Très pratique : on vous envoie les coupons par courrier avant de partir et vous les échangez à l'arrivée à Saint Pancras au guichet de *National Rail* (pas de file d'attente ou presque, moins qu'à la billetterie du métro en tout cas !). Billetterie également de spectacles et d'attractions touristiques. **Attention particulière pour les lecteurs du *Routard,* bien la demander à la réservation sur place, sur Internet ou par téléphone.**

– Plein d'infos également sur le site • *visitbritain.com* •

– Voir aussi notre rubrique « Transports » plus loin.

Loisirs

■ ***W.H. Smith :*** *248, rue de Rivoli, 75001 Paris. ☎ 01-44-77-88-99.* • *whsmith.fr* • Ⓜ *Concorde. Lun-sam 9h-19h, dim 12h30-19h.* La branche française de la célèbre librairie anglaise. On y trouve tous les classiques. Vente également sur leur site internet.

– Voir aussi notre rubrique « Sports et loisirs » dans « Hommes, culture, environnement ».

En Belgique

ℹ ***Visit Britain :*** *BP 25, 1040 Etterbeek 2. ☎ 02-646-35-10.* • *visitbritain.com* • *Pas d'ouverture au public. Infos slt par tél, Internet ou par voie postale, lun-ven 10h-17h.* Informations touristiques par téléphone, vente sur Internet de *passes* (châteaux, jardins, manoirs) et de tickets pour les spectacles à Londres.

■ ***Ambassade de Grande-Bretagne :*** *av. d'Auderghem, 10. ☎ 02-287-62-11. Service consulaire : ☎ 02-287-62-70.* • *ukinbelgium.fco.gov.uk* • *visa4uk.fco.gov.uk* • *Lun-ven 9h-17h30.*

■ ***British Council :*** *Leopold Plaza, rue du Trône, 108, Bruxelles 1050. ☎ 02-227-08-40.* • *britishcouncil.be* • *Pas d'accueil du public, infos par tél lun-ven 10h-13h.* Informations sur les cours d'anglais dans les écoles privées en Grande-Bretagne et en Belgique. Donne également des adresses d'organismes pour travailler au pair, trouver un job.

En Suisse

ℹ ***Visit Britain :*** • *visitbritain.com* • *Pas d'accueil public.*

■ ***Consulat de Grande-Bretagne :*** *58, av. Louis-Casaï, case postale 6, 1216 Cointrin (Genève). ☎ 022-918-24-00.* • *ukinswitzerland.fco.gov.uk* • *Demandes de visa lun-ven slt ; 8h30-12h30, 13h30-17h.*

Au Québec

■ ***Consulat de Grande-Bretagne :*** *1000, rue de la Gauchetière-Ouest, suite 4200, Montréal, Québec, H3B 4W5. ☎ (514) 866-5863.* • *ukincanada.fco.gov.uk* • *Lun-ven sur rdv slt, 9h-16h.* Ne délivre pas de visa. Pour cela, les ressortissants étrangers doivent se rendre à Ottawa auprès du *Haut Commissariat de la Grande-Bretagne : 80, Elgin St, Ottawa, Ontario, K1P 5K7.* Toutes les démarches d'obtention de visa sont possibles sur le site internet du consulat.

Formalités

– ***Passeport*** ou ***carte nationale d'identité*** en cours de validité (un permis de séjour en France ne suffit pas, il faudra demander un visa) et, pour les mineurs, un passeport en cours de validité et l'autorisation parentale de sortie du territoire s'ils ne possèdent que la carte d'identité. Les mineurs non accompagnés par un de leurs parents doivent présenter un passeport en cours de validité ; s'ils ne possèdent qu'une carte d'identité, ils doivent être munis d'une autorisation parentale de sortie de territoire.

Attention : pour rappel, la Grande-Bretagne ne fait pas partie de l'*espace Schengen,* donc formalités, contrôles et tracasseries éventuelles, qui n'ont heureusement plus cours dans le reste de l'Europe.

– ***Pour la voiture :*** permis de conduire national, carte grise, carte verte et n'oubliez pas le F (le B ou le CH) à l'arrière du véhicule.

– ***Attention : les ressortissants hors Union européenne*** doivent se renseigner au service des visas du consulat de Grande-Bretagne (voir plus haut) et à leur propre consulat... En cas d'urgence, s'adresser au consulat de Grande-Bretagne dans les ports.

– ***La légendaire quarantaine des animaux*** a été abolie en 2000. Malgré tout, votre Médor ou votre Féline adorés devront montrer patte blanche. Il faut avant tout faire implanter une puce électronique (indolore) sous la peau de votre animal, puis refaire tous les vaccins nécessaires, notamment contre la rage (plus de renseignements auprès de votre véto) et ce, IMPÉRATIVEMENT 6 mois avant le départ, ainsi qu'une prise de sang. Une attestation antipuces et antitiques effectuée 24 à 48h avant le départ vous sera également demandée. L'entrée des animaux en Grande-Bretagne n'est autorisée que par voiture, soit à bord des ferries, soit via le tunnel sous la Manche ; elle est donc interdite par l'Eurostar. Pour tout renseignement complémentaire, consulter le site internet du consulat de Grande-Bretagne.

– Seuls les visiteurs de plus de 17 ans sont autorisés à importer ou exporter du **tabac** ou de l'**alcool** (800 cigarettes maximum).

– ***Avoir un passeport européen, ça peut être utile !*** L'Union européenne a organisé une assistance consulaire mutuelle pour les ressortissants de l'UE en cas de problème en voyage.

Vous pouvez y faire appel lorsque la France (c'est rare) ou la Belgique (c'est plus fréquent) ne disposent pas d'une représentation dans le pays où vous vous trouvez. Concrètement, elle vous permet de demander assistance à l'ambassade ou au consulat (pas à un consulat honoraire) de n'importe quel État membre de l'UE. Leurs services vous indiqueront s'ils peuvent directement vous aider ou vous préciseront ce qu'il faut faire.

Leur assistance est, bien entendu, limitée aux situations d'urgence : décès, accidents ayant entraîné des blessures ou des lésions, maladie grave, rapatriement pour raison médicale, arrestation ou détention. En cas de perte ou de vol de votre passeport, ils pourront également vous procurer un document provisoire de voyage.

Cette entraide consulaire entre les 27 États membres de l'UE ne peut, bien entendu, vous garantir un accueil dans votre langue. En général, une langue européenne courante sera pratiquée.

> Pensez à scanner passeport, carte d'identité, éventuellement visa, carte de paiement, billets d'avion, billets de train et vouchers d'hôtel. Ensuite, adressez-les-vous par e-mail, en pièces jointes. En cas de perte ou de vol, rien de plus facile pour les récupérer dans un cybercafé. Les démarches administratives en seront bien plus rapides. Merci tonton Routard !

Assurances voyages

■ ***Routard Assurance :*** *c/o AVI International, 106, rue de la Boétie, 75008 Paris.* ☎ *01-44-63-51-00.* • *avi-international.france@wanadoo.fr* • *avi-international.com* • Ⓜ *Saint-Philippe-du-Roule ou Franklin-D.-Roosevelt.* Depuis 1995, *Routard Assurance,* en collaboration avec *AVI International,* spécialiste de l'assurance voyage, propose aux routards un tarif à la semaine qui inclut une assurance bagages de 2 000 € et appareils photo de 300 €. Pour les séjours longs (2 mois à 1 an), il existe le *Plan Marco Polo.* Également un nouveau contrat pour les seniors, en courts et longs séjours. *Routard Assurance* est aussi disponible en version « light » (durée adaptée aux week-ends et courts séjours en Europe). Vous trouverez un bulletin de souscription dans les dernières pages de chaque guide.

■ ***AVA :*** *25, rue de Maubeuge, 75009 Paris. ☎ 01-53-20-44-20. • ava.fr • Ⓜ Cadet.* Un autre courtier fiable pour ceux qui souhaitent s'assurer en cas de décès-invalidité-accident lors d'un voyage à l'étranger, mais surtout pour bénéficier d'une assistance rapatriement, perte de bagages et annulation. Attention, franchises pour leurs contrats d'assurance voyage.

■ ***Pixel Assur :*** *18, rue des Plantes, 78600 Maisons-Laffitte. ☎ 01-39-62-28-63. • pixel-assur.com • RER A : Maisons-Laffitte.* Assurance de matériel photo et vidéo tous risques dans le monde entier. Devis basé sur le prix d'achat de votre matériel. Avantage : garantie à l'année.

Adresses utiles sur place

Centres d'information

ℹ ***City of London Information Centre*** *(plan d'ensemble H3) : St Paul's Churchyard, EC4M 8BX. ☎ 0207-332-1456. • visitlondon.com • Ⓜ St Paul's. Tte l'année, lun-sam 9h30-17h30, dim 10h-16h. Fermé 25-26 déc et ouv slt 11h-15h 1er janv.* Grand centre qui regroupe plusieurs services concernant Londres : kiosque de réservation de billets de train, de bus, vente de billets de spectacles et de certains sites ou attractions touristiques, documentation générale gratuite, ainsi que quelques documents payants, comme le très pratique *London Map, Bus Map & Guide for visitors.* Achats du *London Pass* également pour des réduc sur les sites à voir. Demander une carte des transports de la ville, indispensable (*detailed bus map*, très détaillée).

ℹ ***Tourist Information Centres :*** *☎ 0870-156-6366. • visitlondon.com •* Ils ne s'occupent que de Londres. Le principal est cité ci-dessus, mais on en trouve un peu partout à Londres, notamment à la gare de King's Cross St Pancras, à l'aéroport d'Heathrow, dans les stations de métro de Piccadilly Circus et Liverpool St, à Holborn, etc. Tous les *TIC* possèdent un service payant de réservation d'hôtels, *B & B* et auberges de jeunesse (AJ). Commission assez faible pour les AJ, plus élevée pour les *B & B*. En haute saison, ça vaut la peine.

■ ***Centre français Charles-Péguy*** *(plan d'ensemble J2) : 114-116 Curtain Rd, EC2A 3AH. ☎ 020-7749-7700 ou 0810-67-63-70 (n° Azur depuis la France). • cei-london.com • Ⓜ Old St, Exit 3. Mar, mer et ven 10h-16h, lun et jeu 14h-17h.* Dans les locaux du Centre d'échanges internationaux, un endroit sympa où l'on aide les jeunes expatriés à Londres à trouver un job, un séjour au pair, un hébergement. Cours de langues. Donne aussi des renseignements sur la Sécu, les contrats de travail, les modalités pour ouvrir un compte bancaire... Fournit des listes d'appartements à partager, de *B & B* et toutes sortes d'infos pratiques. Borne Internet, photocopieuses, fax, etc. Pour obtenir tout cela, il faut prendre la carte du centre (60 £, valable 1 an), avoir entre 18 et 30 ans et le projet de résider au moins 2 mois à Londres.

Ambassades et consulat

■ ***Consulat de France*** *(plan d'ensemble A6, **4**) : 21 Cromwell Rd, SW7 2EN. En face du Natural History Museum. Service des visas : 6 A Cromwell Pl, dans la rue perpendiculaire à Cromwell Rd sur le côté du bâtiment. ☎ 020-7073-1200 ou 1250. • ambafrance-uk.org • Ⓜ South Kensington. Lun-ven 8h45-12h (11h30 ven) ; sur rdv, accueil jusqu'à 16h (fermé ven ap-m). Service culturel : 23 Cromwell Rd.* Le consulat peut vous assister juridiquement en cas de problème. C'est là notamment qu'il faut se rendre en cas de perte de papiers d'identité.

■ ***Ambassade de France*** *(plan d'ensemble C5, **3**) : 58 Knightsbridge, SW1X 7JT. ☎ 020-7073-1000. • ambafrance-uk.org • Ⓜ Knightsbridge.*

■ ***Ambassade de Belgique*** *(plan d'ensemble C5, **5**) : 17 Grosvenor Crescent, SW1X 7EE. ☎ 020-7470-3700. En cas d'urgence slt : 📱 077-1070-3639. • diplomatie.be/londonfr •*

Ⓜ Hyde Park Corner. Lun-ven 8h30-12h pour les visas.

■ ***Ambassade de Suisse*** *(plan d'ensemble C3,* ***6****) : 16-18 Montague Pl, W1. ☎ 020-7616-6000. • eda.admin.ch/london • Ⓜ Baker St. Lun-ven 9h-12h.*

Santé

Voir les rubriques « Santé » et « Urgences » plus loin.

Infos transports

■ ***Air France*** *(centre 1, E4) : 10 Warwick St, W1 5RA. ☎ 0870-242-9242. • airfrance.com • Ⓜ Piccadilly Circus. Au 1er étage. Lun-ven 9h-17h30.*

Gare routière Victoria Coach Station *(plan d'ensemble D6) : sur Buckingham Palace Rd.* Nombreux bus vers les autres villes anglaises. Bus toutes les heures avec *National Express (☎ 0845-600-7245 ; • nationalexpress.com •)* pour toute l'Angleterre. Nombreuses réductions sur le site internet. Autres bus pour l'aéroport de Stansted *(env 2 bus/h, 8h-18h)* et Paris (de huit).

Consignes, objets trouvés

– ***Consignes (Left Luggage) :*** toutes les grandes gares possédaient des consignes automatiques mais, à cause des nouvelles normes de sécurité dues aux éventuelles menaces terroristes, elles sont désormais fermées. Reste la solution des consignes manuelles, où les bagages sont passés aux rayons X. On vous signale aussi que la plupart des musées acceptent les sacs peu volumineux (pas de valise ni de sac à dos encombrant donc). Si vous êtes peu chargé, c'est sans doute la solution la plus économique et la plus pratique.

– ***Objets trouvés (Lost Property) :*** *rens au ☎ 0845-330-9882 ou au Lost Property Office, 200 Baker St, NW1 5RZ. Lun-ven 8h30-16h.*

– ***Perte de cartes de paiement :*** voir plus loin notre rubrique « Argent, banques, change ».

Carte internationale d'étudiant (carte ISIC)

Elle prouve le statut d'étudiant dans le monde entier et permet de bénéficier de tous les avantages, services, réductions étudiants du monde dans les domaines du transport, de l'hébergement, de la culture, des loisirs, du shopping... c'est la clé de la mobilité étudiante !

La carte ISIC permet aussi d'accéder à des avantages exclusifs sur le voyage (billets d'avion spécial étudiants, hôtels et auberges de jeunesse, assurances, cartes SIM internationales, location de voitures...).

Pour plus d'informations sur la carte ISIC et pour la commander en ligne, rendez-vous sur le site *• isic.fr • statravel.fr •*

Renseignements supplémentaires : *01-40-49-01-01.*

Pour l'obtenir en France

– Commande en ligne.

– Ou boutique ISIC, *2, rue de Cicé, 75006 Paris,* muni de votre certificat de scolarité, d'une photo d'identité et de 13 € (12 € + 1 € frais de traitement).

– L'émission est immédiate sur place ; ou on vous l'envoie à domicile le jour même de la commande en ligne.

En Belgique

Elle coûte 12 € (+ 1 € de frais d'envoi) et s'obtient sur présentation de la carte d'identité, de la carte d'étudiant et d'une photo auprès de :

■ ***Connections :*** *rens au ☎ 070-23-33-13 ou 479-807-129. • isic.be •*

En Suisse

Dans toutes les agences STA Travel *(☎ 058-450-40-00 ou 49-49),* sur présentation de la carte d'étudiant, d'une photo et de 20 Fs. Commande de la carte en ligne : *• isic.ch • statravel.ch •*

Au Canada

La carte coûte 20 $Ca (+ 1,50 $Ca de frais d'envoi). Elle est disponible dans les agences *TravelCuts/Voyages Campus,* mais aussi dans les bureaux d'associations étudiants. Pour plus d'infos : ● *voyagescampus.com* ●

Carte d'adhésion internationale aux auberges de jeunesse (carte FUAJ)

Cette carte, valable dans plus de 90 pays, vous ouvre les portes des 4 000 auberges de jeunesse du réseau *Hostelling International* réparties dans le monde entier. Les périodes d'ouverture varient selon les pays et les AJ. À noter, la carte est souvent obligatoire pour séjourner en auberge de jeunesse, donc nous vous conseillons de vous la procurer avant votre départ. En outre, adhérer en France vous reviendra moins cher qu'à l'étranger.

Adhésion en France

– En ligne, avec un paiement sécurisé, sur le site ● *fuaj.org* ●
– Dans toutes les auberges de jeunesse, points d'informations et de réservations en France.
– Auprès de l'antenne nationale : *27, rue Pajol, 75018 Paris.* ☎ *01-44-89-87-27.* ● *fuaj.org* ● Ⓜ *Marx-Dormoy ou La Chapelle.*
– Par correspondance en envoyant une photocopie d'une pièce d'identité et un chèque à l'ordre de la FUAJ du montant correspondant à l'adhésion. Ajoutez 2 € de plus pour les frais d'envoi. Vous recevrez votre carte sous 15 jours.

Les tarifs de l'adhésion 2012

– Carte internationale FUAJ moins de 26 ans : 7 €.
Pour les mineurs, une autorisation parentale et la carte d'identité du parent tuteur sont nécessaires pour l'inscription.
– Carte internationale FUAJ plus de 26 ans : 11 €.
– Carte internationale FUAJ Famille : 20 €.
Seules les familles ayant un ou plusieurs enfants de moins de 16 ans peuvent bénéficier de la carte Famille sur présentation du livret de famille. Les enfants de plus de 16 ans devront acquérir une carte individuelle.
– La carte donne également droit à des réductions sur les transports, les musées et les attractions touristiques dans plus de 90 pays mais ces avantages varient d'un pays à l'autre, ce qui n'empêche pas de la présenter à chaque occasion. Liste de ces réductions disponible sur ● *hihostels.com* ● et pour les réductions en France sur ● *fuaj.org* ●

En Belgique

La carte d'adhésion est obligatoire. Son prix varie selon l'âge : entre 3 et 15 ans, 3 € ; entre 16 et 25 ans, 9 € ; après 25 ans, 15 €.

Renseignements et inscriptions

■ ***À Bruxelles : LAJ,*** *rue de la Sablonnière, 28, 1000.* ☎ *02-219-56-76.* ● *info@laj.be* ● *laj.be* ●
■ ***À Anvers : Vlaamse Jeugdherbergcentrale (VJH),*** *Van Stralenstraat 40 B, 2060 Antwerpen.* ☎ *03-232-72-18.* ● *info@vjh.be* ● *vjh.be* ●

– Votre carte de membre vous permet d'obtenir de 3 à 20 € de réduction sur votre première nuit dans les réseaux LAJ, VJH et CAJL (Luxembourg), ainsi que des réductions auprès de nombreux partenaires en Belgique.

En Suisse (SJH)

Le prix de la carte dépend de l'âge : 22 Fs pour les moins de 18 ans, 33 Fs pour les adultes et 44 Fs pour une famille avec des enfants de moins de 18 ans.

Renseignements et inscriptions

■ ***Schweizer Jugendherbergen (SJH) :*** *service des membres, Schaffhauserstr. 14, 8042 Zurich.* ☎ *44-360-14-14.* ● *booking@youthhostel.ch* ● *et* ● *contact@youthhostel.ch* ● *youthhostel.ch* ●

Au Canada

Elle coûte 35 $Ca pour une durée de 16 à 28 mois et 175 $Ca pour une carte valable à vie. Gratuit pour les enfants de moins de 18 ans qui accompagnent leurs parents.

■ ***Auberges de jeunesse du Saint-Laurent/Saint Laurent Youth Hostels :*** *– À Montréal : 3514, av. Lacombe, Montréal (Québec) H3T 1M1. ☎ (514) 731-10-15. N° gratuit (au Canada) : ☎ 1-800-663-57-77.*

■ ***Canadian Hostelling Association :*** *205 Catherine St, bureau 400, Ottawa (Ontario) K2P 1C3. ☎ (613) 237-78-84. • info@hihostels.ca • hihostels.ca •*

ARGENT, BANQUES, CHANGE

La Grande-Bretagne fait bien partie de l'Europe mais, au rayon des monnaies, les Britanniques font encore partie des réfractaires et s'accrochent à leur *sterling pound.* La livre sterling est divisée en 100 *pence.* Pièces de 50 p, 20 p, 10 p, 5 p et 1 *penny,* et pièces de 1 livre et de 2 livres avec plusieurs dessins symbolisant les différents pays composant la Grande-Bretagne.

En 2012, le cours de la livre sterling atteignait environ 1,20 €, 1,50 Fs et 1,60 $Ca. Même si la poussée de l'euro a entraîné une diminution très légère du change, les prix restent encore très élevés. Donc, s'attendre à un séjour onéreux en Grande-Bretagne.

– ***Les banques*** sont ouvertes de 9h30 à 16h30 de manière générale, parfois plus tard. Elles sont habituellement fermées le week-end, sauf certaines grandes banques qui ouvrent le samedi matin. Essayez d'éviter les bureaux de change dont les taux sont médiocres ; préférez les banques, ainsi que les postes. Ces bureaux de change sont nombreux. On les trouve dans les aéroports, les gares ferroviaires, certaines grandes stations de métro et dans quelques grands magasins. Ils sont ouverts plus tard que les banques, c'est là leur seul intérêt.

– ***Le bureau de change*** dans lequel vous ne serez pas victime de commissions exorbitantes se trouve juste devant la sortie du métro à Baker Street *(plan d'ensemble C2),* accessible depuis Bakerloo Line, Hammersmith & City Jubilee Line et Metropolitan Line. Ouvert jusque tard le soir. Contrairement à d'autres, ce bureau propose de changer vos euros en livres sterling à taux zéro, plutôt avantageux. Également les ***bureaux de change Ace-Fx,*** qui n'appliquent pas de commission et proposent un bon taux. Deux adresses : à London Bridge Station *(plan d'ensemble I4 ; 5 London Bridge Walk, bien indiqué ; lun-ven 7h30-18h30)* et à Canary Wharf *(plan Les Docklands B-C1 ; dans le Shopping center ; lun-mer 8h30-19h, jeu-ven 8h30-20h et sam 10h-18h).*

– ***Retraits et paiements avec carte de paiement :*** le système le plus simple et le plus pratique. Si vous possédez une carte de paiement internationale, vous pouvez retirer de l'argent dans un distributeur automatique de billets. Il y en a partout ! Toutefois gardez en tête que chaque retrait est additionné d'une commission de votre banque, parfois non négligeable. Libre à vous aussi de payer vos repas, hébergements, achats, etc., par carte de paiement ; elle est acceptée – presque – partout. Assurez-vous avant le départ de connaître le montant maximal autorisé de vos retraits hebdomadaires.

Bon à savoir aussi : quelle que soit la carte que vous possédez, chaque banque gère elle-même le processus d'opposition et le numéro de téléphone correspondant ! Avant de partir, notez donc bien le numéro d'opposition propre à votre banque (il figure souvent au dos des tickets de retrait, sur votre contrat, ou à côté des distributeurs de billets), ainsi que le numéro à 16 chiffres de votre carte. Bien entendu, conservez ces informations en lieu sûr et séparément de votre carte. Par ailleurs, l'assistance médicale se limite aux 90 premiers jours du voyage et l'assistance véhicule aux cartes haut de gamme (renseignez-vous auprès de votre banque).

– ***Carte Bleue Visa :*** *assistance médicale ; numéro d'urgence (Europe Assistance) : ☎ (00-33) 1-41-85-85-85. • visa-europe.fr • Pour faire opposition, contactez le numéro* communiqué par votre banque.

– **Carte MasterCard :** assistance médicale incluse ; numéro d'urgence : ☎ (00-33) 1-45-16-65-65. • mastercardfrance.com • En cas de perte ou de vol, composez le numéro communiqué par votre banque pour faire opposition.

– **Carte American Express :** téléphoner en cas de pépin au ☎ (00-33) 1-47-77-72-00. Numéro accessible tlj 24h/24. • americanexpress.fr •

– Pour ttes les cartes émises par **La Banque postale,** composer le ☎ 0825-809-803 (0,15 €/mn) depuis la France métropolitaine ou les DOM, et depuis les DOM ou l'étranger le ☎ (00-33) 5-55-42-51-96.

– Également un numéro d'appel valable **pour faire opposition quelle que soit votre carte de paiement** : ☎ 0892-705-705 (serveur vocal à 0,34 €/mn). Ne fonctionne ni en PCV ni depuis l'étranger.

– **Petite mesure de précaution :** si vous retirez de l'argent dans un distributeur, utilisez de préférence les distributeurs attenants à une agence bancaire. En cas de pépin avec votre carte (carte avalée, erreurs de numéro...), vous aurez un interlocuteur dans l'agence, pendant les heures ouvrables du moins.

– ***Chèques de voyage :*** les banques perçoivent un forfait assez important à l'encaissement de chaque chèque de voyage. Préférez les grosses coupures. Pour éviter les commissions excessives, essayez aussi de changer vos chèques dans la banque qui les a émis (*American Express, Thomas Cook* ou autre). En dernier recours, allez au bureau de change. Prendre ses chèques en *pounds.* Beaucoup de commerces les acceptent en rendant la monnaie. Pas besoin, donc, de se pointer dans une banque pour les convertir en liquide.

– ***Western Union Money Transfer :*** à Londres, se présenter à une agence *Western Union* (☎ 0800-833-833, 7h-22h ; • westernunion.com •) avec une pièce d'identité. En cas de besoin urgent d'argent liquide (perte ou vol de billets, chèques de voyage, carte de paiement), vous pouvez être dépanné en quelques minutes grâce au système *Western Union Money Transfer.* Pour cela, demandez à quelqu'un de vous déposer de l'argent en euros dans l'un des bureaux *Western Union* ; les correspondants en France de *Western Union* sont *La Banque postale* (fermée sam ap-m, n'oubliez pas ! ☎ 0825-00-98-98 ; 0,15 €/mn) et la *Société financière de paiements (SFDP* ; ☎ 0825-825-842, 0,15 €/mn). L'argent vous est transféré en moins de 15 mn. La commission, assez élevée, est payée par l'expéditeur. Possibilité d'effectuer un transfert en ligne 24h/24 par carte de paiement (*Visa* ou *MasterCard* émise en France). • westernunion.com •

ARRIVÉE EN EUROSTAR

L'Eurostar vous amène directement dans le centre de Londres, dans la gare toute rénovée de Saint Pancras *(plan d'ensemble F1),* avec sa jolie structure métallique ouverte sur le ciel.

– Service de réservations (payant) d'hôtels à l'arrivée, au rez-de-chaussée, à côté des départs, ouvert de 7h à 23h (22h30 dimanche).

– Comptoir d'infos touristiques, ouvert en principe tous les jours de 9h à 19h.

– Service de change, ouvert tous les jours 24h/24, distributeurs de billets également.

– Service de consigne *(Left Luggage),* ouvert de 6h à 22h ; de 7h à 22h le dimanche. Assez cher : 8 £ par objet pour 24h !

– Sinon, plein de boutiques : *Marks and Spencer* pour acheter les dernières victuailles *typically English,* le pâtissier *Peyton & Byrne,* le libraire *Foyles,* le marchand de jouets *Hamleys* et même une boutique *Cath Kidston.*

– Pour gagner le centre de Londres : bah, vous y êtes ! Connexions en taxi ou, plus économique, en métro. Vous êtes à la station King's Cross-Saint Pancras, en liaison avec les lignes Victoria, Piccadilly, Northern, Circle, Metropolitan, et Hammersmith & City. Très facile de vous connecter au reste de la ville. Possibilité d'acheter sur place votre titre de transport pour votre séjour (voir « Transports » pour les différentes cartes et tarifs).

ARRIVÉE AUX AÉROPORTS

Comment rejoindre le centre de Londres ?

De l'aéroport de London City (à 9 km du centre)

– ***Informations :*** ☎ *020-7646-0088.* ● *londoncityairport.com* ●
Sa piste de 1 090 m n'est accessible qu'aux petits appareils et se situe au bord de la Tamise, à 4,5 km de Canary Wharf, le centre d'affaires implanté dans le quartier des Docklands.
➢ ***En DLR puis métro :*** avec le *Docklands Light Railway* jusqu'à Bank (5h-0h30 ; trajet en 22 mn) puis liaisons en métro. Prix : env 5 £.

De l'aéroport d'Heathrow (à l'ouest, à 24 km du centre)

– ***Informations :*** ☎ *0844-335-1801.* ● *heathrowairport.com* ●
Avant de choisir le métro ou le bus, sachez exactement où vous allez. Donc, un conseil : si vous n'avez pas réservé de chambre, passez vos coups de fil de l'aéroport. Le bureau *Underground-Airbus* vend tous les titres de transport ainsi que des *phone cards* (cartes téléphoniques).
➢ ***En métro :*** de loin la solution la plus pratique. Métro direct pour le centre de Londres par la Piccadilly Line. 3 stations desservent l'aéroport : la 1re pour les terminaux 1 et 3 ; la 2e pour le terminal 4 et enfin une 3e pour le terminal 5. Départs ttes les 5-10 mn, 5h10 (5h51 dim)-23h48 (23h30 dim) depuis les terminaux 1 et 3 (quelques minutes avt pour le terminal 4 et le terminal 5). Durée : env 50 mn pour Piccadilly Circus. Achat du billet soit dans le terminal d'arrivée, soit dans le hall du métro. Prix : env 5 £. De nuit, prendre le bus N9 pour rejoindre le centre-ville.
➢ ***En train :*** *Heathrow Express* (☎ *0845-600-1515* ; ● *heathrowexpress.com* ●), 5h07-23h42 ; dans l'autre sens 5h10-23h25 ; 1 rame ttes les 15 mn. Plus rapide que le métro (15 mn de trajet depuis les terminaux 1, 2 et 3, et moins de 25 mn depuis le terminal 5, le plus éloigné), mais plus cher. Prix : 16,50 £, payable sur Internet. 18 £ sur place, dans la station, voire dans la rame (pratique quand on est à la bourre !). A/R : 32 £. Arrivée à la gare de Paddington. Sinon, le *National Rail* (☎ *0845-748-4950* ; ● *heathrowconnect.com* ●) a également mis en place une liaison entre Heathrow et Paddington, ttes les 30 mn d'env 5h30-23h30. Plus lent (nombreux arrêts), mais meilleur marché : 8,50 £.
➢ ***En bus :*** avec la compagnie *National Express* (☎ *0845-600-7245* ; ● *nationalexpress.com* ●). Liaisons ttes les 30 mn entre la gare de Victoria et Heathrow, 7h-23h env. Liaisons également pour Gatwick. Compter 5 £. Le trajet est de 40 mn à 1h30 aux heures de pointe.
➢ ***En minibus :*** avec *Skyshuttle* (☎ *0845-481-0960* ; ● *skyshuttle.co.uk* ●), compter 22 £/pers et par trajet, tlj, 24h/24. Vous choisissez votre horaire de départ (dans un sens comme dans l'autre) et votre lieu d'arrivée. Le minibus vient aussi vous chercher à votre hôtel pour le retour. Résa possible sur Internet.
➢ ***En taxi :*** env 50-60 £.

Services

– ***Information Centre :*** terminaux 1, 2 et 3.
– ***Change :*** dans tous les terminaux. Ce ne sont pas des banques, ils pratiquent donc des taux frisant l'escroquerie.
– ***Consigne (Left Luggage) :*** ☎ *020-8759-3344. Terminal 1, 6h-23h ; 5h30-23h pour les terminaux 3, 4 et 5. Assez cher (8 £ par bagage et pour 24h).*
– ***Objets trouvés (Lost Property) :*** *au rdc du parking du terminal 2.* ☎ *020-8745-7727. Tlj 8h-19h.*
– ***Où dormir dans une capsule ?*** *Terminal 4, au* ***Yotel.*** ● *yotel.com* ● *32-46,50 £ pour 4h selon confort, puis 8 £/h.*

De l'aéroport de Gatwick (au sud-ouest, à 45 km du centre)

– ***Informations :*** ☎ *0844-335-1802.* ● *gatwickairport.com* ●

➢ ***En train :*** le *Gatwick Express* (☎ 0845-850-1530) fonctionne 24h/24. Trains à 3h30 et 4h30, puis ttes les 15 mn, tlj 5h50-0h30. Durée du trajet : 30 mn. Prix : 17,90 £. Un poil moins cher en prenant l'A/R (30,80 £). On peut payer dans le train, sans supplément, ou acheter ses billets à l'avance sur Internet (petite réduc). Terminus à Victoria Station. Réduc (4 adultes pour le prix de 2). On peut aussi prendre le train « normal » avec *South West Train,* pour faire Gatwick-Victoria Station, parfois moins cher. En moyenne, liaisons ttes les 10 mn (ttes les 30 mn le w-e). Pour l'aller, compter 12,90-17,90 £. D'autres rejoignent la gare de Saint Pancras pour le même tarif. Vérifier tarifs et horaires avt le départ sur ● nationalrail.co.uk ●

➢ ***En bus :*** un bus *National Express* (☎ 0845-600-7245), assez cher (8 £), va jusqu'à Victoria Station. Moins cher en prenant l'A/R. 1 bus/h le mat pour un trajet de 1h-1h30 (prévoir large). Guérite derrière la gare de Victoria pour l'achat des billets. Fonctionne 3h30 (Victoria)-21h45 (Gatwick). Autre possibilité, l'*Easybus* (● easybus.co.uk ●) relie Gatwick à West Brompton en 1h env. Tlj, 1 bus ttes les 20 mn, 04h25-2h15. Résas à faire sur Internet ; plus c'est tôt, moins c'est cher).

➢ ***En taxi :*** faudrait être fou ! Compter 60 £ au moins.

Services

– ***Consigne (Left Luggage) :*** *☎ 012-9356-9000 5h-21h au terminal nord et 24h/24 au terminal sud. Compter 8 £ par bagage et pour 24h.*

– ***Objets trouvés (Lost Property) :*** *☎ 012-9350-3162. Au terminal sud. Tlj 10h-16h.* Payant !

– ***Où dormir dans une capsule ?*** *Terminal sud, au* ***Yotel.*** *● yotel.com ● 26-41,50 £ pour 4h selon confort, puis 9 £/h.*

De l'aéroport de Stansted (au nord-est, à 60 km du centre)

– ***Informations :*** *☎ 0844-335-1803 (tlj 5h30-1h30). ● stanstedairport.com ●*

➢ ***En train :*** *Stansted Express* (☎ 0845-850-0150 ; ● stanstedexpress.com ●). Liaison directe en 35 mn avec la station de métro Tottenham Hale (sur la Victoria Lane) et avec la gare de Liverpool Street Station (à l'est du centre, près de la City). Premiers trains à 5h30 et 6h, puis 1 train ttes les 15 mn jusqu'à minuit. Horaires légèrement différents le w-e. Prix : env 20 £. Prendre un A/R valable 1 mois, plus économique que 2 allers simples. Réduc sur Internet. Gratuit pour les enfants de moins de 5 ans. Le ticket permet aussi des réduc pour Madame Tussauds et le zoo de Londres.

➢ ***En bus :*** service régulier pour Victoria Coach Station avec le *National Express A6* (via Baker St et Hyde Park). Différents arrêts en ville. Ttes les 15-20 mn, 24h/24. Attention, pas toujours à l'heure. Durée du trajet : 1h40. Billet valable 3 mois. Compter 17 £ A/R. *Rens : ☎ 0870-574-7777.* Autre solution : *Easybus* (● easybus.co.uk ●). Plus vous réservez tôt, moins c'est cher ! Mise à prix 2 £. Départs de Baker St ttes les 20 mn, tlj 24h/24.

➢ ***En taxi :*** beaucoup plus cher que les solutions précédentes évidemment. Compter 90 £ pour 1-4 pers et 1h15 de trajet.

Services

– ***Consigne (Left Luggage) :*** *en zone G. ☎ 012-7966-3213. Tlj 24h/24. Compter 8,75 £ par bagage et pour 24h.*

– ***Objets trouvés (Lost Property) :*** *☎ 012-7966-3293 (9h30-16h30). Zone G pdt les premières 24h. Passé ce délai, il faut payer pour récupérer son bien au parking Orange Short Stay Car Park, Lane Q.*

De l'aéroport de Luton (au nord-ouest, à 53 km du centre)

– ***Informations :*** *☎ 015-8240-5100. ● london-luton.co.uk ●*

➢ ***En bus :*** le bus n° 757 de *Greenline* s'arrête à Oxford St, Hyde Park et Victoria Station. Compter 22 £ A/R. Résas et achats sur le site internet de l'aéroport (attention, souvent plein au retour et les chauffeurs sont intraitables ; réserver, c'est plus sûr !). Autre solution : avec *Easybus* (*bays* 10 et 11). ● easybus.

co.uk • Plus vous réservez tôt, moins c'est cher ! Passe par Baker St, Marble Arch, Victoria Station. Départs ttes les 20 mn, tlj 24h/24. Enfin, *National Express* assure le service 24h/24 également (*bays* 4, 5 et 6). Compter 19 £ A/R.
➢ ***En train :*** *First Capital Connect* (☎ 0845-026-4700) et *East Midlands Trains* (☎ 0845-712-5678) vont jusqu'à Saint Pancras. Départ ttes les 15 mn. Tarif : à partir de 7 £. Durée : 30 mn. Attention, à l'aller comme au retour, prévoir la navette (payante) entre le métro et l'aéroport ! Et les billets de train vendus à bord d'*Easy-Jet* ne sont pas d'un très bon rapport qualité-prix.
➢ ***En taxi :*** compter 40 £ et 30-60 mn de trajet.

Services
– ***Consigne (Left Luggage) :*** ☎ 015-8239-4063.
– ***Objets trouvés (Lost Property) :*** ☎ 015-8240-5100.

Liaisons entre les aéroports

Des services d'autocars desservent les différents aéroports entre eux :
➢ ***Heathrow-Gatwick :*** 1h20 de trajet.
➢ ***Heathrow-Stansted :*** 1h30 de trajet.
➢ ***Gatwick-Stansted :*** 2h15 de trajet (ou 2 j. de cheval...).

ACHATS

Marchés locaux

C'est un aspect de Londres que les touristes connaissent peu, et pourtant il constitue une part essentielle de la vie de la capitale. De plus en plus d'ailleurs, notamment depuis que les néobobos ne jurent plus, à raison, que par les produits estampillés « authentiques » ! Les légumes sous vide vendus au supermarché ne sont plus le seul *Graal* de la ménagère londonienne. Enfin ! Levez-vous de bonne heure et allez voir l'un des meilleurs spectacles gratuits de la ville. Vous y entendrez le plus pur accent cockney depuis *My Fair Lady* ! Et n'oubliez pas de faire une halte au pub du coin, histoire de profiter des meilleures brèves de comptoir. On indique les marchés dans chaque quartier traité par le guide.

Shopping

Voir aussi dans chaque quartier nos adresses...

En attendant, que rapporter ?

– CD et disques vinyles, pour l'actu bien sûr, mais aussi pour toutes sortes de raretés.
– Scotch et whisky. Attention, certains produits se révèlent plus chers à Londres en raison des taxes prohibitives perçues par le gouvernement. Relevez les prix avant de partir et faites vos emplettes hors taxes dans l'avion, ou bien dans un *duty-free shop* sur les bateaux ou à l'entrée du *shuttle* lorsque vous effectuez la traversée du tunnel en voiture.
– Les fameux *toffees* (caramels) bien moelleux et tout un tas de sucreries multicolores, la marmelade et le *lemon curd,* les sauces à la menthe ou barbecue (mais aussi tous les produits indiens), le thé, *of course,* dont le très aromatique *Fortmason* de la fameuse maison *Fortnum & Mason* (voir « Le centre touristique »).
– Les fromages, méconnus dans l'Hexagone et pourtant savoureux ! Comment résister au goût puissant d'un vieux *stilton* ou à l'onctuosité d'un cheddar à point ?
– *Crumpets, muffins, scones...* les rayons alimentaires de *Marks & Spencer, Tesco, Sainsbury's* et *Harrods* (pas si cher au demeurant, vu la qualité des produits) regorgent de produits uniques et que l'on trouve difficilement, voire pas du tout, en France.

– L'imperméable *Barbour,* adopté depuis des lustres par la famille royale. Constitué d'un col de velours côtelé et d'un coton traité avec de la cire et de l'huile, il est solide, pratique, indémodable et inusable, mais cher ! Prévu à l'origine pour équiper pêcheurs et chasseurs, il habille aujourd'hui plutôt la *upper class.*
– Les parapluies, élégants et de belle facture (grande spécialité britannique, mais fallait-il le préciser ?).
– Toutes sortes d'objets originaux ou classiques et pas trop chers dans les boutiques du *National Trust.* Recherchez-les pour la qualité mais aussi pour la B.A. : c'est une organisation publique où chacun s'associe pour préserver l'héritage britannique, parcs naturels, sentiers côtiers, châteaux, villages, falaises...

LE PRINCE ÉPICIER

L'engagement du prince Charles en faveur de l'environnement n'est plus à démontrer. Avec les produits Duchy Originals, *en vente dans les supermarchés* Waitrose, *vous pourrez soutenir une bonne action. Une partie des bénéfices des produits vendus, tous sélectionnés par le prince et issus de l'agriculture bio, sont ensuite reversés à des œuvres de charité. Le produit phare de la maison est le biscuit à l'avoine. Et le pire, c'est que c'est bon !*

Horaires des boutiques

Les boutiques sont en général ouvertes du lundi au samedi de 9h30 à 18h, avec des nocturnes jusqu'à 19h ou 20h. De plus en plus, surtout dans le centre touristique, elles ouvrent également le dimanche de 10h à 18h. Autres exceptions, les épiceries qui font du non-stop de 9h à 22h. Les grands magasins ont, une fois par semaine, une nocturne jusqu'à 20h. Pendant la période des soldes *(sales)* – de fin décembre à fin janvier et début juillet –, les magasins des quartiers commerçants sont ouverts jusqu'à 20h, voire 21h.
Voici, en gros, les différents coins commerciaux : Oxford Street, Regent Street, Carnaby Street et les environs ; Covent Garden, un des repaires de la mode de luxe ; Knightsbridge et Brompton Road (plutôt luxueux) ; King's Road, Fulham Road et les rues avoisinantes.

Vêtements et chaussures

Le must de la mode anglaise est incarné par quelques créateurs qui, s'ils ont pignon sur rue à Paris, ont leurs boutiques phares et surtout des soldes permanents à Londres (ne rêvez pas trop, les prix restent élitistes). Parmi les incontournables, on citera *Vivienne Westwood,* excentrique, et *Paul Smith* pour les hommes.
– Certains grands magasins d'*Oxford Street (centre 1, D-E-F3)* et de *Regent Street* restent incontournables. On y trouve d'immenses boutiques pour faire le plein de fringues, à prix très raisonnables. Le meilleur marché reste *Primark* (hommes, femmes, enfants), vers Marble Arch. *TopShop* (pour femmes et hommes) est aussi un grand classique, tout comme *Next, Miss Selfridge, River Island, Oasis* ou encore *Urban Outfitters,* une marque américaine bien implantée à Londres. Ces boutiques s'apparentent à *Zara* ou *Mango,* que l'on trouve aussi à Londres, mais à prix élevés.

SMOKING

Dès le XIXe *s, après dîner, les Anglais de la bonne société dégustaient le cigare au fumoir. Pour éviter que leurs vêtements ne soient imprégnés de l'odeur du tabac, ils enfilaient une veste d'intérieur appelée...* « smoking jacket ». *L'appellation est restée pour cette veste noire emblématique, symbole d'un certain chic !*

– Quelques friperies bien british au fil des pages. Du jeune créateur dégriffé à la jupe écossaise pour punkette, on y trouve de tout (ou rien, c'est selon...). Fureter du côté de Camden ou de Brick Lane.
– Les jeunes créateurs ont pignon sur rue à *Carnaby Street.* On peut y dénicher une perle rare à un prix (relativement) raisonnable.
– Tout *King's Road (plan d'ensemble A-B-C6-7)* est couvert de boutiques, chères mais ô combien attirantes !
– La mode de luxe se trouve dans le coin de *Kensington High Street.* Vous pouvez aussi aller faire un tour chez *Harrods, Liberty* ou chez *Harvey Nichols.* Un classique, *Burberry,* pas donné non plus. Cela dit, on vous indique plus loin l'adresse du stock (vers Whitechapel).

Correspondance des tailles

Vêtements pour femmes

France	38	40	42	44	46
Grande-Bretagne Robes	10	12	14	16	18
Grande-Bretagne Pulls	32	34	36	38	40

Pour les collants (*tights,* prononcer « taïts ») : le *small,* ou petit, est notre taille 1, le *medium* est notre 2, le *large,* ou *tall,* est notre 3.

Vêtements pour hommes

France	39	40	41	42	43
Grande-Bretagne Pulls/chemises	15	15,5	16	16,5	17

Pour les pantalons, les tailles sont celles que vous connaissez pour les jeans.

Vêtements pour enfants

Stature en centimètres	100	125	155
Âges	3-4	7-8	12
Stature en inches	40	50	60

Chaussures

France	37	38	39	40	41	42	43
Grande-Bretagne	4	5	6	7	8	9	10

Disques et vidéos

Les « galettovores » et autres « compactophiles » adorent Londres ! Normal, on y trouve de tout...
Chez les gros disquaires, véritables hypermarchés du disque, le choix est impressionnant, mais vous ne trouverez pas de vraies raretés. Prix intéressants uniquement sur les nouveautés. Le reste est pratiquement au même tarif, voire un peu plus cher qu'en France, contrairement à une idée reçue. Cherchez, en arrivant, les rayons *Best* (ou *Special Price*), qui proposent des produits en promo. À noter : ces magasins ont également des stocks importants de DVD. La plupart ne comportent pas de version française, ni même de sous-titres.

Les petites boutiques de disquaires sont à échelle humaine et sont tenues par des passionnés. Généralement spécialisées par genre (rock, blues, électro, jazz ou classique). Certaines d'entre elles ne font que de l'occasion *(second hand)* : c'est là que vous trouverez d'authentiques collectors, comme ces vieux titres des *sixties* que vous cherchez sans relâche depuis une bonne décennie, ou les derniers tubes techno et house qui secouent les nuits londoniennes. Pensez à vérifier l'état du disque avant d'acheter... La ville regorge de petits disquaires, mais c'est surtout à Soho que vous les trouverez, entre autres dans Berwick Street (Ⓜ Tottenham Court Road, Oxford Circus ou Piccadilly Circus). Nous les avons répertoriés.

BUDGET

Londres est définitivement la ville la plus chère d'Europe. Vous vous en apercevrez très rapidement. L'hébergement est littéralement hors de prix. La demande dépasse largement l'offre et la conséquence en est que, à prix moyens, le niveau des prestations hôtelières est décevant : chambres exiguës, propreté limite, salles de bains d'une autre époque, personnel sous-payé et peu motivé, petit déj riquiqui ; le tableau est assez sombre et fait la désolation des responsables officiels du tourisme. Des *B & B* convenables à prix modérés existent en grande banlieue, mais la perte de temps en déplacements et le coût des transports ne rendent pas ce choix avantageux. Il faudra donc faire une croix sur l'idée d'un séjour londonien cosy et élégant, à moins d'y mettre le prix. Finalement, et ce n'est pas vraiment notre *cup of tea* traditionnelle, mais si vous en avez les moyens, ce sont les hôtels affiliés aux chaînes *(Travelodge, Premier Inn, Best Western, Comfort Inn, Express Inn...)* qui offrent le meilleur rapport qualité-prix. Il est vrai qu'ils sont soumis à des critères de qualité assez rigoureux. Le prix d'une chambre double démarre à 70 £ et évolue quasi-quotidiennement en fonction de la période et de la demande.

Promotions sur Internet

De plus en plus d'hôtels modulent les tarifs de leurs chambres sur Internet en fonction du taux d'occupation. Il y a donc les prix de base (ceux que nous indiquons) et les promos proposées sur le Net à certaines périodes. Ces promotions sont extrêmement variables d'une semaine à l'autre, voire d'un jour à l'autre (et même d'une heure à l'autre !). Elles sont particulièrement intéressantes pour les hôtels de gamme supérieure (3 étoiles). Exemple, un établissement qui annonce des prix officiels de 90 à 130 € proposera les mêmes chambres entre 60 et 80 € sur son site, à certaines périodes.
Bref, lorsque vous avez choisi votre hôtel dans votre guide préféré, allez donc faire un tour sur son site pour voir ce qu'il propose. De vraies bonnes affaires en perspective !

Si vous voyagez à plusieurs

Sachez que la plupart des hôtels proposent des chambres familiales, pour quatre (appelées ici des *quads*), voire six personnes. Il arrive que cela soit à peine plus cher (voire moins cher) qu'une piaule en AJ où il faudra, de toute façon, compter environ 20 £ par personne pour des prestations très basiques et un confort des plus rudimentaire.

Hébergement

– ***Très bon marché*** *(auberges de jeunesse)* **:** moins de 35 £ (41 €) par personne (voire moins de 20 £). Dortoirs d'auberges de jeunesse pas mal mais guère intimes.

Bien étudier la question, il est parfois moins cher de partager une chambre d'hôtel style triple ou quadruple à plusieurs...
Sinon, cinq catégories : ces prix correspondent à celui d'une chambre double, petit déj inclus. La majorité des hôtels proposent un petit déj continental se limitant à quelques toasts, un bol de corn-flakes et une boisson chaude. Les petit déj britanniques (bacon, œuf et saucisse), quand ils sont disponibles, sont le plus souvent assujettis à un supplément. En outre, nous mentionnons les hôtels équipés du wifi, mais tous n'ont pas des émetteurs suffisamment puissants pour porter jusque dans les chambres. Le réseau se limite souvent à une aire autour de la réception.
- ***Bon marché :*** moins de 50 £ (59 €).
- ***Prix moyens :*** de 50 à 90 £ (59 à 106 €).
- ***Plus chic :*** de 90 à 120 £ (106 à 142 €).
- ***Très chic :*** plus de 120 £ (142 €).
- ***Spécial coup de folie :*** là, ça monte très haut !

Restaurants

S'il est difficile de trouver un hôtel correct et pas cher à Londres, il est nettement plus simple de manger dans des restaurants sympas et bon marché.
N'hésitez pas non plus, si votre budget est serré, à vous rendre dans les chaînes de restaurants qui vous garantissent une même qualité et des prix identiques aux quatre coins de Londres. Pour le pique-nique, nos préférences vont sans hésiter à *Pret A Manger* ou *Eat* pour leur grand choix de sandwichs originaux, de salades et de soupes, tout frais du matin.
Nous avons classé les restaurants en quatre catégories : ces prix correspondent à un repas pour une personne, sans la boisson ni le pourboire. Ce qui est loin d'être anodin, quand on sait que le pourboire est désormais rajouté d'emblée au moment de l'addition. Compter donc systématiquement 12,5 à 15 % de plus. La vente à emporter pour manger « sur le pouce » n'est pas concernée (normalement !), raison de plus pour privilégier ce mode de restauration à l'heure du déjeuner. Nous l'indiquons sur le plan par le petit logo .
- ***Bon marché :*** moins de 10 £ (12 €).
- ***Prix moyens :*** de 10 à 18 £ (12 à 21 €).
- ***Plus chic :*** de 18 à 25 £ (21 à 29,50 €).
- ***Très chic :*** plus de 25 £ (29,50 €).

Visites

Les principaux musées sont gratuits *(National Gallery, British Museum, Tate Modern...)*, sauf ceux du royaume et les musées privés. Dans ce cas, les tarifs sont élevés. Possibilité d'acheter le *London Pass* (à l'office de tourisme, voir plus haut « Adresses utiles »), qui sera vite rentabilisé ! Avec les *passes* de transport, quelques coupons de réductions également pour les sites touristiques.

CLIMAT

De tous les pays situés sous la même latitude, c'est la Grande-Bretagne qui a, dans l'ensemble, la température la plus égale. Les chutes de pluie à Londres restent inférieures à 604 mm pour l'année entière (525 mm à Paris). Même si le volume des précipitations est assez faible, il pleut en moyenne 10 jours par mois. Un petit peu, mais souvent quoi ! Un dicton précise qu'un vrai Londonien ne se fait jamais surprendre par la pluie. Cirés et grandes capes de pluie seront parfois plus appréciés que le K-way. Prévoir également deux paires de chaussures au cas où. Rien de pire que de remettre une paire de pompes trempées le lendemain, vous pouvez nous croire, on sait de quoi on parle !

N'oubliez pas qu'à Londres les étés (de juin à août) sont frais. La moyenne des températures maximales atteint au mieux 21 °C. L'hiver, les températures descendent rarement en dessous de 0 °C, climat océanique oblige.

DANGERS ET ENQUIQUINEMENTS

– ***Drogues :*** les Britanniques ne sont pas vraiment coulants avec ce genre de pratique. Si vous vous faites prendre avec de la drogue, qu'importe que vous ne soyez pas sujet de Sa Majesté, vous serez soumis aux lois du pays. Vous encourrez une peine de prison allant de 5 à 14 ans !
– Ne pas se trimbaler avec une ***bombe lacrymogène*** dans sa voiture ou, à plus forte raison, sur soi. Ici, c'est un délit et vous risquez de gros ennuis pour port d'arme dangereux : c'est arrivé à une lectrice ; la police n'a pas été tendre avec elle. À bon entendeur...
– Si vous transportez un canif ou un couteau suisse, il vous sera confisqué aux contrôles de sécurité de l'Eurostar à Paris.

DÉCALAGE HORAIRE

La Grande-Bretagne est à l'heure du méridien de Greenwich (quoi de plus normal ?) de fin octobre à fin mars, puis GMT + 1. Pendant ce temps, en France il est GMT + 1, puis GMT + 2. En clair, on a toujours 1 h d'avance sur eux. Ce n'est pas qu'ils veulent nous embêter à tout prix, mais leur ouest est vraiment plus à l'ouest.

ÉLECTRICITÉ

240 V. Les prises sont différentes, plus grosses et toutes munies de fusibles. Adaptateurs peu encombrants, faciles à trouver chez les quincailliers, dans les gares et les aéroports. On peut aussi en acheter sur le bateau pendant la traversée. Sinon à Londres, dans la plupart des magasins, notamment chez *Boots* (il y en a partout).

ENFANTS

Nombreux sont les parents qui débarquent à Londres avec leurs rejetons de tous âges et qui se trouvent perdus devant la diversité que la ville leur propose. On ne va pas vous énumérer toutes les pistes à suivre, mais vous suggérer pour 4 jours quelques spots intéressants par quartiers et par tranches d'âge et vous renvoyer vers les pages concernées au cœur du guide. Cela vous permettra de concocter pour vos enfants un programme adapté à leurs centres d'intérêt (vous les connaissez mieux que nous) et à votre budget (Londres est hyper cher).
Avant tout, quelques petits conseils pratiques :
– ne pas trop charger la journée : Londres, c'est grand ! Attendre le bus ou le métro, arpenter les parcs, faire du lèche-vitrine ou courir toutes les salles d'un musée, ça fatigue beaucoup. En bref, préparez bien votre itinéraire avant le départ, pas de détours inutiles ;
– chaussures confortables et K-way obligatoires ;
– les taxis peuvent s'avérer économiques à quatre ou à cinq. Les prix sont corrects et les chauffeurs coopératifs ;
– les grands musées sont gratuits et les autres proposent toujours un forfait famille avantageux. La plupart disposent d'un itinéraire de visite et d'une scénographie spécialement adaptés aux enfants ;

– fréquentez les cafés et salons de thé, les mômes adoreront les *apple pies,* les *scones* et autres pâtisseries. Sans oublier les cafétérias de musées ;
– tous les grands magasins et musées proposent des *baby's change rooms,* très pratiques pour changer bébé.

Suggestions

➢ ***Le centre touristique et monumental*** *(centre 1).* Ⓜ Charing Cross. Une journée. Consulter l'index pour lire les commentaires dans le guide.
Trafalgar Square et les unités de mesure britanniques scellées au bas de la colonne de Nelson ; en face, les trésors de la ***National Gallery*** (gratuit) s'ils apprécient déjà la peinture (faire la visite express). Non loin de là se trouve ***Saint James's Park*** avec mise en jambes s'ils ont emporté leurs rollers pour contourner le lac où l'on peut nourrir les écureuils, les canards et les flamants roses (oui !) et, un peu plus loin, le ***Buckingham Palace*** de Sa Majesté la reine. Venir à l'heure de la relève de la garde ou pousser une pointe jusqu'à la caserne des ***Horse Guards*** pour essayer de dérider les deux impassibles sentinelles qui gardent l'entrée. Rejoindre ***Westminster*** et le Parlement pour entendre sonner ***Big Ben*** et éventuellement (et à condition de ne pas avoir le vertige) rejoindre l'autre rive de la Tamise pour profiter du panorama depuis les nacelles du ***London Eye,*** la grande roue qui borde le fleuve (renseignez-vous avant d'y aller pour savoir si les réservations ne sont pas complètes). Possibilité de faire un stop à l'***Aquarium*** (tarif famille avantageux). Rejoindre ***Piccadilly Circus*** et trouver un resto dans Soho (peut-être au *Rainforest Café*). Les petits seront aussi ravis d'aller se lover dans les bras de peluches géantes chez ***Hamley's.*** S'il reste du temps, les abords de ***Covent Garden*** et ses halles couvertes seront parfaits pour un plan « goûter » qui permet de profiter de l'animation commerciale et des nombreux chanteurs de rue.
➢ ***La rive sud*** *(plan d'ensemble G-H4-5).* Ⓜ Waterloo Station. Une journée. Pourquoi ne pas faire un petit détour et s'y rendre via la ligne Jubilee (couleur grise) entièrement automatisée ? Cela amusera les gamins. Et ***Children's Zoo*** à Battersea Park, assez sympa, mais tout au sud-ouest *(plan d'ensemble C-D7-8).*
Un petit tour en ***London Eye,*** si vous ne l'avez pas fait la veille, puis cap sur le cinéma ***IMAX,*** le plus grand du monde. Rejoindre alors ***Queen's Walk*** et le ***Bankside*** et entamer la longue promenade qui longe la Tamise jusqu'au ***Tower Bridge,*** avec autant d'étapes et de curiosités à choisir selon les goûts et les âges. La ***Tate Modern*** mérite un détour pour son architecture audacieuse et son intérieur spectaculaire, et profitez-en (c'est gratuit) pour les initier à l'art contemporain. Le vieux navire ***Golden Hinde*** avec son côté bateau de pirates plaira aux petits aventuriers, et le ***HMS Belfast*** fera l'unanimité, à coup sûr, chez les filles comme chez les garçons, qu'ils rêvent ou non d'une carrière dans la Marine. Rayon frissons, le ***London Dungeon*** ravira tout ado amateur de gore et rêvant d'hémoglobine dégoulinante. Plus soft, mais nettement plus intéressant, le ***Winston Churchill's Britain at War*** recrée les conditions de vie des Anglais sous les bombes en 1940. Effets spéciaux très réussis. Revêtu d'un masque à gaz, on s'y croirait ! Le ***Tower Bridge*** reste un passage obligé de toute visite à Londres. Nous, on trouve cela un peu cher et surfait, mais à vous de juger. Une petite incursion dans ***Butler's Wharf*** ou ***Saint Katharine Dock,*** en face, permet de se rendre compte des résultats de l'aménagement des docks. Lieux également propices à un dîner, comme le *Dickens Inn.* Attention, prévoir là un budget adapté. Si vous avez brûlé les étapes en cours de route, vous pourrez peut-être profiter de la dernière visite de la ***Tower of London*** (16h ou 17h selon la saison) pour admirer les bijoux de la Couronne, la collection d'armes et partir sur les traces de Blake et Mortimer. Vous pouvez aussi programmer une ***croisière sur la Tamise*** (45 mn) de Westminster Bridge à Greenwich (retour en métro).
➢ ***Autour de Hyde Park*** *(plan d'ensemble A-B-C4-5)* **:** parcours de musées et de shopping. On peut le prendre par n'importe quel bout, mais préférer le matin

pour profiter – le vendredi et le week-end uniquement – des puces de Portobello (Ⓜ *Notting Hill Gate*). Sauts de puce en bus ou métro pour gagner du temps, surtout s'il fait mauvais.
Puisqu'on parle de ce quartier, autant commencer par lui et évoquer la petite librairie tenue par Hugh Grant dans le film *Coup de foudre à Notting Hill.* Tout autour, des tas de choses à acheter. Les fans de royauté iront visiter ***Kensington Palace,*** dernière résidence de Lady Diana, qui cache aussi une belle et grande aire de jeux. Les enfants studieux, fans de sciences naturelles ou de technologie, franchiront ***Hyde Park*** jusqu'aux ***Natural History Museum*** (les dinosaures sont véritablement spectaculaires) et ***Science Museum*** (avions, maquettes de bateaux et ciné en 3D, entre autres). Les fondus de shopping, eux, ne manqueront pas de s'extasier devant les étalages et l'immensité des rayons de ***Harrods.*** Une halte au comptoir des douceurs pour s'offrir les inévitables caramels *(fudges)* et une incursion au rayon jouets raviront les petits. Le quartier regorge de magasins comme à ***Beauchamp Place.***
Au coin nord-est d'Hyde Park, le ***Speaker's Corner,*** occasion de donner, si l'on est dimanche, un petit cours aux ados sur la sacro-sainte liberté d'expression de la démocratie britannique. Marylebone Road héberge le fameux ***Madame Tussauds Museum*** (très cher !). À côté, le ***Sherlock Holmes Museum*** fera vibrer les fans du célèbre détective de Conan Doyle. Aux abords de ***Regent's Park,*** le ***London Zoo,*** un peu tristounet pourtant. On peut le rejoindre, en été, en navette fluviale depuis le charmant quartier de ***Little Venice.*** Pour se nourrir, se reporter à nos adresses par quartier, les restos et pubs étant légion.

UN BANDIT CHEZ SHERLOCK HOLMES !

Le célèbre Jules Bonnot, chef d'une bande célèbre et anarchiste, fut, en toute discrétion, chauffeur de sir Arthur Conan Doyle. Malgré son esprit bien affûté, le célèbre écrivain ne se douta jamais de rien !

Les autres musées et attractions qui plairont aux enfants et aux plus grands

En vrac et dispersés géographiquement :
– ***Bethnal Green Museum of Childhood :*** collections de jouets, de poupées, de maisons de poupée, de livres et de costumes d'enfants depuis le XVIIe s.
– ***National Maritime Museum :*** à Greenwich. Les fastes glorieux de la marine à voile.
– ***Legoland :*** le monde reconstruit avec les petites briques danoises. À l'extérieur de Londres, du côté de Windsor.
– ***British Museum :*** momies égyptiennes et antiquités gréco-romaines pour illustrer les cours d'histoire des ados studieux.
– ***Museum of London :*** un superbe panorama de l'histoire de la ville depuis les Romains et des objets rigolos qui amusent les petits.
– ***Kew Gardens :*** pour ses plantations subtropicales.
– ***Les croisières*** sur la Tamise jusqu'aux écluses géantes de Thames Barrier.

Pour préparer le voyage en famille (ou pour les souvenirs !)

– *Mon carnet de voyage à Londres* (éd. Sikanmar) : pratique et créatif, ce carnet est l'outil indispensable des enfants qui souhaitent découvrir Londres tout en s'amusant intelligemment.

FÊTES ET JOURS FÉRIÉS

– ***Parade du 1er janvier :*** de Parliament Square à Berkeley Square (dans le quartier de Mayfair) en passant par Whitehall, Trafalgar Square et Piccadilly, grand défilé costumé regroupant plus de 100 sociétés.

– ***Nouvel An chinois à Chinatown (Soho) :*** en janvier ou février, puisqu'on fixe la date en fonction de la lune. Pour plus d'infos : • *chinatownlondon.org* • Tout commence sur The Strand normalement en fin de matinée, Charing Cross Road, Shaftesbury Avenue et Trafalgar Square pour finir en beauté. Feu d'artifice vers 17h à Leicester Square.

– ***Tournoi de rugby des Six Nations :*** de mi-février à fin mars dans un des temples du rugby, à Twickenham.

– ***Saint Patrick's Day :*** le 17 mars. La fête du saint patron des Irlandais est particulièrement célébrée à Londres, qui compte la troisième plus grande population d'origine irlandaise du monde. C'est l'occasion d'une grande parade où les participants défilent tout en vert, la couleur de l'Irlande. De grands rassemblements et des concerts ont lieu dans différents endroits, tout particulièrement à Trafalgar Square.

– ***Oxford & Cambridge Boat Race :*** le 1er samedi d'avril (attention ! parfois aussi le dimanche ou bien encore en mars... vérifier sur le site), sur la Tamise (vers Hammersmith et Mortlake). La fameuse course d'aviron entre les universités mythiques et rivales situées au nord de la capitale. Pas non plus exceptionnel pour les spectateurs, mais ambiance festive. • *theboatrace.org* •

– ***Floralies de Chelsea :*** la dernière semaine de mai, près des jardins du Royal Hospital.

– ***Mois des musées et des galeries :*** en mai, nombreux événements spéciaux.

– ***Trooping the Colour :*** parade des *Horse Guards* au grand complet pour l'anniversaire de la reine, le samedi suivant le 6 juin. Elle se déroule entre Buckingham Palace et le quartier des gardes à Whitehall. Tous les fastes de la Couronne et les traditions anglaises sont déballés lors de ce défilé. Bonnets à poils, plastrons brillants et chevaux « bien garnis » sont au rendez-vous de cet événement haut en couleur.

– ***Wireless Festival :*** 4 jours de musique fin juin avec des artistes rock, pop et variétés à Hyde Park. Programme sur • *wirelessfestival.co.uk* •

BRISITH PROTOCOL

Si vous êtes invité à l'anniversaire de la Reine, faites gaffe : elle est née un 21 avril mais on souffle les bougies le samedi suivant le 6 juin. Pourquoi ? Parce qu'il fait plus beau ! On s'adresse aussi bien à elle en français qu'en anglais. Elle est bilingue à tel point qu'elle aime écouter les chansons de... Tino Rossi. Par contre, évitez « Majesté ». Elle préfère « Madame ». Il ne vous reste plus qu'à recevoir le carton (d'invitation).

– ***Festival d'été de Victoria Embankment Gardens :*** de juin à juillet, une succession de festivals animent les bords de la Tamise. Danse en plein air, festival de mime, festival de poésie, etc. *Infos au ☎ 0207-375-0441 et sur • alternativearts.co.uk •*

– ***The Proms :*** en juillet, août et septembre. La musique s'empare du Royal Albert Hall. Populaire et très festif !

– ***Carnaval jamaïcain de Notting Hill :*** les dimanche et lundi (férié) du dernier week-end d'août. Créé à la suite des émeutes raciales qui ont secoué Londres dans les années 1950, c'est le plus grand carnaval jamaïcain d'Europe. *Steel bands* et DJs envahissent les rues autour de Portobello pendant 2 jours et l'on y danse aux rythmes de la *socca,* musique des Caraïbes, de la techno, du reggae, etc. Le carnaval de Notting Hill, c'est aussi et surtout un défilé de toute beauté à ne pas manquer. Le dimanche est généralement considéré comme « le jour des enfants », alors que le lundi, dernier jour de la fête, rassemble environ 1 million de personnes. Ambiance garantie.

– ***Spectacle et défilé du Lord Mayor*** (le lord-maire) **:** le 2e samedi de novembre. Tradition qui remonte au XIIe s, le Lord Mayor traverse la ville de Guidhall aux Royal Courts of Justice, dans un carrosse digne de celui de la reine (qu'on peut admirer au *Museum of London*). Le soir, un feu d'artifice est généralement tiré d'une péniche entre Waterloo Bridge et Blackfriars Bridge.

– ***Illumination du sapin de Noël à Trafalgar Square :*** 1re semaine de décembre. Le sapin monumental qui orne la place pendant la période des fêtes et illuminé à l'occasion d'une cérémonie avec cantiques de Noël chantés par le choeur de l'église de Saint-Martin-in-the-Fields.

– ***Patinoires :*** en fin d'année, les grands monuments (Tower Bridge, Somerset House, National History Museum, entre autres) se parent d'une jolie patinoire. Payant. Liste complète des sites et tarifs sur ● *viewlondon.co.uk/whatson/ice-skating-london-feature-335.html* ●

– ***Jours fériés :*** Jour de l'an (le Tout-Londres se donne rendez-vous à Trafalgar Square), *Good Friday* (Vendredi saint), *Easter Monday* (lundi de Pâques), *May Day Holiday* (1er lundi de mai), *Spring Bank Holiday* (lundi de Pentecôte), *Summer Bank Holiday* (dernier lundi d'août), et tout est fermé, même les transports et les musées, de Noël à *Boxing Day* (26 décembre, le jour des étrennes). Attention, à Noël, tout est fermé !

HÉBERGEMENT

Il est très difficile de trouver un toit bon marché (voir « Budget »). Évitez de vous rendre directement, sans réservation, aux adresses que nous indiquons ; mieux vaut passer un coup de fil avant. L'été, la plupart des AJ ou adresses modestes sont complètes. Le mieux, évidemment, est de réserver à l'avance, par téléphone ou par écrit, si vous connaissez vos dates. N'oubliez pas d'exiger un reçu ou une réponse écrite officialisant votre demande pour éviter tout malentendu (comme les pratiques malhonnêtes de surbooking). Certaines AJ acceptent les réservations par téléphone et retiennent la somme sur votre carte de paiement. Pratique, mais évitez d'annuler votre réservation 1 ou 2 jours avant, sous peine de voir le montant de la chambre débité de votre compte.

Les différents offices de tourisme donnent la liste des AJ officielles et des AJ indépendantes. Quant aux hôtels ils pratiquent des tarifs souvent prohibitifs pour un niveau de confort – parfois même de propreté – assez « limite ». Par ailleurs, les prix peuvent varier en fonction de la saison et du taux de remplissage de l'hôtel. Mais de façon générale, plus vous vous y prendrez à l'avance, moins vous paierez cher. Il est possible aussi d'avoir des réductions si vous restez plusieurs nuits. N'hésitez donc pas à négocier. Certains hôtels proposent des discounts sur Internet. Enfin, faites-vous préciser si le petit déjeuner est compris ou non dans le prix.

Une solution consiste à faire réserver un lit ou une chambre par les nombreux organismes dont c'est le métier. Tous les offices de tourisme *(LTB)* et le *Britain Visitor Centre* ont un service de réservation. Ils perçoivent une commission, moins élevée pour les réservations dans les AJ que dans les *B & B* (voir « Avant le départ. Adresses utiles sur place »).

Ne rêvez pas à la p'tite piaule romantique sur rue pavée où résonnent les cris joyeux des enfants ! De toute façon, les enfants ne sont pas nombreux dans le centre de Londres.

Enfin, petit détail : une chambre *en suite* dispose d'une salle de bains, une chambre *standard* non.

Voici les différents types d'hébergement.

Hôtels pas chers sur Internet

Parce qu'on en a assez de payer trop cher l'hébergement à Londres, voici quatre sites qui proposent des chambres à partir de 12 £. Convient parfaitement aux jeunes routards : ambiance étudiante et festivités assurées !
- • *accommodationlondon.net* •
- • *backpackers.co.uk* •
- • *travelstay.com* •
- • *auberge.co.uk* •

Résidences hôtelières *(serviced apartments)*

Bien pratiques, ces résidences quand on veut séjourner à plusieurs quelques jours. C'est standard, on peut se faire à manger et les résidences sont souvent dans le centre-ville. La chaîne *Citadines,* • *citadines.com* • en propose quelques-unes à Londres, bien équipées, à Trafalgar Square, à South Kensington, mais aussi dans le coin du Barbican et de Covent Garden. Petit déj possible. En revanche, attention, le ménage est souvent fait à la demande (payant). On a bien aimé également la chaîne d'appartements *Think Apartments,* situés à Earl's Court et au sud de London Bridge. Les appartements sont clairs, fonctionnels et joliment décorés. Et en plus, y a une réduction pour les lecteurs du *Routard* !
On a indiqué tout le long du guide les autres offres de résidences hôtelières.

Les auberges de jeunesse indépendantes *(Independent Youth Hostels)*

Contrairement aux AJ officielles, elles ne possèdent pas le triangle vert. On s'en fiche. Elles sont moins chères que les AJ officielles, elles n'exigent pas de carte de membre et l'ambiance y est souvent bien meilleure. Elles se multiplient depuis quelques années dans Londres. Souvent situées dans des coins agréables et installées dans de fort belles maisons bourgeoises. Quand c'est le cas, on vous le signale. Parfois, il s'agit de petits hôtels déclassés. On loge en dortoirs de 4 à 15 lits. Pas de couvre-feu, cuisine et Internet à disposition. Les draps ne sont pas toujours aussi blancs qu'on pourrait s'y attendre, mais on fait avec. Et elles restent ouvertes toute la journée. Les prix varient entre 12 et 20 £ environ par personne.

Les *LHA (The London Hostels Association)*

Infos et résa : ☎ *020-7727-5665.* • *london-hostels.co.uk* •
C'est une association qui, au sortir de la Seconde Guerre mondiale, s'est investie dans le relogement des personnes ayant perdu leur domicile suite aux bombardements. Aujourd'hui, les résidents sont des jeunes qui viennent travailler ou étudier. On y loge en dortoirs de deux à six personnes non mixtes. Il y a deux types d'hôtels : ceux proposant un petit déj et une petite restauration, et ceux équipés de cuisine commune. Compter environ 22 à 30 £ pour un lit, bien moins cher à la semaine. Il n'est pas toujours évident d'obtenir un lit en dortoir pour une seule nuit. En revanche, c'est un bon plan pour passer un peu de temps à Londres. D'ailleurs, jeter un œil à la rubrique « Travailler à Londres », plus bas, car les *LHA* proposent de petits arrangements. Ils offrent un toit et le couvert contre un peu de temps et de travail. Le niveau de confort est fonction des hôtels, mais il est dans l'ensemble très convenable. L'ambiance y est bonne et, en plus, ils sont tous équipés du wifi. Un très bon plan pour Londres.

Les auberges de jeunesse *(Official Youth Hostels)*

– Il n'y a pas de limite d'âge pour séjourner en AJ. Il faut simplement être adhérent.
– La FUAJ offre à ses adhérents la possibilité de réserver en ligne grâce à son système de réservation international • *hihostels.com* • jusqu'à 12 mois à l'avance, dans

plus de 1 600 auberges de jeunesse dans le monde. Et si vous prévoyez un séjour itinérant, vous pouvez réserver plusieurs auberges en une seule fois.
Ce système permet d'obtenir toutes les informations utiles sur les auberges reliées au système, de vérifier les disponibilités, de réserver et de payer en ligne.

■ ***Central Booking Office YHA :*** *Trevelyan House, Dimple Rd, Matlock, Derbyshire, DE4 3YH.* ☎ *016-2959-2600.* • *yha.org.uk* •

Les *student halls*

En principe réservés aux étudiants (avoir sa carte), mais ils acceptent souvent tout le monde. Ce sont des résidences universitaires sans aucun charme qui sont vides à Pâques et pendant l'été. Généralement, logement en chambres individuelles, avec douche extérieure. Pas vraiment donné, mais bien entretenu. Certaines sont stratégiquement situées dans le centre, d'autres sont excentrées. Compter 25 £ par personne. On les indique au fil du texte.

Les *Bed & Breakfast*

Certains *B & B* ne sont pas plus chers que l'AJ quand on est trois, l'été, et qu'on n'a pas sa carte (des AJ). Ne pas écarter cette solution à priori, car l'AJ n'est pas par définition la solution idéale. Dans les *B & B,* hors saison, il y a toujours la possibilité de négocier un peu si l'on reste 2 ou 3 jours. Le petit déj est toujours inclus, ce qui n'est pas négligeable, mais pas mal de *B & B* abandonnent l'*English breakfast* au profit du *continental breakfast...* C'est pourtant l'une des principales différences qu'on adorait chez les British ! Prix très variables. Les prix des *B & B* « plus chic » (avec douche à l'intérieur et déco un peu moins ringarde) atteignent tout de suite des niveaux incroyables !

■ ***The London Bed & Breakfast Agency Limited :*** *71 Fellows Rd, NW3 3JY.* ☎ *020-7586-2768.* • *londonbb.com* • Propose une belle sélection de *B & B* dans le centre de Londres, aux alentours de 90 £ la chambre pour deux. Également des possibilités d'hébergement moins cher.

■ ***Bed & Breakfast GB :*** • *bedandbreakfast.com* • À Londres, prix à partir de 32 £ par personne. Des adresses dans tous les quartiers.

■ ***Uptown Reservations :*** *23, centre commercial* Les Vergers*, 95350 Saint-Brice-sous-Forêt.* ☎ *01-34-19-90-00.* • *uptownres.co.uk* • *À Londres : 8 Kelso Pl, Kensington, W8 5QD.* ☎ *020-7937-2001.* Autour de 100 £ dans des chambres d'hôtes de charme uniquement, dans les beaux quartiers de la capitale.

Location d'appartements, de chambres et colocation pour étudiants

On trouve des locations à la semaine très correctes et à des prix intéressants pour Londres. Téléphonez à la première heure, car il y a beaucoup de demandes. Vous pouvez aussi passer gratuitement votre annonce. Une autre solution consiste à scruter les petites annonces, notamment dans les bureaux de tabac. Bon tuyau, la colocation ! Infos sur • *flatshare.com* • *intolondon.com/flatshare* • *studios92.com* • *acorn-london.co.uk* • Attention, pas moins de 7 jours et pas plus de 6 mois. Mais rencontres sympas en perspective, ambiance *L'Auberge espagnole* version anglaise !

■ ***Phileas Frog :*** *23, rue la Condamine, 75017 Paris.* ☎ *01-45-22-60-00.* • *travel-solutions.fr* • Ⓜ *La Fourche.* Propose différents types de logements à louer ou à partager (chambres, studios, appartements) en zone 1 ou 2 du métro londonien, ou chez l'habitant en zones 1, 2, 3 et 4. Uniquement pour des séjours de 1 semaine à 1 an. Réserve également des chambres d'hôtel (catégories 1 à 3) à partir de 2 nuits.

Les hôtels de chaîne

Ce n'est pas dans notre habitude de vous conseiller ce type d'hébergement. Ces hôtels se ressemblent tous, ou presque, de Londres à Honolulu. Mais ils sont soumis à des règles d'hygiène strictes, ce qui n'est pas un luxe à Londres ! Bien sûr, il faut y mettre le prix : rien au-dessous de 80 £ – à part dans les *Travelodge* ou *Premier Inn* – et les tarifs évoluent en fonction de la période et du taux de remplissage. Voici les coordonnées de chaînes qui proposent quelques adresses intéressantes :

■ ***Travelodge :*** *résas sur Internet.* ● *travelodge.co.uk* ● Notre préféré. Pas cher si on réserve tôt, chambres spacieuses, propres et pimpantes. On en cite quelques-uns dans nos pages. Notre chaîne préférée dans le genre.

■ ***Premier Inn :*** *☎ (00-44) 158-256-78-90 ou 0870-242-80-00 (automate vocal).* ● *premierinn.com* ●

■ ***Best Western :*** *☎ 0800-904-490 (appel gratuit).* ● *bestwestern.fr* ●

■ ***Comfort Inn :*** *☎ 0800-912-424 (appel gratuit).* ● *comfort-inn.com* ●

■ ***Ibis :*** *☎ 0892-686-686 (0,34 €/mn).* ● *ibishotel.com* ●

■ ***Express by Holiday Inn :*** *☎ 0800-735-11.*

LANGUE

Pour vous aider à communiquer, n'oubliez pas notre ***Guide de conversation du routard* en anglais.**

Politesse

bonjour (le matin)	*good morning* ou *hello*
bonjour (l'après-midi)	*good afternoon* ou *hello*
bonsoir	*good evening*
bonne nuit	*good night*
au revoir	*goodbye* ou *bye*
s'il vous plaît	*please*
merci	*thank you* ou *thanks*
pardon	*sorry*

Expressions courantes

je ne comprends pas	*I don't understand*
pouvez-vous répéter ?	*can you repeat ?*
pouvez-vous expliquer ?	*can you explain ?*
où ?	*where ?*
quand ?	*at what time ? when ?*

Vie pratique

pouvez-vous m'indiquer comment aller à... ?	*could you tell me the way to... ?*
poste	*post office*
office de tourisme	*tourist office*
banque	*bank*

Transports

navette	*shuttle*
métro	*subway, tube*
gare	*train station*
taxi	*cab, taxi*
aéroport	*airport*

Argent

combien ?	*how much ? how many ?*
trop cher	*too expensive*
payer	*to pay*

À l'hôtel et au restaurant

hôtel	*hotel*
auberge de jeunesse	*youth hostel*
lit-bébé	*baby cot*
restaurant	*restaurant*
boire	*to drink*
manger	*to eat*
dormir	*to sleep*
plus	*more*
eau	*water*
eau plate	*still water*
eau du robinet	*tap water*
café	*coffee (black coffee)*
thé	*tea*
lait	*milk*
pain	*bread*
froid	*cold*
chaud	*hot*
saignant	*rare*
à point	*medium*
bien cuit	*well done*

Nombres

un	*one*
deux	*two*
trois	*three*
quatre	*four*
cinq	*five*
six	*six*
sept	*seven*
huit	*eight*
neuf	*nine*
dix	*ten*
onze	*eleven*
douze	*twelve*

LIVRES DE ROUTE

– ***Guignol's Band I et II,*** de Louis-Ferdinand Céline (Gallimard, coll. « Folio », nº 2112, 1944 et 1964, 736 p.). Que peut faire Ferdinand à Londres en 1915, alors que la guerre fait rage de l'autre côté du *Channel* ? Il a trouvé refuge auprès de la faune interlope de Leicester Square. Ce livre, qui grouille de trouvailles stylistiques, est un hymne lyrique au grand port que Céline adorait, pour avoir bien connu lui-même ce demi-monde londonien.

– ***Ces corps vils,*** d'Evelyn Waugh (10/18, nº 1538, 1930, 279 p.). Dans le quartier Mayfair des années 1920, un petit groupe d'aristocrates vit dans la frivolité. Intrigues amoureuses, couples qui se cherchent sans se trouver. On s'amuse beaucoup, même si parfois il y a des victimes, des exclus.

– ***Sept mers et treize rivières,*** de Monica Ali (10/18, n° 3885, 2006, 580 p.). Un Londres bigarré, à travers les yeux de Nazeen, jeune Bangladaise venue rejoindre son époux plus âgé et découvrir la vie occidentale.
– ***Londres,*** de Peter Ackroyd (Stock, coll. « Mots Étrangers », 2003, 984 p.). Voilà un ouvrage qu'on consultera avant ou après le voyage (près de 1 000 pages !), mais un livre très original : c'est tout bonnement la biographie de Londres, de ses origines à nos jours, avec ses transformations architecturales et ses frasques de la vie quotidienne.
– ***Panique à Londres,*** de Pétillon (Albin Michel, 2004, 56 p.). Une B.D. où deux *Frenchies* débarquent à Londres pour souligner les légendaires différences franco-anglaises. Truculent, avec la reine *herself* en *guest star* !
– ***L'Amant anglais,*** de Laura Wilson (Albin Michel, 2005, 371 p. et LDP Policier, n° 37244, 448 p.). Un roman effrayant ! Quatre meurtres. Des destins qui s'entre-croisent : Renée la prostituée, Lucy la secrétaire et Jim de la *Royal Air Force.* Le tout dans l'atmosphère londonienne de la Seconde Guerre mondiale. Par la nouvelle prêtresse du thriller.
– ***Harry Potter,*** de J. K. Rowling (Gallimard Jeunesse). Les aventures de ce malicieux apprenti sorcier, aujourd'hui star mondiale, se sont achevées avec le septième volume. De son enfance tristoune chez son méchant oncle dans une banlieue anglaise à sa « scolarité » fantasque au collège Poudlard, on suit avec jubilation les joies et les peines du petit Harry. L'univers fantastique empreint de réalité *so British* décrit par Rowling changera votre regard sur Londres en le teintant d'espièglerie !
– ***Journal d'un écrivain,*** de Virginia Woolf (10/18, n° 3225, 1953, 576 p.). Le journal de Virginia Woolf est à la fois le témoignage d'un grand écrivain sur la littérature et un document irremplaçable sur l'Angleterre de l'entre-deux-guerres, sur la vie sociale et culturelle de Londres et, en particulier, du quartier de Bloomsbury, haut lieu de l'intelligentsia britannique.
– ***Mes amis, mes amours,*** de Marc Lévy (Pocket, n° 13248, 2007). Une jolie histoire d'amour à commencer dans l'Eurostar, à poursuivre sur les lieux du roman, vers Kensington, où la communauté française a élu domicile, et à terminer dans le train du retour. Comme les héros, qui cherchent l'amour, des deux côtés du *Channel,* aussi bien jeunes que plus âgés.
– ***Salaam London,*** de Tarquin Hall (éd. Hoëbeke, coll. « Étonnants Voyageurs », 2007, 350 p.). Un journaliste rentre après quelques années de vadrouille à Londres. Avec son budget, il ne peut s'offrir qu'un petit réduit à Brick Lane, dans l'East End. Là, c'est une foule bigarrée qu'il découvre. Portraits de femmes et d'hommes qui font Londres aujourd'hui, terriblement exquis, avec tout l'humour anglais.
– ***La Rose pourpre et le lys,*** de Michel Faber (éd. de l'Olivier, 2005, 1 142 p. et Points-Seuil, 2 tomes, 480 p. et 576 p.). Une somme pour plonger au cœur du Londres victorien, où l'on suit Sugar, une jeune prostituée, et son homme, William. Mœurs, gouaille et passions toutes anglaises.
– ***Soho à la dérive,*** de Colin Wilson (Gallimard, coll. « Folio », n° 1307, 1961, 288 p.). À la fin des années 1950, le jeune Preston s'installe à Londres pour écrire le livre qui lui apportera gloire et fortune : erreur typique et que bien d'autres ont commise ! Ses rêves ne résistent pas longtemps aux filles et aux bistrots, compagnons de la dèche. Il croise une foule de personnages sympathiques et bigarrés. Le Soho d'autrefois avait bien du charme, même si d'autres quartiers ont aujourd'hui pris la relève.
– ***Les Aventures d'Oliver Twist,*** de Charles Dickens (LDP, n° 21003, 740 p.). Dickens est sans doute le plus populaire des écrivains anglais. Au fil de ses 40 livres, il se fit le pourfendeur de l'injustice sociale. Entre espoir et désillusions, ce récit plein d'humour nous invite à suivre le jeune Oliver Twist dans le Londres de la canaille et des fripouilles au XIXᵉ s.
– ***Son âme au diable,*** de Ruth Rendell (Librairie des Champs-Élysées, coll. « Club des Masques », n° 623, 1985, 220 p.). Un coin de la banlieue londonienne. Une voie de chemin de fer désaffectée, envahie par les broussailles. C'est là que vivent

Pup, sa sœur Dolly et leur père Harold. À Londres, un jeune homme un peu bizarre se terre dans une chambre. Son destin et celui de Dolly vont, au fil des ans, se rejoindre dans le crime.
– ***La Marque jaune,*** d'Edgar Pierre Jacobs (Blake et Mortimer, n° 6, 1994, 70 p.). La terreur s'abat sur la City ! Olrik, le génie du mal, transmué en un pathétique pantin par le maléfique Dr Septimus, signe ses crimes d'une énigmatique « marque jaune », dans un Londres des années 1950 minutieusement reconstitué. À la poursuite de leurs éternels adversaires, Blake et Mortimer, plus british que nature, entraînent le lecteur dans une époustouflante aventure fantastico-politique. Ce chef-d'œuvre de la B.D. classique est un monument de précision. De Scotland Yard à Park Lane, de la Tour de Londres aux sinistres docks de la Tamise, pas un détail ne manque pour retracer tous ces itinéraires, constituant une véritable image « archétypale » d'une Angleterre aujourd'hui en voie de disparition. À lire absolument.

LONDRES GRATUIT

Bonne nouvelle ! Si Londres est chère, elle vous fait quand même un petit cadeau : ***tous les grands musées sont gratuits.*** À vous la National Gallery, le British Museum, le Victoria & Albert Museum, la Tate Britain, la Tate Modern, le Natural History Museum, le Science Museum et la Wallace Collection. Autres sites gratuits : National Portrait Gallery, Theatre Museum, Photographer's Gallery, Saint Margaret's Church, Westminster Abbey lors de la messe du dimanche à 15h (tenue correcte exigée), Westminster Cathedral, National Army Museum, Sir John Soane's Museum, Old Curiosity Shop, Huntarian Museum, Saint Bartholomew Church, Museum of London, Whitechapel Art Gallery, Bethnal Green Museum of Chilchood, Imperial War Museum, Southwark Cathedral, Saatchi Gallery. À Greenwich : The Queen's House, National Maritime Museum, Eltham Place, Kenwood House.
– Il existe aussi un *pass* annuel très intéressant, voir sur le site de Historic Royal Palaces : • *hrp.org.uk* • Pratique si vous avez l'intention d'enchaîner les visites. À partir de 41 £ par adulte et 63 £ pour deux ; forfait famille. Il permet un accès illimité pendant 1 an aux sites suivants : Kensington Palace, Hampton Court Palace, Tower of London, Banqueting House et Kew Palace.
– Réductions en téléphonant avant ou en réservant sur Internet pour the Tower of London, l'horriblement cher Madame Tussauds ou le London Eye. Prix « cassés » à partir de 15h chez Madame Tussauds. On trouve aussi des guichets dans les aéroports qui proposent des tickets à prix réduits. Et en plus, ça évite de faire la queue sur place !
– Réductions aussi dans certains pubs, bars et sympathiques restos, avec la carte disponible dans le *Time Out London for Visitors* de l'année.
– Ne pas oublier le *London Pass* (voir « Adresses utiles »), qui octroie quelques réductions sympathiques.
– Et puis toutes les balades, les marchés, les quartiers ouverts à vos yeux écarquillés, sans débourser un penny ! Et n'hésitez pas à nous donner vos plans gratuits !

S'ORIENTER DANS LONDRES

Le découpage par quartiers que vous trouverez dans le guide procède à la fois d'une cohérence géographique et d'une homogénéité sociale. Mais, comme tout découpage, il est arbitraire, et certains coins auraient pu tout aussi bien glisser dans un autre ensemble de quartiers que ceux que nous avons choisis.
Partant du centre touristique, notre petit tour de Londres se poursuit par l'ouest et les quartiers chic du sud de Hyde Park, puis remonte vers le nord et progressivement se dirige vers l'est, pour finir avec la rive sud puis les villages un peu éloignés du centre, Greenwich et Hampstead.

Orientation et mode d'emploi de la ville

Attention, la ville est énorme, bien plus vaste qu'une capitale comme Paris, même si cela ne se voit pas sur une carte. Question d'échelle ! Les quartiers sont éclatés, les centres d'intérêt éloignés les uns des autres. L'agglomération s'étale sur quelque 1 200 km², contre 120 pour Paris. Quelques conseils :

– quand vous avez choisi de visiter un quartier, exploitez-en toutes les richesses dans la même journée plutôt que d'y revenir trois fois dans la semaine. Chaque coin possède ses particularités. Par exemple, Brick Lane et Petticoat Lane Mark se visitent le dimanche, le jour du marché, avant qu'on aille se « culturer » un peu à la Whitechapel Art Gallery ! Et ainsi de suite.

– Pour les restos, allez de préférence au plus près, car les distances sont longues. De même pour les pubs. Tous les quartiers en abritent de formidables. Pas la peine d'user vos souliers à courir dans tous les sens, sauf si on vous indique un truc vraiment unique. Pour préparer votre visite, pensez à noter les jours de fermeture des musées et lieux publics.

– Vous aurez remarqué que toutes les adresses à Londres sont suivies de lettres et de chiffres (exemple : SW1., N10, etc.). Ces indications renseignent sur la position géographique du district dans lequel se trouve la rue. SW : South West ; N : North ; WC : West Central ; et ainsi de suite. Tout cela serait idéal si les chiffres avaient la même logique. Il n'en est rien. En gros, plus le chiffre accompagnant la lettre est important, plus on est loin du centre ! Il est donc indispensable de vous procurer une carte de Londres incluant un annuaire des rues. On a aussi pris le parti d'abréger Street en St, Avenue en Ave, Road en Rd, Square en Sq et Grove en Gr. La bible des Anglais est le *London A à Z* qui décline toute une gamme de plans de Londres et de sa périphérie. Existe en version mini. Vraiment très pratique. Sachez que la plupart des stations de métro éditent de petits plans du quartier (très clairs et gratuits !). Il suffit de demander « *a street map* » au guichet.

Une capitale concentrique

Le charme de Londres se goûte dans ses contradictions. Pas de quartiers vraiment anciens puisque le Grand Incendie de 1666, nettoyant la peste de l'année précédente, les a presque tous liquidés. En revanche, peu de cicatrices de type barres de béton dans le cœur historique. Les hautes constructions en brique qui se dressent par endroits correspondent à la reconstruction après guerre de quartiers ayant été très endommagés par les bombardements durant la bataille d'Angleterre. Le plaisir de Londres, c'est aussi la fierté que prennent ses habitants au décorum et aux uniformes où le rouge anglais domine souvent, ce qu'ils appellent *pageantry*.
Londres est une ville concentrique. Un peu comme Paris. Dans le premier cercle s'inscrivent les centres touristiques et économiques et aussi 90 % des monuments célèbres. Ensuite, ça se dégrade un peu jusqu'aux quartiers plus populaires de la première ceinture. Sans transition, on arrive dans les banlieues vertes et riches (surtout au nord et au sud). Plus loin encore se dessinent les villes-dortoirs. Contrairement à chez nous, elles sont construites horizontalement et pas verticalement. Tout le monde a sa petite maison de brique rouge. Dans ces conditions, il n'est pas étonnant que Londres soit la ville la plus étendue du monde et que le réseau du *Tube* (métro) soit deux fois plus vaste qu'à Paris ou New York. Si Londres n'a pas bénéficié d'un grand projet d'aménagement comme Paris au XIXᵉ s, il n'en demeure pas moins que la ville témoigne d'une certaine unité, ou tout du moins d'une certaine idée de l'urbanisation avec ses nombreux parcs et jardins, petits et grands, qu'ils soient royaux, privés ou publics, intégrés dans un tissu urbain où les immeubles dépassent rarement quatre étages. Ici pas ou quasiment pas d'immeubles barrant l'horizon, on voit toujours le ciel et, même en plein centre, on n'a pas le sentiment d'oppression que génèrent d'autres cités du même type. Vous découvrirez aussi par vous-même que Londres est une ville de paradoxes et de contrastes, faite de grandes artères trépidantes et commerçantes, de nombreux *crescents* et *gardens*, ensembles paisibles et homogènes de maisons ou de petits immeubles

s'ordonnant autour de squares parfaitement entretenus. Surprenant contraste entre des rues pleines de vie et des places verdoyantes totalement préservées des bruits de la ville. Sans oublier les *mews,* ces cours qui abritaient autrefois les écuries aujourd'hui transformées en petites maisons à un étage. Endroits privilégiés, hors du temps, souvent encore pavés et toujours fleuris, qui donnent l'impression de se retrouver dans un village de poupée. Encore un des charmes de Londres...

Nos incontournables... et les autres

– *Les lieux où tout le monde va et qu'on ne peut décemment pas omettre :* le centre touristique (Soho, Piccadilly, Covent Garden et Oxford Circus), Pimlico, Westminster et Saint James's Park, Brompton, Chelsea et South Kensington, Notting Hill et Bayswater, Southbank (pour la Tate Modern), la City (pour la Tour de Londres et la cathédrale Saint-Paul), Camden, Hoxton, Shoreditch (parce que c'est là que ça bouge le soir !) et Whitechapel.
– *Les lieux où tout le monde va, mais qu'on peut rater sans trop de regrets :* Paddington et Marylebone, Greenwich, Islington.
– *Les lieux peu fréquentés, mais que les routards découvrent avec ravissement :* Hampstead, Hammersmith (pour les berges de la Tamise), Shepherd's Bush et Brixton.

POIDS ET MESURES

Même si la Grande-Bretagne est maintenant *metric,* nos problèmes sont loin d'être résolus. L'ancien système, totalement abscons, continue à nous poser de sérieux problèmes, notamment en ce qui concerne les distances et les superficies.

Longueur

– 1 pouce = 1 *inch* = 2,54 cm.
– 1 pied = 1 *foot* = 12 *inches* = 30,48 cm.
– 1 *yard* = 3 *feet* = 91,44 cm.
– 1 *mile* = 1 609 m (pour convertir les kilomètres en *miles,* multiplier par 0,62).

ET COMBIEN MESURE UNE VERGE ?

La verge (yard en anglais) servait d'unité de longueur dans tout l'Empire britannique. Elle était énorme puisqu'elle correspondait, dit-on, à la distance entre le nez du roi Henry Ier et le bout de sa main, quand elle était bien raide (91 cm quand même !).

Superficie

– 1 *square foot* = 929 cm².
– 1 *are* = 0,404 ha.
– 1 *square mile* = 2,589 km².

Poids

– 1 *ounce* = 1 *oz* = 28,35 g.
– 1 *pound* (livre) = 1 *lb* (libra) = 0,454 kg.
– 1 *store* = 6,348 kg.

Volumes

Litres	Gallons	Gallons	Litres
1	0.220	6	27,276
2	0.440	8	36,368
4	0.220	10	45,460

Températures

Le Fahrenheit n'a pas été terrassé par la réforme. Trop compliqué d'expliquer ici les correspondances. Sachez qu'à 32 °F il gèle, à 77 °F il fait 25 °C et à 100 °F, vous pouvez aller vous coucher pour soigner votre fièvre !

POSTE

– L'affranchissement d'une ***carte postale*** pour l'Europe est de 0,60 £.
– ***Ouverture des bureaux de poste :*** du lundi au vendredi de 9h à 17h30 et le samedi de 9h à 12h30. Fermé le dimanche. Seule la *Trafalgar Square Post Office* *(24-28 William IVth St, London WC2N 4DL ; ☎ 020-7930-9580)* est ouverte du lundi au vendredi de 8h à 20h et le samedi de 9h à 20h. ● *royalmail.com* ●
– ***Poste restante :*** voici ce qu'il faut écrire sur la lettre : le nom du destinataire et la mention « Poste restante » et, en dessous, l'adresse de la *Trafalgar Square Post Office,* mentionnée ci-dessus. Gratuit. Conserve les lettres pendant 1 mois. Apporter une pièce d'identité pour tout retrait. Cette méthode s'applique à pratiquement toutes les postes du royaume tant que vous en connaissez l'adresse.

L'ORIGINE DES CARTES DE VŒUX

Albert, l'époux de la reine Victoria, était ignoré par l'aristocratie anglaise : il n'avait pas de quartiers de noblesse. Pour Noël, il pensa à envoyer des cartes de vœux, obligeant les nobles à lui répondre. Tout cela fut possible grâce à l'invention du timbre-poste, qui naquit en 1840, en Grande-Bretagne.

POURBOIRE

La coutume veut que le client laisse 12,5 % de pourboire dans un restaurant. Ne dérogez pas à cette règle quasi légale. Un oubli vous ferait passer pour un grossier personnage. Bien sûr, si le service est mauvais, vous pouvez réduire cette somme, mais il faut alors faire part de vos remarques au responsable. De toute façon, la plupart des restaurants ont pris l'habitude d'inclure systématiquement le service dans l'addition. C'est finalement beaucoup plus simple. La règle des 10 % vaut également dans les taxis.

SANTÉ

Voir aussi la rubrique « Urgences » plus bas.

Carte européenne d'assurance maladie

Pour un séjour temporaire à Londres, pensez à vous procurer la carte européenne d'assurance maladie. Il vous suffit d'appeler votre centre de Sécurité sociale (ou de vous connecter au site internet de votre centre, encore plus rapide !) qui vous l'enverra sous une quinzaine de jours. Cette carte fonctionne avec tous les pays membres de l'Union européenne (y compris les 12 petits derniers), ainsi qu'en Islande, au Lichtenstein, en Norvège et en Suisse. C'est une carte plastifiée bleue du même format que la carte Vitale. Attention, elle est valable 1 an, gratuite et personnelle (chaque

membre de la famille doit avoir la sienne, y compris les enfants). Attention, la carte n'est pas valable pour les soins délivrés dans les établissements privés.
Avec les transports et l'éducation, la santé publique est le secteur le plus touché par les années de thatchérisme. C'est un des gros chantiers actuels du gouvernement britannique. En termes de qualité, les soins dispensés par les institutions hospitalières sont loin d'égaler ceux que l'on peut recevoir sur le continent. Sans compter les délais extensibles à l'infini avant d'espérer décrocher une place pour une consultation ! C'est pourquoi les Anglais sont de plus en plus nombreux à prendre l'avion ou le train pour venir se faire soigner en temps et en heure sur le continent.
Néanmoins, Europe oblige, consultation gratuite si vous venez de l'Union européenne, à condition que vous alliez chez votre *GP* (*general practitioner* : médecin), celui du quartier où vous habitez, ou bien étudiez. Demandez à quelqu'un du coin ou à l'opératrice téléphonique.
Les médicaments sont maintenant payants. Il faut souvent prendre rendez-vous à l'avance à la *surgery* (consultation) : insistez sur l'urgence pour que l'on ne vous soigne pas la semaine prochaine votre rhume d'aujourd'hui. Les urgences de nuit dans les hôpitaux sont bien entendu gratuites. On vous donnera gratuitement les médicaments nécessaires pour tenir jusqu'au lendemain, ainsi qu'une ordonnance pour aller chercher le reste dans une pharmacie.
L'Angleterre est fortement touchée par les oreillons et la rougeole, maladie dont elle détient le record européen ; les épidémies qui apparaissent un peu partout sont liées à un déficit vaccinal : vérifiez que vous avez bien eu les deux injections de vaccin (faites habituellement dans l'enfance) ; si ce n'est pas le cas, mettez-vous impérativement à jour avant de partir.

SANG BLEU

À cause de mariages consanguins, la reine Victoria, qui régna sur le plus grand empire au monde, propagea l'hémophilie sur une partie des cours européennes... Son huitième enfant fut atteint par la maladie et deux de ses filles étaient porteuses du gène. L'une épousa le tsar Nicolas II et leur fils, héritier des Romanov, fut lui aussi hémophile.

Enfin, si vous vous faites mordre par un chien, vous n'avez aucun risque de rage, les îles Britanniques étant un des rares pays officiellement indemnes de cette maladie. Autrement, la méningite à méningocoque C est un grave problème de santé publique : de vastes campagnes de vaccination ont eu lieu dans toute la Grande-Bretagne avec grand succès. Si vous devez séjourner longtemps dans ce pays, nous vous recommandons de vous faire vacciner. Attention enfin à la pollution, le fameux smog, certes en diminution, mais parfois très mal supporté par les malades respiratoires, asthmatiques en particulier.

SITES INTERNET

Pratique

- ***routard.com*** • Rejoignez la plus grande communauté francophone de voyageurs ! échangez avec les routarnautes : forums, photos, avis d'hôtels. Retrouvez aussi toutes les informations actualisées pour choisir et préparer vos voyages : plus de 200 fiches pays, une centaine de dossiers pratiques et un magazine en ligne pour découvrir tous les secrets de votre destination. Enfin, comparez les offres pour organiser et réserver votre voyage au meilleur prix.
- ***visitlondon.com*** • Le site officiel du tourisme de Londres, en anglais ou en français. Pas mal d'infos pratiques (les bons plans pas chers, les horaires d'ouverture, etc.), hélas pas toujours mises à jour.
- ***news.bbc.co.uk/weather*** • On ne vous y reprendra plus : entre ciré ou chemise à fleurs, toujours vous saurez ! Visibilité à 5 jours.

• ***londonpass.com*** • La carte sésame, assez chère, pour pénétrer dans 1 001 lieux à tarif réduit. Possibilité d'achat sur le site. Faites quand même vos calculs avant en fonction de ce que vous désirez voir, car les grands musées sont gratuits.
• ***londonmacadam.com*** • En français. Des tuyaux, des infos pour travailler, faire du sport, sortir, vivre à Londres, etc.

Transports

• ***tfl.gov.uk*** • Des plans de métro, de bus et des points de départ des navettes sur la Tamise. Également les prix des différentes cartes de transport. Et le programme des lignes fermées pour travaux (ça arrive souvent !).
• ***megabus.com*** • Le site *low-cost* des bus qui relient Londres au reste de l'Angleterre, à des prix défiant toute concurrence. En anglais.
• ***nationalexpress.com*** • Tous les transports par bus, à prix très avantageux, avec les grandes compagnies nationales.
• ***rail.co.uk*** • Le site des différentes compagnies de chemins de fer. Même s'ils sont peu fiables et souvent en retard.
• ***thetube.com*** • Le site du métro londonien : tous les prix, les horaires et... les fermetures des lignes ! Des infos sur les bus et le *Docklands Light Railway* également.

Loisirs

• ***londontheatre.co.uk*** • Toute l'actualité théâtrale de la capitale, y compris pour les comédies musicales. Horaires, lieux, places à acheter et disponibilités. Incontournable.
• ***officiallondontheatre.co.uk*** • Le site officiel pour le théâtre. Tout aussi incontournable. Achat en ligne possible, en lien avec *TKTS* qui propose à son guichet des places à moitié prix (voir la partie « Hommes, culture, environnement », rubrique « Sports et loisirs »).
• ***filmlondon.org.uk*** • Où Bridget Jones embrasse-t-elle Mark Darcy ? Où se trouve cet étrange building (le « Cornichon ») de *Basic Instinct 2* ? Tous les lieux de tournage à Londres.
• ***viewlondon.co.uk/whatson/ice-skating-london-feature-335.htm*** • Pour connaître les emplacements et les tarifs des patinoires érigées pour l'hiver (souvent de novembre à janvier).

TÉLÉPHONE – TÉLÉCOMS

– Le téléphone est moins cher du vendredi midi au dimanche midi et en semaine de 20h à 6h.
– Les numéros en 0845 et 0870 ne sont pas gratuits mais coûtent environ 4 £/mn. Moins cher les soirs et week-ends. Heureusement !
– ***Pour téléphoner d'une cabine publique,*** mettez les pièces, puis composez votre numéro. Si le bip-bip est lent, la ligne est occupée. Vous remarquerez qu'il existe deux types de cabines. La plupart appartiennent à *BT (British Telecom)* et acceptent les cartes téléphoniques vendues par *BT*. Certaines prennent les pièces et les cartes de paiement. Pour les appels internationaux et interurbains, préférez les autres cabines, en général de couleur orange, exploitées par

TOUT FOUT LE CAMP !

Le téléphone portable tue les célèbres cabines téléphoniques rouges. Elles font désormais partie du patrimoine historique. Ainsi, les mairies peuvent les louer à British Telecom : 500 £ quand elles fonctionnent et... moitié prix si elles ne sont plus en état de marche.

Interphone. Elles acceptent les cartes dont il faut gratter le numéro et les cartes de paiement. Les premières sont en vente dans les kiosques à journaux, les tabacs et les magasins de souvenirs (on voit le sigle dans la vitrine). C'est le moyen le moins cher d'appeler l'étranger. Un détail rigolo : les cabines publiques sont souvent tapissées de cartes de visite suggestives laissées par... des call-girls !

– ***Pour téléphoner en France en PCV*** *(reverse-charge call)* de n'importe quelle cabine, mettre 10 p pour la tonalité, puis composer le ☎ 0500-89-00-33 : on obtient directement un opérateur de *France Télécom.* Attention, ce service est très pratique, mais il faut savoir qu'il en coûtera à votre correspondant un minimum de 3 mn de communication, plus un forfait de 7,40 €. À utiliser avec modération !

– Pour téléphoner d'un endroit à un autre en Angleterre, il faut avoir l'*area code* (indicatif) précédé du 0. Pour l'obtenir, composer le ☎ 192 (appel gratuit à partir des cabines) afin d'être renseigné par l'opératrice. Le code et le numéro de téléphone sont épelés chiffre par chiffre, et le zéro se prononce « o » comme la lettre. Ainsi 20 se dira « *two o* » et non « *twenty* ».

– ***Grande-Bretagne → France :*** 00 + 33 + numéro du correspondant (à 9 chiffres, sans le 0 initial).

– ***France → Grande-Bretagne*** (de gratuit à environ 0,22 €/mn selon votre opérateur) ***:*** 00 (tonalité) + 44 + indicatif de la ville (mais sans le 0, qui n'est utilisé que pour les liaisons à l'intérieur de la Grande-Bretagne) + numéro du correspondant.

Le téléphone portable en voyage

Le routard qui ne veut pas perdre le contact avec sa tribu peut utiliser son propre téléphone portable avec l'option « Europe » ou « Monde ». Mais gare à la note salée en rentrant chez vous ! On conseille donc d'acheter à l'arrivée une carte SIM locale prépayée chez l'un des nombreux opérateurs *Vodafone* ou *Orange* représentés dans les boutiques de téléphonie mobile des principales villes du pays et souvent à l'aéroport ou près de la gare de Saint Pancras. On vous attribue alors un numéro de téléphone local et un petit crédit de communication. Avant de signer le contrat et de payer, essayez donc, si possible, la carte SIM du vendeur dans votre téléphone – **préalablement débloqué** – afin de vérifier si celui-ci est compatible. Si besoin, vous pouvez communiquer ce numéro provisoire à vos proches par SMS. Ensuite, les cartes permettant de recharger votre crédit de communication s'achètent dans ces mêmes boutiques, ou en supermarché, stations-service, tabacs-journaux, etc. C'est toujours plus pratique pour trouver son chemin, réserver un hôtel, un resto ou une visite guidée, et bien moins cher que si vous appeliez avec votre carte SIM personnelle. Malin, non ? Voir aussi « Internet, wifi » ci-après.

– ***Renseignements internationaux :*** *☎ 153.*

– ***Urgence : en cas de perte ou de vol de votre téléphone portable,*** suspendre aussitôt sa ligne permet d'éviter de douloureuses surprises au retour du voyage ! Voici les numéros des trois opérateurs français, accessibles depuis la France et l'étranger :

– ***SFR :*** *depuis la France : ☎ 1023 ; depuis l'étranger : ☎ + 33-6-1000-1900.*

– ***Bouygues Télécom :*** *depuis la France comme depuis l'étranger : ☎ 0-800-29-1000 (remplacer le « 0 » initial par « + 33 » depuis l'étranger).*

– ***Orange :*** *depuis la France comme depuis l'étranger : ☎ + 33-6-07-62-64-64.*

Vous pouvez aussi demander la suspension depuis le site internet de votre opérateur.

Indicatifs des villes

Birmingham	**0121**	Londres (banlieue)	**0208**
Brighton	**01273**	Liverpool	**0151**
Bristol	**0117**	Manchester	**0161**
Cambridge	**01223**	Newcastle/Tyne	**0191**

Cardiff	**029**	Oxford	**01865**
Guernesey	**01481**	Plymouth	**01752**
Jersey	**01534**	Sheffield	**0114**
Leicester	**0116**	Southampton	**023**
Londres (centre)	**0207**		

Internet, wifi

Les hôtels proposent quasiment tous une connexion Internet, souvent payante. Idem pour le wifi, également disponible dans les stations de métro en 2012. En revanche, avec votre ordinateur portable ou Smartphone, vous pouvez vous connecter à différents réseaux wifi gratuits à travers la ville, dans certains grands musées, dans des cafés, restos et auprès de plusieurs enseignes (on vous laisse découvrir !), notamment l'***Apple Store :*** *235 Regent St, W1B 2EL. ☎ 020-7153-9000. • apple.com/uk • Ⓜ Oxford Circus. Lun-sam 9h-21h, dim 12h-18h (voir aussi rubrique « Shopping » dans « Le centre touristique »).* L'idéal pour Skype ou Viber !

TRANSPORTS

État vétuste du secteur malgré la modernisation. Retards très fréquents et mauvaise communication (aux portillons de chaque station de métro, des panneaux actualisés indiquent néanmoins l'état du trafic : pensez à les consulter). Les lignes de banlieue n'ont pas été épargnées par les incidents, ni même les accidents meurtriers. Mais il faut reconnaître qu'avec les J.O. de 2012, les améliorations et les travaux engagés ont amélioré l'état du service, en créant même des lignes, comme cette ligne suspendue, à ciel ouvert, qui enserre la petite couronne de la ville et appelée *Overground* (très pratique pour la partie est de la ville). Le wifi (payant) a été installé dans toutes les stations.
Tous les prix ci-dessous s'entendent aux heures pleines. Aux heures creuses, ils diminuent.
Le bus et le métro sont malgré tout les moyens idéaux pour se déplacer. Le trajet unique en métro est hors de prix : 4 £ pour un billet adulte. Réduction pour les enfants de moins de 16 ans. À noter que les transports en commun sont **gratuits** pour les enfants de moins de 11 ans. Enfin, réductions conséquentes avec l'indispensable *Oyster Card* (trois fois moins cher, voir ci-dessous).
Procurez-vous dès votre arrivée le plan du métro *(Tube Map)* ***et celui des lignes de bus.*** Attention, il n'y a pas de tarif unique pour le métro : le prix du ticket varie en fonction de là où vous êtes et où vous vous rendez. ***Attention*** : les tarifs de ce paragraphe sont ceux en vigueur en 2012. Et ça augmente chaque année !

Oyster Card

Mais qu'est-ce que c'est, cette « carte-huître » ? En fait, il s'agit simplement d'une carte de transport prépayée et magnétique pour les transports urbains (métro, bus, *DLR* et tram), qu'il faut passer devant un lecteur de carte à chaque trajet. Attention, il faut valider la carte ***à l'entrée*** du métro ou de la *DLR* mais ***aussi à la sortie*** ! Si vous oubliez, le tarif maximum sera appliqué (bien vérifier, car l'électronique est parfois capricieuse et il vous faudra repayer un supplément à votre billet pour avoir le droit de re-rentrer mais aussi de sortir !). Dans les bus, en revanche, on ne valide qu'à l'entrée.
D'abord, on se procure cette carte en échange d'un *deposit* de 5 £, puis on la crédite tant qu'on veut, et on obtient des réductions conséquentes en fonction des trajets. Par exemple, un billet simple zone 1 coûte 4,30 £ sans carte *Oyster,* mais seulement 2 £ avec ! De plus, un plafond journalier en fonction du nombre de trajets ne dépasse jamais le billet *One-Day Travelcard* et on voyage tant qu'on veut, gratui-

tement, même si le plafond est atteint. Pas mal ! Et dès que votre carte est vide, vous la recréditez d'autant que vous voulez, soit sur Internet, soit dans certains points presse, soit encore directement au guichet. Enfin, s'il vous reste du crédit à la fin de votre séjour vous pouvez le récupérer en espèces. Pour se procurer la carte avant de partir : ● *visitbritain.fr* ● Autrement, disponible dans le métro, dans les gares, aux aéroports et même à bord de l'Eurostar (voiture bar-buffet). À noter toutefois que la carte vendue dans l'Eurostar est créditée d'emblée de 10 £, auxquels s'ajoute une taxe de 2 £ non remboursable (à la différence du *deposit* de 5 £ cité plus haut).
– ***Important :*** il est dorénavant possible de se procurer la ***Visitor Oyster Card*** en la commandant à l'avance, sur Internet. Les avantages par rapport à la classique *Oyster Card :* vous payez seulement les frais d'activation (3 £) puis elle est valable à vie, et vous recevez une carte créditée à l'avance (20, 30, 40 ou 50 £), ce qui évite les files d'attente sur place. Compter 8-10 jours (ouvrables) de délai de livraison.
L'*Oyster Card* est aussi utilisable pour les cartes saisonnières (*Travelcard* à la semaine, au mois) et, dans ce cas-là, elle est offerte. Dès que ce laps de temps est imparti, hop ! on recrédite sa carte. Plus pratique, elle permet aussi d'obtenir certains avantages (réductions sur certains sites).
En cas de perte ou de vol : ☎ *0845-330-9876 ou* ● *tfl.gouv.uk/Oyster* ● On bloque votre compte et on vous le recrédite sur une autre carte *Oyster.*

Billets spéciaux

Ce sont des titres de transport cartonnés, à l'ancienne. Peu pratiques, ils tendent à disparaître surtout depuis que la *Oyster Card* est acceptée sur le *National Rail.*
– ***One-Day Travelcard :*** de 8,40 £ pour les zones 1-2 à 15,80 £ pour 6 zones.
– ***7-Day Travelcard :*** *Travelcard* valable à partir de la date d'émission. De 29,20 £ pour les zones 1-2 à 53,40 £ pour 6 zones.
– Si vous avez besoin d'un ticket particulier pour vous éloigner du centre de Londres, pensez à préciser au guichetier le titre de transport dont vous disposez déjà, car vous ne paierez que le complément.

Le métro (*underground* ou *Tube*)

Il existe depuis 1863, c'est le plus vieux du monde et il compte 270 stations. Le métro de Londres est cher, comparativement à celui des autres capitales européennes. En plus, il est peu fiable, les temps de trajet sont parfois élastiques. Il y a 12 lignes et 6 zones concentriques. Il y a des chances pour que la grande majorité de vos déplacements se fasse dans la zone 1, zone 2 à la rigueur. Vérifiez sur le plan dans quelle zone et dans quelle direction cardinale se trouve votre station d'arrivée. Dans les couloirs, les destinations sont regroupées selon la direction à prendre : *northbound* pour le nord, *southbound* pour le sud, etc.
Petit truc pour vérifier que vous êtes sur la bonne ligne : la plupart des wagons ont une déco (les tubulures) de la même couleur que celle attribuée à la ligne (enfin, en principe seulement !!!). Exemple : rouge pour Central, gris pour Jubilee, bleu pour Piccadilly, etc.
La ligne jaune (Circular) est la plus pratique, car elle fait le tour du centre dans les deux sens et permet les connexions les plus rapides (sauf certains trains qui s'écartent du circuit circulaire au niveau de Edgware Road, pour filer sur Hammersmith).
Attention : conservez votre billet, car il faut l'insérer dans le portillon à la sortie. Pas question de sauter par-dessus, il y a toujours des équipes d'employés du métro à la sortie. Le métro londonien a la réputation d'être difficile à utiliser, car d'un même quai partent des métros allant dans diverses directions. Pas de panique, il suffit de prendre son temps. De plus, dans les stations, il y a de nombreux employés pour renseigner. Une fois sur le quai, vérifiez la destination de la rame et le temps d'attente sur les panneaux indicateurs suspendus au-dessus du quai. À noter que la destination du métro est également indiquée au-dessus du conducteur.

Dans les rames, une voix annonce la station suivante et les connexions. Renseignez-vous car, certaines stations étant fermées le week-end ou le soir, vous risquez de marcher beaucoup si vous vous trompez. D'ordinaire, un panneau manuscrit présenté à l'entrée des gares annonce également les stations fermées. Le métro démarre à 5h30 du lundi au samedi, à 7h le dimanche. Les dernières rames passent entre 23h et 1h. L'heure du dernier métro est affichée aux guichets de vente des billets. Attention : les dernières rames du dimanche soir circulent plus tôt qu'en semaine.
– ***Objets trouvés (Lost Property) :*** *rens au ☎ 0845-330-9882 ou au Lost Property Office, 200 Baker St, NW1 5RZ. Lun-ven 8h30-16h.*
– ***Pour plus d'infos :*** *● tfl.gov.uk/tube ●*

The Docklands Light Railway (DLR) et Overground

Trains aériens de banlieue. Ils circulent à partir de Bank ou Tower Gateway (près de la station Tower Hill). Mêmes prix que pour le métro. Des billets *DLR* + bateau ***Rail River Rover*** permettent de profiter en même temps des joies de la Tamise (pour retourner dans le centre-ville, par exemple). L'*Overground,* en orange sur les plans, ligne à ciel ouvert et quasi suspendue, dessert l'Est londonien, l'extrême Nord et court vers l'est.

Le bus

Le bus est meilleur marché et bien plus sympa que le métro. Si vous voulez admirer au mieux le paysage, montez au 1er étage.
Demander dans n'importe quel métro ou à l'office de tourisme un plan du réseau de bus. Achat des billets et cartes dans les stations de métro ou dans un *ticket stop* (ces derniers sont pointés sur les *street maps*). Le tarif du ticket de bus (aller simple) est de 2,30 £ et de 1,35 £ avec la carte *Oyster.*
– ***Bus rouges :*** pour Londres seulement.
– ***Bus verts :*** pour Londres et la banlieue.
Les bus les plus intéressants pour découvrir le Londres touristique sont ceux des lignes nos 11, 15 et 38. Quelques grandes lignes de bus, partant de Londres et desservant la banlieue, fonctionnent toute la nuit. Elles ont un « N » devant le numéro et fonctionnent de minuit à 6h. Environ un bus par heure. Même prix qu'en plein jour. Les bus de nuit partent tous de Trafalgar Square. En fonction de la destination vers laquelle vous allez, ils sont répartis autour de la place. Vous verrez qu'après 2h le légendaire flegme britannique devient une notion assez floue et, plus tard, c'est une vraie expérience d'observer tous ceux qui rentrent chez eux après une nuit en boîte dans des habits de lumière un peu froissés. Intéressant. Les bus s'arrêtent automatiquement aux arrêts avec un panneau blanc et le signe du London Transport. Sonnez pour indiquer votre arrêt. Lorsque le panneau est rouge, il faut lever le bras (ou sonner si l'on est dans le bus).

Le bateau

On peut désormais prendre le bateau comme on prend le bus... En réalité, le principe existait déjà puisque plusieurs compagnies se proposaient (et proposent toujours) de vous emmener sur la Tamise, tout en vous déposant au pied de chaque monument ou site. Ce qui change un peu, c'est que plusieurs d'entre d'elles se sont rapprochées des transports londoniens et proposent des tarifs assez attractifs. En ce qui concerne *The Thames Clippers,* le ticket à la journée permet de naviguer à volonté de 10h à 22h en semaine, et de 8h à 22h le week-end. Compter 13,60 £ par adulte (réduc enfant) ; réduc de 10 % avec l'*Oyster Card* et de 33 % avec la *Travelcard,* ce qui revient alors à 8,40 £. Il existe aussi un ticket pour qui veut effectuer un trajet unique (pour rejoindre, par exemple, la Tour de Londres depuis le London

Eye). Ce ticket coûte 5,50 £ et seulement 3,70 £ sur présentation d'une *Travelcard.* Ceux qui possèdent l'*Oyster Card* ont également droit à une ristourne (10 %). Départ toutes les 15 mn environ. Plus d'infos sur • *thamesclippers.com* • *tfl.gov.uk* •

Le taxi (*taxi* ou *cab*)

♿ Aussi chers qu'en France, mais bien plus pratiques, car on en trouve partout (pas de « tête de taxi », ils se prennent partout) et ils acceptent jusqu'à cinq personnes, même des poussettes, même pas pliées ! Incontournables aussi quand vous sortez de boîte et qu'il n'y a plus que quelques bus de nuit et aucun métro avant l'aurore. Les contacts avec le chauffeur sont limités, une vitre souvent aux trois quarts fermée le séparant des passagers. Ils sont libres quand le signal jaune « *For hire* » est allumé. Habituellement, on laisse 10 % de pourboire. La plupart des taxis sont équipés de rampe d'accès pour chaises roulantes ou les poussettes.

Vous pouvez également utiliser les *minicabs,* mais on vous le déconseille. Ce sont des taxis travaillant avec des agences privées, assez rudimentaires, localisés généralement près des *Tube stations* (stations de métro). Assez mal organisés, mais intéressants dans certains endroits. Prix de la course à négocier. On peut les prendre pour l'aéroport (moins cher qu'un taxi classique si l'on sait négocier). Mais, attention, arnaques fréquentes, ces taxis semi-clandestins baladent facilement le touriste qui ne connaît pas bien la ville.

– ***Appel de taxi :*** ***Dial a Cab,*** *☎ 020-7253-5000.* • *dialacab.co.uk* • ***Radio Taxis,*** *☎ 020-7272-0272.* • *radiotaxis.co.uk* • ***Computer Cabs,*** *☎ 020-7908-0207. Pour les minicabs, une des compagnies les plus sérieuses est* ***Addison Lee,*** *☎ 0844-800-6677.* • *addisonlee.com* • ***Lady Cabs,*** *qui n'emploie que des chauffeurs femmes, ☎ 020-7272-3300.* • *ladyminicabs.co.uk* •

– ***Si vous avez perdu quelque chose dans un taxi :*** *appelez* ***Lost Property,*** *☎ 0845-330-9882, ou allez au* ***Lost Property Office.*** *200 Baker St, NW1 5RZ. Lun-ven 8h30-16h.*

Bicyclettes et mobylettes

Le *Visitor Centre* édite des brochures (gratuites) proposant des circuits pour la balade, mais aussi la liste des pistes cyclables protégées.

Si vous venez avec votre mobylette, les formalités d'entrée sont les mêmes que pour un véhicule, c'est-à-dire :

– un permis de conduire national, international ou britannique ;

– une carte verte d'assurance que votre compagnie peut vous délivrer ;

– une immatriculation, même pour les moins de 50 cm^3. Des pneus de première qualité sont indispensables et la loi exige des freins en parfait état. Les règlements concernant l'éclairage sont également stricts. Pour les mobylettes, le port du casque est OBLIGATOIRE.

Location de vélos

D'un autre côté, le vélo à Londres, c'est un tantinet suicidaire ! Mais la mairie a lancé en février 2008 le développement de ce mode de transport, avec des pistes cyclables, 400 points de retour et 6 000 Barclays Bikes bleu et argent, vite surnommés les Boris Bikes en raison de l'enthousiasme du maire de Londres, Boris Johnson, à soutenir le projet. On peut aujourd'hui louer son vélo à chaque coin de rue ou presque. Il suffit de payer un droit d'accès à la location (1 £ pour 24h, 5 £ pour 7 jours et 45 £ pour 1 an), puis la location elle-même. En deçà de 30 mn, c'est gratuit. Ensuite, c'est 1 £ pour 1h, 4 £ pour 1h30, etc. Toutes les transactions peuvent se faire aux bornes près des points de retour, via votre carte de paiement. La mairie entend donc miser sur le vélo et espère une augmentation de 400 % d'ici à 2025 ! *Pour plus d'infos : ☎ 0845-026-3630.* • *tfl.gov.uk/roadusers/cycling/14808.aspx* •

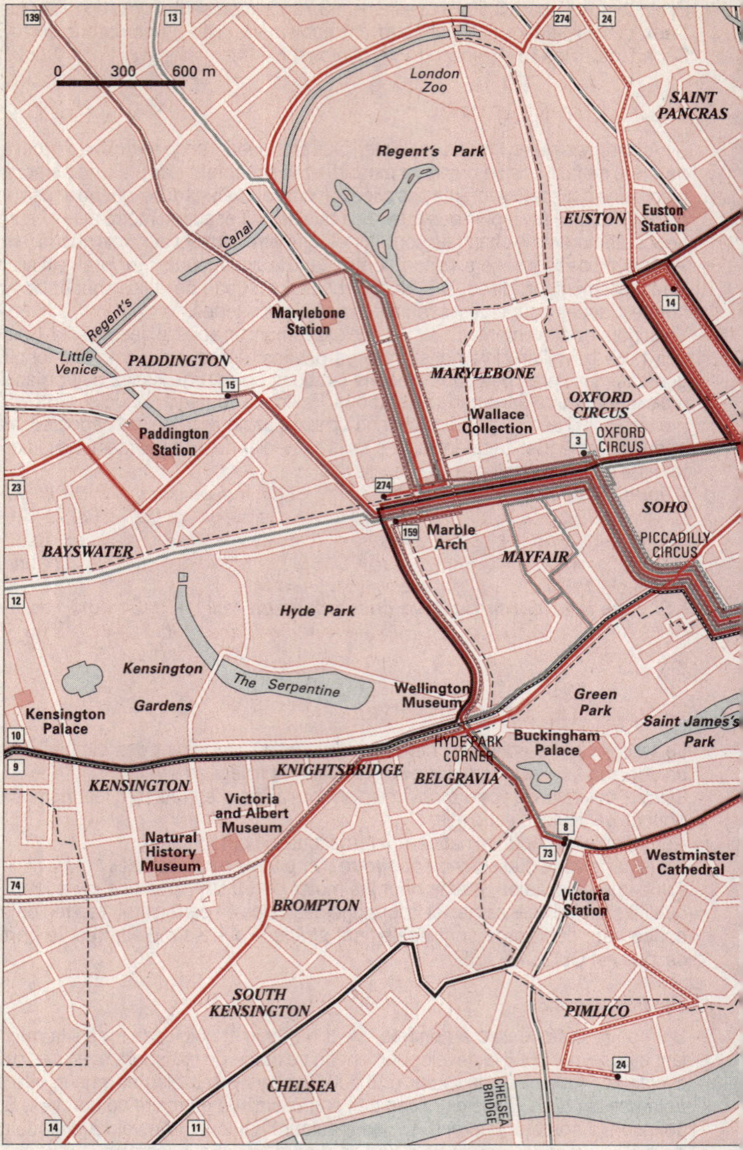

Si vous êtes en voiture

À moins de vouloir visiter le reste du pays, on vous déconseille fortement de venir à Londres en voiture. De plus, tout le monde sait qu'en Angleterre, on roule à gauche.

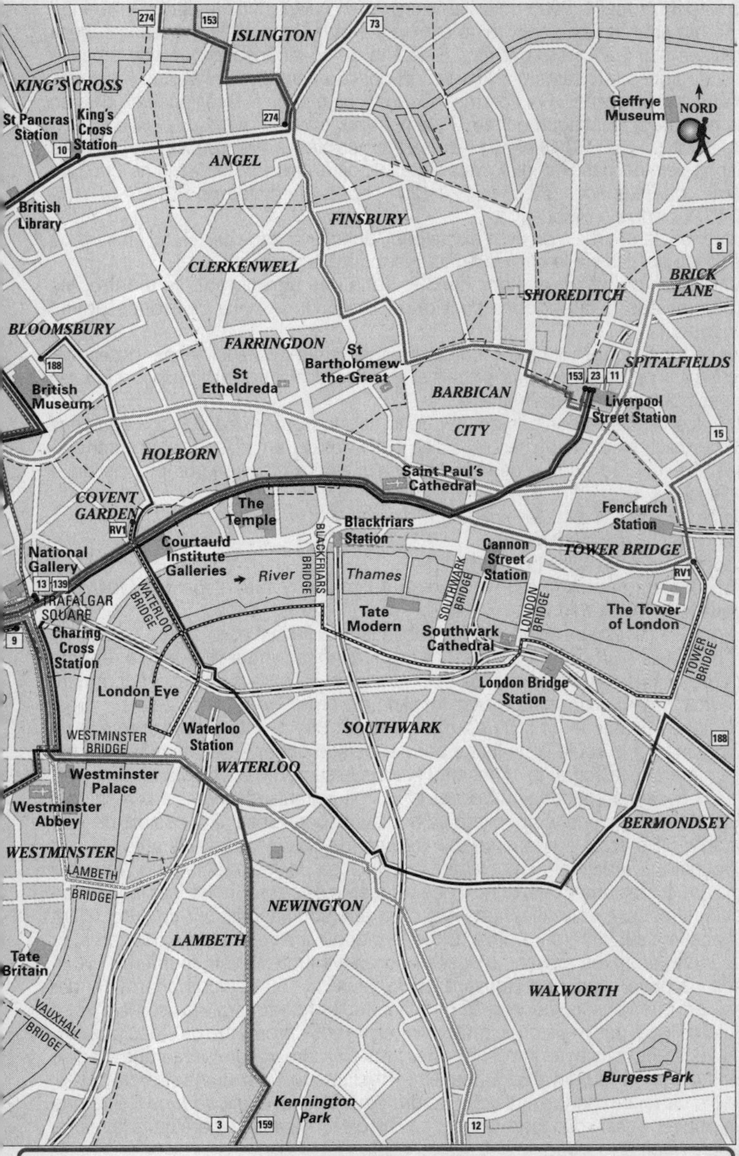

PLAN DES BUS

– Vous devez être en possession de votre permis de conduire national, de la carte grise, de la carte verte d'assurance. Si vous louez une voiture (21 ans minimum, en général), il vous faudra la plupart du temps un permis international.

– ***Taxe*** depuis février 2003 pour les véhicules circulant dans le centre-ville entre 7h et 18h sauf le week-end, jours entre Noël et le Jour de l'an et les vacances anglaises : 10 £ à verser par jour. Système de scannérisation de vos plaques minéralogiques par caméra (plus de 700 dans le centre) dans toutes les zones marquées d'un grand « C » comme « *Congestion charge* ». Des zones de plus en plus nombreuses chaque année ! Paiement sur Internet ● *tfl.gov.uk/roadusers/congestioncharging/6743.aspx* ● , sur les bornes bleues avec un C rouge (dans les stations-service, par exemple), dans certains points presse avec le même logo, par courrier, par téléphone *(☎ 0845-900-1234 depuis l'Angleterre ou ☎ 00-44-207-649-9122 depuis la France).*
– Attention, la priorité à droite n'existe pas : donc, à chaque carrefour, un stop ou des lignes peintes sur la chaussée indiquent qui a la priorité.
– Aux ronds-points, à prendre dans le sens des aiguilles d'une montre, les automobilistes déjà engagés sont prioritaires. On appelle ces ronds-points *roundabouts.*
– Les piétons engagés sont toujours prioritaires. Faites-y particulièrement attention, ainsi qu'aux *pelican crossings,* visuels et sonores, et aux *zebra crossings,* signalés par des boules jaunes lumineuses.
– Pour les véhicules équipés de GPL, dur, dur de trouver des stations équipées (uniquement en dehors du centre). Et les systèmes de remplissage sont incompatibles ! À éviter. De manière générale, il n'y a que deux types de pompes, essence ou diesel.
– On ne badine pas avec les limitations de vitesse :
➢ en ville : 30 miles (48 km/h) ;
➢ sur la route : 60 miles (97 km/h) ;
➢ sur les autoroutes *(motorways)* et routes à deux voies séparées *(dual carriageways)* : 70 miles (113 km/h).
– Le port de la ceinture de sécurité est obligatoire à l'avant et à l'arrière.
– ATTENTION AUX *CLAMPS* : ce sont ces mâchoires jaune vif que l'on referme sur vos roues si vous êtes mal garé. On voudrait bien vous expliquer comment les éviter à coup sûr, mais même les Anglais ne s'y retrouvent pas. En gros, deux lignes jaunes le long d'un trottoir veulent dire : « interdiction formelle de stationner ». Une seule ligne jaune permet de stationner à certaines heures (en règle générale, le soir et le dimanche, parfois le samedi). Gare aux *resident permits,* places en apparence autorisées et gratuites, mais réservées aux résidents du quartier (et qui ont l'autocollant ad hoc sur le pare-brise ; impossible de s'en procurer, on a essayé). Dans ce dernier cas, des panneaux explicatifs doivent se trouver sur le trottoir. Les *clamps* sont placés par des sociétés privées qui se paient sur les amendes, donc il ne faut même pas essayer de leur inspirer de la pitié. L'adresse et le téléphone des *clampers* sont inscrits sur un autocollant qu'ils collent sur votre pare-brise. Dites-leur que votre voiture est « *ponded* ». Ils vous indiqueront les moyens d'accès pour parvenir jusqu'à la fourrière. Il vous suffira de payer l'amende (souvent chère, plus de 150 £). Vous pourrez hurler aussi fort que vous le voudrez, ils ont l'habitude et sont intraitables. Mais votre problème n'est pas réglé pour autant, car on va vous promettre de « déclamper » dans les 4h et vous avez intérêt à rester près de votre voiture parce que à peine « déclampée » elle peut être à nouveau « reclampée » par une autre patrouille, et le circuit recommence et il vous faudra payer à nouveau... *so fun !* Reste que vous pouvez aussi vous retrouver sans véhicule : il sera alors garé dans la même fourrière. Mêmes procédures.
La meilleure solution pour se garer reste l'emplacement de parcmètre, horriblement cher dans le centre mais abordable en périphérie. De plus, c'est gratuit la nuit. En effet, de plus en plus de touristes garent leur voiture en périphérie de la capitale, souvent sur des places gratuites, et prennent un train pour rejoindre le cœur de Londres dans la journée. Par exemple, si vous arrivez de Folkestone ou de Douvres sur la M 20 (grande autoroute desservant Londres), vous pouvez vous

arrêter juste avant, comme à Greenwich par exemple, et prendre une *Travelcard* vite rentabilisée. Moins d'angoisse et moins de stress !

Location de voitures

■ ***Auto Escape :*** ☎ *0820-150-300 (nº gratuit).* • *autoescape.com* • *Vous trouverez également les services d'Auto Escape sur* • *routard.com* • L'agence *Auto Escape* réserve auprès des loueurs de véhicules de gros volumes d'affaires, ce qui garantit des tarifs très compétitifs. Il est recommandé de réserver à l'avance. *Auto Escape* offre 5 % de remise sur la location de voiture aux lecteurs du *Routard* pour toute réservation par Internet avec le code de réduction « GDR13 ».

■ ***BSP Auto :*** ☎ *01-43-46-20-74 (tlj).* • *bsp-auto.com* • Les prix proposés sont attractifs et comprennent le kilométrage illimité et les assurances. *BSP Auto* vous propose exclusivement les grandes compagnies de location sur place, vous assurant un très bon niveau de services. Le plus : vous ne payez votre location que 5 jours avant le départ. Réduction spéciale aux lecteurs de ce guide avec le code « routard ».

Et aussi :

■ ***Hertz :*** ☎ *0825-030-040 (0,15 €/mn).* • *hertz.com* •

■ ***Europcar :*** ☎ *0825-358-358 (0,15 €/mn).* • *europcar.fr* •

■ ***Avis :*** ☎ *0820-050-505 ou 0821-230-760 (0,12 €/mn).* • *avis.fr* •

TRAVAILLER À LONDRES

Pour ceux que la capitale anglaise a séduits et qui voudraient rester un peu plus longtemps afin d'améliorer leur accent en gagnant quelques pennies, voici quelques conseils pour bien s'installer.

Les papiers

Bonne nouvelle : venant d'Europe, vous n'avez pas de restriction particulière pour travailler dans le royaume de Sa Majesté. Étant européen, seule une carte d'identité (ou un passeport) en cours de validité vous sera demandée pour séjourner et travailler en Angleterre.

Les ressortissants vivant hors de l'Union européenne devront, quant à eux, obtenir visa et permis de travail. Se renseigner à l'ambassade de Grande-Bretagne du pays d'origine avant de partir.

Et mes valises, j'en fais quoi ?

Lorsqu'on part pour quelques mois, voire pour plus longtemps, on a forcément besoin d'un peu plus d'affaires. Problème : on a du mal à se séparer de ses chaussures préférées, de la jupe offerte par Tatie ou du pull fétiche de la communion... Comment faire un choix ? Ou ne pas en faire... Du coup, on emporte plein de choses et on fait appel à un groupeur en transport international, qui peut aussi faire fonction d'emballeur. Attention à ne pas oublier de régler les questions d'assurance : pensez à être couvert tous risques, à prendre les coordonnées de l'agent d'assurance local pour les avaries, etc.

■ ***AGS Paris :*** *61, rue de la Bongarde, 92230 Gennevilliers.* ☎ *01-40-80-20-20.* • *ags-demenagement.com* •

Maintenant, au boulot !

Chaque année, des dizaines de milliers de Français se rendent en Grande-Bretagne pour se lancer à la recherche de jobs ou de stages. Si, là-bas, le pourcentage de chômage est quasi deux fois moins élevé qu'en France, la concurrence est rude ! Qu'on se le dise, vous ne tomberez pas immédiatement sur le super job, mais en revanche vous trouverez sans problème un petit boulot de serveur dans un bar, un resto ou une sandwicherie. Les ***salaires*** ne sont pas élevés : 6 £ brut de l'heure.

Mais l'impôt est directement prélevé à la source... Tentez votre chance, les parcours atypiques sont bien mieux considérés qu'en France. Très important : n'oubliez pas d'emporter quelques ***lettres de recommandation*** de vos anciens employeurs. Cela ne donnera qu'un peu plus de relief à votre candidature.
Pour vous aider dans vos recherches :

■ Avant de partir, contacter la ***Maison des Français de l'étranger :*** *ministère des Affaires étrangères, 48, rue de Javel, 75015 Paris. ☎ 01-43-17-60-79. ● expatries.org ● mfe.org ● Ⓜ Charles-Michels. Lun-ven 9h30-12h30 pour les rens par tél, 14h-17h pour les consultations sur place.* Un service du ministère des Affaires étrangères. Des infos sur le pays, des petites annonces, des conseils et des astuces sur les filières liées à votre profil et à vos envies. Très utile.

■ N'oubliez pas non plus l'***Espace Emploi international,*** émanant du *Pôle Emploi* : *48, bd de la Bastille, 75012 Paris. ☎ 01-53-02-25-50. ● pole-emploi-international.org ● Ⓜ Bastille. Lun-ven 9h-17h sf jeu ap-m.* Pour les annonces et les renseignements d'ordre social.

■ Vous pouvez vous adresser, une fois à Londres, aux ***job centres,*** équivalents de notre Pôle Emploi, qui sont gérés par le ministère du Travail britannique. Les services sont gratuits. Liste complète sur *● jobseekers.direct.gov.uk ●*

■ Sur Oxford Street, vous trouverez pas mal de ***temp agencies*** (agences de travail temporaire). Aucun frais d'inscription obligatoire. Mais attention, ce n'est pas là que vous dénicherez le job de vos rêves, mais bien plutôt de la manutention.

– Autre possibilité, consulter la ***presse*** : le *Loot (● loot.com ●),* le mercredi, ou l'*Evening Standard* (tous les soirs), par exemple. N'hésitez pas à éplucher également *The Guardian, The Independent, The Daily Telegraph, The Sunday Times, The Observer, The Overseas Job Express, TNT, Ici Londres, Metro* ou encore *Bonjour ! Londres* et *● londonmacadam.com ●*

– De nombreuses offres sont disponibles sur ***Internet.*** Voici *THE* sites : *● jobs.ac.uk ● totaljobs.com ● jobsite.co.uk ●*

– Si vous cherchez un stage à Londres, vous pouvez vous adresser au ***British Council*** *(● britishcouncil.fr ●)* ou au ***Centre français Charles-Péguy*** : voir les « Adresses utiles sur place » plus haut dans la rubrique « Avant le départ ».

– ***Les LHA*** *(London Hostels Association)* proposent des échanges de bons procédés. En échange de 20h de travail par semaine et pour un minimum de 6 semaines (pour des tâches telles que : nettoyage des dortoirs, service des repas, portier de nuit...), ils vous logent et vous nourrissent. Ce qui vous laisse la moitié de la semaine pour étudier, travailler ailleurs ou flâner. *Voir l'onglet « Volunteer » sur le site ● london-hostels.co.uk ● ou ● ngrant@lhalondon.com ●* Connaissance minimale de l'anglais requise.

Et la santé dans tout ça ?

Une question qu'on oublie facilement. Votre job en poche, vous devez et pouvez demander une attestation de travail à votre employeur (même avant de décrocher un contrat définitif). Vous devez ensuite vous rendre au *Department of Social Security* ou à la *Benefit Agency (● dwp.gov.uk ●)* de votre lieu de résidence pour obtenir un numéro de Sécurité sociale *(National Insurance Number).* Une fois encore, en attendant votre numéro définitif, demandez un numéro temporaire, ce qui vous permettra d'être moins prélevé sur votre salaire et d'avoir aussi accès, en cas de besoin, aux urgences anglaises sans payer. Bien se renseigner avant votre départ au consulat de France à Londres (voir la rubrique « Avant le départ »).

Pour dormir, on fait comment ?

Plusieurs possibilités s'offrent à vous. Tout d'abord, si vous souhaitez louer un appartement, sachez que les loyers sont TRÈS chers et que le délai pour en trouver un est de 2 à 3 semaines. Galère !
Ici on paie en général son loyer d'avance, très souvent à la semaine (d'où un turn-over plus important qu'en France), un dépôt de garantie est exigé (en moyenne 6 semaines) et les baux ne vont pas plus loin que 1 an.

La majorité des locations se font en meublé. Pour trouver votre bonheur, et si vous n'avez pas de relations à Londres, vous pouvez consulter les agences immobilières des quartiers qui vous intéressent, ainsi que les petites annonces sur les journaux et le Web. Pensez aussi à la colocation *(flat sharing),* beaucoup plus développée à Londres que chez nous, l'idéal étant de trouver des *flatmates* (coloc') anglais, bien sûr ! N'oubliez pas ● *routard.com* ● : des petites annonces, des forums pour échanger vos tuyaux, et tout ça gratuit ! On compte aussi quelques sites spécialisés dans ce domaine : ● *gumtree.com* ● *ici-londres.com* ● *intolondon.com/flatshare* ● Enfin, certaines adresses « bon marché » du guide peuvent aussi vous dépanner en attendant de trouver votre *home sweet home.*

Et mon compte en banque, alors ?

Ouvrir un compte en banque en Angleterre s'avère assez compliqué. On demande beaucoup de garanties. Il est plus facile d'ouvrir un compte épargne *(savings account)* qu'un compte courant qui donne droit à une carte de paiement. Tout d'abord, vous aurez besoin d'une pièce d'identité – de préférence votre passeport –, mais aussi d'une lettre de votre banque en France et d'une attestation du lieu de résidence à Londres (une facture de téléphone suffit, ou même une lettre de votre hôtel). Enfin, on peut vous demander une attestation de votre employeur, ce qui facilite souvent l'ouverture du compte. En fait, les modalités peuvent différer d'une banque à l'autre ; certaines sont moins exigeantes. Oubliez vite les banques françaises qui ne s'occupent que des grandes entreprises. Quelques grandes banques anglaises auxquelles vous pouvez vous adresser : Barclays, Lloyds, Midlands...
En Angleterre, il existe deux types de cartes de paiement : la carte de débit *(debit card),* avec laquelle le débit est immédiat, et la carte de paiement (*credit card,* logique !), qui permet un débit différé. Petit truc : lorsque vous retirez de l'argent liquide à un distributeur, veillez à utiliser ceux des agences affiliées à votre banque (sinon on pourrait vous prélever une commission !).

Comment garder le contact *(keep in touch)* ?

Les téléphones portables français proposent la fameuse option « Monde », qui vous permet d'appeler d'où vous voulez. Mais cela coûte très cher. En Grande-Bretagne, les opérateurs proposent l'équivalent de nos portables à carte du type *Pay as you talk* ou des cartes prépayées. Tous les kiosquiers proposent des cartes de téléphone prépayées assez avantageuses, utilisables partout. Enfin n'oubliez pas les vertus du Net pour joindre vos proches. Avec des applications comme Skype, c'est pas cher, et on garde le contact facilement aussi. Maintenant, c'est à vous de jouer...
De toute façon, vous ne serez pas tout(e) seul(e), plus de 300 000 Français vivent au Royaume-Uni et résident en majorité à Londres et dans ses environs. Ce qui en fait la plus grosse communauté d'expats hors de l'Hexagone. D'ailleurs, vous le remarquerez vite dans le métro ou dans certains quartiers du sud-ouest de Londres. C'est une communauté relativement jeune (la moyenne d'âge est de 30 ans), très hétérogène sur le plan économique et social, depuis le petit jeune venu perfectionner son anglais en servant dans un bar au cadre de la City, Londres étant un passage obligé pour les professionnels de la finance. Selon leurs moyens, les Français de Londres habitent pour les plus aisés (souvent des expats de grosses boîtes internationales) dans le quartier de South Kensington, près du très prestigieux lycée français de Londres Charles-de-Gaulle ou bien quelques stations de métro plus loin dans les quartiers plus modestes de Hammersmith et Fulham. Il suffit pour s'en convaincre de voir le nombre de marques ou de boutiques françaises (boulangeries, librairies...) implantées dans ces quartiers. Cette implantation se traduit aussi dans les commerces anglais qui vendent quelques produits français (camembert...). Voilà qui devrait vous rassurer si vous aviez peur d'être isolé !

URGENCES

112 : voici le numéro d'urgence commun à la France et à tous les pays de l'UE, à composer en cas d'accident, agression ou détresse. Il permet de se faire localiser et aider en français, tout en améliorant les délais d'intervention des services de secours.

■ ***Services de secours :*** *☎ 999 (appel gratuit).*

■ ***NHS :*** *☎ 0845-46-47 (appel gratuit).* Pour obtenir 24h/24 des infos médicales urgentes, comme connaître l'adresse de l'hôpital ou du service de santé le plus proche de chez soi et le plus adapté au problème.

■ ***Dispensaire français*** *(centre 2, K11, **7**) : 184 Hammersmith Rd, W6 7DJ. ☎ 020-8222-8822. • dispensairefrancais.org.uk • Ⓜ Hammersmith. Tlj sf w-e 9h-17h30. Sur rdv. Inscription : 10 £ pour l'année en cours, puis slt 10 £ par consultation.* Pour les premiers soins. Accueil compétent et dévoué. D'ailleurs, en cas de gros pépins financiers, ne pas hésiter à y aller quand même. On essaiera toujours de trouver une solution adaptée. Pas de service de radiologie, donc si nécessaire il faudra passer par le privé et les frais seront à votre charge.

■ ***Charing Cross Hospital*** *(hors centre 2 par K11, **8**) : Fulham Palace Rd, W6. ☎ 020-3311-1234. Ⓜ Hammersmith.*

■ ***Eastman Dental Hospital :*** *256 Gray's Inn Rd, WC1X 8LD. ☎ 020-3456-7899. Ⓜ King's Cross. Lun-ven 9h-17h.* Soins dentaires. Pas besoin de rendez-vous. Ou appeler le ***Dental Emergency Care Service*** *(tlj, 24h/24)* qui saura vous indiquer un dentiste. *☎ 020-8748-9365.*

■ ***Bliss Chemist :*** *5 Marble Arch, W1. ☎ 020-7723-6116. Pharmacie ouv jusqu'à minuit.*

■ ***Boots :*** *44 Regent St, W1B 5RA. ☎ 020-7734-6126. • boots.com • Ⓜ Piccadilly Circus. Lun-ven 8h-minuit, sam 9h-minuit, dim 12h-18h. Situé sur Piccadilly Circus, pratique pour ses horaires d'ouverture.* De nombreux autres *Boots* dans Londres, notamment sur Oxford Street et à Covent Garden.

– Attention, les pharmacies de garde n'ouvrent que 1h le dimanche et les jours fériés. Donc, bien planifier sa maladie !

VISITES GUIDÉES

À pied

Plusieurs sociétés proposent des balades *(walks)* commentées en v.o. dans Londres. Voir leurs coordonnées dans le chapitre « Hommes, culture, environnement », rubrique « Patrimoine culturel. Monuments et balades ».

En bus

■ ***Original London Sightseeing Tour :*** *☎ 020-8877-1722. • theoriginaltour.com • Tlj : départs ttes les 20 mn 8h30-16h30 (Yellow Route), 16h50 (Red Route) et 17h15 (Blue Route). Compter 25 £/pers ; réduc sur Internet.* Pour visiter Londres en bus à impériale découvert. Sympa. Plusieurs circuits, dont 2 avec les commentaires français. Durée : 2h15, mais valable 24h. Départs des différents arrêts : Piccadilly Circus, the National Gallery, Trafalgar Square, Buckingham Palace, Westminster Abbey, Saint Paul's Cathedral, Tower Bridge et bien d'autres encore. Offre les transports sur la Tamise gratuitement, et des visites guidées gratuites.

■ ***Big Bus Company :*** *☎ 020-7233-9533. • bigbustours.com • Départs ttes les 15-30 mn de Green Park et de Victoria. Tlj : en été 8h30-17h ou 18h ; en hiver 8h30-16h30. Compter 27 £ ; réduc si vous achetez votre ticket sur Internet. Sinon, ticket vendu à bord. Il comprend également* *une croisière sur la Tamise et 3 circuits à pied.* *Blue Route* (commentaires en français), ou *Red Route,* d'une durée de 1 à 2h. Billets valables 24h, ce qui permet de monter et de descendre du bus quand on veut, et 48h en hiver (pratique !).

À vélo

■ ***London Bicycle Tour Co. :*** *☎ 020-7928-6898. • londonbicycle.com • Départs le w-e à 10h30, 12h et 14h. Rdv au 1 A Gabriel's Wharf, 56, Upper Ground, SE1. Ⓜ Blackfriars. Durée : 3h30 env. Compter 19,95 £ pour le parcours et 19 £/j. pour la loc du vélo (possibilité de louer à l'heure : 4 £).* Visites du Centre, de l'Est et de l'Ouest londonien. Se renseigner pour les horaires. Guide français possible, résa obligatoire.

En taxi

■ ***Black Taxi Tours of London :*** *☎ 020-7935-9363. • blacktaxitours.co.uk • Tours de 2h, pour 1-5 pers. Visite de jour (8h-18h) : 130 £ par taxi. Visite de nuit (18h-minuit) : 140 £. CB refusées.*

■ ***Karma Kabs :*** *☎ 020-8964-0700. 077-7069-3979. • karmakabs.com •* « Le voyage est plus important que la destination » : telle est la devise de ces taxis roses, jaunes, rouges, décorés façon Bollywood !

En bateau

Une façon originale et rapide pour visiter la ville. Une balade de 2h sur la Tamise permet de découvrir Londres sans se fatiguer. Choisir un jour où il y a du soleil, c'est quand même plus sympa.

■ ***Infos sur tous les circuits possibles auprès de London River Services :*** *☎ 020-7222-1234. • tfl.gov.uk/gettingaround/15544.aspx • Avr-oct, départs de Westminster Pier 10h-17h, voire 18h (départs supplémentaires à la belle saison et même des croisières de nuit en juil-août ; horaires plus restreints le reste de l'année).* Circuits variés sur la Tamise avec, en principe, arrêts aux principaux points touristiques entre Hampton Court Pier et Thames Barrier. Les départs se font entres autres de Greenwich, Tower Bridge, London Bridge, Embankment, Waterloo ou Westminster (Westminster étant l'embarcadère principal).

Plusieurs compagnies se partagent le gâteau. Toutes ne proposant pas de commentaires à bord, renseignez-vous bien avant. Une seule va jusqu'à Thames Barrier (*Thames River Service* ; voir plus loin dans le chapitre « Les autres quartiers de Londres »). Une des balades les plus appréciées est celle vers Greenwich, même si, honnêtement, la balade en bateau est inégale et ne vaut le coup que si vous avez un but de visite à l'arrivée. Après Tower Bridge, la traversée du quartier des docks est longuette, même en faisant marcher son imagination pour se représenter l'activité intense qui devait régner ici au temps du commerce avec les Indes et de la splendeur de l'Empire britannique. Compter 12,50 £ et 2h pour un aller-retour Westminster-Greenwich (réduction avec l'*Oyster Card* ou la *Travelcard*). Sinon, d'autres balades possibles : Saint Katharines-Greenwich et Circular Cruise. Sachez aussi que des billets combinés sont proposés lorsque vous vous rendez au London Eye, London Dungeon et Madame Tussauds. Plus de renseignements au pied du London Eye, embarcadère pour des balades en bateau, du plus traditionnel au plus sportif (dans une sorte de hors-bord à hélices !).

En voiture amphibie (toujours plus fort !)

■ ***London Duck Tours :*** *juste derrière le London Eye. ☎ 020-7928-3132. • londonducktours.co.uk • Durée : 75 mn. Prix : 21-23 £ pour un adulte ; réduc (heureusement !).* Dans un véhicule amphibie, vous parcourez la Tamise et certaines rues de Londres, sur le thème de James Bond ou des pirates. Les enfants adorent !

HOMMES, CULTURE, ENVIRONNEMENT

Londres a franchi le millénaire en s'offrant une cure de jouvence comme elle n'en connaît que tous les 30 ou 40 ans. Dans les années 1960, sa jeunesse avait secoué les oripeaux de la vieille Angleterre et imposé à la planète de nouveaux codes et références culturels. En 2000, dopée par la croissance économique, elle s'est même offert un lifting architectural spectaculaire, affirmant ainsi son rôle de mégalopole multiculturelle. Le cosmopolitisme et la tolérance, l'esprit d'entreprise, les hauts salaires et le (presque) plein-emploi ont attiré une nouvelle vague d'immigration sans précédent jusqu'à l'automne 2008. Même si la crise a quelque peu changé la donne, Londres a toujours la cote et les jeunes *Frenchies* sont près de 100 000 à avoir franchi le *Channel* pour tenter leur chance dans cet eldorado européen, devenu de facto la capitale économique et culturelle du Vieux Continent. Le PNB généré par la capitale britannique avoisine celui de la Suède ! C'est tout dire. De fait, le prix de l'immobilier dépasse celui de New York ou de Tokyo et chasse de nombreux Londoniens en banlieue lointaine. Et les grands travaux des JO de 2012 ne vont pas arranger les choses... Tout bouge, tout change. Tenez, la cuisine par exemple : auparavant, c'était une activité que les Britanniques pratiquaient dans une relative discrétion... Doux euphémisme ! Séjourner en Angleterre relevait presque du cauchemar gastronomique. À présent, les saveurs exotiques, indiennes, chinoises ou antillaises ont chamboulé les habitudes gustatives des Britanniques et Jamie Oliver, l'une des coqueluches du renouveau culinaire londonien, fait fureur à la TV avec ses recettes toujours plus innovantes (voir notamment son resto *Fifteen* à « Shoreditch et Hoxton », ou *Jamie's Italian* dans le centre touristique). Sans oublier Gordon Ramsay (3 étoiles au Michelin), l'autre star « gastrocathodique », qui veille aux destinées du Trianon Palace à Versailles, dont vous pouvez retrouver le *deli Nonna's Deli* à Camden Town. La cuisine anglaise est un éternel voyage. Le yuppie de la City, le branché de Soho, la vendeuse de Chelsea, le footeux du Yorkshire, l'employée chinoise de *B & T,* le rejeton de la gentry, le touriste du continent, tout le monde se retrouve au coude à coude dans des restos de sushis, de tandoori ou de carpaccio, jetant aux orties le gigot à la menthe et les *peas* avec *jacked potatoes...* Tous ne jurent plus que par les *gastropubs,* ces hybrides de bistrots de chef, où l'on sert une cuisine innovante dans un cadre décontracté ou par les *secret restaurants,* aussi éphémères que discrets. Une vraie révolution culinaire... Mais comme Londres n'est pas à l'abri d'une contradiction, elle tend aussi à faire redécouvrir les recettes british traditionnelles – tendance bobo-bio oblige, et les restos de cuisine « locale » fleurissent depuis quelques temps... De quoi contenter les amateurs de *full english breakfast* ou *sausage & mash potatoes* ! Question intégration, Londres aurait de quoi donner des leçons à n'importe quelle société contemporaine : la proportion de mariages mixtes est supérieure à toutes celles constatées en Europe et dans le monde (et surtout aux États-Unis). Plus de 50 nationalités se côtoient, parlant, en tout, plus de 300 langues ! Mais le Conseil de l'Europe a tout de même dénoncé des « problèmes graves de xénophobie, de racisme et de discrimination » relayés par la

presse populaire, peu favorable à ce métissage. Tout n'est pas rose non plus pour les autochtones, les contrastes sont parfois criants : 44 % des enfants et un tiers des Londoniens vivent au-dessous du seuil de pauvreté et le taux de chômage atteint presque 15 % dans certains quartiers, alors qu'il avoisine 8 % pour la moyenne nationale.
À 2h15 de trajet de la gare du Nord, le choc est réel : comment peut-on être, en effet, si proche de Paris et pourtant si différent ?
La capitale de la France semble plutôt calme comparée à Londres, cette ville-monde, métropole énorme, grouillante, éclatée, moderne, vibrante, chaude (bien que pas toujours chaleureuse) et qui n'est plus seulement anglaise, mais réellement cosmopolite. Mentionnez n'importe quel adjectif et vous êtes à peu près certain qu'il correspond à l'un des quartiers de Londres. Avec des musées et des galeries par centaines, des pubs par milliers et plus de 10 000 restos, il y en a vraiment pour tout le monde. Sans oublier les taxis qui semblent, comme les escargots, sortir avec la pluie. Et comme il pleut souvent... Ici, vous êtes sûr de trouver ce que vous cherchez : un super groupe de rock ou electro, un pub irlandais, de la porcelaine chinoise, de la cuisine indienne, un immeuble au design futuriste, les jouets les plus marrants du monde, le thé le plus raffiné, un disque introuvable, des tableaux impressionnistes, de l'art étrusque, des parcs immenses, des activités à foison pour les enfants...
Seule ombre au tableau, la cherté de la ville et des hôtels pour les budgets modestes et moyens, tous ou presque vétustes et mal entretenus. On insiste sur ce point, vraiment ! Lisez attentivement nos conseils dans les paragraphes concernés, ça vous aidera.

ARCHITECTURE

Depuis les Romains, Londres garde les traces de toutes les époques architecturales. Mais comme les Anglais ne font jamais les choses comme les autres (c'est cela qui nous plaît chez eux), la dénomination de ces différents styles échappe parfois à notre compréhension. Alors *let's go* pour un *travelling* sur l'histoire des bâtisseurs britons !
Les ***Romains*** sont restés 350 ans en Angleterre, mais Londres en a gardé peu de vestiges. Le tracé de la City conserve grossièrement la forme de l'enceinte fortifiée du IIe s. Au départ des légions en 418, *Londinium* est livrée aux Barbares. Il faut attendre Alfred le Grand et ses princes saxons pour voir s'élever des remparts à l'emplacement de l'actuelle *London Tower*.
Guillaume le Conquérant y élève la tour Blanche. Le ***style roman*** est arrivé dans les bagages des Normands qui utilisaient la pierre à la place du bois et du torchis. Dans le quartier de Smithfield, l'ancien porche de Saint Bartholomew the Great (XIIe s), surmonté d'une maison Tudor, en témoigne.
Le ***style gothique*** explose au cours du Moyen Âge avec la construction de maints édifices religieux de prestige. L'abbaye de Westminster, dont la construction s'inspire de l'abbaye de Jumièges, en Haute-Normandie, en est le symbole le plus spectaculaire. Les Anglais distinguent trois époques gothiques : le *Early English* (vers 1100), style primitif caractérisé par de hautes fenêtres à lancettes se terminant en arc brisé aigu. Le *Decorated Style,* plus exubérant, vient orner les fenêtres de décorations végétales et couvre les voûtes de nervures foisonnantes au dessin complexe. À partir du XIVe s, retour du dépouillement avec le *Perpendicular Style,* qui n'a pas d'équivalent hors d'Angleterre : on pourrait décrire les édifices de ce style comme une cage aux voûtes en éventail et constituée de nervures de pierre pour permettre l'entrée de la lumière. On peut observer de cette époque la chapelle Henri VII de l'abbaye de Westminster, avec sa voûte dégoulinante de culs-de-lampe ouvragés.
À la rupture d'Henri VIII avec Rome, la floraison des édifices religieux s'interrompt pour faire place à la construction de demeures civiles. Les manoirs s'ornent d'encor-

bellements et de colombages. C'est l'émergence des ***styles Tudor et élisabéthain*** qui s'expriment particulièrement dans les théâtres où Shakespeare créa ses pièces (voir *The Globe*, la reconstitution de l'enceinte théâtrale de 1599).

La ***Renaissance italienne*** arrive tardivement en Angleterre via la France et la Hollande et apporte un souci de symétrie extérieure et l'usage des fenêtres à meneaux. Sous l'influence de Palladio, Inigo Jones *(Covent Garden Piazza)* est l'architecte qui introduit le ***classicisme*** dans les îles Britanniques. À Londres, on peut admirer son sens des proportions harmonieuses dans la salle des banquets de *Whitehall* et à la *Queen's House* de Greenwich.

Après le Grand Incendie de 1666 qui ravagea une bonne partie de Londres, sir Christopher Wren fut chargé de reconstruire la ville et notamment *Saint Paul's Cathedral, Saint James's Church* et le *Greenwich Hospital.* C'est le triomphe du ***baroque mêlé de classicisme*** avec des concepteurs comme John Vanbrugh et Nicholas Hawksmoor à qui l'on doit la *Christ Church* de Spitafields et *Saint Mary Wollnoth* dans la City. L'église de *Saint Martin-in-the-Fields* et sa magnifique bibliothèque datent aussi de cette époque. On définit la largeur des rues ainsi que la hauteur des maisons (trois ou quatre étages maximum), les matériaux utilisés sont également contrôlés.

À la fin du XVIIIe s, John Nash (plan de Regent's Street), John Soane (voir sa maison-musée à Holborn), William Chambers et surtout l'Écossais Robert Adam et ses frères revisitent l'Antiquité et imposent leur approche néoclassique en bâtissant profusion de maisons familiales vastes et confortables. À visiter : *Kenwood House* à Hampstead. À *Crescent Park,* on peut admirer l'harmonie de la vision urbanistique de John Nash avec l'arc de cercle formé par ces façades uniformes. Les ***maisons géorgiennes*** avec porches à colonnades blanches et parfois frontons triangulaires datent de cette époque, de même que, en décoration, les styles *Chippendale* et *Regency.*

Avec le XIXe s, la révolution industrielle et le long règne de la reine Victoria, on voit fleurir une nouvelle architecture de fer et de verre qui culmine avec le *Crystal Palace.* Entre-temps, le ***Gothic Revival*** renouait avec l'architecture médiévale. Le Parlement, le palais de Westminster, le *Tower Bridge* et *Saint Pancras Station* en sont les fleurons emblématiques. Dans le registre néoclassique, on trouve aussi le *Royal Albert Hall.* À la fin du siècle, en réaction contre la misère urbaine générée par la révolution industrielle, naît, sous la houlette de William Morris, le mouvement ***Arts & Crafts,*** qui allie l'ornementation italianisante, le Moyen Âge français et les matériaux rustiques. Du début du XXe s datent les maisons qualifiées d'***edwardian.*** Il est difficile en Angleterre de distinguer les *Arts and Crafts* de l'Art nouveau, tant les deux mouvements se mêlent, s'emmêlent et s'alimentent mutuellement, avec, dans leurs sillages, les préraphaélites et les symbolistes. C'est une époque particulièrement productive et l'on trouve quelques somptueux exemples de cette synthèse, comme le splendide magasin *Liberty.* Parallèlement, en plein apogée de l'empire, on assiste à un nouveau retour du classicisme avec les bâtiments de sir Edwin Luytens, comme le cénotaphe de *Whitehall.* Après les cités-jardins de Hampstead, les premiers gratte-ciel apparaissent aux alentours de 1937 avec le Russe Bertold Lubetkin, qui construit à Highgate des immeubles dans le style de Le Corbusier.

Le modernisme fait suite aux destructions par les bombardements de la Luftwaffe. Le *Royal Festival Hall* voit le jour en 1951. Pour pallier l'afflux démographique, les cités-dortoirs sortent de terre dans les banlieues du Grand Londres ; 15 villes nouvelles sont édifiées dans un rayon de 30 à 50 km autour de la City. Les années 1960 et 1970 se caractérisent par l'émergence du ***brutalisme,*** voué au culte du béton tous azimuts. Pour exemple, le Barbican Center, que George Orwell n'aurait pas renié. En réaction à cette tendance et soutenu par un personnage public – et non des moindres, à savoir le prince Charles –, un groupe d'architectes (avec à sa tête l'inépuisable Norman Foster) privilégie la fantaisie et le ludisme des structures en maîtrisant le ***style high-tech.*** Le dernier exemple en date est le *30 Saint Mary Axe,* le « Gherkin », incroyable immeuble qui domine la City. Fascinant, spectaculaire et, bien évidemment, sujet à controverse. Les docks de South Bank sont réhabilités et de nouvelles tours assez réussies sortent de terre dans les quartiers de Canary Wharf et des Docklands : on peut en juger en contemplant celle des télécoms britanniques, le bâtiment de la *Lloyd's* et surtout la pyramide postmoderne de *Canada Tower* conçue par Cesar Pelli, le plus haut gratte-ciel de bureaux d'Europe (plus pour longtemps !). Admirons l'œuvre de Jean Nouvel, dans la City, surnommée « Stealth Bomber », le « bombardier incisif », juste en face de Saint Paul's Cathedral : un projet que le prince Charles, toujours lui, avait à l'origine interdit ! Les lignes gris acier du bâtiment qui abrite, entre autres, un centre commercial (une première dans la City !) offrent pourtant des perspectives étranges et stupéfiantes, notamment depuis la terrasse du 8e étage. À l'horizon 2015, ce sont une vingtaine de buildings qui sortiront de terre, tous aux formes plus ou moins incongrues. On trouve la « Râpe à fromage » (Cheese Gratter, par Richard Rogers, l'autre papa du Centre Pompidou), le Walkye Talkye de l'Uruguayen Rafael Vinaly ou encore le Toboggan ! D'autres projets architecturaux ont déjà vu le jour avec les Jeux olympiques de 2012, notamment le centre aquatique en forme de vague, construit pour l'occasion par Zaha Hadid, la « starchictecte » anglo-irakienne. Il s'agit là de sa première réalisation à Londres. Mais le plus gros chantier architectural dans la capitale reste The Shard, un « éclat » de verre près du London Bridge, construit par Renzo Piano, un gratte-ciel inauguré en juin 2012, flirtant avec les 310 m, presque autant que la tour Eiffel (327 m). Cette construction accueillant des bureaux, un hôtel de luxe *(Shangri-La)*, un resto et des habitations, est actuellement le plus grand immeuble d'Europe de l'Ouest. Splendide ! Juste à côté, la Tate Modern continue de surprendre avec une pyramide déstructurée imaginée et toujours réalisée par le tandem déjà à l'origine de la transformation de cette ancienne usine, Herzog et de Meuron, et accolée à l'ancienne turbine.

Pour plus d'infos sur le développement architectural de Londres : ● *newlondonarchitecture.org* ● (voir aussi plus loin le *New London Architecture* à Bloomsbury).

BOISSONS

– Si l'on en croit la légende, toute l'Angleterre s'arrête vers 17h pour le ***teatime.*** Les Anglais en boivent en fait toute la journée ! Rien de tel qu'une bonne *cup of tea* pour arroser n'importe quelle occasion ou redonner le sourire à son interlocuteur. Demandez-le *white* (avec un nuage de lait que l'on verse AVANT le thé) ou *black* (sans), avec ou sans sucre. Autre rituel, à essayer au moins une fois dans sa vie, dans les hôtels chic ou les salons de thé londoniens : les fameux ***afternoon teas*** (prévoir tout de même une grosse poignée de livres) : un grand choix de thés aux arômes différents, des sandwichs et toute une cohorte de gâteaux. Parmi les plus connus, des hôtels prestigieux tels que le *Ritz*, le *Savoy*, le *Hyde Park Hotel*, le *Dorchester* ou le salon de thé *Fortnum & Mason...* tous proposent un rituel souvent aussi drôle que leurs gâteaux sont bons, à grand renfort de vaisselle délicate, d'ustensiles compliqués et de règles à respecter (coupe-t-on un *scone* dans le sens de la hauteur ou de la largeur ? *That is the question...*).

MILK IN FIRST

Traduction : « le lait en premier », ou le surnom donné par les aristocrates aux arrivistes. Les nouveaux riches avaient pour habitude de verser le lait avant le thé, de peur que leur tasse, sous l'effet de la chaleur, ne casse. Un test révélateur de personnalité et de rang social ! Eh oui, un aristocrate n'a jamais eu ce problème, tant sa porcelaine est de bonne qualité, et tant il possède de tasses !

– Les Anglais ne boivent pas que du thé ! Ils se passionnent également pour le ***café.*** Vous trouverez pour preuve des centaines d'adresses où l'on sert des *espressos,* bien sûr, mais également des cafés spéciaux assez originaux. On trouve aussi des ***coffee shops*** où l'on peut boire un café ou un thé en mangeant un sandwich. Pas cher, et ambiance populaire assurée. Mais, en général, le café s'apparente souvent à du jus de chaussette si l'on a opté pour un *regular.*

– Côté boissons alcoolisées, vous pourrez goûter aux délicieux ***ciders*** qu'on commande *dry, medium* ou *sweet,* tout comme le ***sherry*** (xérès), très apprécié des vieilles dames. Délicieux et pas très cher. N'oubliez pas le ***port*** (porto), très bien représenté par de prestigieuses maisons comme *Taylor's,* et évidemment le ***whisky.*** Du scotch tourbé d'Écosse au pur malt irlandais en passant par le bourbon américain, il y en a pléthore.

– Si vous aimez les ***liqueurs*** douces, goûtez le *Drambuie,* au whisky, ou l'*Irish cream,* au café. Si vous préférez les ***cocktails,*** essayez un *dry martini* ou une *vodka and lime* (prononcé « laïme »).

– Goûtez au ***Pimm's,*** boisson à base de plantes et de quinine. Typiquement anglais, servi avec du concombre. Elle aurait des vertus digestives. Très bon aussi avec de la limonade. Avec modération ! Très frais en été et, l'hiver, chaud avec du jus de pomme, ça passe pas mal non plus... Vendu aussi en canette dans les supermarchés.

– Les amateurs de ***vin*** seront surpris : l'Angleterre produit à nouveau du vin. Eh oui, dans le Kent... La production reste confidentielle, et sa consommation l'est encore plus. Quant à sa réputation, elle reste à faire ! Certains bars et restos londoniens l'ont inscrit à leur carte. On a trouvé le blanc, bien sec, très réussi. À essayer donc ! D'autre part, les ***wine bars*** sont à la mode, mais restent assez chers. En revanche, les cartes sont souvent bien montées, mêlant sans vergogne les crus classiques du Vieux Continent (France, Italie, Espagne...) aux domaines du Nouveau Monde. On trouve aussi dans tous les pubs branchés une sélection de vins au verre sérieuse. Les Anglaises ont d'ailleurs majoritairement délaissé la traditionnelle pinte de bière pour un verre de vin blanc, plus délicat ! Ailleurs, la qualité n'est pas toujours au rendez-vous.

– Dans les pubs, ceux qui supportent mal l'alcool peuvent demander un *babycham* (soda au goût de poire), des ***soft drinks*** genre cola ou un jus de fruits (souvent plus cher que l'alcool).

Conseils du même tonneau (de bière)

L'autre boisson « mythique », c'est la ***bière.*** Les non-amateurs goûteront à la *ginger ale,* plus douce. Mais on en connaît certains qui se sont convertis après quelques pubs. On différencie les *free houses* des autres pubs, ces derniers distribuant une marque de bière en particulier, les autres conservant toute liberté et proposant de petites bières locales plus originales. Parmi les bières les plus populaires, la goûteuse *London Pride,* ou la toute simple mais désaltérante *Carling.* Pour un demi, commander *half a pint* (prononcer « haffepaïnte ») mais, proportionnellement, une *pint* (demi-litre) coûte moins cher. Dans tous les cas, mieux vaut avoir repéré l'emplacement des w-c avant de se lancer !

Voici un petit topo sur les bières anglaises :

– ***La bière au tonneau :*** *draught* ou *on tap* (au robinet), tirée à la pompe traditionnelle, servie à température ambiante, est sans conteste la meilleure. La *bitter,* blonde amère, est la plus populaire, mais la *lager,* blonde traditionnelle, est aussi très bonne. Seul problème, les bières *on tap* se font de plus en plus rares. Tout fout le camp !

– ***La bière en bouteille :*** *pale ale* (bière blonde) et *brown ale* (bière brune, mais douce) et surtout la *stout,* dont le meilleur exemple est la *Guinness,* noire et crémeuse. C'est même obligatoire !

– ***La bière à la pression :*** on en trouve beaucoup, elle est servie froide ou glacée, très gazeuse comme en France ou en Allemagne, où elle n'a cependant rien à voir avec la vraie bière anglaise, comme la *real ale.*

Les bières américaines et mexicaines ont aussi envahi le marché anglais. On en trouve de plus en plus dans les pubs.

Si vous voulez vraiment tout savoir sur les bières anglaises, allez dans un pub et parlez-en avec les habitués. Vous aurez peut-être la chance de tomber sur un passionné qui vous fera partager son enthousiasme et une tournée !

Les pubs

De tradition typiquement britannique, le pub est le lieu de rencontre par excellence. On y vient avec ses collègues, ses amis, ou tout simplement en famille (mais, sauf exceptions, sans jeunes enfants) pour y passer un joyeux moment de détente et de discussion. Le pub, en général, offre plusieurs salons dont les différences sont de moins en moins sensibles : *public bar, lounge bar, saloon bar, private bar* (ce dernier est réservé à un club). On pratique une activité tellement peu française dans les pubs que le mot n'existe même pas dans notre langue : on « socialise ». On y parle de tout et de rien. Vous ressentirez cette extraordinaire atmosphère de fusion des classes ; ici, on laisse son origine sociale au vestiaire et on se côtoie allégrement. Au coude à coude, vous trouverez le *cockney* (titi londonien), le jeune cadre gominé, la mamie en tenue lavande, les groupes de minettes déchaînées à l'occasion d'une *hen night* (enterrement de vie de jeune fille), l'ouvrier lisant *Tribune* (journal de gauche du Labour Party), le vieux marginal plein de malice et... le touriste français, les yeux ronds comme des billes devant ce spectacle.

Un peu d'histoire

Cercles paroissiaux durant le Moyen Âge, plus opportunément situés sur les routes des pèlerinages, enfin lieux de réunion des ouvriers qui, au XIXe s, commencent à se syndiquer, les pubs ont souvent conservé leur vitrine en verre dépoli, de vieilles boiseries noircies et patinées, des lumières faiblardes, comme au temps de la bougie, et de beaux cuivres.
Les amateurs perspicaces remarqueront que certains noms de pubs reviennent souvent. Parmi ceux-ci, *King's Head,* en souvenir de Charles Ier que Cromwell fit décapiter, *Red Lion* qui rappelle les guerres coloniales, *Royal Oak* qui commémore la victoire de Cromwell sur Charles II qui se réfugia sur un chêne (!). Fin de l'intermède culturel.
La vague de modernisme a frappé durement et les chaînes de pubs standardisés ou les *posh pubs* (littéralement : « pubs chicos ») se sont multipliés. Des propriétaires peu respectueux du passé ont remplacé la patine du temps, la sciure, les vieilles pompes à bière avec manche de porcelaine par du clinquant, faux acajou, velours rouge, cuivre et barmen impec'. Évidemment, les comportements ne sont plus les mêmes dans un environnement aussi propre, aussi hygiénique, et l'âme du pub populaire a, dans ce cas, bel et bien trépassé. Les pubs que nous indiquons ont tous quelque chose qui les distingue de la masse. Cadre authentique, atmosphère originale, bonnes bières, tenanciers hors du commun, situation géographique, bonne cuisine et pas chère, musique, etc. ; tout, ou presque, à la fois. Vous en trouverez encore avec des compartiments à porte ou des box afin que les dames boivent sans honte ; d'autres avec des tableaux à numéros au-dessus du comptoir qui indiquaient quelles tables ou quels box étaient assoiffés lorsque le consommateur tirait sur un cordon.

Horaires d'ouverture

Le gouvernement a pris la décision – qui peut paraître paradoxale – d'autoriser la vente d'alcool 24h/24. En laissant le temps aux clients de consommer leurs boissons, le gouvernement espère limiter l'absorption rapide et massive d'alcool. Ce pari risqué est critiqué par les services de santé et de sécurité du pays ; un autre son de cloche souligne que cette initiative permettra aux caisses de l'État de se remplir grâce à l'augmentation du prix des licences et des amendes délivrées aux consommateurs trop tapageurs... Noter que la plupart des pubs de la City sont fermés le week-end. Normal, tout est désert. Enfin, n'oubliez pas, ici aussi, on n'a plus le droit de fumer dans les lieux publics !

Pubs et mœurs

Outre le fait que l'on boive souvent sa bière sur le trottoir quel que soit le temps, les Anglais pratiquent beaucoup le *pub crawling.* Lorsqu'ils sortent à plusieurs, le premier paie une tournée dans un premier pub, le deuxième en paie une autre dans un pub différent et ainsi de suite. Le tout, c'est de se rapprocher de chez soi pour être sûr de pouvoir rentrer, surtout si l'on est 15 à payer sa tournée !
Pas de service alambiqué ; on va directement chercher sa consommation au comptoir et l'on paie de suite. Pas de contestation de fin de beuverie sur le nombre de tournées à payer : sitôt reçu, sitôt payé... et sitôt bu ! Quand le gosier est de nouveau à sec, il faut retourner au bar pour commander. En bref, ne restez pas assis, vous pourriez attendre longtemps votre verre !
Par tradition, et sûrement par goût, les hommes commandent toujours une *pint* (environ un demi-litre) et les femmes, le plus souvent, une *half a pint* (la moitié) ou un verre de vin parce que « *it's more socially acceptable* », mais l'on se doit de préciser qu'elles en boivent deux fois plus ! Et le spectacle dans les rues, tard dans la nuit, n'est pas toujours bien flatteur. Car, s'il y a bien un sujet tabou et inattendu de ce côté de la Manche, c'est l'alcoolisme latent, en particulier chez les jeunes... Entre 14 et 18 ans, admission à la discrétion du patron (ils arrivent à faire la différence), mais interdiction cependant de consommer des boissons alcoolisées. En dessous, *sorry,* pas d'admission, même en compagnie des parents. Il existe cependant pas mal de pubs qui acceptent les enfants pour le lunch ou en début de soirée, avec une *family room* dévolue aux sorties... en famille.

À Londres

On recense plusieurs milliers de pubs dans la capitale. Il y a les grands classiques et ceux de tous les jours où se retrouvent les habitués. Ne pas oublier que nombre d'entre eux proposent quelques plats bon marché le midi. La distinction entre pubs, bars, clubs de musique live et boîtes n'est pas aussi nette en Angleterre qu'en France. Certains pubs accueillent des groupes plusieurs soirs par semaine ou des DJs pour animer la soirée. S'il y a de la place, on peut même y danser. L'ambiance peut donc énormément varier d'un soir à l'autre. Certaines de nos adresses pourraient fort bien figurer dans nos rubriques « Où manger ? », « Où écouter de la musique ? » et même « Où danser ? », mais c'est tout de même leur aspect pub ou bar qui domine. L'après-midi, c'est le grand calme, malgré la présence de quelques éternels piliers de comptoir. Vous trouverez donc des adresses traditionnelles aussi bien que des endroits plus mode. Les pubs historiques sont la plupart du temps signalés par un écriteau bleu : « *This is an heritage pub* ».

COMÉDIES MUSICALES

Voir aussi plus loin la rubrique « Sports et loisirs. Spectacles et sorties. Théâtre, comédies musicales ».
On ne peut décemment pas aller à Londres sans voir une de ces fameuses comédies musicales, une vraie activité culturelle populaire. Certaines comédies sont à l'affiche depuis plus de 25 ans, comme *Les Misérables,* les « Miz », comme on dit là-bas. Il y en a pour tous les goûts, avec des comédies souvent adaptées de films (*Billy Elliot,* les *Umbrellas of Cherbourg* (!), *Legally Blonde*) ou de séries télé, voire de personnages ayant réellement existé, comme Queen et Freddy Mercury. Plus d'infos : ● *londontheatre.co.uk* ●

CUISINE

Sujet de moquerie pendant de très longues années, la cuisine ne devrait plus être un point sensible pour tout Français se rendant en Angleterre. Si on se demande encore comment ils peuvent faire bouillir leur viande et la manger avec de la sauce à la menthe, les Britanniques sont toujours écœurés lorsqu'ils nous voient manger des grenouilles (ce n'est quand même pas notre plat national !), des escargots ou des huîtres. Pas de chauvinisme, la cuisine anglaise traditionnelle peut se révéler délicieuse, mais comme partout, tout dépend des talents de votre hôte aux fourneaux ! En tout cas, le renouveau gastronomique amorcé il y a quelques années par les *gastropubs* et les chefs de renom oblige les critiques à revoir sérieusement leur copie. La variété culinaire est très vaste en Grande-Bretagne et reflète bien le succès de l'intégration ethnique amorcée par le pays.

– La vraie cuisine anglaise, traditionnelle et quasi mythique, vous la connaîtrez ***en famille.*** Malgré une grande consommation de surgelés, les Anglais continuent souvent à soigner les plats. Un repas se compose par exemple d'une viande préparée à la cocotte et de deux légumes, bouillis, avec une prédilection pour les pois vert fluo et le *cabbage* (chou), arrosés avec la sauce de la viande ou *gravy.* Il est parfois précédé d'un hors-d'œuvre (*pie,* soupe) et invariablement suivi d'un dessert cuisiné. On recommande le *trifle,* sorte de diplomate (délicieux quand il est bien cuisiné) ou les délicieux *apple pie, carrot cake...* Une constante : le dessert se déguste le plus souvent avec une *custard* bien chaude (sorte de crème... anglaise !), de la glace ou une *cream* fouettée. Depuis l'épidémie de la vache folle, la fameuse *jelly* multicolore (réservée aux enfants) a du plomb dans l'aile. Ah ! nous allions oublier le *cheese-cake* dont la base est du biscuit sur lequel on ajoute une sorte de mousse au fromage blanc et à la crème ainsi qu'un coulis de fruits. Hmm !

– Mais tout le monde ne peut pas s'inviter dans une famille anglaise pour dîner. Il reste donc les ***restaurants,*** dans lesquels on mange finalement pas trop mal, mais certes pour cher. Mieux vaut tenter sa chance dans les fameux ***gastropubs,*** établissements hybrides nés du désir de conserver l'atmosphère si riche et conviviale des pubs en proposant une cuisine plus élaborée qu'une saucisse-purée ! En quelques années, Londres a vu fleurir un peu partout ces néopubs souvent plus chers et toujours plus branchés que leurs grands frères. La grande tendance des nouveaux restaurants a des influences méditerranéennes ou asiatiques. Quelques bonnes surprises en perspective.

– Le midi, pour manger une nourriture saine dans une chouette ambiance tout en découvrant la cuisine anglaise, une solution : les ***pubs*** et leur ***pub grub*** traditionnelle (littéralement « boustifaille »), pas mauvaise du tout ! Pratiquement tous servent, entre 12h et 14h30, ces plats uniques, très bons et abordables, parmi lesquels le *ploughman's lunch* (fromage servi avec des oignons ou du chutney et du bon pain frais) et le *shepherd's pie* (hachis Parmentier). Essayez également le *carvery lunch* (traditionnel repas du dimanche), avec du *roast beef,* des *roast potatoes* et du *Yorkshire pudding.* Vraiment économique (ils proposent souvent des formules pas chères pour deux) et archicopieux. On ne vous les indique pas tous, on insiste plutôt sur les snacks et les vrais restos, mais ne négligez pas cette formule le midi.

– Pensez aussi aux célèbres ***fish & chips,*** qui permettent de manger sur le pouce pour vraiment pas cher, même si parfois, ça sent un peu le graillon.

– Retour en force depuis quelques années des ***scotch eggs,*** un œuf dur, pané et frit avec de la chair à saucisse.

– Du point de vue culinaire, Londres vous offrira une palette de choix comme nulle part ailleurs en Europe. Ce n'est pas pour rien qu'elle a été désignée capitale mondiale de la gastronomie (pour sa diversité) ! Il serait dommage de repartir sans

LES PREMIERS FAST-FOODS DU MONDE

Les « fish & chips » *ont envahi les quartiers londoniens dès le XVII*e *s. La recette du poisson frit fut apportée par les juifs sépharades du Portugal et la morue était pêchée au large de l'Islande. Cette nourriture bon marché, assaisonnée de vinaigre, devint vite extrêmement populaire.*

avoir mangé ***chinois, japonais, pakistanais, jamaïcain*** ou ***indien.*** Ces restaurants offrent une cuisine de qualité inégale, comme partout, mais les meilleurs d'entre eux sont dignes d'éloges. Les meilleurs « chinois » ou « indiens » d'Europe sont à Londres et offrent un véritable dépaysement. C'est une cuisine épicée – au sens riche et non « arrache-gueule ». Elle mélange le sucré et le salé et se permet des associations surprenantes. Le poulet tandoori, mariné dans un jus de citron, cuit au four, est recouvert d'épices rouges et accompagné de riz ou de légumes aux épices et d'une galette de pain *(naan).* Mais vous pourrez aussi manger grec, hongrois, espagnol, italien...
À noter : dans ce domaine, les adresses sont souvent imprévisibles. Tel resto indien ou chinois s'avère génial à son ouverture puis, 1 an après, fort de son succès, se permet des pratiques peu commerçantes. C'est un des effets du libéralisme à outrance : rotation du personnel, concurrence, valse des étiquettes. On a un peu de mal à suivre d'une année sur l'autre, surtout dans les adresses pas chères.
– Il ne faut pas négliger non plus les ***restaurants végétariens.*** Dans un pays qui place les animaux en haute estime, il est légitime de recenser 10 % de la population végétarienne. Si on admet que les Anglais ne savent pas toujours faire cuire la viande, pour ce qui est des légumes et des épices (héritage des colonies ?), les gourmets français auraient beaucoup à apprendre. Il y a donc nombre de restos végétariens où l'on mange bien pour des prix plus que raisonnables... pour Londres. En outre, pratiquement tous les restaurants ont un menu végétarien toujours moins cher que les autres (normal, il n'y a pas de viande !). Au choix : pâtes, lasagnes, quiches, gratins, salades et sandwichs. Contrairement à une idée reçue, la cuisine « veggie » est diversifiée et souvent pleine d'inventivité.
– Sinon, il reste des ***petites adresses*** pas chères du tout, qui nourrissent son homme, qui laissent le porte-monnaie quasi intact mais qui s'avèrent un peu frustrantes pour les papilles. Elles servent en général un peu de tout (spaghettis à la bolognaise, steak bouilli-frites, soupe aqueuse, poisson pané, *beans...*). Faites quand même attention où vous mettez les pieds : vous avez déjà mangé du bacon qui ressemble à de la semelle ? Nous, il nous est arrivé de regretter que ça n'en fût pas ! Et puis il y a les ***grandes chaînes*** de qualité honnête et pas trop chères, comme *Pret A Manger* ou les restaurants des grands magasins et des musées, souvent de bons plans, pratiques et rapides.
Quant à la cuisine française, vu le prix, mieux vaut vous payer un aller-retour chez maman, ça vous reviendra moins cher.
– Dernier conseil : si vous tenez vraiment à manger un steak saignant, demandez-le *rare* avec insistance au serveur. Et ne soyez pas trop dur s'il vous l'apporte à point. Les cuisiniers répugnent vraiment à laisser sortir de la viande saignante de leur cuisine...

ÉCONOMIE

Dans le dernier trimestre 2008, la crise financière est tombée sur Londres avec une vitesse et une violence imprévisibles. Plus grosse place financière du monde, Londres devait être nécessairement en première ligne des conséquences du scandale des *subprimes* et de l'explosion de la bulle. Près de 60 000 personnes furent licenciées en quelques semaines dans le secteur financier. Cependant, il faut relativiser ce chiffre, car ce secteur emploie

ÉCHEC ET MAT

Le ministre de l'Économie est appelé en Angleterre « chancelier de l'Echiquier » car, depuis le Xe s, les rois de Normandie faisaient leurs comptes sur une table à carreaux noirs et blancs. Le responsable des comptes en fut nommé le chancelier (sorte de ministre sous l'Ancien Régime). La table ressemblait effectivement à celle du jeu d'échecs. L'expression est restée.

quand même 1,5 million personnes dans toute la Grande-Bretagne. Consommation sévèrement touchée, mais ce n'est pas encore le *Blitz,* ni même un vent de panique chez les riches. Par exemple, un grand nombre des traders de *Lehman's* ont été repris par d'autres sociétés. Certes, les budgets pub et représentation des boîtes a été réduit, nombre de restos font des « soldes » ; certains, trop chers et trop liés à l'euphorie financière, vont sûrement fermer ou au moins réduire la voilure... Mais la vie nocturne reste active, pubs et théâtres sont pleins... Ce sont les dizaines de milliers d'Anglais de France et d'ailleurs qui trinquent, avec une réduction de plus de 30 % de leur pouvoir d'achat et la chute du cours de la livre sterling. Et puis, bien entendu, les pauvres de Londres. Car, au-delà de l'image de la *glittering* capitale, il subsiste ce chiffre terrible : 40 % des enfants londoniens vivent en dessous du seuil de pauvreté si l'on intègre le coût du logement dans les revenus disponibles... Alors que l'écart des revenus des familles les plus modestes et le prix moyen des logements les plus économiques sont passés de 4 à 9 en 10 ans (de régime travailliste !), le nombre de demandeurs de logement a doublé. Près de 200 000 ménages vivent dans des logements surpeuplés. Et la crise financière ne va pas arranger les choses.

La construction stagne, nombre de chantiers prévus n'ont pas encore démarré. Cependant, le pouvoir a évidemment mené à terme les travaux pour les JO de 2012. Et puis tout n'est pas noir dans le tableau. Après des années de négligence dans l'entretien des lignes de trains et de métro, les autorités ont décidé d'un vaste programme de réhabilitation et de rénovation. Attention, si le métro fonctionne relativement bien en semaine, les week-ends se révèlent assez durs ! Nombre de lignes sont alors fermées pour travaux, cela oblige à des correspondances fastidieuses et bien fatigantes. En 2010, l'arrivée de David Cameron, conservateur, et son projet de « Big Society », ou transfert des compétences administratives au peuple, s'avère difficile à développer dans un contexte de crise économique et sociale débouchant sur de violentes émeutes un peu partout dans le pays, en août 2011. La politique d'austérité mise en place se poursuit cependant en 2012, dans une tentative de consolidation de l'économie britannique désormais menacée par la perte de son « AAA »...

UNE MONNAIE DE POIDS !

Le symbole « £ » est une extension de la lettre « L » pour le mot « Libra », qui signifiait en latin une livre de monnaie. Quant aux lettres « s » pour shilling et « d » pour penny, elles découlent respectivement des mots latins « solidus » et « denarius », à l'origine des pièces de monnaie romaine. En outre, sachez que le portrait de la monarque figure sur les billets de banque anglais depuis seulement...1960 !

ENVIRONNEMENT

Fini le temps du légendaire *fog* qui accablait les Londoniens de maladies pulmonaires. On ne chauffe plus guère au charbon et la Tamise est redevenue une rivière remontée par des espèces de poissons presque oubliées. On a même aperçu des dauphins dans l'estuaire. Si, si!

De plus, le centre de Londres est l'un des plus verts d'Europe (deux tiers de sa superficie !), et les Londoniens entretiennent chaque arpent de gazon avec amour et petites cisailles. Avec les mesures prises ou initiées par l'ancien maire de Londres, Ken Livingstone, au cours de ses deux mandats, Londres revendique désormais une certaine ***green attitude*** : péage pour les voitures parcourant le centre-ville, arrivée de 6 000 vélos sur le modèle des Vélib' parisiens avec des stations tous les 300 m, création d'un secteur piéton au nord de Trafalgar Square, etc. D'un point de vue touristique, quelques professionnels emblématiques souvent mis en avant se

sont mis à l'environnement comme l'hôtel *Andaz* dans la City, qui recycle l'eau des toilettes, la boîte *Cllub4Climate,* qui recycle l'énergie des danseurs ou le restaurant bio *Acorn House.* Le règne du tout *organic* fait d'ailleurs fureur parmi les Londoniens, tandis que l'office de tourisme propose des tours de la ville à vélo avec le London Bicycle Tour. Les déplacements à vélo augmenteraient d'ailleurs de 17 % par an depuis 2003. Quant aux Green Tomato Cars, ce sont des taxis hybrides qui fixent le prix en fonction de la distance parcourue et non du temps passé.
La dynamique de vitrine est déjà bien rodée, mais elle ne pourra guère infléchir, à moins de politiques radicalement volontaristes, l'inéluctable accroissement démographique de cette cité tentaculaire (8 millions d'habitants). Du coup, Londres n'a d'autre échappatoire que d'urbaniser certains sites protégés des berges de la Tamise... au grand dam des écologistes ! Un défi pour le nouveau maire, Boris Johnson (membre du parti conservateur). Et, pour des Français encore peu gagnés par la mode du *take-away,* cette vision de Londoniens affairés avec un verre de café en polystyrène à la main dans la rue laisse quelque peu perplexe. Londres, une capitale verte certes, mais encore loin d'être *green.*

Parcs

En été, frémissants de feuilles ; en automne, curieux avec leurs tas de feuilles mortes ; en hiver, fantomatiques et inquiétants ; au printemps, ornés des premiers signes de la nature renaissante... Ne soyons pas trop lyriques, même s'il y a bien souvent de quoi l'être.
L'une des grandes fiertés de Londres réside dans ses parcs. Ils portent presque tous l'appellation de *Royal Parks*, car ils appartiennent à la Couronne. Le plus célèbre est *Hyde Park,* en plein centre, le plus grand et le plus populaire (136 ha), prolongé par *Kensington Gardens* (110 ha). On peut s'y baigner et louer des barques en été. *Regent's Park,* au nord, *Green Park* et *Saint James's Park,* aux abords de Buckingham, sont les plus agréables. Ce dernier rappelle les jardins français dessinés par Le Nôtre, qui avait influencé Charles II lors de son exil en France. Petit détail : les beaux transats qui vous tendent les bras sont payants ! En revanche, les pelouses (et quelles pelouses !) sont libres d'accès dans tous les parcs londoniens. N'oublions pas non plus les nombreux petits parcs dépendant des *terraced houses,* ces alignements de maisons de style géorgien construites à partir du XVIIIe s pour répondre à la poussée démographique de la capitale, et qui participent eux aussi au charme et à l'aspect vert de Londres, l'appellation *street* se changeant en *garden*.
Dans la proche banlieue, vous pourrez vous rendre au jardin botanique de *Kew Gardens,* au parc de *Richmond* (pour y gambader avec des daims en liberté !) ou à *Hampstead Heath,* un superbe bois complètement préservé des promoteurs immobiliers. Très agréable pour un pique-nique lorsque le temps s'y prête (voir le chapitre « Les autres quartiers de Londres »). À conseiller aux routards écologiques et romantiques qui aiment respirer une bouffée d'air frais. Des espaces verts magnifiques.

RECHERCHE TÊTE DÉSESPÉRÉMENT

Le lac de Saint James's Park est, paraît-il, habité par le fantôme d'une dame sans tête : elle était mariée à un sergent de la garde, mais tomba amoureuse d'un collègue de son mari. Celui-ci, furieux, lui coupa la tête (carrément) et jeta le corps de sa femme dans le lac du parc. Non mais !

De l'art des pelouses britanniques

Difficile de parler des parcs sans évoquer le goût des Anglais pour le jardinage, qui s'exprime même à Londres. Ici, point d'alignements uniformes de géraniums à toutes les fenêtres. Les jardinières sont de véritables compositions florales mêlant différentes essences, jouant sur la taille et la couleur, alternant plantes tombantes et petits arbustes. Et le fameux gazon anglais ? À vous dégoûter de votre pelouse dégarnie et qui jaunit lamentablement chaque été. Pas de mystère, le climat humide (il pleut peu mais régulièrement) et l'absence de grosses chaleurs en été contribuent à favoriser le vert des parcs londoniens et des campagnes anglaises. Le tapis des parcs s'obtient à partir du *ray-grass* anglais, une espèce de gazon particulièrement bien adaptée aux zones océaniques et très utilisée pour l'engazonnement des terrains de sport. Au mieux de sa forme, tondu à ras et bien touffu, c'est le fameux *green* des terrains de golf. Outre-Atlantique, le jardinage fait partie de la culture au même titre que la cuisine pour les Français. Le jardin à l'anglaise est d'ailleurs bien un des modèles d'aménagement de la nature pour tout jardinier qui se respecte. Par opposition au jardin à la française (dont l'archétype est bien sûr Versailles), le jardin à l'anglaise se distingue par sa volonté de s'inspirer de la nature, et non de la domestiquer. Si le jardin à la française est un ordonnancement géométrique, le jardin à l'anglaise s'adapte au terrain, préfère surprendre et conserve une certaine spontanéité dans sa façon d'organiser l'espace et les plantations. Pas de buis savamment taillé et de parterres de fleurs rigoureusement agencés, mais de vastes pelouses avec des massifs composés de différentes espèces, des bosquets et des plates-bandes fluides et abondantes, des chemins qui épousent les accidents de terrain. Mais que l'on ne s'y trompe pas, l'un comme l'autre demande de l'entretien, de la patience et du temps.

HISTOIRE

Quelques dates importantes

– ***55 av. J.-C. :*** Jules César débarque en Angleterre et apporte la bonne parole romaine dans la Perfide Albion.
– ***61 apr. J.-C. :*** l'armée des Icènes, conduite par la reine Boadicée, pille et incendie la première cité romaine. Les Romains reconstruisent la ville et édifient le temple de Mithra (vestiges visibles près de Guidhall).
– ***IIIe et IVe siècles :*** les Romains ont toutes les difficultés à faire de ce coin paumé au nord de l'Empire un endroit habitable et agréable à vivre pour eux.
– ***796 :*** après les Romains, les Anglo-Saxons occupent le pays. Londres devient pour la première fois résidence royale.
– ***XIe siècle :*** Londres acquiert le statut de capitale politique.
– ***1066 :*** Guillaume le Conquérant gagne la bataille d'Hastings et achève la conquête de l'Angleterre. Les Normands restent seuls maîtres à bord.
– ***1215 :*** par la *Magna Carta,* le roi Jean sans Terre reconnaît aux corporations londoniennes le droit de procéder à l'élection d'un lord-maire. Ce qui permet aujourd'hui à celui-ci de défiler une fois par an dans un joli carrosse.
– ***XVIe siècle :*** création de l'Église anglicane par Henri VIII, histoire de pouvoir changer de femme. Il faisait bon être roi à l'époque.
– ***1649 :*** les Londoniens font leur révolution et décapitent Charles Ier à Whitehall. Cromwell lui succède.
– ***1665 :*** plus de 100 000 Londoniens meurent de la peste. Et comme un malheur n'arrive jamais seul...
– ***1666 :*** durant 4 jours, le Grand Incendie détruit les quatre cinquièmes de la ville : 13 000 maisons et 90 églises, dont la cathédrale Saint-Paul, sont réduites en

ENGLISH FIRST !

L'idée de couper la tête au roi n'est pas une invention française. Les Anglais y ont pensé avant, 144 ans plus tôt, en étêtant Charles Ier, suite à une guerre civile sanglante. Plus incompréhensible, leur décision d'installer sur le trône son fils Charles II, particulièrement corrumpu. Amazing British !

cendres. À la suite de cela, Christopher Wren lance la reconstruction de la ville dans un style qui lui est très propre.

– ***1688 :*** seconde révolution anglaise et avènement l'année suivante de Marie II Stuart.

– ***1876 :*** Victoria est proclamée impératrice des Indes. L'« ère victorienne » correspond au zénith de la puissance et de l'impérialisme britanniques.

– ***1888 :*** Jack l'Éventreur sème la terreur dans les rues de Whitechapel.

– ***1897 :*** la reine Victoria décide de déménager pour s'installer à Buckingham Palace.

– ***1939-1945 :*** les raids aériens allemands sur la ville tuent plus de 30 000 personnes et endommagent la City. En 1940, un certain Charles de Gaulle parle à la BBC... le 18 juin, en commémoration d'un certain 18 juin 1815 (Waterloo). Belle revanche sur l'histoire !

ET LA FAMILLE ROYALE CHANGEA DE NOM

Avec son mariage en 1840, la reine Victoria rentra dans la lignée allemande des Saxe-Cobourg-Gotha. En 1917, le sentiment antigermanique était si fort que la famille royale britannique dut changer de nom. Elle choisit comme nouveau patronyme Windsor, du nom de son château le plus célèbre... et le plus vaste du monde. Ouf, pas d'ISF chez eux !

– ***1952 :*** Elizabeth II devient reine d'Angleterre et souveraine de l'Empire britannique. À l'époque, elle vivait encore dans le bonheur.

– ***1968 :*** grève des ouvriers et des dockers qui paralysent le commerce et le trafic pendant plusieurs mois. Même sans grève, le trafic est toujours bloqué aujourd'hui.

– ***1979 :*** Margaret Thatcher est nommée Premier ministre. Sale temps pour les Anglais !

– ***1987 :*** incendie à la station King's Cross. Il aura fallu 30 morts pour qu'on interdise de fumer dans le métro.

– ***1990 :*** 300 000 personnes se retrouvent à Trafalgar Square pour protester contre la *poll tax* (impôt sur la communauté). Résultat : Maggie démissionne et l'impôt est réformé. John Major lui succède.

– ***1992 :*** élection surprise des conservateurs ; John Major est reconduit dans ses fonctions. Quatrième victoire d'affilée pour les conservateurs. Deux bombes de l'IRA explosent dans le centre de Londres. Incendie au château de Windsor.

– ***1994 :*** James Miller, un Américain de 30 ans, atterrit en ULM et à moitié nu sur le toit du palais de Buckingham. *Shocking !*

– ***1997 :*** l'élection de Tony Blair, leader du Parti travailliste (Labour), met fin à 18 ans de pouvoir conservateur. Mort de Lady Diana dans un accident de voiture sous le tunnel du pont de l'Alma à Paris, donnant lieu à une grande émotion populaire.

– ***1999 :*** mariage du dernier fils d'Élisabeth, Édouard, avec Sophie Rhys-Jones. Espérons que celui-ci dure longtemps.

TRADITION ROYALE

La reine Victoria était fière de descendre (soi-disant) de David, roi d'Israël. Voilà pourquoi ses fils furent circoncis. Cette coutume perdura 150 ans jusqu'à la princesse Lady Diana, qui refusa que ses deux fils subissent la circoncision. Chez les membres de la famille royale, ça n'a pas plu !

– ***2000 :*** élection du travailliste très à gauche Ken Livingstone comme maire de Londres et centenaire de la *Queen Mum.*

– ***Juin 2001 :*** Tony Blair et le Parti travailliste sont réélus les doigts dans le nez !

– ***Février 2002 :*** Margaret, la sœur de la reine Élisabeth, décède.

– ***Avril 2002 :*** c'est au tour de *Queen Mum* de tirer sa révérence. Une queue de plus de 3 km part de Westminster pour se recueillir devant sa dépouille.

– ***Mai 2002 :*** la reine entame son jubilé. Le cœur n'est pas vraiment à la fête.

– ***2003 :*** Tony Blair engage militairement l'Angleterre dans le conflit irakien, aux côtés des États-Unis, malgré une vive opposition du peuple britannique et la démission de membres de son gouvernement. L'Angleterre est sacrée championne du monde de rugby.
– ***2005-2006 :*** Charles et Camilla se marient enfin. Tony Blair est réélu pour la troisième fois à Downing Street, du jamais-vu pour un travailliste. Seulement 24h après que Londres a obtenu l'organisation des Jeux olympiques de 2012, des bombes explosent dans le métro et les bus de la capitale britannique, faisant de nombreuses victimes. Quelques jours plus tard, Jean-Charles de Menezes est tué par erreur dans le métro par la police britannique. L'ancien agent russe du KGB Litvinenko meurt empoisonné à Londres dans des conditions mystérieuses.
– ***2007 :*** Tony Blair quitte Downing Street après 10 ans aux manettes. Gordon Brown, ancien chancelier de l'Échiquier, prend la suite. Le *Cutty Sark,* clipper des mers, brûle : un symbole de l'Empire britannique s'éteint.
– ***2008 :*** une taxe pour les véhicules polluants de 25 £ par jour est proposée. Un incendie dévaste une partie de Camden Market, sans faire de victimes. La visite officielle de Nicolas Sarkozy est l'occasion d'une « Carlamania », où l'épouse du président est comparée aussi bien à Diana qu'à Jackie Kennedy, rien que ça ! La flamme olympique est chahutée dans les rues de la capitale. Ken Livingstone, le maire de Londres, est battu. Le conservateur Boris Johnson, le « bouffon » excentrique, ancien journaliste, aux positions iconoclastes, voire racistes, lui succède.
– ***2009-2010 :*** les princes William et Harry entrent à la National Portrait Gallery. Arrivée dans la capitale de 6 000 vélos à la demande, les Boris Bikes, sur le modèle des Vélib' parisiens. Incertitude électorale : les conservateurs menés par David Cameron sont en tête, Gordon Brown s'incline et les « Lib Dem » (démocrates libéraux) troublent le jeu avec Nick Clegg. Finalement, David Cameron devient Premier ministre, et partage la tâche avec Nick Clegg, nommé vice-Premier ministre. Soit l'alliance de la « carpe » et du « lapin », tant les divergences sont nombreuses entre les deux camps.
– ***2011 :*** le mariage du prince William et de Kate Middleton a lieu à l'abbaye de Westminster. Autre temps, autres mœurs : un Windsor épouse une roturière ! Les parents de Kate, anciens employés de *British Airways* ayant fait fortune dans les farces et attrapes et autres déguisements, deviennent beaux-parents du futur roi William V et parents de la future reine Catherine. Une ré-vo-lu-tion ! Le mariage a coûté 105 millions d'euros pour 1 900 invités... Dans le même temps, David Cameron lance son projet de Big Society, ou le transfert des actions de l'État au profit des collectivités et autres initiatives locales. Tout ça afin de diminuer la dette publique. Pas sûr que les Anglais soient prêts pour cette nouvelle révolution... Grosses manifestations dans Londres.
– ***2012 :*** le 27 juillet, pour l'ouverture des JO, toutes les cloches de la ville doivent sonner 3 mn à 8h. Mêmes les sonnettes des vélos !

MÉDIAS

Votre TV en français : TV5MONDE

TV5MONDE est reçue partout dans le monde par câble, satellite et sur Internet. Voyage assuré au pays de la francophonie avec films, fictions, divertissements, sport, informations internationales et documentaires.
En voyage ou au retour, restez connecté ! Le site internet ● *tv5monde.com* ● et sa déclinaison mobile ● *m.tv5monde.com* ●, offrent de nombreux services pratiques et permettent de prolonger ses vacances à travers des blogs et des visites multimédias.
Demandez à votre hôtel sur quel canal vous pouvez recevoir TV5MONDE et n'hésitez pas à faire vos remarques sur le site ● *tv5monde.com/contact* ●

Euronews

N° 1 des chaînes d'info internationale en Europe, couvre l'actu 24h/24 partout dans le monde. Euronews propose un journal complet toutes les 30 mn, suivi de rubriques business, sport, culture et un bulletin météo mondial. Euronews propose également des magazines autour d'un large éventail de thèmes tels que les sciences, le high-tech, l'éducation, le cinéma... Euronews est disponible en 12 versions linguistiques : allemand, anglais, arabe, espagnol, français, italien, persan, portugais, russe, turc, ukrainien et polonais. Euronews est reçue par 350 millions de foyers dans 155 pays via tous les modes de diffusion : TV, Internet, smartphone, tablettes... • *euronews.net* •

Presse

Tous les patrons de presse français restent pantois quand ils regardent les tirages des journaux anglais. Les Anglais lisent énormément, vous en aurez la preuve dans le métro. Dès le matin, les lecteurs se précipitent sur *Metro* (• *metro.co.uk/home* •), sans grand intérêt culturel, mais idéal pour apprendre les gros titres. Le soir, c'est la ruée sur l'*Evening Standard* (• *thisislondon.co.uk/standard* •), autrefois payant, désormais gratuit. Côté payant, il faut reconnaître que les Anglais ont le choix. Le quotidien le plus célèbre et peut-être le plus sérieux est le *Times* (• *thetimes.co.uk* •). Si vous avez l'occasion, jetez un coup d'œil sur le courrier des lecteurs, ça vaut le coup. La presse dite « sérieuse », avec *The Daily Telegraph* (• *telegraph.co.uk* •) pour les expos et l'art, *The Independent* (• *independent.co.uk* •), très sérieux, qui a sorti « i », moins dense, mais tout aussi rigoureux, *The Daily Express* (pas terrible), *The Daily Mail* (• *dailymail.co.uk* •) et *The Guardian* (• *guardian.co.uk* •) offrent un large panorama des différentes tendances politiques du pays. Le *Financial Times* (• *ft.com* •), imprimé sur papier saumon, est l'outil indispensable des businessmen et -women de la City. À côté, il y a les tabloïds ; le *Mirror* et le *Sun* en sont les têtes d'affiche. Ils disent rarement du bien de qui que ce soit et sont anti-européens. Traditionnellement antitravailliste, tout comme le *Daily Mirror*, *The Sun* a apporté un soutien surprise à Tony Blair, leader du Labour Party, lors des élections du printemps 1997. Ragots, scandales tournant souvent autour de la famille royale, mannequins seins nus, c'est le menu quotidien de cette presse populaire aux tirages impressionnants. On citera pour mémoire la une du *Sun* alors que Jacques Delors faisait un discours au Parlement européen sur l'imminence de la monnaie unique : « On va te foutre Delors. »

– Pour tout savoir sur les événements qui ont lieu dans la capitale, vous devez acheter ***Time Out***, un hebdo génial pour connaître les programmes des spectacles et les expos, mais aussi pour trouver des centaines de bonnes adresses de restos, de pubs, de boîtes... C'est l'outil indispensable du Londonien. Sort le mardi. • *timeout.com/london* • Existe aussi sous forme de guide en version brochée.

Radio

Il y a bien évidemment la *BBC* (la *Beeb* ; • *bbc.co.uk* •), avec ses six programmes différents, dont un destiné aux enfants (Radio 5 sur 693 et 909 AM), et le World Service qui lance toutes les heures le fameux *This is London*... En tout, 120 millions d'auditeurs dans le monde écoutent des émissions diffusées en 35 langues. Sur Londres, *Capital Radio* (95,8 FM) est la plus écoutée des radios locales.

Télévision

Sans conteste la TV européenne qui s'exporte le mieux dans le monde, capable de produire le *Monty Python Flying Circus* comme les documentaires les plus sérieux. Côté chaînes gratuites, deux chaînes pour la *BBC* (et quatre chaînes supplémentaires sur le câble, dont *BBC News*). La première chaîne programme des séries, des variétés et du sport, la seconde est plus « culturelle ». *ITV 1* (shows et docs sensationnalistes), *Channel 4* (idem), et *FIVE* (intello) sont des chaînes hertziennes privées. Il y a également le satellite avec *MTV, BskyB*...

MONARCHIE : DIEU VA-T-IL SAUVER LA REINE ?

Elizabeth II cumule les mandats : elle est à la tête de l'Église anglicane, du Commonwealth et du système monarchique le plus puissant du monde. La Constitution peu codifiée lui laisse encore le pouvoir, symbolique, de nommer le Premier ministre. Elle lui concède également la propriété des... cygnes qui peuplent les parcs, relativement à une loi datant du XIVe s ! Mais combien de temps encore l'édifice tiendra-t-il ?

LA REINE DOIT ÉTEINDRE LA LUMIÈRE EN SORTANT

214e au hit-parade, sa fortune a fondu comme un glaçon dans une tasse de thé. Son portefeuille d'actions a perdu 30 % en 1 an, comme celui de beaucoup de boursicoteurs. Ses collections d'art et son patrimoine immobilier restent considérables, mais elle ne peut rien vendre. En effet, tout appartient à la fonction et non à sa personne. Bref, elle manque de cash ! Help !

Alors que la mainmise ancestrale de l'aristocratie, dont la famille Windsor, sur 70 % des terres britanniques est la cause directe de la flambée de l'immobilier, la révolution est encore loin en Grande-Bretagne. Si les dépenses royales s'élevaient en 2009 à 41,5 millions d'euros (à la charge du contribuable), la reine ne paie des impôts que depuis quelques années. Et pourtant, les Anglais entretiennent infailliblement avec leur monarchie aux frasques de people une relation pour le moins ambiguë, frisant l'irrationnel.
Mais le brillant film *The Queen* de Stephen Frears, qui valut à Helen Mirren un oscar en 2007, a montré comment cette fidélité aveugle a vacillé quelque peu dans la semaine qui suivit la mort de Diana en 1997. La reine, présentée dans son intimité, apparaît distante, voire cynique, mais surtout désemparée face à la réaction de tout un peuple. Comme si elle découvrait que celui-ci pouvait se rebeller. Gardienne d'un temple millénaire, elle doit faire face aux médias, à l'émotion de ses sujets et aux pressions de son tout nouveau Premier ministre travailliste, Tony Blair.
Avec la mort de Diana, une aile du palais a brûlé, à l'image du château de Windsor en 1992, mais les fondations semblent tenir encore, tant qu'Elizabeth II sera aux commandes. Son discours barbant le jour de Noël est toujours très suivi. Il faut dire que la reine semble touchée, comme tous les Anglais (ou presque) par la crise : ses actions ont perdu 30 % en 2008 et elle a dû réduire de moitié ses dépenses entre 1990 et 2002, alors qu'en 2010 les négociations sur sa pension annuelle accordée par le gouvernement pendant les 10 années à venir étaient âprement menées par ses conseillers. La reine doit se serrer la ceinture et ne mène plus le train de vie fulgurant d'avant. La plus grande part de son patrimoine (elle reste tout de même la 214e fortune du pays !) est liée à sa fonction et n'est donc pas vendable. Bref, en ces temps de crise économique profonde et de grande désaffection vis-à-vis des politiques, Elizabeth II, avec ses cheveux gris de grand-mère proprette, incarne pour le peuple une institution rassurante, le dernier pilier indéboulonnable du pays en quelque sorte. Mais après Elizabeth II, qu'adviendra-t-il ?
Charles, éternel aspirant, programmé pour régner mais privé du trône, semble certes plus à la page, mais est loin d'incarner cette stature sécuritaire de gardien du temple. Il divorce, s'affiche écolo mais voyage à grands frais. Ses frères, sa sœur ou ses fils font la une permanente de la presse bas de gamme. Mais en 2011,

le prince William, fils de Lady Di et du prince Charles, convole en noces avec Kate Middleton, jeune roturière rencontrée lors de ses études. Tout le monde s'est pâmé devant les robes Alexander McQueen de Catherine et de sa sœur Pippa. Les tourtereaux ont permis également de relancer la production de tasses et assiettes kitsch à souhait en vente dans les boutiques de souvenirs. Un must !

CHARLES. JOB ? PRINCE

Il est ennuyeux d'avoir comme devise « Je sers », pour lui qui n'a pas fait grand-chose depuis plus de 60 ans. Faut dire qu'en Angleterre la démocratie n'est pas un vain mot. Les « Royals » ne peuvent jamais émettre d'avis sur les problèmes politiques ou autres. Ils doivent suivre les directives du gouvernement, sans broncher. Ici, le Premier ministre est le vrai (et seul) patron.

PATRIMOINE CULTUREL

Avant de partir à la conquête du patrimoine londonien, sachez que tous les musées nationaux sont gratuits, contrairement à ceux de Sa Majesté et aux attractions privées, souvent hors de prix. Le ***London Pass*** (voir « Avant le départ. Adresses utiles » dans « Londres utile »), assez cher tout de même, est avantageux sur plusieurs jours, car non seulement il vous fait faire des économies mais, en plus, il vous permet de couper les files d'attente !

Musées

Londres possède un nombre de musées considérable (près de 170 !) et parmi les plus riches du monde. Ils convaincront, sans doute, les plus réfractaires au tourisme culturel. Du British Museum à la Wallace Collection, de la Tate Modern à la Tour de Londres, tout le monde y trouvera son compte. Les enfants prendront également du plaisir, le maître mot étant souvent didactisme. Cela ravira petits et grands !
Les grands musées ont récemment fait peau neuve, bénéficiant de la manne céleste des recettes récoltées par l'État sur la *National Lottery Game*. Les espaces d'exposition ont été repensés, offrant aux visiteurs une meilleure lisibilité des œuvres et des objets présentés, et de nombreux outils audiovisuels étoffent désormais les anciens textes académiques. Après avoir jalousé les Parisiens ou les New-Yorkais, les Londoniens se précipitent à nouveau dans leurs musées. Vous risquez d'être étonné par l'affluence.
La plupart des grandes collections publiques sont gratuites. D'autres musées sont très chers, voire hors de prix, comme Madame Tussauds ou Tower Hill. Tous les monuments gérés par la Couronne (Tour de Londres, Kensington Palace, Hampton Court Palace) sont chers. Il faut bien que la reine paie ses impôts et la facture des rénovations de Windsor, suite à l'incendie de 1992 !
Les vestiaires des musées sont gratuits (sauf au British Museum), mais une petite donation est encouragée et les valises ou sacs de voyage rarement acceptés.
Petite ombre au tableau, les horaires ! Ouverts vers 9h30, les musées ferment presque tous vers 17h30, 18h. Rarement des nocturnes, ce qui compliquera l'organisation de vos visites.
À Londres, il ne s'agit pas tant d'essayer de voir tous les musées (c'est possible, mais en 6 mois !) que de réussir votre sélection en fonction de vos goûts. Il y a toujours des petits malins qui vous affirmeront avoir visité le British Museum, la National Gallery et la Tate Britain en une demi-journée. Même en patins à roulettes, il faudrait une bonne semaine. Petit conseil : dans les grands musées, choisissez donc une ou deux sections qui vous branchent et tenez-vous-en là. Pour cela, demandez le plan en arrivant. Et puisqu'ils sont gratuits, mieux vaut y revenir à plusieurs reprises si la durée de votre séjour le permet.

Monuments et balades

Voir également la rubrique « Visites guidées » dans le chapitre « Londres utile ».
Comme New York et Paris, mais peut-être plus encore, Londres est un assemblage de quartiers distincts et d'anciens villages. Si un Londonien vous dit habiter South Kensington, dites-vous qu'à Paris ce serait le 16e arrondissement. S'il vient de l'East End, il y a fort à parier qu'il ait du sang pakistanais. On schématise, bien sûr, mais il est important de comprendre les décalages d'un quartier à l'autre pour réussir à mieux cerner cette métropole aux ramifications complexes.
Chaque quartier du centre *(centre 1)* a quelque chose d'historique : les monuments, les musées, les bâtiments intéressants sur le plan architectural sont donc disséminés sur plusieurs kilomètres. À vous de choisir tel ou tel quartier à explorer en priorité, en fonction de vos goûts. Vous ne serez pas totalement perdu : les pubs vous serviront d'oasis en cas de fatigue, de soif ou de petit creux.
Si vous maîtrisez l'anglais passablement, il n'est pas inintéressant de choisir une promenade thématique d'une des nombreuses associations qui proposent des balades guidées. C'est souvent très amusant et très bien préparé. Il y en a pour tous les goûts : « Jack l'Éventreur » dans Whitechapel (en français le 1er vendredi du mois à 19h45 avec London Walks) ; « Le quartier juif » ; « Les Beatles » ; « Shakespeare et Dickens » ; « Diana, princesse de Galles » ; « Sherlock Holmes » ; « Les pubs de la Tamise » ; « Les fantômes de la City » ; « Little Venice »... Demandez le programme et le point de rendez-vous. Grosso modo, 2h de promenade et 6 à 10 £ par personne.

■ ***The Originals London Walks :*** *PO Box 1708, London NW6 4LW. ☎ 020-7624-3978. • walks.com •*

■ Plusieurs compagnies proposent ce genre de prestations : ***Mysterywalk,*** *☎ 020-8526-7755. 📱 079-5738-8280. • tourguides.org.uk •* ***City Secret Walks,*** *☎ 020-7625-5155.* Les fans de l'Éventreur se rueront sur les balades qui lui sont consacrées : voir le chapitre « Brick Lane, Whitechapel et Spitalfields » plus loin.

■ ***À nous deux Londres :*** *☎ 020-8876-0429. • anousdeuxlondres.co.uk • Visites dim slt, sinon sur résa slt selon programme. Compter 9-13 £.* Au choix, découverte des quartiers de la capitale (« Westminster », « Covent Garden », « Palais et Traditions », etc.), mais en français !

Patrimoine encore mais... immobilier

Les terres du cœur historique de Londres appartiennent depuis plusieurs siècles à quelques familles richissimes. Parmi les mieux dotées, les Windsor évidemment, mais leur patrimoine n'est rien à côté de celui de lord Westminster (le promoteur immobilier le plus riche au monde !), lord Walden ou encore lord Katogan. Aujourd'hui il est très difficile, voire impossible pour le simple quidam, d'acquérir à vie une maison ou un terrain, la durée de la propriété étant limitée à 99 ans ! Cerise sur le gâteau, les propriétaires bénéficient, en plus, de toutes les activités commerciales effectuées sur leur terrain. Ainsi, quand un touriste achète fringues ou babioles dans les magasins chic (par exemple sur Regent's Street), c'est aussi au vrai patron de la boutique, la reine d'Angleterre, que cela profite. Si la reine et les riches familles aristocratiques possèdent une grande partie des terres de la capitale, l'Église anglicane possède, quant à elle, des rues entières autour de Hyde Park, et fait aussi quelques envieux. Cette situation de quasi-féodalité ajoute à l'image de grande tradition aristocratique de la société anglaise, mais paraît de plus en plus désuète et anachronique.

Punks

Le punk n'est pas une invention du diable, mais bel et bien un phénomène social. Il ne serait pas né sans la crise qui frappa l'Angleterre après le premier choc pétrolier. À la différence de la plupart des hippies, les « keupons » étaient avant tout des fils de « prolos ». L'un d'eux, lucide, déclarait à la presse musicale : « Je n'avais que trois possibilités pour m'en tirer : braquer une banque, devenir footballeur ou chanter. Et comme je n'étais ni courageux ni sportif... » Vers 1975, un nouveau genre musical apparaît à Londres, en réaction à la musique planante de l'époque : le *pub rock*, qui renoue avec l'esprit originel du rock'n roll. Parmi ses piliers (de bar) : Elvis Costello, Doctor Feelgood et le troubadour Ian Dury, inventeur de la maxime « *Sex And Drugs And Rock'n Roll* ». Devant le succès (surtout scénique) de la formule, des centaines de jeunes révoltés fourbissent leurs guitares en attendant de pouvoir, eux aussi, monter sur scène...

Au même moment, à New York, le public rock découvre les jeans déchirés des Ramones, la poétesse Patti Smith et les provocants New York Dolls. Le manager des Dolls, Malcolm McLaren, dégoûté par le show-biz américain, revient à Londres, bien décidé à se venger. Il ouvre une boutique de fringues sur King's Road, sobrement baptisée *Sex*. Un jour, il surprend de petites frappes en train de chaparder ses T-shirts. Impressionné par leur look, McLaren a une intuition proche du génie : les manager pour révolutionner l'histoire du rock... les Sex Pistols sont nés. Ils jouent comme des patates, mais leur allure, leurs slogans, leur énergie, la voix frénétique de leur chanteur (Johnny Rotten – « pourri » en français) et le masochisme de leur bassiste (Sid Vicious) les propulsent immédiatement. Dans la foulée, les maisons de disques signent avec tous les groupes punks qui leur tombent sous la main. Quelques-uns entrent aussitôt dans la légende : The Clash, The Stranglers, Buzzcocks, Damned... Tous les musiciens amateurs du moment s'engouffrent dans la brèche. Le public imite l'attitude et le look de ces nouvelles idoles. La presse grand public s'en prend à ces « dégénérés ». Les conservateurs s'étranglent devant une subversion aussi populaire. Musicalement, la vague punk aura eu le mérite de réinjecter une rébellion et une vitalité propres au rock des pionniers et que l'on croyait avoir perdues depuis longtemps... Auto-sabordée en 1978 (après le suicide de Sid Vicious), la scène punk anglaise généra aussitôt un autre genre, aussi créatif et excitant, quoique moins spectaculaire : la new wave, dont sont issus les groupes les plus intéressants des années 1980. Preuve que le slogan « *No future* » était lui aussi dérisoire.

Enfin, en ce début de XXIe s, le mouvement électroclash (mélange de punk-rock et de techno, mâtiné de *revival eighties*) fait les beaux jours des... boîtes de nuit !

DRÔLES DE PISTOLETS !

En 1976, les Sex Pistols sont invités à une émission de la BBC, en direct. Très vite, les téléspectateurs assistent à une profusion d'injures, jamais proférées à une heure de grande écoute. Résultat : le présentateur est débarqué illico et les ventes du 45 tours Anarchy in the UK *font un carton, propulsant définitivement le groupe !*

POPULATION

Être ou ne pas être anglais, ou généralités sur quelques différences... Mais qui sont-ils ? L'ennemi héréditaire, la Perfide Albion, surnommée ainsi en raison de ses falaises blanches (*albus* signifie « blanc » en latin), a toujours eu le don d'irriter les Continentaux. Son flegme dédaigneux a engendré chez les autres peuples à travers les âges des sentiments négatifs, parfois même agressifs. Pour leur part, les Britanniques pensent que le monde civilisé s'arrête à Douvres, et que l'Afrique commence à Calais !

INIMITIÉS FRANCO-ANGLAISES

Même le vocabulaire a gardé trace de ces luttes qui ont marqué les siècles. Ainsi, en français, prendre la fuite discrètement se dit « filer à l'anglaise » ; les Britanniques se sont vengés en traduisant « to take French leave ». *Idem pour « capote anglaise » qui se dit* « French letter ».

Le Français est cartésien, tout doit s'expliquer, et deux et deux font toujours quatre... Les Britanniques pensent que les chiffres sont l'affaire d'un comptable et qu'il est de toute façon extrêmement vulgaire d'étaler son érudition. Un Anglais d'une éducation irréprochable répondra toujours à une affirmation par : « Vous croyez ? » Feindre de ne pas savoir que la Terre est ronde ou affirmer ne pas avoir tout à fait maîtrisé la table de multiplication par quatre a toujours été du meilleur ton.

Une nuit, à la fin des années 1950, il y avait un brouillard tellement dense que l'aéroport de Londres fut fermé et que même les ferry-boats n'osaient pas s'aventurer sur la Manche. Le lendemain matin, un grand quotidien populaire britannique titrait à la une : « Le continent est isolé... » ! Cette anecdote illustre bien le fait que si la Lune gravite peut-être autour de la Terre, le monde, selon les Anglais, tourne autour des îles Britanniques...

L'Anglais aime à cultiver l'absurde, l'humour à froid et l'irrationnel. C'est tout de même dans l'un des pays les plus pluvieux d'Europe qu'on a non seulement produit le plus de voitures décapotables, mais commercialisé la voiture « découverte », c'est-à-dire sans capote du tout !

Il fallait être anglais pour déclarer la guerre à l'Argentine et partir bille en tête défendre un bout de terre à plus de 10 000 km de l'Europe, sur lequel les moutons étaient la seule et unique richesse. Mais ils partirent aux îles Falkland derrière le fils de la reine *himself,* parce qu'on ne touche pas au sol royal.

Ignorer la réalité pour imposer sa propre vision du monde est un pilier de la philosophie anglaise. Durant la Seconde Guerre mondiale, le toit d'une épicerie londonienne fut touché par un V1 allemand. Le lendemain, l'épicier accrocha un panneau sur lequel était écrit : « Plus ouvert que d'habitude »...

On retrouve l'origine de ces comportements jusque dans les légendes « arthuriennes ». La sublimation, la quête du Saint-Graal, le roi Arthur et ses chevaliers de la Table ronde, tout ça représente encore aujourd'hui les aspirations profondes de la noblesse anglaise et, par ricochet, celles de l'homme de la rue. Être mieux que ce qu'on est, le fair-play, lutter contre ses sentiments, bref, les Anglais pensent qu'à force de faire semblant d'être plus généreux et plus chevaleresque, on finit bien par le devenir ! Du conflit entre les petites mesquineries quotidiennes et les grandes envolées lyriques est né le goût de la dérision, et ce n'est pas sans raison que les Monty Python se sont attaqués au mythe arthurien dans l'un de leurs premiers films.

Si, dans d'autres pays, il faut se montrer extrêmement circonspect et prendre garde à la manière de formuler une critique individuelle ou nationale, les Anglais, eux, adorent être « vannés ». La seule vraie insulte que vous pouvez leur faire est de leur dire qu'ils n'ont pas le sens de l'humour. Un des plus grands succès de librairie britannique (30 éditions !) fut, en 1946, un livre extrêmement drôle et méchant sur le comportement anglais : *How to be an Alien* (Penguin), écrit par George Mikes, un Hongrois. Il commence son livre ainsi : « Les Continentaux pensent que la vie est un jeu ; les Anglais, eux, pensent que le cricket est un jeu ! » Et le reste à l'avenant...

HUMOUR ANGLAIS

Durant la Seconde Guerre mondiale, Churchill pénètre dans le bureau de de Gaulle dans un costume excentrique : nœud papillon à pois, chemise rayée et costume à carreaux. Le général, en uniforme, lève la tête, sourit et dit à son hôte : – « Tiens, c'est le carnaval à Londres aujourd'hui ? – Que voulez-vous, répond le Premier ministre de Sa Majesté, tout le monde ne peut pas se déguiser en Soldat inconnu ! »

La France aux Français ? Mais de quel droit ?

Si les Anglais éprouvent une véritable passion pour la France (ce sont eux qui ont découvert et « colonisé » la Côte d'Azur ; quant aux vins de Bordeaux, on peut dire qu'ils font partie intégrante de la culture anglaise depuis le Moyen Âge), le peuple français, en revanche, leur inspire plutôt des sentiments de méfiance. Les discussions politiques de comptoir en France remplissent d'effroi le cœur du touriste anglais. Comment faire confiance à cette nation où chacun croit savoir tout sur tous les sujets ? Les Français sont, à leurs yeux, un peuple frivole, gonflés de leur propre importance – comme Napoléon ! – et, pire encore : des révolutionnaires ! En gros, les Britanniques pensent que Dieu, dans un moment lyrique, a créé le plus beau pays du monde : la France ; puis que, pour rétablir un juste équilibre vis-à-vis des autres, il y a mis... le peuple français ! N'empêche, l'engouement pour la France ne se limite pas à la cuisine et aux grands vins : les comédies musicales londoniennes *Les Misérables, Notre-Dame de Paris* et *Napoléon* affichent complet.

Le Britannique et le sens civique

L'Anglais est réputé pour son flegme, mais il ne faut pas trop gratter le vernis pour réveiller la fougue qui sommeille dessous. Aussi ne prenez pas sa place. Faire la queue est une institution sacrée. Il faut en Angleterre la respecter, bien qu'il soit parfois difficile de savoir où cette pratique convient. On fait la queue pour prendre le bus ou le train, aux guichets des cinémas et des théâtres, mais pas au bar à l'entracte. Somme toute, il faut bien observer la situation, puis décider s'il y a lieu d'être patient ou de défendre âprement sa place.

Si vous avez l'occasion de converser avec des Anglais, vous pourrez vous rendre compte que beaucoup croient en l'Europe, même si le tunnel sous la Manche représente un peu le viol de leur intégrité insulaire. Mais il y a plus grave. Depuis quelques années, les Anglais doivent changer de passeport, comme les autres ressortissants de l'Union européenne. Le renoncement au passeport bleu britannique est très mal perçu. Au point que certains Anglais déclarent que leur passeport a été volé pour éviter de le rendre ?

Y a-t-il un avenir au droit à la différence ?

Aujourd'hui, au XXIe s, la Grande-Bretagne s'apprête psychologiquement à mettre un pied timide dans le XXe s ! D'ailleurs, la très chic *Manorial Society of Great Britain* met en vente les titres de noblesse des aristocrates fauchés. Tout fout le camp ! Les colonels à la retraite – qui cultivent les roses en rêvant avec nostalgie à leurs chasses au tigre passées –, les fils de famille – dont personne n'attendait un autre comportement que d'avoir de l'esprit et de conduire des décapotables rouges afin d'épater les filles – ainsi que les vieilles dames à ombrelles – qui sirotent le thé dans des fauteuils en osier sur des pelouses millénaires –, tout cela s'estompe peu à peu pour rejoindre le grand album des « images d'Épinal » d'une Angleterre historique.

Avec « Ma'am Thatcher », l'Angleterre a appris qu'elle était au bord de la faillite. Avec l'arrivée massive d'immigrés en provenance des anciennes colonies et des pays de l'Est, elle doit apprendre aussi à gérer, avec pas mal de difficultés, une société multiculturelle. Bref, la Grande-Bretagne est en pleine mutation.

Mais, aussi radicaux que pourront être les changements, l'excentricité restera une caractéristique nationale. Car c'est bien dans ce pays encombré de petites maisons alignées et multicolores que le droit à la différence demeure une réalité. Que ce soient les

ET POURQUOI LES IMMIGRÉS VEULENT-ILS ALLER EN ANGLETERRE ?

Chez les Anglais, une règle préserve le droit de tous les citoyens, depuis des siècles : l'habeas corpus. *Cette loi garantit à une personne arrêtée d'être présentée très rapidement à un juge qui décidera de la validité de son arrestation. S'il n'y a pas de délit, elle sera libérée aussitôt. En Angleterre, on peut donc se promener sans avoir de carte d'identité. Ce n'est pas le cas en France !*

modes extravagantes de la jeunesse britannique – qui se diffusent dans le reste du monde – ou les allures de ces vieux aristocrates qui siègent à la Chambre des lords avec leurs cheveux coiffés en queue-de-cheval et qui prônent la polygamie, le fait est là : l'Angleterre cultive le paradoxe et aime l'excentricité. Le droit d'être différent, que ce soit à titre individuel ou en tant que nation, fait partie de l'héritage culturel de cette petite poignée d'îles...

SAVOIR-VIVRE ET COUTUMES

Les Français, dit-on, cultivent l'art de vivre, la table, les bons vins, la haute couture. Les Britanniques aiment à cultiver l'absurde et une certaine excentricité ! On peut ainsi croiser un ou une vendeuse avec piercings et tatouages dans une boutique de luxe, ou encore une femme musulmane en foulard derrière le guichet d'une banque.

LA REINE, MODE D'EMPLOI

Si vous étiez amené à rencontrer la reine, sachez qu'elle n'accorde jamais aucune interview. Elle n'a aucun pouvoir, c'est ce qui fait sa force. Et puis Elizabeth II mérite d'être inscrite au Guinness des records puisqu'elle est la reine de 16 pays.

– Il est interdit de fumer dans les lieux publics.
– Le fromage se prend généralement à la fin du repas, après le dessert (on ne rigole pas !)...
– Très souvent, au restaurant ou au pub, c'est vous-même qui décidez de l'endroit où vous désirez être assis. Ne vous sentez ainsi pas agressé lorsqu'on vous demande où vous allez manger et indiquez la table sur laquelle votre choix s'est arrêté.
– On ne serre jamais la main d'un Anglais, sauf quand on le voit pour la première fois. Quant à la bise, n'y songez même pas ! En revanche, un inconnu peut vous appeler *darling*, *honey* ou même *love* sans problème !
– Les toilettes publiques, gratuites, sont une institution qui provoque la jalousie du reste du monde civilisé ! On en trouve dans tous les lieux publics, à proximité des gares, des marchés, des hôpitaux, des rues commerçantes, etc. Elles datent de l'époque victorienne, où les principes de l'hygiène étaient érigés au rang des vertus civiques.
– Personnes handicapées : les Anglais ont pensé à eux bien avant nous et sont exemplairement équipés... Pour preuve, l'excellent site qui leur est consacré : • *tourismforall.org.uk* •
– Souriez, vous êtes filmé ! Sachez que pas un centimètre carré de la ville ne semble échapper à la vigilance des caméras. La vidéosurveillance est omniprésente, y compris dans le bus.

HANDICAP ?

La « main dans le chapeau » (« hand in cap ») *est évidemment une locution anglaise. Cela remonte à l'époque où l'on troquait encore ses biens. Pour rétablir l'égalité des valeurs entre le bien donné et le bien reçu, on compensait la personne désavantagée* (handicapped) *en mettant de l'argent dans un chapeau.*

Homosexuels

Même s'il n'en fut pas toujours ainsi (loin s'en faut !), il n'est pas très difficile d'être homosexuel à Londres. Dans la ville qui a su accepter toutes les excentricités, tant vestimentaires qu'idéologiques, les gays et les lesbiennes sont fondus dans la masse. Cela tient au fait qu'il y a autant de manières de vivre son homosexualité à Londres que d'homosexuels. Certes, les quartiers de Soho et de Covent Garden sont les centres de la communauté gay de la capitale, mais n'est-ce pas tout simplement le cœur de la ville ?

Un esprit de tolérance mesurée règne ici. La vie nocturne est bien sûr très active et, comme il est impossible de tout recenser, ceux qui sont intéressés pourront trouver des *flyers* (invitations) dans les bars, dans les pubs et chez les disquaires. Indispensable aussi, l'hebdomadaire *Time Out,* avec toutes les sorties possibles. Vous saurez tout sur les programmes des boîtes. La plupart des boîtes *straight* (hétéros) réservent une ou deux soirées par semaine à leurs clients gays.
À noter que la manifestation annuelle des homosexuels, la *Gay Pride,* est l'occasion d'un grand concert à Hyde Park, le dernier dimanche de juin.

SITES INSCRITS AU PATRIMOINE MONDIAL DE L'UNESCO

Organisation des Nations Unies pour l'éducation, la science et la culture

En coopération avec le centre du patrimoine mondial de l'UNESCO

Pour figurer sur la liste du Patrimoine mondial, les sites doivent avoir une valeur universelle exceptionnelle et satisfaire à au moins un des 10 critères de sélection. La protection, la gestion, l'authenticité et l'intégrité des biens sont également des considérations importantes.
Le patrimoine est l'héritage du passé dont nous profitons aujourd'hui et que nous transmettons aux générations à venir. Nos patrimoines culturel et naturel sont deux sources irremplaçables de vie et d'inspiration. Ces sites appartiennent à tous les peuples du monde, sans tenir compte du territoire sur lequel ils sont situés. Pour plus d'informations : ● *whc.unesco.org* ●
À Londres, les sites inscrits sont les suivants :
– *Westminster Palace :* le Parlement britannique.
– *Westminster Abbey and Saint Margaret's Church :* abbaye où se marient les grands hommes, où sont couronnés les grands hommes et où sont enterrés les grands hommes.
– *Tower of London (Tour de Londres) :* ancienne prison royale où sont conservés les bijoux de la Couronne.
– *Le quartier de Greenwich :* où se situe le fameux méridien.
– *Kew Gardens :* les jardins botaniques royaux.

SPORTS ET LOISIRS

Les Anglais aiment à croire qu'ils ont inventé tous les sports, ce qui est – il faut l'avouer – presque vrai. Une grande partie de l'activité scolaire y est d'ailleurs consacrée : il faut un esprit sain dans un corps sain, et non pas faire comme les Continentaux qui fabriquent des intellectuels buvant du café jusqu'à 3h du matin, refaisant un monde dans lequel, de toute façon, aucun Anglais ne voudrait vivre...
Le sport en Angleterre est invariablement associé aux paris : les Anglais sont prêts à parier n'importe quoi, et sur tout. Les *bookmakers* – une institution privée en Angleterre – prennent des paris sur le sexe du prochain enfant royal à naître, sur le pays qui

42,195 KM ? ENCORE UNE LÉGENDE !

Les Jeux olympiques de Londres en 1908 ont vu pour la première fois défiler les nations avec leurs drapeaux respectifs lors de la cérémonie d'ouverture, mais c'est aussi à cette date que fut fixée la distance si étrange du marathon de 42,195 km. Elle ne correspond pas à la distance Marathon-Athènes, comme le veut la légende, mais à la distance entre... Windsor Castle et la loge de la famille royale au stade olympique.

accueillera les prochains Jeux olympiques ou, tout simplement, sur le temps qu'il fera demain. Dans ce dernier cas, les optimistes sont désavantagés ! Ce goût du pari montre aussi le refus profond des Anglais de croire qu'autre chose que les lois du hasard puisse régir la vie.

Football

Vous voulez assister à un match de foot ? Eh bien, il va falloir vous y prendre longtemps à l'avance et croiser les doigts très fort... Victimes d'un succès qui dépasse les frontières de la Manche, les grands clubs londoniens affichent complet plusieurs mois avant la date des matchs et, la plupart du temps, les billets sont octroyés en priorité aux abonnés des clubs (les célèbres *subscribers*). Pas facile, la vie de supporter ! Si vous souhaitez tenter votre chance, voici la liste et les coordonnées des principales équipes de Premier League de la capitale et un site pour vous procurer des billets : ● *worldticketshop.fr* ●, rubrique « Football ».

– ***Arsenal Football Club*** *(les Gunners) :* ☎ *0207-619-5000.* ● *arsenal.com* ● Le club rouge et blanc du manager français Arsène Wenger (depuis 1996), conduit sur le terrain par Van Persie et le Français Gaël Clichy, est une équipe jeune et très populaire outre-Manche. Pour aller voir jouer les *Gunners*, c'est facile : prendre la ligne Piccadilly vers le nord, station Arsenal. Depuis septembre 2006, l'équipe joue à l'Emirates Stadium à Ashburton Grove, tout à côté. Ce nouveau stade de 60 432 places (c'est précis !) a coûté la bagatelle de 520 millions d'euros mais reste le plus rentable de la Premier League !

– ***Chelsea Football Club*** *(les Blues) :* ☎ *0207-835-6000.* ● *chelseafc.com* ● L'équipe connaît de lourdes difficultés financières en raison du contexte économique qui touche son propriétaire et oligarque russe Roman Abramovich, mais elle reste néanmoins l'une des meilleures du continent européen. Les Blues comptent dans leurs rangs certains des meilleurs joueurs de la planète football comme Didier Drogba par exemple. L'équipe fut sacrée championne d'Angleterre en 2006 et remporta la Coupe d'Angleterre en 2009. Pour se rendre au stade Stamford Bridge, la station de métro la plus proche est Fulham Broadway, sur District Line. Le plus simple est de prendre le métro jusqu'à Earl's Court et de changer de ligne, direction Wimbledon.

– ***Tottenham Hotspur Football Club*** *(les Spurs) :* ☎ *0843-208- 1222.* ● *tottenhamhotspur.com* ● L'un des plus anciens clubs d'Angleterre (1882), ennemi juré d'Arsenal, est toujours à la recherche de son lustre d'antan. Si son dernier titre de champion remonte à 1961, il a néanmoins remporté la Coupe de la Ligue en 2008, à la grande joie des supporters. Pour se rendre au stade de White Hart Lane, la station la plus proche est Seven Sisters, sur Victoria Line. Ensuite, compter 20 mn de marche.

– ***West Ham United*** *(les Hammers) :* ☎ *020-8548-2748.* ● *whufc.com.uk* ● Ce club légendaire a connu ses heures de gloire dans les années 1960-1970 en remportant trois Coupes d'Angleterre et la Coupe des Coupes européenne, avant de sombrer peu à peu dans l'anonymat du championnat anglais. Ses supporters restent néanmoins fidèles et encouragent une équipe à consonance résolument cosmopolite, mais qui donne sa chance aux jeunes talents. Pour se rendre à l'Upton Park, descendre à la station du même nom, sur District Line et Hammersmith and City Line. La station est à côté du stade.

– ***Fulham Football Club*** *(les Cottagers) :* ☎ *0870-442-1234.* ● *fulhamfc.com* ● Le club du milliardaire égyptien Mohammed al-Fayed, ex-propriétaire des célèbres magasins *Harrod's* à Londres. Un petit club qui connaît beaucoup de difficultés pour faire partie des grands ! Pour se rendre au stade champêtre de Craven Cottage, prendre District Line jusqu'à Putney Bridge Station, et continuer à travers le Bishop's Park, le stade est indiqué. Craven Cottage est sur les bords de la Tamise.

Rugby

Pour ceux qui l'auraient oublié, la Grande-Bretagne est le berceau du rugby, qui fut précisément inventé au collège de Rugby au milieu du XIXe s... par hasard. La légende raconte que c'est le jeune William Webb Ellis qui décida de prendre le ballon en main lors d'une partie de football. C'est à ***Twickenham,*** non loin de Richmond, à environ 18 km au sud-ouest de Londres, que retentit chaque année le célèbre *God Save the Queen* durant le Tournoi des Six Nations, en février-mars.

BALLON OVALE

Au départ, pour le rugby, le ballon était rond. Il était fabriqué par le cordonnier de la ville, à l'aide d'une vessie de porc. Puis, peu à peu, l'objet est devenu ovale, car beaucoup plus facile à prendre à la main.

Le ***stade*** (Twickers pour les intimes) est le siège de la Fédération de rugby à 15 et prête aussi sa pelouse pour des mégaconcerts. Pour les supporters, un ***musée*** retrace l'histoire du ballon ovale à travers une série d'objets (maillots, coupes) et de vidéos, et on descend également dans l'arène. *Fermé j. fériés, avt et après les matchs, bref, comme c'est un peu compliqué, avt de vous déplacer, renseignez-vous sur le site • rfu.com • ou par tél ☎ 020-8892-8877. En train, gare de Twickenham depuis Waterloo puis 15 mn à pied, en métro station Richmond puis bus. Ouv mar-sam 10h-17h, dim 11h-17h. Musée + stadium tours : 14 £.*

Tennis

Là encore, Londres est à l'honneur, puisque la capitale accueille chaque année l'une des épreuves du Grand Chelem, le tournoi de tennis sur gazon (on sait que les Anglais sont des spécialistes dans le domaine) qui se déroule à Wimbledon. L'équivalent de notre Roland-Garros parisien en terre battue. Les places y sont aussi difficiles à obtenir. À défaut de voir la petite balle jaune passer et repasser, vous pouvez aller visiter le nouveau musée (voir le chapitre « Brompton, Chelsea et South Kensington »).

Spectacles et sorties

Musique

Une visite londonienne digne de ce nom inclut forcément un ou plusieurs concerts. Vous avez l'embarras du choix, vu le nombre de salles. L'excellent *Time Out* vous facilitera le travail grâce à son calendrier hebdomadaire, classé par genres musicaux. N'hésitez pas à aller découvrir des groupes inconnus : on a très souvent de bonnes surprises.

Quelques salles de notre sélection (forcément réductrice, mais en principe représentative) constituent la base du rock et du jazz à Londres. On n'y va pas pour danser, mais pour écouter de la musique. La plupart des boîtes où l'on danse accueillent également des groupes. On les a généralement classées dans « Où sortir ? », mais elles pourraient aussi bien figurer dans « Où écouter du rock, du blues, etc. ? » (quel casse-tête, *Good Lord !*).

Quant aux ***boîtes*** proprement dites, les plus à la mode disparaîtront avant que ces lignes ne soient imprimées. D'autres existent depuis des années et nous survivront sans doute. Il y en a pour tous les goûts. La plupart sont fermées le dimanche soir, mais pas toutes. Passez un coup de fil, car ce genre d'infos a la bougeotte. Et puis n'oublions pas ce genre hybride de clubs, les ***DJ-bars,*** mi-bars, mi-boîtes, qui pullulent. On s'y retrouve pour boire un verre, pour écouter un groupe ou un DJ. C'est cool, peut-être un peu plus chaleureux (on y parle vraiment pas mal, en se collant bien à l'oreille de son/sa partenaire) et puis surtout... c'est deux fois moins cher qu'en boîte, tout comme les consos ! Petit droit d'entrée.

Musique classique

Il existe quelques temples incontournables de la musique classique, comme le Barbican Hall, l'English National Opera ou le Royal Albert Hall (vous les retrouverez dans l'index). Purcell Room, Queen Elizabeth Hall, Royal Festival Hall, Royal Opera House sont aussi d'autres temples. Certaines églises, dont Saint Martin-in-the-Fields, proposent une à deux fois par semaine des concerts de musique baroque (aux chandelles !). Les amateurs ne manqueront pas les *Proms* en été, des concerts populaires organisés au Royal Albert Hall.

Théâtre, comédies musicales

La plupart des théâtres sont dans le West End, en plein centre. Ils jouent généralement du « boulevard », sauf quelques pièces qui ont percé dans les « Fringe Theatres » et qui accèdent aux honneurs du West End. Les pièces du West End sont les plus chères et leurs billets les plus difficiles à obtenir.
– Possibilité d'acheter des billets à moitié prix pour la plupart des théâtres le jour même. ***TKTS*** *(Half-Price Ticket Booth)* **:** *Leicester Sq, WC2 (sur la place, à côté du square).* ● *tkts.co.uk* ● Le guichet est ouvert tous les jours de 10h à 19h, sauf le dimanche de 11h à 16h (attention, deux files différentes : l'une pour les représentations données en matinée, l'autre pour les soirées). On peut encore avoir des *standby seats,* places mises en vente 1h avant chaque représentation dans la plupart des théâtres. Attention ! Le *TKTS* est la seule agence « officielle » (commission de 3 £ par billet). Deuxième guichet au métro Hendon Central, dans le *Brent Cross Shopping Centre*. Les autres agences, très nombreuses dans Londres, n'ont pas le droit de prendre plus de 25 % de commission. Si vous achetez votre billet dans l'une d'entre elles, vérifiez bien que l'on vous indique le prix d'origine et que la commission n'est pas plus importante. Surtout, n'achetez jamais un billet au noir. Il peut être le triple ou le quadruple du prix normal, voire carrément faux !
En plus de ceux qu'on indique, beaucoup d'autres petits théâtres, malgré les difficultés financières et les coûts de production, présentent des spectacles de tout premier ordre et font de Londres probablement la capitale mondiale du théâtre expérimental.

■ ***Keith Prowse :*** ● *keithprowse.com* ● Agence internationale de billetterie de spectacles, Keith Prowse propose toutes sortes de billets : avant votre départ, vous pouvez réserver des opéras, ballets, concerts, festivals, des coupe-files pour les grandes expositions temporaires, pièces de théâtre, comédies musicales, sports, concerts et tournées pop-rock, et cela dans tout le Royaume-Uni.

Cinéma

Signalons que les salles du centre sont plutôt chères. Les prix sont plus intéressants dans les cinés de la banlieue proche. Sachez tout de même que les cinés proposent des *early seances* moins chères. En outre, voir un film en v.o. non sous-titré vous fera économiser des cours d'anglais !

LE CENTRE TOURISTIQUE : SOHO, PICCADILLY, COVENT GARDEN ET OXFORD CIRCUS

▸ Pour se repérer, voir le plan d'ensemble et le centre 1 en fin de guide.

Cœur attractif de la ville, ce grand centre de Londres regroupe en son sein les célèbres quartiers de Soho, Piccadilly, Covent Garden, Oxford Circus... Vos pas vous y mèneront inévitablement, car on y trouve la National Gallery et beaucoup d'autres musées prestigieux. C'est aussi là que se concentrent théâtres, restos, bars, boutiques... Avec le très emblématique mur publicitaire de Piccadilly Circus, qui vante, de jour comme de nuit, les mérites de grandes marques mondiales. En constant développement (le quartier de Tottenham a récemment fait peau neuve), c'est un véritable miroir aux alouettes qui happe la plupart des appareils photo des touristes. Londres recèle cependant des merveilles et il serait dommage de se cantonner à ce colifichet. Quoi qu'il en soit, c'est une balade bien agréable et l'occasion d'une bonne virée pour partir à la découverte de Londres *by night* ! Ce quartier fut autrefois le lieu où s'est éveillée l'avant-garde culturelle ; il a évidemment perdu de son âme bohème, mais on continue à bien l'aimer pour son animation trépidante. Et la vie nocturne y est toujours aussi vivante.

Où dormir ?

Le centre touristique n'offre pas de bonnes adresses bon marché et le confort n'est pas toujours au rendez-vous : mieux vaut résider dans les quartiers limitrophes. Voici toutefois notre sélection pour ceux qui tiennent à profiter de l'effervescence de Soho et de Piccadilly.

Studios et appartements

Citadines Trafalgar Square *(centre 1, F4,* ***352****) : 18-21 Northumberland Ave, WC2N 5EA. ☎ 020-7766-3700. • trafalgar@citadines.com • citadines.com • Ⓜ Charing Cross ou Embankment. Compter 185 £ pour 4 et 210 £ pour 6 pers. Moins cher à la sem et sur Internet.* Situé stratégiquement en plein cœur de Londres, entre Piccadilly Circus, Covent Garden et Big Ben, cet hôtel-résidence propose 120 petits studios et appartements très bien conçus. Sans cachet particulier, mais nickel et de très bon confort (TV écran plat et chaîne hi-fi dans le salon, cuisine équipée...). Une formule idéale pour les familles. Petit déj et service de chambre en supplément à la demande.

Très bon marché (moins de 35 £, soit 41 €)

Oxford Street Youth Hostel *(YHA ; centre 1, E3,* ***50****) : 14 Noel St, W1F 8GJ. ☎ 0845-371-9133. • oxfordst@yha.org.uk • yha.org.uk • Ⓜ Oxford Circus. Au 3ᵉ étage. Compter 20-29 £/pers en dortoir non mixte 3-4 lits. Doubles sans sdb 65-70 £. Ajouter 3 £ pour les non-membres. Pas de petit déj, mais cuisine à dispo.* Cette AJ en plein centre touristique a fait peau neuve. Des couleurs pop et acidulées sur 3 étages, des chambres nickel, moquette épaisse, lits superposés et couettes, placards pour vos affaires avec point d'eau. Cuisine très bien équipée pour vos petits plats.

Salon commun et même des offres de voyages ou des billets de spectacles à prix négociés. Personnel jovial et serviable. Un bon plan dans le centre !

Piccadilly Backpackers *(centre 1, E4, **65**)* : *12 Sherwood St, W1F 7BR. ☎ 020-7434-9009. • bookings@piccadillybackpackers.com • piccadillybackpackers.com • Ⓜ Piccadilly Circus. Résa conseillée. Compter 12-30 £/pers en dortoir (4-10 lits). Ajouter 5 £ ven-sam. Doubles à partir de 60-75 £. Réduc sur Internet.* Un monstre ! Près de 700 lits répartis sur plusieurs étages (chambres plus ou moins bien entretenues), l'intimité est illusoire et la propreté aléatoire. En revanche, la situation est remarquable, à deux pas de Piccadilly Circus, et l'atmosphère festive. Certaines chambres ont été décorées par de jeunes artistes. Très pop ! Côté infrastructures, c'est le minimum : douches et w-c communs, salle TV, connexion Internet... mais pas de cuisine (juste 2 micro-ondes en dépannage). Accueil efficace, question de survie !

Vraiment plus chic (plus de 120 £, soit 142 €)

Dean Street Townhouse *(centre 1, E3, **55**)* : *69-71 Dean St, W1D 3SE. ☎ 020-7434-1775. • deanstreettownhouse.com • Ⓜ Tottenham Court Rd. Doubles 95-370 £, sans petit déj.* En plein cœur de Soho, un boutique-hôtel idéal pour les amoureux (pas de *twin* ou familiale), au style « vintage moderne », tellement anglais ! Toutes les chambres, une quarantaine, ont une déco chaleureuse, des plus petites (les « placards à balais », manquent pas d'humour), avec leurs grands lits où s'affaler et leurs larges pommeaux de douche, aux plus chères, terriblement décadentes, avec baignoire-sabot dans le salon, canapé moelleux, lit à baldaquin et papiers peints *so British*. On adore ! Tout confort, naturellement, des draps aux vieilles radios d'antan et lecteurs DVD bien d'aujourd'hui. On aime toutes les petites marques d'attention, des biscuits maison aux produits de bain *Cowshed*, en passant par les capotes... anglaises *of course* ! Service extra.

Spécial coup de folie (plus de 130 £, soit 153 €)

Saint Martin's Lane *(centre 1, F4, **74**)* : *45 Saint Martin's Lane, WCZ N4HX. Juste en face du théâtre* Duke of York. *☎ 020-7300-5500. • stmartinslane.com • Ⓜ Leicester Sq. Nuit à partir de 220 £, petit déj non inclus.* Un hôtel que les fans d'architecture moderne et de design vont adorer. Du grand luxe, avec Starck aux manettes, et si sûr de lui qu'il n'y a pas d'enseigne. Quelque 200 chambres, une porte-tambour jaune fluo, un jeu d'échecs détonant dans le non moins surprenant hall où sièges « molaires » de Starck côtoient sans vergogne bergères Louis XV. Fallait oser ! Chambres tout confort naturellement, splendides et décorées au minimum. Certaines avec vue sur un microjardin, d'autres avec de larges baies ouvertes sur Londres. Bar et resto cosy tout aussi élégants.

Où manger ?

Les choix ne manquent pas et tous les goûts seront satisfaits. Le quartier regorge de restos (de l'attrape-touriste au gastronomique !), et il suffit de quelques pas pour changer de saveurs et de continents. Le week-end, à Soho et aux alentours, les décibels explosent. Si vous êtes allergique au bruit et à la techno, changez de quartier ! Quant au quartier chinois, il se réduit principalement à Gerrard Street, dans Soho *(centre 1, E4)*, épine dorsale d'un miniquartier asiatique hyper touristique. Cela dit, ce n'est plus le meilleur endroit pour manger chinois, la plupart des restos sont des usines-restaurants ayant pour seul propos la rentabilité, et l'accueil y est souvent peu amène.

Sur le pouce (moins de 10 £, soit 12 €)

Pas mal de petites adresses pour se restaurer sur le pouce et à moindre coût. Un intérêt : dans les boutiques à emporter, les prix sont nets. On économise donc les 12,5 % de service.

Leon (*centre 1, F4,* ***379***) : *73-76 The Strand, WC2R 0DE.* ☎ *020-7240-3070.* Ⓜ *Embankment ou Covent Garden. Lun-ven 7h30-22h30, sam 9h30-22h30, dim 9h30-18h. Smoothie 3 £. Tartines, salades 4,50-6 £.* Un snack coloré spécialisé notamment dans les *smoothies,* ce doux mélange de fruits frais et de jus de fruits mélangés, auquel s'invite parfois un yaourt. C'est bon, original (celui à base de gingembre vous décroche les neurones, le *power smoothie* vous pousse jusqu'au bout de la nuit), le tout servi dans un cadre de café-brocante très coloré. Bons petits déj aussi. Cuisine pas en reste, sur le mode fast-food (la qualité en plus). Idéal pour un repas pré-théâtre bon et rapide ou pour partir avec sa box en balade. D'autres adresses, notamment au marché de Spitalfields.

Breakfast Club (*centre 1, E3,* ***176***) : *33 D'Arblay St, W1 8EU.* ☎ *020-7434-2571.* Ⓜ *Oxford Circus ou Tottenham Court Rd. Lun-ven 8h-18h, sam 9h30-17h, dim 10h-16h. Compter env 6 £.* La déco a beaucoup de légèreté avec ses quelques tables disparates et ses chaises peintes. Sur les murs sont accrochés des polaroïds des habitués. Il n'en fallait pas plus pour attirer les étudiants et les joyeux bobos. Mais pour les fidéliser, ce sont les papilles qu'il faut séduire : avec ses cocktails de fruits délicieux, ses breakfasts copieux et variés ou ses gros sandwichs à la commande, c'est chose faite ! Et en fin de journée, c'est pas mal non plus. Super ambiance, un rien déglinguée. En revanche, les familles ne sont pas vraiment les bienvenues.

EAT (*plan d'ensemble D3,* ***153***) : *319 Regent St, W1B 2HU.* ☎ *020-7636-8309.* Ⓜ *Oxford Circus. Horaires variables selon jours, boutiques et marchandise en stock (ferme vers 19h-20h).* Les sandwichs sont soignés, avec beaucoup de légumes et de couleurs. Pas mal d'autres adresses dans le centre de Londres (Soho, Covent Garden, Southwark, la City...), mais la plupart ne proposent pas d'endroit pour s'asseoir et se contentent de la vente à emporter. On y trouve aussi de bonnes salades ou soupes. Et ce qui n'est pas vendu le soir disparaît à jamais du rayon, promesse de la maison !

Pret A Manger (*centre 1, E3,* ***150***) : *54-56 Oxford St, W1.* ☎ *020-7580-9809.* Ⓜ *Tottenham Court Rd. Lun-ven 6h30-22h, sam 8h-22h, dim 9h-21h.* Le bon vieux sandwich a bien évolué depuis son invention par lord Sandwich... Les puristes, inconditionnels de la recette « Club », auront du mal à s'y retrouver, les autres se régaleront de recettes originales et exotiques. Le tout préparé à la minute en fonction du débit, à partir de produits d'excellente qualité et à prix très honnêtes. Également de bonnes soupes, salades et des porridges au miel pour le petit déj. Plus de 100 autres *Pret* (prononcer « Prèt' » à l'anglaise) dans Londres (dont la succursale de Saint Martin's Place, juste derrière Trafalgar Square, qui a l'avantage de posséder une terrasse ; *centre 1, F4*).

Whole Foods Market (*centre 1, E4,* ***163***) : *69-75 Brewer St, W1F.* ☎ *020-7434-3179.* Ⓜ *Piccadilly Circus. Lun-sam 7h30 (9h sam)-21h ; dim 11h30-18h30. Compter 4-8 £.* Grande épicerie-superette bio où tout est vendu au poids et au détail. Sandwichs, soupes, salades et plats à emporter ou sur place (quelques tables à peine). Légumes et soja, jus de fruits accommodés de 1 000 manières, tofu et quinoa rissolés, *cheese pie* (et même *chicken pie* pour les allergiques à la cuisine vég'). Attention : pas de w-c.

Beatroot (*centre 1, E3,* ***199***) : *92 Berwick St, W1F 0QD.* ☎ *020-7437-8591.* • *info@beatroot.org.uk* • Ⓜ *Oxford Circus ou Piccadilly Circus. Tlj sf dim 9h (11h sam)-21h. Portions env 4-6 £.* Resto végétarien tenu par une jeune équipe souriante. Ce minuscule self dévoile chaque jour un nouveau buffet plus coloré qu'une palette de peintre sous ses luminaires *seventies.* Et puis on peut goûter à tout, ou presque ! Il suffit de choisir le format de la boîte (la *medium* suffit largement) et de la faire remplir à ras bord de salades, de gratins, de tajines, ou encore de quiches. Jus de fruits et *smoothies.* Reste à trouver une place autour des rares tables libres. À moins d'aller déguster le tout dans Soho Square, tout proche, ou autour du petit marché populaire dans la rue piétonne.

Pizzeria Malletti (*centre 1, E3,*

184) : *26 Noel St, W1. ☎ 020-7439-4096. Ⓜ Oxford Circus ou Tottenham Court Rd. Lun-ven 11h-16h30. Compter env 4 £ la (petite) part.* Des petites parts de bonheur que ces pizzas sortant toutes fumantes du four. Pâte fine et croustillante, garnitures fraîches, le tout arrosé d'une huile d'olive 1er choix. La file d'attente, certains midis, peut être impressionnante, car l'adresse est connue, mais on n'attend jamais vraiment longtemps. Et pour cause, il n'y a pas un endroit pour s'asseoir ! À emporter également, pâtes et *risotti*. Éviter tout de même de passer en dehors des heures de pointe car, à ce moment-là, les fours ralentissent leur cadence et les parts de pizza risquent d'attendre, froides, un preneur.

Bon marché (moins de 10 £, soit 12 €)

|●| ***Mother Mash*** *(centre 1, E3,* ***228****)* : *26 Ganton St, WIF 7QZ. ☎ 020-7494-9644. • info@mothermash.co.uk • Ⓜ Oxford Circus. Tlj 8h30-22h (à partir de 12h sam-dim). Service non-stop. Petit déj env 5 £, formules repas 7,95-9 £.* À deux pas de Carnaby Street, une petite adresse à toujours garder en tête, pour ses horaires larges, ses prix doux et ses délicieuses saucisses-purée. Certes, le décor, très fonctionnel, n'incite pas à s'attarder, et on essaiera de trouver plus romantique pour un dîner en amoureux. Mais ici tout est préparé à la demande, puisqu'on choisit sa saucisse (aux herbes, au poireau, au bœuf, au chou, nature...), sa purée (aux oignons, au cheddar...), jusqu'à la texture de la purée, plus ou moins épaisse. Simple et savoureux. Bon choix de *pies* également.

|●| ***Hummus Bros*** *(centre 1, E3,* ***195****)* : *88 Wardour St, W1F 0TJ. ☎ 020-7734-1311. • info@hbros.co.uk • Ⓜ Piccadilly Circus. Lun-ven 12h-22h (23h jeu-ven), sam 12h-23h, dim 12h-22h. Rien à plus de 9 £.* Plein d'humour chez ces deux copains de lycée qui rêvaient de partager un plat généreux plein de goût et suffisamment nourrissant. L'idée de « l'hummus bar » était née. Si le cadre est branché à souhait (comprendre une minuscule salle minimaliste avec tables communes), c'est une recette ancestrale qui est servie ici, celle à base de pois chiches *(peas)*. Un délice pour végétariens comme pour gourmands. *Give peas a chance !*

|●| ***Viet Noodle Bar*** *(centre 1, E3,* ***171****)* : *34 Greek St, W1D 5DJ. ☎ 020-7494-9888. Ⓜ Leicester Sq. Lun-sam 12h-23h. Soupe et plat env 7 £.* Si la salle ne paie pas de mine, la soupe *phó* est remarquable. Le bouillon n'est pas trop gras et la pâte de riz parfaitement cuite. La carte propose aussi quelques spécialités thaïlandaises. Une des bonnes options en lisière de Chinatown. Service très aimable.

|●| ***The Rock and Sole Plaice*** *(centre 1, F3,* ***182****)* : *47 Endell St, WC2H 9AJ. ☎ 020-7836-3785. Ⓜ Tottenham Court Rd ou Covent Garden. Tlj 11h30-23h (22h dim). À emporter, service jusqu'à 23h45. À partir de 9 £ à emporter, frites comprises, plus cher sur place.* Spécialiste du *fish & chips* depuis 1871 (avec toutefois plusieurs changements de propriétaires), autant dire que ce *chippy* connaît son affaire. Effectivement, on n'est pas déçu par les poissons, tendres à l'intérieur et croustillants à souhait à l'extérieur, ni par la générosité des portions. Clientèle nombreuse de curieux et de touristes, regroupés dans la toute petite salle carrelée, dans le sous-sol caverneux, ou en terrasse, sous les nuées de géraniums. Typique et populaire donc, mais le succès a un défaut : à l'heure du coup de chauffe, les serveurs ont tendance à perdre le sourire.

|●| ***Ed's*** *(centre 1, E3,* ***159****)* : *1 Old Compton St, W1. ☎ 020-7439-1955. Ⓜ Leicester Sq. Tlj 10h-23h30. Burger autour de 6 £.* Les fans de *Happy days* vont être ravis ! Un vrai *dinner* à l'américaine des années 1950, avec de super burgers pour caler une fringale. Bonnes frites maison. On s'assoit autour du comptoir en zinc, et on sifflote sur un air de *Baby Love* en dégustant des milk-shakes renversants. D'autres adresses en ville, mais, de toutes les manières, c'est cet *Ed's* qu'on préfère !

|●| ***Taro*** *(centre 1, E4,* ***157****)* : *61 Brewer St, W1F 9UW. ☎ 020-7734-5826. Ⓜ Piccadilly Circus. Lun-mer 12h-22h30 (23h jeu-sam, 21h30 dim). Bento boxes 11,50-16 £, plats 6-11 £.* Resto

de cuisine asiatique : sushis, nouilles et riz sautés, soupe de nouilles, *ramens*, bref, tout le monde y retrouve son plat préféré. Cuisine ouverte sur une petite salle simple tout en bois blond. Clientèle d'étudiants et de businessmen le midi. *Autre adresse à deux pas : 10 Old Compton St.*

Masala Zone *(centre 1, E3, **161**) : 9 Marshall St, W1F 7ER. ☎ 020-7287-9966. Ⓜ Piccadilly Circus ou Oxford Circus. Tlj 12h-15h30, 17h30-23h (en continu sam ; 22h30 dim). Pas de résas. Formules lunch env 8,50-10,50 £, plats 8-14 £. Menus pré-théâtre à partir de 8,45 £.* Une cantine indienne branchée, pour ne pas dire aseptisée, plébiscitée par bon nombre de jeunes Londoniens. Bon *thali* (petit plateau métallique) avec différentes préparations de légumes. Grande salle sur différents niveaux, à la déco égayée de fresques naïves, célébrant une région différente de l'Inde dans chacune des adresses de cette enseigne. Pas de la grande gastronomie, mais de quoi casser une graine saine pour pas cher. Assez animé.

The Stockpot *(centre 1, E4, **151**) : 38 Panton St, SW1Y 4EA. ☎ 020-7839-5142. • info@stockpotlondon.co.uk • Ⓜ Leicester Sq ou Piccadilly Circus. Tlj en continu. Breakfasts 5-6 £. Le midi, formules 7,95-8,95 £ ; sinon, plats 5-8 £. CB refusées.* *Stockpot* a toujours la cote ! Forcément, sa popote en stock est une aubaine. Petite restauration simple, copieuse et à des prix plancher. Ça dépote, et dès l'heure du petit déj. On adore. Alors, jouez des coudes !

Govinda's *(Rada Krishna Temple ; centre 1, E3, **155**) : 9-10 Soho St (à 20 m de l'angle avec Oxford St), W1. ☎ 020-7437-4928. Ⓜ Tottenham Court Rd. Tlj 12h-21h (16h dim). Thalis 8-9 £.* Un self végétarien très bon marché, tenu par des Hare Krishna. Ambiance un peu *flower power*, ça va de soi. Très bonne cuisine, notamment les fameux *thalis*, ou plus simplement le *veggie burger*. Bref, une sympathique adresse, simple et sans prétentions. Et n'oubliez pas : *love and devotion...*

Food for Thought *(centre 1, F3, **156**) : 31 Neal St, WC2H 9PR. ☎ 020-7836-0239/9072. • fftgarrett@aol.com • Ⓜ Covent Garden. Lun-sam 12h-20h, dim 12h-17h. Plats 5-10 £ ; un peu moins cher à emporter. CB refusées.* Une référence, voire une petite légende du circuit végétarien londonien. Les gens s'écrasent dans l'escalier ou font la queue dehors pour déguster une nourriture abondante, délicieuse, inventive et différente chaque jour : fines quiches aux légumes, copieuses salades composées, etc. Un resto qui prouve bien que végétarien ne signifie pas fade. Peu de tables dans le minuscule sous-sol, mais ça tourne vite (ou possibilité de vente à emporter).

The Chandos *(centre 1, F4, **158**) : 29 Saint Martin's Lane (au 1er étage), WC2N 4ER. À deux pas de la National Gallery. ☎ 020-7836-1401. Ⓜ Leicester Sq. Tlj 11h-23h (19h pour la cuisine). Plats principaux 6-7 £ et sandwich env 5 £.* Le pub anglais comme on l'imagine. Cadre chaleureux, bois et céramique, vitraux, rideaux à fleurs, petits recoins cosy à souhait et la foule d'habitués en fin de journée. Plats classiques et roboratifs, genre feuilleté de viande avec sa petite sauce... à la bière, *fish & chips*, etc. Pas d'une grande finesse, mais accompagné d'une *lager* (bière légère) maison, le tout passe plutôt bien. Venir assez tôt pour être sûr de dénicher une place assise. Salle de resto à l'étage *(Opera room).*

Cha Cha Moon *(centre 1, E3-4, **137**) : 21 Ganton St, W1F 9BN. ☎ 020-7297-9800. Ⓜ Oxford Circus. Lun-jeu 11h30-23h, ven-sam 11h30-23h30, dim 12h-22h30. Plats 6-9 £.* Atmosphère tamisée pour ce resto créé par l'inventeur des *Wagamama*. On reprend les mêmes ingrédients – grandes tablées où l'on se sert les coudes sous un éclairage intime et cuisine ouverte sur la salle –, et on recommence, en travaillant désormais la cuisine chinoise et malaise. Soupes, salades et autres merveilles de nouilles. Roboratif et d'un bon rapport qualité-prix. Terrasse en été.

Bar-Chocolate *(centre 1, E3, **167**) : 27 D'Arblay St, W1F 8EN. ☎ 020-7287-2823. • info@barchoc.co.uk • Ⓜ Oxford Circus ou Tottenham Court Rd. Lun-sam 8h-23h, dim 10h-minuit (service non-stop). Plats 6-12 £.* Café-bar-resto au look soigné (chocolat !), fréquenté par des trentenaires gentiment intellos et branchés. Déco minimaliste plutôt réussie et gros fauteuils pour rêvasser, petite terrasse aux beaux jours. Cuisine dans l'air du temps, convenable (*mezze, shepherd's pie,* breakfast, salades fraîches...). Sympa pour une courte pause.

Belgo Centraal (centre 1, F3, **179**) : *50 Earlham St, WC2H 9LJ.* ☎ *020-7107-1277.* • *info@belgo-restaurants.com* • Ⓜ *Covent Garden. Lun-jeu 12h-23h, ven-sam 12h-23h30.* Express lunch *7,95 £ servi jusqu'à 17h en sem (avec la boisson), sans oublier l'opération* « Beat the clock », *6 £ pour 18h en sem (on paie le prix de l'heure marquée sur le ticket !). Sinon, plats principaux 9-18 £.* Super pour le décor : depuis une passerelle métallique avec vue plongeante sur les cuisines, on descend par un ascenseur transparent dans une salle mi-futuriste, mi-médiévale. D'ailleurs, les serveurs sont accoutrés à la manière de moines trappistes. Dans votre assiette, plusieurs variantes de moules-frites et des spécialités de viande ou de poisson cuisinées à la bière, comme le haddock à la *Hoegaarden* ou la carbonade à la *Gueuze.* Sans génie, mais convenable. Plus de 100 bières, certaines très fortes (*La Chouffe,* 8°), d'autres originales comme les *fruit beers.*

World Food Café (centre 1, F3, **169**) : *14 Neal's Yard, au 1er étage (la placette est accessible par Short's Gardens ou Monmouth St), WC2H 9DP.* ☎ *020-7379-0298.* Ⓜ *Covent Garden. Tlj sf dim 11h30-16h30 (17h sam). Plats 6-9 £.* Grande salle claire organisée autour d'une cuisine ouverte, avec un large comptoir pour savourer son en-cas. Cuisine végétarienne internationale, issue de recettes glanées par les proprios au gré de leurs nombreux voyages. On retrouve tous les grands classiques, du *mezze* turc aux plats mexicains en passant par les falafels égyptiens et les *thalis* indiens. Bons desserts également.

Franx (centre 1, F3, **172**) : *192 Shaftesbury Ave, WC2H 8JL.* ☎ *020-7836-7989.* Ⓜ *Tottenham Court Rd. À côté du bistrot* Freud. *Tlj 6h-18h (plus tard le w-e). Rien qui dépasse les 6 £.* Sorte de petit fast-food au cadre basique, mais bien approvisionné : nombreuses variétés de salades, *pasta bar,* sandwichs bien tassés, soupes, lasagnes et raviolis accommodés de différentes sauces... Sert aussi des petits déj. Le café *latte* est extra. Une poignée de tables pour consommer sur place. Sans prétention, mais correct et à prix riquiqui, avec un bout de terrasse pour les beaux jours. Accueil souriant.

Café in the Crypt (centre 1, F4) : *dans la crypte de Saint Martin-in-the-Fields, l'église à droite en regardant la National Gallery ; entrée par l'escalier donnant dans le porche de l'église, ou par l'ascenseur vitré installé sur la placette attenante.* ☎ *020-7839-4342.* • *cafeinthecrypt@smitf.org* • Ⓜ *Charing Cross. Lun-mar 8h-20h, mer 8h-19h, jeu-sam 8h-21h, dim 11h-18h. Sandwichs et plats du jour 4-8 £,* afternoon tea *5,95 £.* Délicieusement décalé ! Sise dans une belle cave voûtée du XVIIIe s, cette cafétéria reposante prend ses aises sur un dallage... de pierres tombales. Cela ne coupe pas l'appétit, car les petits déjeuners complets ou bien les sandwichs, soupes, pâtes, salades et autres pâtisseries sont frais et appétissants (servis en demi-portions pour les enfants). Idéal aussi pour un *tea break* par temps pluvieux. Très prisé des flâneurs de Trafalgar Square. Assez bruyant, mais on ne reste pas trop longtemps non plus. Concerts de jazz certains soirs, et parfois à l'heure du déjeuner.

Mr Wu (centre 1, E4, **197**) : *58-60 Shaftesbury Ave, W1D 6LS.* ☎ *020-7287-8883.* Ⓜ *Leicester Sq. Tlj 12h-23h30. Buffet 8,50 £.* Pas de quoi fouetter un canard laqué, mais de quoi se ravitailler pour pas cher et à volonté. Nems, poulet, bœuf mijoté, le tout agréablement assaisonné de légumes. Évidemment, on ne s'attarde guère dans la salle proprette et lumineuse, mais cette petite cantine est sans doute l'une des belles affaires du quartier. Attention, ne pas confondre avec un autre *Little Wu* juste à côté...

Prix moyens (10-18 £, soit 12-21 €)

Dishoon (centre 1, F3, **200**) : *2 Upper Saint Martin's Lane, WC2H 9FB.* ☎ *020-7420-9320.* • *hello@dishoom.com* • Ⓜ *Covent Garden. Lun-jeu 8h-23h, ven 8h-minuit, sam 10h-minuit,*

LE CENTRE TOURISTIQUE

dim 10h-22h. Plats 6,50-9 £. Le 1er *Bombay Café* de Londres ! Ce café indien à l'ambiance bistrot élégant se veut un véritable lieu de vie, où l'on partage tous les repas de la journée, autour d'une table, entre amis ou en famille. Cadre cosy et cuisine indienne relevée à souhait (*daal, chicken tikka* ou *byriani,* entre autres). Assez épicé. On regarderait des heures le maître des *naans* œuvrer autour de son four ! Service cordial.

🍽 ***Barrafina*** *(centre 1, E3,* ***216****) : 54 Frith St, W1D 4SL. ☎ 020-7813-8016. • info@barrafina.co.uk • Ⓜ Tottenham Court Rd. Lun-sam 12h-15h, 17h-23h ; dim 13h-15h30, 17h30-22h. Pas de résas. Petites portions 5-9 £.* Pour un peu, on penserait avoir été télétransporté un peu plus au sud... La mode des bars à tapas a déferlé sur Londres. Pour notre plus grand plaisir ! Ici, on ne mange qu'au comptoir (pas de tables). Chaleureux comme tout, autant côté clients que serveurs. Pour l'apéro, quelques croquettes ou autres assiettes de charcuterie ibérique (dont le terrible jabugo) et, pour se sustenter, des plats en petite quantité, l'idéal pour goûter plusieurs spécialités, notamment côté fruits de mer et viande (mais gaffe à l'addition).

🍽 ***Polpo*** *(centre 1, E3-4,* ***231****) : 41 Beak St, W1F 9SB. ☎ 020-7734-4479. Ⓜ Oxford Circus. Lun-sam 12h-15h, 17h30-23h ; dim 12h-16h. Pas de résas le soir (mieux vaut arriver tôt !). Plats 6-9 £.* Dans une vieille bâtisse à peine redécorée du XVIIIe s, où Canaletto aurait séjourné un jour, une clientèle tendance vient célébrer la cuisine vénitienne. Les *cicheti* (petites portions), dignes des auberges italiennes, et autres plats de poisson (excellent tartare de maquereau) ou de viande font le succès de cette adresse qui ne désemplit pas, au comptoir ou en salle. Service jeune et décontracté. Desserts pas désagréables non plus. Au sous-sol, le *Campari Bar,* sous des voûtes sombres, vous tend les bras pour patienter ou finir la soirée.

🍽 👨‍👧 ***Jamie's Italian*** *(centre 1, F3,* ***200****) : 12 Upper Saint Martin's Lane. ☎ 020-3326-6390. Ⓜ Leicester Sq ou Covent Garden. Lun-sam 12h-23h30, dim 12h-22h30. Plats env 8-12 £.* Jamie Oliver est une star « gastrocathodique ». On le voit partout, faire de la cuisine à la télé et plein d'autres choses encore. Féru de gastronomie italienne, son resto propose une cuisine d'excellent rapport qualité-plaisir-prix. Cadre ludique de trattoria moderne, déco industrielle, chaleureuse, un peu rétro, mais pas trop. Plats du jour sur l'ardoise, grandes planches de charcuterie, *burger italiano* (énorme, mais on s'en pourlèche encore les babines), quelques fruits de mer et autres spécialités de la Botte. On adore ! Service jovial et ambiance conviviale.

🍽 ***Sophie's Steakhouse*** *(centre 1, F4,* ***242****) : 29-31 Wellington St, WC2E 7DB. ☎ 020-7836-8836. • coventgarden@sophiessteakhouse.com • Ⓜ Covent Garden. Lun-ven 12h-1h, sam 11h-1h, dim 11h-23h. Express 2-3 plats et* Theatre menu *17h-19h et 22h-minuit à partir de 12,95 £.* On aime beaucoup cette grande brasserie, avec ses coins et recoins, son éclairage tamisé et sa cuisine à bon rapport qualité-prix, qui n'oublie pas les plats traditionnels anglais, genre cuisine de pub améliorée. Service aimable. Convivial en famille ou entre amis.

🍽 👨‍👧 ***Rossopomodoro*** *(centre 1, F3,* ***192****) : 50-52 Monmouth St, WC2H 9EP. ☎ 020-7240-9095. Ⓜ Leicester Sq. Tlj jusqu'à 23h30. Plats 9-16 £.* Ça ressemble à une grande cafétéria, mais en plus coloré, confortable et agréable. Et puis on y propose une nourriture saine, élaborée et goûteuse, à partir de produits naturels. Les pizzas sont de vrais coups de cœur, fondantes, légères et craquantes à la fois, les pâtes maison aussi, bien parfumées. Service vif et souriant assuré par de jeunes Italien(ne)s (affûter votre langue outre-alpine). Prix raisonnables. Le concept plaît et la maison a désormais plusieurs adresses un peu partout.

🍽 ***Ba Shan*** *(centre 1, E3-4,* ***143****) : 24 Romilly St, W1D 5AH. ☎ 020-7287-3266. Ⓜ Leicester Sq.* La devise de ce resto chinois est une citation de Mao : « Si tu ne manges pas de piment, tu ne seras pas un révolutionnaire »... De fait, la carte de spécialités du Yunnan et Sichuan a de quoi prendre d'assaut votre palais ! Mais libre à vous de piocher dans les plats moins épicés, qui restent parfumés en diable. Beaucoup de légumes et plats de nouilles sautées alliant toute la palette de sensations sucrées, salées, acides... Le cadre assez intime et la déco mêlant objets traditionnels et affiches de propagande sont propices à une halte agréable. Seul le service pourrait être un peu plus engageant.

Wagamama *(centre 1, E3, **170**) : 10 A Lexington St, W1F 0LD. ☎ 020-7292-0990. Ⓜ Piccadilly Circus. Lun-sam 11h30-23h, dim 12h-22h. Autre adresse, pas loin, juste derrière la National Gallery (14 A Irving St). Voir le texte sur l'autre* Wagamama *(centre 1, F3, **170**) dans la rubrique « Où manger ? » du chapitre « Bloomsbury, King's Cross, Euston et Saint Pancras ».* Ne vous laissez pas impressionner par une éventuelle file d'attente, le turn-over y est assez rapide. On est fans. Certains plats sont très épicés, prudence ! Demander conseil aux serveurs.

Tokyo Diner *(centre 1, E4, **185**) : 2 Newport Pl, WC2H 7JJ. ☎ 020-7287-8777. Ⓜ Leicester Sq. Tlj 12h-minuit. Soupe, soba, udon 9 £ env ; bento 11,50-16,40 £. Happy hours 12h-18h.* Petite enclave nipponne en plein Chinatown, avec son amusante horloge à sushis et ses petits bibelots japonais. Sobre, service efficace, bref, impeccable pour avaler sur le pouce une formule *bento* sans prétentions, avec du riz, des nouilles sautées, des sushis et une viande. Thé à volonté, et pas de pourboire !

Chowki *(centre 1, E4, **174**) : 2-3 Denman St, W1D 7HA. ☎ 020-7439-1330. • info@chowki.com • Ⓜ Piccadilly Circus. Tlj 12h-23h30. Formules lunch 7,50-10 £ et menu 10,95 £ avt 19h ; plats 10-16 £ env.* Salle comble chaque soir. Mais la situation stratégique et les prix doux n'expliquent pas tout. À l'inverse de la déco résolument moderne avec ses grandes tablées de bois sombre, la cuisine du *Chowki* se veut familiale et traditionnelle. Pari gagné ! Pas de jaloux : tous les 4 mois, le chef talentueux passe en revue la gastronomie d'une région indienne ! Pas de quoi s'ennuyer en somme, d'autant plus que les plats sont beaux et bien maîtrisés dans l'ensemble (attention, assez épicé). Service impeccable et sympa.

Busaba Eathai *(centre 1, E3, **152**) : 106-110 Wardour St, W1T 0TR. ☎ 020-7255-8686. • mail@busaba.com • Ⓜ Oxford Circus ou Piccadilly Circus. Tlj 12h-23h (23h30 ven-sam, 22h30 dim). Plats 5-12 £.* Une autre petite « chaîne » asiatique de qualité. Une dizaine d'adresses en tout. Ici, la clientèle branchée se réunit autour de larges tables carrées en bois de 10 personnes, sous des lumières tamisées. Aucune intimité et bruyant, mais une déco sobre très réussie et surtout une excellente cuisine thaïlandaise à base de viandes grillées, poisson et fruits. Attention, certains plats sont vraiment très épicés, même pour les palais aguerris... Plus sympa en soirée qu'au déjeuner ; en revanche, il faut souvent faire la queue et surtout le week-end : pas de résas !

The Punjab *(centre 1, F3, **172**) : 80 Neal St, WC2H 9PA. ☎ 020-7836-9787. • info@punjab.co.uk • Ⓜ Covent Garden ou Tottenham Court Rd. Tlj 12h-15h, 18h-23h30 (22h30 dim). Résa conseillée. Env 10-14 £ le plat.* Derrière sa large devanture bleue, ce restaurant indien se démarque par un cadre soigné tout en boiseries et couleurs chaudes, orné de beaux portraits. Cela explique en partie sa surprenante longévité (depuis 1946 !), mais avant tout, c'est sa cuisine classique et pleine de saveurs, de la région du Penjab (au nord de l'Inde), qui fidélise les amateurs. Parmi les spécialités, les tandooris, bien sûr, le *karahi paneer,* agneau fondant tomates, fromage et poivrons verts, le *kadu sabji* (délicieux potiron), le *kadi daal,* le tout arrosé de *mango lassi* (genre lait ribot parfumé à la mangue)... Le tout servi généreusement.

Sarastro *(centre 1, F3, **282**) : 126 Drury Lane, WC2B 5SU. ☎ 020-7836-0101. • reservations@sarastro-restaurant.com • Ⓜ Covent Garden. Tlj 12h-22h30 (dernière commande). Résa conseillée. Lunch et formule pré-théâtre 14,50 £. Sinon, env 25 £ à la carte et 28,50 £ pour les soirées « opéra » (dim-lun soir).* Déco théâtrale délirante, rouge et dorée, composant un improbable patchwork de ballerines qui pendent aux lustres, de fresques et de moulures façon crème Chantilly... On peut même manger sur les galeries ! Cuisine orientale correcte (houmous, friands au fromage) et une bonne spécialité maison :

le poulet Sarastro (raisins et sauce à l'orange). Mais ce qui fait vraiment le succès de la maison, ce sont ses extravagantes soirées « opéra » les dimanche et lundi soir, hélas trop courtes. Spectacle garanti, car assuré par des artistes de la Royal Opera House. Le jeudi soir, c'est tendance Sinatra et vendredi et samedi soir, musique tzigane. À propos, mais vous l'aviez deviné, Sarastro est l'un des personnages de *La Flûte enchantée* !

Tibits (centre 1, E4, **308**) : *12-14 Heddon St, W1B 4DA. ☎ 020-7584-4110. • info@tibits.co.uk • Ⓜ Piccadilly Circus. Lun-sam 9h-22h30 (minuit jeu-sam), dim 11h30-21h. Plats à partir de 7 £.* On aime bien cette ruelle en U, abritée de Regent's Street. On y trouve plusieurs restaurants dont ce suisse amusant, où l'on se sert autour d'un bateau-buffet (mais pas de poisson, on est dans un végétarien). Cuisine appétissante et boissons fraîches, du jus de fruits pressés à la bière bio : plus de 35 plats différents, aux influences asiatiques, méditerranéennes et indiennes. On paie ensuite au poids. Pensez-y avant le 1er coup de fourchette ! C'est en tout cas très bien pour manger rapide le midi ou prendre son petit déj (essayez le *birchermüesli* suisse et les délicieux jus de fruits pressés). Le tout dans une déco tendance, aux tons noirs et fuchsia ou sur la grande tablée en terrasse. Ambiance on ne peut plus décontractée.

Thai Cottage (centre 1, E3, **176**) : *34 D'Arblay St, W1. ☎ 020-7439-7099. Ⓜ Oxford Circus. Ouv 12h-16h, 17h30-22h30 (23h ven-sam). Fermé sam midi et dim. Formule théâtre avt 16h 5,50 £. Plats 6-9 £.* Petite cantine familiale améliorée, fréquentée par une clientèle d'habitués pour ses bons petits plats honnêtes et bien ficelés du Siam. Prix raisonnables.

L'Artiste Musclé (plan d'ensemble D4, **178**) : *1 Shepherd Market, W1J 7PA. ☎ 020-7493-6150. Ⓜ Green Park. Tlj 12h-15h, 18h-23h. Fermé de Noël au Jour de l'an. Plats 10,50-14 £.* Dans un quartier piéton bourré de charme, avec pléthore de pubs et de petits restos qui empiètent largement sur la rue aux beaux jours. La table est réputée dans le coin pour sa cuisine honnête et ses additions pas si musclées que ça. Décor de vieux bistrot parisien, à l'image d'une carte faisant la part belle aux grands classiques de l'Hexagone. Laissez-vous plutôt guider par le tableau noir qui indique le *special of the day* ou les soupes et quiches du jour. 2 petites salles, dont une au sous-sol (bruyante). Carte des vins honnête.

Rainforest Café (centre 1, E4, **183**) : *20 Shaftesbury Ave, W1D 7EU. ☎ 020-7434-3111. Ⓜ Piccadilly Circus. Tlj 12h (11h30 le w-e)-22h (21h ven-sam). Plats 12-19 £. Menu-enfants (bio) env 15 £.* Un restaurant-attraction. Bienvenue dans l'univers impénétrable de la jungle ! Perroquets et animaux automates sont ici chez eux. Bruits mystérieux, fausse pluie, mare aux offrandes (pour les œuvres de charité !), chaises en forme de zèbre... Au fait, on est là pour manger aussi (plutôt très moyennement) : salades safari, burgers, pâtes, sandwichs. Avec une addition salée et une boutique judicieusement placée à la sortie, les parents trouveront sans doute l'expérience un peu trop commerciale, mais les enfants adorent ! Et rien ne vous empêche de juste jeter un œil.

Crusting Pipe (centre 1, F4, **187**) : *27 The Market, Covent Garden, WC2E 8RD. ☎ 020-7836-1415. • info@davy.co.uk • Ⓜ Covent Garden. Lun-mer 12h-22h, jeu-sam 12h-23h, dim 12h-21h. Formule midi 13,75 £ ; le soir, 15,25 et 18,25 £. À la carte, plats 11-20 £.* En plus d'un bar à vins (voir « Où boire un verre ? Pubs, bars et cafés »), la maison renferme un resto au cadre chaleureux prolongé par une vaste terrasse en plein marché de Covent Garden (partie inférieure sud). Petites salles voûtées accueillantes, avec des recoins intimes. Cuisine anglaise traditionnelle de bonne tenue, ou assiettes garnies pour les petits creux (charcuterie, salades...). Service efficace et affable.

La Locanda (centre 1, E4, **160**) : *35 Heddon St, W1. ☎ 020-7734-6689. Ⓜ Piccadilly Circus. Tlj jusqu'à 22h. Menus 12,45-15 £ ; plats 8-19 £. Sur présentation de ce guide, un espresso offert par pers.* Petit italien sans esbroufe, dont la carte classique justifie une halte si on se balade dans le coin. Devanture rouge brique, tables nappées, cadre de trattoria en pierre rappelant l'Italie natale du patron. Atmosphère chaleureuse : cette adresse ne change pas sa formule gagnante depuis de nombreuses années. Service agréable, parfois un peu lent.

De prix moyens à plus chic (10-25 £, soit 12-29,50 €)

|●| ***Bocca di Lupo*** *(centre 1, E4,* ***277****) : 12 Archer St, W1D 7BB. ☎ 020-7734-2223. Ⓜ Piccadilly Circus. Tlj 12h15-15h ou 16h, 17h15-23h (slt déj dim). Formules déj et pré-théâtre (12h30-15h, 17h30-19h) 12-18 £, plats 9-23 £.* Avis aux gastronomes amateurs de cuisine italienne, voici un « antre du loup » qui n'a rien de terrifiant, bien au contraire. Cadre élégant et soigné de brasserie moderne, long comptoir de marbre pour un plat rapide ou petite salle plus intime, décorée d'œuvres d'art contemporain. Cuisine rustique mais racée, célébrant la variété de produits et toutes les régions de la Botte, des *linguine* de Campanie aux *trofie* de Ligurie (petite pâte fine et roulée) ou encore la *luganega* (fine saucisse à la noisette et à la girofle) de Vénétie, ou les fromages (tous de Toscane). Plusieurs tailles de plats pour contenter tout le monde. Service de bon conseil. S'il vous reste une place pour une glace, voir *Gelupo,* juste en face en sortant, même maison.

|●| ***Tom's Kitchen at Somerset House*** *(centre 1, F-G4,* ***278****) : Strand, dans Somerset House, au fond de la cour. ☎ 020-7845-4646. Ⓜ Temple ou Embankment. Lun-ven 12h-15h, 18h-22h ; sam, brunch 10h-16h, 18h-22h ; dim, brunch 10h-16h. Plats 14-23 £.* Bienvenue dans l'ancien palais des ducs de Somerset, édifié au XVIIIe s entre le Strand et la Tamise. Brasserie moderne de Tom Aikens, chef spécialisé dans le choix rigoureux de ses producteurs britanniques. Classiques de la gastronomie anglaise comme le *fish & chips,* onctueux et fondant à la fois, ou l'épaule d'agneau de 7h. Belles autres pièces de viande, l'un des dadas du chef. Brunch tout aussi généreux. Mais on vient surtout pour la terrasse, qui ouvre aux beaux jours (généralement de Pâques à août). Vue superbe sur la Tamise ! Réservation plus que conseillée dans ce cas...

|●| ***Browns*** *(centre 1, F4,* ***188****) : 82-84 Saint Martin's Lane, WC2 4AA. ☎ 020-7497-5050. Ⓜ Leicester Sq. Servent jusqu'à 22h30 (22h dim). Menus d'avt et après spectacle 13-15 £ servis 17h-18h30, 21h30-22h30 ; le midi, 7,55 £ (12h-16h). Plats 8-18 £.* Dans le quartier des spectacles. Grande brasserie cosy, une institution rétro et branchée à la fois, qui connaît toujours le même succès. On vient vous placer aux petites tables disséminées au milieu des colonnes et des plantes vertes. Ballet virevoltant d'une armada souriante de serveurs en tablier blanc. Cuisine pas mal du tout : plats de brasserie à l'anglaise, copieux et non sans quelques touches d'originalité. Snacks corrects et pas chers au bar. Petit déj servi à partir de 9h, également des *afternoon teas* et *sunday brunches.* Bondé le week-end !

|●| ***The Gay Hussar*** *(centre 1, E3,* ***193****) : 2 Greek St, W1D 4NB. ☎ 020-7437-0973. • Egayhussar@corushotels.com • Ⓜ Tottenham Court Rd. Tlj sf dim 12h15-14h30, 17h30-22h45. Résa conseillée. Le midi, formule 18 £ et menus 19-25 £ ; plats 10-17 £. Réduc de 20 % sur présentation de ce guide.* Branché, *The Gay Hussar* ? C'est vrai que le nom et le quartier pourraient prêter à confusion, mais ce vieux coucou a tout d'une pièce de musée... Plutôt *Old England* donc, avec ses lambris recouverts par une collection de dessins caricaturaux, ses banquettes profondes et ses serveurs tirés à quatre épingles. Quant à la cuisine, elle est définitivement hongroise. Copieuse, savoureuse et appréciée des Londoniens depuis plus de 50 ans. Arrosée d'un bon tokay et votre soirée sera à coup sûr réussie !

|●| ***Yauatcha*** *(centre 1, E3,* ***144****) : 15 Broadwick St, W1F 0DL. ☎ 020-7494-8888. • reservations@yauatcha.com • Ⓜ Leicester Sq. Lun-sam 12h-23h45 ; dim 12h-22h30.* Un resto de cuisine chinoise assez élaborée, qui joue ici la carte du design. Ambiance *lounge* plutôt réussie dans la grande salle baignée de lumière bleue et aux murs couverts de pots à thé. Atmosphère plus classique et chaleureuse au sous-sol, avec ses murs de brique et ses petites niches

remplies de bougies. La cuisine y est fort réputée pour la fraîcheur des produits et le soin apporté à la présentation. Les « shoppeuses » du quartier y accourent aussi l'après-midi pour la version salon de thé, car l'adresse s'est fait une belle réputation avec sa variété de desserts, petits gâteaux et verrines... aussi beaux que bons ! Carte des vins et cocktails à l'image des lieux, éclectique et raffinée. Service à l'unisson.

🍽 ***Cecconi's*** *(centre 1, D4, **309**) : 5 Burlington Gardens, W1S 3EP. ☎ 020-7434-1500. Ⓜ Piccadilly Circus. Tlj 7h (8h le w-e)-1h. Plats 10-30 £.* Un italien chic qui fait le plein en permanence. On y parle l'anglais, l'italien ou le français, les serveurs s'affairent, le tout dans une joyeuse ambiance de cantine, pas vraiment romantique. Certains préfèrent s'installer à la bonne franquette autour du bar central mais, à vrai dire, le but du jeu est tout simplement de trouver où s'asseoir quand on n'a pas réservé. En attendant sa commande, on ne peut pas s'empêcher de tremper les tranches de pain maison dans l'huile d'olive. Délicieux risotto, osso-buco, *veal milanese* et autres plats italianisés... Une petite référence dans le quartier. Terrasse aux beaux jours (mais toute l'année pour les Anglais !).

🍽 ***Automat*** *(centre 1, D4, **180**) : 33 Dover St, W1S 4NF. ☎ 020-7499-3033. • info@automat-london.com • Ⓜ Green Park. Tlj ; petit déj (sf w-e) 7h-11h, lunch 12h-15h (brunch slt le w-e 11h-16h), 18h-23h. Plats 8-26 £.* Les amateurs de breakfast à l'américaine apprécieront cette cantine du genre *hype* et branchée. Les prix étant ce qu'ils sont, il faudra sans doute se contenter de la carte breakfast-brasserie-brunch. Mais gare à la gourmandise, l'addition peut, là encore, vite s'envoler. Et, pour être honnête, ce n'est pas un endroit où faire des folies : on vient là avant tout pour le joli cadre et son mobilier de bistrot 1900. L'ambiance est décontract', un brin bobo. Accueil et service aimables.

Très chic (plus de 25 £, soit 29,50 €)

🍽 ***The Guinea Grill*** *(plan d'ensemble D4, **166**) : 30 Bruton Pl, W1J 6NL. ☎ 020-7499-1210. • guinea@youngs.co.uk • Ⓜ Bond St. Ouv lun-ven, plus sam soir. Résa indispensable. Plats 13-32 £ au resto, plats de pub grub 6-10 £ le midi.* Une adresse de brasserie chic qu'on transmet du bout des lèvres, cachée dans une impasse ou, plutôt, un *mews*, comme on dit là-bas. D'un côté, le petit bar pour se mettre en appétit ; de l'autre, les 2 salles du restaurant, au décor typiquement anglais avec ses vieux tableaux champêtres et ses nappes damassées. Au programme des réjouissances, un excellent *steak and kidney pie*, autrement dit une tourte à la viande, avec sa sauce Worcestershire mitonnée aux petits oignons. Les fruits de mer ne sont pas mal non plus.

🍽 ***Bentley's*** *(centre 1, E4, **162**) : 11-15 Swallow St, W1B 4DG. ☎ 020-7734-4756. • reservations@bentleys.org • Ⓜ Piccadilly Circus. Tlj ; service non-stop 12h-minuit (22h dim) à l'*Oyster Bar. *Plats 18-30 £ en moyenne.* Dans une petite ruelle à laquelle on accède depuis Regent's Street ou Piccadilly. Ouvert depuis 1916, c'est l'un des tout premiers *Oyster Bar* de Londres. De cette époque, il a conservé son joli décor *Arts & Crafts*. Une des meilleures adresses pour le poisson à Londres. Le chef est attentif, voire intransigeant, sur la qualité des produits. Au resto *Grill*, à la déco classique et plus guindée (et aux prix un peu plus élevés), nous préférons l'ambiance moins formelle du bar. Elle permet de profiter du cadre feutré, d'un service impeccable et de plats anglais particulièrement soignés : *fish & chips* (absolument remarquable), poisson fumé... Pianiste certains soirs.

🍽 ***Hawksmoor – Seven Dials*** *(centre 1, F3, **165**) : 11 Langley St, WC2H 9JG. ☎ 020-7420-9390. • sevendials@thehawksmoor.com • Ⓜ Covent Garden. Tlj sf dim soir, 12h-15h30 (16h30 dim), dîner 17h30-22h30 (17h-23h ven-sam). Service continu au bar à partir de 12h. Résa conseillée. Plats env 18-28 £.* Une des nouvelles institutions qui fait le bonheur des carnivores. Si vous avez toujours voulu connaître le vrai goût du bœuf anglais (si, si), cette *steakhouse* est pour vous. Immense salle en sous-sol de style bistrot, longue banquette et tables plus intimes. D'ailleurs la lumière tamisée se prête bien à un dîner à deux, tout comme les pièces de bœuf du Yorkshire, qui mettent l'eau à la bouche... Entrecôte, filet, T-bone, etc., cuits à la braise et d'une grande tendreté. Diverses sauces et accompagnements au choix. Bon menu pré/post-theâtre et service au bar pour un burger bien *juicy* avec une pinte de bière ; bref, il y en a pour tous les goûts. Sans compter la carte des vins, longue comme le bras, avec même du pauillac à 800 £ la bouteille ! *2 autres adresses à Londres, notamment à Spitafields.*

Rules *(centre 1, F4, **196**) : 35 Maiden Lane, WC2E 7LB. ☎ 020-7836-5314. • info@rules.co.uk • Ⓜ Covent Garden. Lun-sam 12h-23h30, dim 12h-22h30. Résa obligatoire le w-e et conseillée en sem. Plats 18-28 £.* Inaugurée en 1798, cette vénérable institution a reçu la visite des acteurs les plus célèbres (Clark Gable, Charlie Chaplin, Buster Keaton...) et de grands écrivains (Graham Greene, John Le Carré). Aujourd'hui encore, ils sont nombreux à ne pas concevoir un séjour londonien sans une halte rituelle au *Rules,* autant pour son cadre immuable d'auberge cossue que pour l'accueil en chapeau haut de forme à l'entrée ou son excellente cuisine british : civet de lièvre ou lapin du Lincolnshire rôti aux champignons sauvages et artichauts, osso-buco de cerf aux prunes, bœuf bouilli, sole de Douvres ou cabillaud grillé des Shetlands, le tout arrosé de savantes sauces sucrées-salées. La maison possède ses propres terres où le gibier abonde et où elle élève son cheptel de bœufs *Galloway...* En saison, c'est-à-dire d'août à décembre, ne ratez donc pas son gibier et, en particulier, la *grouse,* volatile typiquement écossais qui fait le délice des Britanniques depuis des lustres... et dont la maison a fait sa spécialité. Belle carte des vins.

Simpson's in the Strand *(centre 1, F4, **189**) : 100 Strand, WC2R 0EW. ☎ 020-7836-9112. • svy.simpsons@fairmont.com • Ⓜ Charing Cross ou Covent Garden. Petit déj en sem 7h15-10h30. Déj tlj 12h15-14h45 et dîner 17h45-22h45 (dim 18h-21h). Pie du jour 16 £.* Une autre institution londonienne, opérant depuis 1828. À l'époque, on y jouait aux échecs et l'entrée était interdite aux femmes. Fréquenté par de nombreuses personnalités dont les Premiers ministres Disraeli et W. Gladstone, Dickens, George Bernard Shaw, Van Gogh et même, étonnamment... un certain Sherlock Holmes ! L'accès à la gent féminine fut la seule véritable révolution que connut l'établissement. Cadre magnifique. Les trolleys, ces chariots de viande qui ont fait la réputation de la maison, sont toujours de rigueur. Un serveur les pousse de table en table et découpe avec maestria, qui de l'aloyau, qui de la dinde ou du gigot (le resto donne d'ailleurs des cours de découpe). Rien que du traditionnel, mais non sans une pointe d'innovation qui nous a heureusement surpris. Les grandes spécialités : le bœuf écossais à l'os (mûri 28 jours) et le *roast saddle of lamb.* La maison est aussi célèbre pour ses petits déj *(10 deadly sins).* Et propose même désormais des cours de cuisine pour apprendre à tailler... les légumes !

Umu *(plan d'ensemble D4, **310**) : 15-16 Bruton Pl, W1J 6LX. ☎ 020-7499-8881. • reception@umurestaurant.com • Ⓜ Bond St. Lun-ven et sam soir 12h-14h30, 18h-23h. Sushis à partir de 3 £, plats 14-57 £.* Au fond d'une ruelle, repérer cette entrée discrète où il faut montrer patte blanche (vous comprendrez !). Intérieur chic à l'atmosphère feutrée dans cet établissement japonais de haut niveau. Lumières douces et clientèle aisée. Tout le mur du fond est occupé par la cave. On peut s'installer au bar, sous le nez des cuistots concentrés comme des dentellières pour quelques sushis le midi. Sinon, c'est le grand jeu, produits extra-frais, cuisine on ne peut plus appétissante et... une facture salée !

Où prendre le thé ? Où manger une glace ou des pâtisseries ?

Monmouth Coffee Company *(centre 1, F3, **255**) : 27 Monmouth St, WC2H 9EU. ☎ 020-7645-3516. • beans@monmouthcoffee.co.uk • Ⓜ Covent Garden ou Tottenham Court Rd. Lun-sam 8h-18h30 sf j. fériés.*

En-cas 3,50 £ env. Impossible de ne pas succomber à l'odeur inimitable du grain de café fraîchement moulu. Les papilles en alerte, on se laisse guider par les effluves émanant de cette charmante échoppe... où les gros sacs de café et le comptoir recouvert de gâteaux, de tartes et de quiches sont comme un coup de grâce pour les gourmands ! Au tableau noir, les cafés du mois et du jour. Remarquable sélection. Seulement quelques tables au fond pour ceux qui souhaitent déguster sur place. Une autre adresse au Borough Market, tout aussi sympa.

The Parlour @ The Sketch *(centre 1, D3, **272**) : 9 Conduit St, W1S 2XG. ☎ 0870-777-4488. • info@sketch.uk.com • Ⓜ Bond St. Tlj sf dim 8h (10h sam)-21h. Tea 15h-18h30. Cream tea 14,50 £ et afternoon tea 27 £ (38 £ avec du champ').* C'est le *jet-set tea* par excellence, un salon de thé installé dans l'ancien siège social de Dior. Plus branché, tu meurs : les montages et œuvres d'art exposés sont très design, comme ces têtes de cerfs lumineuses sortant de tentures psychédéliques. Déco baroque et décalée dans les moindres recoins, jusqu'aux toilettes en forme d'œuf qui méritent assurément une petite visite. Quant aux divins gâteaux du chef, ils combleront les plus réticents au changement.

Candy Cakes *(centre 1, F3, **239**) : 36 Monmouth St, WC2H 9HB. ☎ 020-7497-8979. Ⓜ Covent Garden. Lun-ven 9h-19h, sam 9h-20h, dim 11h-18h. Pâtisserie 3 £.* Cette boutique, c'est un rêve d'enfant ! Des cakes de toutes sortes, mais surtout de toutes les couleurs, très pop, très acidulées, presque surnaturelles. Le goût n'a rien d'inoubliable, mais l'effet visuel est garanti ! On en trouve à la banane, au double chocolat avec des bonbons, dessus, dedans, autour, partout ! Succursale à Covent Garden.

Richoux *(centre 1, E4, **364**) : 172 Piccadilly, W1J 9EJ. ☎ 020-7493-2204. • piccadilly@richoux.co.uk • Ⓜ Green Park ou Piccadilly Circus. Lun-sam 8h-22h30, dim 9h-22h. Cream tea 9,50 £ et full english tea 33 £ pour 2.* Une institution in-dé-bou-lon-nable, française à l'origine mais devenue *so British* avec le temps. Pensez donc, les fidèles s'y retrouvent depuis 1909. Façade rouge pimpante, décor d'époque avec tapisseries à fleurs, lustres et alcôves pour se raconter des secrets. Bref, les adeptes de ces lieux *old school* y feront un tour, quitte à se contenter d'un simple *cream tea* avec des *scones* bien tièdes, accompagnés de confiture et de crème fouettée, hmm !

Maison Bertaux *(centre 1, E3, **313**) : 28 Greek St, W1D 5DQ. ☎ 020-7437-6007. Ⓜ Tottenham Court Rd ou Leicester Sq. Tlj sf j. fériés 9h-22h (dim jusqu'à 20h).* L'autre institution française du quartier. Une petite boulangerie-pâtisserie établie en 1871 ! Les nostalgiques du café-croissant y trouveront leur bonheur, les pressés peuvent y avaler un snack du genre quiche-salade et les plus gourmands ne manqueront pas de se laisser tenter par le saint-honoré (spécialité maison), un éclair ou une tartelette aux fruits frais... Cadre franchement rétro voire un brin kitsch ; petite salle à l'étage qui accueille des expos temporaires. Le must : les quelques tables en terrasse.

Scoop *(centre 1, F3, **251**) : 40 Shorts Gardens, WC2H 9AB. ☎ 020-7240-7086. Ⓜ Covent Garden. Mar-jeu 12h-21h, ven-sam 12h-23h, dim 12h-22h30. Env 3 £ le cornet.* Une vraie *gelateria*. Pas pour son cadre, neutre, mais pour son savoir-faire indiscutable dans l'élaboration du *gelato* : produits frais et de première qualité, pas de gluten, de colorant ni de conservateur, et un tour de main permettant d'aligner plus de 20 glaces onctueuses et savoureuses. Incontournable, même l'hiver !

Mômo *(centre 1, E4, **363**) : 23-25 Heddon St, W1B 4BH. ☎ 020-7434-4040. • info@momoresto.com • Ⓜ Piccadilly Circus. Tlj 12h-1h (22h30 dim).* Pour qui voudrait fumer la chicha en terrasse (chauffée), derrière un rideau de verdure. À l'intérieur, luxueux décor de souk marocain : lanternes, plateaux en cuivre, poufs en cuir brodé, tapis colorés au sol... Très agréable pour siroter un thé à la menthe ou le délicieux cocktail *Mômo* (avec ou sans alcool) et grignoter une pâtisserie. Fait aussi resto (pas très cher) avec, au menu, couscous et tajines évidemment.

Où boire un verre ?

Pubs, bars et cafés

Pas moins de 2 000 cafés dans le *West End*. On estime à 100 000 le nombre de piétons arpentant les rues de Soho les vendredi et samedi soir ! Faut le voir pour le croire... La tendance est aux « *nibbles* », petites choses à grignoter en sifflant son verre.

Gordon's Wine Bar *(centre 1, F4,* ***350****) : 47 Villiers St, WC2N 6NE. ☎ 020-7930-1408. ● gerard@gordonswinebar.com ● gordonswinebar.com ● Ⓜ Charing Cross. Lun-sam 11h-23h, dim 12h-22h. Fermé j. fériés, ainsi que pdt vac scol. Plats 7-12 £.* Amateur de bons vins, amoureux du comptoir, cette adresse est pour toi ! Fondée en 1890 par Arthur Gordon et dans la même famille jusqu'en 1975. Revendue à cette date, sympathique coïncidence, à un Mr... Gordon. Les boiseries séculaires et les briques hâlées ne mentent pas, ce dédale de caves voûtées et basses de plafond a bien vieilli dans son jus, à l'instar des meilleurs crus. À l'ardoise, les vins de la vieille Europe et du Nouveau Monde, à savourer au verre ou en bouteille. À des prix étonnamment raisonnables. Y a même du sherry au tonneau ! Idéal pour parfaire ses connaissances : sec, très sec ou doux comme le miel... Il fut un temps où cette atmosphère intime et brouillonne stimulait Rudyard Kipling, à l'époque locataire de la maison. Il y écrivit *The Light That Failed,* tandis que Vivien Leigh et sir Lawrence Olivier y puisaient quelques forces entre deux représentations au *Player's Theatre* voisin. Aujourd'hui, les cols blancs profitent de l'aubaine, piochant dans les assiettes bien faites et bien pleines pour garder la tête sur les épaules. Beau *salad bar* et plats chauds au tableau noir. Goûter au *home made pork pie*. Belles sélections d'assiettes de fromages. Et si les claustrophobes s'accommodent mal des bas plafonds, la terrasse disposée dans une ruelle piétonne leur fera les yeux doux dès les beaux jours !

Crusting Pipe *(centre 1, F4,* ***187****) : 27 The Market, Covent Garden, WC2E 8RD. ☎ 020-7836-1415. Ⓜ Covent Garden.* Sous les voûtes de l'ancien marché aux fruits et légumes, en contrebas du niveau principal de Covent Garden. Bonne sélection, régulièrement révisée, de vins au verre ou à la bouteille. Également une partie resto (voir « Où manger ? »). Vaste terrasse avec souvent des musiciens. Bulle d'air de tranquillité sous un Covent Garden endiablé.

Antidote Wine Bar *(centre 1, E3,* ***367****) : 12 A Newburgh St, W1F 7RR. ☎ 020-7287-8488. ● contact@antidotewinebar.com ● Ⓜ Oxford Circus. Bar tlj sf dim et lun soir 12h-22h30 non-stop. Résas possibles pour l'apéro à partir de 3 pers. Lunch 17,50 £.* Dans une petite rue perpendiculaire à Carnaby Street, un adorable troquet *Frenchy* comptant à peine quelques tables. Le soir, des bougies plantées dans des bouteilles tiennent lieu d'éclairage, c'est romantique à souhait ! Une carte des vins au verre assez courte, faisant la part belle à ceux de l'Hexagone, avec quelques jolies trouvailles... Resto à l'étage, mais menus pas donnés le soir (bien moins chers le midi). Terrasse prise d'assaut le soir.

Freud *(centre 1, F3,* ***375****) : 198 Shaftesbury Ave, WC2H 8JL. ☎ 020-7240-9933. Ⓜ Covent Garden ou Tottenham Court Rd. Lun-sam 11h-23h, dim 12h-22h30.* En sous-sol. Baissez la tête pour ne pas rater l'amorce du petit escalier métallique. Car cette espèce d'abri anti-aérien sauce bobo, s'il est désormais archiconnu (le week-end, n'espérez pas dénicher facilement une place assise), a su rester diablement discret. Colonnes d'acier et expos d'artistes en font un repaire de choix pour grignoter le midi et siroter un de leurs fameux cocktails affichés au tableau noir le soir. Bruyant et animé, même un dimanche soir.

The Social *(centre 1, D3,* ***360****) : 5 Little Portland St, W1W 7JD. ☎ 020-7636-4992. ● carl@thesocial.com ● thesocial.com ● Ⓜ Oxford Circus. Tlj 12h-minuit (1h jeu-sam). Fermé de temps à autre dim. Entrée parfois payante, jusqu'à 7 £.* Plutôt pépère pendant la journée, ce bar-boîte sur 2 niveaux sort les griffes dès la nuit tombée : les meilleurs DJs du moment remplissent l'espace de décibels survoltés, aussitôt happés par une foule frémissante de jeunes Londoniens *trendy.* On a même vu les Chemical Brothers aux platines ! C'est aussi une bonne scène alternative comme on l'aime, où se produisent de jeunes groupes un peu déjantés !

The French House *(centre 1, E3,* ***359****) : 49 Dean St, W1D 5BG. ☎ 020-7437-2799. • contact@frenchhousesoho.com.com • Ⓜ Leicester Sq. Tlj 12h-23h (22h30 dim).* Murs patinés de vieux bar de province, mâtiné de pub à l'anglaise, doublé des inévitables stores estampillés *Ricard.* La devise du lieu ? « Si tu bois pour oublier, paie pour commencer ! » Même de Gaulle est venu trinquer ici (forcément, il s'agissait d'un lieu de réunion de la Résistance française pendant la Seconde Guerre mondiale !). Une ambiance au coude à coude, où l'on sirote son verre sans trop de mouvements, de crainte de renverser celui du voisin. C'est convivial ! Une valeur sûre à Soho depuis des décennies, plébiscitée par les locaux et les touristes de passage.

Absolut IceBar et Belowzero *(centre 1, E4,* ***363****) : 31-33 Heddon St, W1B 4BN. ☎ 020-7478-8910. • info@belowzerolondon.com • belowzerolondon.com • Ⓜ Piccadilly Circus.* IceBar *ouv 15h30 (12h30 sam)-23h (23h45 jeu, 0h30 ven-sam, 22h15 dim). Droit d'entrée : 12,50-16 £ selon heure, 1 conso comprise. Horaires un peu plus larges pour le* Belowzero *(entrée gratuite, sf soirée spéciale).* Un bout de Laponie en plein cœur de Londres. L'*Absolut IceBar,* c'est un bar tout en glace (importée !), qui est changée tous les 6 mois. Et v'lan, c'est la banquise qui trinque ! Par - 5 °C toute l'année, on enfile sa doudoune, ses moufles (tout est prêté par la maison), et c'est parti pour 40 mn de frissons garantis (temps maximal imparti), un verre creusé dans la glace à la main. Clientèle de yuppies londoniens, assis sur des cubes glacés ou se trémoussant sur quelques accords tendance. Terriblement rafraîchissant ! Pour se réchauffer et prolonger la soirée, direction le *Belowzero, lounge bar* tout ce qu'il y a de classique mais nettement plus adapté pour conter fleurette.

Sherlock Holmes *(centre 1, F4,* ***352****) : 10 Northumberland St, WC2N 5DB. ☎ 020-7930-2644. Ⓜ Charing Cross. Lun-jeu 11h-23h, ven-sam 11h-minuit. Fait aussi resto (9-15 £ le plat).* C'est ici que sir Arthur Conan Doyle écrivit bon nombre de ses romans. Plus qu'un pub, plus qu'un musée, c'est un véritable lieu de pèlerinage pour les fans de Holmes. Plusieurs objets personnels de l'auteur ont été rapatriés dans les murs (dont un vieux revolver). Résultat, tout rappelle le célèbre détective, de la collection de dessins et gravures à la reconstitution un peu poussiéreuse, mais amusante, de son cabinet de travail au 1er étage. Beau bar en acajou et *roof garden.* Pour le reste, l'atmosphère très touristique n'est pas nécessairement la plus appropriée pour savourer sa pinte.

Lamb and Flag *(centre 1, F4,* ***399****) : 33 Rose St, WC2E 9EB. ☎ 020-7497-9504. Ⓜ Covent Garden. Dans la ruelle reliant Garrick St à Floral St. Lun-sam 11h-23h, dim 12h-22h30.* Un must. Vieux de plus de 300 ans, il s'appelait autrefois *The Bucket of Blood* (« Le Seau de Sang »), à cause des bagarres sanglantes à poings nus qui s'y déroulaient. Les seules « bagarres » aujourd'hui, c'est pour réussir à commander sa pinte. Construit en 1623, il n'a jamais désempli depuis. Concerts de jazz au 1er étage, en principe le dimanche à 19h30. Délicieuse atmosphère de vieille taverne, avec son parquet buriné, son comptoir patiné et ses verres dépolis. Gentil bar tout au fond, où un bon feu crépite dans l'âtre. Les salles au sous-sol possèdent du charme et sont plus tranquilles. Accueil souriant. Propose un large choix de sandwichs et de snacks à prix raisonnables. Aux beaux jours, tout le monde se retrouve dehors, un verre à la main !

The Salisbury *(centre 1, F4,* ***353****) : 90 Saint Martin's Lane, WC2. ☎ 020-7836-5863. Ⓜ Leicester Sq. Lun-mer 11h-23h (23h30 jeu), sam 12h-minuit, dim 12h-22h30. Cuisine 12h-21h30 ; plats env 8-10 £.* L'un des pubs victoriens les mieux préservés de Londres, bâti en 1892. D'abord un resto appelé *Salisbury Stores* (d'où le double « S » sur les vitres), vite transformé en pub. Certes, l'atmosphère à la Oscar Wilde s'est dissipée depuis longtemps (on y propose des *afternoon teas* avec *scones* !), mais les vitres biseautées et ciselées, les boiseries sculptées ou les plafonds ouvragés n'ont guère bougé... Superbe façade ouvragée. L'enseigne représente le marquis de Salisbury qui fut 3 fois Premier ministre de 1885 à 1902. On retrouve son blason entre deux angelots au-dessus de la porte (sa famille fut un temps proprio du pub). Ici, pas d'écran télé, ni match de foot (« *Official Sports Free Pub* ») ; seule invitée, la bonne humeur de rigueur, alimentée par les bières bien tirées (pour cela, il obtint l'une des plus hautes distinctions) et une cuisine classique de pub honorable et à prix doux.

🍸 ***The Toucan Bar*** *(centre 1, E3,* ***356****) : 19 Carlisle St, W1D 3BY. ☎ 020-7437-4123. Ⓜ Leicester Sq ou Tottenham Court Rd. Tlj aux horaires de pub.* Quelques notes celtiques résonnent dans cette petite rue de Soho. Noir comme la Guinness et déjà patiné comme une vieille taverne, ce pub de poche n'a plus rien à envier à ses homologues irlandais. D'ailleurs, les nombreux adeptes du breuvage celtique l'envahissent chaque soir, débordant largement dans la rue pour glaner un brin d'espace vital. Quand ce ne sont pas les amateurs de whiskies venus écluser l'une des 30 sortes proposées...

🍸 ***The Coal Hole*** *(centre 1, F4,* ***354****) : 91 Strand, WC2R 0DW. ☎ 020-7379-9883 ou 0871-917-007. Ⓜ Charing Cross ou Covent Garden. Lun-sam 11h-23h, dim 12h-22h30 (repas 12h-22h).* Fréquenté à l'origine par les rouleurs de charbon, ce pub centenaire accueille aujourd'hui les employés du quartier. Pas évident dans ces conditions de s'insérer dans la foule aux heures de pointe, c'est-à-dire au déjeuner ou à la sortie des bureaux. Les soirées sont à l'inverse très calmes. Il conserve par ailleurs une bonne part de sa déco fantaisiste de 1904, à l'image d'une frise kitsch à souhait aux nymphes girondes, d'éléments Art nouveau et d'une superbe cheminée ouvragée. Haut de plafond, monter dans la mezzanine pour une belle vue d'ensemble. Une bonne halte sur le chemin du quartier des théâtres.

🍸 ***The Village*** *(centre 1, E3-4,* ***355****) : 81 Wardour St, W1D 6QD. ☎ 020-7434-2124. • sales@village-soho.co.uk • Ⓜ Leicester Sq ou Piccadilly Circus. Tlj 16h-1h (23h30 dim). Petit droit d'entrée le w-e.* Happy hours *lun-mar et dim 16h-20h.* Un des meilleurs spots du circuit gay londonien. Ambiance tout ce qu'il y a de plus branché, avec DJs aux commandes tous les soirs et shows de *go-go dancers* les jeudi, vendredi et samedi soir. Salle plus intime à l'étage, sorte de boudoir tamisé pour se raconter des petits secrets.

🍸 ***The O' Bar*** *(centre 1, E3-4,* ***357****) : 83-85 Wardour St (à l'angle de Brewer St), W1. ☎ 020-7434-9413. • info@the-obar.co.uk • Ⓜ Piccadilly Circus ou Leicester Sq. Tlj jusqu'à 3h (22h30 dim).* Happy hours *17h-20h.* Situé en plein cœur de Soho, un vaste bar branché étiré sur 3 étages : piste de danse enflammée par un DJ au sous-sol, un *lounge bar* cosy à l'étage et le bar principal pris d'assaut pendant les *happy hours* sous d'immenses lustres à pampilles ou des banquettes en skaï baroques. Surchargé le week-end.

🍸 ***Bar Italia*** *(centre 1, E3,* ***361****) : 22 Frith St, W1. ☎ 020-7437-4520. Ⓜ Piccadilly Circus ou Leicester Sq. Ouv ven-sam jusqu'à 6h, lun-jeu jusqu'à 4h30, dim jusqu'à 3h.* C'est au petit matin qu'il faut prendre un cappuccino au comptoir ou en terrasse de ce minuscule snack indéboulonnable. Sandwichs et pâtisseries fort appétissants pour calmer les petits creux. Rendez-vous nocturne bien connu de tous les clubbers de Londres.

Bar mythique

🍸 ***American Bar*** *(centre 1, F4,* ***321****) : 100 Strand, WC2R 0EW. ☎ 020-7836-4343. Ⓜ Temple ou Embankment. à gauche en entrant dans le mythique hôtel* Savoy. *Tlj 11h30-minuit. Résa conseillée. Cocktail env 15 £.* Bar intime, dans un cadre Art déco, fondé en 1904. Essayer l'un des 14 cocktails maison, comme le *Moonwalk* (Grand Marnier, pamplemousse, orange) en hommage aux premiers hommes sur la Lune, bu par l'équipe à leur retour sur Terre et réalisé par le barman de l'*American Bar* à l'époque, Joe Gilmore. Demander à ouvrir le piano blanc : trace de brûlure de cigarette sur le dessus, laissée un soir par Franck Sinatra *himself.* Personnel extra. Autre bar dans l'hôtel, le *Beaufort,* mais moins charmant.

Où écouter du rock, du jazz, du blues, de la country... ?

♩ ***Station de métro Piccadilly Circus*** *(centre 1, E4) : en bas de l'un des escalators, au 2e sous-sol de la station de métro.* L'administration du métro londonien met un point d'honneur à sélectionner les musiciens qui se produisent au pied de l'escalator. Cela vaut le coup de s'arrêter sur cette « micro-scène » alternative, car on peut y faire de belles découvertes, et en plus l'acoustique est bonne ! Pop, rock, folk, classique, il y en aura pour tous les goûts. Et si l'artiste vous a plu, n'oubliez pas son chapeau !

♩ ***The Social*** *(centre 1, D3, **360**) : voir plus haut « Où boire un verre ? Pubs, bars et cafés ».* Petite scène alternative.

♩ ***Ronnie Scott's Club*** *(centre 1, E3, **450**) : 47 Frith St, W1D 4HT. ☎ 020-7439-0747. • ronniescotts@ronniescotts.co.uk • ronniescotts.co.uk • Ⓜ Leicester Sq ou Piccadilly Circus. Tlj 18h30-3h (minuit dim). Résa conseillée. Entrée : 15-50 £.* Attention pour les places les moins chères, on n'est vraiment pas bien placé... Malgré la mort de Ronnie Scott, grand saxophoniste et fondateur de ce temple du jazz, et quelques récents travaux de rénovation signés Jacques Garcia, le lieu garde toute sa magie. Dès l'arrivée, on a un choc. C'est un club de jazz comme dans les films : tables rondes, lumière rase et une petite scène dans le fond. Malgré le prix des consommations, ça ne désemplit jamais. Même si le nom affiché dehors ne vous dit rien, on vous recommande vivement d'entrer. Parfois, des *jam sessions* démentes tout à fait improvisées, avec de grands musiciens. C'est là que Jimi Hendrix fit sa dernière apparition en scène, juste avant sa mort. 2 shows chaque soir : le 1er vers 20h30. Mais, en principe, l'ambiance est vraiment à point vers 22h. Bars et resto pour patienter. À ne pas manquer.

♩ ***Ain't Nothin' But... Blues Bar*** *(centre 1, D-E3, **455**) : 20 Kingly St, W1B 5PZ. ☎ 020-7287-0514. • aintnb93@gmail.com • aintnothinbut.co.uk • Ⓜ Oxford Circus. Dans une rue parallèle à Regent St, dans le prolongement de Argyll St. Horaires et tarifs (parfois gratuit) différents ts les soirs (souvent 18h en sem, 15h le w-e). Droit d'entrée jeu-sam : 5-7 £. Jam session dim 16h-20h.* Arriver tôt pour une place assise. Un bar comme on n'en fait plus, tout dédié au blues des origines. Soirées régulières avec des groupes qui s'enchaînent toutes les 2h. Difficile alors de se frayer un chemin dans la foule des fans. La bière coule à flots. Ambiance garantie.

♩ ***100 Club*** *(centre 1, E3, **451**) : 100 Oxford St, W1D 1LL. ☎ 020-7636-0933. • info@the100club.co.uk • the100club.co.uk • Ⓜ Tottenham Court Rd. Souvent à partir de 19h30, mais horaires et programme variables. Entrée : 10-20 £ selon groupe. Parfois moins cher (notamment sur Internet).* Un des plus vieux clubs londoniens, longtemps réputé pour ses prestigieux concerts. On y croise moins de grosses pointures, mais ses concerts de jazz garantissent toujours de bonnes soirées. Ambiance chaleureuse et consommations comme dans un pub.

♩ ***Pizza Express Jazz Club*** *(centre 1, E3, **485**) : 10 Dean St, W1D 3RW. ☎ 0845-602-7017. Programme en vitrine ou sur • pizzaexpresslive.com • Ⓜ Tottenham Court Rd. Ts les soirs à partir de 20h30 (20h dim). Résa conseillée. Entrée : 15-25 £, pizza non comprise.* La célèbre chaîne est non seulement spécialisée dans les pizzas, mais aussi dans la musique. Plusieurs salles présentent des groupes de jazz ou de blues tous les soirs. Très bonne programmation ; des « pointures » mondiales viennent y jouer.

♩ ***12 Bar Club*** *(centre 1, E3, **452**) : Denmark St, WC2. ☎ 020-7240-2120. • 12barclub@btconnect.com • 12barclub.com • Ⓜ Tottenham Court Rd. Concerts tlj 19h-3h (dim 18h-0h30). À partir de 5 £ l'entrée.* Conseillé de prendre la carte du club à 5 £ seulement, et on obtient une entrée gratuite à vie (mais uniquement valable durant le créneau de 23h à 3h). Dans une petite salle toute boisée, programmation de grande qualité qui oscille entre jazz, rock, blues, country folk et contemporaine. Également un café tranquillou, idéal en journée : le *12 Bar Café (ouv 11h-19h ; fermé dim).*

♩ ***Jazz After Dark*** *(centre 1, E3, **484**) : 9 Greek St, W1D 4DQ. ☎ 020-7734-0545. • jazzafterdark@btconnect.com • jazzafterdark.co.uk • Ⓜ Tottenham Court Rd. Tlj sf dim-lun 14h-2h (3h ven-sam). Musique à partir de 21h ou 22h30. Entrée : 5 £ en sem et w-e 15 £ ; réduc si vous dînez sur place. Menu 13 £ et une carte pour les grosses faims.* Rien de très inventif sur le plan culinaire, mais l'ensemble est tout à fait honnête. Cependant on ne vient pas pour cela. Car niveau son, ça accroche. Concerts de jazz de haute volée, à savourer sans retenue dans une atmosphère *old school* sombre à souhait. On y a même vu Peter Doherty, avec son ancien groupe de rock, les Babyshambles, ou encore Amy Winehouse.

Concerts classiques

♩ ***English National Opera*** *(centre 1, F4) : London Coliseum, Saint Martin's Lane, WC2. ☎ 020-7632-8300 ou 0870-145-0200 (24h/24). • eno.org • Ⓜ Charing Cross ou Leicester Sq.* L'*ENO* a une politique plus démocratique que son royal concurrent : les premiers prix sont abordables et les mises en scène pas du tout élitistes. On est presque toujours bien placé. Petit *warning* pour les puristes : on y chante en anglais ! Et on y danse aussi. Visite possible des coulisses : un autre monde !

♩ ***Royal Opera House*** *(centre 1, F3) : Covent Garden, WC2. ☎ 020-7304-4000. • royalopera.org • Ⓜ Covent Garden.* LA salle prestigieuse de Londres où passent les vedettes internationales. Prix en conséquence. Cependant, certes mal placées, on peut trouver des places à 7 £ ! Sinon, essayez de demander les *returned tickets,* tickets du jour invendus. Organise des visites guidées de l'opéra, un vrai dédale !

Où sortir ?

Prévoir un gros budget pour le *clubbing,* car même la vie nocturne à Londres est chère. Préférez les *venues* (mi-bars, mi-boîtes), plus sympas et où l'on fait d'agréables rencontres en musique. Ramassez les *flyers* dans les bars. Épluchez le *Time Out* de la semaine pour trouver les bons plans et découpez-y votre *Night Pass* qui vous offre des avantages (coupe-files, réductions ou gratuités).

♫ ***Heaven*** *(centre 1, F4, **486**) : The Arches, Villiers St, Charing Cross, WC2N 6NG. ☎ 020-7930-2020. • info@heaven-london.com • heaven-london.com • Ⓜ Charing Cross ou Embankment. Ouv lun, et jeu-sam 23h-4h ou 5h. Entrée : 10-12 £.* Située dans le tunnel qui passe sous la gare, la 1re boîte gay de Londres est toujours au top : plusieurs bars et des *dance floors* pris d'assaut à chaque soirée à thème. En revanche, les queues sont légendaires, comme la sélection à l'entrée. Pour l'anecdote, la scène du film *Les Prédateurs* dans laquelle David Bowie distrait Catherine Deneuve a été tournée au balcon du 1er étage.

♫ ***G-A-Y*** *(centre 1, E3, **328**) : 30 Old Compton St, W1D 4UR. Ⓜ Leicester Square ou Covent Garden. Tlj 12h-minuit. Très fréquenté le w-e. Entrée payante.* Le bar-club gay et lesbien branchouille qui embrase la ville depuis que Madonna y a choisi l'un de ses fans pour son clip *Sorry.* De nombreuses stars de la pop s'y retrouvent encore. C'est vrai que ça pulse sec. En outre, tout le monde y est le bienvenu. C'est rose, c'est mauve, c'est tamisé comme il faut et des écrans vidéo déversent des tonnes de clips à un niveau sonore proche de la rupture. Et *afters* endiablés !

♫ ***Madame JoJo's*** *(centre 1, E3-4, **355**) : 8-10 Brewer St, W1 0SE. ☎ 020-7734-3040. • paris@madamejojos.com • madamejojos.com • Ⓜ Leicester Sq ou Piccadilly Circus. Horaires très variables : ouvre dès 20h pour les spectacles de cabaret (ven-sam) ; fermé certains soirs pour cause de soirées privées. Entrée : 5-40 £.* On aime bien cet endroit au kitsch revendiqué. En plein cœur de Soho, en marge du circuit *trendy,* un lieu branché soirées gothiques sur fond de musique essentiellement électronique. Le décor rouge un peu tapageur rappelle les cabarets, et c'est intentionnel. Pour commencer la soirée, spectacles de travestis et drag-queens le samedi (de 19h à 20h). Certaines scènes de *Eyes Wide Shut* ont été tournées ici. Vers 23h, tout change et la nuit prend une autre teinte, moins cabaret : on danse et on boit pas mal sur des airs de *deep funk* (le vendredi) et de soul, ou encore des *mixes* plutôt underground.

Théâtres

Saint Martin's Theatre *(centre 1, F3)* **:** *West St, Cambridge Circus, WC2. ☎ 020-7836-1443 ou 0870-162-8787. Ⓜ Leicester Sq.* Construit en 1916, et a conservé son cadre plein de charme. Un record à signaler au sujet de ce théâtre : il joue la même pièce – *The Mousetrap (La Souricière),* d'Agatha Christie – depuis 60 ans (mieux que *La Cantatrice chauve* au théâtre de La Huchette à Paris !) à 19h30 du lundi au samedi. Séances supplémentaires mardi à 15h et samedi à 16h. Allez-y, c'est drôle comme tout.

Soho Theatre *(centre 1, E3)* **:** *21 Dean St, W1D 3NE. ☎ 020-7478-0100. • sohotheatre.com • Ⓜ Leicester Sq.* L'avant-garde londonienne et théâtrale se retrouve sur cette scène expérimentale du *West End*. Comédies, tragédies, drames, tout y passe. Que de jeunes talents invités à résidence. Belle initiative. Au rez-de-chaussée, un resto indien-*fusion* pour se sustenter entre 2 pièces.

Shopping

Les grandes artères commerçantes

Même si l'on a de plus en plus tendance à lui préférer les quartiers de King's Road ou de High Kensington Street (plus tranquilles, plus charmants mais pas plus chers puisqu'il s'agit pour l'essentiel de boutiques franchisées), *Oxford Street (centre 1, D-E3)* reste encore et toujours le centre névralgique et stratégique du shopping londonien. Allez donc rôder du côté de chez ***Marks and Spencer, TopShop, Selfridges, House of Fraser, John Lewis.*** C'est dans ces grands magasins que vous trouverez votre bonheur. Tout autour de *Carnaby Street,* le feu sacré commerçant a repris également, depuis que quelques créateurs (aussi mobiles que la mode est versatile) sont venus s'y réinstaller. Sans oublier quelques grandes marques (surtout fringues et chaussures). Et tout ce dont vous rêvez !

Vêtements et chaussures

Primark *(plan d'ensemble C3,* ***606****)* **:** *499-517 Oxford St, W1C 2QQ. ☎ 020-7495-0420. Ⓜ Marble Arch. Lun-ven 8h30-22h, sam 8h30-21h, dim 12h-18h.* Sur 2 étages, mode femme, hommes, enfants. Fringues, accessoires pas chers du tout et très sympas. Beaucoup de monde. Allez, on fait un pari : sûr que vous aussi vous repartirez avec votre sac en kraft et quelques achats dans votre besace !

Anthropologie *(centre 1, E4,* ***601****)* **:** *158 Regent St, W1B 5SW. ☎ 020-7529-9800. Ⓜ Piccadilly Circus. Lun-sam 10h-19h, dim 12h-18h.* Boutique « vintage moderne », très bobo. Pas donné, mais jolies pièces et décor extra (matez le mur végétal). Quelques objets d'ameublement. *Autre adresse au 131-141 King's Rd, SW3 4PW. ☎ 020-7349-3110.*

Pop Boutique *(centre 1, F3)* **:** *6 Monmouth St, WC2. ☎ 020-7497-5262. Ⓜ Tottenham Court Rd. Lun-sam 11h-19h, dim 13h-18h.* Une ambiance acidulée, très rétro *seventies* pour cette boutique bric-à-brac, où vous trouverez T-shirts colorés, vestes de survet', pantalons en velours ou jeans rapiécés. Arrivages réguliers.

The Loft *(centre 1, F3)* **:** *35 Monmouth St, WC2H 9DD. ☎ 020-7240-3807. • the-loft.co.uk • Ⓜ Tottenham Court Rd. Lun-sam 11h-18h, dim 12h30-16h30.* Un petit magasin de fringues d'occase, mais pas n'importe lesquelles : *Prada, Gucci, Vivienne Westwood, Paul Smith, Dolce & Gabbana, Jimmy Woo* et bien d'autres. De quoi se refaire une garde-robe de luxe sans se ruiner, enfin presque (un tiers du prix, parfois moins !).

Browns Labels For Less *(plan d'ensemble D3)* **:** *50 South Molton St, W1K 5SB. ☎ 020-7514-0052. Ⓜ Bond Street. Tlj sf dim 10h-18h (ou 18h30).*

Des fins de séries de très grandes marques encore assez chères *(Jil Sander, Pucci...)*. Mais qui valent le coup !

Vivienne Westwood *(centre 1, D4)* **:** *44 Conduit St, W1S 2YL. ☎ 020-7439-1109. Ⓜ Oxford Circus. Tlj sf dim 10h-18h.* La vieille boutique *World's End* affiche toujours son horloge qui remonte le temps au 430 King's Road, mais c'est dans la boutique de soldes que le faux cul côtoie le T-shirt imprimé peinture et les chaussures à semelles insensées. Fins de séries à prix parfois très, très abordables.

Office *(centre 1, F3)* **:** *57 Neal St, WC2H 9PP. ☎ 020-7379-1896. • office.co.uk • Ⓜ Tottenham Court Rd. Lun-ven 10h-20h, sam 10h-19h30, dim 11h-18h30.* Une marque de *shoes* design et classe, élégantes et pas chères, c'est possible à Londres ? Vous en rêviez ? *Office* l'a fait ! Également des chaussures pour hommes. Plusieurs boutiques dans la capitale *(58 Kings Rd, plan d'ensemble C6 ; 57 Brompton Rd, plan d'ensemble B5 ; 206-208 Portobello Rd, centre 2, L9 ; 190 Oxford St, centre 1, E3).*

Paul Smith *(centre 1, F3-4)* **:** *40-44 Floral St, WC2. ☎ 020-7379-7133. Ⓜ Covent Garden. Lun-mer 10h30-18h30, jeu-ven 10h30-19h, sam 10h-19h, dim 12h30-17h30.* Paul Smith est connu pour ses étonnants mariages de chic britannique et d'originalité dans ses imprimés presque kitsch. 3 boutiques accolées sur Floral Street : une pour femmes, une pour hommes, la dernière spécialisée dans les chaussures. Soldes permanents des collections précédentes au 23 Avery Row, W1.

Agent Provocateur *(centre 1, E3)* **:** *6 Broadwick St, W1F 8HL. ☎ 020-7439-0229. Ⓜ Oxford Circus ou Tottenham Court Rd. Lun-sam 11h-19h (20h jeu), dim 12h-17h.* Digne fils de sa maman, Vivienne Westwood, et de son papa, Malcolm McLaren, Joseph Corre a conçu une boutique de lingerie glamour, sexy-rétro (dessous des années 1950) où se bousculent les top models et le monde de la mode de passage à Londres. Pour voir et être vu. Rien de bien provocant toutefois, malgré une devanture rouge censée accrocher le regard.

Abercrombie & Fitch *(centre 1, D-E4)* **:** *7 Burlington Gardens, W1S 3ES. ☎ 0844-412-5750. Ⓜ Piccadilly Circus.* Le temple de la fringue américaine s'est établi au cœur de Londres, juste derrière la *Royal Academy of Arts*. Mais n'y voyez aucun lien ! Si vous avez toujours rêvé de combiner shopping et sortie en boîte de nuit, courez-y ! Et avec un peu de patience, vous pourrez immortaliser la visite en compagnie d'un bel éphèbe...

Size ? *(centre 1, E3)* **:** *33-34 Carnaby St, W1F 7DW. ☎ 020-7287-4016. Ⓜ Oxford Circus.* Des fringues branchées, mais surtout des chaussures de sport excentriques, souvent en série limitée. On a trouvé des baskets pour y brancher son iPod ! Pas donné, mais sympa.

Disques et DVD

FOPP *(centre 1, F3)* **:** *à l'angle d'Earlham St et de Shaftesbury Ave, WC2H 9LL. ☎ 020-7379-0883. • fopp.co.uk • Ⓜ Leicester Sq. Lun-mer 10h-22h, jeu-sam 10h-23h, dim 11h30-18h.* Sur 3 niveaux, une vaste boutique de disques, livres et DVD (zone 2, peuvent être visionnés en France). Prix au plancher pour des classiques. Quelques vinyles.

HMV *(His Master's Voice ; centre 1, E3)* **:** *150 Oxford St, W1D 1DJ. ☎ 0843-221-0289. Ⓜ Oxford Circus ou Bond St. Lun-sam 9h-20h30 (21h jeu), dim 11h30-18h.* Une boutique immense, bien agencée. Les disques sont au rez-de-chaussée et les DVD à l'étage. Plusieurs dizaines de CD bradés chaque semaine.

Les petits disquaires

Les boutiques pullulent, la plupart avec des sélections sur le fil du sillon. Voici nos préférées :

Revival Records *(centre 1, E3)* **:** *30 Berwick St, W1F 8RH. ☎ 020-7437-4271. • revivalrecords.uk.com • Ⓜ Oxford Circus. Tlj sf dim 10h-19h.* Une des bonnes adresses pour les occasions de CD et de vinyles. Vaste choix : rock, pop, soul, disco, funk, dance, house, techno, hip-hop, soul, drum'n'bass, *old skool garage,* sans oublier les incontournables classiques des *sixties* et des *seventies*.

Sister Ray *(centre 1, E3)* **:** *34-35 Berwick St, W1V 8RP. ☎ 020-7734-3297. • sisterray.co.uk • Ⓜ Oxford Circus. Lun-sam 10h-20h, dim 12h-18h.* Immense boutique et très bonne sélection de CD et vinyles anciens et fraîchement arrivés dans les bacs.

BM Soho *(centre 1, E3)* **:** *25 D'Arblay St, W1F 8EJ. ☎ 020-7437-0478. Ⓜ Oxford Circus. Lun-sam 11h-19h (20h jeu-ven), dim 12h-18h.* Sur 2 étages, CD et vinyles de garage, drum'n'bass, techno. Platines à dispo. Bons conseils pro.

Sounds of the Universe *(centre 1, E3)* **:** *7 Broadwick St, W1F 0DA. ☎ 020-7734-3430. • soundsoftheuniverse.com • Ⓜ Oxford Circus. Lun-sam 11h30-19h, dim 12h-18h30.* Hip-hop, house et ethnique, à défaut d'être universel.

MDC Music & Movies *(centre 1, F4)* **:** *31 Saint Martin's Lane, WC2N 4ER. ☎ 020-7240-0270. • mdcmusic.co.uk • Ⓜ Leicester Sq. Tt près de Trafalgar Sq. Lun-sam 10h-19h30, dim 12h-18h. Ferme plus tôt les soirs de représentation.* Spécialiste de l'opéra. Également une petite sélection de ballets. Disques et coffrets à bons prix.

Harold Moores Records *(centre 1, E3)* **:** *2 Great Marlborough St, W1F 7HQ. ☎ 020-7437-1576. • hmrecords.co.uk • Ⓜ Oxford Circus. Lun-sam 10h-18h30, dim 12h-18h.* Boutique à l'ancienne mode, spécialisée dans les disques classiques qui ne sont plus édités. Possède, de plus, un service de recherche.

Informatique

Apple Store *(centre 1, D3)* **:** *235 Regent St, W1B 2EL. ☎ 020-7153-9000. • apple.com/uk • Ⓜ Oxford Circus. Lun-sam 9h-21h, dim 12h-18h.* Le bastion local tout blanc des adeptes du grand constructeur à la petite pomme. Des Mac du sol au plafond, sur différents niveaux, répartis selon différents secteurs : cinéma, musique, Internet (accès gratuit, notamment en wifi !)... et même un *I Pod Bar* et un espace conseils *(The Genius Bar)* pour résoudre les problèmes techniques. Car, même chez Apple, les petits pépins, c'est pas toujours de la tarte !

Instruments de musique

Grande concentration de magasins de guitares, basses, synthés, etc., sur **Denmark Street** *(centre 1, E3)*, une rue parallèle à Saint Giles High Street, WC2. *Ⓜ Tottenham Court Road.* Une rue mythique pour les amateurs de rock : ici se sont fournis tous les grands noms des *sixties* et des *seventies*.

Livres

Hatchard's *(centre 1, E4)* **:** *187 Piccadilly, W1J 9LE. ☎ 020-7439-9921. • hatchards.co.uk • Ⓜ Piccadilly Circus. À 200 m du métro. Lun-sam 9h30-19h, dim 12h-18h.* S'il n'y en a qu'une à voir, c'est celle-ci : LA librairie anglaise par excellence sur plusieurs étages, ayant pignon sur rue depuis 1797. Le nec plus ultra ? Repartir, pour le même prix, avec une édition signée *(signed copy)* par l'auteur de son bouquin préféré. Belle section complète d'ouvrages militaires (entre autres) et une autre de livres d'occasion sur Churchill et la royauté !

Gosh ! *(centre 1, F3)* **:** *1 Berwick St, W1F 0DR. ☎ 020-7636-1011. • goshlondon.com • Ⓜ Oxford Circus. Tlj 10h30-19h.* Pour les dingues de B.D. et comics américains. Excellent choix et nombreuses raretés. On y trouve aussi de la B.D. européenne, dans des éditions parfois introuvables chez nous.

Foyles *(centre 1, E3)* **:** *113-119 Charing Cross Rd, WC2. ☎ 020-7437-5660. • foyles.co.uk • Ⓜ Leicester Sq. Lun-sam 9h30-21h, dim 12h-18h.* On y trouve absolument tous les genres de livres. Une ville dans la ville. Pour les musiciens : partitions en tout genre, bien moins chères qu'en France.

Waterstone's Booksellers *(centre 1, E4)* **:** *The Grand Building, Trafalgar Sq, WC2N 5EJ. ☎ 020-7839-4411. • waterstones.com • Ⓜ Charing Cross. Sous les arcades à l'angle de Northumberland Ave et The Strand. Lun-sam 9h30-21h, dim 12h-18h.* Grande librairie sur plusieurs niveaux proposant un choix intéressant dans tous les domaines : sciences, écologie, romans, voyages... Pas mal de réductions chaque semaine. Et un café à l'étage pour ceux qui souhaiteraient affiner leurs recherches.

The European Bookshop (centre 1, E4) : 5 Warwick St, W1B. ☎ 020-7734-5259. • europeanbookshop.com • Ⓜ Piccadilly Circus. Tlj sf dim 9h30-18h. Librairie européenne très bien approvisionnée. Pour ceux qui ont la nostalgie du pays, on y parle le français. Et on y trouve également une excellente section consacrée aux ouvrages pour la jeunesse.

Fromage et autres douceurs

Neal's Yard Dairy (centre 1, F3) : 17 Short's Gardens, WC2. ☎ 020-7240-5700. Ⓜ Covent Garden. Lun-sam 10h-19h. Eh non ! la France n'est pas seule à produire de bons fromages. Que les sceptiques entrent dans cette magnifique échoppe, où les vieux cheddars s'affinent aux côtés de stiltons crémeux à souhait... Sur une grande ardoise sont écrits l'âge et l'origine de ces joyaux, mais les fromagers prennent volontiers le temps de vous en expliquer les caractéristiques, et surtout de vous faire goûter ! Sans doute le meilleur fromager de Londres. Propose aussi toutes sortes de douceurs. Autre adresse à Borough Market.

Prestat (centre 1, E4) : 14 Princes Arcade, SW1Y 6DS. ☎ 020-7629-4838. • prestat.co.uk • Ⓜ Piccadilly Circus ou Green Park. Lun-ven 9h30-18h, sam 10h-17h. Le plus vieux chocolatier d'Angleterre, pas moins, fondé en 1902 par un... Français, Antoine Dufour. La boutique vaut déjà le coup d'œil : véritable bonbonnière rose et bleu assortie aux chapeaux de la reine, une cliente fidèle ! Le *packaging* est superbe, à l'image des lieux. Les chocolats sont aussi fameux, en particulier les truffes (la boîte *Union Jack* à 15 £ fait un chouette cadeau).

Carluccio's (centre 1, F4) : Garrick St, WC2E 9BH. ☎ 020-7836-0990. • carluccios.com • Ⓜ Covent Garden. Ouv 8h-23h30, dim 9h-22h30. C'est une chaîne, mais de qualité, qui propose le meilleur de l'épicerie italienne. Si vous avez un petit creux, tant mieux ! Quelques paninis et autres *focaccie* garnies à emporter. Quelques tables et chaises vite prises d'assaut. Leur chocolat chaud est extra.

Les boutiques ultra-spécialisées

On trouve à Londres des magasins inimaginables ailleurs, spécialisés dans tout et n'importe quoi. Un régal. La plupart se trouvent dans le centre, notamment à Covent Garden. Neal Street est une rue pleine de magasins spécialisés.

Hamley's (centre 1, E4, **607**) : 196 Regent's St, W1. ☎ 0870-333-2455. • hamleys.com • Ⓜ Oxford Circus. Lun-ven 10h-20h (21h jeu-ven), sam 9h-20h, dim 12h-18h. Un fabuleux royaume de 5 étages, le plus grand du monde dans son genre, où vous trouverez les jouets les plus traditionnels (l'ours Paddington) comme les plus révolutionnaires, les plus chers comme les meilleur marché. Il y a même une *Bear Factory* au 1er étage, pour faire fabriquer le nounours de ses rêves (et un resto au 5e étage pour patienter), une section Lego et une collection de petites voitures à faire perdre la tête aux petits et aux grands enfants. Attention, les prix sont en général plus élevés qu'ailleurs. Pas de panique : une toute petite annexe à la gare de Saint Pancras si besoin !

Cath Kidston (centre 1, F3, **609**) : 28-32 Shelton St, WC2H 9JE. ☎ 020-7836-4803. Ⓜ Covent Garden. Lun-sam 10h-20h, dim 12h-18h. Si Laura Ashley avait une petite fille, elle s'appellerait sans doute Cath Kidston ! Une boutique pour les filles, avec plein de fleurs partout, des mugs aux housses d'ordinateur portable en passant par les sacs et autres housses de coussin. Très frais, très *girly*.

M&M's World (centre 1, F4) : 1 Swiss Court, WC2H 7DG. ☎ 020-7025-7171. Ⓜ Leicester Sq. Lun-sam 10h-0h, dim 12h-18h. Pas moins de 4 étages consacrés à la célèbre friandise chocolatée ! Outre la variété de *M&M's* vendus au poids ou à personnaliser (si), moult produits dérivés, du mug au T-shirt en passant par le rideau de douche ou la laisse pour chien ! On y croise aussi la voiture de James Bond ou les Beatles sur Abbey Road... version *M&M's* ! Du merchandising pur sucre, à prix salés.

Tintin Shop (centre 1, F3-4) : 34 Floral St, WC2E 9DJ. ☎ 020-7836-1131. • thetintinshop.uk.com •

LE CENTRE TOURISTIQUE

Ⓜ Covent Garden. Descendre vers le marché et prendre la 1re à droite. Lun-sam 10h-17h30, dim 12h-16h. Tout sur Tintin, son fidèle compagnon Snowy et le professeur Calculus. On y trouve pulls, T-shirts, stylos, DVD, figurines, toutes les voitures utilisées dans les histoires en miniature et bien sûr B.D. en anglais (chères). On apprend ainsi que « Mille millions de mille sabords ! » se traduit par « *Blue blistering barnacles !* ».

The Tea House *(centre 1, F3)* **:** *15 Neal St, WC2. ☎ 020-7240-7539. Ⓜ Covent Garden. Lun-mer 10h-19h, jeu-sam 10h-18h, dim 11h-19h.* Boutique architouristique, mais ne boudons pas notre plaisir : des chinois aux indiens, des japonais aux russes, plus de 100 sortes de thés et tisanes à des prix raisonnables. Vente par correspondance. Plein de théières originales, de belles boîtes métalliques et toutes sortes de gadgets rigolos.

Magma *(centre 1, F3)* **:** *16 Earlham St, WC2H 9LN. ☎ 020-7240-7571. Ⓜ Covent Garden. Lun-sam 10h-19h, dim 12h-18h.* Une boutique de gadgets farfelus qu'on adore et introuvables ailleurs. Des idées déco ou cadeaux !

Lillywhites *(centre 1, E4)* **:** *Piccadilly Circus, SW1. ☎ 020-7930-3181. • lillywhites.co.uk • Ⓜ Piccadilly Circus. Lun-sam 10h-21h30, dim 12h-18h.* Considéré par certains comme le meilleur magasin d'articles de sport au monde. C'est déjà une petite référence.

Forbidden Planet *(centre 1, F3)* **:** *179 Shaftesbury Ave, WC2H 8JR. ☎ 020-7420-3666. • forbiddenplanet.com • Ⓜ Tottenham Court Rd. À l'angle de Neal St. Lun-mer 10h-19h, jeu-sam 10h-20h (19h30 ven), dim 12h-18h.* Une boutique mythique pour les fans de Steve Austin, de Mr Spock, de John Steed, de *Star Wars* ou du *Seigneur des Anneaux.* Figurines, vidéos, livres, B.D., collectors et objets divers tout droit sortis des séries cultes de la TV et du cinéma. On y a même trouvé une réplique du « commuteur » dont se sert le capitaine Kirk pour contacter l'Enterprise. Tout un programme... Organise régulièrement des séances de dédicaces avec des comédiens ou des auteurs de romans S-F.

James Purdey and Sons *(plan d'ensemble C-D4)* **:** *57-58 South Audley St, W1K 2ED. ☎ 020-7499-1801. • purdey.com • Ⓜ Marble Arch ou Bond St. Lun-ven 9h30-17h30, sam 10h-17h. Fermé dim et j. fériés.* Tout l'art de la chasse, de l'arme à la tenue, pour hommes, femmes et enfants. Une institution londonienne depuis 1814 (1 an avant Waterloo !).

Vinmag.com *(centre 1, E4)* **:** *39-43 Brewer St, Soho, W1F 9UD. ☎ 020-7439-8525. Ⓜ Piccadilly Circus. Au coin de Lexington St. Lun-jeu et dim 10h-20h, ven-sam 10h-22h.* Objets en tout genre des 1950's jusqu'aux 1990's, sur 2 niveaux, dans ce royaume du vintage. On y trouve même des *Playboy* de l'année de sa naissance !

Les boutiques chères mais qui valent vraiment le coup d'œil

Fortnum & Mason *(centre 1, E4)* **:** *181 Piccadilly, W1A 1ER. ☎ 020-7734-8040. • fortnumandmason.co.uk • Ⓜ Piccadilly Circus ou Green Park. Lun-sam 10h-20h, dim 11h30-18h.* Ce magasin de luxe est une véritable institution. D'atmosphère conviviale, il est décoré avec un goût et un raffinement poussés à l'extrême : lustres en cristal, rayonnages en bois à l'ancienne et moquettes épaisses. Quant aux vendeurs, ils portent fièrement leur uniforme. Faste inégalé au grand rayon alimentation et traiteur au sous-sol, qui fait depuis le XVIIIe s la réputation de cette épicerie fine. On y trouve (presque) de tout. Au rez-de-chaussée, thés en vrac et en sachets, considérés comme les meilleurs par des générations d'Anglais, marmelades fruitées, chocolats et pâtisseries pour les gourmets. Étages tout aussi précieux, consacrés aux arts de la table et autres plaisirs raffinés. À chaque niveau son restaurant ou *tearoom* (comme ce bar à vins raffiné au sous-sol) où l'on peut prendre un thé en journée, mais en y mettant le prix ! Jusque récemment, on pouvait voir, à chaque heure, les automates de Mr Fortnum et Mr Mason se saluer au-dessus de l'entrée principale. Mais le mécanisme, très ancien, est grippé. Dommage !

Liberty *(centre 1, D3)* **:** *Great Marlbo-*

rough St, W1B 5AH (donne dans Regent's St). ☎ 020-7734-1234. • liberty.co.uk • Ⓜ Oxford Circus. Lun-sam 10h-21h, dim 12h-18h. Tout le monde a entendu parler de cette immense boutique de luxe, sa superbe façade néo-Tudor hérissée de gargouilles, son bâti en bois et le style qu'elle a imposé au monde entier. La créativité de son mobilier et de ses tissus a influencé le mouvement Art nouveau au début du siècle passé, au point que les Italiens parlent de « Liberty » pour désigner cette période artistique. Spécialisé dans les produits haut de gamme, ce magasin est évidemment hors de prix. Cela vaut quand même le coup d'y aller au moment des soldes, ou juste pour le plaisir des yeux. Une salle est entièrement consacrée aux fins de séries, et ce à longueur d'année. En attendant, tous les créateurs se battent pour y accrocher ne serait-ce que quelques cintres. Vivienne Westwood, Dries Van Noten... avec souvent quelques pièces « collector » en Liberty, spécialement créées pour la maison. Au rayon ameublement on trouve des rideaux vraiment superbes.

Dover Street Market *(centre 1, D4) : 17-18 Dover St, W1S 4LT. ☎ 020-7518-0680. Ⓜ Covent Garden. Lun-mer 11h-18h30, jeu-sam 11h-19h, dim 12h-17h.* À l'opposé des grands classiques british du quartier, ce concept-store ouvert par la créatrice japonaise de *Comme des Garçons* est résolument moderne et design. Pas moins de 4 étages de vêtements, accessoires et objets contemporains, hors de prix... L'équivalent du *Colette* parisien, snob et branché à la fois. Avis aux amateurs, on y trouve une cafétéria *Rose Bakery* au dernier étage.

Marchés

- **Covent Garden** *(centre 1, F4) : le sam mat.* Marché de petit artisanat ; extrêmement touristique.
- **Berwick Street Market** *(centre 1, E3) : Berwick St, W1 (une petite rue descendant d'Oxford St). Ⓜ Oxford Circus. Lun-sam 8h-17h env.* Situé au cœur de Soho, cerné de boîtes de strip-tease et de boutiques de CD d'occasion, ce petit marché de fruits et légumes est très animé et pas cher. On y trouve aussi des baguettes de pain (oui, oui ! de vraies baguettes !) et de petites crêpes pour manger sur le pouce entre 2 boutiques.

Galeries et musées

National Gallery *(centre 1, E-F4) : Trafalgar Sq, WC2N 5DN. ☎ 020-7747-2885. • nationalgallery.org.uk • Ⓜ Charing Cross. Tlj 10h-18h (21h ven). Fermé 1er janv et 24-26 déc. Entrée gratuite (sf expos temporaires). Attention, pas de bagages volumineux au vestiaire. Audioguides en français (don de 4 £ souhaité ; réduc). Visites guidées gratuites en anglais tlj à 11h30 et 14h30, ainsi que ven à 18h. Rdv dans le foyer de l'aile Sainsbury. Pour les enfants : 2 parcours téléchargeables sur Internet ou 3 tours audio (en anglais) disponibles à l'entrée.*

L'un des plus beaux musées de peinture au monde, avec plus de 2 300 toiles peintes de 1250 à 1900. Toutes les grandes écoles occidentales sont donc représentées, même si l'essentiel de la peinture moderne a été confié à la Tate Modern. Prendre le plan du musée *(floor plan)* à l'entrée. Noter que tout se trouve au même niveau, à savoir le « level 2 » et que le musée est organisé en quatre sections, identifiées par des couleurs. On peut également consulter le système multimédia du musée (nombreux espaces baptisés *ArtStart*) et se faire imprimer une visite guidée thématique concoctée selon ses goûts. Pratique !

Compter au moins 5h de visite, que vous pourrez effectuer en plusieurs fois, aile par aile, période par période. Dans l'aile Sainsbury, agréable cafétéria et resto plutôt chic.

Du XIIIe au XVe s, aile Sainsbury (Sainsbury Wing, section bleue)

Œuvres de l'école italienne du gothique tardif et du début de la Renaissance. Début des Renaissance allemande et flamande. Traverser les salles vers le *way out* en commençant par la salle 51.

– ***Salles 51 à 53 :*** primitifs italiens dont Duccio di Buoninsegna, le plus grand peintre siennois de la fin du XIIIe s. Couleurs encore fraîches (bleu éclatant sur fond doré) de la *Vierge à l'Enfant avec saints*. Intéressante transition du style byzantin un peu sévère vers le gothique plus doux et fluide (drapé de la Vierge, jeu des couleurs). Voir le superbe retable d'un autre primitif italien, Jacopo di Cione, le *Couronnement de la Vierge* (milieu du XIVe s) et ce magnifique *diptyque de Wilton* (salle 53), exécuté à la fin du XIVe s par un artiste de nationalité inconnue, dans un style gothique très décoratif (la personne agenouillée sur le panneau de gauche est le roi Richard II). Et encore un *Couronnement de la Vierge* provenant d'un retable florentin, de Lorenzo Monaco, plus majestueux et coloré que le précédent. Comparer les madones de Masaccio et de Gentile da Fabriano, peintes à la même époque. Noter également le *Christ glorifié* de Fra Angelico, fourmillant de personnages aux visages expressifs qui représentent toutes les confessions.

– ***Salles 54 et 55 :*** le Florentin Paolo Uccello est superbement représenté dans deux genres différents : la fable avec *Saint Georges et le Dragon,* très fantasmagorique, et la représentation historique avec la *Bataille de San Romano* (vers 1440 et commissionnée par les Médicis). Comme de nombreux artistes de la Renaissance, il a bien maîtrisé la perspective et le raccourci audacieux (à l'image du cavalier mort en bas de la toile), grâce notamment à toutes ces lances cassées au sol qui donnent le point de fuite. Remarquez, malgré une chorégraphie un peu figée, l'agencement étudié des débris de lance jonchant le champ de bataille. Retable haut en couleur représentant *La Trinité avec les saints,* de Pesellino. Du même peintre, ne pas rater *L'Histoire de David et Goliath* et *Le Triomphe de David,* foisonnantes. Sans oublier *L'Annonciation* et *Les Sept Saints* de Filippo Lippi, aux visages toujours aussi gracieux. De Pisanello *(salle 55),* la *Vision de saint Eustache* (qui aurait aperçu le Christ en Croix dans les bois d'un cerf lors d'une partie de chasse).

– ***Salle 56,*** Van Eyck nous fait entrer dans l'intérieur intime des *Époux Arnolfini* (1434). Un rendu très précis des couleurs (joli vert de la robe de madame) lui permet, par exemple, de peindre le tableau en abyme dans le miroir du fond. Sur ce même miroir, on distingue, en plus du couple, les silhouettes de deux personnages : Van Eyck s'est probablement représenté. Superbe portrait d'un *Homme au turban,* vraisemblablement un autoportrait. Il a beaucoup influencé ses compatriotes Van der Weyden *(Madeleine lisant)* et Petrus Christus (*Portrait d'un jeune homme,* réalisé vers 1450).

– ***Salles 57 et 58 :*** florilège d'œuvres d'artistes florentins (Filippino Lippi, di Cosimo, del Verrocchio...), parmi lesquelles on distingue le *Martyr de saint Sébastien*, d'Antonio et Piero del Pollaiulo (environ 1475), avec six arbalétriers qui adoptent trois poses différentes, vues sous un angle différent, soulignant la perspective du paysage en arrière-plan. Remarquer aussi, salle 58, les compositions remarquables de la *Nativité mystique* et de *Vénus et Mars* (1485) de Botticelli. Mars, dieu de la guerre, est vaincu par l'amour... La conque à l'oreille de Mars symbolise la naissance de Vénus, issue de la mer. De Piero di Cosimo, troublant *Satyre pleurant sur une nymphe* (1495), qui fait référence à la mort de Procris dans les *Métamorphoses* d'Ovide.

– *La* ***salle 59*** est entièrement consacrée à Crivelli, artiste atypique connu pour ses incrustations d'éléments de bois et de gemmes qui donnent du relief à la peinture. Voir notamment le somptueux *Saint Michel* et les quelques *Vierge à l'Enfant* (style gothique tardif). Par ailleurs, ses visages sont souvent représentés à la limite de la caricature pour mieux interpeller les spectateurs.

– ***Salle 60 :*** les écoles de Sienne et de Pérouse avec, comme chefs de file, le Pérugin et Matteo di Giovanni.

– ***Salles 61 et 62 :*** *Introduction du culte de Cybèle à Rome,* admirable monochrome de Mantegna (1505). Cette déesse orientale était vénérée par les Romains pour s'assurer la victoire contre les Carthaginois. Cette frise « à l'antique » donne l'illusion d'avoir été sculptée sur du marbre coloré. Toujours de Mantegna, *L'Agonie au jardin des Oliviers* (vers 1460) est une composition parfaite. Giovanni Bellini, le beau-frère de Mantegna, a peint le même thème, mais d'une manière plus aérée et lumineuse (où sont les oliviers ?). De Bellini également, le *Portrait du doge Loredan,* incarnation austère de la dignité du pouvoir. Quant au fameux *Saint Jérôme dans son ermitage* (1475), d'Antonello de Messine, il a longtemps été attribué à Van Eyck en raison de l'influence flamande qui le caractérise. Du même artiste, *La Crucifixion* (1475) et le *Portrait d'un homme* (sûrement un autoportrait) peint de trois quarts.

– ***Salle 63 :*** renaissance flamande. Plusieurs œuvres de Hans Memling, dont le triptyque représentant la *Vierge à l'Enfant avec saints* (encore !). Comme souvent, le donateur s'est fait représenter sur le tableau. Impressionnant *Saint Michel triomphant du diable* (1468), de Bartolomé Bermejo.

– ***Salle 64 :*** l'école de Cologne et de Westphalie, avec les œuvres de Stephan Lochner et le maître de Liesborn.

– ***Salle 65 :*** renaissance allemande et autrichienne. *Portrait du père* de Dürer (1497). La finesse des traits du visage montre son grand talent de portraitiste. Son *Saint Jérôme* impressionne tout autant par sa force dramatique.

– ***Salle 66 :*** pour conclure, ne pas rater *Le Baptême du Christ* ou le *Saint Michel* de Piero della Francesca, aux couleurs si fraîches.

XVIe s (section pourpre)

Riche en œuvres des Renaissance italienne (écoles florentine, vénitienne et de l'Italie du Nord), flamande et allemande.

– ***Salle 1 :*** en guise d'introduction, un Titien, *Diane et Callisto* (1559), récente acquisition du musée. Ce fut une commande pour le roi Philippe II, exécutée avec une série de tableaux mythologiques, inspirés des *Métamorphoses* d'Ovide. Un autre tableau lui est associé, *La Mort d'Actéon*, également exposé au musée.

LÉONARD ET ŒDIPE

Dans sa Vierge à l'Enfant avec sainte Anne et saint Jean Baptiste, *Léonard de Vinci aurait tenté de donner une image de la mère idéale, celle qu'il n'a jamais eue. Selon Freud, le peintre serait le sujet même de cette composition. La Vierge et sainte Anne représenteraient ses deux mères (sa mère naturelle et sa belle-mère).*

– ***Salle 2 :*** du Corrège, marqué par le travail de Léonard de Vinci, voir *L'Éducation de l'amour* (environ 1525), représentation de Mercure et Venus avec le jeune Cupidon, où le rendu des chairs est particulièrement réaliste. La grâce naturelle des poses annonce le maniérisme. Quelques œuvres du Parmiggiano donnent également une idée de l'influence de Vinci sur ses contemporains.

– La ***salle 4,*** l'une des plus belles du musée, célèbre la Renaissance allemande, bien représentée avec Hans Holbein le Jeune, peintre officiel d'Henri VIII. On y trouve son tableau le plus connu, *Les Ambassadeurs* (1533). Sur une étagère, des symboles des nouveaux savoirs de la Renaissance. Pourtant, quelque chose cloche : une des cordes du luth a sauté (signe de la discorde politique et religieuse en Europe) et, au pied des personnages, plane une menace sous la forme d'une tache incongrue. C'est une anamorphose : une forme tordue par l'élongation de la perspective. En se déplaçant sur la droite, on découvre ce que l'on ne veut regarder en face : la Mort, représentée par un crâne... Quelques œuvres remarquables de Cranach l'Ancien, notamment l'étrange *Plainte de Cupidon à Vénus* (environ 1525).

– ***Salle 5 :*** les amateurs de Renaissance flamande seront plus que comblés ! De Gérard David (vers 1510), peintre qui fut actif à Bruges, superbe *Vierge à l'Enfant avec saints,* tout en délicatesse et lumière. Mais surtout un remarquable Jérôme Bosch : *Le Christ moqué* (ou *à la couronne d'épines*). Une œuvre bien sage quand on connaît le travail du peintre, caricaturiste coutumier des « déformations ». Mais à bien y regarder, tout son univers se retrouve dans le moindre sourire, le moindre regard de ses personnages. Et pourtant, nul doute que vous ne retiendrez qu'un seul tableau : cette *Femme grotesque* de Quentin Massys, terrible satire d'une vieille femme aux traits masculins, s'accrochant désespérément à sa jeunesse. Une « anti-*Joconde* » en somme.

– ***Salle 6 :*** plusieurs œuvres du Garofalo, grand représentant des écoles de Ferrare et de Bologne. Voir une *Agonie au jardin,* vision nocturne étonnamment optimiste, et les compositions poétiques de Dosso Dossi.
– ***Salle 7 :*** toute petite salle essentiellement consacrée au Florentin Jacopo Pontormo. Œuvres de palais représentant des scènes de l'Ancien Testament et de la vie de Joseph. Les deux tableaux de Bacchiacca faisaient partie de la même commande et ornaient la chambre nuptiale d'un riche banquier italien.
– ***Salle 8 :*** deux toiles inachevées de Michel-Ange. Mais surtout plusieurs chefs-d'œuvre de Raphaël, dont le portrait du *Pape Jules II,* son grand mécène, une *Crucifixion, Saint Jean Baptiste prêchant,* et, bien entendu, celle qui éclipse tous les autres, *Sainte Catherine d'Alexandrie.* De Bronzino, une *Allégorie de Vénus et Cupidon* (environ 1545), vraiment coquine, offerte par Côme de Médicis à François Ier.
– ***Salles 9 à 12 :*** l'école de Venise, avec une superbe *Famille de Darius devant Alexandre le Grand* de Véronèse, l'une de ses grandes toiles mythologiques, là où il peut le mieux s'exprimer. Voir aussi, salle 10, *La Mort d'Actéon* de Titien, ou encore son étonnante *Allégorie de la Prudence*, représentant les trois âges clés de la vie, un enfant, un homme mur et un vieillard (Titien lui-même selon certains). Les têtes de chien, de loup et de lion symbolisent la prudence. La salle 11 est consacrée à Joachim Beuckelaer (environ 1570) et sa représentation des quatre éléments : l'eau, la terre, le feu et l'air. Salle 12, on retrouve la période vénitienne et quelques remarquables Titien, dont le *Bacchus et Ariane* avec son bleu inimitable et son éclatante symphonie de couleurs.
– ***Salle 14 :*** école flamande du XVIe s. De Jan Gossaert, un *Couple âgé,* empreint d'émotion et de résignation. Dans les autres œuvres exposées, c'est davantage son sens du détail, de la composition, ses couleurs chatoyantes qui frappent, notamment dans son extraordinaire *Adoration des mages.* En face, une version de Bruegel l'Ancien, très belle mais beaucoup plus rustique.

XVIIe s (section orange)
– ***Salle 15 :*** petite entorse à la chronologie, on y trouve deux peintures de l'Anglais Turner (XIXe s) qui répondent à deux tableaux du peintre paysagiste français Claude (XVIIe s), celui-ci ayant fortement influencé l'œuvre du maître anglais.
– ***Salles 16 et 17 :*** peintures flamandes. Les premiers tableaux de Rembrandt, dont le monochrome *Ecce Homo* (1634 ; salle 16).
– ***Salles 18*** (qui porte le nom d'Yves Saint Laurent) ***à 20 :*** peintres français comme Simon Vouet, Pierre Mignard, Le Nain, ou encore le célèbre portrait du *Cardinal de Richelieu* par Philippe de Champaigne. De Poussin (salle 19), les bacchanales et autres orgies pleines de vie côtoient une série figurant les sacrements et de nobles scènes bibliques, notamment son *Annonciation* (1657). Nombreuses œuvres de Claude Lorrain (ou Claude Gellée) : *Une vue de Rome* et divers paysages.
– ***Salles 21 à 29 :*** consacrées aux peintres hollandais. La plupart des sujets traités par Ruysdael et Hobbema (très étrange *Avenue à Middelharnis,* avec ses arbres perdus vers le ciel...) sont des paysages, en raison du tarissement des commandes religieuses au lendemain de la Réforme. Remarquez la précision extrême de Ruysdael (jusqu'au regard du plus petit chien). Salles 23 à 25, une quinzaine de Rembrandt. Il portait sur les gens et les choses un regard à la fois tendre et sans concession. C'est particulièrement évident dans son magnifique *Autoportrait à l'âge de 63 ans* (salle 23). Amusant de voir, salle suivante, un autre *Autoportrait* de l'artiste, à l'âge de 34 ans. Deux étonnantes natures mortes de Treck, aux reflets étudiés. Sinon, des portraits, des scènes de taverne (quel contraste !). Salle 29, plusieurs Van Dyck et surtout des études poignantes de Rubens, tout en cris, fureur, chair et femmes... Mouvement admirablement reconstitué dans l'*Enlèvement des Sabines,* scènes délirantes de *Paix et Guerre* (une femme fait gicler son lait dans la bouche d'un enfant !), déchirement des corps et sensualité des couleurs dans *Samson et Dalila.*
– ***Salle 30 :*** l'école espagnole et les œuvres de Murillo, pleines de candeur (ses enfants sont craquants). Magnifique *Sainte Margaret d'Antioche,* peinte par Francisco de Zurbarán, orfèvre du relief et des couleurs chaudes. Plusieurs Velázquez,

dont un portrait de Philippe IV et *La Toilette de Vénus,* plutôt osé pour l'Espagne de l'époque où l'Inquisition sévit encore.
– ***Salle 31 :*** consacrée à Van Dyck magnifiques portraits de Cour, dont l'infortuné *Charles Ier à cheval* (il sera décapité pendant la guerre civile).
– ***Salles 32 et 37 :*** les Italiens Caravage (très beau *Repas d'Emmaüs*), Guercino, Carrache (salle 37)...

Du XVIIIe au XXe s (section verte)
– ***Salle 33 :*** peintres français du XVIIIe s. Autoportrait lumineux d'Élisabeth-Louise Vigée-Lebrun, plusieurs Chardin, de beaux Pierre Peyron, Greuze, Vernet, Nattier...
– ***Salle 34 :*** plusieurs remarquables Turner, qui annoncent de façon évidente l'impressionnisme, mais aussi l'abstraction. La lumière, décomposée à l'extrême, devient l'objet même du tableau. Toute l'Angleterre a défilé au moins une fois devant l'une de ses toiles les plus fameuses, *The Fighting Temeraire.* La scène représente l'ultime voyage du *Téméraire* : le navire mythique de Nelson est remorqué par un vapeur pour être démantelé dans un chantier naval. Portraits de Gainsborough et de Reynolds. Paysages anglais par Constable, l'autre grand peintre anglais du XVIIIe s.
– ***Salle 35 :*** Hogarth, Gainsborough et Stubbs. Fameuse scène de chasse par Gainsborough, *Mr et Mrs Andrews.* Remarquez la tache sur les genoux de la jeune femme, sur lesquels aurait dû se trouver un faisan mort. À noter aussi, une série désopilante de six tableaux par Hogarth, *Mariage à la mode* : une B.D. avant l'heure, pleine de rebondissements !
– Dans la rotonde ***(salle 36)*** : quatre portraits de la seconde moitié du XVIIIe s, dont des Reynolds.
– ***Salles 38 à 40 :*** les Italiens du XVIIIe s, dont plusieurs Canaletto, avec, comme toujours, ses ravissantes vues de Venise. Pour nous changer, on trouve aussi quelques vues londoniennes. D'autres Vénitiens comme Tiepolo (salle 40), quelques jolis Longhi et Guardi, mais aussi des portraits de Goya (salle 39).
– ***Salles 41 et 42 :*** plusieurs Millet, Corot et Vernet. D'Ingres, le portrait de *Mme Moitessier,* magistralement exécuté (en 12 ans !). On remarque bien sûr son reflet dans la glace mais, en prenant du recul, on voit aussi sa robe se détacher du fond... Également une *Scène de plage* (1874) et une *Nature morte aux pommes* (1871) de Courbet, qu'on attribuerait largement à Cézanne.
– ***Salle 43 :*** Manet, Monet et les impressionnistes, des chefs-d'œuvre en pagaille ! On est tout de suite attiré par cette *Exécution de Maximilien* par Manet, en quatre morceaux et toile apparente. À la mort du peintre, on le découpa ! Heureusement, Degas recolla les morceaux. Pas mal de Monet, notamment la *Scène de neige à Argenteuil* ou la splendide *Gare Saint-Lazare,* avec un coup de cœur pour ses *Baigneurs à la grenouillère* ou sa *Plage à Trouville.* Superbes scène bucoliques avec une délicieuse promenade en barque sur la Seine par Renoir (*La « yole »*, 1875) et des *Petits prés au printemps* de Sisley (environ 1880).
– ***Salle 44 :*** Pissaro et Seurat, dont les célèbres *Baigneurs à Asnières,* contraste saisissant entre nature bucolique et paysage industriel. Remarquer aussi le *Boulevard Montmartre,* seule scène de nuit peinte par l'artiste. Plusieurs Renoir aussi, un amusant *Portrait de Cézanne* (1874) par son ami Pissaro, que l'on peut comparer avec l'*Autoportrait* de Cézanne lui-même (environ 1880).
– ***Salle 45 :*** l'apothéose ! D'abord, les *Tournesols* de Van Gogh et leurs jaunes en folie, sur lesquels tout le monde se précipite, *Les Fermes à Auvers,* un de ses derniers tableaux, mais aussi le *Champ de blé avec cyprès* ou *La Chaise*. Nombreux chefs-d'œuvre de Cézanne (surprenant visage de *La Vieille Femme au rosaire*) parmi lesquels se démarquent les fameuses *Grandes Baigneuses,* tableau peint au tournant du siècle. Sans oublier *Faa Iheihe*, superbe « frise » de Gauguin dans sa période tahitienne, ou encore deux natures mortes.
– ***Salle 46 :*** Degas et l'art autour de 1900. Gracieuses *Danseuses de ballet* et très sensuelles scènes d'intimité avec *La Coiffure* ou *Après le bain* (sublimes pastels). Éclatante *Ophélie au milieu des fleurs* d'Odilon Redon, ou encore une jolie scène avec *Les Deux Amies* de Toulouse-Lautrec. De Vuillard enfin, deux grandes toiles

très délicates : *La Terrasse à Vasouy – Le Jardin* et *Le Déjeuner,* scènes de vie à la campagne représentant des membres de l'élite parisienne artistique et littéraire de l'époque, notamment l'écrivain Tristan Bernard ou le peintre Pierre Bonnard. À l'origine (1901), les deux tableaux étaient d'abord un panneau décoratif d'un seul tenant ; ils furent séparés avant d'être retravaillés en... 1935.
– Pour découvrir la suite du XXe s, il faudra se rendre à la Tate Modern.

National Portrait Gallery *(centre 1, E-F4)* **:** *Saint Martin's Pl ; dans le prolongement de la National Gallery, à l'arrière. ☎ 020-7306-0055. • npg.org.uk • Ⓜ Charing Cross ou Leicester Sq. Tlj 10h-18h (21h jeu-ven). Fermé j. fériés et 24-26 déc. Entrée gratuite, excepté pour certaines expos temporaires. Audioguide vidéo en français (3 £ souhaité). Pour les enfants, demander le* Look at me, *un petit carnet à remplir en compagnie des parents. Mignonne cafétéria au sous-sol et resto chic à l'étage (vue vraiment splendide, mais cher). Propose des animations jeu-ven soir (parfois payantes), avec conférences, concerts, projections, ateliers, etc.*

POIL DE CAROTTE

Les princes Harry et William ont fait, en 2010, leur entrée à la National Portrait Gallery. Mais le double portrait réalisé par Nicky Philipps ne semble pas enthousiasmer Harry, qui se trouve trop roux sur le tableau et estime que William est moins chevelu qu'en réalité. Curieusement, son frère faisait parler de lui en apparaissant dans le même temps en couverture d'un magazine people avec une chevelure brune et fournie alors qu'il est atteint d'une calvitie précoce... Mais bon, on ne va pas couper les cheveux en quatre !

Avec plus de 1 300 portraits, cette galerie est l'une des plus complètes au monde. Tous les hommes et les femmes ayant compté dans l'histoire du royaume se doivent d'être représentés ici, sous quelque forme que ce soit : peinture, sculpture, photo et dessin (en incluant la caricature, dans laquelle les Britanniques excellent), sans oublier la vidéo ! Beaucoup de portraits des différentes familles royales (des Tudors à Lady Di), d'hommes et femmes politiques (Churchill, Margaret Thatcher), d'artistes (Oscar Wilde, Byron, Virginia Woolf, les sœurs Brontë, Shakespeare, Salman Rushdie, Helen Mirren), mais aussi de sportifs (Graham Hill), de chercheurs (Isaac Newton, James Watt) et d'explorateurs (Captain Cook, Shackelton), ou d'architectes (Zaha Hadid). Idéal pour mettre un visage sur un nom célèbre (qui connaît la trombine de Walter Scott ?) et si certains ne sont à priori pas connus, leur biographie est là pour rappeler leurs faits d'armes. Les portraitistes font également partie du gratin : Reynolds, Gainsborough, G. Sutherland, David Hockney et même cet incorrigible mondain d'Andy Warhol, qui signe un superbe portrait de la reine. Si vous vous intéressez surtout au XXe s, rendez-vous à la *Contemporary Portraits (niveau 0).* Évidemment, les œuvres tournent car il est impossible de toutes les exposer en même temps. Les amateurs de photo ne manqueront pas non plus les prestigieuses expos temporaires en sous-sol.

Somerset House et Courtauld Gallery *(plan d'ensemble F-G4)* **:** *Somerset House, The Strand, WC2. ☎ 020-7848-2526. • courtauld.ac.uk • Ⓜ Charing Cross, Temple ou Covent Garden. Tlj 10h-18h (dernière entrée à 18h30). Les 24 et 31 déc : 10h-16h. Fermé 25-26 déc. Entrée : 6 £ ; gratuit pour les étudiants résidant en Grande-Bretagne et les moins de 18 ans. L'accès à la Courtauld Gallery est gratuit pour ts lun 10h-14h, sf j. fériés. Expo « Peter Lely : a lyrical vision » (oct 2012-janv 2013).*
Édifié à partir de 1775, ce vaste édifice géorgien se déploie entre le Strand et la Tamise, à l'emplacement de l'ancien palais des ducs de Somerset. Ses ailes enserrent une belle cour intérieure restaurée avec goût, où les Londoniens aiment à flâner en paix parmi les jets d'eau... à moins qu'ils ne se laissent tenter par les joies du patinage l'hiver venu ! Conçus à l'origine pour accueillir des administrations comme

la *Royal Academy of Arts* et certains services du ministère des Finances, les salons de Somerset House sont aujourd'hui entièrement dévolus à la culture. Ils abritent régulièrement d'intéressantes expositions temporaires, ainsi que l'incontournable ***Courtauld Gallery,*** une extraordinaire collection de peintures provenant principalement de la donation Courtauld, enrichie depuis par diverses donations faites à l'université de Londres. Les œuvres exposées sont donc présentées par collections, par respect pour les donateurs, mais au détriment d'une logique thématique ou chronologique. Elles sont toutefois régulièrement restaurées et éclatantes de couleur, de beauté, ce qui est rarement le cas des collections privées, et donc mérite d'être souligné. On ne regrette vraiment pas ses sous.

En guise de mise en bouche, la petite salle du rez-de-chaussée rassemble les maîtres de la Renaissance italienne, comme Fra Angelico ou Lucas Signorelli. On apprécie notamment le triptyque de Bernardo Daddi (1338), magnifique exemple de tabernacle portable, ainsi que sa *Crucifixion et les saints* (1348) traduisant la grande dévotion des écoles primitives italiennes. Voir le *Couronnement de la Vierge* de Lorenzo Monaco (enlumineur de talent, connu pour son travail sur les mouvements du corps).

Mais le clou du spectacle demeure les tableaux impressionnistes et postimpressionnistes d'une prodigieuse richesse ! Réunis au 1er étage, ils valent à eux seuls le déplacement. Salle 2, observez le jeu des couleurs d'un *Automne à Argenteuil* de Monet. Le premier développe sans doute un style plus chatoyant, plus coloré. On ira détailler *Antibes* pour s'en convaincre, puis on accordera toute notre attention à Renoir, Sisley et Pissaro. Parmi les postimpressionnistes exposés salle 3, Cézanne est le mieux représenté avec notamment *Le Lac d'Annecy*. Notez aussi cette version tardive du *Déjeuner sur l'herbe* de Manet (1867), version de poche, parce que le proprio ne pouvait pas faire rentrer l'original ! Enfin, arrêt obligatoire pour admirer *Un bar des Folies-Bergère* de Manet, aussi pétillant qu'une coupe de champagne malgré le regard perdu de la serveuse. Salle 4, *Jeune femme se poudrant* de Seurat. Plus loin, un autoportrait terrible de Van Gogh : il s'était coupé le lobe de l'oreille à la suite d'une brouille avec Gauguin !

Le reste de l'étage rassemble les collections plus éclectiques des autres donateurs. Salle 5, la générosité d'un ami de Courtauld permet au visiteur de découvrir une curieuse *Sainte Trinité* de Botticelli (1493). La taille disproportionnée de saint Jean Baptiste et de Marie Madeleine s'explique par les origines florentines de l'œuvre. On ne se lasse pas d'admirer les toiles de Rubens, salle 6, comme cette *Descente de Croix*. Dans la *Mise au tombeau* du Maître de Flémalle (Pays-Bas), on notera le souci du détail et les attitudes expressives des personnages. La salle 7, un tantinet fourre-tout, associe sans distinction Gainsborough et l'Espagnol Goya.

Une surprise vous attend au dernier étage. Des prêts de longue durée par la *Fridart Fondation* permettent d'exposer des bronzes de Degas, des toiles de Derain, de Matisse, de Vlaminck, de Braque, de Dufy... Et de nombreux Kandinsky, ce qui en fait actuellement l'une des plus grandes collections au monde. Levez la tête, les plafonds sont superbes également !

Pour clore la visite, la Courtauld Gallery présente différentes petites expositions temporaires de qualité.

Pour les insatiables, la Somerset House accueille aussi des expositions temporaires, de plus grande envergure *(● somersethouse.org.uk ●)*.

Twinings Museum *(centre 1, G3,* ***562****) : 216 The Strand, WC2R 1AP. ☎ 020-7353-3511. Ⓜ Temple. Lun-sam 9h30-16h30 (horaires variables). Entrée gratuite.*
Musée, c'est un grand mot. Petite expo plutôt, autour de ce thé Twinings, l'une des marques les plus populaires à travers le monde, et qu'on a tous bu un jour. Depuis 1706, Thomas Twinings figure parmi les premiers importateurs de feuilles de thé vers l'Angleterre. Vous voici dans sa boutique, installée depuis 1717 au même endroit et où Jane Austen se fournissait déjà. L'occasion pour vous aussi d'acheter du thé (au sachet !) et d'aller voir au fond de la boutique le petit musée consacré à l'histoire de la famille Twinings, et quelques objets liés à la production comme les vieux emballages.

Royal Academy of Arts *(centre 1, E4, **550**) : Burlington House, Piccadilly, W1J 0BD. ☎ 020-7300-8000. • royalacademy.org.uk • Ⓜ Piccadilly Circus ou Green Park. Tlj 10h-18h (22h ven) pour les expos ; John Madjeski Fine Rooms slt en visite guidée gratuite (mar à 13h, mer-ven à 13h et 15h et sam à 11h30). Entrée payante pour les expos (9-10 £) ; gratuite pour les John Madjeski Fine Rooms (collection permanente).*

Prestigieuse institution fondée en 1768 pour favoriser le développement des arts plastiques. Elle a acquis depuis lors une réputation internationale et s'est installée dans un bâtiment à sa mesure, une énorme bâtisse de style palladien. Elle est soumise à l'autorité de la reine et gérée par un comité de 50 académiciens, tous peintres, sculpteurs, graveurs ou architectes. Le peintre Reynolds en fut le premier président, et Gainsborough l'un des membres fondateurs. Appartenir à cette académie était un privilège rare, et de nombreux artistes anglais sont grâce à cela passés dans l'establishment. Elle possède une école d'art renommée, qui fut créée sur le modèle de l'École française des beaux-arts.

Le grand événement estival qui ponctue, depuis plus de 225 ans, la vie culturelle de la capitale est la *Summer Exhibition,* le grand salon d'art contemporain. Pour voir ou pour acheter, de début juin à mi-août. L'académie accueille le reste de l'année des expositions temporaires de grande qualité, thématiques ou liées à un artiste en particulier. Il est également possible de voir une sélection des *diploma works,* exposée dans les superbes *Fine Rooms* du XVIIIe s. Car depuis l'origine, les académiciens sont obligés de faire don de l'une de leurs œuvres, condition nécessaire à l'obtention du diplôme. Toiles de Turner, Constable, Gainsborough, Reynolds, Waterhouse... Profitez-en pour jeter un coup d'œil au bâtiment : les plafonds ornés de fresques valent le détour. Et si vous en voulez encore, ***Haunch of Venison*** *(• haunchofvenison.com •),* sublime espace d'expositions d'artistes contemporains, juste derrière l'entrée principale : *6 Burlington Gardens, W1S 3ET. Lun-ven 10h-18h, sam 10h-17h. Entrée gratuite.*

TIP FOR TEA

On trouve dans le musée une drôle de boîte en bois, sorte de tirelire où sont inscrites les lettres « TIP », pour « To Insure Promptness », ce qui signifie « Histoire de garantir un service rapide ». Les patrons glissaient une petite pièce dans cette tirelire « TIP » pour assurer un bon service à leurs clients. Le mot tip est entré dans le langage courant pour signifier... pourboire.

London Transport Museum *(centre 1, F4, **552**) : The Piazza, Covent Garden, WC2E 7BB. ☎ 020-7565-7299 (24h/24) ou 020-7379-6344. • ltmuseum.co.uk • Ⓜ Covent Garden. Situé juste derrière le marché central. Ouv sam-jeu 10h-18h (dernière entrée à 17h15), ven 11h-18h. Entrée : 13,50 £ ; réduc. Café sur place.*

On est accueilli par un plan de métro imaginaire de six grandes villes choisies dans le monde, dont Paris (cherchez bien, pas dur), connectées les unes aux autres. Rendez-vous au 2e étage pour descendre progressivement à travers le temps dans ce vaste musée qui a pour vocation de retracer l'histoire des moyens de transport londoniens depuis 1800 avec, comme corollaire, l'évolution économique et sociale de la capitale : diligences, tramways, autobus et *Tube.* On y découvre quelques curiosités, comme un omnibus sur rail, mais tracté par un cheval, ou un tram vert du Greenwich Dpt, magnifiquement rénové, où s'épanouissaient des poules en paix jusqu'à sa redécouverte ! Au 1er étage, plein de jeux interactifs pour les enfants, et, pour les plus grands, des trains à vapeur grandeur nature. On peut même rentrer dedans. Au rez-de-chaussée, toutes les explications de la construction du métro aux premières rames, très étouffantes, sans fenêtre, fermées à clé : claustrophobes, s'abstenir ! Quelques sections éducatives (comment prendre le métro avec les enfants ? comment bien utiliser l'escalator ?). Dans une des vitrines, le premier plan imaginé en 1933, au design toujours utilisé, par Harry Beck (remarquez le projet jamais accepté du plan de métro parisien, juste à côté). Réinterprétation des codes du métro par Man Ray également. Section sur le métro et les transports en temps de guerre, assez poignante. Admirez encore les fameux *double deckers*. Bref, *mind the gap*.

Photographer's Gallery *(centre 1, E3,* ***553****)* **:** *16-18 Ramillies St, W1F 7LW.* ☎ *0845-262-1618.* • *thephotographersgallery.org.uk* • Ⓜ *Oxford St. Lun-sam 10h-18h (jusqu'à 20h jeu) ; dim 11h30-18h. Entrée gratuite.* Galeries proposant des expos temporaires de photos de très bonne tenue, et qui changent à peu près tous les 2 mois. Accueille également une excellente librairie et un café-galerie agréable. Organise fréquemment des débats avec des photographes.

Monuments et balades

Le Londres commerçant : Piccadilly, Mayfair et Oxford Street

Cette balade décevra les fanas de bonnes affaires et réjouira les lécheurs de vitrines. Dans la plupart des boutiques de Piccadilly et Mayfair, le moindre petit plaisir est une grande folie ! Autant se contenter d'un regard de sociologue devant ces devantures luxueuses.

Piccadilly Circus *(centre 1, E4)* **:** il suffit d'y passer, comme plus de 34 autres millions de piétons à l'année (c'est inscrit sur un mur !), pour dire que l'on a vu Londres. Cette place bruyante aux panneaux publicitaires tapageurs est connue dans le monde entier. On est loin de l'œuvre initiale de l'architecte John Nash, qui conçut au début du XIXᵉ s, à la demande du prince-régent et futur George IV, l'aménagement d'un axe triomphal reliant du sud au nord le Mall à Regent's Park en passant par Piccadilly Circus et Regent's Street. Aujourd'hui, les néons des centres commerciaux, le brouhaha des taxis et des autobus ont eu raison de l'élégance des façades de stuc blanc. L'ange d'aluminium surplombant la fontaine a été baptisé Éros par les Londoniens. Il symbolise en fait l'ange de la charité chrétienne, en souvenir du comte de Shaftesbury, qui se préoccupa au siècle dernier du sort de la classe ouvrière. Autrefois pointé vers Shaftesbury Avenue, où habitait le fameux comte, Éros a été déplacé pendant la Seconde Guerre mondiale carrément dans l'autre sens. Tout simplement pour indiquer le Dorset, où habitait sur la fin de sa vie le pieux homme ! Ne manquez pas non plus l'autre fontaine emblématique de la place avec ses quatre chevaux en pleine course.

HAUT LES COLS

Au fait, saviez-vous que Piccadilly vient du mot pickadil, *qui désignait au XVIIᵉ s une sorte de col amidonné, assez haut, en vogue chez les jeunes aristocrates ? Un maître tailleur du coin, Robert Baker, s'en était fait une spécialité, dans sa demeure, appelée Piccadilly Hall bien sûr ! Le nom est resté.*

The Quadrant *(centre 1, E4)* **:** cette grande courbe élégante part de Piccadilly Circus et prolonge ***Regent's Street,*** qui fut construite par Nash pour séparer l'aristocratie de Mayfair de la plèbe de Soho. La galerie du même nom abrite quelques boutiques chic et clinquantes. Les belles façades blanches de 1820 ont été refaites au début du XXᵉ s

IL ÉTAIT UN PETIT NAVIRE

Au sommet du bâtiment de chez Liberty, *vous verrez un petit navire. Il rappelle que le bois utilisé pour la construction du bâtiment à colombages fut réalisé avec les matériaux de deux navires achetés par Arthur Lasenby Liberty, l'HMS* Impregnable *et l'HMS* Hindustan.

de manière fidèle. *The Quadrant* est bordé de boutiques de mode aux prix plus ou moins abordables, comme le fameux grand magasin *Liberty* et sa façade Tudor. Un étage entier y est consacré à la mode anglaise, de la plus sage à la plus déjantée. Voir plus haut « Shopping. Les boutiques chères mais qui valent vraiment le coup d'œil ».

Sur Piccadilly (la rue qui part du *Circus*), ne manquez pas ***Hatchard's,*** la plus belle librairie de Londres, mais aussi la plus ancienne (ouverte en 1797). Lord Byron fréquenta cet ancien club littéraire, et tous les grands auteurs viennent y dédicacer leur opus. Son propriétaire, Mr Hatchard, était un fervent partisan du combat contre l'esclavage et les discussions à l'arrière de la boutique y étaient houleuses. Ne ratez pas non plus ***Fortnum & Mason,*** la porte à côté, qu'il faut avoir vu au moins une fois dans sa vie de consommateur (voir plus haut « Shopping »).

Saint James's Church *(centre 1, E4)* : *197 Piccadilly, W1. • st-james-piccadilly.org • M Piccadilly Circus. Jeu et sam, marché artisanal, 10h-18h.* Petite église anglicane à l'arrière d'un jardin accueillant. Bien qu'elle ait été en partie reconstruite après la Seconde Guerre mondiale, vous aurez reconnu la touche inimitable de notre ami Christopher Wren (1684), l'architecte de Saint Paul's Cathedral. Nef à voûte large en berceau sur des colonnes corinthiennes. Autel sculpté par Gibbons. Au-dessus des tribunes, buffet d'orgue résolument baroque.

Les façades de Piccadilly *(centre 1, E4)* **:** au n° 203, immeuble moderne de la librairie *Waterstone's* où l'emploi du verre tranche avec les autres édifices de l'avenue. Non loin, *Burlington House,* le plus vieil édifice de Piccadilly, bâti au XVIIe s et remanié au XVIIIe s à la mode palladienne, redécouverte un siècle plus tard après que l'architecte Inigo Jones a importé le style néoclassique d'Italie. Propriété du gouvernement britannique, il fut loué au siècle dernier à la fameuse Royal Academy of Arts pour une durée de 999 ans et un loyer symbolique (voir plus haut « Galeries et musées »).

Au n° 173 de Piccadilly, ***Burlington Arcade,*** prolongée en face par ***Piccadilly Arcade,*** est un superbe passage du XIXe s bordé de petites boutiques chic et personnalisées, qui perpétuent le bon goût british.

UNE ARCADE SOUS SILENCE

Lord George Cavendish aimait passer du temps dans le jardin de sa maison Burlington House. Oui mais voilà, on lui jetait toutes sortes de choses par-dessus les murs, des coquilles d'huîtres aux bouteilles vides en passant par... des chats morts. Il décida donc de construire Burlington Arcade, une voie privée de petites échoppes chic, qui soumet les piétons à un règlement strict, datant du XIXe s. L'application est surveillée par les Beadles, la plus vieille patrouille de police d'Angleterre. Vous les verrez circuler en tenue so chic. Il est interdit de siffler, de chanter et de jouer de la musique, même du Haendel !

En sortant de Burlington Arcade, prendre à gauche ***Old Bond Street*** *(centre 1, D-E4)* suivie par ***New Bond Street,*** l'artère principale de Mayfair. Voici le cœur de l'un des quartiers les plus chic de Londres, si ce n'est LE plus chic. Rien à envier à l'élégance parisienne du faubourg Saint-Honoré ! Son nom vient des grandes foires aux bestiaux qui animaient, au XVIIe s, les premiers jours de mai. Boutiques de l'époque victorienne, parmi lesquelles antiquaires, galeries d'art, bijoutiers et magasins de mode. Au niveau du n° 15, statues originales de Churchill et Roosevelt devisant tout simplement... sur un banc. Ces statues ont été offertes en 1995 par les commerçants de la rue pour célébrer les 50 ans de paix en Europe. Au n° 35, ***Sotheby's,*** l'une des salles des ventes les plus célèbres du monde. Londres est devenue ces dernières années la capitale mondiale de l'art, tant pour le volume que pour le montant des ventes qui battent à chaque fois de nouveaux records et atteignent des prix astronomiques, bien loin, malheureusement, de toute considération artistique.

Possibilité de prolonger vers l'ouest de Piccadilly, direction ***Green Park*** (couvert de jonquilles aux beaux jours), pour le très luxueux ***London Ritz.*** Ouvert en 1906, cet hôtel fut le premier où les femmes célibataires pouvaient venir se loger ou tout simplement prendre un thé sans être accompagnées. Il fut construit par les mêmes architectes que son homologue parisien. Le salon de thé reste toujours très prisé, mais hors de prix. On continue avec l'une de nos places préférées, ***Shepherd Market.*** Placettes, rue marchande, vieux cordonnier, fleuriste, chocolatier et une ambiance à la *Oliver Twist. So cute !*

Vers le nord, New Bond Street débouche sur ***Oxford Street*** *(centre 1, D-E3),* la rue commerçante la plus longue de Londres. Faites vos emplettes le long des 2,5 km de magasins ; plus abordable que tout ce que vous venez de voir. Vous y trouverez *Marks & Spencer* et les grandes chaînes anglaises, comme *Primark, River Island, TopShop* (où Kate Moss créa quelques modèles), *The Body Shop,* et d'autres qui ne se sont pas encore exportées. Comme, par exemple, l'incontournable *Ann Summer,* célèbre pour sa lingerie coquine. De manière générale, la confection hommes et femmes est bien représentée. Au niveau d'Orchard Street, voir la grande façade du début du XXe s de *Selfridges,* plus haut de gamme. Le samedi, grande cohue sur les trottoirs.

Le Londres « branché » : Soho et Covent Garden

Les ultra-branchés hurleront peut-être en lisant ces lignes : avant-gardistes, tribus rock et jeunes gens à la mode désertent leurs anciens quartiers pour d'autres (Camden Town et Islington, entre autres). Toujours est-il que Soho, Covent Garden et leur périphérie constituent encore, et depuis belle lurette, le centre de la vie nocturne londonienne. Normal, puisqu'on y trouve une concentration étonnante de théâtres, de cinémas, de restos et pubs à la mode ainsi que bon nombre de clubs rock et de boîtes de nuit. Sans conteste les quartiers les plus animés le soir, notamment aux carrefours stratégiques : Piccadilly Circus et Leicester Square. Pour le touriste, le choc principal d'une balade dans ces quartiers bondés est bien souvent occasionné par l'incroyable contraste des genres qui se côtoient ici : du jeune bourgeois au SDF en passant par les rabatteurs de cabarets, les yuppies sortant du théâtre, les looks *gothic* (dérivés du punk), les hommes d'affaires éméchés, les gays d'Old Compton Street, les Chinois de Gerrard Street et... les autres touristes.

Soho *(centre 1, E3-4)* **:** un peu l'équivalent de Pigalle à Paris. C'est pourtant l'un des plus petits quartiers de Londres, délimité au nord par Oxford Street, au sud par Shaftesbury Avenue, à l'ouest par Regent's Street et à l'est par Charing Cross Road. Il y a 300 ans débarquèrent des réfugiés venus de toute l'Europe, dont pas mal de protestants français, puis des royalistes chassés par la Révolution. La plupart d'entre eux firent ce que font en général les expatriés : ouvrir des bars, des cafés et des restaurants. Parmi les plus célèbres exilés à Soho : Karl Marx, qui échoua dans Dean Street et y resta 5 ans. Mozart y passa aussi un petit moment, très exactement au 21 Frith Street, ainsi que Canaletto (Beak Street). Le quartier regroupe quelques sex-shops, *peep-shows, live shows* et les bars gays (Old Compton Street). Mais le quartier s'assagirait-il ? Les boutiques de mode tendance grappillent ruelle après ruelle. C'est là l'autre pendant de Soho, qui s'est rendu célèbre grâce à la mode : à l'ouest du quartier se trouve ***Carnaby Street,*** associée dans la mythologie des *sixties* au *swinging London* puisque ici furent lancées les modes vestimentaires qui fascinèrent nos mamans. De jeunes créateurs ont investi les lieux et proposent des modèles bien british, à prix encore raisonnables. Carnaby Street retrouve aujourd'hui ses quartiers : les grandes marques de mode s'y précipitent. Tout près, au 7 Broadwick Street, Brian Jones recruta deux jeunes gars, Mick Jagger et

Keith Richards, pour « monter » un petit groupe qui allait devenir grand, *The Rolling Stones.* Plus à l'est, le Soho des musiciens, avec ses clubs rock mythiques (voir « Où écouter du rock, du jazz, du blues, de la country... ? »), ses soldeurs de disques, ses vendeurs d'instruments et les bureaux de quelques éditeurs de musique.

À voir aussi, ***Leicester Square.*** Autour de cette place, souvent animée par des fêtes foraines et repaire des cinévores, vécurent, entre autres, Newton et Charlie Chaplin (on peut voir sa statue, son chapeau, sa canne et tout et tout !). Enfin, n'oublions pas le quartier des théâtres, le West End, passage obligé pour tout artiste anglais, dans le secteur Shaftesbury-Charing Cross. Quelques beaux spécimens de bâtiments typiquement victoriens.

SAINT COCTEAU

Au niveau du n° 5 de Leicester Square, pénétrez dans la petite église de Notre-Dame-de-France. Le bâtiment n'a rien de particulier, mais au fond, à gauche, vous apercevrez des fresques de l'Annonciation, de la Crucifixion et de l'Assomption à la sensualité prononcée : elles sont l'œuvre de Jean Cocteau, qui les éxécuta en une semaine. Cocteau, mystique, a décoré trois chapelles en France également !

Vous voudrez, bien évidemment, voir à quoi ressemble ***Chinatown*** *(centre 1, E4 ; Ⓜ Leicester Square),* célèbre enclave chinoise qui mérite assurément le détour. Quelques rues à peine, en bas de Wardour Street, autour de Gerrard Street. Le grand portail un peu kitsch qui marque la frontière vient tout droit de Shanghai, et l'on est immédiatement frappé par cette volonté farouche de maintenir quoi qu'il arrive la culture et les traditions chinoises. Les inscriptions, y compris les noms de rues, sont en chinois. Depuis 1973, le Nouvel An chinois y est fêté en grande pompe, attirant les touristes plus nombreux chaque année. On est loin du ghetto sordide de la première heure. L'arrivée en « nombre » au début du siècle dernier (imaginez, ils étaient 400 à 500 Chinois en 1913 !) alimenta les pires fantasmes et rumeurs, tous liés à l'opium, au crime... Au lendemain du grand *Blitz,* on relogea la communauté chinoise dans ce petit coin de Soho traditionnellement dévolu aux Italiens. En 1984, le sud de Soho devint officiellement Chinatown et se vit reconnaître une existence juridique et administrative propre. C'est aujourd'hui l'un des quartiers les plus visités. Y venir surtout le matin, au moment des livraisons de marchandises : on se croirait au cœur de Pékin.

Covent Garden *(centre 1, F3-4) : à l'est de Soho. Lun-sam 10h-20h, dim 11h-18h. La plupart des restos et bars ferment à 23h min.*

Si Soho évoque Pigalle, Covent Garden fait vraiment penser aux Halles. Ça tombe bien : l'histoire est identique ! Les halles de Covent Garden, devenues trop petites, ont dû déménager à la fin des années 1970. Mais au lieu d'en confier la restauration à des démolisseurs (comme en France), les Anglais ont eu la bonne idée de conserver la structure, à savoir la grande verrière qui faisait tout le charme des lieux. Pas bête : c'est bien plus beau et moins cher... On y a installé des artisans, des petits commerces et des restaurateurs. C'est sûr, c'est moins pittoresque que le marché aux fruits et légumes d'antan, immortalisé à l'écran dans *My Fair Lady.* De plus, c'est devenu hyper touristique. Le marché aux fleurs, lui, a cédé la place au *London Transport Museum* (voir « Galeries et musées »). Le quartier conserve une atmosphère plaisante, notamment dans les rues commerçantes,

LE MARCHÉ DU COUVENT

Covent Garden est un lieu chargé d'histoire : comme son nom l'indique, ici se trouvaient les jardins d'un couvent. Les moines, pour se faire un peu d'argent de poche, vendaient les produits de leur potager : d'où l'habitude que prirent les Londoniens de venir y acheter leurs légumes...

comme *Neal Street,* pleine de magasins spécialisés dans des trucs incroyables, ou *Neal's Yard,* place minuscule et colorée, accessible par Short's Garden.
Au XVIIe s, le comte Russell, nouveau propriétaire du terrain, décida d'en confier le réaménagement à un grand architecte. S'inspirant, entre autres, de la place Royale de Paris (future place des Vosges), celui-ci créa ainsi... le premier square londonien. Mais le Grand Incendie fit disparaître la *piazza* et ses beaux bâtiments, qui influencèrent tant l'architecture de la ville. Le marché ayant prospéré, on construisit la halle au début du XIXe s.

ЖЖЖ ***Savoy Hotel*** *(centre 1, F4) : Strand, WC2R 0EU. ☎ 020-7836-4343. Ⓜ Temple ou Embankment.* L'un des palaces mythiques de la planète s'est refait une beauté, notamment grâce au designer Pierre-Yves Rochon. Rien de très moderne, mais que des matériaux nobles (marbre, soie, etc.) et l'élégance discrète d'un luxe sans esbroufe. Trois ans de travaux et 250 millions d'euros plus tard, dont 2,5 millions rien que pour la suite royale du 5e étage avec piscine sur le toit, l'un des temples du style édouardien et Art déco retrouve son lustre d'antan. Construit en 1889 pour le compte de l'agent de théâtre Richard d'Oyly Carte, afin d'y loger ses stars de la scène, ce palace a été le témoin d'instants de vie culturelle. Pensez donc : Monet y a peint de sa chambre certaines de ses vues sur la Tamise ; Oscar Wilde y retrouvait son amant Alfred Douglas ; Marlène Dietrich exigeait d'être accueillie avec 12 roses et une bouteille de Dom Pérignon ; Queen Mum avait toujours sa bouteille de champagne doux au frais ; Lady Di y venait prendre le thé ; y furent inventés la pêche Melba pour la célèbre cantatrice Nelly Melba et la boisson *dry martini* à l'*American Bar* où venait jouer Frank Sinatra sur le piano blanc (voir la trace de brûlure de cigarette sur le dessus du piano quand il est ouvert !). On peut aujourd'hui encore y boire un verre (on préfère l'*American Bar* au *Beaufort,* voir « Où boire un cocktail dans un lieu mythique ? ») ou juste pousser le tambour de la porte d'entrée pour le plaisir des yeux...

CHAT ALORS !

En 1898, un riche magnat sud-africain donna un repas au Savoy. Au dernier moment, un convive annula et l'assemblée se retrouva 13 à table. Quelques jours plus tard, on le retrouva mort ! Pour éviter que cela ne se reproduise, la direction du Savoy pensa placer un employé lors des dîners à 13 autour de la table. Mais cela gênait les convives. Le Savoy commanda donc un chat noir (!), Kaspar, dans le style Art déco, « invité » à siéger lors de tels repas placés sous le coup du sort. Il existe toujours.

Le Londres politique

Voir le texte dans le chapitre « Pimlico (autour de Victoria), Westminster et Saint James's Park », à la rubrique « Monuments et balades ».

PIMLICO (AUTOUR DE VICTORIA), WESTMINSTER ET SAINT JAMES'S PARK

➧ Pour se repérer, voir le plan d'ensemble et le centre 1 en fin de guide.

Les quartiers de Pimlico, Westminster et de Saint James's Park appartiennent à la City of Westminster, berceau de l'aristocratie et des institutions britanniques. La reine y réside, et c'est un peu plus à l'est de son palais que se trouve l'abbaye de Westminster, haut lieu religieux où les monarques se passent de tête en tête la couronne royale.

Ce n'est évidemment pas dans ces quartiers que vous assouvirez vos pulsions festives, mais quelques étapes incontournables d'un voyage à Londres vous y mèneront forcément. En caricaturant, on pourrait résumer l'animation au trafic de cars touristiques, à la relève de la garde et aux quintes de toux de la famille royale. La partie la plus résidentielle du quartier, autour d'Ebury Street, abrite de nombreuses demeures de stars de l'écran et de la littérature. Même Mozart y a vécu, au n° 180, et a composé là sa première symphonie. Sur Pimlico Road, les architectes d'intérieur et autres designers perpétuent le style floral britannique. Plus british, tu meurs !

POURQUOI « WESTMINSTER » ?

Le nom de Westminster trouve ses racines chez des Normands francophones qui nommèrent le lieu Ouest-Moutier, c'est-à-dire le « monastère de l'Ouest ». Ce qui donna Westminster.

Où dormir ?

La plupart des adresses sont situées autour des stations de métro Pimlico, Victoria et Sloane Square. Quant à Ebury Street, elle est connue pour regrouper en enfilade de nombreux hôtels assez bon marché. Rien de vraiment inoubliable dans cette catégorie, mais le quartier est central et tranquille.

Studios et appartements

🏠 ***The Studios @82 B & B Belgravia*** *(plan d'ensemble D6, **59**) : 64-66 Ebury St, SW1W 9QD. ☎ 020-7259-8570. • info@bb-belgravia.com • bb-belgravia.com • Ⓜ Victoria. À partir de 135 £ la nuit pour 2, petit déj compris, et jusqu'à 270 £ la nuit pour 5 pers.* 💻 📶 Dans une jolie petite rue. Studios bien équipés, propres, bien décorés, avec serviettes et service de ménage. Kitchenette et nécessaire de cuisine pour une dînette en famille. Certains appartements ont douche et/ou bains. Possibilité de louer des vélos.

De très bon marché à bon marché (35-50 £, soit 41-59 €)

🏠 ***Astor's Victoria Hostel*** *(plan d'ensemble E6, **53**) : 71 Belgrave Rd, SW1 V2BG. ☎ 020-7834-3077. • victoria@astorhostels.com • astorhostels.com • Ⓜ Pimlico. Ouv 24h/24. Lits 15-30 £ selon dortoir (4-8 lits) et saison. Doubles à partir de 40-60 £ selon saison. Petit déj continental inclus.* 💻 📶 Une adresse conviviale. Dès l'entrée, salon TV avec des postes connectés à

Internet. Les autres pièces communes sont au sous-sol, principalement 2 vastes cuisines accueillantes à souhait. N'oubliez pas de faire votre vaisselle ! Dortoirs classiques (avec des couettes), et ensemble bien tenu. Personnel jeune et sympa, souvent composé de globe-trotters se refaisant une santé financière entre deux voyages. Une adresse parfaite pour jeunes routards et étudiants, à l'image des soirées à thème fraternelles et des activités qui sortent parfois de l'ordinaire (comme des cours de cuisine). En revanche, oubliez la chambre double, rapport qualité-prix nul.

Easy Hotel *(plan d'ensemble D6,* ***56****) : 36-40 Belgrave Rd, SWIV 1RG. ☎ 020-7834-1379. • enquiries@victoria.easyhotel.com • easyhotel.com • Ⓜ Victoria. Résas sur Internet slt, mais rien ne vous empêche de passer directement (paiement cash slt). Doubles 20-99 £ avec ou sans fenêtre selon surface et date.* Les prix se font selon le bon vieux principe du *low-cost,* plus vous réservez tôt, moins c'est cher ! Le prix d'appel est censé vous faire tourner la tête et oublier quantité de petits détails qui, en temps normal, vous chiffonneraient. Comme l'absence de fenêtre à certaines chambres ou leur surface, réduite au strict minimum pour rentabiliser l'espace au maximum. Confort rudimentaire, déco minimaliste où la couleur orange domine, cabines de douche compactes et intégrées... Attention aux suppléments : télé, ménage, changement des serviettes, petit déj, etc.

Prix moyens (50-90 £, soit 59-106 €)

Premier Inn Victoria *(plan d'ensemble D6,* ***56****) : 82-83 Eccleston Sq, Off 55 Gillingham St, SW1V 1PS. ☎ 0871-527-8680. • premierinn.com/en/hotel/LKEBAR/london-victoria • Ⓜ Victoria. Chambre à partir de 89 £, petit déj en sus. Réduc sur Internet.* Une centaine de chambres dans un bel immeuble en brique rouge. Toutes les chambres de cette chaîne sont identiques, mauves à souhait, confortables, avec bonne literie et propreté assurée. Sofa pour les enfants. Attention, les résas de dernière minute peuvent faire monter les prix.

De prix moyens à plus chic (50-120 £, soit 59-142 €)

Georgian House Hotel *(plan d'ensemble D6,* ***52****) : 35-39 Saint George's Dr, SW1V 4DG. ☎ 020-7834-1438. • reception@georgianhousehotel.co.uk • georgianhousehotel.co.uk • Ⓜ Victoria ou Pimlico. Doubles à partir de 95 £ selon saison. Petit déj inclus.* Un bel hôtel à la déco joyeusement baroque, où la toile de Jouy côtoie allègrement des couleurs pop. Les chambres sont plutôt mignonnes et soignées, le plancher craque au moindre pas comme une vénérable et vieille ossature. Au dernier étage, 2 chambres moins chères, avec salles de bains et sanitaires communs parfaitement tenus. L'équipe de l'hôtel est très accueillante, voire très sympathique. Que demander de plus ?

Luna Simone Hotel *(plan d'ensemble E6,* ***57****) : 47-49 Belgrave Rd, SW1V 2BB. ☎ 020-7834-5897. • stay@lunasimonehotel.com • lunasimonehotel.com • Ⓜ Pimlico. Fermé 23-27 déc. Double 125 £,* English breakfast *inclus (jusqu'à 8h30 max !). Familiales intéressantes. Réduc de 5 % sur présentation de ce guide (en payant cash slt).* Tenu par la même famille depuis 2 générations, ce bel hôtel pimpant est plein de caractère, dans une rue qui n'en manque pas non plus. Accueil souriant et pro, petites chambres agréables, hyper fonctionnelles et confortables, à la déco fraîche et très standard. Entretien impeccable de l'ensemble. Une de nos bonnes adresses dans le secteur.

Vraiment plus chic (plus de 120 £, soit 142 €)

B & B Belgravia *(plan d'ensemble D6,* ***59****) : 64-66 Ebury St, SW1W 9QD. ☎ 020-7259-8591. • info@bb-belgravia.com • bb-belgravia.com • Ⓜ Victoria. Doubles à partir de 135 £, petit déj compris.* Dans une rue résidentielle, un *B & B* à la déco très contemporaine, où les architectes d'intérieur se sont manifestement fait plaisir. Beau salon équipé de matériel high-tech, insolite passerelle en verre pour rejoindre la salle de petit déj. Les chambres sont dans le goût de la maison, spacieuses et claires (sauf pour celle du sous-sol), dont 2 familiales. Petite cour-jardin à l'arrière, et pour ne rien gâcher, vélo en libre-service. Une de nos adresses préférées.

Sidney Hotel *(plan d'ensemble E6,* ***135****) : 68-76 Belgrave Rd, SW1V 2BP. ☎ 020-7834-2738. • info@sidneyhotel.com • sidneyhotel.com • Ⓜ Victoria ou Pimlico. Doubles 95-175 £, petit déj anglais compris.* Un assemblage de 6 maisons victoriennes pour 80 chambres standard, fonctionnelles et à prix avantageux en s'y prenant un peu à l'avance. Pas de mauvaise surprise ici, c'est propre, et très bien situé. On apprécie le petit déj anglais (ce qui n'est plus si fréquent de nos jours), copieux et compris dans le prix. Accueil pro.

Où manger ?

Sur le pouce (moins de 10 £, soit 12 €)

Relish *(plan d'ensemble E6,* ***181****) : 8 John Islip St, SW1P 4PY. ☎ 020-7828-0628. Ⓜ Pimlico. Lun-ven 7h30-15h30 (15h ven). Sandwich et bagel env 3-4 £.* Petite boutique d'angle, grande comme un mouchoir de poche... mais plus active qu'une ruche. Chaque midi, c'est une foule d'affamés qui assiège cette échoppe minuscule, pour ses énormes sandwichs préparés à la commande avec toutes sortes de pains et de bons produits frais. Bons petits déj variés également, avec une sélection de *muffins*, croissants fourrés, bagels et autres *breakfast rolls*. Délicieux jus de fruits artisanaux. Idéal pour se restaurer avant ou après une visite à la Tate Britain. À déguster *relishieusement* !

Gastronomia Italia *(plan d'ensemble E6,* ***194****) : 8 Upper Tachbrook St, SW1 1SH. ☎ 020-7834-2767. Ⓜ Victoria. Tlj sf dim 9h-18h (17h sam). Sandwichs 2-3 £.* Avec son store aux couleurs de l'Italie, cette épicerie charmante est le lieu où se retrouvent chaque midi les inconditionnels de produits de la péninsule. Sandwichs à composer soi-même : 5 sortes d'olives, 2 fois plus de fromages, de charcuterie, etc. Au choix : une paire de tables en terrasse, pour déguster, le nez au vent, des *espressos* divins, ou de grandes tablées à l'intérieur.

Cafétéria de l'ICA *(Institute of Contemporary Arts ; centre 1, E4) : The Mall. Ⓜ Charing Cross. Tlj 12h-23h (1h sam, 21h dim). Sandwichs et plats du jour 5-10 £. Normalement pas de restriction d'accès, sf fête privée.* On y mange d'excellents sandwichs et de copieuses salades, en compagnie d'artistes et autres intellos révisant leurs classiques. L'ambiance est studieuse et propice aux échanges culturels. Cadre moderne convaincant, où les chaises orange se fondent dans la faïence bigarrée des murs. Une bonne mise en condition pour la visite...

The Seafresh Fish Restaurant *(plan d'ensemble E6,* ***207****) : voir plus loin, rubrique « Prix moyens ».* Le comptoir ventes à emporter propose des *fish & chips* croustillants à souhait, avec une panure bien dorée et des *jacket potatoes*.

The Green Café *(plan d'ensemble D6,* ***208****) : 16 Eccleston St, SW1. ☎ 020-7730-5304. Ⓜ Victoria. Lun-ven slt 6h-15h. Autour de 2,50 £.* C'est tout petit, ça n'a pas d'allure et c'est toujours plein. Forcément ! L'adresse est connue comme le loup blanc pour ses omelettes épaisses, ses petits déj et ses sandwichs minute. Et ça dure depuis 1955 ! Accueil jovial des propriétaires. Quelques tables sur la rue.

Bon marché (moins de 10 £, soit 12 €)

Regency Café *(plan d'ensemble E6,* ***186****) : 17-19 Regency St, WC1P 4BY. ☎ 020-7821-6596. Ⓜ Pimlico ou Saint James's Park. Lun-ven 7h-14h30, 16h-19h30 ; sam 7h-12h (petit déj slt). Plats 3-6 £.* Voici une de nos adresses coup de cœur ! La carte est toute britannique et propose une excellente cuisine roborative dans le genre saucisse, *black pudding* et bacon. Quelques plats pour les végétariens et un large choix de snacks et sandwichs. On commande au comptoir, puis, quand c'est prêt, le serveur ou la serveuse du jour vous hèle d'une voix de stentor. De l'extérieur, on pourrait croire à une peinture dans le goût d'Edward Hopper. Rien ne semble avoir bougé depuis des décennies, les tables en formica, les photos de box et surtout l'ambiance où l'ouvrier de chantier côtoie l'étudiant et l'employé de bureau du coin. On a rarement vu de lumière aux néons aussi chaleureuse. En dessert, les *crumbles*, noyés sous la *custard cream*, finiront de vous rassasier pour 3 jours. Parmi les incontournables si vous visitez la Tate Britain toute proche !

Prix moyens (10-18 £, soit 12-21 €)

|●| ***Chimes*** *(plan d'ensemble E6,* ***222****) : 26 Churton St, SW1V 2LP. ☎ 020-7821-7456. ● bookings@chimes-of-pimlico.co.uk ● Ⓜ Victoria ou Pimlico. Tlj 12h-15h, 17h30-23h (dim 12h-22h30). Fermé 24-26 déc. Le midi, snacks 3-5 £, sinon plats 9-15 £.* Ce joli bistrot offre une halte bienvenue si vous parcourez le quartier. De belles boiseries donnent un certain cachet à la salle. Pour le reste, une solide et savoureuse cuisine britannique, servie avec le sourire. Spécialités de *pies*, de *bangers and mash* (la fameuse saucisse-purée) ou encore de *ploughman's* (pour découvrir les fromages britanniques). Carte des vins et différentes sortes de cidres au tonneau.

|●| 🚸 ***Inn The Park*** *(centre 1, E5,* ***311****) : Saint James's Park, SW1A 2BJ. ☎ 020-7451-9999. ● info@inntheparkcom.com ● Ⓜ Saint James's Park. Tlj 8h (9h le w-e)-18h, plus le soir Pâques-oct. Petit déj 8h (9h sam-dim)-11h, lunch 12h-15h, afternoon tea 15h-16h30.* Bar, self, resto, *tearoom*... Cet établissement multifonction, au cœur même du parc Saint James, se révèle une adresse bien pratique à toute heure de la journée, dans un quartier plutôt désert dans ce rayon. Un genre de cafétéria améliorée, à l'architecture de bois bien intégrée à son environnement. Terrasse sur le toit aux beaux jours. Vaste choix de pâtisseries et cuisine efficace et plutôt élaborée, avec aux commandes la chef Amanda Wilson.

|●| ***Blue Jade*** *(plan d'ensemble D6,* ***204****) : 44 Hugh St, SW1V 4EP. ☎ 020-7828-0321. Ⓜ Victoria. Lun-ven 12h-14h30, 18h-23h ; sam 18h-23h. Plats 7-9 £ ; légumes en sus. Menus env 12 £ le midi, et 18-24 £ le soir.* Belle salle d'angle lumineuse, sobre et élégante avec ses tables joliment dressées, ceinturées par des fauteuils en rotin. Carte bien fournie, alignant tous les classiques thaïs *(tom yum, phad thai)* et quelques spécialités plus originales préparées avec soin. Atmosphère paisible et service aux petits oignons.

|●| ***Jenny Lo's Tea House*** *(plan d'ensemble D6,* ***208****) : 14 Eccleston St, SW1W 9LT. ☎ 020-7259-0399. Ⓜ Victoria. Lun-ven 12h-15h, 18h-22h. Plats autour de 8-10 £.* Cette petite cantine s'est fait une belle réputation pour ses soupes de *noodles* et autres spécialités asiatiques. Cadre branché et minimaliste, tout en bois clair et métal, avec quelques grandes tables conviviales. Les cuistots s'activent pour préparer la soupe de fruits de mer et le *beef hofun*, très prisés des habitués. Pour clore le repas, on peut s'offrir un thé thérapeutique conseillé par le Dr Xu ! Service efficace et souriant.

|●| ***Mekong*** *(plan d'ensemble E6,* ***206****) : 46 Churton St, SW1V 2LP. ☎ 020-7834-6896. ● info@mekongrestaurant.co.uk ● Ⓜ Pimlico. Tlj 12h-14h30, 18h-23h30. Fermé à Noël. Menus env 14-18 £ ; plats 5-11 £. Sur présentation de ce guide, café ou thé vert offert.* Aimable restaurant avec une mignonne petite salle colorée, qui prépare une honnête cuisine vietnamienne et thaïlandaise. Les ingrédients sont d'une grande fraîcheur et l'accueil très avenant. L'idéal si on est dans le coin, autrement ne pas faire le détour.

|●| ***The Vincent Rooms*** *(plan d'ensemble E6,* ***203****) : 76 Vincent Sq, SW1P 2PD. ☎ 020-7802-8391. ● restaurant@westking.ac.uk ● Ⓜ Victoria ou Pimlico. Lun-ven 12h-14h, plus 18h-21h certains soirs. Fermé pdt vac scol. Résa obligatoire plusieurs jours à l'avance pour le déj ; plusieurs sem, voire plusieurs mois pour le dîner. Formule 25 £ à l'Escoffier Room. À la brasserie, plats 9-12 £. Vin à prix raisonnable. Toujours un plat pour les végétariens.* Bienvenue dans les salles de travaux pratiques d'une

célèbre école hôtelière, le *Westminster Kingsway College.* Le midi, on a le choix entre la *Brasserie,* une vaste salle sobre de bois blond, et l'*Escoffier Room,* salon coquet digne des plus belles tables. Le soir, service uniquement dans l'*Escoffier Room.* Dans les 2 cas, les jeunes chefs du *college* ont la main experte, et vous ne serez pas déçu. Les habitués ayant flairé la bonne affaire sont d'ailleurs nombreux. Le service, certes parfois hésitant, est également assuré par des apprentis maîtres d'hôtel. Bref, profitez-en, car lorsque ces étudiants timides auront pris du galon, il faudra peut-être tripler la note pour profiter de leur talent !

|●| ***The Seafresh Fish Restaurant*** *(plan d'ensemble E6,* ***207****) : 80-81 Wilton Rd, SW1 V1DL. ☎ 020-7828-0747. • marios57@hotmail.co.uk • Ⓜ Victoria. Lun-ven 12h30-15h, 17h-22h30 ; sam 12h-22h30. Plats 9-13 £.* Derrière ce cadre de brasserie marine impersonnel se cache l'une des plus vieilles enseignes de la capitale londonienne. C'est l'as du *fish & chips,* réalisé dans les règles de l'art et toujours à partir de produits de grande fraîcheur. Simple et sans esbroufe. Propose aussi des viandes pour les plus réfractaires !

|●| ***The Albert*** *(plan d'ensemble E5,* ***149****) : 55 Victoria St, SW1H 0NP. ☎ 020-7222-5577. • albert.6737@thespiritgroup.com • Ⓜ Saint James's Park. Tlj 8h-23h. Plats 6-10 £.* Un pub de quartier pour manger à moindre coût entre la Westminster Abbey et Buckingham Palace. De l'extérieur, ce pub a fière allure avec ses vitres gravées et ses lampadaires clinquants. La salle est très chaleureuse et la cuisine de pub, sans être exceptionnelle, est de bon aloi. Petit déj et *afternoon tea* possibles.

Plus chic (18-25 £, soit 21-29,50 €)

|●| ***The Quilon*** *(plan d'ensemble E5,* ***284****) : 41 Buckingham Gate, SW1E 6AF. ☎ 020-7821-1899. • info@quilonrestaurant.co.uk • Ⓜ Saint James's Park. Tlj sf sam midi 12h-14h30, 18h-23h ; dim 12h30-15h30, 18h-22h30. Menu 24 £ le midi ; plats 10-28 £. Le soir slt, thé offert sur présentation de ce guide.* Voici l'ambassade londonienne du groupe *Taj,* la chaîne d'hôtels luxueuse et raffinée de l'Inde. Les délicates spécialités du Kerala mettront tous vos sens en émoi, mais l'addition saura vous faire redescendre sur terre ! Le restaurant est à la hauteur : décor classe et sophistiqué, personnel aux petits soins et l'un des meilleurs chefs du sous-continent aux commandes. Subtilités d'une cuisine épicée (sans excès, pour s'adapter aux palais occidentaux) où les saveurs des fruits, poissons, légumes ou viandes fusionnent en parfaite harmonie.

Où boire un verre ? Où écouter de la musique ?

🍷 ***St Stephen's Tavern*** *(plan d'ensemble F5,* ***314****) : 10 Bridge St, SW11 2JR. ☎ 020-7925-2286. Ⓜ Westminster. Lun-sam 10h-23h (23h30 ven-sam) ; dim 11h-22h30.* Un pub traditionnel datant de 1873, situé juste en face du Parlement. Il distille une bière renommée du Dorset, la *Hall and Woodhouse,* et a vu passer tous les grands noms de la politique britannique. Aujourd'hui encore, les députés et journalistes en ont fait leur QG, d'autant que la cuisine y est de qualité. Aux heures stratégiques, l'ambiance est surchauffée et vraiment conviviale. Et si vous entendez une cloche retentir, ce n'est pas pour sonner l'heure de la dernière commande, mais pour signaler à l'assemblée l'heure des votes, 2 mn avant ! Un petit établissement historique qui mérite d'y faire étape pour se plonger dans l'ambiance du quartier.

🍷 ♪ ***Boisdale of Belgravia*** *(plan d'ensemble D6,* ***411****) : 13-15 Eccleston St, SW1W 9LX. ☎ 020-7730-6922. Ⓜ Victoria. Lun-ven 12h-1h, sam 18h-1h. Plats 15-20 £ au bar. Concert ts les soirs sf dim : 4,50 £ (avt 22h), 12 £ après 22h.* On roule les « r » dans ce pub écossais pur jus et très chic, où les clients sont souvent des « *members* ». Tartan sur les chaises, vieux tapis et parquets cirés confèrent aux lieux une atmosphère chaleureuse. Bar, menu de bonne tenue, mais on vient surtout le soir pour les concerts de jazz des années 1930, 1940, 1950... Sélection savante de *single malt*, cela va de soi, cigares au menu et une terrasse tout là-haut pour déguster son barreau de chaise.

Shopping

Boutique de musée

Tate Britain *(plan d'ensemble F6) : Millbank, SW1. ☎ 020-7887-8888. • tate.org.uk • Ⓜ Pimlico. Tlj 10h-18h (22h le 1er ven du mois). Fermé 24-26 déc. Entrée gratuite.* Pour ses cadeaux estampillés « Tate » et un peu déjantés, du sac à la tasse, en passant par des bouquins qui feront plaisir à grand-maman, des gommes et autres papiers cadeau ou petits carnets.

Divers

The National Trust *(plan d'ensemble E5) : 23 Caxton St, Blewcoat School, SW1H 0PY. ☎ 020-7222-2877. Ⓜ Saint James's Park. Lun-ven 10h-17h30.* Occupe une belle maison en brique et pierre construite en 1709, à 5 mn de Buckingham Palace. Pour acheter de bons produits naturels et quelques souvenirs *British* en faisant sa B.A. (une partie des bénéfices permet l'entretien des monuments nationaux, parcs naturels et sentiers de balade). On y trouve tout un tas de bibelots, de jolies couvertures et un peu de marmelade.

Galeries et musées

Tate Britain *(plan d'ensemble F6) : Millbank, SW1. ☎ 020-7887-8888. • tate.org.uk • Ⓜ Pimlico. Un bon plan : un bateau (le Tate Boat) relie la Tate Britain à la Tate Modern. Tlj, départ ttes les 40 mn ; 1er vers 10h, dernier vers 17h (20h30 le w-e). Prix : 5,50 £ ; pour les détenteurs d'une* Travelcard *: env 3,70 £ ; réduc. Musée tlj 10h-18h (nocturne ven jusqu'à 22h). Fermé 24-26 déc. Entrée gratuite. Audioguide en français : 3,50 £. Visites guidées gratuites plusieurs fois/j. Entrée payante pour les expositions temporaires.* Arts troleys *(chariots artistiques), slt le w-e, mais tte l'année. Des artistes se promènent dans les couloirs avec leurs chariots pour faire une médiation culturelle avec les enfants, en proposant diverses activités éducatives à réaliser en famille.*
La Tate possède une grande cafétéria et un resto un peu plus chic orné de fresques. Expos temporaires : « Patrick Keiller » (27 mars-14 oct 2012), « Pre-Raphaelites : Victorian Avant-Garde » (12 sept 2012-13 janv 2013), « Frank Bowling » (30 avr 2012-30 avr 2013).
L'un des grands musées de Londres. Sa particularité est de regrouper plus de 500 ans de créations britanniques, de 1500 à nos jours. Sa vocation est de créer un pont entre les arts dits classiques et la création contemporaine. La Tate Britain consacre ses galeries à des artistes comme : Turner, Gainsborough, Constable, Henry Moore, Hockney, Gormley... On y verra également d'autres artistes moins emblématiques, mais qui remportent un franc succès pour leurs compositions éminemment britanniques. Stubbs est l'un des favoris avec ses toiles animalières (les Anglais raffolent des *pets* !). Les collections tournent très régulièrement, et ce que vous verrez ne représente qu'une partie du fonds du musée. Impossible donc de citer les œuvres phares, sauf peut-être dans les salles consacrées à Turner (et encore !). Lors de votre visite, munissez-vous d'un plan et ne manquez pas les petites expos temporaires (gratuites), avec des artistes d'art contemporain souvent décapants ! Toutes les formes d'art sont représentées (vidéos, photographies, installations...). L'ensemble est très intelligemment mis en valeur et on y découvre de jeunes talents, notamment dans la section *Art now*.
– ***Turner Collection :*** sur deux étages, plusieurs salles sont principalement réservées à Turner, l'un des plus grands peintres anglais ! Le musée regroupe près de 300 huiles, aquarelles et dessins qui illustrent l'immense talent de ce maître de la lumière, largement précurseur des impressionnistes. Voyez ses scènes pastorales du début du XIXe s où il se montrait, comme Constable, le digne successeur des

paysagistes flamands, de Poussin, du Lorrain et autres favoris du XVIIIe s anglais. Les toiles sur Venise traduisent parfaitement l'évolution de son travail sur la perspective. En 1843, avec ses personnages effacés, ses jets de couleurs pastel, ses taches jaunes et bleues qui semblent gommer toute réalité, Turner est indiscutablement visionnaire. Quelle révolution après l'académisme de ses périodes anglaise et romaine ! On peut également apprécier toute la fougue romantique de ses débuts : scènes mythologiques, paysages fantastiques et grandioses, où l'orage gronde, la mer est déchaînée et l'homme menacé. Que de tourments chez ce peintre obsédé par les ciels torturés et les soleils éclatants ! Ses quelques toiles inachevées sont tout aussi sublimes. D'ailleurs, Turner finira isolé de ses contemporains, livrant des œuvres aussi belles que dépouillées, incomprises des critiques. Dans certaines salles, des objets personnels du peintre, sa palette, ses carnets, etc. Un musée dans le musée !

Queen's Gallery *(plan d'ensemble D5) : à Buckingham Palace, Buckingham Palace Rd, SW1. ☎ 020-7766-7301. • royalcollection.org.uk • Ⓜ Victoria, Green Park ou Saint James's Park. ♿ Entrée à gauche du palais. Tlj 10h-17h30, dernière admission à 16h30. Fermé 8 oct-1er nov, 25-26 déc et de mi-avr à début mai. Entrée : 9,25 £ ; réduc. Possibilité de billet jumelé avec les Royal Mews (ouv mars-oct) : 15,75 £.* Ne vous formalisez pas, fouille en bonne et due forme à l'entrée ! Mais ne vous attendez pas à visiter le palais de Buckingham. Seuls les gardiens en livrée, disponibles et courtois, vous rappelleront que vous êtes chez la reine. La galerie à taille humaine est située dans l'ancienne chapelle privée, qui fut gravement endommagée par les bombardements allemands de 1940 à 1944, mais a connu un vaste réaménagement pour le jubilé de la reine. Elle présente les œuvres d'art de la vaste collection royale selon des expositions thématiques, renouvelées régulièrement. Modestes en taille, mais riches en qualité, les chefs-d'œuvre sont de premier ordre, et le trésor de la reine couvre tous les arts et toutes les époques ! Un délice de raffinement.

Royal Mews *(plan d'ensemble D5) : à Buckingham Palace, Buckingham Palace Rd, SW1A 1AA. ☎ 020-7766-7302. • royalcollection.org.uk • Ⓜ Victoria. À côté de la Queen's Gallery. Ouv 1er avr-31 oct, tlj (sf 9 mai, 2, 5, 9 et 16 juin) 10h-17h. Attention, horaires et jours d'ouverture différents le reste de l'année, renseignez-vous. Entrée : 8,25 £ ; réduc. Possibilité de billet jumelé avec la Queen's Gallery : 15,75 £.* Tous ces carrosses rutilants que l'on sort les jours de flonflon officiel et ces voitures à larges vitres derrière lesquelles la reine salue mollement de la main, il leur faut bien un entrepôt. C'est ici, dans les écuries royales, qu'ils sont bichonnés. Il est vrai que le « Gold State Coach » de 1762, tiré par huit chevaux a fière allure, même si, paraît-il, on n'y est pas trop à son aise. Toutes sortes d'anecdotes pour chaque carrosse, l'un d'entre eux est même doté de vitres électriques ! Sachez que deux fois par jour, le postier délivre le courrier à Buckingham, Saint James's Palace et Clarence House... en calèche. La grande classe, sans parler du bilan carbone quasi nul !

Churchill War Rooms *(plan d'ensemble E-F5, **554**) : Clive Steps, King Charles St, SW1A 2AQ. ☎ 020-7930-6961. • iwm.org.uk • Ⓜ Westminster. Tlj 9h30-18h, dernière admission à 17h. Fermé 24-26 déc. Entrée : 16,50 £ ; réduc ; gratuit moins de 16 ans. Audioguide (en français et gratuit) compris. Pour des raisons de sécurité, pas de vestiaires. Compter au moins 2h de visite.*

Un 10 Downing Street underground

Cachée sous des bâtiments administratifs et protégée des bombes par une couche de béton et de métal, cette casemate inattendue, de dimension impressionnante, servit de PC à Churchill et à ses conseillers militaires. Ce labyrinthe d'une trentaine de salles surprend avant tout par son confort simple. Il faut dire qu'ils vinrent s'enterrer ici pendant près de 5 ans, du grand *Blitz* d'août 1940 à la reddition japonaise en 1945. Dès l'entrée, une bombe allemande de 250 kg replace dans le contexte. Ça n'était pas virtuel !

Comme certains ne remontaient que très rarement à la surface, il fallait bien que la vie s'organise. C'est ainsi que l'on visite les fameux cabinets de guerre, comme le *Transatlantic Telephone Room* d'où Churchill communiquait directement avec Roosevelt à la Maison-Blanche, les salles des cartes *(maps rooms)* où l'on suivait les opérations sur tous les fronts à l'aide d'épingles et de fils de laine colorés, les salles de radio, les postes de gardes, etc. Le gouvernement de coalition, restreint, ne comptait alors que huit membres. Mais on découvre aussi le volet plus intime de ce bunker, avec la chambre de Churchill, la cuisine, la salle à manger... Pas mal de détails amusants, comme la petite phrase de la reine Victoria affichée dans la salle du Conseil : « Les possibilités de défaite ne nous intéressent pas. Elles n'existent pas ! » ; ou les objets qui surgissent du passé, comme ce vieux Frigidaire calé derrière une porte et ce placard métallique sur lequel est inscrit « 10 Downing Street ». Des mannequins prêtent vie à l'ensemble, un audioguide fort bien fait nous compte mille anecdotes, et l'on revit avec intérêt et émotion les grands épisodes de la guerre. On aurait presque l'impression de gêner en pleine opération !

HISTOIRE DE POMME

Alan Turing, mathématicien de génie trop méconnu, eut une action décisive sur la victoire contre les nazis : il cassa le secret Enigma, la machine qui cryptait les messages allemands. Il est le père de l'informatique moderne. Mais Alan était homosexuel et on le condamna en 1952 à un traitement aux hormones féminines. Il devint impuissant et se suicida en avalant une pomme empoisonnée au cyanure. On dit que la pomme croquée, logo d'Apple, est un hommage au grand homme.

Churchill Museum

Au cœur de la visite, ce musée dans le musée s'intéresse d'abord aux années de guerre, puis on remonte le temps jusqu'à la naissance de ce personnage décidément hors du commun. Il connut toutes les grandes mutations de la fin du XIXe et du XXe s, du premier téléphone à la conquête spatiale et fut tout à la fois officier de l'armée, journaliste, historien, politicien, peintre, écrivain nobélisé...

La scénographie est résolument moderne, avec comme épicentre une ligne de vie interactive qui permet d'avancer chronologiquement, d'année en année. Au fil des écrans et des vitrines d'une grande richesse iconographique, on découvre un personnage fascinant, tout en nuances, contradictions et paradoxes (un Anglais, quoi !). Il se dégage beaucoup de tendresse dans les témoignages. Il faut dire que l'on a du mal à ne pas craquer pour ce personnage haut en couleur, au look de star de ciné, un mélange de Droopy, de Hitchcock et de John Wayne. Matez donc l'incroyable photo où il pose, cigare vissé aux lèvres et mitraillette à la main. Un vrai Incorruptible !

Si sir Winston Leonard Spencer-Churchill (1874-1965) était un personnage plein de relief, politiquement, il était tout aussi difficile à cerner. Fils d'un lord anglais et d'une riche héritière américaine, il démarra dans la vie en 1899 comme soldat au service de Sa Majesté, mais il fut fait prisonnier. Son évasion le rendit mondialement célèbre et lui permit de se faire élire député. Voilà pour le côté rocambolesque. Mais ce conservateur radical, qui prêchait l'ordre public, est aussi à l'origine

EXCENTRICITÉ BRITANNIQUE ?

Churchill gérait son image avec un génie rare. Son cigare (qu'il mâchonnait !), ses tenues excentriques et ses peignoirs exotiques font désormais partie du mythe, tout comme son incorrigible habitude de recevoir ses collaborateurs au lit ou son penchant pour le champagne Pol Roger. Il alla même jusqu'à organiser ses propres funérailles nationales, sous le nom de code « Operation Hope Not ». Et éleva son perroquet pour insulter... Adolf Hitler !

de nombreuses lois visant à diminuer la précarite, tout en s'opposant fermement au démantèlement des colonies.

On lui reprochait souvent de jouer les Cassandre. Ainsi, il fut l'un des rares à alerter le monde du danger que représentait Hitler. Malheureusement, la suite des événements lui donna raison et Neville Chamberlain, le Premier ministre, dut se résigner à l'appeler au gouvernement comme premier lord de l'Amirauté. Quelques jours plus tard, il lui céda même sa place ! L'Histoire fit de cet homme providentiel un héros de légende.

Cette immense popularité ne l'empêcha pas de perdre les élections en 1945. Personnage extrêmement controversé, il connut ensuite une longue traversée du désert qu'il consacra à la littérature (prix Nobel pour son œuvre en 1953). Mais il continua à prendre ouvertement position et à jouer les agitateurs publics. Il fut finalement réélu en 1951. Il consacra la fin de sa vie à vouloir mettre un terme à la guerre froide. Il mourut en 1965, laissant une Europe plus divisée que jamais. Les fans poursuivront la visite par sa maison de Chartwell, dans le sud de l'Angleterre (voir le *Routard Angleterre, pays de Galles*).

– La porte à côté du musée est le HM Treasury, l'équivalent de notre ministère de l'Économie et des Finances. Bien gardé !

Household Cavalry Museum *(centre 1, F4)* **:** *Horse Guards, Whitehall, SW1A 2AX. ☎ 020-7930-3070. • householdcavalrymuseum.co.uk • Ⓜ Westminster. Tlj (sf 24-26 déc) 10h-18h (17h oct-fév). Dernière admission 45 mn avt fermeture. Entrée : 6 £ ; réduc.* En complément des changements de la garde qui se déroulent sur le terre-plein, ce petit musée rappelle le rôle de la cavalerie dans l'histoire de la Grande-Bretagne, depuis sa création en 1660 par Charles II. Costumes (que l'on peut essayer), écrans tactiles et film sur la revue des troupes par la reine en juin *(Trooping the colour)*. Mais le petit plus, ce sont ces box aux parois de verre, par lesquelles on peut voir les chevaux en live, dans leur élément ! Venir si possible après 16h quand ils rentrent au bercail.

Monuments et balades

Le Londres politique : Trafalgar Square, Whitehall et Westminster

Cette balade rassemble quelques incontournables du tourisme londonien. Été comme hiver, vous ne serez pas seul à vous extasier devant l'uniforme des *Horse Guards* ou les sculptures funéraires de l'abbaye de Westminster. Quartier des ministères, du Parlement et de la résidence du Premier ministre, son importance dans le fonctionnement des institutions de la monarchie britannique se retrouve dans la solennité de l'architecture, presque exclusivement composée d'imposantes façades blanches à l'antique, agrémentées de tourelles dans le meilleur des cas.

Saint-Martin-in-the-Fields Church *(centre 1, F4)* **:** *Trafalgar Sq, WC2. • stmartin-in-the-fields.org • Ⓜ Charing Cross ou Leicester Sq. Lun-ven 8h30-18h (17h mer), sam 9h30-18h, dim 15h30-17h.*

Église baroque construite en 1726, donnant directement sur la place la plus célèbre de Londres. Portique corinthien particulièrement pesant et clocher effilé à base carrée. À l'intérieur, péristyle corinthien sous un plafond en ellipse orné de stucs. À gauche du chœur, les armes royales au-dessus de la loge réservée à la famille royale rappellent que nous sommes dans l'église paroissiale de Buckingham Palace. Aujourd'hui, elle sert également de centre d'accueil pour les SDF *(homeless)*. L'Academy of Saint Martin-in-the-Fields est également réputée mondialement pour son orchestre. L'église est aussi célèbre pour sa chorale d'une grande qualité et une programmation musicale riche et variée. On peut voir répéter le chœur et écouter des chants liturgiques les mercredi matin et dimanche après-midi (sauf en août). Régulièrement, le soir à 19h30, concerts payants de musique classique ou baroque (large répertoire). L'église est alors éclairée à la bougie ! Sinon, des concerts gratuits à 13h certains jours.

– Dans la crypte, le ***Brass Rubbing Centre*** (littéralement, « décalquage du laiton »). *Lun-mer 10h-18, jeu-sam 10h-20h, dim 11h30-17h.* Voici un loisir très prisé des Britanniques qui, en guise de passe-temps, s'amusent à faire reluire des plaques cuivrées qui reproduisent différentes pierres tombales du Moyen Âge. Pour le prix de leur labeur, ils ont le droit de décalquer le dessin de leur gisant préféré pour l'encadrer et l'installer à la place d'honneur dans leur salon familial. Compter à partir de 5 £, matériel fourni.

Trafalgar Square *(centre 1, E-F4)* **:** en plein milieu de Trafalgar Square se dresse la célèbre colonne de Nelson, élevée à la mémoire du plus grand amiral de l'histoire britannique. Ce marin génial fit boire la tasse à l'armada française lors de la bataille navale de Trafalgar en 1805, au large des côtes espagnoles. Cette défaite napoléonienne mémorable sauva l'Angleterre et lui laissa la suprématie sur les mers. La mort de Nelson à l'issue des combats en fit à tout jamais un héros de légende. Les bas-reliefs du piédestal ont été coulés dans le bronze des canons français.

La renommée de la place lui vient non pas de sa beauté, avec sa colonne, ses lions et ses fontaines (certaines à eau potable, pratique pour remplir sa gourde !), mais plutôt en raison de sa situation centrale, à l'intersection du Mall royal, du quartier des ministères et des centres culturels du West End. C'est d'ailleurs ici qu'est établi le kilomètre 0 (ou « mile » !), point de repère pour le calcul des différents kilométrages à travers le pays. La place est prise d'assaut par les touristes et les manifestants, les jours de revendication. Quant aux pigeons, qui ont pourtant contribué à l'image de la place, ils ont été quasiment tous bannis ! À Noël, la Norvège offre un gigantesque sapin pour remercier la Grande-Bretagne de son aide contre l'ennemi nazi pendant la guerre. Si vous y êtes autour de la 1re semaine de décembre, ne pas manquer la cérémonie d'illumination du sapin (voir « Fêtes et jours fériés » dans « Londres utile »). La place fut construite entre 1820 et 1840 selon les plans de l'architecte John Nash, qui aménagea le vaste quartier résidentiel s'étendant au nord jusqu'à Regent's Park. Plus que tout, la façade antique de la *National Gallery,* qui borde la place au nord, lui donne de l'allure. Beau point photo sous le portique du musée avec vue sur l'horloge Big Ben. Au départ de la place, la première façade bordant Whitehall est l'*ancienne Amirauté,* du XVIIIe s. En face, *Great Scotland Yard* donna son surnom à la fameuse police londonienne. Son état-major y résida jusqu'à la fin du siècle dernier, avant d'emménager sur Vic-

LES LIONS DE SA MAJESTÉ

Les lions au pied de la colonne Nelson sont l'œuvre d'Edwin Landseer, qui était le « peintre » préféré de la reine Victoria. Un peintre ? Pour des sculptures ? Eh oui, Landseer ne pouvait rien refuser à la reine. On attendit donc que des lions du zoo meurent pour que Landseer apprenne la sculpture d'après ces modèles grandeur nature. Bientôt, ses voisins commencèrent à se plaindre de l'odeur des bêtes en putréfaction. C'est qu'il faut du temps pour réaliser de telles œuvres... À sa mort, Landseer demanda à être enterré avec une des peaux en souvenir. À croire qu'il avait aimé ça !

GARDE À (TOUTE PETITE) VUE

Sur la place de Trafalgar Square, à l'angle sud-est, au pied de la statue de sir Henry Havelock, vous remarquerez une petite guérite sans personne à l'intérieur. Il s'agit du plus petit commissariat (ou de la plus petite prison) d'Angleterre. On y tient à peine à deux ! À l'intérieur, une ligne téléphonique permet de contacter Scotland Yard. Be careful !

toria Street, dans un bâtiment moderne. Une rue plus loin, énorme masse blanche du *ministère de la Défense* terminée par de multiples tourelles et coupoles.

La statue équestre de Charles Ier : *sur Trafalgar Sq.* En hommage au dernier résident du palais royal de Whitehall (aujourd'hui disparu, il se trouvait à l'emplacement de l'avenue du même nom), la statue marque le début de cette large avenue. Œuvre d'un architecte français du XVIIe s, elle échappa miraculeusement à la destitution de l'autorité monarchique par Cromwell et réapparut tout aussi miraculeusement à la Restauration.

Banqueting House *(centre 1, F4)* **:** *Whitehall, SW1. ☎ 020-3166-6154. • hrp.org.uk • Ⓜ Westminster ou Charing Cross. En face de la caserne des Horse Guards. Lun-sam 10h-17h (dernière admission à 16h30). Fermé dim et j. fériés, ainsi que 24 déc-1er janv. Entrée : 5 £ ; réduc. On vous rappelle l'existence d'un pass annuel très intéressant si vous avez l'intention d'enchaîner les visites : à partir de 43 £/adulte ; forfait famille. Il permet un accès illimité pdt 1 an aux sites suivants : Hampton Court Palace, Tower of London, Banqueting House, Kew Palace et Kensington Palace. Audioguide de 20 mn en anglais inclus (le demander) et film d'introduction à la visite, tous deux un peu longuets. Certains jours, à 12h, concerts de musique classique et petits sandwichs pour 19 £.* La visite se résume à la splendide salle de banquets du 1er étage, seule rescapée de l'incendie de 1698 qui détruisit le palais royal de Whitehall. Cette immense résidence royale s'étendait alors de Saint James's Park à la Tamise et de Charing Cross à Westminster Bridge. Le rôle initial de la *Banqueting House* a été maintenu, puisqu'elle sert aujourd'hui encore de lieu de réceptions. L'endroit est chargé d'histoire et intimement lié à la monarchie anglaise. Henri VIII y mourut, Élisabeth Ire y résida avant d'être emprisonnée à la Tour de Londres, puis James Ier (Jacques Ier), roi absolutiste à l'origine de l'union des royaumes d'Écosse et d'Angleterre, y festoya. Dans un autre registre, son fils Charles Ier monta sur l'échafaud dressé pour l'occasion près de la porte d'entrée de la salle et, avec lui, six siècles de monarchie furent décapités. Vive la République ! Mais pas pour longtemps... L'architecture du début du XVIIe s dans le style palladien est due à Inigo Jones, inspiré par un voyage en Italie. Superposition de deux ordres, comme sur la façade extérieure : ionique au premier niveau et corinthien au-dessus. Remarquez que les colonnes sont encastrées dans les murs pour gagner de l'espace et que la galerie est soutenue par des corbeaux. Ce style, qui était alors inédit en Angleterre, sera repris dans les façades aristocratiques au cours du XVIIIe s (voir « Architecture » dans « Hommes, culture, environnement »). Le clou est bien sûr le plafond à caissons, peint par Rubens en 1629, qui tranche dans cet intérieur plutôt classique. Des scènes allégoriques hautes en couleur rendent un hommage complaisant au règne de James Ier et à sa sagesse.

Institute of Contemporary Arts *(ICA ; centre 1, E4)* **:** *The Mall, SW1Y 5AH. ☎ 020-7930-3647. • ica.org.uk • Ⓜ Charing Cross ou Piccadilly Circus. Entrée discrète sur la droite du Mall, avec Trafalgar Sq dans le dos. Ne pas confondre avec un hall d'expos de peinture qui se trouve juste avt. Fermé lun ; mar-dim 11h-23h (les galeries ferment à 18h, 21h jeu). Entrée gratuite.* Galeries d'expositions temporaires d'art contemporain. Cinémathèque, théâtre, librairie et conférences accordant une grande place aux thèmes les moins habituels. À la pointe de l'avant-garde artistique anglaise et internationale. L'accès intellectuel n'est pas toujours évident, mais c'est une bonne raison pour papoter avec les visiteurs ou le personnel de l'Institute. Un café-bar également pour une pause plus prosaïque (voir « Où manger ? Sur le pouce »).

Caserne des Horse Guards *(centre 1, F4)* **:** caserne de la cavalerie royale à l'endroit même où s'élevait le corps de garde de l'ancien palais de Whitehall. Façade du XVIIIe s dans le style palladien. Côté Whitehall, l'entrée est gardée par deux beaux spécimens d'une impassibilité exemplaire. Petite cérémonie à 16h pour la fermeture des box des chevaux, mais le plus intéressant est la relève de la garde, de l'autre côté du porche, sur le terre-plein, tous les jours à 11h, à 10h le dimanche (y être un peu avant et vérifier les horaires, soumis à changements). Toutefois, spectacle franchement longuet et action limitée, même si ça se passe avec des chevaux. L'essentiel des opérations se résume à un dialogue (inaudible) entre les deux officiers. Bref, beaucoup moins spectaculaire que le *Changing of the Guard* à Buckingham Palace. Le 2e samedi de juin, après l'anniversaire... officiel de la reine (le 6 juin), célébration en grande pompe de cet événement *(Trooping the Colour)*, visible le long du Mall. Pour en savoir plus, vous pouvez rendre visite au ***Household Cavalry Museum***, sur le terre-plein (voir la partie « Galeries et musées »).

VIVE LE SYNTHÉTIQUE !

Les bonnets de la garde royale sont faits de poils d'ours canadien. Il faut d'ailleurs un ours entier pour fabriquer un seul bonnet. Pas très correct. Les amis des animaux ont beau manifester, rien n'y fait. Et la reine qui prétend aimer les animaux...

Attenante à la caserne des *Horse Guards*, la façade palladienne du ***Cabinet Office*** longe fièrement Whitehall. Belle exécution architecturale superposant les ordres. Frontons au-dessus des fenêtres, porches à colonnes et balustrade. Derrière siègent les ministères des Finances, du Commonwealth, des Affaires étrangères et de l'Intérieur. Dans les sous-sols, le *Churchill War Rooms* (voir la partie « Galeries et musées »). Devant l'entrée du musée, émouvant monument en hommage aux 202 victimes des attentats à Bali (Indonésie) en 2002. Bordant le Cabinet Office, ***Downing Street*** n'aurait été qu'une triste impasse bordée de maisons géorgiennes si George II n'avait pas décidé en 1735 d'en faire le « Matignon anglais ». Le Premier ministre habite au no 10 et le chancelier de l'Échiquier au no 11. L'accès est interdit au public et surveillé en permanence par des *bobbies* (agents de police). Plus bas, les voitures contournent le ***Cénotaphe*** érigé au milieu de la chaussée à la mémoire des victimes des deux dernières guerres. Le 2e dimanche de novembre, le jour du Souvenir, la reine le fleurit.

Vue mythique sur la longue façade jaune du Parlement depuis ***Westminster Bridge*** *(plan d'ensemble F5)*. Magnifique de nuit. Par temps de brouillard, vous retrouverez la lumière que Monet a décomposée dans sa série de toiles ayant pour thème la Tamise, dont le fameux *Pont de Westminster* et le *Parlement de Londres.*

Houses of Parliament et l'horloge Big Ben *(plan d'ensemble F5)* *: Bridge St. ☎ 0844-847-1672. • ticketmaster.co.uk • parliament.uk • Ⓜ Westminster. Pour des raisons de sécurité, visites guidées slt et slt en dehors des sessions parlementaires, août-oct, sam tt le long de l'année 9h15-16h30. Entrée : 15 £ ; réduc. Résa obligatoire. Prévoir 1h15 de visite. Le reste de l'année, seuls les Britanniques peuvent visiter le Parlement.*

Appelé aussi pour des raisons historiques le palais de Westminster, il est une preuve flagrante du goût de l'architecture victorienne pour l'art du pastiche. Cette énorme bâtisse de style néogothique n'en est pas moins un chef-d'œuvre. Les mêmes motifs architecturaux sont répétés sur chaque fenêtre, tandis que les tours coupent, de-ci, de-là, l'horizontalité de la longue façade côté Tamise. L'architecte s'est inspiré de la chapelle Henri VII de l'abbaye de Westminster, qui a sublimé en Angleterre le gothique flamboyant. L'histoire du palais de Westminster est liée à la monarchie anglaise et aux incendies qui l'ont ravagé. Avant de devenir le siège du Parlement, il fut la résidence royale principale à partir du XIe s jusqu'à ce qu'il brûle presque entièrement en 1513. Plutôt que d'entreprendre des travaux coûteux, Henri VIII le rénova sommairement et préféra l'abandonner pour s'installer non loin de là, dans le palais de Whitehall.

Vos papiers, s'il vous plaît !

En 1605, Guy Fawkes, partisan catholique adepte des méthodes expéditives, projeta de faire sauter le Parlement et, avec lui, le roi Jacques Ier, lors de la cérémonie

PIMLICO, WESTMINSTER ET SAINT JAMES'S PARK

d'ouverture de la session. La *conspiration des Poudres* fut démasquée à temps. Aujourd'hui, plus par tradition que par peur d'un régicide, on fouille solennellement les sous-sols du palais avant chaque début de session.

Après un vaste incendie en 1834, le Parlement fut reconstruit dans un style Tudor médiéval où le classique se mêle au tarabiscoté. En tout cas, la pierre possède une superbe couleur jaune orangé. L'image la plus célèbre est la tour de ***Big Ben,*** évidemment.

À l'opposé de Big Ben, ***Victoria Tower,*** bien plus imposante, qui abrite les archives nationales. Le drapeau britannique flotte au sommet lorsque le Parlement est en séance. Chaque année, mi-octobre, Sa Majesté la reine entre par cette tour pour prononcer son discours d'ouverture.

RIEN NE CLOCHE !

Big Ben ne désigne pas la tour mais la grosse cloche de 13 t qui sonne toutes les 15 mn (elle s'appelle en vérité the Great Bell*). Elle se règle chaque année en posant un penny sur le mécanisme si elle avance et en en enlevant un si elle retarde ! Technique ô combien efficace puisque le système ne connut sa première (petite) panne qu'en 1976... soit près de 120 ans après sa mise en service. Quant à son petit nom, il viendrait du fonctionnaire qui installa la cloche, le désormais célèbre Benjamin Ben.*

Si vous avez la chance de pouvoir entrer dans le Parlement, voici ce que vous pourrez voir :

Westminster Hall

Partie la plus ancienne du palais, datant de l'époque de Guillaume le Conquérant (XIe s), épargnée par les incendies. Superbe charpente en chêne du XIVe s. Entre les XIIIe et XIXe s siégèrent dans cette salle la Cour de justice et les tribunaux. Charles Ier y fut condamné à mort, tandis que Cromwell y fut proclamé lord-protecteur. Après la Restauration, la tête de Charles Ier se balança pendant 23 ans au bout d'une pique sur le toit de la salle. On y condamna également Guy Fawkes pour son coup manqué et Thomas More, lord-chancelier sous Henri VIII, qui refusa de reconnaître son roi comme chef de l'Église anglicane.

Chambre des communes

Elle accueille sur ses bancs capitonnés de cuir vert les *members of Parliament,* les membres du gouvernement à droite et l'opposition à gauche. Elle fut reconstruite en l'état dans l'après-guerre, après sa destruction par une bombe allemande. Lors des séances, la masse d'armes du président du Parlement est posée sur la table entre les deux tribunes, comme symbole du pouvoir parlementaire.

Chambre des lords

Somptueuse salle lambrissée construite dans le style gothique en même temps que le bâtiment. Dans la seconde chambre du Parlement, qui sert également de Cour suprême de justice, siègent les pairs, qui disposent d'un titre de noblesse. Elle est présidée par le fameux lord-chancelier, également ministre de la Justice. La reine s'assoit une fois par an sur le trône pour annoncer dans son discours les directives politiques, qui lui ont d'ailleurs été dictées par le Premier ministre.

🐾🐾 ***Les Bourgeois de Calais*** *(plan d'ensemble F5)* **:** *au pied de la House of Parliament, dans le jardin* ***Victoria Tower Gardens,*** *le long de la Tamise.* La pierre claire du Parlement est une toile de fond idéale, sur laquelle se détache parfaitement ce tirage original (l'un des 13) des *Bourgeois de Calais*. Le contraste est saisissant et l'on ressent bien toute la pesanteur de l'emplacement de cette pièce monumentale de Rodin.

🐾 En face du Parlement (au niveau de la *Victoria Tower*), la ***Jewel Tower,*** carrée et trapue, est un autre reste du palais médiéval de Westminster. Construite vers 1365, elle abrita des bijoux royaux la veille des couronnements. Aujourd'hui, elle abrite une petite expo sur le Parlement et l'histoire de la tour. Pour être honnête, si le sujet vous intéresse, faites plutôt des recherches sur Internet ! *Tlj 10h-17h en été ; 10h-16h nov-Pâques. Entrée : 3,20 £.*

SENS DU SACRIFICE

En 1347, afin de sauver la vie des Calaisiens alors assiégés, six habitants de la ville se rendirent à Édouard III pour être exécutés. La corde au cou et les clés de la ville à la main, ils se présentèrent devant le monarque. L'histoire raconte que l'épouse de ce dernier (une Française !) le supplia de leur laisser la vie sauve. Il se plia aux doléances de sa femme, mais Calais passa bel et bien à la couronne d'Angleterre, et ce jusqu'au XVIe s.

Saint Margaret's Church *(plan d'ensemble F5) : dans l'ombre de l'imposante abbaye de Westminster, Saint Margaret's essaie de ne pas se faire oublier. Lun-ven 9h30-15h30, sam 9h30-13h30, dim 14h-17h. Entrée libre.* On passerait presque devant cette église sans la remarquer, au milieu de tous ces grands bâtiments. C'est pourtant l'église officielle du Parlement. Édifiée au XIIe s, elle fut entièrement reconstruite de 1486 à 1523 dans un style gothique tardif, dont il ne reste plus grand-chose aujourd'hui. En 1614, elle devint église nationale, mise à la disposition de la Chambre des communes par la Couronne. Joli cadran solaire bleu sur son fronton. Elle sert surtout pour des concerts, les parlementaires ne se bousculant plus à la messe et aux commémorations aux victimes de guerre. Au-dessus de l'autel, vitrail flamand commandé par Ferdinand et Isabelle d'Espagne pour le mariage de leur fille Catherine d'Aragon avec le prince Arthur. Winston Churchill y épousa Clémentine Hozier en 1908. On y célèbre encore les mariages et les baptêmes de la plus haute aristocratie londonienne.

Westminster Abbey *(plan d'ensemble F5) : Parliament Sq, SW1. ☎ 020-7222-5152. • westminster-abbey.org • Ⓜ Westminster. Entrée par la porte nord. Attention, longue attente en période d'affluence (opter pour la file d'attente réservée aux paiements en CB, plus rapide). Horaires très changeants : en théorie, lun-ven 9h30-16h30 (19h mer), sam 9h30-14h30. Dernier ticket vendu 1h avt fermeture. Fermé aux touristes dim et fêtes, mais l'entrée est gratuite pour la messe* (evensong) *de 15h le w-e et 17h en sem : dans ce cas, tenue plus que correcte exigée ! Entrée hors de prix : 16 £ ; réduc ; gratuit moins de 11 ans ; forfait famille. Audioguide (bien conçu) et brochure en français inclus. Petit livret à disposition (s'il en reste !) pour un parcours enfant* (« Child Trail »).

Un peu d'histoire

Magnifique abbaye où sont enterrés plus de 3 500 des hommes les plus illustres d'Angleterre et où se marient et se font couronner les rois et les reines depuis Guillaume le Conquérant. Les derniers monarques à y avoir été enterrés sont George II et son épouse, en 1760. Depuis, les membres de la famille royale sont inhumés à Windsor. Foisonnement de sculptures, de plaques commémoratives, de gisants et de sépultures royales rappelant l'histoire de la monarchie anglaise. Le nombre de pierres tombales est tel qu'il est impossible de ne pas marcher dessus. En quelque sorte, la basilique Saint-Denis, Notre-Dame de Paris et le Panthéon réunis. L'église originelle fut fondée au XIe s sur les restes d'un monastère bénédictin, le « monastère de l'Ouest ». Elle fut reconstruite deux siècles plus tard par Henri III et finalement achevée au XIVe s. Des remaniements

DÉSHABILLER PIERRE POUR HABILLER PAUL

Le nom exact de l'abbaye de Westminster est « église collégiale de Saint-Pierre ». Durant la Réforme, les paroisses continuèrent de réclamer les subsides du roi, Saint-Pierre un peu plus que les autres au goût du roi... En guise de punition, il transféra les subsides de Saint-Pierre à la cathédrale Saint-Paul. D'où l'expression !

successifs résultent des mélanges de styles : gothique primitif au XIIIe s, dont il ne reste plus grand-chose, flamboyant au XIVe s et enfin perpendiculaire à la fin du XVe s (la *chapelle Henri VII* en est le meilleur exemple de toute l'Angleterre). Il serait difficile de s'extasier devant la façade principale, pas vraiment élégante. La plus belle façade est celle du transept nord, près de Saint Margaret's Church, avec sa grande rosace et ses nombreux arcs-boutants.

Le transept nord (entrée)
Le « coin des hommes d'État », rempli de statues pompeuses de politiciens célèbres comme William Pitt ou Disraeli... et d'autres qui le sont moins par les non-Britanniques. Dès l'entrée, on est accueilli par James Wolfe qui prit le Canada aux Français.

Le sanctuaire (sacrarium)
Au-delà du chœur *(quire)*, entre les transepts, s'ouvre le sanctuaire, lieu des couronnements (une quarantaine en tout) et funérailles royales, orné de stalles en bois, d'un dallage du XIIIe s dit de Cosmati et d'un superbe maître-autel doré du XIXe s. Songez qu'en 1953, 8 200 invités assistèrent au couronnement d'Elizabeth II. En faisant le tour par derrière, on trouve une profusion de gisants, certains dans leurs couleurs d'origine. À côté d'Henri III, superbe grille en fer forgé au-dessus du tombeau d'Éléonore de Castille, la courageuse femme d'Édouard Ier, qui l'accompagna dans les croisades au péril de sa vie.

La chapelle Henri VII (Henry VII's Lady Chapel)
Une véritable église dans l'église. On visite d'abord le bas-côté droit (sur votre côté gauche, vous suivez ?) où reposent, sous un seul gisant, les demi-sœurs ennemies Élisabeth Ire et Marie Tudor. Au fond, dans le « coin des Innocents », tombeaux disposés à l'envers des deux enfants d'Édouard IV, assassinés par leur oncle Richard III dans la Tour de Londres. Par un jeu de miroir, on aperçoit le visage sépulcral de l'un des enfants. Brrr... On entre ensuite dans la nef de la chapelle (le clou de la visite !), aux voûtes dignes d'une chapelle royale. Elles semblent dessinées dans du tissu et sont le plus bel exemple du style gothique perpendiculaire, qui s'est développé au cours du XVe s à partir du gothique flamboyant, uniquement en Angleterre. Les lignes verticales et horizontales sont mises en relief : les nervures des hauts piliers éclatent en éventail au niveau des voûtes et se ramifient pour se rejoindre en de lourdes clés pendantes. Les étendards et les casques finissent de nous éblouir. Derrière l'autel, tombeau d'Henri VII et d'Élisabeth d'York. Dans les chapelles rayonnantes, tombes des souverains Tudors et Stuarts (dont Marie, assassinée par Élisabeth). La chapelle centrale est dédiée à la *Royal Air Force.* À son entrée, une dalle rappelle qu'à l'origine Cromwell fut enterré à cet endroit. Son corps fut déplacé au moment de la Restauration.

La chapelle d'Édouard le Confesseur (shrine of Saint Edward the Confessor)
Elle ne se visite pas. Célèbre pour la châsse en bois du XIIIe s contenant les cendres d'Édouard le Confesseur, sur laquelle il reste des fragments de mosaïque.

Le transept sud et le coin des poètes (poets' corner)
Dédié aux poètes et aux écrivains anglais (et aussi à quelques musiciens dont Haendel), mais ils ne sont pas nécessairement enterrés ici. Sous vos pieds, Charles Dickens, Rudyard Kipling, Shakespeare et même le célèbre acteur Laurence Olivier. Sculptures allégoriques particulièrement chargées.

Le cloître de Westminster Abbey (the cloisters)
Il date du XIe s et des plaques commémoratives recouvrent les murs. La plus curieuse fut apposée en 1986 par *British Aerospace* à la mémoire d'Edmund Halley pour le retour de sa fameuse comète. Un peu plus loin, au sol, voir celle dédiée à Clementi, l'inventeur du *piano-forte*.

La salle capitulaire (chapter house)
Dans l'aile ouest du cloître. Magnifique salle octogonale de 20 m de diamètre, construite au XIIIe s. On peut y admirer des vestiges de fresques datant de 1400, mal-

heureusement bien mal en point, ainsi que de beaux pavements médiévaux. Mais le must reste quand même le pilier central d'où partent les nervures des voûtes. Sublimissime.

La chambre de la Pyxide (pyx chamber)
Située dans l'ancienne sacristie d'Édouard le Confesseur. Au XIIIe s, elle devint salle du trésor royal. Si vous ne le saviez pas, la pyxide est un réceptacle dans lequel est conservée l'eucharistie. La lourde double porte à l'entrée date de 1303.

PIERRE DE DISCORDE

Sous le trône du couronnement (coronation chair), *toujours utilisé depuis 1308, repérez l'emplacement de la « pierre de Scone » rapportée d'Écosse en 1296 pour marquer le pouvoir anglais sur cette partie du royaume. Cette pierre (de 150 kg tout de même) fut volée par quatre étudiants écossais en 1950 et rapatriée à Londres un an plus tard. Mais elle fut restituée à l'Écosse, officiellement cette fois-ci, en 1996, à la condition qu'elle soit renvoyée symboliquement pour le prochain couronnement !*

Le musée de l'abbaye (abbey museum)
Direction l'aile est du cloître. Sarcophage romain, répliques d'objets de couronnement et du trésor de la Tour de Londres (on voit bien que c'est du toc !), collection d'effigies en cire et en bois des rois, de leur famille et de personnages célèbres. Jusqu'au XVIIe s, ils étaient placés sur les cercueils. Liste de tous les couronnements depuis Guillaume le Conquérant en 1066. Un peu plus loin, jeter un œil au *college garden* et son minicloître, bien paisible avec sa fontaine centrale.

La nef (nave)
Grandiose dans le style gothique flamboyant, avec de hautes voûtes nervurées et des piliers en marbre. La perspective est coupée par un beau jubé doré, mais la longueur et surtout la hauteur de l'édifice sont impressionnantes. Hommage aux Premiers ministres dont, près de la sortie, une dalle à la mémoire de Churchill. À côté, tombe du Soldat inconnu. Repérez les plaques et pierres tombales de Lewis Carroll, Ben Jonson (poète et grand ami de Shakespeare qui fut enterré debout pour des raisons financières !), Purcell, Britten, Darwin, Livingstone, Newton, Elgar, Baden-Powell... il y en a tellement !

Traversez Lambeth Bridge. En face, les deux tours crénelées en brique rouge marquent l'entrée de ***Lambeth Palace*** *(plan d'ensemble F6)*, résidence des archevêques de Canterbury depuis le XIIIe s, construit en face du palais de Westminster. Il a gardé de l'époque son aspect Tudor moyenâgeux. Il ne se visite pas, mais on peut le contourner et flâner dans les superbes jardins archiépiscopaux. Ou alors, suivez les berges de la Tamise.

Le Londres royal : Saint James's

Le quartier aristocratique de Saint James's s'est épanoui pendant la Restauration, lorsque Charles II s'installa à Saint James's Palace avec tout le faste de sa cour. Les courtisans ont suivi le roi et se sont fait bâtir de belles demeures. Nombre d'entre elles ont été reconstruites au XIXe s, mais l'élégance de ces rues tranquilles a traversé les siècles et les crises, maintenue entre autres par les fameux clubs si fermés qui font la solidité des traditions anglaises.

De Trafalgar Square, passez sous l'***Admiralty Arch,*** un monument triomphal en arc de cercle, à la gloire de la reine Victoria. Ici débute le ***Mall*** *(centre 1, E4-5)*. Les processions royales passent inévitablement par cette avenue rectiligne, en partant de Buckingham Palace. À gauche, longue façade néoclassique de *Carlton House Terrace* construite par John Nash au début du XIXe s. Aussi austère que le Mall. Il créa ce nouveau style d'habitation formée d'un ensemble de maisons juxtaposées et unifiées par une couche de stuc. Trop blanc à notre goût ! Cet édifice comprenait à l'origine le palais du prince-régent. Ne manquez pas non plus cette excroissance architecturale tout en rondeurs, au début de Horse Guards Parade : la ***citadelle de l'Old Admiralty,*** construite durant la Seconde Guerre mondiale. Ses fondations iraient à plus de 9 m sous terre. Le toit, lui, ferait plus de 6 m d'épaisseur. C'est ici que devait se replier le gouvernement en cas d'assaut allemand. Top secret !

Entre les bâtiments du Mall, un escalier conduit à *Waterloo Place,* ornée de la ***colonne du duc d'York*** et de la ***statue d'Édouard VII,*** le seul enfant de Victoria qui régna sur le pays. Au pied de la statue du duc d'York, au niveau du 9 de Carlton House, se trouve un arbre. À son pied, une petite sépulture blanche, où il est écrit « *Giro, ein treuer Begleiter, Februar 1934* » : un « compagnon fidèle » qui n'était autre que le chien de Léopold von Hoesh, ambassadeur d'Allemagne à l'heure où le nazisme gagnait l'Europe, contre lequel von Hoesh cherchait à lutter en vain. Il meurt en 1936 et sera remplacé par Ribbentrop. La tombe de son chien est toujours là !
Voici le début de l'axe triomphal dessiné par Nash, qui relie Carlton House à Regent's Park. À gauche, au n° 4 de Carlton Gardens, le général de Gaulle organisa le mouvement de résistance des Forces françaises libres et lança, le 18 juin 1940, son célèbre appel diffusé sur la BBC. En face, la ***statue en bronze du général*** rappelle l'événement. Chaque année à cette date, les représentants diplomatiques français se réunissent pour lire le texte intégral du général.

L'APPEL DU 18 JUIN

Churchill autorisa de Gaulle à lancer son appel à la résistance le 18 juin... 1940, jour anniversaire de la terrible défaite de Waterloo. Un hasard de calendrier que le général a eu du mal à digérer !

Retour un peu plus haut sur ***Pall Mall*** *(centre 1, E4),* la rue des clubs privés les plus sélects de Londres. Il en existe une trentaine aujourd'hui. Les plus célèbres sont l'*Athenaeum Club* à l'angle de Waterloo Place, le *Traveller's Club* au n° 106 et le *Royal Automobile Club* au n° 89. Inutile de préciser que l'admission est réservée aux « gentlemen » et souvent très sélective. Mais on peut quand même en visiter quelques-uns : n'hésitez pas à frapper à la porte, on ne sait jamais... Pall Mall dérive du « paille maille », l'ancêtre du croquet, auquel jouait ici la cour de Charles II. Les *coffee houses* et les *chocolate houses,* qui sont apparues au XVIIe s avec l'importation des premiers grains de café et de cacao, sont les ancêtres de ces clubs où l'on parle politique, art, littérature et où l'on échange des potins dans un confort extrême.

Tournez à gauche dans ***Saint James's Square*** *(centre 1, E4),* une place carrée très *upper society,* qui fut aménagée à la fin du XVIIe s pour les courtisans du roi qui voulaient se rapprocher de Saint James's Palace. La statue centrale représente William III qui mourut à 52 ans d'un accident de cheval. Les jacobites (partisans de Jacques II), qui souhaitaient le retour des Stuarts sur le trône, portèrent alors un toast au « petit gentleman en velours noir ». Les maisons ont été refaites depuis, mais le caractère aristocratique est resté. Le n° 31 servit de quartier général à Eisenhower pour combattre les nazis. À l'angle opposé, la très *British London Library* fut fondée au XIXe s pour concurrencer la bibliothèque du *British Museum.*

Passer dans ***Mason's Yard.*** C'est dans cette rue, à l'*Indian Art Gallery,* qu'un couple célèbre allait se rencontrer : John et Yoko, bien sûr !

Prendre en face *Duke of York Street* et tourner à gauche dans ***Jermyn Street*** *(centre 1, E4),* bordée de boutiques raffinées. Des magasins de mode pour hommes, des antiquaires, le célèbre fromager *Paxton and Whitfield* où l'on trouve aussi bien le meilleur des stiltons qu'un bon munster vosgien fait à point, le parfumeur *Floris* avec son décor d'herboristerie et le maître ès cigares *Davidoff* à l'angle de Saint James's Street. Piccadilly est tout près, pour les lécheurs de vitrines. Tourner à gauche dans ***Saint James's Street*** *(centre 1, D-E4),* une autre rue distinguée du quartier. Elle abrite les plus vieilles boutiques de Londres, qui se sont fait une solide réputation depuis le XVIIIe s en fournissant la Cour. La plupart ont gardé leur allure de vieille échoppe, comme la cave à vin *Berry Brothers & Rudd* (depuis le XVIIe s !), le chapelier *Lock's* ou le bottier *Lobb's.* Également quelques clubs très sélects. À gauche, au n° 8 de King's Street, ***Christie's*** *(• christies.com •).* Fermé aux mois d'août et septembre. Une des trois salles des ventes aux enchères les plus renommées avec *Sotheby's* et *Drouot.* C'est là qu'il faut acheter votre Rubens.

Saint James's Palace et Clarence House *(centre 1, E4-5)* **:** *au bout de Saint James's St.* Ⓜ *Saint James's Park.* Façade anachronique de Saint James's Palace (ne se visite pas) avec ses tours octogonales crénelées et son horloge. Henri VIII fit construire ce palais pour sa deuxième femme, Ann Boleyn, au milieu du XVIe s. Il est l'un des derniers représentants du style Tudor, et sa proximité avec des édifices plus récents ajoute au pittoresque de son allure médiévale. Après la destruction du palais de Whitehall lors de l'incendie de 1698, Saint James's Palace devint la résidence officielle du souverain jusqu'à ce que Victoria emménageât à Buckingham en 1820. Il fut maintes fois agrandi au cours des règnes. Contournez-le en prenant à gauche la tranquille Cleveland Row, puis Queen's Walk à gauche, qui longe Green Park. Les résidences du XIXe s qui bordent le Mall et appartiennent au palais sont *Lancaster House,* servant de résidence officielle aux invités du gouvernement et *Clarence House,* encore une œuvre de Nash. Autrefois habitée par la reine mère, c'est aujourd'hui la résidence du prince Charles et de Camilla. Visite possible.

Buckingham Palace *(plan d'ensemble D5)* **:** Ⓜ *Victoria.* Devant le mémorial dédié à la reine Victoria s'étend l'immense palais servant de résidence officielle au souverain. Victoria fut la première reine à y dormir. L'édifice date du XVIIIe s et fut remanié par Nash dans le style néoclassique. Le drapeau royal au-dessus de la façade vous informe de la présence de la reine dans le palais. La bannière personnelle de Sa Gracieuse Majesté est divisée en trois : une harpe pour l'Irlande, un lion rampant pour l'Écosse et, sur l'autre moitié, trois lions d'or sur fond rouge symbolisant l'Angleterre. Pour les grandes occasions, elle salue le peuple du balcon central. *On peut visiter le palais 2 mois en été (début juil-fin sept) avec découverte du jardin pour finir – 350 espèces de fleurs, un lac de 1,2 ha et 30 espèces d'oiseaux. Entrée : 18 £ ; billet jumelé pour la Queen's Gallery et les Royal Mews : 31,95 £, audioguide compris ; réduc. Résas sur le site • royalcollection.org.uk •*

Pas question de voir les 600 pièces, dont seulement quelques-unes sont dévolues à l'usage personnel de la famille royale. Seules une vingtaine d'entre elles (les *State Rooms*) sont ouvertes au public, ainsi qu'une petite partie des jardins. La *Queen's Gallery* et les écuries royales se visitent aussi, lire plus haut « Galeries et musées ». Le prix d'entrée est exorbitant car il doit servir à la restauration du château de Windsor... La valeur architecturale du palais n'étant pas proportionnelle à son prestige, autant combiner la balade pour arriver à 11h30 et assister à la relève de la garde *(Changing of the Guard),* qui a lieu tous les jours de mai à fin juillet, puis les jours pairs en principe le reste de l'année.

SACRÉE VICTORIA !

Malgré son image rigoriste, la reine s'enticha, à la mort de son mari, d'un rustre serviteur nommé John Brown. Devenu son confident, il eut une importance considérable dans les affaires du royaume. Victoria fut enterrée avec une mèche de ses cheveux. On s'interroge encore...

À noter : la relève n'a pas lieu les jours de très mauvais temps. Cérémonie longuette (environ 45 mn)... mais en musique ! Très folklorique et pas franchement palpitant, même si le répertoire a été remis au goût du jour (on peut reconnaître certains morceaux des Beatles). Pour vérifier ces horaires soumis à de sérieuses variations, rendez-vous sur le site *• changing-the-guard.com •*

Saint James's Park *(plan d'ensemble E4-5)* : ☎ 020-7298-2005. ● royal parks.gov.uk ● Le plus ancien des parcs royaux, puisqu'il date d'Henri VIII. Il fut aménagé sur un terrain marécageux. Au XVIIIe s, Le Nôtre, le jardinier de Versailles, en fit un jardin à la française selon les vœux de Charles II. Le concept passa de mode dans l'Angleterre romantique du XIXe s et l'inévitable Nash le remania à l'anglaise, tel qu'il est aujourd'hui. Berges bucoliques du lac artificiel peuplé de palmipèdes, dont cinq pélicans. Tous les jours, ils sont nourris à 14h30. On les a toutefois vus gober des pigeons en plein vol ! Aux abords, les conifères se mêlent aux feuillus. Des dizaines d'écureuils batifolent. Du pont, vous aurez la meilleure vue possible sur Buckingham Palace. *Queen Anne's Gate* rappelle cette jeune reine qui fut 17 fois enceinte au XVIIIe s, sans pour autant avoir de descendants. Pour les enfants, juste à l'angle droit du jardin en venant de Buckingham Palace, petite aire de jeux avec des balançoires et un bac à sable. Pour couronner le tout, restaurant bien agréable, *Inn the Park* (voir « Où manger ? »).

Westminster Cathedral *(plan d'ensemble E5-6,* ***555****)* : *42 Francis St, SW1P 1QW.* ☎ *020-7798-9055.* ● *westminstercathedral.org.uk* ● Ⓜ *Victoria. Lun-ven 9h30-17h45, w-e 9h30-18h15. Accès restreint pdt les services.*
En 1850, le *Catholic Emancipation Act* rétablit la hiérarchie cléricale de l'Église catholique romaine. Il fallait donc une cathédrale pour l'évêque de Westminster. Sa construction commença en 1895. Le style byzantin primitif fut choisi pour des raisons pratiques : la construction était plus rentable et plus rapide que dans le style néogothique. Le résultat est pour le moins imposant : le colossal édifice en appareillage de brique et de pierre est surmonté d'un campanile de 100 m de haut, tandis que la nef est à ce jour la plus large de Grande-Bretagne et arbore un *Christ en Croix* époustouflant de grandeur et de majesté. Des variétés de marbre du monde entier recouvrent les murs intérieurs, comme dans la nef centrale, où le marbre provient des mêmes carrières que celui de la basilique Sainte-Sophie à Istanbul. Cette teinte bleutée force le respect et les luminaires invitent à un certain recueillement. Belles mosaïques dans les *chapelles du Saint-Sacrement* et *de Sainte-Marie.* Jeanne d'Arc est représentée dans le transept nord (pas banal en Angleterre !). À noter qu'il est possible de grimper dans le campanile pour admirer les toits de Londres. *Tlj 9h30-17h (18h les w-e et j. fériés).* Au sous-sol, on peut aussi déjeuner pour quelques *pounds.*

BROMPTON, CHELSEA ET SOUTH KENSINGTON

➧ Pour se repérer, voir le plan d'ensemble et le centre 2 en fin de guide.

Résidentiel, commerçant, luxueux, snob et « bohème-chic », autant d'adjectifs qui collent parfaitement à ces quartiers situés entre Hyde Park et la Tamise. La balade ravira aussi bien les fanas d'architectures géorgienne et victorienne, les amateurs de musées mastodontes que les adeptes du lèche-vitrines et autres flâneurs en tout genre. Nous, on a un petit faible pour Chelsea, ses petites rues aux maisons basses et parfois colorées, ses boutiques branchées et sa vie nocturne animée. South Kensington est aussi le quartier surnommé « Froggies Valley », ou le coin des « mangeurs de cuisses de grenouilles » ! En effet, vous entendrez très souvent parler français, autour du lycée français Charles-de-Gaulle et des librairies françaises vers la station de métro South Kensington. Autre signe qui ne trompe pas, on y trouve même un fromager... français naturellement (voir les rubriques « Où manger ? » et « Shopping ») !

ET L'ANGLETERRE INVENTA LA MINIJUPE

En 1965, Mary Quant imagina la minijupe... pour courir plus facilement après le bus, disait-elle. Sa boutique Bazaar, à Chelsea, fut vite célèbre dans le monde entier. L'Angleterre puritaine tressaillait. La jeunesse avait enfin son style et ses icônes. À cause de cette nouvelle mode, sœur Fiorella, chargée de vérifier la tenue des fidèles à Saint-Pierre de Rome, démissionna pour dépression nerveuse.

Où dormir ?

Très bon marché (moins de 35 £, soit 41 €)

LHA, Halpin House *(plan d'ensemble A6, **131**) : 97 Queen's Gate, SW7 5AB. ☎ 020-7373-4180. • halpin@london-hostels.co.uk • london-hostels.co.uk • Ⓜ South Kensington ou Gloucester Rd. Résa conseillée. Lit en dortoirs de 4 (non mixte) env 24 £. Double sans sdb 46 £. Pas de petit déj. Prix dégressifs.* Pas bien pimpante de l'extérieur, mais le confort général est correct. Cette vaste pension a bien choisi son emplacement, dans une rue victorienne très cossue à deux pas des grands musées. Rénovée dans un style fonctionnel, elle aligne plusieurs dizaines de chambres rustico-basiques, traditionnellement louées aux étudiants au long cours... mais qui se révèlent impeccables pour d'autres étudiants en goguette sur Londres ou de jeunes employés pour un job d'appoint. Pas de couvre-feu. Sanitaires communs assez propres.

Meininger *(plan d'ensemble A6, **46**) : 65-67 Queen's Gate, Baden-Powell House, SW7 5JS. ☎ 020-3318-1407. • welcome@meininger-hotels.com •*

meininger-hotels.com • Ⓜ South Kensington. Lits en dortoirs de 8-12 (non mixtes) 15-24 £. Double 45 £. Petit déj en plus. Moderne et très centrale, aux portes des grands musées, cette AJ toute pimpante de 6 étages (ascenseur) draine beaucoup de groupes de tous âges. Pas des plus calme donc, dans un carrefour très passager, mais bon confort et surtout une ambiance scout qui devrait rappeler des souvenirs à certains. Pour profiter du panorama, grande terrasse sur le toit.

Prix moyens (50-90 £, soit 59-106 €)

Oakley Hotel *(plan d'ensemble B7,* **61***) : 73 Oakley St, SW3 5HF. ☎ 020-7352-5599. • millenhotels@compuserve.com • oakleyhotel.com • Ⓜ South Kensington ou Sloane Sq. En plein cœur de Chelsea, mais loin du métro. Prendre l'un des nombreux bus qui empruntent King's Rd (le n° 11, par exemple, qui vient de Victoria). Doubles 59-85 £ avec ou sans sdb selon période, petit déj inclus.* Petit hôtel d'une dizaine de chambres, à l'atmosphère détendue, tenu par des jeunes, mais surtout l'un des rares du quartier à prix à peu près abordables. Les chambres sont meublées à l'ancienne mode, c'est plutôt romantique (un peu kitsch aussi) lorsqu'elles sont dotées d'un lit à baldaquin. Cuisine à disposition et salon TV commun très cosy. Plus proche d'un *B & B* que d'un hôtel, en définitive. Très bon accueil.

Vraiment plus chic (plus de 120 £, soit 142 €)

Number Sixteen *(plan d'ensemble A-B6,* **111***) : 16 Sumner Pl, SW7 3EG. ☎ 020-7589-5232. • sixteen@firmdale.com • numbersixteenhotel.co.uk • Ⓜ South Kensington. Doubles 185-300 £ hors taxe selon taille et saison. Moins coûteux vendim. Petit déj continental compris w-e slt.* 4 maisons réunies rassemblent des chambres contemporaines superbes. Pas la moindre faute de goût, le décor a été réalisé avec finesse et intelligence et change dans chaque chambre. C'est coloré et frais. Les peintures et les sculptures sont pleines de poésie. Confort irréprochable, cela va sans dire. Mais la vraie cerise sur le gâteau, c'est la véranda pour le breakfast donnant sur un jardin luxuriant, planté de beaux arbres, ombrageant fontaines et mobiliers d'extérieur. Une adresse de charme pour un moment unique.

Aster House *(plan d'ensemble A-B6,* **62***) : 3 Sumner Pl, SW7 3EE. ☎ 020-7581-5888. • asterhouse@btinternet.com • asterhouse.com • Ⓜ South Kensington. Doubles 190-270 £ selon période et taille, petit déj-buffet compris.* Ce *B & B* de charme d'une dizaine de chambres cache bien son jeu. De l'extérieur, certes cossu mais classique, on ne s'attend pas au délicieux *conservatory* envahi de plantes vertes, genre de jardin d'hiver lumineux où sont servis les breakfasts. Et ce n'est pas tout ! Car derrière la maison se cache un adorable jardinet, où il fait bon lézarder en surveillant les canards du bassin. Quant aux chambres, elles sont à l'image de la maison : cosy, élégantes, fleuries, bref britanniques ! Excellent accueil.

The Beaufort *(plan d'ensemble B5,* **63***) : 33 Beaufort Gardens, Knightsbridge, SW3 1PP. ☎ 020-7584-5252. • reservations@thebeaufort.co.uk • thebeaufort.co.uk • Ⓜ Knightsbridge. Double 230 £. Petit déj inclus ou non selon formule.* Un hôtel confortable qui ravira les routards les plus exigeants. La trentaine de chambres, quoique petites, sont joliment meublées. Ambiance résolument moderne avec des tons crème et bruns qui prédominent dans l'ensemble de l'établissement. Le tout dans une impasse très calme. Tout est réuni pour passer une bonne nuit. Point de chute idéal pour ceux qui envisagent de dévaliser les rayons de *Harrods*, juste à côté. Accueil aimable et attentionné.

Myhotel Chelsea *(plan d'ensemble B6,* **109***) : 35 Ixworth Pl, SW3 3QX. ☎ 020-7225-7500. • chelsea@myhotels.com • myhotels.com • Ⓜ South Kensington. Doubles 159-219 £ selon sem ou w-e et confort. Petit déj inclus. Nombreuses promos et différents w-e à thème sur Internet.* Dans un immeuble en brique ; les chambres (une quarantaine) sont confortables et aimablement décorées. Voilà un hôtel qui joue la carte du design et du glamour, en adoptant les règles du feng shui et du baroque. Le décorateur s'est amusé à marier les styles et les couleurs. Confort haut de gamme, chambres calmes et spacieuses avec TV écran plat, DVD gratuits, minibar, clim, etc. On adore les lits encore plus grands que grands. Gym, massage... Ceux qui aiment l'exotisme s'offriront la luxueuse suite thaïe (avec jacuzzi et kitchenette)... Une folie, on vous prévient ! Dans le genre, on peut aussi s'offrir un verre avec des tapas au *Three5 World Tapas* qui joue sur le même registre, entre modernité et excentricité *Old England*. Charmant accueil.

Spécial coup de folie (plus de 300 £, soit 354 €)

The Cadogan *(plan d'ensemble C5, **60**) : 75 Sloane St, SW1X 9SG. ☎ 020-7235-7141. • cadogan@steinshotels.com • cadogan.com • Ⓜ Knightsbridge ou Sloane Sq. Doubles 300-400 £, mais promos sur Internet. Petit déj en sus 25 £.* Un immeuble édouardien d'allure classique, qui fut pourtant le théâtre d'histoires peu banales : c'est ici, dans la suite nº 118, qu'Oscar Wilde a été arrêté. Reste de son passage ses plumes, sa veste toujours dans la penderie, son réveil... le tout dans des teintes mauves. Exquis ! C'est là aussi que Lily Langtry, actrice du XIXe s, eut une liaison avec Édouard VII. Pour se retrouver, ils utilisaient le tunnel souterrain entre l'hôtel et le casino de Brompton Road. Du vice du jeu à la luxure il n'y a qu'un pas ! Un hôtel plein de charme, de mystères, avec des chambres tout confort naturellement, soit très édouardiennes avec fleurs et mobilier d'époque, soit très contemporaines à la déco résolument moderne. Petit déj-buffet original et plus que copieux, malheureusement non inclus dans une addition déjà bien rondelette. Bar très cosy et resto élégant au rez-de-chaussée.

The Durley House *(plan d'ensemble C6, **132**) : 115 Sloane St, SW1X 9PJ. ☎ 020-7235-5537. • info@durleyhouse.com • durleyhouse.com • Ⓜ Knightsbridge ou Sloane Sq. Appartements 300-575 £ selon nombre de pers (2-4) et période.* Une belle adresse qui a beaucoup de cachet. Ce magnifique hôtel particulier rassemble une poignée d'appartements vastes et douillets, tous décorés avec un goût exquis (tableaux précieux, tentures savoureuses, lits moelleux, profonds sofas) et dotés de cuisines parfaitement équipées. Mais en cas de grosse fatigue on peut bien sûr avoir recours au *room service*. C'est cosy, feutré, raffiné et plein de charme : anglais quoi ! Peut s'avérer une bonne formule pour les familles qui en ont les moyens.

Où manger ?

Dans ces quartiers, pas mal de pubs, de restos étrangers, et quelques snacks qui proposent des lunchs de qualité à prix modique. Les adresses chic se concentrent autour de South Kensington et du *V & A Museum*, tandis qu'à Chelsea les petits bars et les restos animés jouent au coude à coude sur King's Road.

Sur le pouce (moins de 10 £, soit 12 €)

Duke of York Fine Food Market *(plan d'ensemble C6, **551**) : le sam mat, sur Duke of York Sq. Ⓜ Sloane Square.* Créé à l'origine par la fameuse épicerie *Partridges* (voir « Shopping »). Un marché haut de gamme, biologique et fermier, avec quantité de stands proposant des plats à emporter. *Pies*, fromages, charcuterie, crêpes, cuisine asiatique, etc. Difficile de faire son choix !

Jakobs *(centre 2, M10, **243**) : 20 Gloucester Rd, SW7 4RB. ☎ 020-7581-9292. Ⓜ Gloucester Rd. Tlj 8h-23h. Plats env 5-14 £ ; moins cher en take-away.* Resto végétarien et bio d'excellente qualité. La préparation des légumes est soignée et d'une grande variété. Passez commande avant de prendre place dans l'une des petites salles joliment décorées, ou dans le fond sous l'agréable verrière. À savourer avec un jus de fruits frais ou un thé oriental. Et si c'est complet, on peut emporter le tout au Kensington Park voisin !

Carluccio's *(plan d'ensemble B6,* ***212****) : voir « Bon marché », plus loin. Compter env 4 £.* Une grande épicerie italienne qui propose de généreux sandwichs bien garnis. Si vous mangez sur place, attention, c'est très bruyant aux heures de pointe.

Greenfields Café *(plan d'ensemble B6,* ***210****) : 13 Exhibition Rd (perpendiculaire à Cromwell Rd), SW7 2HE. ☎ 020-7584-1396. • greenfieldscafe@btconnect.com • Ⓜ South Kensington. Lun-ven 7h-18h, w-e 9h-18h. Fermé à Noël. Plats 2,50-4 £, English breakfast env 5 £.* Petit *coffee shop* rétro avec sa devanture verte et ses banquettes en bois. Parfait pour manger sur le pouce sans se ruiner. Salades, sandwichs, paninis, soupes, cakes... Sympa surtout pour un *English breakfast* ou un thé. Sur place dans sa minuscule salle ou à emporter. Terrasse chauffée, acceptable quand il ne fait pas trop froid. Pas de w-c.

Noura *(plan d'ensemble C5,* ***223****) : 12 William St, SW1X 9HF. Au pied du Sheraton Park Tower. ☎ 020-7235-5900. Ⓜ Knightsbridge. Tlj 8h-23h (22h dim). Sandwich et snack env 5 £ ; plats 9-14 £.* Légèrement retranché de l'animation. La branche *deli* d'un restaurant libanais réputé. On s'y pose sur un coin de table ou en terrasse, pour manger au calme une assiette de *mezze* ou un *chawarma,* sans oublier les éternels baklavas en dessert. Également quelques plats plus élaborés... mais les tarifs le sont aussi. Surtout pour déjeuner sur le pouce.

Bon marché (moins de 10 £, soit 12 €)

The Stockpot *(plan d'ensemble B7,* ***211****) : 273 King's Rd, SW3 5EN. ☎ 020-7823-3175. • stockpotchelse@gmail.com • Ⓜ Sloane Sq. Tlj 8h-23h, dim 11h30-23h. Formules lunch 6,95 £ et dinner 7,95-9,95 £.* La branche locale d'une petite chaîne de troquets connue pour son rapport qualité-prix imbattable, un peu plus coquette que ses consœurs (c'est le quartier qui veut ça ?). Cuisine ouverte au fond de la salle, pseudo-boiseries et tables en bois clair. À la carte, des plats britanniques et méditerranéens sans surprise pour le prix, mais on repart le ventre plein et les poches encore tout autant. Pour les lève-tard, *English breakfast* servi jusqu'à... 18h ! Service efficace et souriant.

Carluccio's *(plan d'ensemble B6,* ***212****) : 1 Old Brompton Rd, SW7 3HZ. ☎ 020-7581-8101. • theoffice@carluccios.com • Ⓜ South Kensington. Lun-ven 7h30-23h30, w-e 9h-23h30. Menu 10 £ le midi en sem. Pâtes 8-11 £, plats 10-14 £.* Une épicerie-restaurant italienne. Grande salle blanche avec beaucoup de tables. Les rayonnages de bouteilles et les quelques jambons suspendus en vitrine tiennent lieu de décor. Idéal avant d'attaquer, ou pour se remettre d'une visite dans les musées voisins. Accueil sympathique et pro.

Chelsea Potter *(plan d'ensemble B6,* ***148****) : 119 King's Rd, SW3 4PL. ☎ 020-7352-9479. Ⓜ Sloane Sq. Tlj 11h-23h (22h30 dim). Plats 8-10 £, sandwich env 5 £.* Un pub de quartier à l'ancienne avec ses boiseries noires, animé et chaleureux. Idéal pour se restaurer très correctement d'un *fish & chips* par exemple, si vous êtes de passage à la Saatchi Gallery. Quelques tablées en terrasse.

New Culture Revolution *(plan d'ensemble B7,* ***202****) : 305 King's Rd, SW3 5EP. ☎ 020-7352-9281. • info@newculturerevolution.co.uk • Ⓜ Sloane Sq (pas le plus simple !). Tlj 11h-23h. Plats 6-9 £.* Cuisine asiatique bien faite. Si la déco fraîche mais minimaliste a quelque chose d'aseptisé, c'est sans incidence sur les savoureux *jiaoji* (raviolis) de la maison. Fourrées au poisson, aux légumes, à la viande, ces petites bouchées vantent l'équilibre naturel de la cuisine de la Chine du Nord. Que des produits bio, cela va de soi.

My Old Dutch *(plan d'ensemble B7,* ***280****) : 221 King's Rd, SW3 5EJ. ☎ 020-7376-5650. Ⓜ South Kensington. Tlj 10h30 (10h w-e)-22h30. Crêpes 7-10 £, ttes à 5 £ lun.* Une chaîne hollandaise de pancakes. Admirez les larges plats aux murs, façon porcelaine de Delft. Ça vous donne une idée de la taille des crêpes qui sont servies dans la même vaisselle ! Oh, elles ne sont pas craquantes comme en Bretagne, mais bien épaisses et nourrissantes. De quoi se remplir l'estomac à bon marché. Sympathique service qui ne traîne pas.

De bon marché à prix moyens (10-18 £, soit 12-21 €)

|●| ***The Pig's Ear*** *(plan d'ensemble B7, **218**) : 35 Old Church St, SW3 5BS. ☎ 020-7352-2908. ● thepigsear@hotmail.com ● Ⓜ Sloane Sq. Tlj midi et soir. Résa conseillée. Plats 8,50-18 £ au pub, 12-22 £ au resto.* Ce *gastropub* de caractère doit sa réputation à ses bons petits plats ficelés et préparés avec grand soin. Et si les habitués mettent un peu trop d'ambiance, les amoureux trouveront refuge dans la jolie petite salle à l'étage, conviviale à souhait ! Une des meilleures adresses des parages, pleine d'authenticité et d'atmosphère avec un vrai feu de cheminée (pas de ces pseudo-feux électriques !). Pas étonnant que dans ces conditions, dégoter une table ou s'agripper à un bout de comptoir relève parfois de la gageure... Un petit coup de cœur.

|●| ***Daquise*** *(plan d'ensemble B6, **220**) : 20 Thurloe St, SW7 2LT. ☎ 020-7589-6117. Ⓜ South Kensington. Tlj 11h30-23h. Plats 4-18 £.* Immuable et sans façons, ce bistrot polonais vieille école fait le plein midi et soir. Sa cuisine traditionnelle est richement préparée et bien faite. Et cela dure depuis plus de 60 ans ! *Pierogi,* goulasch, galettes de pommes de terre ou choux farcis n'ont rien de franchement diététiques, mais la mixture ranime son homme les jours de frimas... sans compter l'alléchante sélection de vodkas au verre pour tasser le tout. Prévoir un temps de digestion, au moins égal à celui du repas !

|●| ***Aglio e Olio*** *(plan d'ensemble A7, **205**) : 194 Fulham Rd, SW10 9PN. ☎ 020-7351-0070. Ⓜ South Kensington, Gloucester Rd ou Earl's Court. Tlj 12h-15h, 18h30-23h30. Plats 8-20 £.* Décidément, la nouvelle génération d'italiens n'a plus rien à voir avec les trattorias de grand-papa. Mais ce n'est pas la déco minimaliste et branchouille de ce minuscule resto qui séduit les amateurs, ce sont encore et toujours les bonnes vieilles recettes de *pasta* préparées avec soin. Ouf !

|●| ***La Bouchée*** *(plan d'ensemble A6, **215**) : 56 Old Brompton Rd, SW7 3DY. ☎ 020-7589-1929. ● mail@labouchee.com ● Ⓜ South Kensington. Tlj 12h-15h, 17h30-23h (horaires un peu plus larges le w-e). Résa conseillée le w-e. Menu 11,50 £ le midi en sem. Plats 10-18 £.* La France et sa cuisine vous manquent ? Ici, les serveurs sont des compatriotes, la déco intimiste vous fera penser à un joli petit bistrot parisien, avec ses boiseries et ses tables patinées. Parmi les spécialités, la souris d'agneau braisée ou la potée franc-comtoise fidélisent les expatriés du quartier, voire la côte de bœuf pour 2. Atmosphère romantique en soirée avec ses petites bougies. Mais attention, l'addition peut vite monter !

|●| ***Food Court de Harrods*** *(plan d'ensemble B-C5) : Hans Rd, entrée 11. Ⓜ Knightsbridge. Mêmes horaires que le magasin (voir plus loin).* Des sandwichs frais, des pizzas à la coupe, de la charcutaille en veux-tu en voilà, mais aussi un bar à huîtres, du caviar (!), un stand japonais et un autre pour les tapas... tels sont les trésors de cette section du grand magasin qui permettent de se rassasier en faisant un petit tour du monde culinaire. Quelques tables également pour se poser. Attention, l'addition peut vite grimper et on n'est pas tout seul !

|●| 🚸 ***Buona Sera at the Jam*** *(plan d'ensemble B7, **217**) : 289 A King's Rd, SW3 5EW. ☎ 020-7352-8827. Ⓜ Sloane Sq. Lun-ven, sf lun midi 12h-15h, 18h-minuit ; w-e 12h-minuit. Bruschetta env 5 £, plats 6-13 £.* On y va plus pour la déco fantaisiste que pour la cuisine, une carte de spécialités italiennes somme toute correcte. Le patron a eu une idée de génie : au lieu de pousser les murs, il a simplement empilé les tables les unes sur les autres pour augmenter sa capacité d'accueil. C'est un Meccano géant ; on accède aux tables du haut par de petites échelles de bois. Rigolo pour les clients, rentable pour le patron, mais peu pratique pour les serveurs !

|●| ***La Cave à Fromages*** *(plan d'ensemble B6, **13**) : 24-25 Cromwell Pl, SW7 2LD. ☎ 020-7581-1804.*

Ⓜ *South Kensington. Lun-mer 10h-19h, jeu-sam 10h-21h, dim 11h-18h.* Vaste choix dans cette fromagerie fort appétissante, de l'Italie à l'Irlande en passant par la France et la Grande-Bretagne, bien sûr. Un sympathique menu dégustation pour 2, vin compris, permet de s'initier au *blue stilton,* d'apprécier un cheddar de derrière les fagots ou encore un délicieux *perl wen* du pays de Galles. On adore, et on n'est pas les seuls le midi, surtout le samedi. Accueil en français. Extra !

Le Pain Quotidien *(plan d'ensemble B6,* ***210****) : 15-17 Exhibition Rd, SW7 2HE. ☎ 020-7486-6154. • exhibitionroad@lpquk.biz • Ⓜ South Kensington. Lun-sam 7h (8h sam)-22h, dim et j. fériés 8h-19h. Petits déj 7-15 £ selon sa faim, plats 7-11 £.* Cette chaîne compte des maillons dans beaucoup de pays dont plusieurs à Londres. Le concept ? Une boulangerie et une salle de resto en bois brut, pour partager un petit déj ou un snack en famille, comme à la maison et bien à la française. Le pot de confiture est déjà sur la table, et ici on peut tremper son croissant dans le café sans craindre de froisser ses voisins de tablée ! Sans oublier le « noisella », qui fond dans la bouche... Parfait aussi pour la pause déjeuner (quiches, salades, etc.).

De prix moyens à plus chic (10-25 £, soit 12-29,50 €)

Tom's Kitchen *(plan d'ensemble B6,* ***293****) : 27 Cale St, SW3 3QP. ☎ 020-7349-0202. • info@tomskitchen.co.uk • Ⓜ South Kensington. Lun-ven 8h-11h, 12h-15h, 18h-23h ; w-e 10h-16h, 18h-23h. Plats 10-20 £.* Une des cantines en vogue à Chelsea. Faut dire que Tom Aikens sait y faire. Cadre simple, avec cuisine ouverte et bar en zinc, grosses tables en bois où viennent s'aligner les plats rondement menés par une équipe jeune et sympa. Le chef s'applique à ne travailler que des produits dont il connaît les producteurs. Pas de grandes trouvailles ni d'esbroufe dans l'assiette. Spécialités de viandes et de *pies,* bons *fish & chips.* C'est bon, c'est frais, et ça commence dès le petit déjeuner jusqu'au dîner. Tout le monde s'y croise, du jeune loup de la City à la vendeuse de fleurs en passant par les retraités de passage. Bonne ambiance. Chapeau, Tom !

Vingt-Quatre *(plan d'ensemble A7,* ***213****) : 325 Fulham Rd, SW10 9QL. ☎ 020-7376-7224. • info@vingquatre.co.uk • Ⓜ South Kensington ou Gloucester Rd. Ouv tlj 24h/24. Plats 7-16 £.* Un petit resto tout en longueur et très prisé des noctambules bourgeois-bohèmes qui gravitent à Chelsea le week-end. Décor moderne ton sur ton, avec musique tendance en fond sonore. Mais son principal intérêt, c'est de servir des breakfasts à toute heure.

The Pantechnicon Rooms *(plan d'ensemble C5,* ***312****) : 10 Motcomb St, SW1X 8LA. ☎ 020-7730-6074. • reservations@thepantechnicon.com • Ⓜ Knigthsbridge. Horaires de pub. Plats 13-20 £.* Pub récent un rien chicos, à l'atmosphère chaleureuse, où l'on vient pour déguster un délicieux *fish & chips.* S'il y en a marre du poisson, vous pouvez toujours accompagner vos frites d'un *beef burger* bio. Les doigts délicieusement graisseux, vous voilà d'attaque pour reprendre votre shopping là où il s'était arrêté, du côté de chez *Harrods.*

Ognisko « Polish Club » *(plan d'ensemble B5,* ***224****) : 55 Exhibition Rd, SW7 2PN. ☎ 020-7589-4635. • info@ognisko.com • Ⓜ South Kensington. Tlj 11h-23h. Menu midi 13,50 £, plats 12-16 £. Compter 25-30 £ pour un repas.* Une adresse confidentielle établie dans le quartier depuis plus de 70 ans. Discrétion et bienséance. Ce club très fermé a eu l'idée d'ouvrir son bar et son restaurant. Pas de cravate nécessaire, toutefois éviter bermudas et chemises à fleurs. Service discret et très courtois, à l'image des lieux. La salle à manger est cossue, et les quelques portraits de généraux sourcilleux et autres membres plantent le décor. Aux beaux jours, terrasse sur l'arrière. La carte conserve quelques spécialités polonaises, mais la plus grande partie est d'inspiration internationale. Au bar, possibilité de se jeter une vodka derrière la cravate... Aïe, vous n'en aviez pas !

Racine *(plan d'ensemble B5,* ***173****) :*

239 Brompton Rd, SW3 2EP. ☎ 020-7584-4477. • bonjour@racine-restaurant.com • Ⓜ South Kensington. Tlj midi et soir. Menus 16-18 £, sinon plats 13-27 £. Poussez le rideau à l'entrée, bienvenue sur scène ! Vous êtes en terre française, dans un décor chic et rétro. Au programme, des classiques de la cuisine outre-Manche revisités. On découvre au détour de la carte une terrine de lapin, un jésus de Lyon ou une tête de veau particulièrement appétissante. En somme, de la gastronomie française mise en scène à l'anglaise. Et en pièce de résistance un service classe, dans la langue de Molière.

De plus chic à très chic (18-25 £, soit 21-29,50 €)

|●| ***Signor Sassi*** *(plan d'ensemble C5,* ***219****) : 14 Knightsbridge Green, SW1X 7QL. ☎ 020-7589-3586. Ⓜ Knightsbridge. Tlj 12h-23h30 (22h30 dim) ; service en continu. Résa conseillée le w-e. Pâtes 10-15 £, plats 14-28 £.* Vieille enseigne italienne qui compte de nombreux fidèles et de nombreux touristes. La devanture aux couleurs pétaradantes, baignée de plantes vertes, cache une salle beaucoup plus sobre. Cadre traditionnel chic assez élégant avec quelques clins d'œil aux années 1920. Petites tables, serviettes bleues sur nappe blanche, bougies le soir. Mais l'essentiel est dans l'assiette. Savoureux plats de pâtes fraîches, viande et poisson finement cuisinés. Atmosphère agréable, mais tenue correcte exigée.

Pubs

🍷 ***Kevin Moran, The Nag's Head*** *(plan d'ensemble C5,* ***365****) : 53 Kinnerton St, SW1X 8ED. ☎ 020-7235-1135. Ⓜ Knightsbridge. Petite rue à laquelle on accède par Wilton Pl. Tlj 11h-23h (22h30 dim).* Atmosphère, atmosphère... Amateurs de pubs, ne manquez pas cette taverne de poche comme on n'en fait plus ! Peu de fenêtres, pour garder le secret ou ajouter à l'excentricité des lieux, une 1re salle bancale, racornie par les ans, puis un genre de cambuse en sous-sol, grossièrement dallée, lambrissée et propice aux rendez-vous pour échafauder quelque mauvais coup. Mieux qu'au cinéma – d'ailleurs les portables sont interdits. Il y a de toute façon tellement de monde qu'on n'entendrait pas la moindre sonnerie. Un lieu de perdition où l'on s'échoue avec délectation ! Coup de cœur !

🍷 ***The Grenadier*** *(plan d'ensemble C5,* ***366****) : 18 Wilton Row, SW1X 7NR. ☎ 020-7235-3074. Ⓜ Hyde Park Corner. Dans Knightsbridge, prendre Old Barrack Yard (petit passage juste après Wilton Pl), au bout tourner à gauche, passer sous l'arche d'un immeuble* (« private mews »), *pousser la porte rouge, le pub est à droite. Tlj 11h-23h (22h30 dim).* La façade colorée est recouverte de plantes grimpantes et de fleurs. C'était originellement la cantine des soldats du duc de Wellington. Difficile de ne pas s'en apercevoir : une guérite veille à l'extérieur et toute la panoplie du militaire est suspendue aux quatre coins de la petite salle. En revanche, l'ambiance donne plus dans le chicos, façon carré des officiers, que dans la cacophonie enfumée des tavernes de troupiers. Chaleureux et convivial malgré tout.

🍷 ***Anglesea Arms*** *(plan d'ensemble A-B6, sous le texte « Consulat de France ») : 15 Selwood Terrace, SW7 3QG. ☎ 020-7373-7960. • enquiries@angleseaarms.com • Ⓜ South Kensington. Du métro, prendre Old Brompton Rd et tourner dans la 4e à gauche, Onslow Gardens, prolongé par Selwood Terrace. Ouv 11h-23h ; dim 12h-22h30.* L'*Anglesea Arms*, c'est le refuge secret de tous ceux qui tentent d'échapper au trafic enfiévré de South Kensington. En terrasse, adossé à un vieux lampadaire, on savoure la quiétude de cette rue résidentielle. Dans la salle à l'ancienne, ornée de vieilles gravures et d'une odalisque au-dessus de la cheminée, on partage sans façons sa pinte avec les habitués. Et comme la maison sert quelques plats classiques, c'est décidément l'endroit idéal pour se refaire une santé.

🍷 ***Ognisko « Polish Club »*** *(plan d'ensemble B5,* ***224****) : voir plus haut « Où manger ? ».* Pour boire une vodka au cercle polonais de Londres.

Sans oublier les bonnes bières du ***Pig's Ear*** *(voir « Où manger ? »).*

Où prendre le thé ? Où manger des pâtisseries ?

The Orangery (centre 2, M10, **372**) : *Kensington Gardens, W8 4PX. ☎ 020-7376-0239. Ⓜ High St Kensington. Mars-sept, tlj 10h-18h, oct-fév 10h-17h. Afternoon à partir de 18 £, mais boissons et sandwichs autour de 5 £.* Installé dans l'orangerie du palais royal, c'est un salon de thé *so chic* mais pas si cher. La déco est épurée, couleur choux à la chantilly, des colonnes en ronde-bosse aux moulures du plafond, avec quelques bouquets de fleurs fraîches sur les tables. Loin de l'agitation, un espace hors du temps. Idéal pour le déjeuner ou un *tea break* servi avec de délicieux *scones* ou autres douceurs, et même du champagne. Une étape typiquement britannique. Le lieu mérite le détour. Service attentif, malgré la foule.

The Hummingbird Bakery *(plan d'ensemble A-B6,* ***236****) : 47 Old Brompton Rd, SW7 3PJ. ☎ 020-7584-0055. • oldbrompton@hummingbirdbakery.com • Ⓜ South Kensington. Tlj 9h-19h.* L'irrésistible pâtisserie de Notting Hill a ouvert une succursale à Kensington. On y retrouve tout ce qui a fait le succès de la maison, à savoir des *cup cakes* et des *fairy cakes* aux couleurs complètement délirantes (parfois limite écœurantes, il faut bien l'avouer... la bouche pleine !). 4 tables à peine pour consommer sur place et la terrasse, ce qui s'avère bien utile dans le cas du *carrot cake,* totalement intransportable avec ses 3 étages et son glaçage à la crème... *Absolutly gorgeous !*

Baker and Spice *(plan d'ensemble B6,* ***10****) : 47 Denyer St, SW3 2LX. ☎ 020-7225-3417. Ⓜ South Kensington. Légèrement excentré. Tlj 7h-19h (dim 8h-18h). Petits déj 5-15 £ selon sa faim.* Boulangerie-salon de thé de charme, dont les étagères en bois et le comptoir regorgent de pains à la croûte mordorée, de salades multicolores et de gâteaux aux fragrances démoniaques. Les mots nous manquent ! Un délice... Quelques tables sur la rue, idéal pour lire le journal et boire un petit café.

Concerts classiques

Royal Albert Hall *(plan d'ensemble A5) : Kensington Gore, SW7 2AP. ☎ 0845-401-5034 (box office). • royalalberthall.com • Ⓜ Knightsbridge, High St Kensington ou South Kensington. Billets à partir de 5 £ (slt le soir du concert) jusqu'à bien plus de 100 £.* Très populaire surtout lors des *Proms* en été, organisés par la BBC. Un concert est donné à cette occasion chaque soir de mi-juillet à mi-septembre, retransmis en direct sur la station « BBC Radio 3 ». On précise aux fauchés que la queue pour les places les moins chères (debout dans la fosse !) se fait derrière l'édifice et non pas devant, le soir même du concert. Assister à un concert, découvrir la fosse centrale monumentale, reste un grand moment. Organise aussi des visites guidées (voir « Monuments et balades » plus bas). À l'étage, cafét' très agréable (réduc de 20 % pour les étudiants et concerts gratuits certains midi en été).

Shopping

À vous les boutiques ! King's Road, avec ses magasins de fringues, d'accessoires, de téléphones portables, de chaussures et autres marchands de beauté, vous ravira. Sur Brompton Road, on trouve des boutiques plus luxueuses, dont le très célèbre *Harrods.*

Boutiques de musées

Victoria and Albert Museum *(plan d'ensemble B5-6) : Cromwell Rd, SW7 2RL. ☎ 020-7942-2000 ou 2766. • vam.ac.uk • Ⓜ South Kensington, accès direct depuis le métro. ♿ Tlj 10h-17h45. Nocturne ven jusqu'à 22h. Fermé 24-26 déc.* On ne saurait trop vous conseiller de faire un tour dans cette superbe boutique du musée (gratuit) où l'on trouve pas mal de bijoux, inspirés des collections, de fringues

BROMPTON, CHELSEA ET SOUTH KENSINGTON

rigolotes et autres objets introuvables ailleurs. L'idéal pour faire un cadeau original !

Science Museum *(plan d'ensemble A-B5) : Exhibition Rd, SW7 2DD. ☎ 0870-870-4868. • sciencemuseum.org.uk • Ⓜ South Kensington. Tlj 10h-18h. Fermé 24-26 déc.* Boutique assez délirante, avec objets pour apprentis chimistes ou pour faire des blagues dans la cour de récré ou... au bureau (on a testé !).

Librairies

The French Bookshop *(plan d'ensemble A6,* ***11****) : 28 Bute St, SW7 3EX. ☎ 020-7584-2840. • frenchbookshop.com • Ⓜ South Kensington. Tlj sf dim 8h15 (9h sam)-18h30.* Librairie française avec journaux et revues français. Belles sélections de romans et de nouveautés. La collection des *Routard* est presque au complet ! On est sûr d'y croiser des compatriotes, avec le consulat, l'Institut et le lycée français tout proches.

La Page *(plan d'ensemble A-B6,* ***12****) : 7 Harrington Rd, SW7. ☎ 020-7589-5991. • librairielapage.com • Ⓜ South Kensington. Lun-ven 8h15-18h30, sam 10h-18h30.* Une autre librairie française très bien fournie avec tous les classiques et les nouveautés. Mais aussi de la presse, des DVD, des CD, des B.D., etc.

Au Fil des Mots *(plan d'ensemble A6,* ***11****) : 19 Bute St, SW7 3EY. ☎ 020-7589-9400. Ⓜ South Kensington. Lun-ven 8h15-18h30, sam 10h-18h30.* Toute l'actu des livres français sous toutes leurs formes. Quelques cartes postales également.

Épiceries

Partridges of Sloane Street *(plan d'ensemble C6,* ***551****) : 2-5 Duke of York Sq, SW3 4RY. ☎ 020-7581-0535. • partridges.co.uk • Ⓜ Sloane Sq. Tlj 8h-22h.* Une des épiceries fines qui ont l'honneur de figurer au rang des fournisseurs officiels de Sa Royale Majesté (il y en a 800 en tout) ! Plus intime que *Fortnum & Mason* ou *Harrods*, plus petit aussi, on n'y déniche pas moins de produits anglais d'exception. Petite cafétéria pour grignoter.

Baker and Spice *(plan d'ensemble B6,* ***10****) : 47 Denyer St, SW3 2LX. ☎ 020-7225-3417. Ⓜ South Kensington ou Sloane Square.* Boulangerie-salon de thé de charme qui fait aussi boutique. Voir « Où prendre le thé ? Où manger des pâtisseries ? ».

La Cave à Fromages *(plan d'ensemble B6,* ***13****) : 24-25 Cromwell Pl, SW7 2LD. • la-cave.co.uk • Ⓜ South Kensington. Lun-mer 10h-19h, jeu-sam 10h-21h, dim 11h-18h.* Vaste choix dans cette fromagerie fort appétissante, de l'Italie à l'Irlande en passant par la France et la Grande-Bretagne bien sûr. Voir aussi « Où manger ? ».

Vintage

British Red Cross *(plan d'ensemble B7) : 71 Old Church St, SW3 5BS. ☎ 0845-054-7101. Ⓜ Sloane Sq ou South Kensington. Lun-sam 10h30-18h.* Pour faire des affaires tout en faisant sa B.A. ! Des vêtements dégriffés à prix sacrifiés, mais aussi des bijoux, des sacs, des chaussures, etc. Tout dépend des arrivages, bien sûr, mais le turn-over se fait assez bien... Il faut dire que certaines ladies du quartier se débarrassent de leur robe feu Alexander McQueen ou Vivienne Westwood après le 1er cocktail ! Un vrai bon plan, on vous dit... Et tout ça au profit de la Croix-Rouge !

Animaux

Mungo & Maud *(plan d'ensemble D6) : 79 Elizabeth St, SW1W 9PJ. ☎ 020-7952-4570. • mungoandmaud.com • Ⓜ Sloane Sq. Lun-sam 10h-18h. Également une boutique chez* Harrods. Les Anglais sont fous de leurs *pets* (animaux de compagnie). Voici le genre de boutique introuvable ailleurs : une boutique design et chic pour le confort de Médor ou le doux ronron du chaton, de la couverture brodée au petit manteau tricoté pour les hivers rigoureux ! Hors de prix et quelque peu indécent...

Les boutiques chères qui valent un coup d'œil

Harrods *(plan d'ensemble B-C5) : 87-135 Brompton Rd, SW1. ☎ 020-7730-1234. • harrods.com • Ⓜ Knight-*

sbridge. Lun-sam 10h-20h, dim 11h30-18h. Horaires étendus en déc (Noël oblige) et pour les soldes. Fermé le jour de Noël et le jour de Pâques. Les fameux soldes commencent fin déc et la 1re sem de juil ; également des soldes d'intersaison début mai. À Noël, les décorations sont souvent spectaculaires. On ne porte ni short ni jean déchiré pour entrer. Les sacs de voyage doivent être déposés à la consigne, les petits sacs à dos portés à la main. Ça ne rigole pas ! Plan du magasin disponible à l'entrée principale (et en ligne).

Tout a commencé avec Henry Charles Harrod, un négociant en thés, savons et bougies, qui ouvrit son magasin en 1849. Aujourd'hui, *Harrods* compte 15 millions de clients par an, 4 000 employés et a été vendu à une société d'investissement du Qatar en 2010, après avoir été la propriété du milliardaire Mohammed al-Fayed pendant 25 ans. Celui-ci a toujours refusé la nationalité britannique. La devise du célèbre magasin est : *Omnia, omnibus, ubique* (« Tout, pour tout le monde, de partout »). Ainsi, jusqu'en 1976 on y vendait encore des ceintures de chasteté. Devenu monument à part entière, *Harrods* possède des rayons qui sont des chefs-d'œuvre de décoration et de bon goût. Quelques exemples parmi d'autres :

– l'*Egyptian Hall* qui occupe tout un pan du magasin, sur plusieurs étages. Un chef-d'œuvre de l'Art nouveau. Chargé, certes, mais féerique ! L'escalator (électrique) fut le premier installé en Europe ;

– les *Food Halls* (rayons alimentaires), célèbres pour leurs somptueuses céramiques Art nouveau. Chaque rayon bénéficie d'une décoration chatoyante et fastueuse. Ne ratez pas les rayons boucherie, poissonnerie, de loin les plus impressionnants. Mais ne boudez pas les autres rayons, riches en produits rares (du haut de gamme qui justifie les prix, mais qui reste malgré tout abordable) : thés, biscuits, confitures, charcuteries... Plusieurs stands pour grignoter sans trop se ruiner (voir « Où manger ? »). On y trouve aussi les célèbres macarons français *Ladurée* ;

– le 1er étage, très chic et feutré, est consacré aux designers de luxe, vêtements, chaussures, robes de mariée et lingerie... Pour rester dans l'esprit, on y trouve le *Veuve Cliquot Champagne Bar & Restaurant* ;

– au 2e étage, pas mal de services, notamment un bureau de change et un distributeur automatique... à proximité du *gift shop* évidemment, où une réplique du carillon de Big Ben retentit toutes les heures ;

– avis aux parents accompagnés de jeunes routards : le 3e étage abrite le *Toy Kingdom*, littéralement le royaume des jouets, pas moins ! Autant dire que vous entrez là en territoire miné... Mais les grands enfants ne sont pas oubliés puisque c'est aussi à cet étage que l'on trouve tous les rayons high-tech (informatique, téléphonie, hifi, etc.) avec notamment un *Apple Store* et une boutique *Bang & Olufsen* ;

– le rayon animaux : au 4e étage ; et si vous venez avec Médor, il pourra goûter des échantillons de *donuts* ou essayer un élégant (on rigole !) coussin en plumes roses. Plus dingue, *Harrods* organise chaque année le « *Pet à porter* » *Fashion Show* (*pet* = chien), rien de moins qu'un défilé de mode pour toutous bien peignés.

Et *Harrods* n'en finit plus de surprendre, voire de déranger : au sous-sol du magasin, au pied du formidable escalator égyptien (il fallait bien leur trouver une petite place !), se trouve l'endroit le plus inattendu que l'on pouvait imaginer en un tel lieu : le *Dodi & Diana Memorial*. Rien de moins qu'une fontaine dorée d'un kitsch flamboyant, surmontée des photos des amants ! Scellée dans le socle, la bague de diamants que Dodi offrit à la princesse la veille du drame et, on vous le donne en mille, le dernier verre dans lequel le couple mythique trempa ses lèvres !

En partant, n'oubliez pas, si ce n'est pas déjà fait, de jeter un coup d'œil à la majestueuse façade ouvragée, entièrement recouverte de terre cuite en 1901. Les éclairages contemporains sont totalement réussis. À admirer donc de jour, comme de nuit.

Harvey Nichols *(plan d'ensemble C5) : 109-125 Knightsbridge, SW1. ☎ 020-7235-5000. • harveynichols.com/stores/london • Ⓜ Knightsbridge. Lun-sam 10h-20h, dim 11h30-18h.* Un des plus chic et chers des grands magasins de Londres. La déco n'a rien d'exceptionnel, mais jetez-y un coup d'œil si vous êtes dans le coin pour connaître les dernières tendances. On y trouve également un salon de beauté et de coiffure très apprécié des filles chic... et riches. Le champagne est compris dans le prix de la manucure, c'est cool non ? Au 5e étage, resto, cafétéria et bar, avec notamment une belle terrasse en plein air *(roof terrace)*, et un vaste rayon alimentaire.

Dans le triangle de Sloane Avenue, Fulham Road et Brompton Road, on trouve entre autres ***Chanel, Gucci, Paul Smith,*** mais aussi ***Joseph*** et, en face, le ***Conran Shop*** dans le Michelin Building, sur Fulham Road *(plan d'ensemble A-B6-7)*. Des adresses pour ceux qui ont envie de faire pousser des ailes à leurs billets de banque (et des cris à leur banquier !).

Galeries et musées

Victoria and Albert Museum *(plan d'ensemble B5-6)*

Cromwell Rd, SW7 2RL. ☎ 020-7942-2000 ou 2766. • vam.ac.uk • Ⓜ South Kensington, accès direct depuis le métro. Tlj 10h-17h45 ; nocturne ven jusqu'à 22h. Fermé 24-26 déc. Entrée gratuite. Plan indispensable, à dispo dans le hall principal (donation de 1 £ suggérée). Visites guidées et thématiques gratuites, y compris pour les pers handicapées. En principe plusieurs départs/j., départs à 10h30, 12h30, 13h30 et 15h30 au meeting point *dans le grand hall. Programme à l'accueil et sur le site internet. Durée : env 1h.*

Renseignements pratiques

– Expositions temporaires : 5-12 £. « Ballgowns – British Glamour since 1950 » (19 mai 2012-6 janv 2013) ; « Hollywood Costume » (20 oct 2012-27 janv 2013).
– Conseil d'ami : le V & A est l'un des plus grands musées de Londres, nous vous conseillons de ne pas chercher à tout voir en 1 seule fois au risque de ne pas apprécier à leur juste valeur les collections. Le V & A est gratuit, profitez-en pour revenir !
– À noter que le V & A est un musée vivant, certaines pièces migrent des salles d'expositions aux réserves et vice versa. De même, certaines salles peuvent être temporairement fermées. Dans ts les cas, procurez-vous absolument un plan !

Spécial enfants

W-e et vac scol. Sacs à dos thématiques incluant des coloriages et un road book *avec des missions pour découvrir des objets. Un moment éducatif très sympa, à faire avec l'aide des parents. Gratuit. D'autre part, le* Museum of Childhood *est un espace d'expositions et d'animations en tt genre spécialement pour les enfants (tlj 10h-17h45). Par ailleurs, le V & A se met à hauteur des enfants ; plusieurs salles regroupent des activités comme calligraphie, stylisme, fabrication de chapeaux... Se renseigner à l'avance pour le programme. Et tt un tas de petit matériel à dispo pour bricoler ou se déguiser : cartons, ciseaux, colles, etc.*

Cafétéria du musée : *au niveau 1. Un comptoir propose des plats chauds de bonne qualité, compter 5-10 £. Sandwichs et menu-enfants à partir de 5 £ env.* Le V & A fut le 1er musée à prévoir un espace de restauration dans son enceinte dès sa création. Installez-vous dans les superbes salles Morris, Gamble et Poynter, vous pourrez ainsi déjeuner dans un élégant décor victorien. En cas d'affluence, il faudra vous replier dans la salle à manger moderne, pas mal non plus. Cette cafétéria a un défaut : il faut refaire la queue pour payer. Résultat des courses : on mange froid s'il y a trop de monde... En été, on peut aussi profiter de la belle cour intérieure qui permet d'admirer la structure et le style du V & A, et le Quadrangle dont la décoration est inspirée de la Renaissance italienne (brique et terre cuite).

Un peu d'histoire

Le V & A présente une muséographie très bien conçue. Il navigue intelligemment entre tradition et modernité, l'ensemble est savamment orchestré et la réussite est totale. Dès le hall d'accueil, levez les yeux vers l'impressionnante sculpture de verre dans le goût de Murano, c'est une commande spéciale faite à un artiste américain. Telle une chevelure hirsute de Gorgone (créature fantastique de la mythologie grecque), elle mange l'espace et envahit la coupole. Ce musée déborde d'énergie, et ce fut d'ailleurs sa vocation première que de défendre la beauté des objets.
En 1851, l'Exposition universelle organisée à Hyde Park mettait en concurrence les technologies et les savoir-faire des pays du monde entier. Les Anglais purent constater amèrement que l'esthétique de leurs produits manufacturés n'était pas à la hauteur des autres pays, alors que dans ce domaine les Français s'en tiraient bien mieux. Hic ! Le prince Albert, mari de Victoria, fit de la qualité esthétique l'un de ses défis culturels. Il présida en 1856 à la création d'un musée original : présenter un historique des beaux-arts et arts décoratifs de tous les pays occidentaux et orientaux, dans le but de stimuler l'inspiration des créateurs, former le goût du public et dynamiser la production industrielle...
Les collections se sont enrichies et comptent aujourd'hui 4 millions d'objets, répartis sur un espace d'environ 50 000 m^2 ! Le V & A, comme l'appellent affectueusement les Londoniens, est d'une exceptionnelle variété et d'une très grande qualité. Autant dire qu'il y en a pour tous les goûts et pour tous les appétits. Mais pour continuer à faire vivre ce formidable savoir encyclopédique, le V & A s'est lancé depuis 2001 dans un ambitieux programme de rénovation. Un défi qu'il est en passe de relever avec panache !

À ne pas manquer

Salles médiévales et de la Renaissance

Un musée dans le musée, sur plusieurs étages ! Si vous n'avez pas trop de temps, c'est peut-être par là qu'il faut commencer. Une dizaine de salles chronologiques débutent avec la chute de l'Empire romain pour se terminer à la Renaissance. Plus de 1 800 œuvres en tout, chacune un chef-d'œuvre en soi, du minuscule au gigantesque, savamment mises en scène comme ces vitraux éclairés par l'arrière ou ce « jardin » de sculptures. Parmi les œuvres du Moyen Âge, au sous-sol *(level 0)*, voir entre autres, ***salle 8,*** le magnifique coffret ayant probablement contenu les reliques de Thomas Becket (1180-90), en alliage de cuivre, émail, crital et verre de Limoges, et les sculptures de Giovanni Pisano, ***salles 9 et 10,*** dont un émouvant Christ en Croix (vers 1300) en ivoire (sans bras ni jambes). La taille disproportionnée du caisson d'exposition ne fait que renforcer le sentiment de solitude et de souffrance. ***Salle 10a,*** plat en argent (*Studley bowl,* vers 1400) décoré de l'alphabet et destiné au... porridge !
Au niveau 2, dans la section consacrée à l'art gothique tardif, ***salle 62,*** ne manquez pas l'incontournable nef de Burghley, conçue à Paris vers 1527-1528. C'est une petite maquette de bateau en argent doré. Certains détails montrent le talent de l'orfèvre : la coque est en fait un coquillage et, sur le pont, on peut voir Tristan et Iseult jouer aux échecs... ***Salle 64,*** la Renaissance italienne livre quelques splendides exemples, comme cette pièce d'autel par Giovanni Angelo Del Maino en poirier sculpté (1527-33). Abondance de personnages en mouvement pour évoquer la vie de Jésus, de la naissance (il y a même un feu dans l'âtre) à la crucifixion particulièrement poignante (la Vierge s'évanouit). Ne pas manquer non plus cette *Vierge à l'Enfant* sculptée de l'Allemand Veit Stoss (environ 1495). Saisissant

travail du drapé et des cheveux. Parmi les sculpteurs florentins du XVᵉ s, voir les bas-reliefs en marbre de Donatello représentant le Christ donnant les clés à saint Pierre (environ 1430).
Salle 64b, la façade en bois ouvragé de la maison de sir Paul Pindar, l'une des rares rescapées de l'incendie de Londres en 1666, surprend par sa taille. Mais comment a-t-elle pu parvenir intacte ici ? De même, splendide escalier hélicoïdal de Morlaix (1522-1530) avec, toujours conservés, les différents paliers !
Retour au rez-de-chaussée *(level 1),* pour explorer les ***salles 50,*** où l'on se concentre sur la ville à la Renaissance (1350-1600). Superbes bas-reliefs et ornementations murales, notamment deux frontons de porte en bois sculpté du Génois Giovanni Gaggini, ou ce *monument à Marchese Spinetta Malaspina*, porche d'église en marbre et stuc avec statue équestre, attribué à Antonio da Firenze. Presque immanquable, le dramatique *Samson tuant une Philistine,* sculpture en marbre de Giambologna (environ 1560).

Niveau 0 (sous-sol)

Europe : 1600-1800
Cette section s'intéresse à toutes les formes d'art et d'artisanat dans l'Europe de 1600 à 1800, principalement en France et en Italie. Elle est fermée pour restructuration jusqu'à l'hiver 2014.

Niveau 1 (rez-de-chaussée)

Art chinois (salles 44 et 47)
Les collections chinoises du musée sont un véritable trésor, certaines pièces datent de - 3000 avant notre ère. Les galeries sont organisées autour de l'idée du quotidien, depuis le repas jusqu'au culte. L'élégance des lignes ancestrales frappe immédiatement l'observateur. Regardez dans les objets de notre société comme ces formes sont encore présentes ! D'ailleurs, dans la salle, des œuvres d'art contemporain s'amusent à réinterpréter ces formes millénaires. Sculptures en jade très anciennes, comme ces disques uniformes, symboles du ciel sur la terre, remis aux souverains pour garantir l'équilibre entre les dieux et les hommes. Le jade est une pierre impossible à tailler, qu'on ne façonne lentement qu'à force d'usure. Également de superbes meubles en laque rouge des dynasties Ming et Qing sculptés avec de précieux détails, dont un trône impérial. Statue de Bodhisattva Guanyin en bois laqué du XIᵉ s. Cette figure du bouddhisme est si sainte qu'elle échappe au cycle de la renaissance après la mort et atteint directement le stade ultime du nirvâna. Superbe pagode en porcelaine atteignant 2,70 m (!), ainsi que des objets d'art fabriqués aux XVIIᵉ, XVIIIᵉ et XIXᵉ s, principalement à Canton, pour être exportés vers l'Occident. Sculptures en ivoire, porcelaines, statuettes et même du papier peint...

Art japonais (salle 45)
Dimensions et simplicité toutes japonaises... Superbes paravents et boîtes en laque (la plus belle collection hors du Japon !). Très belle vitrine de tabatières sculptées, en ivoire, jade, nacre, argent... et jolie sélection de pipes à opium. Masques et kimonos. Quelques sabres ouvragés, de magnifiques armures et un brûleur d'encens sur trépied avec deux paons monumentaux présenté à l'Exposition universelle de Paris en 1878. Notez cette admirable collection de *netsuke,* objets ciselés comme de vrais bijoux qui permettaient de tenir les ceintures des kimonos, sans oublier les nombreux *inros,* petites bourses en bois laqué qui faisaient office de poche pour la menue monnaie, le tabac, les clés... Également des œuvres contemporaines. Parmi elles, un superbe plat au bleu très... Klein.

Art islamique (salle 42)
Cette section est consacrée à l'évolution de l'art islamique au Moyen-Orient à partir du VIIIᵉ s. Parmi les plus belles pièces, le *tapis d'Ardabil* doit sa célébrité à son âge, sa taille et sa finesse ; c'est en effet l'un des plus vieux tapis du monde. Il fut achevé

en 1540. Plus de 5 000 nœuds pour 10 cm², un exploit vu la taille impressionnante de l'ouvrage (10,5 m x 5 m !). Comparer avec le superbe *tapis de Chelsea* (XVIe s). Bien sûr, ils sont tous les deux persans. Étonnante chaire (minbar) du XVe s en bois incrusté d'ivoire, provenant d'une mosquée cairote. De très belles céramiques également et une cheminée en céramique du XVIIIe s portant les noms des Sept Dormeurs d'Hefez.

Asie du Sud et du Sud-Est (salles 41 et 47)

Riche collection compte tenu de la place importante occupée par l'Inde dans l'Empire britannique. Représentation des arts hindouistes de l'Inde prémoghole à travers de nombreux bouddhas. Exemples remarquables de l'essor que connut l'art indien après l'invasion des Moghols et l'établissement de leur empire au XVIe s : peintures, ivoires sculptés, jades... Superbe coupe à vin blanche en jade sculpté d'une finesse remarquable (1657), avec une tête de bouquetin ayant appartenu au grand shah Jahan. Au début du XIXe s, l'arrivée des colons britanniques apporta aux artistes indiens son lot de réalisme et de complaisance, traduit en peinture dans le style « Compagnie ». Nombreux textiles, subtils et fleuris.

Toujours au rez-de-chaussée, ***salles 17 à 20,*** concentration de sculptures asiatiques de tout pays, notamment une des pièces majeures du musée, un tombeau bouddhiste du Myanmar (environ 1850-1870), en bois très ouvragé et orné de pierres semi-précieuses, verres colorés et miroirs.

TIGRE ET CHÂTIMENTS

La pièce la plus ludique de la collection des arts indiens est Tippoo's Tiger, *un automate en bois peint datant de 1793. La scène est cocasse : un colon anglais se fait dévorer par un tigre. Comble de l'histoire,* Tippoo's Tiger *fut offert par les Français au sultan du même nom, lui aussi ennemi déclaré des Anglais ! Élégant...*

Mode (Fashion ; salle 40)

Cette salle, initialement dévolue à une rétrospective sur l'histoire de la mode depuis le milieu du XIXe s jusqu'à nos jours, accueille dorénavant des expos temporaires, toujours sur le thème de la mode. Notamment, jusqu'à fin janvier 2013, les costumes du cinéma de Hollywood, de Chaplin à *Avatar*.

Sculptures

Dans la grande galerie longeant la cour intérieure, ***salles 21 à 24,*** on pourra comparer le coup de ciseau d'artistes aussi différents que Jean de Bologne (XVIe s), Leighton (XIXe s) et Canova (XVIIIe s). Nombreux Rodin, tels que *L'Âge de bronze,* ainsi qu'un beau buste préparatoire de Balzac. Ces pièces furent choisies et données par le maître en personne au musée.

Toujours au niveau 1 (rez-de-chaussée), ne pas manquer les *Cast Courts*, ***salles 46,*** fabuleuses salles des moulages du musée, remplies dans leurs trois dimensions par des copies en plâtre gigantesques d'éléments de monuments célèbres. À voir ou à revoir, donc : la colonne Trajan, le portail de la cathédrale de Saint-Jacques-de-Compostelle. Très impressionnant ! N'oublions pas que la mission du musée était à l'origine éducative : ces copies servaient au XIXe s (et encore aujourd'hui) à l'enseignement de l'histoire de l'art et du dessin. À l'exception d'une petite section, ces salles sont toutefois fermées pour réagencement jusqu'au printemps 2013.

FAUT-IL SUIVRE LA MODE ?

George Brummel naquit à Londres en 1778. Héritier mais non aristocrate, il gaspilla sa fortune dans les habits et le jeu. Il lança la mode de la cravate et des costumes sombres pour les hommes. Son dandysme l'obligeait à mettre 5 heures pour s'habiller. Il lustrait ses bottes au champagne. Sa notoriété n'était fondée sur aucun talent. Il mourut à Caen, ruiné, obèse et syphilitique. Ça donne pas envie de suivre la mode !

Cartons de Raphaël (salle 48a)
L'une des gloires du musée. Honneur à la Renaissance italienne avec ces sept cartons peints par Raphaël. Ils ont servi de modèles pour une série de tapisseries que le pape Léon X avait commandées en 1515. Elles étaient supposées décorer la chapelle Sixtine pour les grandes occasions et sont aujourd'hui conservées au Vatican. L'artiste a choisi de représenter des scènes de la vie de saint Pierre et de saint Paul. Notez que les dessins sont inversés par rapport aux tapisseries, car ils étaient ensuite appliqués comme un calque pour exécuter le tissage.

Photographie
Encore une fois le V & A allie histoire et création contemporaine, en mélangeant habilement les images de son fonds (500 000 images). Le musée a commencé ses acquisitions photographiques dès 1852, sa collection est aujourd'hui remarquable de par sa diversité. ***Salle 100,*** au niveau 2 (1er étage) la petite galerie de photographies présente par roulement ses trésors, faisant preuve d'une grande ouverture d'esprit, des classiques portraits de l'époque victorienne aux travaux de Cartier-Bresson, Man Ray, Alfred Stieglitz, Diane Arbus ou Irving Penn.

Niveaux 2 (1500-1760) et 4 (1760-1900 ; 1er et 3e étages)

Les British Galleries (salles 52 à 58)
Un autre musée dans le musée ! Des fonds colossaux ont été investis pour cette immense section, dont les nombreuses salles détaillent l'histoire culturelle, artistique et sociale de l'Angleterre, des Tudors à l'époque victorienne. Une sélection d'objets représentatifs illustre l'évolution de tous les arts décoratifs pour chaque période, présentés le plus souvent de manière ludique et didactique. Certains meubles, sculptures, dessins ou autres pièces d'argenterie font même l'objet d'une étude aussi poussée qu'intelligente, au travers de montages vidéo, guides audio et animations informatiques. Pour en savoir plus sur la période en général, différents courts métrages thématiques sont régulièrement projetés dans de petites salles annexes. Sans oublier une salle de lecture. Mais le plus impressionnant, ce sont sans doute les reconstitutions d'intérieurs d'époque, comme la chambre lambrissée du château de *Sizergh,* décorée de motifs mauresques, celle du *palais de Bromley-by-Bow,* ou le superbe salon de musique de *Norfolk House* (1756). Un des chefs-d'œuvre de la collection, *The Melville Bed,* situé **salle 54a,** est un spectaculaire lit à baldaquin en bois rouge ouvragé, velours et soie, qui n'aurait pas déparé dans la chambre d'un illustre empereur chinois !

À voir également

Jewellery – The William & Judith Bollinger Gallery (salles 91 à 93, niveau 3 – 2e étage)

La richissime collection de bijoux des premiers rois saxons jusqu'à Victoria émerveillera les amateurs de joyaux. Plus de 3 000 bijoux et joyaux retraçant l'histoire de la joaillerie sur 800 ans, avec également des créations contemporaines. La plus belle pièce de la Renaissance est un pendentif en or, diamant et rubis à l'effigie d'Élisabeth Ire. On peut y admirer aussi de magnifiques pièces du premier Empire français ainsi qu'une belle collection de bijoux de Lalique. Et bien sûr, comme dans toutes les autres sections du musée, des vidéos et des documents interactifs pour s'informer sur les techniques et l'histoire de la spécialité en question.

Silver – The Whiteley Galleries (salles 65 à 71, niveau 3)

Dans le même registre que le précédent. À voir autant pour ses collections que pour la salle elle-même, une immense galerie dans les tons bleus de style victorien avec des plafonds décorés à la manière des palais Renaissance. Les noms de grands céramistes et de grands peintres sont inscrits sur les frises. Dans les vitrines, alignements de trésors brillant de mille feux pour illustrer l'histoire de l'argenterie, principalement de 1400 et 1800. Multitude de pièces richement travaillées. On y verra notamment des objets religieux, mais aussi des armes, de la vaisselle... Une *study area* avec ordinateur permet d'approfondir le sujet (fabrication, histoire, biographie), mais aussi d'explorer les nouvelles tendances (créateurs contemporains, nouveaux matériaux).

The Rosalinde and Arthur Gilbert Galleries (salles 70 à 73, niveau 3)

Superbe collection d'objets confectionnés en or, argent ou mosaïque. Plus de 400 pièces ayant appartenu à Catherine de Russie, Frédéric le Grand de Prusse et Napoléon (excusez du peu). Extraordinaire collection de boîtes ornées de pierres précieuses, de micromosaïques italiennes du XVIIIe s, de portraits en émaux et de tabatières en porcelaine estimées à 80 millions de livres... Chic !

Salles de peinture (salles 81, 82, 87 et 88, niveau 3 – 2e étage)

Quelques salles consacrées à la peinture, mais particulièrement surchargées ! Petites huiles de *John Constable*, paysagiste anglais de la fin du XVIIIe s et digne représentant de l'école anglaise. *La Cathédrale de Salisbury* et *Le Moulin de Dedham* sont particulièrement réussis. Ce n'est pas étonnant qu'il ait influencé les peintres de Barbizon. Voir également quelques beaux paysages de Turner et de Gainsborough. ***Salle 81,*** la *collection Ionides* présente des tableaux français de différentes époques, dont *Les Scieurs de bois* de Millet et quelques œuvres de Degas et de Courbet. La ***salle 88a*** présente par roulement des dessins et aquarelles, notamment les originaux de l'illustratrice pour enfants Beatrix Potter.

Theatre and performance (salles 103 à 106, niveau 3)

Moins fréquentées et pourtant passionnantes, des salles consacrées à la scène. Costumes de célébrités, affiches, décors miniatures, marionnettes... On pénètre dans l'intimité du monde du spectacle : loge, répétitions et photos des artistes durant les 35 mn (appelées *the half*) qui précédent la levée du rideau. La section des costumes, ***salle 105,*** présente notamment les tenues de scène de Richard Burton dans le rôle d'Henri V, la robe et le chapeau confectionnés par Dior pour Vivien Leigh, le pantalon de Mick Jagger, etc. Salle suivante, le dressing entier de miss Kylie Minogue !

À voir encore

20th Century (salles 74 et 76, niveau 3)

Mobilier présentant les grands courants du XXe s à travers une sélection de meubles (style Sécession à Vienne, style Art déco, atelier Oméga...). Apparition de nouveaux matériaux comme le plastique ou de nouveaux objets sur lesquels s'exerce l'esprit inventif des designers (la radio, par exemple). On adore l'*Eggchair* de Peter Ghyczy.

Furniture Galleries (salles 133 à 135, niveau 6 – 5e étage)

Les amateurs de meubles de confection ne manqueront pas de visiter ces trois salles dont la réouverture est prévue en décembre 2012. Des pièces maîtresses de la riche collection du musée y seront présentées selon leur fonction, la technique utilisée et l'ornementation, depuis le XVe s jusqu'à nos jours.

Portraits miniatures (salle 90, niveau 3)

Dans un autre genre, les miniatures exposées ici acquirent leurs lettres de noblesse avec des artistes comme Hilliard, Smart ou Cooper. Très délicats et précis, ces mini-portraits étaient l'équivalent des « photos de famille » du XVIe s au milieu du XIXe s.

Ironwork (salles 113 et 114, niveau 3)

Plus rustique, tout ce qu'il est possible de réaliser en fer forgé : cloches, mortiers, grilles...

Architecture Gallery (salles 127 et 128, niveau 4)

Maquettes et collections du *Royal Institute of British Architects.* Photographies, dessins et plans, dont quelques-uns signés Le Corbusier, Palladio et Mies Van der Rohe. Salles dédiées au néoclassicisme et au Chippendale, un style qui doit son nom à son créateur, Thomas, un ébéniste et décorateur de la seconde partie du XVIIIe s. Ce style Chippendale, typiquement britannique, est unique et plein de fantaisie, c'est une sorte de réaction aux styles français et italien de l'époque.

Ceramics (salles 136 à 146, niveau 6)

Comment mettre le plus d'objets possible dans un minimum d'espace ? La réponse est dans cette galerie complètement ahurissante et riche en surprises. On découvre notamment le parcours de création des céramiques en Europe après 1900. La collection est divisée en quatre quarts du XXe s, puis aux années depuis 2000. Objets usuels ou décoratifs, voire ni l'un ni l'autre pour les plus biscornus ! Évocation des techniques de la céramique qui remontent à 5 000 ans. On aime beaucoup le vase de Picasso, *Artist at His Easel,* peint en 1954 à Vallauris ***(salle 145).*** Puis une section consacrée au reste du monde, principalement l'Asie (Chine, Japon, Corée), dont le V & A possède l'une des plus importantes collections dans le monde, superbement présentée dans une rotonde avec un éclairage naturel splendide.

Natural History Museum
(plan d'ensemble A-B5-6)

Cromwell Rd, SW7 5BD. ☎ 020-7942-5000. • nhm.ac.uk • Ⓜ South Kensington. Autre entrée sur Exhibition Rd, avec accès direct au Earth Hall et à la Zone rouge (plus rapide). Tlj 10h-17h50 (dernière admission à 17h30). Fermé 24-26 déc. Visites guidées gratuites : rens à l'accueil. Entrée gratuite (mais consigne payante). Expositions et attractions temporaires payantes. Prévoir 2-3h de visite. Resto et cafétéria sur place.

Un peu d'histoire

L'histoire naturelle fut le centre d'intérêt principal du British Museum jusqu'au milieu du XIXe s. La collection privée de sir Hans Sloane, médecin naturaliste du XVIIe s, était à l'origine de sa création. Mais l'archéologie prenant une place de plus en plus importante, on décida de transférer les collections d'histoire naturelle en 1860. La construction du nouvel édifice fut confiée à l'architecte Alfred Waterhouse, qui conçut un superbe bâtiment de style néoroman, aux fenêtres géminées et recouvert de reliefs animaliers en terre cuite (à vous de les trouver !). D'ailleurs, les spécimens bizarres ne sont pas l'œuvre d'un sculpteur fantasque, mais rappellent les espèces aujourd'hui disparues.
Évidemment, beaucoup de salles consacrées au règne animal, au travers d'espèces naturalisées et mises en scène en fonction de leur famille ou du milieu naturel. Ce n'est pas toujours facile de s'y retrouver dans l'évolution des espèces, le musée est si grand ! Il est divisé en quatre vastes sections, allant de la minéralogie à la biologie humaine, repérées par des couleurs. Les collections comptant près de 70 millions de pièces différentes, on conseille vivement de se munir d'un plan ! Inutile de tout décrire dans le détail, mais voici tout de même une petite sélection de ce qui a retenu notre attention.

Par ici la visite

Zone bleue : dinosaures, poissons, amphibiens, reptiles, invertébrés marins, mammifères, biologie humaine...

– Difficile de manquer le squelette de diplodocus dans le hall, qui accueille les visiteurs depuis plus de 100 ans. À sa gauche, passionnantes ***galeries des dinosaures*** à la scénographie soignée. Squelettes formidables, mannequins automates à faire frémir et vidéos. Sans oublier l'animation du *T. rex,* plus réaliste que nature et pour le moins saisissant ! Amusant d'ailleurs d'observer le silence s'installer parmi les enfants quand il penche la tête vers eux. Saviez-vous que malgré sa taille (le *T. rex* était plus haut et plus large qu'un bus à impériale), ses bras étaient si petits qu'il n'aurait même pas pu se laver les dents ? C'est peut-être un début de réponse à cette question existentielle posée à la fin de la visite : comment les dinosaures ont-ils disparu ?
– L'exposition sur le ***corps humain*** est un superbe voyage interactif à l'intérieur de soi : sang, muscles, cerveau, sens, hérédité, mémoire, etc. Et tout un parcours pour se mettre dans la peau des nouveau-nés (ouïe, vision, notion de l'espace...). Très intéressant, pour les petits comme pour les grands.

Zone verte : oiseaux, insectes, écologie, fossiles de reptiles marins, minéraux, primates...

– Dans la section consacrée au ***règne animal,*** petite pensée pour les deux exemplaires de dodos (rares), une espèce aujourd'hui disparue. On peut ainsi admirer un paon toutes ailes déployées, une vitrine de centaines de colibris, sans oublier les macaques qui font le singe au 1er étage (levez la tête !).
– Ne manquez pas non plus l'exposition très pédagogique et bien conçue sur l'***écologie*** : photosynthèse, chaînes alimentaires, prédation...
– Au 1er étage, belles collections de ***minéraux*** où se distingue un morceau de la *météorite de Cranbourne,* qui pèse quand même 3,5 t.
– Petite halte au 2e étage devant une coupe de ***séquoia*** vieille de plus de 1 300 ans !

Zone rouge : fossiles, trésors de la Terre, vulcanologie, énergies renouvelables

– Changement de registre avec les ***Earth Galleries.*** Dans un vaste hall, un escalator entraîne les visiteurs au centre de la Terre... Effets spéciaux et lumières tamisées pour évoquer l'évolution depuis le big bang, avec force détails sur l'érosion des sols, les mouvements des plaques tectoniques et les catastrophes qu'ils engendrent, les volcans, etc. On peut même vivre en direct les effets d'un tremblement de terre dans une boutique japonaise !
– Ailleurs, une muséographie moderne et dynamique présente toutes les variétés de ***minerais*** connues (ce sont les minéraux exploités), dont de sublimes pierres précieuses.
– Section sur les ***origines de la vie*** (un incroyable concours de circonstances pour mener à la « soupe originelle ») et sur des ***fossiles*** ou ***squelettes*** qu'on n'aurait jamais imaginés.
– Différentes sections abordent encore les thèmes de l'***énergie,*** des ***ressources naturelles*** avec comme corollaire celui du ***changement climatique*** et le cycle du carbone. Passionnant.

Zone orange : Darwin Centre

Aile la plus récente du musée, le *Darwin Centre* est le véritable nerf de la guerre du musée où plus d'une centaine de scientifiques de la maison font un formidable travail de sauvegarde des espèces (on les aperçoit d'ailleurs à l'œuvre). Dans le « DCI », accrochez-vous ! 27 km de rayonnages (7 km rien que pour les poissons) où s'alignent environ 450 000 bocaux de tous diamètres. Le « DCII » se trouve dans un gigantesque cocon (une réussite architecturale en soi), à l'intérieur assez dépouillé mais ô combien pédagogique ! Il s'agit d'une initiation interactive aux mondes des insectes et des plantes, avec des ateliers animés par des scientifiques (quand on ne les regarde pas travailler derrière des vitres). Penser à prendre sa *Nature plus card,* que l'on scanne à chaque étape du parcours à propos des étapes qui nous plaisent, et que l'on rapporte à la maison pour consulter sa propre page web. Décodage de l'ADN, taxonomie, collecte d'échantillons... Un bain formidable dans le monde de la recherche où les scientifiques sortent de leur bocal. On est à la limite du musée classique. Comme souvent, les Britanniques ont une longueur d'avance dans le domaine ! Conférences régulières à l'Attenborough Studio, du nom du présentateur naturaliste vedette de la BBC, avec des spécialistes de la question posée. Extra !

Autres musées

Science Museum *(plan d'ensemble A-B5)* **:** *Exhibition Rd, SW7 2DD. ☎ 0870-870-4868. • sciencemuseum.org.uk • Ⓜ South Kensington. Tlj 10h-18h (dernière admission à 17h15) ; ouv jusqu'à 19h pdt les vac scol. Fermé 24-26 déc. Entrée gratuite (consigne payante), sf pour les expos temporaires et les activités proposées dans l'espace interactif : cinémas 3D ou 4D, simulateurs (payants)... Visites guidées à thème en anglais plusieurs fois/j. Bornes interactives en français avec un descriptif des salles. Fléchage à destination des enfants (une main avec l'index pointé). Musée gigantesque assez touche-à-tout, prévoir 3 ou 4h. Plusieurs cafét' ludiques et bon marché pour faire une pause en cours de visite.*
À noter : le musée est partiellement en travaux jusqu'en 2015 pour construire notamment un *Skydome,* une résille de verre sur le toit qui permettra d'étudier et de voir les étoiles d'un peu plus près.
Fondé en 1856, le Science Museum est une véritable mine de savoir. Avec plus de 10 000 pièces réparties sur sept niveaux, ses collections couvrent à peu près toutes les activités scientifiques, technologiques et médicales qui ont contribué à ce qu'il est convenu d'appeler le progrès. Mais le vrai tour de force, et de loin, c'est d'avoir réussi à rendre ludiques et attrayants des univers réputés obscurs. Ici, c'est le merveilleux qui l'emporte, réjouissant aussi bien petits et grands ! Divers circuits de visite composés par tranche d'âge : moins de 5 ans, 5-7 ans, 8-11 ans, 12-16 ans et adultes ! Petite visite au gré de ce que nous avons aimé.
– ***Le rez-de-chaussée*** (« G » sur le plan) abrite des pièces monumentales, avec une belle section sur la « construction du monde moderne », des années 1750 à... 3000 ! La révolution industrielle est bien sûr à l'honneur, offrant un festival de machines à vapeur, hydrauliques ou diesel, dont les roues, engrenages et pistons s'enchevêtrent dans un ronronnement de colosse assoupi. Belle collection de voitures du début du XXe s jusqu'à 1950 : la fameuse Ford T, *Puffing Billy,* la première locomotive à vapeur datant de 1814, ou encore une voiture de course solaire. La conquête spatiale est aussi à l'honneur, avec la *capsule Apollo 10* (vous iriez sur la Lune avec ça ?), une petite fusée et une belle collection de satellites. Dans la cage d'escalier, juste avant de rentrer dans la salle des fusées, ne manquez pas le pendule de Foucault. Son observation permet de mettre en évidence la rotation de la Terre.
– ***Demi-étage (« The Bridge ») :*** petite section sur la psychanalyse et le rôle de l'inconscient dans la vie quotidienne.
– ***Au 1er étage,*** une exposition passionnante sur les techniques de mesure du temps (qu'il fait ou qui passe) et l'observation du ciel. De la pendule à eau utilisée dans la Haute-Égypte jusqu'au panneau digital affichant l'heure officielle anglaise. C'est le moment de régler votre montre ! Également un espace sur les télécommunications, les sons et les ondes. Plusieurs pièces sur l'évolution des techniques agricoles à travers les âges (de l'araire au Massey Ferguson) et une approche de la matière, du matériau au produit fini avec la délicate question du recyclage. Plastique, matériaux biocompatibles... Et une galerie interactive qui pose cette question essentielle : « qui suis-je ? », sur le cerveau et la génétique.
– Le ***2e étage*** ravira les inconditionnels des bateaux. Les vitrines sont remplies de dizaines de maquettes. Superbe reproduction du *Queen Elizabeth* (1938), échoué

à Hong Kong en 1972 et servant depuis de base pour les services secrets anglais. Plus techniques, des coupes de turbines et les différents systèmes de radar intéresseront sans doute les amateurs. Ne ratez pas, dans la section consacrée aux mathématiques, les machines à calculer, ancêtres des ordinateurs contemporains, et les premiers *computers* des années 1960, qui ont déjà l'air d'antiquités ! Une autre galerie interactive sur la météorologie et les enjeux du changement climatique. Enfin, une section qui honore l'énergie, dont on n'a toujours pas compris toutes les subtilités, avec en ligne de mire le mystérieux anneau central lumineux. Les enfants vont adorer !

– ***Au 3e étage,*** petite section consacrée à la science au XVIIIe s avec notamment la collection scientifique du roi George III (beaux globes terrestres dont un en verre), et une introduction aux progrès de la médecine, développés aux deux derniers étages. Mais surtout, un immense espace consacré à l'aviation, avec une belle sélection d'appareils en parfait état (du biplan à l'avion à réaction), différents moteurs et plusieurs simulateurs *(motionrides)* de vol payants pour les amateurs de sensations fortes (et parfois nauséeuses !).

– ***Aux 4e et 5e étages*** (uniquement accessibles via le 3e étage et l'aile consacrée à la médecine), toutes les évolutions et les progrès techniques de l'histoire médicale depuis le Néolithique jusqu'à nos jours (ou presque !). Présentation ludique avec de nombreuses maquettes et reconstitutions grandeur nature, notamment une boutique d'apothicaire de 1905 et une salle d'opération de la fin du XXe s. En voyant comment on soignait un petit bobo aux yeux au XVIe s (par « énucléation ») ou en visitant le cabinet d'un dentiste des années 1930, on est bien heureux de vivre au début du XXIe s en Europe ! Large section sur la médecine vétérinaire. Assez peu ragoûtant...

Saatchi Gallery *(plan d'ensemble C6,* ***551****)* **:** *Duke of York HQ, SW3 4SQ. • saatchi-gallery.co.uk • Ⓜ Sloane Sq. Tlj 10h-18h. Gratuit. Attention, fermé 10-25 j. entre chaque exposition. Renseignez-vous au préalable.* Installée dans un ancien bâtiment militaire, la Saatchi Gallery est à la pointe de l'art contemporain. Les expositions sont généralement d'excellente qualité et l'on y fait de très belles découvertes. Si Charles Saatchi a fait fortune dans la publicité et comme conseiller de Margaret Thatcher, il est aujourd'hui le grand mécène de l'art contemporain britannique, et il le prouve avec chaque nouvelle exposition. On lui doit, par exemple, la promotion de Damien Hirst, l'artiste réputé comme le plus riche du monde de nos jours. Une visite immanquable pour tous les amateurs.

National Army Museum *(plan d'ensemble C7,* ***556****)* **:** *Royal Hospital Rd, SW3 4HT. ☎ 020-7730-0717. • national-army-museum.ac.uk • Ⓜ Sloane Sq. Tlj 10h-17h30. Fermé 1er janv et 24-26 déc. Entrée gratuite. Zones de jeux pour les enfants. Café sur place.*

Un régiment de mannequins en grand uniforme retrace l'histoire de l'armée britannique depuis la création des *Yeomen of the Guards* en 1066. Le musée fourmille d'anecdotes. Le tout est assez dense (beaucoup à lire) et parfois confus dans la chronologie, mais passionnera à coup sûr les amateurs.

Histoire militaire bien sûr, avec des faits d'armes, mais aussi d'intéressantes digressions sur les conditions de vie des soldats et la place peu enviable des femmes dans l'armée. Clin d'œil comme il se doit à une défaite française : Azincourt, en 1415, où 5 000 archers britanniques ont transformé les chevaliers français en pelotes d'épingles. On continue avec les *Têtes rondes* chères à Cromwell, pendant la guerre civile et Malbourough qui s'en va en guerre cousu de dentelles. L'ancêtre de Churchill, le duc de Bleinheim, caracole sur les champs de bataille européens. Les Américains prennent leur indépendance. Les guerres napoléoniennes sont illustrées par une vaste maquette de la bataille de Waterloo (pas moins de 70 000 figurines !). Le squelette de Marengo, l'un des chevaux préférés de Napoléon, pris à Waterloo, trône dans une vitrine. On a pu s'interroger sur la taille du cheval... Au XIXe s toujours, les tuniques rouges de Sa Majesté se battent sur tous les continents et la brigade légère sonne la charge au siège de Sébastopol. Large section sur les conquêtes en Asie

et la guerre en Afrique du Sud (avec la création des premiers cimetières militaires), sans l'ombre d'un regret sur cette période coloniale pas vraiment reluisante. Clin d'œil à la Victoria Cross, la plus haute distinction militaire, créée par devinez qui en 1856.
Il n'y a ni *Redcoat* ni panache au temps de la Grande Guerre. Histoire de se mettre dans le bain (de boue), une section de tranchée reconstituée permet d'entrevoir l'enfer de cette guerre mécanique. Si l'armement et les méthodes évoluent, la Seconde Guerre mondiale et les conflits suivants ne sont guère plus glorieux... Et aujourd'hui ? La dernière section, comme par hasard plus moderne avec films et écrans tactiles, évoque le rôle de l'armée dans la société actuelle, ses missions, son recrutement... ça frise la vitrine de propagande pour s'engager !

REALITY SHOW

Pendant la dernière guerre, Sefton Delmer, travaillant pour les services secrets britanniques, organisa une énorme entreprise de déstabilisation contre l'armée allemande. Il créa une radio en allemand qui eut rapidement du succès dans la Wehrmacht car tous les faits de guerre étaient exacts et la musique excellente. Par contre, de temps en temps, on évoquait que les chefs nazis couchaient avec les femmes des soldats allemands qui étaient au front ou que le fils de tel ministre était exempté d'armée... Cette propagande aura un impact terrible lors de leur défaite de Russie.

Monuments et balades

Le Londres résidentiel : South Kensington, Brompton, Knightsbridge et Belgravia

Au menu de cette longue balade entre Hyde Park et Chelsea : palais royal, parcs, musées, boutiques de luxe et les plus beaux représentants des architectures géorgienne et victorienne. De quoi entraîner les plus récalcitrants aux averses londoniennes dans une découverte des quartiers résidentiels les plus chic de la capitale : South Kensington, le quartier victorien dans le style et dans l'esprit ; Knightsbridge, le quartier animé des commerces de luxe ; Brompton, quadrillé de *crescents,* ces rues en croissant de lune, et de *mews.* Et enfin Belgravia, à l'est de Brompton, dont le niveau des loyers n'attire plus que les ambassades.

South Kensington est le résultat du vaste projet d'urbanisation entrepris dans la seconde moitié du XIXe s par le prince Albert, l'époux de la reine Victoria. Les rues bordant le quadrilatère formé de grands musées et d'écoles élitistes, comme Prince Consort Road, Queen's Gate ou Exhibition Road, sont à la gloire de l'Empire victorien et de sa foi en l'élévation de l'esprit par les arts et le progrès scientifique. Le prince consort fut à l'origine de la fameuse Exposition universelle, la première du genre, qui se tint durant le printemps et l'été 1851 dans le *Crystal Palace.* Cette gigantesque serre futuriste en verre et acier construite au sud de Hyde Park fut remontée ensuite dans le sud de Londres et finalement détruite lors d'un incendie

ON FAIT ESCALE !

C'est au Crystal Palace, en 1898, que fut mis en place pour la première fois un escalier mécanique, ou escalator... Au début, rien de très pratique, c'est juste une attraction, et on paie 1 penny pour grimper dessus. Par la suite, il est mis en place chez Harrods, *le célèbre magasin. Les clients qui utilisaient cet escalier roulant étaient accueillis au sommet par un majordome avec... un verre de brandy !*

en 1936. Grâce aux recettes considérables de l'exposition, il fit aménager le quartier pour en faire un lieu consacré aux arts, aux techniques et à l'éducation.

Kensington Palace *(centre 2, M10) : en bordure est de Kensington Gardens, W8 4PX. ☎ 0870-751-5170 ou 0844-482-7788. • hrp.org.uk • Ⓜ Queensway ou High St Kensington. Tlj 10h-18h (17h nov-fin fév). Dernière admission 1h avt fermeture. Entrée : 14,50 £ ; réduc (notamment en achetant son billet en ligne) ; gratuit pour les enfants jusqu'à 15 ans. On vous rappelle l'existence d'un pass annuel qui permet un accès illimité pdt 1 an aux sites de Kensington Palace, Hampton Court Palace, Tower of London, Banqueting House et Kew Palace : à partir de 43 £ par adulte ; forfait famille.*

Le seul palais royal que l'on puisse visiter sans trop s'éloigner du centre. Pas aussi fastueux que Hampton Court mais dans un cadre très agréable, accolé à Hyde Park. Guillaume d'Orange acheta une belle demeure aristocratique à la fin du XVIIe s et confia son réaménagement à l'architecte baroque Christopher Wren. En 1722, à la demande de George Ier, le peintre William Kent décora luxueusement certains appartements jugés trop austères. Le palais servit de résidence royale pendant la première partie du XVIIIe s, jusqu'à l'installation de George III à Buckingham. Au XIXe s, la future reine Victoria y naquit et y mena sa vie de princesse. C'est aussi le dernier lieu où vécurent la princesse Diana et Margaret, la sœur d'Élisabeth. C'est aujourd'hui la demeure de Kate et William depuis leur mariage. Après 12 millions de livres de travaux, le palais a fait peau neuve. On y apprend tout (ou presque) de la vie de ses résidents passés, de la Reine Victoria à Diana.

Kensington Gardens *(centre 2, M10) : face au Kensington Palace, dans le prolongement de Hyde Park.* C'était, aux XVIIIe et XIXe s, le jardin privé de Kensington Palace, toujours aussi propret avec ses allées apprêtées, ses pelouses tirées au cordeau et sa grande quiétude. Allez dire un petit bonjour aux dizaines d'écureuils qui vivent aux alentours de la *statue de Peter Pan* et de l'entrée de Kensington Palace. Ils sont gras et bien nourris, pas sportifs pour un sou et pas farouches pour un cookie. Il vous faudra pourtant résister à l'envie de partager votre quatre-heures, chacun son régime alimentaire !

PRISE DE BEC

S'il vous arrive d'apercevoir ou d'entendre des perroquets verts en liberté dans les parcs londoniens, vous ne rêvez pas ! Il s'agit en fait de magnifiques perruches à collier rose (Psittacula krameri), *originaires d'Inde et qui ont été relâchées par leurs propriétaires au fil des années. Résistantes au froid et très invasives, elles sont aujourd'hui plusieurs milliers à avoir colonisé les parcs du centre, mais surtout ceux de Richmond, Kew, Windsor... Elles ne se gênent pas pour piquer les cacahuètes destinées normalement aux petites mésanges.*

Le *Serpentine,* un bassin d'eau tout en longueur, marque la limite avec Hyde Park. On trouve dans le parc la ***Serpentine Gallery*** *(plan d'ensemble A5),* une galerie d'art contemporain ouverte seulement en cas d'exposition temporaire *(tlj 10h-18h ; gratuit).* En suivant Broad Walk, puis Flower Walk, on arrive devant l'***Albert Memorial*** *(plan d'ensemble A5),* en bordure sud du parc, érigé par la reine Victoria après la mort de son époux en 1861. Sous un baldaquin à l'architecture néogothique particulièrement indigeste, une statue en bronze à son effigie tient le catalogue de l'Exposition universelle, comme Moïse tiendrait les Tables de la Loi. Frontons, flèches dorées et mosaïques témoignent du goût victorien, carrément excessif, pour le Moyen Âge. Si vous avez des enfants, filez plutôt au ***Diana Memorial Playground*** (accès par le coin nord-ouest ; *centre 2, M9-10*), une luxueuse aire de jeux réservée aux moins de 12 ans, créée après la mort de la princesse Diana. Pas de doute, le lieu est à la hauteur ! Tout en bois (il y a un bateau de pirates échoué sur un banc de sable fin), joliment paysagée, l'aire est même surveillée. *Tlj à partir de 10h. Entrée gratuite.*

Le prince Albert trône fièrement devant ses dernières créations, parmi lesquelles le ***Royal Albert Hall*** *(plan d'ensemble A5)*, une immense rotonde de plus de 5 000 places surnommée le « couvercle de soupière ». Sa façade de brique rouge est ornée d'une frise représentant l'histoire des arts et des civilisations. Ce haut lieu de la vie culturelle londonienne (malgré ses qualités acoustiques discutables) est surtout célèbre pour ses « concerts-promenades » (on dit plutôt *Proms*) de grande qualité, qui animent les soirées d'été depuis un siècle. Le nom vient de la galerie supérieure de la salle, appelée « promenade ». *Visites tlj sf mer 10h30-15h30 (téléphoner car, en cas de représentations, les visites peuvent être annulées). ☎ 020-7589-8212. Prévoir 8 £ pour une balade de 45 mn-1h env ; réduc, notamment pour les étudiants.*

À droite, le grand immeuble cossu en brique rouge et aux fenêtres blanches, ***Albert Hall Mansions,*** abrite de luxueux appartements au vu de leur taille et de leur situation. En face du Royal Albert Hall, belle façade néogothique du ***Royal College of Music*** ornée de tours et de poivrières. Contourner le bâtiment sur la gauche et descendre Exhibition Road jusqu'à Cromwell Road. Voici le quartier des musées gigantesques. À droite, ne manquez pas la longue façade néoromane du *Natural History Museum* décorée d'animaux en terre cuite (voir plus haut « Galeries et musées »). En revenant sur ses pas dans Cromwell Rd, on passe devant la façade imposante du *Victoria and Albert Museum,* musée exceptionnel à la gloire de toutes les techniques, toutes les civilisations et toutes les époques (voir « Galeries et musées »).

JUST A GIGOLO

Jusqu'au XIXe s, se promener dans Kensington Gardens au bras d'un beau jeune homme, était réservé aux gens de la noblesse. Les filles de peu de vertu et autres cocottes se rabattaient sur Hyde Park, moins chic, mais tout proche. Elles louaient les services des militaires qui se faisaient payer pour redorer leur blason : 9 pence pour un artilleur !

Brompton Oratory *(plan d'ensemble B5-6)* **:** *sur Brompton Rd, jouxtant le Victoria and Albert Museum.* Ⓜ *South Kensington. Tlj. Entrée gratuite.* Première église catholique à avoir été érigée après la Réforme anglicane (1531). Elle fut construite à la fin du XIXe s dans un pastiche du baroque italien qui n'aurait pas déplu à Christopher Wren. Nef ample et imposante, bordée des deux côtés de chapelles et décorée de manière somptueuse. Pour faire plus vrai, des œuvres d'art datant de la Renaissance italienne ont été ajoutées, comme les statues des 12 apôtres, du sculpteur siennois Mazzuoli, qui ornent les pilastres. Dans la dernière chapelle de droite, autel de la Vierge en marbre polychrome très chargé, provenant de l'église de Brescia.

Prendre Brompton Road à gauche, qui borde à l'ouest le quartier du même nom. Jolies ***demeures bourgeoises*** avec leur jardin côté rue. À gauche, Egerton Crescent présente des façades homogènes et ordonnées. Voilà un exemple des maisons que la bourgeoisie d'affaires en pleine ascension fit construire au XVIIIe s dans un style élégant quoique un peu austère. Les façades sont souvent ornées de moulures blanches à l'antique. Les fossés séparés du trottoir par une grille en fer, sur lesquels s'ouvrent les pièces réservées aux domestiques, datent de cette époque.

Un peu plus bas, Brompton Road fait place à Fulham Road, plus animée et moins sérieuse. À l'angle de Sloane Avenue, superbe entrée Art nouveau tardif (1911) de ***Michelin House*** *(plan d'ensemble B6).* L'immeuble abrite un resto et le grand magasin *Conran.*

Faisons un crochet dans les rues chic et tranquilles du quartier de Brompton, en prenant à droite Draycott Avenue juste après Sloane Avenue, puis ***Walton Street*** *(plan d'ensemble B6),* bordée de petites boutiques plus huppées les unes que les autres, de la bijouterie à l'orfèvrerie en passant par les tissus d'ameublement. Prendre à gauche ***Beauchamp Place*** – on prononce « Bitcham » pour se faire comprendre –, repaire de restos chic, de boutiques de mode anglaise et d'antiquaires. Hors de prix, *of course* !

Au bout de la rue, on retrouve Brompton Road, moins intimiste puisque très commerçante, dans le quartier de ***Knightsbridge.*** Mais pas n'importe quels commerces. Voyez plutôt aux nos 87 à 135 le magasin ***Harrods*** *(plan d'ensemble B-C5)* qui occupe tout le pâté de maisons. Dire qu'au XIXe s ce n'était qu'une petite épicerie de quartier ! Visitez-le comme le musée du commerce de luxe (voir « Shopping. Les boutiques chères qui valent un coup d'œil »).

SHOCKING !

Après les insinuations de Mohammed al-Fayed, l'ex-propriétaire de Harrods*, sur le prétendu complot qui aurait tué son fils Dodi avec Lady Di, la reine a renoncé à venir y acheter ses corn flakes. On a même retiré du fronton du magasin le blason officiel de « fournisseur de la Cour ». Non mais !*

Poursuivons dans le huppé bien ordonné en flânant dans les rues de ***Belgravia,*** le quartier des *squares* et des *terraces* aristocratiques. Le terrain a été aménagé dans la première moitié du XIXe s par la famille Grosvenor, propriétaire terrienne. Architecture typique des *terraces,* ces rangées monotones de maisons géorgiennes en brique blanche ou crème ornées d'une colonnade et de frontons à l'antique. Prendre Hans Crescent, puis Sloane Street à droite et tourner à gauche dans Cadogan Street prolongée par Halkin Street, qui débouche sur ***Belgrave Square*** *(plan d'ensemble C5),* une réplique en miniature des grands exemples que créa l'architecte John Nash à la même époque autour de Regent's Park. On y tourna *My Fair Lady.*

Profitez d'une éclaircie pour terminer cette longue balade par une pause réparatrice sur les pelouses de ***Hyde Park*** *(plan d'ensemble A-B-C4-5),* qui est tout proche en prenant Grosvenor Crescent. À moins que vous ne préfériez canoter sur le Serpentine ou plonger dans l'unique piscine du centre de Londres. Les nostalgiques iront méditer près de la *Diana Memorial Fountain (plan d'ensemble B4),* un vaste cercle de granit le long duquel s'écoule de l'eau et où les Londoniens n'hésitent pas à faire trempette l'été (attention à ne pas glisser !). Plus fréquenté que Kensington Gardens à l'ouest (peut-être parce qu'il est moins apprêté), Hyde Park forme avec ce dernier le plus grand espace vert de la ville. C'est évidemment un lieu rêvé pour un pique-nique. Plusieurs terrasses accueillantes pour déjeuner au bord de l'eau dès que pointe un rayon de soleil. Le parc appartenait à l'origine à l'Église catholique et fut confisqué au moment de la Réforme par Henri VIII, qui en fit son terrain de chasse. Il devint finalement jardin public en 1635 sous le règne de Charles Ier. Mais les détrousseurs remplacèrent les bêtes sauvages. La sécurité n'était assurée que sur *Rotten Row* (« la rue Pourrie »), l'ex-« route du Roi » qui subit une malheureuse déformation de langage. Alors seule route éclairée de Londres, elle permettait au roi de se déplacer sûrement entre les palais de Kensington et de Saint James'. Aujourd'hui, vous y croiserez vers 10h30 la garde à cheval montante, qui se dirige vers le quartier des *Horse Guards* près de Whitehall pour la relève quotidienne. Le reste du temps, ce sont les *posh girls* (les filles B.C.B.G. en v.f.) et leur progéniture qui caracolent sur les sentiers. Car, aussi surprenant que cela puisse paraître, on monte encore et toujours à cheval dans Hyde Park. À l'angle nord-est, ***Speaker's Corner*** *(plan d'ensemble C4,* ***557****),* le « coin des Orateurs ». Tout Britannique ayant un message à apporter au monde peut l'exposer devant une masse d'auditeurs anonymes. On peut dire n'importe quoi, n'importe comment, le dimanche seulement. Sinon, il faut garder sa salive pour les prochaines fois. Naturellement, une bonne maîtrise de l'anglais s'avère indispensable, ainsi qu'un bon sens de l'humour ! Super festival de musique fin juin, sur 4 jours, le *Wireless Festival,* avec plein d'artistes rock, pop et de variétés.

– **Balade à cheval dans Hyde Park** *(plan d'ensemble A-B3,* ***582****) : Hyde Park Stables, 63 Bathurst Mews, W2 2SB. ☎ 020-7723-2813. • hydeparkstables.com • Ⓜ Lancaster Gate ou Paddington. Balades à partir de 59 £/h par pers.* Expérience unique ! Et possibilité d'être guidé en français, notamment sur la Rotten Row.

En face, ***Marble Arch*** *(plan d'ensemble C3),* un arc de triomphe en marbre blanc du début du XIXe s qui fit office à l'origine de porte d'honneur à l'entrée de Buckingham Palace. Non loin de là, dans le terre-plein triangulaire à l'entrée d'Edgware Road, une plaque ronde en pierre dans la chaussée rappelle qu'à cet endroit était jadis dressé le *gibet de Tyburn (Tyburn tree),* là où les pauvres gens étaient exécutés, ceux du moins dont la condition n'autorisait pas une mort illustre à la Tour de Londres.

AUX HÉROS DE LA NATION

On déniche sur Park Lane, au niveau de Brook Street (plan d'ensemble C4), un mémorial de bonne taille en hommage aux... animaux qui ont servi pendant les guerres. Ils y sont tous : mulets pour le transport, chevaux pour les assauts, chiens de garde... et même les pigeons voyageurs ! L'amour des Anglais pour leurs pets est décidément le plus fort.

Le Londres des artistes : Chelsea

Pendant des siècles modeste village de pêcheurs loin de la capitale, Chelsea apparaît dans l'histoire de Londres au XVIe s sous l'impulsion de deux personnages : Henri VIII, qui s'y fit construire un manoir d'été, et Thomas More, un humaniste qui reçut nombre d'intellectuels et d'artistes de l'époque. Au XVIIIe s, l'installation de sir Hans Sloane, l'un des fondateurs du British Museum, et la construction du Royal Hospital contribuèrent à populariser Chelsea. L'endroit devint un lieu de promenade prisé des Londoniens qui fuyaient la vie (déjà) trépidante de la capitale. Véritable havre de paix, l'engouement s'amplifia encore au XIXe s, lorsque quelques artistes, comme le peintre Turner, le poète Percy Shelley, les écrivains Henry James et Oscar Wilde vinrent s'installer ici, suivis de George Bernard Shaw et de Virginia Woolf. Chelsea devint une sorte de refuge pour toute une série d'artistes maudits. Les stars de la musique (Mick Jagger), de la TV, du cinéma et de la politique (Margaret Thatcher) ont aujourd'hui remplacé les écrivains. Chelsea a conservé son côté chic et charmant mais toujours avant-gardiste. Il suffit de se promener sur King's Road pour s'en apercevoir.

Sloane Square *(plan d'ensemble C6) :* Chelsea commence sur cette place bordée d'arbres, ornée d'une fontaine (l'une des rares de la ville, Londres n'est pas Rome !) et grouillante de circulation. Profitez de la station de métro, vous n'en reverrez plus dans ce quartier. Les habitants en ont empêché la construction pour être tranquilles. Du coup, il faut tout faire à pied ou en bus. On trouve, aux alentours, quelques belles enseignes de prêt-à-porter. Mais, surtout, la ***Saatchi Gallery,*** réputée internationalement pour la qualité de ses expositions temporaires. Voir plus haut dans la partie « Galeries et musées ».

MÉTRO *SUBMARINE*

La station de métro Sloane Square est unique en son genre : au-dessus de ses rails coule une rivière. Il s'agit de la rivière Westbourne, qui débute son cours à Hampstead Heath jusqu'à la Serpentine pour traverser Sloane Square (l'eau de la fontaine) et se déverser dans la Tamise.

Holy Trinity Church *(plan d'ensemble C6,* ***558****) : sur Sloane St.* Église sans grand intérêt architectural mais, à l'intérieur, vitraux de William Morris et d'Edward Burne Jones représentant des scènes de l'Ancien et du Nouveau Testament, entourées d'une kyrielle de saints. Œuvre grandiose des deux artistes les plus emblématiques du mouvement préraphaélite, parti en guerre contre l'académisme victorien et les maux de la société industrielle. Au fond, orgue romantique du XIXe s que l'on peut entendre presque tous les jours. Traverser Sloane Square et descendre Lower Sloane Street jusqu'à Royal Hospital Road.

Royal Hospital Chelsea *(plan d'ensemble C6-7)* **:** *Royal Hospital Rd, SW3. ☎ 020-7881-5000. • chelsea-pensioners.co.uk • Ⓜ Sloane Sq. En principe, lun-sam 10h-12h, 14h-16h. Entrée gratuite.* Bâtiment de brique rouge et de pierre blanche construit par Wren en 1682 sur le modèle des Invalides à Paris. Charles II voulait, comme Louis XIV, un hôpital destiné aux anciens de l'armée royale qu'il venait de reconstituer. Aujourd'hui encore, l'hôpital accueille près de 250 pensionnaires. Dans la cour, statue de Charles II en empereur romain par Gibbons. Le hall, imposant et lourd, célèbre la royauté. Aux murs, portraits des rois et des reines de Charles II à Victoria. On peut également visiter la chapelle en marbre blanc et noir, ornée de boiseries sculptées par Gibbons, et le petit musée *(fermé sam)* rempli de photos, de médailles, d'uniformes, etc.

Bordant le Royal Hospital, les ***Ranelagh Gardens*** furent le siège de fêtes insensées au XVIIIe s, où l'aristocratie se donnait rendez-vous en masse. Au centre, une rotonde décorée par Canaletto accueillit Haendel, qui créa *The Water Music,* ainsi que Mozart. Seul le *Chelsea Flower Show* subsiste au chapitre des festivités. *Achat des billets par tél depuis la France : ☎ (00-44) 121-767-4063. • rhs.org.uk/chelsea • Assez cher.* Durant 4 jours, la 3e semaine de mai, la reine inaugure ces floralies qui attirent une foule imposante.

Tite Street *(plan d'ensemble C7)* **:** Oscar Wilde y vécut, au no 34. Il y écrivit *Le Portrait de Dorian Gray,* son unique roman. Non loin d'ici, sur Sloane Street, au *Cadogan Hotel* (voir « Où dormir ? Spécial coup de folie »), il fut arrêté et emprisonné pour homosexualité en avril 1895. Aux nos 44 et 46, remarquez ces deux maisons Art nouveau et leurs belles verrières.

Sur Embankment, point de vue idéal sur la ***Peace pagoda*** *(pagode de la Paix),* de l'autre côté de la Tamise, dans Battersea Park. Le bouddha d'or et de bronze de plus de 3 m fut construit en 11 mois par 50 moines venus du Japon. Prendre *Swan Walk.*

Chelsea Physic Garden *(plan d'ensemble C7,* **559***)* **:** *66 Royal Hospital Rd, SW3 4HS (entrée sur Swan Walk). ☎ 020-7352-5646. • chelseaphysicgarden.co.uk • Ⓜ Sloane Sq. ♿ Ouv avr-fin oct : mar-ven 12h-17h, dim et j. fériés 12h-18h. Également ouv certains w-e en fév, et pdt tte la durée du Chelsea Flower Show (en mai) et nocturne le mer en juil-août jusqu'à 22h (dernière entrée à 20h30). Visites guidées sur résa. Entrée : 9 £ ; réduc. Diverses animations pdt 1 sem fin mai, pdt le festival de Chelsea fin juin et au cours de l'été.* Fondé en 1673 par la Société des apothicaires, le plus vieux jardin botanique d'Angleterre (voire d'Europe, mais c'est un pléonasme !) fut sauvé puis offert à la ville par le célèbre médecin naturaliste sir Hans Sloane. On y planta les premiers cèdres de Grande-Bretagne. Les plants de coton introduits aux Amériques transitèrent par ce jardin, tout comme les plants de thé de Chine qu'on envoya en Inde. C'est vrai que Pékin-Delhi via Londres, au XVIIIe s, c'était direct ! Aujourd'hui, on trouve des centaines d'essences, des milliers de plantes aromatiques, de fruits, de légumes. Un plaisir pour les yeux et pour le nez.

Cheyne Walk *(plan d'ensemble A-B7)* **:** redescendre vers la Tamise. Cette rue symbolise bien Chelsea, son art de vivre et son architecture géorgienne. Malheureusement, l'intense trafic automobile en bord de Tamise trouble quelque peu sa quiétude légendaire. Au no 23, une plaque rappelle l'emplacement du manoir construit par Henri VIII. Au no 21, le poète et Prix Nobel de littérature (1948) Thomas Stearns Eliot rédigea *Meurtre dans la cathédrale,* une pièce qui relate l'assassinat de l'archevêque de Canterbury par Henri II. Moins historique, mais plus populaire, Mick Jagger habitait au no 48. Surtout, allez vous perdre dans ces petites rues qui font tout le charme de Chelsea.

Carlyle's House (plan d'ensemble B7, **560**) : 24 Cheyne Row, SW3 5HL. ☎ 020-7352-7087. • nationaltrust.org.uk • Ⓜ Sloane Sq. Mars-fin oct, mer-dim 11h-17h. Entrée : 5,10 £. Maison du célèbre écrivain qui donne une bonne idée des intérieurs de Chelsea au XIXe s. Mobilier, souvenirs, documents, rien n'a changé depuis qu'il est mort dans son fauteuil en 1881.

Tout près, sur ***Edith Grove*** *(plan d'ensemble A7),* Mick Jagger, Keith Richards et Brian Jones partagèrent un appartement au temps des vaches maigres et des balbutiements « stoniens ».

Prendre Old Church Street pour remonter vers King's Road. Vous passerez à côté de ***Chelsea Old Church*** *(plan d'ensemble B7),* l'ancienne église de Chelsea datant en partie du XIIe s. Thomas More y serait enterré dans la chapelle sud reconstruite au XVIe s (mais sa tête se trouve à Canterbury, pour faire simple !).

King's Road *(plan d'ensemble A-B-C6-7)* **:** en remontant vers Sloane Square, vous découvrirez l'exubérance et l'insolence de Chelsea où se mêlent une faune avant-gardiste et les touristes qui veulent rester dans le coup. Toutes les modes de l'après-guerre sont nées ici, et le contraste est étonnant entre cette artère de folie et les petites rues, au sud, qui font figure de chic banlieues isolées. C'est aussi un coin couru pour faire du shopping, notamment les dernières fringues tendance, pas vraiment bon marché...

Juste de l'autre côté de la Tamise, on ne peut pas manquer les quatre tours de l'***usine électrique de Battersea*** *(plan d'ensemble D7,* ***561****).* Célèbre, car figure sur la pochette de l'album *Animals* des Pink Floyd. Elle fut construite en 1932, par Giles Gilbert Scott, le même architecte qui construisit quelques années plus tard l'usine électrique de Southwark, à savoir l'actuelle *Tate Modern.* Bel exemple d'architecture industrielle de l'époque Art déco, elle est à ce titre classée Monument historique. Parc agréable pour taper la balle ou se détendre tout simplement. Un peu moins pris d'assaut que les parcs du centre-ville. Un bon plan !

Il abrite un ***zoo*** pour les enfants, doublé d'un centre de conservation des espèces. ☎ *020-7924-5826. • batterseaparkzoo.co.uk • Tlj 10h-17h30 (16h30 l'hiver). Entrée : 7,95 £ ; réduc.* Et, tout près, *petit lac* pour pagayer un peu et impressionner votre dulcinée. Location des barques auprès du *Millenium Arena,* centre de sport situé à côté du zoo.

Wimbledon Lawn Tennis Museum *(hors plan d'ensemble par B-C8)* **:** *The Museum Building, All England Lawn Tennis & Croquet Club, Church Rd, Wimbledon, SW19 5AE. ☎ 020-8946-6131. • wimbledon.org/museum • Ⓜ Southfields, puis bus n° 493 ; ou Tooting Broadway, puis bus n° 493. Assez excentré. En train station Wimbledon Station depuis Waterloo, puis bus n° 493. Tlj 10h-17h. Fermé pdt les compétitions (sf pour les spectateurs munis de billets). Entrée : 11 £ ; réduc. Possibilité de visites guidées du site, qui incluent notamment le court central et les salles de presse : compter tt de même 20 £, entrée du musée comprise.* Joueurs de fond de court ou volleyeurs, spectateurs ou ramasseurs de balles, un musée pour les fans du petit monde de la raquette. Attractions interactives de haut niveau : visite des vestiaires avec McEnroe, extraits de matchs en 3D... sans oublier, bien sûr, une collection de trophées, de matériel, et un panorama complet de l'histoire du tennis (qui remonterait à 1555).

EARL'S COURT, WEST BROMPTON, HAMMERSMITH ET SHEPHERD'S BUSH

➧ Pour se repérer, voir le centre 2 en fin de guide.

Quartier animé autour de deux grandes rues commerçantes : Earl's Court Road et Old Brompton Road. On y trouve le siège du club de foot de Chelsea. Autant dire que les soirées peuvent être très électriques les soirs de match. Bien desservi par les transports en commun, Earl's Court est un très bon point de chute pour rayonner dans le centre. Rien de bien palpitant mais on y trouve de plus en plus de restos et des pubs chaleureux. Les rues résidentielles sont agréables, avec de belles maisons cossues et de jolis squares privés pour la touche de verdure. Et l'on rejoint Holland Park, South Kensington, Chelsea ou encore Hammersmith et Shepherd's Bush en 10 à 15 mn à pied, pour une balade, boire un verre ou découvrir les locaux de la fameuse BBC.

Où dormir ?

Studios et appartements

Think Earl's Court *(centre 2, L11,* ***68****) : 181 Warwick Rd, W14 8PU. ☎ 020-7341-8800. Ⓜ Earl's Court. • info@think-apartments.com • think-apartments.com • Juste derrière l'immense Tesco. Studios et appartements env 100-250 £ la nuit. Réduc pour les lecteurs du Routard, ne pas oublier de le mentionner à la résa (code « routard » par mail, tél, ou sur le site de résa en code promo).* Dans un grand building, des appartements à la déco moderne et élégante (bois blond, touches colorées et béton brut). Très fonctionnel. AC, lave-vaisselle, machine à laver, micro-ondes, TV, lecteur DVD. Ouf ! L'environnement direct n'est pas très folichon mais on reste proche du centre. L'idéal en famille. Certains appartements ont même une vue assez impressionnante (c'est haut !). Ménage 1 fois par semaine.

Base 2 Stay *(centre 2, M11,* ***70****) : 25 Courtfield Gardens, SW5 0PG. ☎ 020-7244-2255. • info@base2stay.com • base2stay.com • Ⓜ Gloucester Rd ou Earl's Court. Doubles 113-141 £ ; pour 4 pers, 210-247 £. Réduc de 10 % sur présentation de ce guide.* Cet établissement récent développe le concept hybride de l'hôtel et de la location : on y vit en totale indépendance dans de ministudios modulables bien conçus, décorés dans un style contemporain sobre et agréable, tout en profitant d'un service hôtelier à la carte (ménage, etc.). TV écran plat et, surtout, kitchenette d'appoint (frigo et micro-ondes), bref, confort assuré. Sans conteste un bon camp de base. Une adresse idéale en famille. Nouvelle adresse fin 2012 dans Soho.

Citadines South Kensington *(centre 2, M11,* ***136****) : 25-35 A Gloucester Rd, SW7 4PL. ☎ 020-7543-7878. Résas en France : ☎ 0825-333-332. • mtsague@citadines.com • Ⓜ Gloucester Rd. Petit studio à partir de 165 £, jusqu'à 300 £ la nuit selon nombre d'occupants (1-4 pers). Petit déj possible. Moins cher à la sem et sur le site web.* Studios et mini-appartements, idéal si vous voyagez en famille. Les logements sont agréables avec du mobilier en bois clair et les tonalités choisies sont sobres. Une adresse bien située (notamment pour les grands musées de l'Ouest londonien) qui présente un très bon niveau de confort.

Bon marché (moins de 50 £, soit 59 €)

■ ***Barmy Badger Backpackers*** *(centre 2, L11, **76**) : 17 Longridge Rd, SW5 9SB. ☎ 020-7370-5213. • barmybadger@hotmail.com • barmybadger.com • Ⓜ Earl's Court. Dortoirs 4-6 lits mixtes 20-22 £, double 50 £. Moins cher à la sem.* Cette AJ de poche a trouvé son rythme dans un style brouillon mais chaleureux qui plaira sans doute aux routards bohèmes. Aucun gros défaut : petite AJ à taille humaine, au calme et proche du métro. Un mini-salon TV envahi de poufs, une cuisine sympa bien équipée, avec une laverie et des dortoirs où domine une petite odeur de chaussettes, mais corrects dans l'ensemble, dont certains avec salle de bains. Petit jardin pour apprécier les barbecues en été.

■ ***Earl's Court Youth Hostel*** *(YHA ; centre 2, M11, **66**) : 38 Bolton Gardens, SW5 0AQ. ☎ 0870-770-5804. • earlscourt@yha.org.uk • yha.org.uk • Ⓜ Earl's Court. Dortoirs 4-10 pers env 25-30 £, moins cher selon dispo. Double env 70 £. Petit déj-buffet possible.* Vaste AJ bien située et moderne avec des dortoirs nickel et des salons confortables. L'un des fleurons de la chaîne : la rue résidentielle est agréable, la maison à bow-windows ne manque pas de caractère, et les prestations sont à la hauteur de la rénovation (cuisine, jardin, laverie, *coffee bar* 24h/24 et petit salon commun tout mignon), des sous-sols aux combles. Loue aussi des serviettes !

■ ***LHA, Belvedere House*** *(centre 2, M11, **71**) : 6 Grenville Pl, SW7 4RT. ☎ 020-7373-5701. • belvedere@lhalondon.com • lhalondon.com • Ⓜ Gloucester Rd. Juste après Ashburn St, proche de Kensington Gardens. Dortoir max 4 pers (non mixte) env 22 £. Double env 25 £/pers. Prix dégressifs selon durée du séjour. Pas de petit déj, cuisine à dispo, mais il faut avoir ses gamelles.* Ancien hôtel particulier (de 5 étages quand même !) qui abrite aujourd'hui une résidence étudiante d'environ 140 places. Elle est pleine de charme, propre et bien tenue, avec les sanitaires sur le palier, pas moins de 2 cuisines par étage, une salle de TV et une laverie. Chambres fonctionnelles avec le minimum nécessaire. Ambiance pension de famille très agréable. Seul problème, il est presque impossible de loger en couple en chambre double, elles sont louées à l'année par les expats.

■ ***Easy Hotel South Kensington*** *(centre 2, M11, **54**) : 14 Lexham Gardens, W8 5JE. • easyhotel.com • Ⓜ Earl's Court ou Gloucester Rd. ♿ Résas slt sur Internet. Doubles env 35-70 £ selon dispo.* Plus vous réservez tôt, plus votre nuit est bon marché. Mais à prix mini... chambres riquiqui ! Dans une belle demeure à colonnades (comme toute la rue d'ailleurs), les architectes ont réussi à caser un maximum de chambres orange pétard aux allures de cabine de navire : confort juste nécessaire, déco minimaliste, fenêtres pour les chanceux. Les claustros s'abstiendront... Attention, ménage durant votre séjour, serviette et TV en option. Accueil à l'avenant et bien sûr pas de petit déj. Au repos ! Une autre adresse à deux pas, si celle-ci est complète : *42-48 Cromwell Rd, SW5 9QL (même métro). • easyhotel.com •* Mêmes prestations.

Prix moyens (50-90 £, soit 59-106 €)

■ ***Henley House Hotel*** *(centre 2, L-M11, **79**) : 30 Barkston Gardens, SW5 0EN. ☎ 020-7370-4111. • reservations@henleyhousehotel.com • henleyhousehotel.com • Ⓜ Earl's Court. Doubles à partir de 75 £, petit déj inclus. Réduc via le site internet.* Belle maison victorienne en face d'un vaste square très paisible. Une vingtaine de chambres, toutes à la déco différente... qui ne laisse pas indifférent. Si on adhère au bon goût à l'anglaise, caractérisé par ses papiers peints inimitables et ses doubles rideaux à ramage, l'ensemble est très cosy et typique. Confort (il y a même un ascenseur et des coffres-forts) et propreté irréprochables. Buffet continental dans une grande salle avec verrière. Accueil cordial. Une de nos meilleures adresses dans le coin.

London Town Hotel (centre 2, L11, **78**) : *15 Penywern Rd, SW5 9TY. ☎ 020-7370-4356. • reservations@londontownhotel.co.uk • londontownhotel.co.uk • Ⓜ Earl's Court. Fermé 23-26 déc. Double 95 £ et family pour 4 pers 145 £, petit déj continental inclus.* Dans une maison victorienne typique et avec ascenseur, une trentaine de chambres conventionnelles confortables et agréablement aménagées. Hall d'entrée soigné avec de grands lustres. Au 1er étage, surplombant le jardin, salon équipé d'une TV et d'Internet avec thé et café à disposition. Accueil familial et service irréprochable. Une bonne adresse centrale et calme.

De plus chic à vraiment plus chic (90-120 £, soit 106-142 €)

The Mayflower Hotel (centre 2, L11, **69**) : *26-28 Trebovir Rd, SW5 9NJ. ☎ 020-7370-0991. • info@mayflower-group.co.uk • mayflower-group.co.uk • Ⓜ Earl's Court. Doubles 110-179 £ ; triples et quadruples 179-279 £. Petit déj-buffet inclus.* Un boutique-hôtel chaleureux dans le style oriental, avec le bois comme dominante dans la déco. Une cinquantaine de chambres tout confort, mais pas bien grandes, Londres oblige ! Mobilier indien, tissus choisis avec soin et literies douillettes à souhait. Tarifs avantageux pour les familiales. Et un accueil très pro qui sied bien à ce genre d'endroit.

Premier Inn Earl's Court (centre 2, M11, **133**) : *11 Knaresborough Pl, SW5 0TJ. ☎ 0871-527-8666. • premierinn.com • Ⓜ Gloucester Rd ou Earl's Court. Doubles 49-140 £ mais tarifs famille avantageux en réservant à l'avance. Petit déj en sus, gratuit pour un enfant de moins de 16 ans par adulte.* Un hôtel de chaîne central et de bon confort, tout indiqué pour les familles. C'est là son principal intérêt. 2 bâtiments reliés par une curieuse passerelle, presque 200 chambres et une déco très corporative, dans les tons mauves, emblème de la société. Une autre adresse toute proche, dans le même registre de confort et déco : *22-32 West Cromwell Rd. ☎ 0871-527-8668.*

Spécial coup de folie (plus de 120 £, soit 142 €)

The Rockwell Boutique Hotel (centre 2, L11, **72**) : *181 Cromwell Rd, SW5 0SF. ☎ 020-7244-2000. • therockwell.com • Ⓜ Gloucester Rd ou Earl's Court. Doubles à partir de 120 £, petit déj inclus. Réduc sur Internet.* Un boutique-hôtel, à deux pas des musées. Grands volumes, charme et élégance des matières claires, déco anglaise chic et élégante. Tout confort, *of course*. Certaines chambres donnent sur la rue, très passante, mais le double vitrage joue parfaitement son rôle. Une belle adresse pour un week-end en amoureux. Bar, resto.

Où manger ?

De bon marché à prix moyens (10-18 £, soit 12-21 €)

Natural Lebanese Restaurant (centre 2, L11, **404**) : *170 Earl's Court Rd, SW5 9QQ. ☎ 020-7835-1562. Ⓜ Earl's Court. Tlj 8h-23h. Fermé pour les fêtes de fin d'année. Plats 5-10 £. Également des petits déj.* Ce charmant *deli* libanais est une bonne surprise. Les murs de brique ont été peints en marron foncé et l'on s'installe dans des Chesterfield en cuir, à moins que l'on ne préfère les bancs autour de la grande table de ferme. Les produits sont frais et d'excellente qualité, certains même bio. Plats du jour et *mezze* savoureux. Jus de fruits maison. Accueil avenant et souriant.

Caffe Forum (centre 2, M11, **147**) : *146 Gloucester Rd, SW7 4SZ. ☎ 0207-259-2322. Ⓜ Gloucester Rd. À 100 m du métro. Tlj 7h-minuit. Petit déj env 5,50 £, sandwichs et pizzas 3,50-9 £.* On vient ici pour les bons petits déj anglais et les jus de fruits maison. Le reste du temps, la maison propose des sandwichs généreusement garnis, des pizzas, des salades variées (thon, poulet, couscous, etc.) de la petite restauration. La déco est faite de plantes vertes et de tout un tas de bric et de broc. Quelques tables en terrasse. Une adresse conviviale dont on ressort avec le sourire.

Wagamama *(centre 2, L11,* ***170****) : 182 Earl's Court Rd, SW5 9QG. ☎ 020-7373-9660. Ⓜ Earl's Court. Tlj 12h-23h (22h dim). Plats 5-13 £.* La célèbre enseigne *Wagamama* est aussi implantée sur Earl's Court Road. Comme ses consœurs, elle arbore une déco minimaliste, une cuisine apparente et aligne tous les petits plats japonais qui sont à l'origine de son succès : riz frit au wok, *pan-fried noodles, ramen* (soupes de nouilles chinoises au poulet, fruits de mer, légumes...). Portions copieuses et prix doux, la formule plaît. Wagamamamia !

Gourmet Burger Kitchen *(centre 2, L11,* ***233****) : 163-165 Earl's Court Rd, SW5 9RF. ☎ 020-7373-3184. • gbk@gbkinfo.com • Ⓜ Earl's Court. Tlj 12h (11h sam)-23h (22h dim). Burgers 5-9 £.* Gourmet ? Quand même pas, mais gastroburger pour les amateurs de bonnes viandes. Ce petit resto de chaîne est toujours plein comme un œuf. Les gourmands pourront demander une double portion pour leur garniture favorite, toujours très originale (stilton, mangue et gingembre, pistou, et notre préféré betterave-ananas). Excellent, d'autant plus que même les frites font l'objet d'une attention particulière ! On commande et on paie au bar.

De prix moyens à plus chic (10-25 £, soit 12-29,50 €)

The Pembroke *(centre 2, M11,* ***405****) : 261 Old Brompton Rd, SW5 9JA. ☎ 020-7373-8337. • thepembroke@realpubs.co.uk • Ⓜ West Brompton et Earl's Court. Plats 9-17 £, pub grub 2,50-5 £.* Un *gastropub* à la déco alliant les grosses fleurs stylisées si chères au papier peint britannique à des couleurs tendance. L'ensemble est réussi et les lustres diffusent une belle lumière. La cuisine est réalisée avec soin et pioche dans la gastronomie internationale. Belle sélection de charcuterie espagnole. Du côté du bar, l'ambiance est très festive. Petits plats typiques au comptoir, comme les roboratifs *scotch eggs* (œufs durs recouverts de mie de pain frite et de chair à saucisse, miam !). Service souriant et remarquable.

The Atlas *(hors centre 2 par L11,* ***290****) : 16 Seagrave Rd, SW6 1RX. ☎ 020-7385-9129. Ⓜ West Brompton. Excentré. À gauche en sortant du métro, puis 1re à gauche. Tlj 12h-14h30, 18h-22h (non-stop dim) ; en continu pour le pub. Nombreux plats 9-15 £.* Avec sa façade envahie de plantes grimpantes, l'*Atlas* donne envie aux promeneurs de pousser la porte. À l'intérieur, atmosphère décontractée entretenue par un staff souriant et une clientèle d'habitués occupée à lire son canard préféré ou à déguster une cuisine parfumée aux accents du Midi. Le cadre de vieux pub est un peu quelconque à notre goût, mais, dès le printemps, c'est évidemment sur la terrasse tout en longueur sur le côté que se déroulent les agapes ! Dommage quand même que l'environnement ne soit pas plus agréable.

Où boire un verre ? Où danser ? Où voir un spectacle ?

Troubadour *(centre 2, M11,* ***402****) : 265 Old Brompton Rd, SW5 9JA. ☎ 020-7370-1434. • info@troubadour.co.uk • troubadour.co.uk • Ⓜ West Brompton. Tlj 9h-minuit.* Happy hours *18h-19h30. Fermé Noël et Jour de l'an. Les soirs de spectacle, petit supplément. Pour danser, entrée payante : 6-8 £ en fonction de la soirée.* Coup de cœur ! Vous ne pourrez pas rater sa vitrine remplie de vieilles cafetières et sa porte sculptée extravagante. Un pub *coffee house* de charme, avec 2 petites salles très bohèmes encombrées d'objets chinés et à l'atmosphère chaleureuse. Sans oublier, derrière, une courette verdoyante tout aussi charmante. Spectacles certains soirs (poésie, concerts jazz, rock...). À l'étage, expos temporaires d'artistes du quartier. Au sous-sol, petite boîte de nuit où il y a foule en fin de semaine. Bob Dylan et Hendrix y ont fait leurs débuts anglais. Quelques plats dont de bonnes *pies*, un hamburger extra, des cocktails et des petits déj tout indiqués le matin. C'est aussi le repaire des Français du quartier.

The Kings Head *(centre 2, L-M11, **330**) : 17 Hogarth Pl, SW5 0QT. ☎ 020-7373-5239. Ⓜ Earl's Court. À l'angle d'une petite rue piétonne tte mignonne. Tlj sf dim.* Un petit pub de quartier. La déco est agréable et les murs sont l'occasion d'accrochages d'artistes du voisinage.

The Dove *(hors centre 2 par K11) : 19 Upper Mall, W6 9TA. ☎ 020-8748-5405. Ⓜ Hammersmith. Compter 12-15 £ pour un repas.* Quel point commun entre Hemingway, Julien Green et Charles II ? Tous sont venus au moins une fois dans ce pub hors d'âge. Ses plafonds bas, ses poutres noircies, son bar minuscule (inscrit au *Guinness Book*), sa vigne grimpante et sa cheminée ronflante ont tout de la taverne à matelots, tandis que sa terrasse rustique et pittoresque suspendue au-dessus des flots offre l'un des meilleurs points de vue sur la Tamise. Une vraie carte postale et un endroit super agréable, mais surtout un coup de cœur !

Riverside Studios *(centre 2, K11, **376**) : Crisp Rd, W6 9RL. ☎ 020-8237-1000 ou 1111. • online@riversidestudios.co.uk • riversidestudios.co.uk • Ⓜ Hammersmith. Lun-ven 8h30-23h ; ouvre slt à 12h le w-e.* Vaste centre artistique avec une bonne programmation éclectique, idéalement situé au bord de la Tamise. Il abrite quelques anciens studios de la BBC et une salle de cinéma d'art et d'essai. Spectacles contemporains (théâtre, danse...), expos de sculptures et photographies... Souvent des avant-premières très courues. Petit resto-bar et aux beaux jours, on profite de la terrasse sur la berge, avec vue sur Hammersmith Bridge.

Voir aussi ***The Atlas*** *(hors centre 2 par L11, **290**)* et ***The Pembroke*** *(centre 2, M11, **405**)*, cités plus haut dans « Où manger ? ».

Marché

– ***Shepherd's Bush Market*** *(centre 2, K10) : dans la ruelle étroite longeant la ligne de métro entre Shepherd's Bush (la station située à l'ouest de Wood Lane) et Goldhawk Rd Stations. Lun-sam 10h-17h (14h jeu).* Quelques stands de fruits et légumes, mais surtout beaucoup de babioles, de vêtements et jouets bon marché. Très populaire. Depuis la station de métro Shepherd's Bush, au nord-ouest, on peut aussi faire un petit tour dans *Uxbridge Road (centre 2, K10)*, qui abrite quelques épiceries exotiques.

À voir

Brompton Cemetery *(hors centre 2 par L11) : 2 entrées, soit Fulham Rd, soit Old Brompton Rd. Ⓜ West Brompton. Tlj 8h-20h en été, horaires plus restreints en hiver. Si vous êtes enfermé, appelez le ☎ 020-7706-7272 ! • brompton-cemetery.org •* Il date du XIXe s et compte plus de 200 000 sépultures, sur 16 ha. C'est aujourd'hui un lieu de promenade paisible au milieu des pierres tombales qui se dressent dans l'herbe. Les vélos sont même admis. On y croise des écureuils et des corneilles assez lugubres qui ont l'air de garder l'endroit. Béatrix Potter, le célèbre auteur d'albums pour enfants, qui vivait dans les parages, s'est inspirée de noms gravés sur les tombes pour baptiser ses personnages. Le chef sioux Long Wolf y est enterré, ainsi que le fondateur du Chelsea Football Club.

BBC Television Centre *(centre 2, K9-10) : Wood Lane, W12 7RJ. ☎ 0370-901-1227. • bbc.co.uk/tours • Ⓜ White City. Résa impérative. Entrée : 9,95 £ ; réduc. Il existe une visite spéciale pour les enfants 6-11 ans, même prix.* On découvre les immenses studios et la régie de la célèbre chaîne de TV british. Pour les passionnés et les autres, un tour de 2h dans les coulisses de la TV. Et pour les insatiables, possibilité d'assister à un enregistrement (consulter le programme).

HOLLAND PARK ET KENSINGTON

▸ Pour se repérer, voir le centre 2 en fin de guide.

Au XIXe s, les environs de Holland Park étaient encore très campagnards avec de grands espaces verts. Puis les propriétés et les grands terrains se sont morcelés pour donner naissance à un quartier résidentiel. C'est aujourd'hui l'un des plus chers de Londres, mais aussi de la planète ! Il n'en demeure pas moins qu'il reste encore l'esprit « village » par endroits, mais avec ce petit quelque chose en plus, de chic et d'un peu compassé. D'ailleurs Holland Park fait partie des neuf districts du distingué *Royal Borough of Kensington & Chelsea,* l'un des seuls à porter ce titre honorifique dans le Grand Londres. Ne pas manquer de faire une balade dans l'un des parcs les plus séduisants de Londres, très arboré. En prime, le quartier est opportunément situé sur la Central Line du métro, très... centrale.

Où dormir ?

Très bon marché (moins de 35 £, soit 41 €)

Holland Park Youth Hostel (YHA ; centre 2, L10, **85**) **:** *Holland Walk (c'est la rue qui borde à l'est Holland Park ; entrée au niveau du Duchess of Bedford's Walk), W8 7QU. ☎ 020-7937-0748. • hollandpark@yha.org.uk • yha.org.uk • Ⓜ Holland Park ou High St Kensington. Résa impérative. Env 19-25 £ en dortoir 11 ou 20 lits. Petit déj en sus. Supplément 3 £ si pas de carte membre. Séjour max 7 j.* Dans 3 bâtiments, dont l'un est une immense bâtisse historique datant du XVIIe s, bien au vert, au cœur du charmant Holland Park. Dortoirs fonctionnels avec des lits dotés de rangement sécurisé, laverie, cuisine (mais les repas servis sont à prix imbattables et changent tous les jours)... Ajoutez à cela une situation privilégiée. Très fréquenté par les groupes scolaires.

De plus chic à vraiment plus chic (90-120 £, soit 106-142 €)

Vicarage Private Hotel (centre 2, L10, **88**) **:** *10 Vicarage Gate, SW8 4AG. ☎ 020-7229-4030. • vicaragehotel@btconnect.com • londonvicaragehotel.com • Ⓜ High St Kensington. Doubles 107-136 £ avec ou sans sdb ; triples et quadruples 130-185 £, avec sdb. Prix selon saison. Petit déj inclus. Réduc de 10 % sur présentation de ce guide.* Dans une rue calme aux maisons bourgeoises, un petit hôtel qui a tout d'un *B & B*. Sa taille d'abord, limitée à une poignée de chambres, puis sa localisation dans une belle maison victorienne à l'intérieur cossu, dégageant un délicieux charme rétro et très british. Un escalier orné de tableaux et de statues conduit aux chambres spacieuses et confortables, à la déco soignée. Salon TV avec bibliothèque tout aussi chamarré. Accueil aimable. Un hôtel vraiment agréable et plein de personnalité.

Spécial coup de folie (plus de 165 £, soit 195 €)

Kensington House Hotel *(centre 2, M10, **73**) : 15-16 Prince of Wales Terrace, W8 5PQ. ☎ 020-7937-2345. • reservations@kenhouse.com • kenhouse.com • Ⓜ High St Kensington. Doubles 165-215 £, sans le petit déj. Réduc sur Internet.* Un délicieux boutique-hôtel de charme. On a presque l'impression d'une chambre d'hôtes, malgré la quarantaine de chambres. Ambiance et déco chaleureuses, pas de luxe tapageur, juste le confort et l'élégance. Moquettes bien épaisses, luminosité délicatement atténuée par les stores vénitiens, et la fraîcheur des pales du ventilateur. Petit bémol : les salles de bains, un peu petites pour une telle catégorie. On aime bien les chambres au dernier étage (les moins chères), pas bien grandes mais ravissantes, et parfaites pour une nuit en amoureux, avec vue sur les toits de Londres.

Où manger ?

Sur le pouce (moins de 10 £, soit 12 €)

Café de Fred *(centre 2, L10, **294**) : 10 A Earl's Court Rd, SW8. ☎ 020-7938-1556. Ⓜ High St Kensington. Tlj 7h-19h. Plats 3-6 £.* Un petit snack tout simple et propret à deux pas de Holland Park. Large choix de bons sandwichs frais, soupes, *baked potatoes* et quelques plats du jour *(today's specials)* à prix démocratiques. Bien aussi le matin pour un copieux *English breakfast* et un véritable *espresso.* Accueil sympathique et en français.

De plus chic à très chic (18-25 £, soit 21-29,50 €)

The Scarsdale Tavern *(centre 2, L11, **225**) : 23 Edwardes Sq, W8 6HE. ☎ 020-7937-1811. Ⓜ High St Kensington. Assez excentré. Resto tlj midi et soir ; en continu pour le pub. Plats env 15-25 £ au resto, 8-15 £ à l'ardoise.* Avec son joli bout de terrasse à l'avant et son cadre chaleureux tout de boiseries, ce pub traditionnel draine une clientèle fidèle qui apprécie autant la *real ale* tirée ici (*Butcombe Bitter* et *London Pride,* entre autres) que la cuisine, savoureuse. Une vraie belle surprise dans ce quartier bien tranquille. Atmosphère conviviale entretenue par un staff accueillant et efficace. Bons plats de pub à l'ardoise, qui font la part belle aux produits de saison, et cuisine un peu plus élaborée côté resto, dans la jolie salle avec cuisine ouverte. On s'y sent bien, on y mange bien, l'ambiance y est authentique ; bref, un petit coup de cœur !

The Abingdon *(centre 2, L11, **307**) : 54 Abingdon Rd, HW8 6AP. ☎ 020-7937-3339. • abingdon@btconnect.com • Ⓜ High St Kensington. Resto tlj midi et soir, non-stop pour le* bar food. *Plats 16-26 £ au resto, 8-15 £ avec le* bar menu. Dans ce *gastropub* moderne, aux formes arrondies et décoré de miroirs, la cuisine nationale est revisitée avec habileté. De quoi barrer la route, une bonne fois pour toutes, à la réputation britannique auprès des Français dans le domaine culinaire. Et de quoi redécouvrir les vraies saveurs d'un *baked fillet of cod* (cabillaud) ou d'un traditionnel *sticky toffee pudding...* On conseille l'assiette de fromages anglais. Là encore, *Oxford blue* et *Somerset brie* devraient définitivement vous convertir !

Julie's *(centre 2, K9, **247**) : 135 Portland Rd, W11 4LW. ☎ 020-7229-8331. • info@juliesrestaurant.com • Ⓜ Holland Park. Tlj 9h-23h (22h dim) ; afternoon tea 16h-18h (19h w-e). Plats 16-30 £, menus en sem 19-23 £.* Donnant sur une jolie place pleine de charme, le *Julie's* est toujours le chouchou des élégants du quartier. Cette adresse mélange tous les styles possibles. Au sous-sol, jardin d'hiver et salons très chaleureux dans le style oriental marocain. Au rez-de-chaussée, c'est le bar, où l'ambiance est plus au champagne qu'à la bière, mais qu'importe, les deux ont des bulles ! Au 1er étage, brasserie et une serre cosy, notre préférée. Côté fourneaux, une cuisine moderne anglaise bien tournée. Personnel très accueillant pour parfaire l'ambiance. Une adresse idéale pour un petit repas en amoureux.

Où prendre le thé ? Où manger des pâtisseries ?

Ottolenghi (centre 2, L10, **271**) : *1 Holland St, W8 4NA. ☎ 020-7937-0003. Ⓜ High St Kensington. Tlj 8h-20h (19h sam), dim 9h-18h. Pâtisseries à partir de 4 £. Slt à emporter. Également traiteur tendance* fusion. Petite boutique chic toute blanche formant un écrin immaculé pour des pâtisseries et salades aux couleurs appétissantes. Mais pour les prix, ce n'est pas du gâteau ! La vitrine tient ses promesses et les plats sont délicieux.

The Muffin Man (centre 2, L10, **373**) : *12 Wrights Lane, W8. ☎ 020-7937-6652. Ⓜ High St Kensington. Tlj 8h (9h dim)-20h. Breakfast 9 £ et* Devon cream tea *5,50 £.* Confortablement niché dans une rue calme, ce petit salon de thé perpétue la tradition des nappes en tissu et vaisselle en porcelaine fleurie. Il ne lui manque qu'une poignée de bibelots et de napperons à l'ancienne mode ! Parfait pour un déjeuner léger (très bons petits sandwichs) ou un *tea-time* dans les règles de l'art (*scones*, crème, thé). Une halte bien agréable dans le quartier.

Pâtisserie Valérie (centre 2, L10, **374**) : *27 Kensington Church St, W8 4LL. ☎ 020-7937-9574. Ⓜ High St Kensington. Lun-ven 7h30-19h, sam 8h-19h, dim 9h-18h.* Une annexe de cette célèbre pâtisserie française qui se reproduit... comme des petits pains à Londres ! Jolie déco rétro, viennoiseries, *pasteis* portugais, pâtisseries *Frenchies* et gâteaux anglais pour le thé... ou un bon *espresso*. À déguster sur place (nombreuses tables) ou à emporter.

Où boire un verre ?

Voir aussi nos adresses mentionnées dans « Où manger ? ».

Sticky Fingers « Home of rock and roll » (centre 2, L10, **230**) : *1 A Phillimore Gardens, W8 7QG. ☎ 020-7938-5338. • bookings@stickyfingers.co.uk • Ⓜ High St Kensington. Tlj 12h-23h (22h30 dim).* Happy hours *tlj 16h30-19h30. Sticky Fingers...* voilà un nom (d'album) qui dit quelque chose aux enfants du rock ! La pochette originale avait la particularité d'avoir une réelle fermeture Éclair. Le patron des lieux n'est autre que Bill Wyman, le bassiste et membre fondateur des Stones. Tous les souvenirs du groupe mythique qui « envahissaient son appart ! » sont exposés dans la vaste salle au look de bar américain : disques d'or, guitares, photos d'époque, unes de journaux, etc. Les fans s'installeront près du bar pour profiter des vidéos des Stones en concert. La cuisine est à l'unisson: burgers, *T-bones* et *spare ribs*. Le tout est bien cher payé pour des plats somme toute assez quelconques. Mieux vaut se contenter d'y boire un *shooter* ou autre cocktail aux noms évocateurs pour les fans.

Prince of Wales (centre 2, K-L10, **370**) : *14 Princedale Rd, W11 4NJ. ☎ 020-7243-2463. Ⓜ Holland Park.* Évidemment, dans ce quartier huppé, les piliers de comptoir n'ont pas les mains calleuses et arborent la tenue réglementaire chic du moment, mais ce pub nouvelle école offre un bon compromis pour ceux qui veulent s'en jeter un petit dernier derrière la cravate. De sa prime jeunesse, il lui reste côté rue de bien belles vitres ciselées. À l'arrière, une engageante terrasse pavée, assez grande pour accueillir 2 équipes de rugby. De sa reconversion, on retiendra surtout le bric-à-brac rigolo de chaises, dont certaines désossées sur de vieilles voitures. Au final, l'une des meilleures ambiances du coin.

Elephant & Castle (centre 2, L10, **371**) : *40 Holland St, W8 4LT. ☎ 020-7368-0901. Ⓜ High St Kensington. Saucisses 7-9 £.* Un adorable petit pub de quartier, dont la terrasse empiète sur le croisement de rues résidentielles. À l'intérieur, que des réguliers, tous accoudés au comptoir le temps de commenter les derniers cancans du voisinage. Un peu hors du temps, un peu loin de tout, un havre de paix pittoresque et authentique. *Pub grub* classique pour les affamés. Terrasse aux beaux jours.

Monuments et balades

Voir la partie sur le ***Londres résidentiel*** dans le chapitre « Brompton, Chelsea et South Kensington. Monuments et balades », en particulier pour Kensington Palace et les *gardens* attenants.

…TING HILL (PORTOBELLO) ET BAYSWATER

Pour se repérer, voir le centre 2 en fin de guide.

…os coins préférés de Londres avec son ambiance de gros village tranquille, …etit côté secret à l'est ou plus populaire à la lisière nord. Dans sa partie sud, …ting Hill s'est, en revanche, très largement embourgeoisé. Les rues sont bor…ées d'élégantes demeures, ce qui contribue amplement au charme du quartier. L'architecte qui en traça les plans décida de placer les habitations autour des jardins et non l'inverse, comme c'est le cas dans d'autres quartiers de Londres. Ces jardins communs, petits havres de paix pour les résidents, sont cachés aux yeux des promeneurs, dommage ! Nombre de restos et de bars à la mode attirent les noctambules, toujours plus nombreux. Mais on y vient aussi pour le shopping, entre les boutiques tendance (voyez la devanture du magasin de fringues *Allsaints*, au 290 Westbourne Grove, couverte de dizaines de vieilles Singer), les antiquaires et les magasins d'occasion *(second-hand shops)*. C'est aussi un des meilleurs spots pour les amateurs de disques introuvables ! All Saints Road concentre quelques bars et restos et des disquaires spécialisés en reggae. Beaucoup de petits restos et snacks sympas autour de Westbourne Grove, surtout dans la portion entre Chepstow et Portobello. Au-delà, c'est beaucoup plus branché avec de nombreuses boutiques de mode. De quoi faire saliver les *fashionistas.*
À ne pas manquer non plus : le très populaire marché aux puces de Portobello Road le samedi, et bien sûr le Carnaval de Notting Hill le dernier week-end d'août, l'un des rassemblements de rue les plus importants d'Europe, rappelant le caractère éminemment multiracial de Notting Hill et de Londres plus généralement.

Où dormir ?

Bayswater, la partie est de Notting Hill, est un quartier bourré d'hôtels (chers et de qualité médiocre en général), bordé au sud par Hyde Park et Kensington Gardens. Pas mal d'AJ également, mais gare aux petites AJ privées : le correct côtoie le n'importe quoi, et ça bouge pas mal.

Studios et appartements

Grand Plaza (centre 2, L9, **86**) : *42 Prince's Sq, W2 4NL. ☎ 020-7985-8000. • reservations@grand-plaza.co.uk • grand-plaza.co.uk • Ⓜ Bayswater. ♿ Loc d'appartements et de studettes. Studios pour 2 pers 95-155 £, lit supplémentaire possible, en sus. Appartements 4 pers 138-300 £.* Une adresse de standing proposant tout le confort souhaité pour voyager en famille. Les studettes et les appartements sont soignés dans le moindre détail. La décoration est moderne et élégante, quelques jolies barbouilles décoratives agrémentent aimablement les murs. Faites-vous bien spécifier les prix et prestations avant. Accueil et service disponibles.

Auberges de jeunesse et *student halls* (moins de 35 £, soit 41 €)

LHA, Bowden Court House (centre 2, L9, **89**) : *24 Ladbroke Rd,*

W11 3NN. ☎ 020-7727-5665. • bowden@london-hostels.co.uk • london-hostels.co.uk • Ⓜ Notting Hill Gate. Compter env 26-28 £/pers, en chambre double ou triple, petit déj et 1 repas au self inclus. Chambres non mixtes ; en couple il faut négocier ferme. Si, de prime abord, cette grande résidence étudiante (près de 300 places) évoque un immeuble de cité avec ses 5 étages en brique rouge, elle est idéalement située dans une rue tranquille à deux pas de Notting Hill. Les chambres pourvues d'un lavabo sont sobres et sans panache, simplement meublées et bien tenues. Parties communes au sous-sol : journaux, TV, baby-foot, etc. Laverie, coffres-forts. Plutôt fréquenté par des pensionnaires au long cours (nombreux Français), donc réserver à l'avance. Accueil chaleureux et serviable.

LHA, Sandeman Allen House *(centre 2, M9, **95**) : 40 Inverness Terrace, W2 3JB. ☎ 020-7727-2719. • sandeman@lhalondon.com • london-hostels.co.uk • Ⓜ Bayswater ou Queensway. Dortoirs 2-4 pers 26-28 £/pers, petit déj et dîner au self inclus.* Cette résidence étudiante de taille moyenne occupe 3 bâtisses de caractère, dans un quartier résidentiel agréable. Un vrai labyrinthe ! Charme des plus fonctionnel, pour ne pas dire clinique, rehaussé par des touches bleues, mais le tout est clair, bien conçu et très bien tenu. Douches et w-c en commun, salle TV et laverie. Salle à manger très agréable. Réservez longtemps à l'avance (d'ailleurs on vous demandera des arrhes), car c'est avant tout une adresse occupée par les étudiants. Un vrai bon plan pour Londres.

Astor's Quest Hostel *(centre 2, M9, **93**) : 45 Queensborough Terrace, W2 3SY. ☎ 020-7229-7782. • quest@astorhostels.com • astorhostels.com • Ⓜ Queensway ou Bayswater. À 2 mn à pied de Kensington Gardens. Dortoirs 4-9 lits 10-20 £ ; doubles 25-30 £/pers. Prix selon saison, moins cher à la sem. Petit déj inclus.* Auberge espagnole très sympa, même si l'organisation et l'entretien relèvent parfois du flou artistique. La réception est un gentil foutoir d'objets hétéroclites. Interdite au plus de 35 ans ! Dortoirs vraiment très basiques et sanitaires ornés de fresques, le tout peuplé de jeunes fêtards. Cuisine à disposition, lave-…nge, coffre-fort dans les chambres et p…, salle TV à l'entrée. Ambiance géné… punky, un bon plan si vous … regardant sur la propreté et peu … de votre sommeil, et que vou… faire la fête (programme des fe… à l'entrée).

LHA, Leinster House *(centre 2… **128**) : 46 Leinster Gardens, W2… ☎ 020-7723-7803. • leinster@…london.com • london-hostels.co.u… Ⓜ Bayswater. Dortoirs 2-4 pers en… 21-23 £/pers, moins cher à la sem. Pas de petit déj. Cuisine à dispo mais vaisselle non fournie.* Peu de lits à la nuit, c'est surtout une bonne adresse pour du long terme, si vous venez bosser à Londres. Ce n'est pas la plus belle des *LHA* de la ville, l'ensemble est un peu vétuste mais très bien entretenu. Accueil aimable et disponible.

De prix moyens à plus chic (50-120 £, soit 59-142 €)

London House Hotel *(centre 2, M9, **96**) : 81 Kensington Gardens Sq, W2 4DJ. ☎ 020-7243-1810. • reservations@londonhousehotels.com • londonhousehotels.com • Ⓜ Bayswater. Doubles 70-100 £, family rooms 100-170 £ selon dispo. Petit déj en sus.* Cette ancienne AJ s'est muée après rénovation en un confortable hôtel doté de chambres fonctionnelles et agréables, pas bien grandes, mais donnant pour certaines sur une place verdoyante. L'ensemble est lumineux et tout confort (salles de bains nickel, ascenseur...). Question déco, rien de particulièrement notable, l'adresse joue la sobriété. Certaines en sous-sol, mais pas tristes du tout, presque coquettes. Un bon rapport qualité-prix surtout en basse saison quand l'hôtel n'est pas trop plein. Accueil charmant.

New Linden Hotel *(centre 2, L9, **401**) : 58-60 Leinster Sq, W2 4PS. ☎ 020-7221-4321. • newlindenhotel@mayflower-group.co.uk • newlinden.co.uk • Ⓜ Bayswater. Doubles env 100-135 £ selon confort, petit déj continental* *inclus.* Une adresse de plus dans ce quartier qui foisonne d'hôtels ? Que nenni ! Cette maison édouardienne a été entièrement rénovée et se distingue du coup par son excellent rapport qualité-prix. Un vrai effort de déco, dans un esprit un peu oriental (couleurs chaudes, bois exotique) et des chambres tout confort (salles de bains ultramodernes, bonne literie, TV écran plat, etc.). Bon, les plus grands se sentiront peut-être à l'étroit, mais cela reste un bon plan dans le quartier. D'autant plus que l'accueil y est charmant.

The Byron Hotel *(centre 2, M9,* ***90****) : 36-38 Queensborough Terrace, W2 3SH. ☎ 020-7243-0987. • byronhotel.co.uk • byron@capricornhotels.co.uk • Ⓜ Bayswater. Double en moyenne 125 £ selon dispo, d'une heure à l'autre les prix peuvent s'enflammer. Petit déj anglais inclus (sf résa sur Internet).* Impossible à manquer avec sa façade couleur lavande, l'hôtel occupe 2 élégantes maisons victoriennes de 5 étages (rassurez-vous, il y a un ascenseur). Chambres pas bien grandes mais confortables (il y même l'AC), agréablement aménagées avec du mobilier en bois clair, assez classique. Chacune porte le nom d'une région anglaise. On prend son petit déj dans une salle à manger plaisante. Cher, certes, mais l'adresse se défend dans sa catégorie.

Garden Court Hotel *(centre 2, L-M9,* ***67****) : 30-31 Kensington Gardens Sq, W2 4BG. ☎ 020-7229-2553. • info@gardencourthotel.co.uk • gardencourthotel.co.uk • Ⓜ Bayswater. Doubles 79-120 £, familiales 150-175 £. Petit déj en sus.* Tenue par la même famille depuis plus de 50 ans, le genre d'adresse de square traditionnelle et qui a de l'allure avec ses papiers peints chic bien anglais, dans une grande et belle demeure victorienne, décorée de façon classique mais fonctionnelle. Petites salles communes pour un *tea* ou *clavarder*. Petit jardin privé. Un endroit accueillant et convivial.

Spécial coup de folie (plus de 234 £, soit 277 €)

The Portobello Hotel *(centre 2, L9,* ***127****) : 22 Stanley Gardens, W11 2NG. ☎ 020-7727-2777. • info@portobello-hotel.co.uk • portobello-hotel.co.uk • Ⓜ Notting Hill Gate ou Ladbroke Grove. Doubles à partir de 234-378 £ selon confort et saison. Petit déj continental inclus. Les résidents bénéficient de 10 % de réduc chez* Julie's *(voir « Où manger à Holland Park et Kensington ? »).* L'entrée de cet hôtel de charme de Notting Hill est très discrète, mais facilement identifiable par ses 2 arbustes taillés en pointe. Bon, d'accord, c'est pas donné, d'autant que les chambres standard n'ont pas de charme particulier, contrairement aux plus chères. Faudra casser le porte-monnaie ! Pas une chambre ne ressemble à une autre : la marocaine avec ses *guetalis* et ses coussins moelleux, la coloniale avec ses persiennes qui filtrent la douce lumière tamisée, ou encore la circulaire avec son lit tout en rondeurs voluptueuses conseillé aux amoureux... Sans oublier les lits à baldaquins victoriens, les salles de bains et leurs vieilles baignoires à pieds de bronze, les couleurs si chaleureuses des boiseries et des tentures... Quelle élégance ! Tout confort naturellement, salon cosy pour le *teatime,* et prestations soignées. De nombreux artistes y élisent parfois domicile. Service à la hauteur du lieu.

Où manger ?

Sur le pouce (moins de 10 £, soit 12 €)

Aphrodite Café *(centre 2, L9,* ***240****) : 15 Hereford Rd, W2 4AB. ☎ 020-7229-2206. Ⓜ Bayswater. Tlj 9h-17h.* English breakfast *et petits plats 4-6 £.* Gentil petit café-sandwicherie retranché derrière une grande baie vitrée. Simple et bon, surtout accompagné d'un jus de fruits frais. Voir aussi plus bas la rubrique « Plus chic ».

Mr Christian's *(centre 2, L9,* ***214****) : 11 Elgin Crescent, W11 2JA. ☎ 020-7229-0501. Ⓜ Ladbroke Gr. Lun-sam 7h30-18h30, dim 8h-17h. Sandwichs 3-6 £, soupe du jour env 3 £.* Une épicerie-magasin de vins comme on les aime, à la vitrine appétissante. Sandwichs et produits frais, des pains aux olives en passant par les fromages et les saucissons. De quoi s'en payer une tranche pour pas trop cher, accompagné d'un bon verre de vin ! Une poignée de tables ou à emporter.

Banger Bros *(centre 2, L9, **305**) : 225 Portobello Rd, W11 1LU. ☎ 020-7229-9147. Ⓜ Notting Hill Gate. Dim-jeu 11h-18h (17h dim), ven-sam 9h-18h. Sandwich env 5 £.* Un gentil snack où l'on consomme en salle ou à emporter d'excellents hot dogs. Les saucisses sont savoureuses (ne pas prononcer cette phrase la bouche pleine !) et parfumées. Les différentes préparations permettent de faire un tour du monde en la matière, depuis la *Spanish chorizo* à la *Polish smokey* en passant, bien sûr, par l'Angleterre. Terrasse rigolote.

Gail's *(centre 2, L9, **300**) : 138 Portobello Rd, W11 2DZ. ☎ 020-7460-0766. Ⓜ Notting Hill Gate. Lun-sam 7h-19h30, dim 8h-19h30. Sandwichs 4-5 £.* Une vraie boulangerie pour croquer dans une tarte salée, sucrée, un petit pain garni ou des sucreries. Parfait pour un en-cas, un goûter, à l'intérieur comme à l'extérieur avant d'aller arpenter les étals de Portobello.

Kitchen and Pantry *(centre 2, L9, **214**) : 14 Elgin Crescent, W11 2HX. ☎ 020-7727-8888. Ⓜ Notting Hill Gate. Lun-ven 7h-21h, sam 7h-20h, dim 8h-20h. Sandwich autour de 6 £.* Plus bobo, tu meurs ! Une grande salle avec son parquet et ses grands sofas, pour goûter les breakfasts énergétiques à souhait, avec que des produits frais, issus de l'agriculture bio. En terrasse, rondins de bois en guise de sièges pour croquer dans son *wrap* bien épais, composé sur place avec légumes et assaisonnements maison, ou sa salade, sa crêpe, voire sa glace tout aussi artisanale. Tous les branchés du coin s'y retrouvent pour le petit déj, le brunch ou... la terrasse au soleil !

Bon marché (moins de 10 £, soit 12 €)

Alounak *(centre 2, L9, **319**) : 44 Westbourne Gr, W2 5SH. ☎ 020-7229-4158. Ⓜ Bayswater. Tlj 12h-minuit. Plat env 8 £.* Une des références de la cuisine perse. Petite adresse sans prétention qui ne désemplit pas. Choisir parmi les plats du jour *(today's specials)*. Cuisine simple et chaleureuse comme un poulet au riz et à la canneberge. éviter de se placer près de la porte : déjà le four à pain tourne à plein, et les clients impatients vous accompagneraient tout le long du repas !

Charlie's *(centre 2, L9, **237**) : 59 A Portobello Rd, W11 3DB. ☎ 020-7221-2422. • parties@charliesportobellocafe.co.uk • Ⓜ Notting Hill Gate. Lun-sam 9h-17h, dim 10h-15h. Breakfasts 4-10 £, plats 6-10 £.* Enfin un peu de calme, loin du flux incessant que charrie Portobello Road. Après une jolie porte verte, on accède à une arrière-cour dallée, qui dissimule une petite salle haute sous plafond, aux tons beiges reposants. On s'assoit sur de vieilles chaises d'églises patinées par le temps, sous le regard de quelques photos représentant les trognes sympathiques du quartier. La cuisine est de bonne qualité et préparée avec soin. Accueil très aimable.

Books for Cooks *(centre 2, L9, **245**) : 4 Blenheim Crescent, W11 1NN. ☎ 020-7221-1992. • info@booksforcooks.com • Ⓜ Notting Hill Gate. Mar-sam 10h-18h (beaucoup de monde, et les marmites sont vides dès 14h-15h). Fermé les 3 dernières sem d'août et 10 j. à Noël. Menu 7 £ avec entrée, plat et dessert.* Que vaudrait la théorie sans la pratique ? Dans cette librairie minuscule considérée par tous comme le temple de la littérature gastronomique, l'arrière-boutique est devenue une cuisine de maison de poupée (6 tables !) où l'on concocte chaque jour un menu différent. Et c'est du sérieux : les produits sont bio et le pain est pétri avec amour. Et si l'on a particulièrement apprécié le plat du jour, on peut repartir avec le livre de recettes de la maison.

Taqueria *(centre 2, L9, **235**) : 139-143 Westbourne Gr, W11 2RS. ☎ 020-7229-4734. • taqueria@btconnect.com • Ⓜ Bayswater ou Royal Oak. Tlj jusqu'à 23h lun-jeu, 23h30 ven-sam, 22h30 dim. Tacos 4-6,50 £.* 2 salles toutes simples pour cette cantine centraméricaine. À la carte, *quesadillas*, tacos et chorizos bien mexicains. Les plats sont assez relevés, mais rien de tel qu'un bon *jarritos* (le soda *naciónal*) pour éteindre le feu, à moins d'attaquer avec une coupe de margarita en apéro.

Tout cela sous l'œil peu rigolard du révolutionnaire Zapata. On peut aussi se contenter d'un *Mexican hot chocolate*, à base de cannelle et d'amande, la spécialité de la maison ou d'un jus des vampires (à l'hibiscus). Service *rapidos*, ce qui ne gâche rien.

🍴 ***Fresco*** *(centre 2, M9,* ***241****) : 25 Westbourne Gr, W2 4UA. ☎ 020-7221-2355. Ⓜ Bayswater. Lun-sam 8h-23h, dim 9h-22h30. Compter 3-9 £.* Joli snack libanais aux couleurs vives, idéal pour s'offrir un succulent taboulé, un *mezze* ou quelques falafels parfumés, à prix démocratiques. Également des cocktails de fruits frais pleins de vitamines. Le cadre est sympa, l'accueil est souriant et les produits de qualité. Quelques tables.

🍴 ***Café Diana*** *(centre 2, L9,* ***234****) : 5 Wellington Terrace, Bayswater Rd, juste en face de Kensington Palace Gardens. ☎ 020-7792-9606. Ⓜ Notting Hill Gate. Tlj 8h-23h. Compter 5-9 £ pour un plat.* La mine d'or ! Un jour béni, Lady Di s'est arrêtée un moment dans ce minuscule snack libanais (photos à l'appui), qui depuis a dédié ses murs à la princesse. Cette adresse, surtout commerciale, intéressera avant tout les fans transis, mais on peut aussi y manger de bons kebabs et des *fish & chips*.

Prix moyens (10-18 £, soit 12-21 €)

🍴 ***Geales*** *(centre 2, L10,* ***244****) : 2 Farmer St, W8 7SN. ☎ 020-7727-7528. • info@geales.com • Ⓜ Notting Hill Gate. Ts les soirs, plus le midi mar-ven. Plats 10-15 £, menu midi 10 £.* Le resto est installé au calme dans une petite rue bordée de maisons colorées. À plus de 70 printemps, le *Geales* porte plutôt bien son âge. La maison s'est considérablement embourgeoisée avec les années et ses jolies nappes blanches, mais sa charmante salle tout en sobriété dans les tons gris est devenue une petite référence locale pour déguster du poisson à différentes sauces comme ce délicieux *fish pie* (tourte de poisson) ou son célèbre *fish & chips* tendre, juteux et servi avec largesse. Desserts britanniques dans la plus pure tradition. Accueil courtois.

🍴 ***Electric House & Brasserie*** *(centre 2, L9,* ***458****) : 191 Portobello Rd, W11 2ED. ☎ 020-7908-9696. • info@geales.com • Ⓜ Ladbroke Grove. Lun-mer 8h-minuit, jeu-sam 8h-1h, dim 8h-11h. Menus midi 13,50-16,50 £ ; sandwichs env 8 £, plats env 12-17 £.* Accolé au cinéma du même nom, c'est un des lieux en vogue à Notting Hill. Serveurs en tenue et cadre de brasserie *casual-chic* agréable. Une grande salle tout en longueur avec tables bistrot, longues banquettes et cuisine ouverte. La salle du fond, plus sombre et feutrée, se prête bien à un dîner intime. Quelques tables en terrasse également. Carte classique et bien tournée, qui met à l'honneur les produits frais de saison. On y sert à toute heure les fameux *fish & chips*, *roast chicken* ou *lamb shoulder* (épaule d'agneau braisée), mais aussi un choix de sandwichs et salades, des huîtres et fruits de mer, un délicieux steak-frites ou, plus roboratif, du cassoulet au confit de canard ! Bon plan aussi pour le petit déj ou le brunch, avec un choix varié. Et la carte des vins n'est pas en reste, avec une belle sélection de crus français et italiens.

🍴 ***Windsor Castle*** *(centre 2, L10,* ***369****) : 114 Campden Hill Rd, W8 7AR. ☎ 020-7243-9551. Ⓜ Notting Hill Gate ou High St Kensington. Tlj 12h-23h (pas de repas 15h-18h sf le w-e).* Un vrai pub de brochure touristique ! Les grosses lanternes éclairent une enseigne grinçante et une façade blanche, dont les huisseries noires laissent deviner un intérieur sombre comme une grotte. Atmosphère intimiste comme dans une caverne de bois noirci, et l'on y voit à peine plus que dans un verre de Guinness. Du bois partout, un comptoir de compétition et des portes très basses à déconseiller aux éthyliques. La cerise sur le gâteau : une cour intérieure des plus charmante chauffée pendant l'hiver ! Cuisine traditionnelle de pub très correcte à prix démocratiques.

🍴 ***Churchill Arms*** *(centre 2, L10,* ***383****) : 119 Kensington Church St, W8 7LN. ☎ 020-7727-4242. Ⓜ Notting Hill Gate. Fait resto jusqu'à 22h (21h30 dim).* Pub fidèle au poste depuis des décennies, flanqué d'une véranda et réputé pour son incroyable collection d'objets divers pendus au plafond : pots de chambre, lampes et chaudrons de cuivre, ballons de rugby, portraits de sir Winston depuis son enfance jusqu'à sa retraite de peintre amateur. Ajoutez à cela une moquette bien épaisse et une cheminée assoupie, vous obtenez un cocon des plus chaleureux, plébiscité par une joyeuse clientèle d'habitués et de touristes. Le resto sert aussi une cuisine de bonne qualité à prix raisonnables.

Hafez *(centre 2, L9,* ***240****) : 5 Hereford Rd (à l'angle avec Leinster Sq), W2 4AB. ☎ 020-7229-9398. Ⓜ Bayswater. Tlj sf lun midi 12h-23h30. Plats 7-18 £.* Petit resto iranien d'apparence anodine proposant pourtant de bonnes spécialités de viandes grillées marinées, dont les classiques kebabs. Les plats sont bons et l'accueil est très aimable. Quelques tables sur la rue pour les jours ensoleillés, plats à emporter pour les plus pressés. Bonne ambiance en soirée.

Garden & Grill *(centre 2, L9,* ***248****) : 253 A Portobello Rd, W11 1LR. ☎ 020-7313-6511. • info@thairiver.co.uk • Ⓜ Ladbroke Grove. Tlj 10h30-22h30. Plats 6-14 £.* On vient ici pour la terrasse chauffée au 1er étage et sa situation privilégiée surplombant Portobello Road. La carte est thaïlandaise et, sans offrir de la grande gastronomie, constitue une halte agréable au-dessus de l'agitation. On aime bien la petite table d'angle pour boire un thé en dehors des heures de repas, véritable point d'observation sur le flux bigarré de la rue.

Voir aussi **Westbourne Tavern** dans « Où boire un verre ? ».

Plus chic (18-25 £, soit 21-29,50 €)

The Cow *(centre 2, L9,* ***246****) : 89 Westbourne Park Rd, W2 5QH. ☎ 020-7221-0021. • mail@tomconranrestaurants.co.uk • Ⓜ Royal Oak ou Westbourne Park. Tlj 12h-16h, 18h30-22h30 (22h dim). Plats 13-20 £.* Une de nos adresses préférées dans le coin ! Souvent bondé, *The Cow* appartient au fils du designer Terence Conran, créateur de la chaîne *Habitat* et des Conran Shop. Saloon-bar au rez-de-chaussée, à l'ambiance assez cosy et décontractée avec ses murs décorés de peintures délicieusement poétiques, où l'on partage des plats au coude à coude. Sinon, petite salle de restaurant plus intime à l'étage, où la cuisine se veut plus raffinée. Plats copieux, service efficace et souriant. Pas donné, mais moins cher dans la partie bar, où l'on peut déguster poissons, fruits de mer ou huîtres avec un verre de blanc. Excellente sélection de whiskies, bières et vins. Gentiment branché tout en restant dans la tradition. Un coup de cœur !

The Ladbroke Arms *(centre 2, L9,* ***250****) : 54 Ladbroke Rd, W11 3NW. ☎ 020-7727-6648. • enquiries@ladbrokearms.com • Ⓜ Notting Hill Gate. Tlj 12h-14h30, 19h-21h30. Plats 11-18 £.* Un très joli *gastropub* de quartier qui vaut le déplacement. Cuisine soignée et imaginative à base de produits frais mis en valeur par des cuissons bien maîtrisées. Le cadre est agréable, confortable et lumineux, avec de nombreuses gravures. Tables près de la cheminée ou dans la salle derrière le bar, à vous de choisir, mais aux beaux jours on vous conseille de profiter des charmes de la terrasse fleurie. Bonne ambiance où les rires fusent. On adore !

The Prince Bonaparte *(centre 2, L9,* ***232****) : 80 Chepstow Rd, W2 5BE. ☎ 020-7313-9491. Ⓜ Royal Oak. Tlj 12h-22h30 (22h dim). Plats 8-15 £.* Un vaste *gastropub trendy* à souhait. Dans la salle du fond, sous la grande verrière, on se croirait chez sa tante Eugénie. Des abat-jour suspendus au plafond diffusent une lumière tamisée sur les épaisses fleurs du papier peint. Cuisine généreuse et bien maîtrisée avec les traditionnels *bangers and mash.* D'autres plats où fleure bon la Méditerranée, si chère à Bonaparte. Sinon, n'hésitez pas à prendre place, comme les habitués le font si bien, autour du large comptoir en fer à cheval. Ambiance joviale assurée par une foule de jeunes gens frivoles.

Aphrodite Taverna *(centre 2, L9,* ***240****) : 15 Hereford Rd, W2 4AB. ☎ 020-7229-2206. Ⓜ Bayswater. Tlj sf dim 12h-23h30. Plats 10-20 £.* D'un côté, le petit café pour se ravitailler sans chichis en journée (voir plus haut), de l'autre, la taverne hyper kitsch pour passer une soirée chaleureuse, ainsi qu'une petite terrasse à partager aux beaux jours. Clientèle d'habitués, ambiance du tonnerre de Zeus. Dans l'assiette, on ne s'y trompe pas, cuisine grecque savoureuse, à tel point que les fourchettes frétillent au rythme du sirtaki. Accueil agréable et service très efficace.

Market Thaï *(centre 2, L9,* ***381****) : 240 Portobello Rd (à l'angle de Lancaster), W11 1LL. ☎ 020-7460-8320. • fafha@hotmail.com • Ⓜ Ladbroke Grove. Au 1er étage, au-dessus d'un bar. Tlj midi et soir (non-stop sam). Plat autour de 7 £, menus 14-18 £.* L'escalier d'entrée n'est guère engageant, mais voici pourtant un bon resto qui propose une authentique cuisine thaïe à des prix raisonnables. Les palais trop sensibles se feront conseiller des plats « *not too spicy* » et trouveront plutôt leur bonheur dans les préparations à base de lait de coco. Belle salle d'angle décorée par des boiseries thaïlandaises. Plats à emporter. Accueil et service aimables et souriants.

Inaho *(centre 2, L9,* ***229****) : 4 Hereford Rd, W2 4AA. ☎ 020-7221-8495. Ⓜ Bayswater. Tlj sf sam midi et dim 12h-14h, 19h-23h. Résa conseillée. Plats 9-22 £.* Un minuscule restaurant japonais à la devanture bleu pétard, dont l'atmosphère zen invite à parler à voix basse. C'est un petit bout d'archipel nippon qui a dérivé jusqu'à Londres, où l'on peut déguster une cuisine raffinée et préparée avec beaucoup de soin (soupes, sushis...). Un agréable voyage gustatif au pays du Soleil-Levant. Les quelques expats japonais ne s'y sont pas trompés. Attention aux gourmands qui pourraient avoir les yeux plus gros que le ventre, l'addition peut vite grimper. Service discret et mesuré.

Où prendre le thé ? Où manger des pâtisseries ?

Tom's *(centre 2, L9,* ***238****) : 226 Westbourne Gr, W11 2RH. ☎ 020-7221-8818. Ⓜ Notting Hill Gate. Lun-sam 8h-18h30, dim 9h-18h30. Thé env 3 £.* Un café-épicerie tout mignon. On aime bien l'ambiance maison de poupée, avec son demi-étage en haut, son demi-étage en bas et sa déco d'épicerie à l'ancienne comme dans nos souvenirs d'enfants. Restent des piles de boîtes de bonbons, des tablées de pudding et des *fairy cakes* revigorants. Comble du chic, les banquettes proviennent des anciens wagons du métro parisien. Une petite adresse bien sympathique souvent bondée.

The Hummingbird Bakery *(centre 2, L9,* ***236****) : 133 Portobello Rd, W11 2DY. ☎ 020-7229-6446. Ⓜ Notting Hill Gate. Lun-sam 10h-18h, dim 11h-17h.* Une petite maison de poupée où l'on mange des gâteaux tout colorés. À l'heure du goûter, il est presque impossible d'atteindre le comptoir de cette minuscule *bakery*. Car ses *American cakes* sont célèbres pour leur fraîcheur et leur qualité, comme ses *cup cakes*. Niveau quantité, on en a pour ses *pounds*. Assis en terrasse ou à l'intérieur avec un bon café ou un thé, c'est le bonheur assuré, si tant est qu'on trouve de la place.

Où boire un verre ?

Westbourne Tavern *(centre 2, L9,* ***380****) : 101 Westbourne Park Villas, W2 5ED. ☎ 020-7221-1332. Ⓜ Royal Oak ou Westbourne Park. Tlj 12h (17h lun)-23h. Plats 8-15 £.* Pub très accueillant et pas prétentieux pour un sou, un peu dans le style vieille brasserie avec son parquet usé, ses tables disparates et ses affiches anciennes. Fait aussi resto. Tapas disponibles entre les repas. Cheminée pour les journées d'hiver, de la lumière et une immense terrasse pour les jours d'été. Ambiance sans façons, très décontractée.

The Kensington Wine Rooms *(centre 2, L10,* ***410****) : 127-129 Kensington Church St, W8 7LP. ☎ 020-7727-8142. • enriquies@greatwinesbytheglass.com • Ⓜ Notting Hill Gate. Tlj 12h-minuit. Vin au verre de 4 £ à beaucoup plus cher.* Vieille Europe et *New World* se disputent la vedette dans ce bar à vins chic. Des bouteilles du sol au plafond et d'énigmatiques *enomatics* avec un système de carte rechargeable, pour se servir soi-même au verre. Attention aux mélanges tout de même... et à l'addition. Plus de 40 vins à goûter ! Possibilité d'accompagner sa dégustation de quelques tapas ou d'un repas.

E&O (*centre 2, L9, **245***) *: 14 Blenheim Crescent, W11. ☎ 020-7229-5454. Ⓜ Notting Hill Gate. Tlj midi et soir au resto, 12h-minuit pour le bar. Compter 19 £ à midi en sem. Plats 15-30 £.* Une institution à Londres, que les stars ne boudent pas encore pour leur début de soirée. Nous non plus, malgré le côté un peu snob et bien mis du lieu. Déco très design. Derrière le bar en zinc, le resto blanc et net sert une *fusion food* très chère (un panachage de cuisine asiatique).

B.B.B. *(Beach Blanket Babylon ; centre 2, L9, **378**) : 45 Ledbury Rd, W11 2AA. ☎ 020-7229-2907. Ⓜ Notting Hill Gate. Tlj 12h-minuit.* Il s'agit d'un bar-restaurant à l'ambiance extravagante pour boire un verre sur une autre planète. Décoration rococo cosy avec un poil de style Liberty et un vrai feu de cheminée. Un mélange pour le moins original ! Clientèle classe, ne pas venir en tongs.

Voir aussi plus haut dans « Où manger ? » les pubs traditionnels ***Windsor Castle*** *(centre 2, L10, **369**)* et ***Churchill Arms*** *(centre 2, L10, **383**)*, ou encore ***Electric House & Brasserie*** *(centre 2, L9, **458**)*, une halte sympa pour prendre un verre avant ou après une toile au cinoche voisin. Également un petit bar dans le ciné-même (boissons et petite restauration).

Shopping

Vêtements

Mary's Living & Giving Shop *(centre 2, L9) : 117 Westbourne Grove, W11 2SB. ☎ 020-7727-6166. • maryportas.com/livingandgiving • Ⓜ Westbourne Park. Lun-sam 11h-18h, dim 12h-17h.* Un dépôt-vente *trendy* créé par la styliste Mary Portas, copine de Marc Jacobs ou Sienna Miller... Plein de marques british ou couture, de quoi dégoter la petite veste ou la robe tendance à prix serrés. Et aucun scrupule à avoir, les bénéfices sont reversés à l'ONG *Save the Children*. *2 autres boutiques à Londres : 28 New King's Rd et 109 Regent's Park Rd.*

Librairie

Travel Bookshop *(centre 2, L9, **245**) : 13-15 Bleinheim Crescent. Ⓜ Ladbroke Grove. Lun-sam 10h-18h, dim 12h-17h.* Incontournable pour les amateurs de livres de voyage, mais aussi pour les fans de *Coup de foudre à Notting Hill* ! C'est la librairie que tient Hugh Grant dans le film. Au risque de vous décevoir, celle que l'on voit dans le film a été reconstituée pour les besoins du tournage. Il nous semble fondamental de vous rappeler une réplique majeure du film : « Le bonheur ne serait pas le bonheur sans une chèvre qui joue du violon. » À méditer.

DVD, disques et vidéos

Plusieurs boutiques de disques autour du métro Notting Hill Gate et de Portobello's Market. C'est le royaume de la galette introuvable, un royaume pour DJ vintage. On aime bien :

Music and Video Exchange *(centre 2, L9, **608**) : 42, 38 et 36 Notting Hill Gate, W11. ☎ 020-7221-2793. Ⓜ Notting Hill Gate. Tlj 10h-20h.* Le temple local du troc et de l'occase. Au n° 42 de la rue, *Soul and Dance Exchange* s'est spécialisé dans la house, la soul, le jazz, le hip-hop, le reggae et le *R & B*, tandis que le n° 38 fera le bonheur des amateurs de rock, indie, folk et blues. Au n° 36, *Classical Exchange* propose des CD... classiques, mais également des vinyles, des vidéos et des DVD. Une petite chaîne efficace (plusieurs adresses dans Londres) et pas sectaire pour une galette !

Rough Trade *(centre 2, L9) : 130 Talbot Rd, à l'angle avec Portobello Rd. Ⓜ Ladbroke Grove. Lun-sam 10h-18h30, dim 13h-17h.* CD et vinyles, disco, techno, dubstep, house... ***Honest Jons*** *(278, Portobello Rd, juste de l'autre côté du périph')*, avec du *second hand* (occase) de qualité ; ou encore ***Minus Zero,*** en plein marché *(fermé lun-mar).*

Marché aux puces

– ***Portobello Road*** *(centre 2, L9) : • portobelloroad.co.uk • Ⓜ Notting*

Hill Gate. Boutiques ouv lun-sam ; antiquaires sam 6h-18h. Venir tôt, car dès 10h il y a plein de monde.

Le reste de la semaine, l'endroit perd de son charme et toutes les boutiques n'ouvrent pas forcément. Procurez-vous le plan chez les antiquaires, dans les hôtels ou dans la rue. Téléchargeable aussi sur Internet.

Un des marchés aux puces les plus célèbres de Londres et le plus fréquenté par les touristes. Il s'étale sur toute la longueur de Portobello Road. On y trouve des antiquités et des objets de collection, mais chers. Beaucoup de copies aussi, malheureusement vendues souvent comme authentiques. Si vous êtes un chineur invétéré, allez plutôt dans les marchés de l'East End ou, encore mieux, dans les *car boot sales* (les vide-greniers anglais). D'ailleurs, on préfère l'extravagance de Camden ou l'authenticité des marchés de Brick Lane ou Spitafields. Sinon, attendre sagement la fin de la journée, heure fatidique à laquelle les camelots se laissent plus facilement fléchir.

– Également quelques disquaires d'occase (voir la rubrique « Shopping », plus haut), des stands de T-shirts rigolos, beaucoup de bijoux (hippies), etc. Vous pourrez peut-être faire encore des affaires en remontant Portobello à partir de Golborne Road *(Ⓜ Ladbroke Gr).* Les étals sont de moins en moins chic, et de plus en plus ethniques, au fur et à mesure que l'on remonte la rue.

Festival

– ***Carnaval de Notting Hill :*** *dim-lun du dernier w-e d'août.* Initié à l'origine par la communauté « Caraïbes » de Londres, en 1959. Si aujourd'hui l'ambiance est festive et symbolise le visage multiracial de Londres, le carnaval a failli être annulé de nombreuses fois dans les années 1970, suite à des échauffourées entre jeunes issus de l'immigration et la police. Toujours est-il que le défilé, sur un parcours de 5 km, figure parmi les rassemblements de rue les plus importants d'Europe. Grosse procession avec une centaine de camions *sound-system.* La soul domine, mais on peut aussi entendre reggae, ragga, funk, house... Une expérience assez décoiffante et la grosse artillerie niveau sécurité !

PADDINGTON ET MARYLEBONE

Pour se repérer, voir le plan d'ensemble en fin de guide.

On ne trouvera pas ici le charme du voisin Notting Hill, mais plutôt l'ambiance tranquille et ronronnante d'un grand quartier bourgeois avec ses immeubles somptueux (vers Regent's Park) ou étonnamment rouges (vers Marylebone). Au nord, un des parcs les plus élégants de Londres, Regent's Park, et au sud, Hyde Park, idéal pour le footing matinal. Les zones les plus commerçantes ont malgré tout su cultiver une sympathique vie de quartier. On y trouve aussi une forte concentration de *mews*, ces ruelles sans issue, bordées de petites maisons autrefois ouvrières, qui menaient aux écuries. Ces maisonnettes aujourd'hui coquettement rénovées se comptent par centaines tout autour de Sussex Gardens et Norfolk Square et sont devenues un lieu de résidence très privilégié... Le quartier dispose par ailleurs d'hébergements d'un bon rapport qualité-prix.

LOVE ME DO

Paul McCartney a habité quelque temps dans le coin, à Wimpole Street (entre Regent's Park et Oxford Circus), avec la famille de sa petite amie, Jane Asher. En avril 1965, il acheta la maison au 7 Cavendish Avenue, d'où sortirent quelques mégatubes comme Penny Lane *ou* Martha my Dear. *Ensuite, Jane oubliée, son cœur de rocker s'ouvrit à Linda Eastman et les deux tourtereaux scellèrent leur union au Registry Office de Marylebone Road, en mars 1969. Son « collègue » Ringo épousa Barbara Bach au même endroit, en avril 1981.*

Où dormir ?

On trouve pas mal d'adresses à moins de 60 £, notamment sur Norfolk Square. On n'ose pas trop vous les recommander, car elles sont généralement vétustes. Sachez toutefois qu'elles existent, cela vous dépannera peut-être un soir.

Studios et appartements

Stylotel *(plan d'ensemble B3,* ***130****) : 160-162 Sussex Gardens, W2 1UD. ☎ 020-7723-1026. • info@stylotel.com • stylotel.com • Ⓜ Paddington. Studios et appartements 2-4 pers 129-169 £ la nuit.* Après avoir rénové ces chambres en métal et bleu électrique, le dynamique proprio s'est attaqué à la restauration d'une poignée d'appartements à deux pas de son hôtel. On est très loin du style traditionnel britannique. Plutôt dans une annexe d'un film futuriste ! Chambres pas immenses, mais très bien équipées, avec kitchenette, frigo, coffre-fort, TV et cabine de douche. On aime beaucoup ! Au rez-de-chaussée, le pub de la maison, le *Sussex Arms*. Accueil extra.

Très bon marché (moins de 35 £, soit 41 €)

Easyhotel Paddington *(plan d'ensemble B3,* ***221****) : 10 Norfolk Pl, W2 1QL. ☎ 020-7706-9911. • enquiries@paddington.easyhotel.com •*

easyhotel.com • Ⓜ Paddington. Chambres à partir de 25 £. Le même système que pour les autres produits *low-cost* de la maison : plus vous réservez tôt, moins c'est cher. Et tous les petits plus sont facturés (TV, serviette supplémentaire, ménage, etc.). Pas beaucoup de place dans les chambres de 2 uniquement. Cabine de douche rudimentaire mais clean.

LHA, New Mansion House *(plan d'ensemble A4,* ***129****) : 38-40 Lancaster Gate, W2 3NA. ☎ 020-7723-4421. • mansion@lhalondon.com • lhalondon.com • Ⓜ Lancaster ou Queen's Way. Compter autour de 26 £/pers, en single ou chambre 2-4 pers, petit déj et dîner au self inclus. (dans les chambres).* Un autre rejeton de cette chaîne londonienne de résidences étudiantes (mais ouvertes à tous), offrant des chambres fonctionnelles (beaucoup de rangement) et bien tenues, certaines avec un certain charme. Donne sur une place cossue et très calme. Salle TV et laverie. Assez petite en comparaison de ses homologues (moins de 100 résidents), donc plus conviviale.

De prix moyens à plus chic (50-120 £, soit 59-142 €)

Oxford Hotel London *(plan d'ensemble A4,* ***100****) : 13-14 Craven Terrace, W2 3QD. ☎ 020-7402-6860. • oxfordhotel@btconnect.com • oxfordhotellondon.co.uk • Ⓜ Lancaster Gate. Double env 85 £, triple env 105 £. Petit déj inclus.* Petit hôtel familial très agréable à quelques foulées seulement de Hyde Park. Les chambres sont bien tenues, sans déco particulière mais néanmoins accueillantes. On y trouve même un frigo, un micro-ondes et une TV. Et puis ça sent bon ! Un établissement modeste et plaisant.

Stylotel *(plan d'ensemble B3,* ***130****) : 160-162 Sussex Gardens, W2 1UD. ☎ 020-7723-1026. • info@stylotel.com • stylotel.com • Ⓜ Paddington. Double à partir de 95 £, familiales 115-135 £, petit déj inclus. Sur présentation de ce guide, 10 % de réduc en janv, fév et mars.* Une adresse pour le moins originale. L'hôtel est bleu canard du sol au plafond, rehaussé de tôle d'alu, histoire d'avoir un look plus sidéral. On s'attend à voir débarquer au recoin d'un couloir Spock et son pote le cap'tain Kirk. Cela dit, une quarantaine de chambres tout confort avec cabines de douche pratiques même si elles sont un peu riquiqui. Petit bar au rez-de-chaussée tout aussi spatial et des studios ou appartements dans le même ton. Accueil tout sourire. On aime beaucoup !

Lancaster Hall Hotel *(plan d'ensemble A3-4,* ***92****) : 35 Craven Terrace, W2 3EL. ☎ 020-7723-9276. • info@lancaster-hall-hotel.co.uk • lancaster-hall-hotel.co.uk • Ⓜ Lancaster Gate. Résa conseillée. Compter 50-87 £ pour 2-4 pers, avec ou sans sdb. Petit déj inclus.* Dans un immeuble des années 1970 pas vraiment folichon, mais qu'importe, les chambres sont confortables et la propreté irréprochable. Un rapport qualité-prix avantageux compte tenu de la situation, mais on vous prévient, le look *seventies* n'a rien de transcendant et l'ambiance est plus proche du centre de conférence. Pour les chambres économiques, demander les *youth wing*. Accueil très sympa.

Balmoral House Hotel *(plan d'ensemble B3,* ***130****) : 156-157 Sussex Gardens, W2 1UD. ☎ 020-7723-7445. • reservations@balmoralhousehotel.co.uk • balmoralhousehotel.co.uk • Ⓜ Paddington. Double 94 £, triples et quadruples 115-132 £. Petit déj anglais inclus. Ristourne pour plusieurs jours. Ajouter 5 % en cas de paiement par CB.* Malgré un accueil parfois bourru, le *Balmoral* laisse de bons souvenirs. Car c'est le genre d'hôtel qui alimente la querelle séculaire entre les décorateurs d'intérieur retranchés de part et d'autre du Channel. On aime ou pas, mais impossible de rester insensible à la quarantaine de chambres confortables du *Balmoral*, entretenues régulièrement par un couple d'Espagnols. C'est bon pour le moral *(French humour)* !

Elysee Hotel *(plan d'ensemble A4,* ***99****) : 25-26 Craven Terrace, W2 3EL. ☎ 020-7402-7633. • info@hotelelysee.co.uk • hotelelysee.co.uk • Ⓜ Paddington ou Lancaster Gate. Doubles à partir* *de 99 £, triples à partir de 140 £. Petit déj inclus.* À deux pas de Hyde Park, un petit hôtel idéalement situé dans une rue agréable, vivante mais calme. Chambres modernes, fonctionnelles, relativement vastes, impeccables et de bon confort. Accueil aimable.

Nayland Hotel *(plan d'ensemble B3,* ***101****) : 132-134 Sussex Gardens, W2 1UB. ☎ 020-7723-4615. • info@naylandhotel.com • naylandhotel.com • Ⓜ Paddington. Doubles 94-114 £. Prix selon saison, petit déj inclus.* Hôtel moderne caractéristique des hôtels de chaîne, sans grand charme, mais de bon standing, propre et confortable. Une quarantaine de chambres très bien équipées. Accueil simplement courtois.

Travelodge Marylebone *(plan d'ensemble B2,* ***91****) : Harewood Row, NW1 6SE. ☎ 0871-984-8484. • travelodge.com • Ⓜ Marylebone. À partir de 80-110 £ la double, petit déj en sus ; tarifs nettement plus avantageux sur Internet en s'y prenant à l'avance.* À côté de la gare, dans un grand bâtiment de coin, en brique rouge. Environ 90 chambres, sans surprise niveau déco, mais conformes aux hôtels de la chaîne : modernes, confortables et bien tenues. Noter qu'il n'y a pas de chambres pour les familles (que des doubles). Petit déj-buffet.

De plus chic à vraiment plus chic (90-120 £, soit 106-142 €)

Unique Georgian Town House *(plan d'ensemble C3,* ***51****) : 22 York St, W1U 6PX. ☎ 020-7224-2990. • mc@22yorkstreet.co.uk • 22yorkstreet.co.uk • Ⓜ Baker St. Double env 130 £, petit déj inclus.* Une adresse de charme quasi secrète, sans aucune pancarte, que l'on vous chuchote à l'oreille ! Ce *B & B* cosy en diable fait le bonheur des visiteurs en quête d'authenticité : une dizaine de chambres volontairement à l'ancienne mode, pleines de cachet avec leurs vieux meubles, leurs couvre-lits rétro et leurs planchers qui craquent. Les salons permettent de s'exercer au piano ou de bouquiner l'un des nombreux ouvrages à disposition, mais c'est aussi dans la cuisine, autour de la curieuse table en forme de croissant, que les résidents font connaissance, autour d'un *continental breakfast*. Accueil adorable. Notre adresse préférée dans cette catégorie.

The Pavilion *(plan d'ensemble B3,* ***106****) : 34-36 Sussex Gardens, W2 1UL. ☎ 020-7262-0905. • info@pavilionhoteluk.com • pavilionhoteluk.com • Ⓜ Edgware Rd et Paddington. Double 100 £, familiale 130 £, petit déj continental inclus.* Un petit coup de blues ? Précipitez-vous au *Pavilion*. On ne peut pas trouver plus funky et glamour que cet hôtel très original. Une trentaine de chambres aux noms pas possibles comme la « Honky Tonky Afro », dédiée aux *seventies*, ou la « Enter the Dragon », aux tonalités orientales. Elles sont toutes différentes et extravagantes ! L'un des concepteurs en avait marre des hôtels ennuyeux... En tout cas, les célébrités en font volontiers leur pied-à-terre londonien. On adhère, d'autant que les tarifs ne sont finalement pas si exagérés pour cette catégorie.

Spécial coup de folie (plus de 160 £, soit 189 €)

The Cumberland *(plan d'ensemble C3,* ***58****) : Great Cumberland Pl, W1H 7DL. ☎ 0871-971-1727. • enquiries@thecumberland.co.uk • guoman.com • Ⓜ Marble Arch. À deux pas de Hyde Park. Doubles 160-220 £ env, petit déj non compris. Très nombreuses (grosses) promos sur Internet.* On a d'abord l'impression d'avoir poussé par erreur la porte de la Tate Modern. C'est presque ça, car cet hôtel a investi une fortune dans son hall, grand comme une galerie et conçu comme tel : verre, lumières *space* et blancheur se mêlent pour varier d'intensité et de couleur tout au long de la journée, de façon à mieux mettre en valeur les sculptures et photos exposées. Et l'hôtel, dans tout cela ? Immense, c'est un peu l'usine, avec plus de 1 000 chambres (un vrai labyrinthe !), décorées dans un style minimaliste du même acabit. Elles sont toutes différentes, mais on retrouve partout le bois, les tissus et la technologie qui cohabitent en parfaite harmonie (superbes écrans plasma). C'est sobre, dépouillé, clinique diront les détracteurs, mais architecturalement surprenant.

Où manger ?

Sur le pouce (moins de 10 £, soit 12 €)

Le Comptoir Libanais *(plan d'ensemble D3,* ***610****) : 65 Wigmore St, W1. ☎ 020-7935-1110. • info@lecomptoir.co.uk • Ⓜ Bond St. Lun-ven 8h-22h, w-e 10h-22h. Tagine 6 £.* Un *deli* libanais dans un cadre joyeux et riche en couleurs, comme la cuisine. Salade, kebabs, falafels, tagines, *wraps* et couscous. Tout le Sud pour un en-cas rapide et copieux. Jus de fruits et *smoothies* originaux (mention spéciale au halva-pistaches rôties). Service hélas un peu lent. Cadre génial. De quoi vous caler pour la journée !

Ranoush Juice Bar *(plan d'ensemble B-C3,* ***198****) : 43 Edgware Rd, W2 2JE. ☎ 020-7723-5929. Ⓜ Marble Arch. Tlj 9h-15h. Mezze 4,50-6,50 £, plat env 10 £. CB refusées.* Tous les Libanais de Londres connaissent ce petit snack clinquant, où ils attrapent entre deux rendez-vous de délicieux *shawarmas* (viandes extra) et des délicieux jus de fruits frais. Quelques tables.

Pret A Manger *(plan d'ensemble C2-3,* ***279****) : 556 Oxford St, NW1. ☎ 020-7724-6398. Ⓜ Marble Arch. Presque en face de Speaker's Corner. Tlj, de très tôt à 23h.* Une des nombreuses annexes (une centaine sur toute la ville) de cette chaîne de snacks, salades, sandwichs, yaourts au muesli, porridge, barres chocolatées originales (on adore la *Love Bar* !)... Fraîcheur et originalité garanties. Idéal pour s'offrir un pique-nique dans Hyde Park. En cas de pluie, quelques tables.

De bon marché à prix moyens (10-18 £, soit 12-21 €)

La Fromagerie *(plan d'ensemble C3,* ***611****) : 2-6 Moxon St, W1U 4EW. ☎ 020-7935-0341. • moxon@lafromagerie.co.uk • Ⓜ Baker St. Lun-ven 8h-19h30, sam 9h-19h, dim 10h-18h. Breakfasts à partir de 3,50 £, plats 7-12,50 £.* Prendre le petit déj dans une fromagerie, vous en rêviez ? *La Fromagerie* l'a fait. Un endroit insolite, genre d'épicerie chic avec ses étals de fruits et de légumes, mais surtout ses quelques tables au milieu des cheddars et autres tomes bien fraîches. Sert aussi des plats de terroir (saucisse de Morteau, etc.) au déj, et des 4-heures à s'en lécher les babines.

Patogh *(plan d'ensemble B3,* ***227****) : 8 Crawford Pl, W1H 5NE. ☎ 020-7262-4015. Ⓜ Edgware Rd. Tlj 12h30-23h. Plats 6-12 £.* Petit rade persan aux murs brunis et aux (rares) tables toutes serrées les unes contre les autres. Si vous êtes dans le quartier, ne ratez pas l'occasion de goûter un vrai kebab que vous emporterez dans un square voisin. Aucun rapport avec les pseudo-sandwichs indigestes vendus ici ou là. Tout est archifrais et goûteux, des grandes galettes cuites sous vos yeux aux brochettes grillées à la commande en passant par les légumes du marché.

Satay House *(plan d'ensemble B3,* ***249****) : 13 Sale Pl, W2 1PX. ☎ 020-7723-6763. • info@satay-house.co.uk • Ⓜ Edgware Rd. Tlj 12h-15h, 18h-23h. Fermé 24-26 déc. Résa conseillée. Plats 6-10 £. Réduc de 10 % sur présentation de ce guide.* Ce tout petit resto malais a revu sa déco dans un style épuré au goût du jour, mais il a préservé l'essentiel : cette authenticité sans fard qui fait sa force. On y travaille en famille dans le respect de la cuisine traditionnelle, faite comme au pays. On en ferait bien sa cantine !

Dinings *(plan d'ensemble B3,* ***257****) : 22 Harcourt St, W1H 4HH. ☎ 020-7723-0666. Ⓜ Edgware Rd. Lun-ven 12h-14h30, tlj 18h-22h30 (22h le w-e). Sushis à partir de 7 £, plats 10-20 £.* Un tout petit resto japonais, où le béton est la seule fioriture décorative. Les assiettes sont épurées, à l'image du lieu. Petite salle plus impersonnelle au sous-sol, on lui préfère le sushi-bar au rez-de-chaussée où s'affairent les cuistots avec des gestes chirurgicaux. Les préparations de soupes, sushis et tapas sont raffinées et vraiment succulentes. Il faut savourer cette nourriture saine car elle est peu copieuse. Attention, l'addition peut rapidement grimper jusqu'aux neiges du mont Fuji. Clientèle d'habitués et c'est vite plein. Service et accueil très aimables.

Wagamama *(plan d'ensemble C3,* ***170****) : 101 Wigmore St (à l'angle de Duke St), W1U 1QR. ☎ 020-7409-0111. Ⓜ Bond St. Lun-sam 11h30-23h, dim 12h-22h. Plats 7-10 £.* Resto japonais de chaîne. Les grandes tablées de bois clair s'alignent comme un régiment, et, quand sonne l'heure de la soupe, une foule d'affamés envahit les lieux, toujours satisfaits de retrouver leurs plats préférés à des prix raisonnables. Comme toujours, la qualité est au rendez-vous ! Souvent la queue, mais ça va vite. *Arigato !*

Zizzi *(plan d'ensemble C3,* ***285****) : 35-38 Paddington St, W1U 4HQ. ☎ 020-7224-1450. Ⓜ Baker St. Tlj 12h-23h (22h30 dim). Pizzas 7-11 £, pâtes 8-12 £.* Resto italien proposant inévitablement des pâtes et des pizzas. La grande salle est vert olive, ouverte sur la cuisine, et les pizzaïolos officient gentiment à leur tâche pendant que les serveurs essaient de suivre le rythme des commandes. Eh oui, ils se laissent parfois déborder tout en gardant le sourire, et cela vaut le coup d'attendre, car la cuisine est savoureuse et les portions sont généreuses, pour un prix encore raisonnable !

Island Restaurant *(plan d'ensemble A-B4,* ***306****) : Lancaster Terrace, W2 2TY. ☎ 020-7551-6070. • eat@islandrestaurant.co.uk • Ⓜ Lancaster Gate. Tlj 7h-22h30. Petit déj à partir de 12 £, menu midi 14 £ avec boisson, sinon plats 13-21 £.* Un cadre moderno-chic sur 2 demi-niveaux, avec de grandes baies vitrées donnant sur le *Serpentine* de Hyde Park de l'autre côté de la rue. C'est calme, lumineux, sobre et la cuisine italienne passe bien. On aime y prendre un délicieux petit déjeuner (tout un choix de céréales en self-service) avec les joggeurs matinaux pour spectacle ou profiter du menu bon marché le midi (spécialités de *pies*).

Plus chic (18-25 £, soit 21-29,50 €)

Frontline Restaurant *(plan d'ensemble B3,* ***221****) : 13 Norfolk Pl, W2 1QJ. ☎ 020-7479-8960. • reservation@frontlineclub.com • Ⓜ Paddington. Lun-ven 12h-15h, lun-sam 18h-23h, dim 12h-16h. Plats 10-21 £. Belle carte des vins.* Ce resto est né de la volonté de grands reporters, envoyés sur la *frontline,* c'est-à-dire partout où de grands conflits se déroulent. Ils cherchaient un lieu de paix, d'harmonie et de fraternité pour exposer leur travail, organiser des débats, des conférences, des projections... On ne pouvait trouver mieux que cette ancienne manufacture. Un restaurant « militant » reposant sur quelques concepts très simples : des recettes anglaises traditionnelles, des produits de saison en provenance de petites exploitations, jusqu'aux poissons, pêchés au large des côtes britanniques. Résultat : une carte franchement appétissante, mettant à l'honneur le stilton, les poissons fumés, le gibier, les panais, les poires, et autres sauces aigres-douces ou sucrées-salées... Une vraie belle adresse.

Pubs

Canal Cafe Theatre *(plan d'ensemble A3,* ***287****) : The Bridge House Pub, Delamere Terrace, W2 6ND. ☎ 020-7289-6056. • mail@canalcafetheatre.com • canalcafetheatre.com • Ⓜ Warwick Ave. À Little Venice, juste en face du canal. Tlj 12h-23h (22h30 dim). Spectacles payants.* Le joyeux pub et cabaret que voilà ! Déco hétéroclite et cosy, gentiment branchée : cheminée, Chesterfield moelleux, tentures de velours cramoisi et lustres de perles au-dessus d'un comptoir en bois patiné. Bonne ambiance pour boire une bière et manger un plat classique de *pub grub,* avant d'assister (ou après) aux excellents spectacles de comédie d'avant-garde donnés presque tous les soirs. Quelques tables en terrasse pour profiter de la vue sur le canal.

The Chapel *(plan d'ensemble B3, **326**) : 48 Chapel St, NW1 5DT. ☎ 020-7402-9220. • thechapel@btconnect.com • Ⓜ Edgware Rd. Tlj 12h-23h ; service jusqu'à 14h30 et 22h. Fermé à Pâques et à Noël. Plats 9-17 £.* Cette chapelle propose un genre de messe qu'on irait bien célébrer tous les soirs. Car il s'agit d'un bon compromis. La carte des vins bien montée, les journaux à disposition et les toiles modernes disposées çà et là sont les attributs d'un troquet intello, mais le parquet usé et les rangées de bouteilles alignées comme à la parade ramènent les amateurs de pubs sur terre. Atmosphère détendue en diable. Côté cuisine, des spécialités copieuses et correctes. Jardin de poche coincé entre Marylebone et Chapel Street, avec terrasse chauffée pour les fumeurs. Génial !

Théâtres

Open Air Theatre *(plan d'ensemble C2) : Inner Circle, Regent's Park, NW1 4NR. ☎ 0844-826-4242. • openairtheatre.org • Ⓜ Baker St. ♿ Programme sur Internet. En plein air, de fin mai à mi-sept. Entrée payante.* On y joue des pièces de Shakespeare, mais également d'autres classiques du théâtre anglais, des spectacles musicaux... Concerts gratuits parfois. Possibilité de pique-niquer sur place avant la représentation (bar et petite restauration).

Canal Cafe Theatre *(plan d'ensemble A3, **287**) : The Bridge House Pub, Delamere Terrace, W2 6ND. Voir plus haut la rubrique « Pubs ».*

Shopping

Concentration de *magasins spécialisés hi-fi* sur Edgware Road, à droite en sortant de la station de métro du même nom. Moins connu que Tottenham Court et donc prix peut-être plus intéressants. Une autre rue spécialisée : Chiltern Street *(plan d'ensemble C2-3)*. Mais là, ce ne sont que des robes de mariée !

Beatles Store *(plan d'ensemble C2, **563**) : 231-233 Baker St, NW1 6XE. ☎ 020-7935-4464. • beatlesstorelondon.co.uk • Ⓜ Baker St. Ouv « eight days a week » 10h-18h30.* Boutique entièrement dédiée aux fans des quatre de Liverpool : posters, livres, *mugs*, disques... et même des chaussettes ! En face, une boutique semblable consacrée au rock'n'roll.

Cadenhead's *(plan d'ensemble D3) : 26 Chiltern St, W1U 7QF. ☎ 020-7935-6999. • coventgardenwhiskyshop.co.uk • Ⓜ Baker St.* Des whiskeys écossais, mais aussi des irlandais, gallois, anglais, indiens, et même japonais ! Propose aussi des dégustations *(1-5 pers ; résa obligatoire ; en anglais).*

Marché

– ***Farmer's Market*** *(plan d'ensemble C3, Ⓜ Baker St ou Bond St.) : dim mat sur Cramer St et Moxon St.* Les fermiers des environs de Londres viennent déballer leurs productions, fruits, légumes, volailles... et surtout saucisses grillées à déguster sur place.

Galeries et musées

Madame Tussauds *(plan d'ensemble C2, **564**) : Marylebone Rd, NW1. ☎ 0870-400-3000. • madame-tussauds.com • Ⓜ Baker St. Lun-ven 9h30-17h30, w-e (et tlj pdt vac scol) 9h-18h. Fermé à Noël. Entrée : env 29 £ ; enfant env 25 £ ; gratuit moins de 4 ans. Selon période, prix réduit à partir de 17h (mais ça fait très court en temps). Une visite qui représente en tt cas un budget colossal en famille.* ET ON NOTE CHAQUE ANNÉE UNE AUGMENTATION DES PRIX SCANDALEUSE ! *Attention : prévoir de faire la queue (souvent 2h, voire 3h en été) et éviter le créneau 11h-15h ; c'est l'un des musées les plus fréquentés de Londres. Pour éviter cette attente, on conseille vivement de réserver à l'avance par tél ou sur Internet, surtout*

que les prix sont censés être moins chers (il y a, par exemple, plusieurs billets jumelés possibles avec le London Eye, le London Dungeon, l'Aquarium ou les balades sur la Tamise, qui permettent certains jours d'obtenir des rabais substantiels).
Née à Strasbourg en 1761, Marie Tussaud apprit l'art de modeler la cire chez un médecin-sculpteur. Elle se fit la main en réalisant les figures des people de l'époque : Voltaire, Rousseau, Benjamin Franklin, avant d'être engagée à la cour de Versailles où elle créa les portraits de Louis XVI et de sa famille. Sympathisante royaliste, elle fut arrêtée par les révolutionnaires, mais graciée grâce à ses talents de sculpteur ! Elle réalisa alors les masques mortuaires de Marie-Antoinette, Marat et Robespierre. Exilée en Angleterre, elle ouvrit à Londres son musée à l'âge de 74 ans. Depuis, d'autres ont été créés à New York, Amsterdam, Las Vegas, Hong Kong...
Partout dans le monde, mais *Madame Tussaud's* reste inégalé dans le genre. Malgré la foule et le prix d'entrée délirant (pour une visite de 1h30 en moyenne), l'endroit séduit encore petits et grands. Il faut dire que les personnages sont saisissants de réalisme et très accessibles, parfois même intimidants quand il s'agit de se faire photographier auprès d'eux (la main posée sur celle du beau George Clooney, ça vous dit ? voire Justin Bieber pour les plus jeunes). Six mois sont nécessaires pour réaliser ces figures, d'après les mensurations exactes des modèles originaux. Les cheveux sont piqués un à un et régulièrement lavés par la suite. La visite est organisée en plusieurs grandes sections où évoluent les centaines de figures, qui « déménagent » d'ailleurs régulièrement d'une salle à l'autre selon les aléas de l'actualité. Une visite, curieusement, très vivante !
Vous y croiserez Alfred Hitchcock vous épiant du coin de l'œil derrière un rideau de douche ! Mais aussi Elizabeth II, incroyablement réaliste, les Beatles faisant les fous sur un canapé, Picasso, gitane au doigt, feu Michael Jackson évidemment, Barack et Michelle Obama dans le bureau ovale, Boris Johnson, le maire de Londres avec ses cheveux en pétard, une flopée de Premiers ministres britanniques, de Gaulle, Nelson Mandela, Sarkozy (pas très réussi d'ailleurs), ou encore Lady Gaga. Et plein de sportifs.
D'autres activités sur place, dont on n'a pas vraiment vu l'intérêt, comme la « chambre des Horreurs », pas si horrible que ça, ou « *Spirit of London* », sympathique reconstitution de l'histoire de Londres, de l'époque élisabéthaine à nos jours ! Un petit bonjour à Shakespeare, puis on revit la Grande Peste et l'incendie de la ville, l'ère industrielle (rigolo : Dickens déclamant tandis que Victoria, sirotant un thé, mène le train), le *Blitz* (Churchill derrière ses sacs de sable), le Piccadilly des *bobbies*, des punks et des touristes.

Sherlock Holmes Museum *(plan d'ensemble C2,* ***563****) : 239 (même si la plaque indique 221 B) Baker St, NW1. ☎ 020-7935-8866. • sherlock-holmes.co.uk • Ⓜ Baker St. Tlj 9h30-18h. Dernière admission à 17h30. Entrée : 6 £ ; réduc.* L'un des endroits les plus surprenants de Londres. Tout simplement parce qu'il s'agit d'une maison occupée par une personne... n'ayant jamais existé ! Le 221 B Baker Street est certainement l'adresse la plus connue de Londres (avec le 10 Downing Street), puisque sir Conan Doyle l'avait attribuée au héros de ses romans, qui continue d'y recevoir régulièrement des lettres d'admirateurs lui demandant de résoudre des cas personnels... Cette charmante demeure victorienne de 1815 fut acquise par la très sérieuse Sherlock Holmes Society qui eut l'idée d'y recréer fidèlement l'intérieur du célèbre détective ! Sur le plan purement esthétique, et pour l'atmosphère globale qui s'en dégage, il faut reconnaître que l'expérience est assez amusante si on adhère. Un

LES HEROS MEURENT AUSSI

Sir Conan Doyle, médecin de formation, inventa Sherlock Holmes mais préférait écrire des romans historiques. Il finit par se lasser de son célèbre détective et le fit mourir en 1893. Ce fut un véritable tollé dans la presse. Il reçut tellement de lettres de plaintes qu'il finira par ressusciter, après bien des hésitations, en 1903.

bobby vous accueille devant le perron, avant de vous confier à l'une des « gouvernantes » pour être reçu par votre hôte prestigieux ou par ce cher Dr Watson, s'ils sont là... En attendant, vous pouvez profiter du bon vieux fauteuil de Holmes, au coin du feu, dans le salon (la plus jolie pièce de la maison) et essayer son célèbre chapeau. Dans chaque pièce (six, sur trois étages), des indices laissés par le fantôme des lieux : loupe, bien sûr, machine à écrire, violon, longue-vue, trousse de médecin, casquette de tweed, vieux journaux, ouvrages scientifiques et souvenirs rapportés de missions. Sans oublier le pistolet de Watson. Tout compte fait, à recommander uniquement aux fans de Sherlock Holmes. Boutique à la sortie, évidemment.

Wallace Collection *(plan d'ensemble C3,* ***565****) : Hertford House, Manchester Sq, W1U 3BN. ☎ 020-7563-9500. • wallacecollection.org • Ⓜ Bond St. Tlj 10h-17h. Fermé 24-26 déc. Entrée gratuite (sf pour les expos temporaires). Guide audio : en français 4 £. Visites guidées gratuites régulièrement. Calendrier très riche en animations et manifestations ; certaines pour les enfants (en anglais). Cafétéria et resto dans la cour (couverte) du musée.*

Il fallait bien la noblesse d'un grand hôtel particulier à Marylebone pour présenter cette très riche collection de mobilier, d'objets d'art et de tableaux, la plus grande collection privée du pays, qui fut léguée à l'État à la fin du XIXe s par la veuve de sir Richard Wallace. C'est à lui que l'on doit les fameuses fontaines Wallace de Paris. Cet esthète fit ses emplettes à partir de son pied-à-terre parisien, le château de Bagatelle, au bois de Boulogne. Il profita de la cession à prix imbattable du mobilier des châteaux et demeures d'aristocrates pendant la Révolution. Les meubles et objets d'art français du XVIIIe s sont donc bien représentés, formant certainement la plus belle collection du genre hors de France. Il acheta par ailleurs des toiles de maîtres espagnols, flamands, hollandais et italiens des XVIe et XVIIe s. Ajoutons à cela une importante collection d'armes et d'armures. Si vous n'avez jamais su faire la différence entre les styles Louis XIV, Louis XV et Louis XVI, vous serez incollable en sortant de ce musée. De plus, il offre une alternative intéressante aux immenses salles des grands musées ! Tout est calme et cosy, même le tic-tac des pendules omniprésentes (festival de carillons à 12h) ! Mais ne ratez pas pour autant l'heure du lunch au *Wallace Restaurant.* Le jardin et la cour centrale, sous verrière, accueillent les convives dans un vaste espace décoré d'arbres. Petit tour du propriétaire... mais sachez toutefois que les œuvres se promènent et que les salles sont parfois fermées, à tour de rôle, en fonction des expositions temporaires.

À LA VÔTRE, M. WALLACE !

Après la Commune de Paris, la capitale est à feu et à sang. Et surtout à sec ! Grand philanthrope, Wallace, resté sur place, veut aider les Parisiens. Pour lutter contre l'alcoolisme, Wallace veut aider ses concitoyens. Il décide d'investir dans ces fontaines, dont un exemplaire se trouve dans le jardin du musée, imaginées sur le modèle de la fontaine des Innocents aux Halles de Paris. Elles sont devenues un symbole de Paris toujours en place. Les Parisiens d'alors lui en furent d'ailleurs très reconnaissants. À la vôtre !

Rez-de-chaussée

On commence la visite au rez-de-chaussée, en passant à gauche derrière l'escalier.

– ***Dining Room :*** deux *vedute* de Canaletto (des vues de Venise) et deux portraits peints par Nattier. Lustre étincelant.

– ***Billiard Room :*** plusieurs meubles signés Boulle, dont une formidable armoire en marqueterie de cuivre et d'écaille, ornée de bronzes ciselés et rehaussés d'or ainsi qu'une superbe pendule représentant Vénus et Cupidon. Boulle fut le célèbre ébéniste de Louis XIV, dont les créations sans égales sont devenues les références absolues pour des générations d'artisans. Profitez-en, on n'en trouve pratiquement plus en France.

– ***Front State Room et Back State Room :*** le bureau à cylindre est une copie du bureau de Louis XV à Versailles, complétée de beaux médaillons Wedgewood sur les côtés. Belle commode rococo de style Louis XV (recouverte d'une plaque de marbre polychrome), pendule astronomique baroque et tableaux naturalistes (Oudry, Boucher). Également une délicate collection de porcelaines de Sèvres.
– ***Sixteenth Century Gallery :*** bien à l'abri, cachée sous des sous-mains en cuir, une collection de rarissimes et amusantes miniatures de cire des XVIe et XVIIe s. Très kitsch quand même ! Eux aussi protégés de la lumière, des manuscrits enluminés de différentes époques (n'hésitez pas à soulever les peaux de cuir). Série de 24 émaux peints de Limoges (XVIe s).
– ***Smoking Room :*** si elle est ouverte, ne manquez pas de jeter un coup d'œil à l'alcôve, à côté de l'escalier, décorée de carreaux en céramique d'Iznik. La salle était totalement recouverte de ces carreaux jusqu'en 1937.
– ***European Armoury I, II et III :*** collection d'armes et d'armures européennes présentées chronologiquement du Moyen Âge au XIXe s. Deux armures équestres particulièrement imposantes (coup d'œil sur les pieds !), des rondaches (boucliers circulaires), des casques ciselés et des armes aux mécanismes ingénieux. Irrésistible, le slip en cotte de mailles ! Voir également ce canon richement orné et en parfait état, retrouvé au fond de la lagune de Venise !
– ***Oriental Armoury :*** en Orient, l'art du raffinement en matière militaire est très poussé, comme le prouvent ces cimeterres (sabres) sertis de pierres précieuses, nacre et ivoire. Des masses d'armes qu'on n'aimerait pas recevoir sur la tête et des objets de l'Inde, de l'Empire ottoman et d'Asie du Sud-Est, et des piques d'éléphants. Également des tableaux orientalistes intéressants d'Horace Vernet, Descamps ou Marilhat comme *La Chasse au lion*.

1er étage
– Toiles imposantes de Boucher, dans le hall d'escalier et sur le palier, dont *Le Lever* et *Le Coucher du soleil* (1752-1753), ayant appartenu à la marquise de Pompadour. Fraîcheur et grâce à la limite du licencieux (on entendrait presque les angelots nous parler des petits secrets de la Cour).
– ***Boudoir :*** Greuze, pourtant contemporain de Boucher, s'oppose radicalement à sa légèreté et à ses thèmes favoris en préférant des sujets plus sérieux (gracieuse allégorie de *L'Innocence*). Le peintre anglais Reynolds s'en est beaucoup inspiré. Notez aussi le secrétaire de Dubois (1765), orné de dorures et velours vert.
– ***Study :*** encore de prestigieux artistes français, comme Vigée-Lebrun et Fragonard. À noter, plusieurs pièces de mobilier ayant appartenu à Marie-Antoinette, provenant du Petit Trianon et de Versailles.
– ***Oval Drawing Room :*** différents Boucher dont l'un des portraits en pied de *Madame de Pompadour* et *La Balançoire* de Fragonard, au regard espiègle, plein de sous-entendus.
– ***Large Drawing Room :*** c'est dans cette salle que l'on donnait les dîners et les bals somptueux, dont celui, mémorable, pour célébrer l'exil de Napoléon sur l'île d'Elbe en 1814. Tentures vertes assez flashy sur les murs et une superbe bibliothèque de Levasseur (XVIIIe s).
– ***East and Small Drawing Room :*** toiles de Rubens et un incroyable « almanach perpétuel et toujours nouveau dédié au Roy » en émail, complet et en parfait état, datant du XVIIIe s. Appréciez les prénoms de l'époque.
– ***Great Gallery :*** accès par la West Room. La plus grande galerie du musée et aussi la plus prestigieuse, avec son éventail haut de gamme de toiles de maîtres des XVIIe et XVIIIe s. C'est simple, on y trouve que des chefs-d'œuvre ! *Le Cavalier riant* de Frans Hals, à la mine plus vantarde que rigolarde, est une réussite dans l'art du portrait. *La Femme à l'éventail,* portrait de Velázquez, jouant avec le noir, le rose et le blanc. Portrait de *Titus,* le fils de Rembrandt, où l'on peut déceler des signes de tendresse. Le *Paysage à l'arc-en-ciel* de Rubens, peint au crépuscule de sa vie. Ne pas manquer également *Persée et Andromède* de Titien, *Mrs Robinson*

de Gainsborough, ou encore l'émouvant *Shepherd Paris* de Van Dyck. Enfin, *Miss Nelly O'Brien* de Reynolds (1762) semble avoir été peinte par un impressionniste avant l'heure.

Monuments et balades

Le Londres bourgeois : Marylebone, Regent's Park et Little Venice

Marylebone *(plan d'ensemble B-C2-3)* **:** quartier bourgeois délimité au sud par Oxford Street et à l'est par Regent's Street. Il fut bâti à la fin du XVIIIe s et au début du XIXe s. Nombreux petits squares bordés de maisons géorgiennes. Marylebone a son lot de célébrités. Dickens y vécut une dizaine d'années, pendant lesquelles il écrivit entre autres *David Copperfield.* Chateaubriand y séjourna quelque temps pendant la Révolution française et y rédigea son premier ouvrage. Mais le plus fidèle habitant fut sir Conan Doyle, qui logea son personnage, le mythique Sherlock Holmes, dans Baker Street (voir « Galeries et musées »).

Regent's Park *(plan d'ensemble B-C-D1-2)* **:** Ⓜ *Regent's Park.* Grand espace vert au nord de la ville, entouré au sud et à l'est de *terraces* de style Régence. Ces grands corps de bâtiments aristocratiques recouverts d'une couche de stuc ressemblent à de véritables façades de palais. Le parc et ses alentours furent aménagés par Nash au début du XIXe s comme point final de son axe triomphal partant du Mall. Il prévoyait de découper le parc, à l'origine une aire de chasse royale, en de somptueuses propriétés, dont l'une servirait de palais au prince-régent. Mais son projet n'a pas abouti, faute de moyens. Il atteignit le summum de son art dans les façades majestueuses de *Park Crescent* donnant sur Marylebone Road. Le parc est très plaisant. Autant dire qu'une balade est vivement conseillée. Magnifique roseraie (en fleurs dès le début de l'été) dans *Queen's Mary Gardens.*

Au nord, Regent's Park est prolongé par **Primrose Hill Park.** C'est là que Paul McCartney venait promener son chien Martha (comme dans la chanson *Martha my Dear*).
Non loin de là, les fameux studios d'**Abbey Road** et le plus célèbre des passages piétons de la planète, qui orne la pochette de l'album *Abbey Road* des Beatles. Très marrant de voir les bouchons se former à cause des touristes qui prennent la pose au milieu de la rue ! Ces studios où des groupes comme Pink Floyd ou Oasis ont également enregistré sont classés « Monument historique » depuis février 2010...

LES BEATLES ET LEUR REINE

Jamais les Fab Four n'oublieront leur origine ouvrière et travailliste. Lors d'un concert avec la famille royale, ils diront : « Ceux qui ont les billets les moins chers pourront applaudir. Les invités du premier rang agiteront leurs bijoux. » En 1965, la reine les décore de l'ordre de l'Empire britannique. Mais Lennon rendra sa médaille en protestation du soutien de l'Angleterre à la guerre du Vietnam.

ZSL London Zoo *(plan d'ensemble C1)* **:** *au nord de Regent's Park, NW1 4RY.* ☎ *020-7722-3333.* • *zsl.org* • Ⓜ *Camden Town ou Baker St. Compter 10-15 mn depuis Camden, ou prendre le bus n° 274 qui dessert les 2 stations. Entrée sur Outer Circle. Tlj 10h-17h30 (18h l'été, 16h l'hiver, dernière admission 1h avt fermeture). Entrée : 18-20,50 £ selon saison ; réduc, y compris sur Internet ; 15-16,40 £ pour les enfants ; formules famille slt sur Internet. La résa sur Internet est vivement conseillée et permet d'éviter de faire la queue. Aire de pique-nique et plusieurs possibilités pour se restaurer sur place.* L'un des plus vieux zoos du monde, fondé par la Société de zoologie entre 1826 et 1828. Au début du siècle passé, il innova en offrant aux animaux un environnement proche de leur habitat naturel. Et il fut parmi les premiers à s'intéresser aux insectes. Grand vivarium rempli de reptiles (celui-là même où Harry Potter fait la rencontre du serpent dans le premier tome de ses aventures), intéressant « noctarium » pour observer les animaux nocturnes après s'être accoutumé à l'obscurité (dont une vaste vitrine de chauves-souris). Papillons, varans de Komodo à priori pas très commodes, gorilles... Aquariums en pagaille. Et puis, bien sûr, lions, girafes, ours... Impossible d'énumérer en détail les centaines d'espèces représentées, puisque la famille s'agrandit chaque année... Un must pour les bambins.

À l'ouest de Marylebone, ***Little Venice*** *(plan d'ensemble A2-3,* Ⓜ *Warwick Ave)* est un bassin triangulaire formé par la rencontre de deux canaux, qui relient le port de Londres à Birmingham. Au milieu, petit morceau de terre recouvert d'arbres. La comparaison avec Venise est assez excessive. Néanmoins, les berges tranquilles de *Grand Union Canal,* sur Maida Avenue, ont un petit charme. Un coin peu connu de Londres, insolite sans plus. *Navettes fluviales pour le zoo (en 30 mn) et le marché de Camden Town (en 45 mn). Départs ttes les heures env, tlj 10h-17h (avr-sept), horaires très restreints le reste de l'année. Rens : ☎ 020-7482-2660 auprès de la* London Waterbus Company. *• londonwaterbus.com • Tickets à partir de 6,50 £.* On n'avance pas plus vite que les piétons, mais la balade est agréable dans l'ensemble, surtout avec des enfants.

FOUETTE COCHER... SUR L'EAU

Les « pénichettes » que vous verrez sur les canaux de Little Venice existent depuis plus de 100 ans. Autrefois, elles transportaient toutes sortes de marchandises. Elles ont été construites pour s'adapter à l'étroitesse des canaux, mais surtout elles étaient propulsées non par des moteurs (ça n'existait pas !) mais par des chevaux.

BLOOMSBURY, KING'S CROSS, EUSTON ET SAINT PANCRAS

▸ Pour se repérer, voir le plan d'ensemble et le centre 1 en fin de guide.

Bloomsbury l'intellectuel, voilà la réputation qui colle aux murs de ce quartier depuis longtemps. Il faut dire que quelques groupes d'écrivains et d'artistes y ont autrefois élu domicile, tel le Bloomsbury Group au début du XXᵉ s, et que des gens comme Virginia Woolf et son mari y organisaient des cercles de discussion dans leur maison. Aujourd'hui, cette renommée perdure grâce à la présence de deux symboles culturels forts : le British Museum et l'université de Londres. Résolument calme (trop, diront certains) et bourgeois, Bloomsbury devient animé et populaire à mesure que l'on s'approche des gares de Euston et King's Cross. Ce quartier très vivant concentre la majorité des hôtels pas chers. Ça tombe bien, car c'est à la gare de Saint Pancras que vous dépose l'Eurostar !

Où dormir ?

– En sortant de la gare Eurostar, à droite vers la British Library *(plan d'ensemble F1)*, appréciez la façade monumentale de l'hôtel de luxe ***Saint Pancras Renaissance Hotel,*** datant de 1873. Superbe bâtiment victorien de sir George Gilbert Scott. Il s'agit aujourd'hui d'un hôtel *Marriott* de 245 chambres et 38 suites. Élu meilleur hôtel du Royaume-Uni par le *Sunday Times Magazine* en 2011 ! Faute d'y loger, pourquoi ne pas y prendre un verre au bar ou une *cup of tea* dans un des luxueux bars-salons ? Vaut aussi le coup d'œil pour son escalier central et le Fumoir des Dames.

Auberges de jeunesse et *student halls* (moins de 35 £, soit 41 €)

Si vous êtes en famille, on vous conseille quand même, avant de vous ruer sur les AJ, de comparer les prix et de surveiller les chambres familiales dans les hôtels cités plus loin. Il arrive, en effet, que ce soit plus économique (ou à peine plus cher) de partager à plusieurs une « belle » chambre d'hôtel qu'un dortoir d'AJ.

🏠 ***Clink261*** *(plan d'ensemble F1, **103**) : 261-265 Gray's Inn Rd, WC1 8QT. ☎ 020-7833-9400. • reservations261@clinkhostels.com • clinkhostels.com • Ⓜ King's Cross. Ouv 24h/24. Suivant période et confort, lit en dortoir (4-18 lits) env 18,50-39,50 £/pers ; doubles env 65-85 £/pers. Les prix augmentent d'env 2-6,50 £ le w-e. Petit déj continental compris.* 💻 📶 Vaste AJ colorée aux gros sofas flashy, avec en bonne place le portrait stylisé de la reine pour surveiller ses ouailles ! Dortoirs classiques, de tailles inégales. Sanitaires et douches impeccables sur le palier. Cuisine équipée moderne, TV et jeux vidéo dans la salle commune, salle Internet.

🏠 ***Clink78*** *(plan d'ensemble G2, **107**) : 78 King's Cross Rd, WC1X 9QG. ☎ 020-7183-9400. • reservations78@clinkhostels.com • clinkhostels.com • Ⓜ King's Cross (et bus n° 63). Dortoirs 4-16 lits env 18,50-32,50 £ selon taille et confort (avec ou sans sdb). Mais aussi des singles, des twins et triples,* *avec ou sans sdb privées (compter 3 £ de plus/pers) ; et même d'authentiques cellules de prisonniers (avec leur lourde porte) pour 2 (max !)... Petit déj et draps compris. Réduc tte l'année sur Internet.* Voici une adresse insolite : on dort dans un palais de justice réhabilité ! L'arrivée sous la verrière du hall d'accueil est pour le moins spectaculaire. D'autant que la déco mêle de façon détonante peintures flashy sur les murs et éléments anciens. Les nouveaux jurés peuvent prendre d'assaut les salles d'audience désormais remplies d'ordis (connexion Internet payante) ou aménagées en salle de projection-ciné (excellent, on peut regarder un film dans 2 sens différents !), et s'en vont dormir dans d'anciennes geôles au look résolument moderne, avec lits design et couleur pop acidulée, quoique un peu sombres et étriquées... D'illustres prédécesseurs ont côtoyé l'endroit, de Charles Dickens, qui y rédigea les *Aventures d'Oliver Twist,* aux membres du groupe The Clash pour avoir canardé un pigeon. Sinon, on peut toujours opter pour un des dortoirs plus classiques dans les étages, bien aménagés (certains sont réservés aux filles). C'est propre, le petit déj en self-service en sous-sol est très correct et varié, ainsi que la cuisine très bien équipée. Boutique pour vos voyages et sorties. En bonus non négligeable, l'hôtel s'est adjoint le *Clash Bar,* avec un chouette comptoir et des DJs branchés, qui assurent désormais des soirées endiablées au sous-sol !

Journey's Hostel *(plan d'ensemble F1,* ***98****) : 54-58 Caledonian Rd, N1 9DP. ☎ 020-7833-3893. • kingscross@visitjourneys.com • visitjourneys.com • Ⓜ King's Cross. Pas de couvre-feu. 10-27 £/pers selon période et chambre (3-17 lits). Avec petit déj. Tarifs dégressifs et promos sur Internet.* Petite AJ bien située, à l'atmosphère jeune et festive. En revanche, comme il y a tout de même 150 places, on s'entasse (dortoirs avec lits à 3 niveaux !), le calme n'est pas garanti, et les sanitaires sont en nombre insuffisant aux heures de pointe. Peintures pop pleines de gaieté, propreté correcte, bons équipements : salle TV et cuisine au sous-sol, consigne. Proche de tout (et de l'Eurostar !).

Astor Museum Inn *(centre 1, F3,* ***117****) : 27 Montague St, WC1B 5BH. ☎ 020-7580-5360. • museum@astorhostels.com • astorhostels.com • Ⓜ Holborn ou Russell Sq. Ouv 24h/24. Env 15-26 £/pers selon période et taille du dortoir (2-12 lits), avec petit déj continental simple. Également des doubles. Promos sur Internet.* Une petite AJ simple et un peu étriquée, mais on aime bien son atmosphère fraternelle et pas compliquée. Surtout, excellente situation qui justifie le séjour. On est face au British Museum, à seulement 10 mn à pied de l'animation débridée de Covent Garden ou Soho, et pourtant dans un quartier fort paisible la nuit. Dortoirs basiques mais propres, répartis dans 2 bâtiments (à quelques rues d'écart), douches et w-c en commun à chaque étage et petite cuisine conviviale dans le bâtiment principal. Le salon TV est assez banal (pas mal de DVD à dispo cela dit), mais le charmant Russel Square voisin vaut mieux que n'importe quelle salle commune (par beau temps !). Dommage que l'auberge limite l'accès aux 18-35 ans.

Pickwick Hall *(centre 1, F3,* ***116****) : 7 Bedford Pl, WC1B 5JE. ☎ 020-7323-4958. • info@pickwickhall.co.uk • pickwickhall.co.uk • Ⓜ Russell Sq. Ouv 24h/24. Avec ou sans sanitaires communs, dortoirs 22-25 £ et doubles 25-33 £, avec petit déj continental.* Le jeune Dickens n'aurait probablement pas boudé cette adresse atypique, située dans une rue chic. À l'inverse d'une auberge de jeunesse lambda, brouillonne et échevelée, la maison se définit plutôt comme un curieux mélange entre une pension à l'ancienne mode et un *B & B* paisible (pas de folles soirées ici !). La belle bâtisse renferme un salon TV, une laverie, une cuisine comme à la maison et seulement une quinzaine de chambres de 1 à 4 lits pour préserver l'intimité des hôtes. Les chambres, certes un peu décaties et rudimentaires (déco nulle et pas de double vitrage), possèdent néanmoins un frigo et un micro-ondes. Globalement un bon rapport qualité-prix, d'autant que le patron est un homme adorable.

🏠 ***International Students House*** *(plan d'ensemble D2, **104**) : 229 Great Portland St, W1W 5PN. ☎ 020-7631-8310. • accom@ish.org.uk • ish.org.uk • Ⓜ Great Portland St. Double env 30 £/pers, dortoirs 12-25 £ selon taille. Serviettes et draps fournis. Prix très intéressants pour les longs séjours et les étudiants (carte ISIC). Petit déj inclus. Accueil 7h45-22h30 (w-e 8h).* 💻 Grand immeuble qui donne sur le très agréable Crescent Park. Près de 700 lits. Rempli en permanence de jeunes étudiants qui viennent des 5 continents. Tout pour l'étude : bar, restaurant (pas cher du tout), coin cuisine avec micro-ondes, salles de sport, *snooker* (sorte de billard). Salle de cinéma avec projection de films tous les dimanches. Idéal pour ceux qui n'aiment pas se sentir seuls. Quant aux dortoirs, ils sont corrects, même si l'insonorisation laisse à désirer. Bonne nouvelle pour les couples : la chambre double est une vraie *twin*. Pas de grand lit (faut pas rêver !) mais, pour une fois, les lits sont au même niveau !

🏠 ***The Generator*** *(plan d'ensemble F2, **105**) : Compton Pl, au 37 Tavistock Pl, WC1H 9SE. ☎ 020-7388-7655. • london@generatorhostels.com • generatorhostels.com • Ⓜ Russell Sq ou King's Cross. Accueil 24h/24. Dortoirs (4-6 lits) env 18-26 £ selon période ; doubles 61,50-71,50 £ ; triples 20,50-25,50 £/pers. Grosse augmentation pdt les 4 j. autour du 1er janv et prix majorés le w-e (jeu-sam). Tarifs à la sem à étudier. Petit déj continental léger inclus.* 💻 📶 Une immense AJ à mi-chemin entre une version ratée de l'*Enterprise* et une usine futuriste. Beaucoup de métal et des couloirs aux néons bleus précédant des dortoirs minuscules (dont un réservé exclusivement aux filles – 8 à 12 lits – avec sèche-cheveux et miroir en pied), très dépouillés mais modernes, avec chacun un lavabo en inox et des casiers. Avec près de 900 places, intimité illusoire et douches parfois en nombre insuffisant. En revanche, l'organisation tient plutôt bien la route compte tenu de la taille du site, et l'atmosphère est jeune et trépidante (pas mal d'animations dans l'un des bars ou restos de la maison). Pas de cuisine, mais salle TV avec écran géant, salle de jeux, laverie... La radio hurle dans les parties communes et les tons rouge et bleu agressifs de certaines chambres peuvent quelque peu indisposer... Demander à visiter sa chambre avant de s'installer.

🏠 ***St Pancras YHA*** *(plan d'ensemble F2, **113**) : 79-81 Euston Rd, NW1 2QE. ☎ 020-7388-9998. • stpancras@yha.org.uk • yha.org.uk • Ⓜ King's Cross. Pas de couvre-feu. 180 lits. Doubles 45-72 £ avec ou sans sdb, lits en dortoir 18-29 £, ou 14-22 £ pour les moins de 18 ans. Petit déj en sus. Ajouter 3 £/pers et par nuit pour les non-membres. Petite réduc en hiver.* 💻 📶 Une AJ toute nickel, fonctionnelle et très sécurisée, stratégiquement située à deux pas du métro et face à la British Library. Secteur archi-fréquenté mais bonne isolation sonore. Chambres simples, claires, de taille raisonnable (maximum de 6 lits pour les dortoirs), les plus chères avec salle de bains, w-c, TV. 2 salons communs agréables, un bar chaleureux, mais pas de cuisine. Accueil sympa. Pour les périodes de vacances, réserver bien à l'avance.

De bon marché à prix moyens (50-90 £, soit 59-106 €)

Les quartiers de King's Cross et du British Museum rassemblent de nombreux hôtels, à prix honnêtes, certains dans de belles demeures géorgiennes retirées en bordure de squares paisibles. Privilégier notamment les secteurs d'Argyle Street (à ne pas confondre avec Argyll Street, près d'Oxford Circus), de Gower Street et des Cartwright Gardens (où l'on pourra jouer au tennis). Depuis l'aéroport de Gatwick, prendre la Thames Link de Gatwick à King's Cross, plus rapide et plus pratique que de passer par Victoria Station.

🏠 ***Alhambra Hotel*** *(plan d'ensemble F1, **114**) : 17-19 Argyle St, WC1H 8EJ. ☎ 020-7837-9575. • reservations@alhambrahotel.com • alhambrahotel.com • Ⓜ King's Cross. Petite rue peu passante à deux pas du* *métro et de la gare. Doubles 75 £ (sans sdb)-99 £, triple env 115 £ et quadruples 124-129 £. Petit déj anglais inclus. Petite commission pour tt paiement par CB.* Hôtel tenu à la perfection. Une cinquantaine de chambres confortables, de petites dimensions et pas toujours parfaitement insonorisées mais pimpantes, dotées d'une moquette bleu nuit et d'un mobilier fonctionnel. Thé et café à discrétion. Les chambres les plus chères dans chaque catégorie ont douche et w-c privés. Bonne literie. Coffre-fort. Si c'est plein de ce côté de la rue, vous vous retrouverez peut-être en face, dans l'une des 2 annexes ; même genre de déco et de prestations. Accueil sympa, et en français de surcroît.

Celtic Hotel *(plan d'ensemble F2, **118**) : 62 Guilford St, WC1N 1DD. ☎ 020-7837-6737 ou 9258. • reservations@celtichotel.com • celtichotel.com • Ⓜ Russell Sq ou Holborn. Avec ou sans sdb privée, doubles 79-100 £, triple env 118 £ et quadruple env 135 £, petit déj anglais (hmm ! ça sent bon le bacon !) inclus.* Une adresse historique et hyper bien située, présente dans le *Routard* depuis des décennies ! Et qu'on aime toujours autant ! Hôtel très bien tenu d'un bon rapport qualité-prix. Pas mal de chambres possèdent désormais leur salle de bains. Douches et w-c communs très propres pour celles pas encore rénovées, grand salon TV, atmosphère familiale et accueil tout à fait charmant des proprios adorables.

The Crestfield Hotel *(plan d'ensemble F1, **87**) : 2-4 Crestfield St, WC1H 8AT. ☎ 020-7837-0500. • info@crestfieldhotel.com • crestfieldhotel.com • Ⓜ King's Cross. Doubles avec petit déj env 70-85 £ avec ou sans sdb ; triple env 90 £, quadruples 110-130 £.* Un joli petit hôtel propre sur lui et idéalement situé, dans une rue paisible juste en face de la station de métro. Certes, il ne déborde pas de charme (la rénovation de cette bâtisse géorgienne lui a ôté pas mal de son cachet), mais sa cinquantaine de chambres, certes pas bien grandes, feront le bonheur des amateurs de calme et de confort. Bon accueil et prestations convaincantes (il y a même un petit bar pour l'apéro !), vu les tarifs encore raisonnables.

Ridgemount Private Hotel *(centre 1, E2, **115**) : 65-67 Gower St, WC1E 6HJ. ☎ 020-7636-1141 ou 020-7580-7060. • info@ridgemounthotel.co.uk • ridgemounthotel.co.uk • Ⓜ Goodge St. Doubles avec ou sans sdb 66-86 £, avec petit déj anglais. Triples 90-108 £, quadruples 108-120 £, quintuples 120-135 £.* Les chambres familiales peuvent s'avérer moins chères qu'un dortoir dans certaines AJ. À envisager donc ! Petit hôtel familial à l'ancienne, alignant quelques chambres datées et pas bien grandes mais propres et confortables, revêtues d'une épaisse moquette. Elles se révèlent même très tranquilles et plaisantes côté jardin, surtout lorsqu'elles profitent d'une jolie cheminée en déco. Salon commun agréable avec machine à café. Service laverie. Accueil attentionné.

County Hotel *(plan d'ensemble E2, **94**) : Upper Woburn Pl, WC1H 0JW. ☎ 020-7387-5544. • info@imperialhotels.co.uk • imperialhotels.co.uk • Ⓜ Euston Sq. Double 59 £, avec petit déj, mais sans sdb privée.* Ce grand hôtel, qui a connu des jours meilleurs, fait figure de parent pauvre auprès de ses confrères et voisins. Tous appartiennent pourtant au même groupe : les *Imperial London Hotels.* Si les autres se veulent plus chic et plus chers (rien de fantastique pourtant), celui-ci a le mérite de proposer 175 chambres à des prix franchement intéressants. Évidemment, pour une escapade amoureuse, on a connu plus glamour. Salles de bains sur le palier (une pour 4 chambres), TV et lavabo à l'intérieur, pas de double vitrage, ensemble résolument vieillot et sans charme. Mais bon, c'est propre et abordable.

De prix moyens à plus chic (moins de 120 £, soit 142 €)

Travelodge King's Cross *(plan d'ensemble F1, **120**) : 356-364 Gray's Inn Rd, WC1X 8BH. ☎ 0871-984-6256. • travelodge.co.uk • Ⓜ King's Cross. Double tt confort normalement tarifée 90 £. Mais en réservant bien à l'avance* *sur Internet, certaines chambres sont bradées moins de 25 £ ! Petit déj-buffet en sus.* Cette chaîne d'hôtels propose des prix défiant toute concurrence. Un bon plan, d'autant plus que celui-ci sort du lot : sa façade majestueuse, sa situation à deux pas de King's Cross et son confort sans charme (sauf pour la belle salle de petit déj), mais fonctionnel, en font une vraie bonne adresse. Chambres impeccables, toutes équipées de salle de bains et de lit *king size.* Le credo de la maison, c'est de ne fournir que l'indispensable : une seule serviette par personne, téléphone non direct, câble TV payant, etc. Une formule intelligente et économique. Cependant, autant le savoir, certaines chambres peuvent être très proches des voies du métro et alors se révéler assez bruyantes.

D'autres *Travelodge* à Londres, notamment à 5 mn à pied, plus grand, à Farringdon *(10-42 King's Cross Rd, ☎ 0871-984-6274).* Souvent plus grands, d'aspect plus moderne, avec tous les mêmes chambres.

Regency House Hotel *(centre 1, E2,* ***115****) : 71 Gower St, WC1E 6HJ. ☎ 020-7637-1804. • bookings@regencyhouse-hotel.com • regencyhouse-hotel.com • Ⓜ Goodge St. Doubles 105-108 £ selon taille et vue. Triple env 135 £ et chambres pour 4-5 pers env 170 £. Bon* English breakfast *compris. Sur présentation de ce guide, réduc pour les séjours de plus d'une nuit.* Petit hôtel engageant, avec un soupçon de personnalité. Le patron, le jovial Mr Victor, très prévenant et attentif au confort de ses hôtes, y est pour beaucoup. Chambres agréables aux teintes bleues, pas très grandes mais bien tenues, avec une bonne literie et la TV. Toutes disposent de sanitaires privatifs. Double vitrage assez efficace. Celles à l'arrière ont une belle vue sur le jardin et sont, bien sûr, plus tranquilles.

The Jenkins Hotel *(plan d'ensemble F2,* ***48****) : 45 Cartwright Gardens, WC1H 9EH. ☎ 017-1387-2067. • reservations@jenkinshotel.demon.co.uk • jenkinshotel.demon.co.uk • Ⓜ Russell Sq ou Holborn. Double env 98 £, triple 115 £, petit déj anglais inclus.* Une bonne affaire dans ce quartier qui regorge d'hôtels à tous les prix. Maison géorgienne un peu tarabiscotée, avec seulement une quinzaine de chambres, claires et assez spacieuses. L'ensemble est bien tenu, très propre et confortable. Les salles de bains sont riquiqui, certes, mais comme souvent dans ces maisons. En outre, le petit déj – anglais – est copieux et l'accueil fort sympathique.

Arosfa Hotel *(plan d'ensemble E2,* ***119****) : 83 Gower St (au coin de Torrington), WC1E 6HJ. ☎ 020-7636-2115. • info@arosfaslondon.com • arosfaslondon.com • Ⓜ Goodge St. Doubles 99-149 £, petit déj anglais inclus.* Petit, intime et nettement plus soigné que ses voisins : la déco est élégante, notamment dans les chambres confortables où se mêlent harmonieusement l'ancien et le moderne. Chambres pour 2, 3 ou 4 personnes. Joli salon contemporain orné de photos en noir et blanc. Salles de bains pas trop grandes cela dit. Accueil cordial.

Euro Hotel *(plan d'ensemble F2,* ***121****) : 53 Cartwright Gardens, WC1H 9EL. ☎ 020-7387-4321. • reception@eurohotel.co.uk • eurohotel.co.uk • Ⓜ Euston ou Russell Sq. Doubles 110-150 £ avec sdb ; triple 145 £ ; familiales 145-160 £ selon taille et confort.* Full English breakfast *inclus.* Donne sur une aimable place à l'anglaise, arborée et dotée de courts de tennis. Hôtel charmant, excellent accueil, efficace et souriant. Chambres sans fioritures mais agréables, certaines avec douche et w-c, d'autres avec baignoire, toutes avec TV et téléphone. Très propre. C'est tellement réjouissant de se réveiller le matin face à ce square et de profiter encore de cette jolie vue en prenant son petit déjeuner. Belles chambres familiales.

Premier Inn Euston *(plan d'ensemble E2,* ***110****) : 1 Duke's Rd, WC1H 9PJ. ☎ 0871-527-8656. • premierinn.com • Ⓜ Euston Sq ou King's Cross. Doubles env 100-170 £. Réduc sur Internet ; moins cher le w-e.* English breakfast *en sus, gratuit pour les moins de 16 ans. Parking. Resto.* On n'est pas venu ici pour cette grande bâtisse sans charme, mais pour les chambres de bon confort, toutes identiques (c'est une chaîne), assez spacieuses et somme toute agréables dans leur genre. Le vrai plus pour les familles : la possibilité, pour le même prix, de loger à 4 dans la même chambre (2 adultes, 2 enfants, pas d'autres configurations), avec lit double et canapé-lit dépliant.

Premier Inn King's Cross St Pancras *(plan d'ensemble F1, **49**) : 26-30 York Way, N1 9AA. ☎ 0870-990-6414. • premierinn.com • Ⓜ King's Cross. Doubles 100-150 £. Réduc sur Internet, moins cher le w-e. Gratuit pour les moins de 16 ans.* Décidément, cette chaîne d'hôtels fait bien les choses. Ici, ce ne sont pas ses 280 chambres (nickel et confortables, comme d'habitude) qui retiennent l'attention, mais son excellente situation : face à la gare, donc à deux pas du terminal des Eurostar et du métro pour le centre. Hyper pratique. Une remarque cependant : éviter si possible les chambres du rez-de-chaussée (peu nombreuses), sans vue car dotées de fenêtres aveugles.

Encore plus chic (plus de 120 £, soit 142 €)

The Beauchamp *(centre 1, F3, **122**) : 24-27 Bedford Pl. ☎ 020-7016-2540. • beauchamp@grangehotels.com • grangehotels.com/the_beauchamp_hotel • Ⓜ Russel Sq ou Holborn. Doubles généralement 150-250 £. Mais les chambres peuvent se « brader » moins de 100 £. À vous de consulter leur site.* L'hôtel anglais chic et classe, avec ses vastes chambres, le mobilier contemporain de bon goût, les tableaux modernes, leurs lits moelleux, la moquette épaisse, le tombé parfait des rideaux, les salles de bains rutilantes pour paresser en paix... TV écran plat, coffre-fort et accueil à la hauteur.

Thanet Hotel *(centre 1, F3, **116**) : 8 Bedford Pl, WC1B 5JA. ☎ 020-7636-2869. • thanethotel@aol.com • thanethotel.co.uk • Ⓜ Russell Sq ou Holborn. Double 120 £ ; triple 140 £ ; quadruple 160 £. Et même une chambre pour 5 pers. Copieux petit déj anglais compris. Réduc de 10 % sur présentation de ce guide en janv et fév.* Petit établissement plein de charme. 16 chambres classiques bien tenues, de taille raisonnable, avec thé et café à disposition, d'un bon niveau de confort malgré les matelas peu épais et le mobilier datant un poil (mais ça donne un style). Le tout donnant sur la rue (peu passante) ou sur un jardin intérieur. Accueil particulièrement aimable.

Myhotel Bloomsbury *(centre 1, E3, **64**) : 11-13 Bayley St, WC1B 3HD. ☎ 020-3004-6000. • res@myhotels.com • myhotels.com • Ⓜ Goodge St. Double ou suite à partir de 130 £ selon période, petit déj en sus ; promos le w-e et sur Internet.* À deux pas du British Museum, un hôtel imaginé et conçu par l'incontournable designer anglais Terence Conran. Sobriété, confort et ambiance cosy pour ces chambres pas bien grandes mais uniques. Côté déco, couleurs flashy ou blancheur immaculée, au choix. Des meubles anciens également, gentiment incongrus dans ce cadre si moderne. Et, bien sûr, un salon et bar dignes d'un magazine spécialisé. L'accueil pourrait toutefois être plus chaleureux.

Spécial coup de folie (plus de 180 £, soit 216 €)

Rough Luxe Hotel *(plan d'ensemble F1, **77**) : 1 Birkenhead St, WC1H 8BA. ☎ 020-7837-1615. • reservations@roughluxe.co.uk • roughluxe.co.uk • Ⓜ King's Cross. Résa obligatoire. Doubles env 179-289 £ selon confort.* Derrière cette façade anonyme se cache un hôtel pour le moins insolite ! Le concept est résumé dans l'intitulé : c'est à la fois *rough,* soit rustique, rudimentaire, et luxueux, à l'image du confort et des œuvres d'art ou meubles anciens qui ornent les lieux. Seulement 10 chambres personnalisées et décorées de superbes tableaux contemporains ou meubles chinés avec beaucoup de goût. Le tout sur fond de papier peint d'origine, dont il reste parfois quelques pans déchirés sur les murs... Ça peut surprendre, mais le contraste entre œuvres d'art et murs brut de décoffrage est vraiment réussi. On partage d'ailleurs les lieux avec 2 artistes qui ont flairé la belle affaire et y ont élu résidence ! En outre, le petit déj est fameux et l'accueil, charmant.

Où manger ?

Sur le pouce (moins de 10 £, soit 12 €)

Peyton & Byrne *(centre 1, E2,* ***605****) : 196 Tottenham Court Rd, W1T 7LQ. ☎ 020-7580-3451. • info@peytonandbyrne.com • Ⓜ Tottenham Court Rd. Dans le hall entre Habitat et Heal's. Tlj 10h-18h (dim 12h-18h). Sandwichs à partir de 4 £, set lunch 10 £.* Olivier Peyton, un des fondateurs de cette chaîne, en avait assez des pseudo-sandwichs italiens, il rêvait de cheddar du Lancashire, de *steak and kidney pies,* bref, de vrais produits du terroir britannique. Et il a réussi ! C'est bon, pas trop cher, et les petits cakes, les *scones* et autres tartes en dessert sont un régal pour les yeux comme pour les papilles. Laissez-vous tenter ! On y trouve aussi quelques jolies boîtes de thé, chocolat, confitures et chutneys. *Autres adresses au 183 Euston Rd, au sein de la Wellcome Collection (☎ 020-7611-2138) et à Saint Pancras, unit 11, the Undercroft, Saint Pancras International.*

Bon marché (moins de 10 £, soit 12 €)

|●| ***Pâtisserie Deux Amis*** *(plan d'ensemble F2,* ***262****) : 63 Judd St, WC1H 9QT. ☎ 020-7383-7029. Ⓜ King's Cross ou Euston. À l'angle de Leigh St. Lun-sam 9h-17h30, dim 9h30-14h. Snacks à partir de 3 £.* Tout est possible à Londres, même déguster de vrais croissants. Et, quitte à bien faire, les *Deux Amis* confectionnent des sandwichs préparés avec des baguettes dignes de ce nom et des quiches savoureuses. Un zeste de musique classique et quelques petites touches de déco bien vues donnent aussitôt envie de jouer les prolongations dans ce minuscule salon de thé cosy, bourré de charme.

|●| ***The Place Café*** *(plan d'ensemble E2,* ***254****) : 17 Duke's Rd, WC1H 9PY. ☎ 020-7383-5477. • info@theplace.org.uk • Ⓜ Euston Sq ou King's Cross. Tlj sf dim 9h-20h. Ferme à 18h les jours sans spectacle. Petit déj, en-cas et petits plats 2-5 £. (1h gratuite).* La cafét' colorée de *The Place,* l'institut et la salle de spectacle de Robin Howard. Vaste salle toute simple en sous-sol, à l'atmosphère chaleureuse et brouillonne, et quelques tables sur un coin de trottoir ! Salades, soupes, quiches, pâtes, sandwichs et plats chauds d'une belle fraîcheur. Fréquenté par les danseurs et danseuses de *The Place* et par tous ceux qui ont flairé la bonne affaire.

Prix moyens (10-18 £, soit 12-21 €)

|●| 🍷 ***Camino*** *(plan d'ensemble F1,* ***602****) : 3 Varnishers Yard. ☎ 020-7841-7330. • patricia.b@camino.uk.com • Ⓜ King's Cross. Lun-ven 12h-15h, 18h30-23h ; sam 12h-16h, 19h-23h ; dim 12h-16h. Plat du jour le midi en sem 5 £, assiette variée 18,50 £, grill viande env 5-20 £.* Ici, on célèbre clairement toutes les saveurs de l'Espagne, dans l'assiette et dans son verre ! Tapas, charcuterie, viande (ah ! les *parillas* ! le gril !), fromages, et petits vins charpentés, venus de toute la péninsule Ibérique. Ambiance joviale, au comptoir, sur les tabourets, au fond des sofas ou autour des tonneaux en terrasse. Pour patienter, possibilité de boire un verre en face, au *Pepito,* même maison. Tout aussi festif !

|●| ***Casa Mamma*** *(plan d'ensemble F1,* ***253****) : 339 Gray's Inn Rd, WC1X 8PX. ☎ 020-7837-6370. • casamammafranco@yahoo.co.uk • Ⓜ King's Cross. Tlj midi et soir. Fermé 1er janv et 24-25 déc. Plat env 14 £ ; pizzas 7-10 £.* On y trouve toute la panoplie des saveurs italiennes à prix serrés et préparées avec sérieux. De lumineuses aquarelles et une fresque représentant Capri apportent ce rayon de soleil qui, il faut bien l'avouer, manque parfois à l'appel à Londres. Service diligent et franc du collier, comme on l'aime. La carte des vins, exclusivement tournée vers les crus de la Botte, met en valeur la qualité de la cuisine. Pizzas honorables et un bon tiramisù maison. Pas étonnant que ce resto familial ne désemplisse pas !

North Sea Fish *(plan d'ensemble F2, **168**) : 7-8 Leigh St, WC1H 9EW. ☎ 020-7387-5892. Ⓜ Russell Sq ou King's Cross. Face à Sandwich St ! Lun-sam 12h-14h30, 17h-22h30. Horaires un peu plus larges pour le* take-away. *À emporter, petits plats à partir de 5 £. Sur place, plats 10-20 £.* Divisé en 2 parties, le *take-away* et le resto. Que ce soit pour ses poissons grillés ou son *fish & chips*, cette petite adresse indémodable au cadre vieillot, livrée chaque jour en poisson frais, s'impose comme une des valeurs sûres du quartier. Rapport qualité-prix-fraîcheur irréprochable !

Union Jacks *(centre 1, F3, **154**) : 4 Central St, Giles Piazza, WC2H 8AB. ☎ 020-3597-7888. • hilborn@unionjacksrestaurants.com • Ⓜ Tottenham Court Rd. Tlj 12h-23h (dim jusqu'à 22h30). Plats max 13 £ ; repas env 18 £.* Voici la dernière annexe du *famous* chef Jamie Oliver ! Associé à un autre cuistot branché italo-américain, ils proposent ici des pizzas agrémentées de produits 100 % british. Le résultat est original et souvent très réussi. On peut goûter notamment à la *Old Spot* (épaule d'agneau rôti, stilton, cresson) ou encore la *Chili freak*, avec pas moins de 6 poivrons et piments différents (et la petite sauce blanche pour éteindre le feu !)... Toutefois le cadre de grande cafétéria-*diner* à l'américaine n'est pas des plus réussi, la musique mériterait d'être baissée d'un ton... Mais cela reste une bonne halte pour déjeuner sans façon.

Wagamama *(centre 1, F3, **170**) : 4 A Streatham St, WC1A 1JB. ☎ 020-7323-9223. Ⓜ Tottenham Court Rd. De New Oxford St, remonter sur Bloomsbury et prendre à droite dans Streatham. Lun-sam 12h-23h, dim 12h-22h. Plats env 7-11 £.* Les années passent, mais le *Wagamama* a toujours autant de succès. Un point de repère : arrivé en haut des escaliers, il n'y a plus que 15 mn d'attente ! Les Londoniens adorent (nous aussi) la grande salle bondée en sous-sol à la déco aseptisée et surtout la cuisine japonaise à déguster sur de longues tables communes. *Pan-fried noodles, ramen* (nouilles chinoises dans un bouillon servies avec des morceaux de poulet et des légumes), *kare lomen* (pâté de crevettes, gingembre frais, lait de coco, citronnelle, coriandre), de belles salades. Portions copieuses et la maison garantit des produits « non génétiquement modifiés ». La formule plaît : nombreux autres *Wagamama* dans Londres.

Pasta Plus Italian Restaurant *(plan d'ensemble E1, **256**) : 62 Eversholt St, NW1 1DA. ☎ 020-7383-4943. • info@pastaplus.co.uk • Ⓜ Euston Sq. Lun-ven 12h-14h30, 17h30-22h30h ; sam 17h30-23h. Fermé 23 déc-10 janv et dernière semaine d'août. Pâtes env 8-10 £ ; viande ou poisson 10-17 £.* Ce petit resto au cadre simple et agréable fait office de havre de paix, dans ce quartier vraiment pas folichon. Même famille depuis 1976. L'attente est parfois un peu longuette, mais sera récompensée par une cuisine italienne de qualité et copieuse. Bons *antipasti*, des pâtes fraîches maison (spaghettis *al ragu*, cannellonis, raviolis au crabe...). Bon filet de bar sauce ail et tomates. Bref, une bonne adresse relativement douce pour le porte-monnaie et à l'accueil prévenant.

Plus chic (18-25 £, soit 21-29,50 €)

Smithy's *(plan d'ensemble F1, **281**) : 15-17 Leeke St, WC1X 9HY. ☎ 020-7278-5949. • info@smithyslondon.com • Ⓜ King's Cross. Lun-mer 11h-23h, jeu 11h-minuit, ven-sam 11h-1h, dim 11h-21h. Midi, plats 8,50-15 £. Le soir env 30 £ le repas. Réduc de 15 % sur présentation de ce guide.* Non loin de King's Cross, dans un coin un peu planqué et par conséquent très calme, un séduisant restaurant installé dans un ancien atelier de maréchal-ferrant décoré de photos du vieux Londres. Sols pavés, canapés en cuir, verrières et vieux bois lui confèrent une atmosphère authentique, avec quelques petites touches design. Très belle carte des vins (qui fait la part belle aux grands crus du Beaujolais) et bonne cuisine internationale. La nourriture, bien que savoureuse, paraît tout de même très chère au vu des quantités servies, d'autant que les accompagnements viennent en supplément (quelques options bon marché le midi). Un point de chute néanmoins très agréable.

Où prendre le thé ? Où manger des pâtisseries ?

☕ |●| ***Bea's of Bloomsbury*** *(centre 1, G2,* ***252****) : 44 Theobalds Rd, WC1X 8NW. ☎ 020-7242-8330. Ⓜ Russel Sq ou Chancery Lane. Lun-sam 8h-18h.* Par un jour gris et pluvieux, cette boutique coquette est un endroit idéal. Pas pour les plats du jour salés, pas mal du tout, mais pour les gâteaux traditionnels frais et moelleux (visez la cuisine ouverte !). Les inconditionnels choisiront bien sûr les *scones* à la place du cheese-cake, mais tout le monde sera d'accord pour un bon thé brûlant. Un poil snob mais éminemment britannique.

Où boire un verre ?

🍷 Voir, ci-dessus, le resto ***Smithy's*** *(plan d'ensemble F1,* ***281****)*, pour siroter un verre de vin dans une atmosphère chaleureuse et un brin sophistiquée.

🍷 |●| ***Museum Tavern*** *(centre 1, F3,* ***320****) : 49 Great Russell St, WC1B 3BA (au coin de Museum St). Situé juste en face du British Museum. ☎ 020-7242-8987. Ⓜ Tottenham Court Rd.* Un des plus vieux pubs de Londres, datant de 1723. Il s'est d'abord appelé *The Dog and the Duck* (à l'époque, autour il n'y avait que champs et marécages). En 1759, à la création du musée, il prit son nom actuel. Reconstruit en 1855. De cette époque, il a gardé beaucoup de témoignages, notamment le bar et le fond de bar en acajou superbement sculpté et ciselé, les box, les miroirs, etc. Karl Marx, qui pratiquait beaucoup le *pub crawl* sur Tottenham Court Road, y passait à l'occasion. Aujourd'hui, c'est le point de chute des visiteurs du musée. Pratique pour boire un verre entre deux galeries ou grignoter un plat de *pub grub* à l'occasion. Ambiance très conviviale aussi à la sortie des bureaux.

🍷 ***Café in the Gardens*** *(plan d'ensemble F2,* ***283****) : dans le Russell Sq. ☎ 020-7537-5093. Ⓜ Russell Sq. Tlj env 7h-17h.* Sans doute la plus jolie terrasse du quartier, idéalement située au cœur du jardin typiquement à l'anglaise de Russell Square. Comment résister au charme d'une fin d'après-midi ensoleillée, lorsque les derniers rayons enflamment les jets d'eau de la fontaine centrale et la magnifique façade édouardienne de l'hôtel *Russell* ? Possibilité de grignoter petit déj, sandwichs et snacks.

🍷 ***Canal 125*** *(plan d'ensemble F1,* ***331****) : 125 Caledonian Rd, N1 9RG. ☎ 020-7837-1924. • info@canal125.co.uk • Ⓜ King's Cross. Lun-jeu 12h-23h, ven-sam jusqu'à 2h, dim 12h-16h.* Un joli bar à la déco sobre mais stylée (vieux plancher en bois, quelques lustres et un imposant miroir un peu baroque), avec sa terrasse sur le canal, ses sets de DJ en fin de semaine, sa bonne ambiance.

Où voir un concert ? Où sortir ?

♩ ***Ulu*** *(plan d'ensemble E2,* ***461****) : Malet St, WC1E 7HY. ☎ 020-7664-2000. • ulu.co.uk • Ⓜ Goodge St. Rue parallèle à Gower St. Concerts jeu-ven, parfois sam. Entrée à partir de 5 £.* En Angleterre, tous les groupes de musique passent dans les salles des universités avant de pouvoir espérer faire de grandes tournées. C'est donc dans un lieu comme celui-ci que vous verrez les groupes qui feront peut-être, dans 2 ou 3 ans, la une des journaux. Attention, les concerts (une dizaine par mois) commencent vers 19h30. Très festif.

🍷 ♩ ***The Water Rats*** *(plan d'ensemble F1,* ***322****) : 328 Gray's Inn Rd, WC1X 8BZ. ☎ 020-7837-7269. Ⓜ King's Cross.* Pub au grand volume. Plancher et comptoir de bois bien usés. Une longue tradition de concerts, de Bob Dylan, en 1962, à Oasis il y a quelques années. Concerts ou performances de DJs quasiment tous les soirs de 19h à minuit (bien plus tard le week-end, lorsque le lieu se transforme en boîte, avec videurs et tout le bataclan). Quelques tables en terrasse aux beaux jours.

♫ ***The Big Chill House*** *(plan d'ensem-*

*ble F1, **487**) : 257-259 Pentonville Rd, N1 9NL (à l'angle de King's Cross).* ☎ *020-7427-2540.* • *bigchill.net* • Ⓜ *King's Cross. Tlj 12h-minuit (1h jeu, 3h ven-sam). Entrée : env 5 £ ven-sam.* Un gros bar-club bourré de recoins pour les amoureux (au choix, le sous-sol cosy ou la mezzanine aux canapés moelleux), doté d'une terrasse pour respirer un bol d'air, et organisé autour d'un *dance floor.* Ça tombe bien, les DJs poussent tellement le son qu'on n'a plus rien d'autre à faire que d'aller brûler la piste !

♫ ***The Egg*** *(hors plan d'ensemble par F1) : 200 York Way, N7 9AP (à l'angle de Vale Royal).* ☎ *020-7609-8364.* • *egglondon.net* • Ⓜ *King's Cross ou Caledonian St. Sinon, bus nº 390 depuis King's Cross (évitez d'y aller à pied : on traverse un vaste secteur lugubre !). Ven 21h-6h, sam 22h-6h, dim 4h-14h. Entrée : 6-15 £ ; réduc sur Internet. Attention : 21 ans min le sam.* L'une des principales boîtes à la mode de Londres, avec 3 espaces distincts sur plusieurs niveaux et sa terrasse-jardin, connue pour son petit déj du dimanche matin pour les fêtards *(Breakfast at Egg),* sur fond d'électro ou de house, ou ses soirées « *Always Frydays* ». Programme des réjouissances sur le site internet. *I can't wait for the week-end to begin !*

Théâtre et danse

UCL Bloomsbury Theatre *(plan d'ensemble E2) : 15 Gordon St, WC1.* ☎ *020-7388-8822.* • *thebloomsbury.com* • Ⓜ *Euston Sq ou Goodge St.* Ce théâtre moderne, spacieux et confortable, propose des pièces classiques mises en scène parfois par des étudiants de bon niveau. Programmation très éclectique (comédie, drame, danse, musique). 3 mois de l'année sont d'ailleurs consacrés à des productions étudiantes.

The Place – Robin Howard Dance Theatre *(plan d'ensemble E2) : 17 Duke's Rd, WC1H 9PY.* ☎ *020-7121-1000 ou 1100.* • *theplace.org.uk* • Ⓜ *Euston Sq, Russel Sq ou King's Cross.* Le meilleur de la danse contemporaine britannique et mondiale ! Le lieu où se produisent les nouvelles générations de danseurs. Abrite plusieurs troupes prestigieuses. Donc, une programmation très contemporaine se renouvelant sans cesse. Et cafétéria fort populaire pour grignoter.

Shopping

Boutique de musées

British Museum *(centre 1, E-F3) : Great Russell St, WC1. Autre entrée sur Montague Pl, moins fréquentée, mais moins spectaculaire.* ☎ *020-7323-8299.* Ⓜ *Holborn, Tottenham Court Rd ou Russell Sq. Tlj 10h-17h30. Fermé 24-26 déc, Jour de l'an et Vendredi saint.* On y trouve tout ce qui touche aux momies (livres) et aux collections du musée. Plein d'objets que vous n'auriez même pas pensé trouver dans un musée (du *mug* au tapis de souris en passant par des parapluies ou des essuie-mains). Éclectique et culturel à la fois !

Parapluies

James Smith & Sons *(centre 1, F3, **600**) : 53 New Oxford St, WC1A 1BL.* ☎ *020-7836-4731.* • *james-smith.co.uk* • Ⓜ *Holborn. À l'angle avec Bloomsbury. Lun-sam 9h30-17h (à partir de 10h mer et sam).* Le grand spécialiste du parapluie, du pépin, du pébroque, de l'ombrelle et de la canne à pommeau. Tout cela depuis 1830 ! Plus british... Les Anglais sont définitivement experts en matière de pluie ! De la très grande qualité à – presque – tous les prix. Un monument.

Livres

Housmans *(plan d'ensemble F1, **602**) : 5 Caledonian Rd, N1 9DX.* ☎ *020-7837-4473.* • *housmans.com* • Ⓜ *King's Cross. Lun-ven 10h-18h30, sam 10h-18h et dim 12h-18h.* Librairie libertaire, siège de nombreuses associations contestataires. Depuis 1945, elle propose une vaste sélection d'ouvrages (en anglais) sur l'écologie, le mouvement altermondialiste ou encore antinucléaire, la politique, la sociologie, etc. Conférences et pétitions sur les mêmes thèmes. Magazines du monde entier, cartes postales politiques originales, fanzines et pamphlets. Également un minirayon consacré aux documentaires.

Gay's the Word *(plan d'ensemble F2, **603**) : 66 Marchmont St, WC1. ☎ 020-7278-7654. • gaystheword.co.uk • Ⓜ Russell Sq. Lun-sam 10h-18h30, dim 14h-18h.* Librairie homo très connue (pour hommes et femmes), ayant un grand choix de bouquins. Juste à côté, ***The Art of Life,*** une boutique de... philosophie !

Papeterie

Paperchase *(centre 1, E3, **604**) : 213-215 Tottenham Court Rd, W1T 7PS. ☎ 020-7467-6200. • paperchase.co.uk • Ⓜ Goodge St. Lun-ven 8h30-20h, sam 9h-19h et dim 12h-18h.* Une immense papeterie où vous trouverez à coup sûr un choix énorme de cartes à pois bleus, de stylos roses et de pochettes flashy. Rayon beaux-arts. Nombreuses autres adresses dans Londres, mais celle-là, c'est la plus grande !

Maison

Le quartier de Tottenham Court Road cache (et expose surtout !) de bien belles boutiques pour l'aménagement intérieur. Même si c'est cher, on peut trouver des choses rigolotes à rapporter (coussins, cadres, plateaux, etc.), design et originales.

Heal's *(centre 1, E2, **605**) : 196 Tottenham Court Rd, W1. ☎ 020-7636-1666. • heals.co.uk • Ⓜ Goodge St. À l'angle de Torrington Pl. Lun-mer 10h-18h, jeu 10h-20h, ven 10h-18h30, sam 9h30-18h30, dim 12h-18h.* Tout pour décorer la maison, de la brosse à dents design à la cuisine équipée. Très chic. Le meilleur choix de Londres.

Lombok *(centre 1, E3) : 204-208 Tottenham Court Rd, W1. ☎ 020-7580-0800. • lombok.co.uk • Ⓜ Tottenham Court Rd. Pas loin de Paperchase (centre 1, E3, **604**). Lun-mer 10h-18h, jeu 10h-20h, ven 10h-18h30, sam 10h-19h, dim 11h-17h.* L'ameublement inspiré d'Indonésie et autres îles du Sud-Est asiatique. Design épuré, classe, quelques affaires. D'autres boutiques, notamment à Islington. ***Dwell,*** boutique de mobilier rigolo, juste à côté, n'est pas mal non plus.

Galeries et musées

British Museum (centre 1, E-F3)

(pour les momies). *Great Russell St, WC1. Autre entrée sur Montague Pl, moins fréquentée, mais moins spectaculaire. ☎ 020-7323-8299. Infos sur répondeur 24h/24 : ☎ 020-7323-8000. • britishmuseum.org • Ⓜ Holborn, Tottenham Court Rd ou Russell Sq. Tlj 10h-17h30 ; jeu-ven, ouverture d'une petite sélection de galeries jusqu'à 20h30. Fermé 24-26 déc, Jour de l'an et Vendredi saint. Entrée gratuite. Médiaguides (c'est-à-dire comprenant de l'audio, mais aussi de l'image) en anglais et espagnol : 5 £. Également de nombreuses visites à thème gratuites.*

LE musée par excellence fondé il y a 260 ans ! Sa richesse est telle qu'elle justifie pour beaucoup à elle seule une visite à Londres, c'est dire... On y accède par la sublime *Great Court,* réaménagée en un large atrium par l'architecte Norman Foster. Entièrement recouverte d'un toit translucide, comme une immense résille tissée par une araignée, elle permet l'appoint d'un espace culturel supplémentaire de 17 000 m². Cela en fait la plus grande place couverte d'Europe, avec ses boutiques, sa cafétéria et ses comptoirs d'information. En plein centre, impériale, se dresse l'imposante rotonde de la salle de lecture, enlacée de deux escaliers monumentaux. La vénérable salle fut fréquentée en son temps par Shaw, Dickens et Marx (il occupa le siège A6, sur lequel il rédigea *Le Capital*).

Le « British » couvre l'histoire de l'humanité depuis ses origines jusqu'à nos jours, mais ce sont les collections d'antiquités qui occupent la plus grande partie des

26 000 m² de galeries. Impossible de tout voir en une fois. Si vous voulez aller au fond des choses, il vaut mieux choisir quelques sections et visiter le musée petit à petit. Vastes collections archéologiques (sarcophages égyptiens, vases antiques, les marbres de lord Elgin volés au Parthénon...). Les sections consacrées à l'Assyrie, à la Grèce et à l'Égypte sont d'une richesse époustouflante. Celles sur l'art oriental ne sont pas en reste. Il abrite aussi des manuscrits rarissimes et des collections de monnaies inestimables, ainsi qu'une galerie consacrée aux civilisations mexicaines avant la conquête espagnole. Le tout est conservé en plein cœur de Londres, derrière la gigantesque façade d'un temple grec.

À L'ORIGINE DU BRITISH MUSEUM...

Cette véritable institution britannique a été fondée au milieu du XVIIIᵉ s grâce à l'argent d'une loterie publique, qui servit à acquérir de grandes collections privées. À l'époque, pour le visiter, il fallait faire une demande écrite, visée par une commission, ce qui limitait le nombre de visiteurs à une dizaine par jour ! Par la suite, il s'est enrichi des trésors dérobés par les armées britanniques lors des conquêtes. Un hommage éloquent à l'empire en somme ! Cela dit, Napoléon fit de même pour le Louvre...

Attention : c'est un vrai labyrinthe ! Se procurer le plan au kiosque d'information ou au vestiaire. Plan couleur payant (2 £)... ou gratuit en noir et blanc. Les salles grisées sont fermées ou en rénovation (et il y en a toujours !).

Une visite éclair du musée

Pour ceux qui ont peu de temps à accorder au British Museum, voici une balade de 3h environ. En suivant cet itinéraire, vous verrez les pièces maîtresses du musée et les salles les plus intéressantes. Mais il ne s'agit que d'une visite édulcorée pour les stakhanovistes. Ceux qui souhaitent voir le musée à leur rythme doivent se reporter à la visite plus détaillée. Procurez-vous **ABSOLUMENT** un plan du musée avant de commencer.

– Dès l'entrée du musée, dirigez-vous vers la ***King's Library*** *(salle 1)*. Soigneusement restaurée, cette magnifique bibliothèque, créée en 1823 par George IV, restitue l'atmosphère des cabinets de curiosités du XVIIIᵉ s. Les collections sont aussi hétéroclites qu'ordonnées, illustrant l'immense appétit de savoir des savants de l'époque. Sept sections évoquent des sujets comme les religions du monde, les arts, l'écrit ou encore l'histoire naturelle, mais, plus que les objets présentés comme autrefois ou les lourds rayonnages chargés de livres anciens, on retiendra avant tout le vibrant hommage au musée balbutiant des premières heures... et au géant culturel qu'il est devenu. Parmi les pièces les plus notables, on retiendra les superbes majoliques italiennes du XVIᵉ s, les marbres de *Tolley* et les albâtres ciselés du XVᵉ s.

– Ne pas manquer d'aller voir, ***salle 2,*** le trésor médiéval de *Sutton Hoo* (VIIᵉ s) provenant d'un vaisseau funéraire dans lequel un roi anglo-saxon fut enterré. Le plus riche trésor jamais découvert en Angleterre : casque en fer orné de plaques de bronze et de fils d'argent, boucle de ceinture en or décorée d'entrelacs, agrafes et fermoir de bourse en or et grenats, cornes pour les libations.... Il faut toutefois une bonne dose d'imagination pour arriver à reconstituer certains objets. La cotte de mailles, par exemple, nous est parvenue sous la forme d'un agrégat de métal soudé. Toujours *salle 2,* ne pas manquer la plus vieille sculpture en ivoire du musée, datant de plus de 12 000 ans. Deux rennes y sont représentés en train de traverser une rivière.

– ***Salle 4 :*** à la place d'honneur au centre de la salle, la *pierre de Rosette* (enfin protégée !) est l'objet de toutes les attentions. Elle fut découverte en 1799 par des soldats français dans le delta du Nil et cédée à Londres aux termes du traité d'Alexandrie. Un décret du conseil des prêtres de Ptolémée V (196 av. J.-C.) est gravé en trois écritures : hiéroglyphes, démotique et grec. Au début du XIXᵉ s, elle permit à Champollion de percer le secret des hiéroglyphes. C'est l'occasion d'essayer de déchiffrer un autre document célèbre, la *liste des rois,* hiéroglyphes récapitulant le nom des pharaons de Ménès (3100 av. J.-C.) jusqu'à Ramsès II (XIIe s av. J.-C.).

– Plus loin dans la même salle, un buste colossal de Ramsès II (1270 av. J.-C.). Un peu mégalo, ce dernier éleva plus de statues à son effigie que tous les autres pharaons d'Égypte. Remarquez les deux couleurs de marbre. La tête claire symbolise la supériorité de l'esprit sur le corps plus sombre.

– Revenez sur vos pas en ***salle 6.*** Sur la droite, les *portes de Balawat.*

– Continuez dans la ***salle 10.*** Les statues colossales figurant des taureaux ailés à tête humaine gardaient les portes de la cité de Khorsabad, nouvelle capitale du roi assyrien Sargon II (VIIIe s av. J.-C.). Ils faisaient office de gardiens contre l'infortune. Chacun pèse 16 t. Pour vous rappeler que l'Irak a été administré par les Anglais... et pas mal pillé. *Chasse au lion d'Assurbanipal,* le sport favori des rois assyriens. Le réalisme des scènes de cette grande frise montre la parfaite maîtrise de cet art au VIIe s av. J.-C.

– Avancez dans la salle 23 et tournez à gauche vers la ***salle 18.*** La *frise du Parthénon* (Ve s av. J.-C.) fut rapportée en Angleterre au XIXe s par lord Thomas Bruce Elgin alors que le site était à l'abandon. Le Parthénon a été restauré depuis, mais les frises sont encore à Londres, bien que les Grecs fassent campagne pour les récupérer. Les scènes sculptées nous font assister aux préparatifs des fêtes en l'honneur d'Athéna, à la procession et à la cérémonie. Inoubliable !

– En sortant de la salle, tournez à gauche dans la ***salle 19*** en passant derrière le remarquable *temple funéraire des Néréides à Xanthos.* Voici l'une des *cariatides de l'Érechtéion* (temple sur l'Acropole à Athènes). Sublime drapé plein de grâce.

– Passez dans la ***salle 20,*** contenant le tombeau de Payava avec des fragments de fresques, puis dans la ***salle 21,*** pour admirer des morceaux de la fresque des Amazones, provenant du mausolée d'Halicarnasse (Asie Mineure). Ce monument colossal figurait dans la liste très sélective des Sept Merveilles du monde antique (n'en subsiste que les pyramides du Caire).

– ***Salle 22 :*** tambour de colonne sculpté provenant du *temple d'Artémis* à Éphèse : une autre des Sept Merveilles ! Évocation de la période d'Alexandre le Grand et de la vie des plus célèbres philosophes grecs (beau buste en bronze de Sophocle).

– Puis direction le 2e étage (niveau 3) en prenant l'escalier ouest au bout de la salle 4. Dans les ***salles 61, 62*** et ***63,*** à gauche de l'escalier, collection de momies et de sarcophages égyptiens. La plus belle hors d'Égypte, mais cela ne justifie pas les pillages de tombes perpétrés « au nom de l'Histoire ». Notre préférée est la *momie d'Artémidorus* du IIe s av. J.-C. Mélange de stucs dans le style pharaonique, d'inscriptions grecques et de peinture *romaine.* Également un superbe ensemble de sarcophages des prêtres d'Amon. La salle 61 présente la *tombe-chapelle de Nebamum* et livre parmi les plus belles fresques que l'on connaisse (voir « Une visite approfondie des collections »).

– Dans la salle 63, tourner à droite dans la ***salle 56*** pour apprécier le bélier tout en lapis-lazuli et or, cherchant à manger dans un arbre imaginaire. Tout simplement splendide. N'oubliez pas les *statues de Gudea* (remarquez ce bloc de roche noire d'où émergent deux pieds !) et les beaux *bronzes du temple de Ninhursag.* Les trésors sumériens sont nombreux : incroyable chapeau décoré de feuilles d'or, casque d'or trouvé à Ur, collection de harpes, de mosaïques, etc. Joli café sous la verrière de Norman Foster : on a l'impression de tutoyer le ciel... mais nos poches en ressortent vides.

– Revenez à l'escalier ouest et prenez à gauche pour la Grèce et Rome. Beaucoup d'objets, mais pas de chefs-d'œuvre. Signalons, tout de même, en ***salle 70,*** le *vase Portland* du Ier s av. J.-C., fabriqué dans une verrerie romaine suivant la technique du camée. Une pure merveille de goût et de raffinement. Allez tout au bout de la ***salle 69,*** puis, à gauche, traversez la ***salle 68*** (salle des monnaies, de toutes les époques).

– Puis direction la ***salle 50,*** via la salle 49, pour admirer le *bouclier de Battersea,* la plus remarquable pièce de l'art celtique primitif en Angleterre. La fine décoration

en volutes montre une grande maîtrise du travail du bronze. N'oubliez pas de faire coucou à l'*homme de Lindow*. Jeune garçon de 25 ans (il fait plus, non ?) mort il y a 2 000 ans et retrouvé au fond d'un marécage. L'examen du corps a montré que ce malheureux Celte a dû mourir lors d'un rituel horrible, après avoir été assommé, étouffé puis égorgé.
– Retournez sur vos pas jusqu'à l'escalier sud et descendez dans la Great Court.
– Contournez la bibliothèque jusqu'à l'escalier nord ; tout droit, la galerie asiatique ***(salle 33)*** et la salle d'art islamique ***(salle 34).*** Une très belle *aiguière Blacas* qui servait à verser toutes sortes de liquides (mais pas de vin, enfin, normalement !).

Une visite approfondie des collections

La visite qui suit s'adresse à tous ceux que le parcours éclair n'a pas sevrés. Se vouloir exhaustif serait impossible. C'est pourquoi cette visite suit nos préférences, comme d'habitude. Pas de bla-bla sur les figurines d'argile d'Italie du Sud ou sur l'art cypriote. Mais rassurez-vous, il en reste assez pour satisfaire les plus gros appétits. Compter ici cinq bonnes heures, un peu plus si vous flânez et beaucoup plus si vous vous arrêtez pour lire chaque étiquette... N'oubliez pas toutefois de commencer la visite par la ***King's Library*** *(salle 1),* une plongée en apnée à travers les siècles à la découverte du British Museum tel qu'il était à l'origine (voir « Une visite éclair du musée »)... Pour la pause, on aurait aimé vous conseiller la cafét' du musée, mais elle n'est malheureusement pas terrible. Quant au resto, il est franchement très cher. On vous encourage donc à sortir.

Antiquités égyptiennes

Le département le plus prestigieux du British Museum et, dans le genre, les collections les plus riches au monde avec celles des musées du Caire et du Louvre. Les découvertes faites dans la vallée du Nil par les archéologues anglais y sont bien sûr pour quelque chose, mais il faut ajouter que les pièces inestimables cédées par Napoléon (après le traité d'Alexandrie) ont été accueillies avec joie. L'histoire du voleur volé, en quelque sorte... On ne se lasse pas d'arpenter les salles consacrées à l'Égypte ancienne, comme ce fut le cas, entre autres, pour Flaubert... Il faut dire que les trésors ne manquent pas.

Rez-de-chaussée

– ***Salle 4 :*** la plus grande salle du musée, vouée aux œuvres monumentales. On commence par la *liste des rois,* pièce rare. Un peu plus loin, de remarquables fragments de murs gravés (dont un en granit rouge) rapportés de Gizeh. On ne peut pas rater les trois statues de granit noir représentant Sésostris III, ainsi que la tête colossale d'un roi de la XVIIIe dynastie. Son poing est posé à côté. Sur les deux côtés de la salle, des reliefs sculptés et peints, *quatre statues de la déesse Sekhmet* (XVIIIe dynastie ; 1400 av. J.-C.) avec sa tête de lionne, son disque solaire et, entre ses mains, la croix *Ankh,* symbole de la vie. Au centre de la salle (carrefour avec la salle 8), on trouve la fameuse *pierre de Rosette* (voir « Une visite éclair du musée »). Impossible de passer à côté du buste imposant de Ramsès II, plus loin, dans la salle 4. Derrière lui, plusieurs cuves de sarcophage couvertes à l'intérieur et à l'extérieur de hiéroglyphes comme autant de messages de bienvenue dans l'au-delà. Notez, dans la frise du sarcophage, le pilier *Djed,* en forme de T, symbole de la stabilité. Un peu plus loin encore, deux monumentales colonnes en granit, mais surtout un scarabée géant de l'époque ptolémaïque qu'on n'aimerait pas rencontrer sous son édredon ! Vous voici arrivé au niveau de l'escalier ouest, qu'il vous faut grimper calmement pour apprécier de magnifiques *mosaïques d'Halicarnasse,* riches en gazelles, lions et autres poissons.

1er étage (level 3)

– ***Salle 61 :*** découvrez l'un des chefs-d'œuvre de ce département, la *tombe-chapelle de Nebamum,* riche scribe du temple d'Amon à Thèbes (1350 av. J.-C.). Remarquable muséographie mettant en valeur des fresques magnifiques, au trait d'une finesse hors pair. L'une des scènes montre Nebamun inspectant un champ de blé, tandis qu'un de ses employés vérifie le bornage du champ. À côté, les « voitures » des officiels attendent à l'ombre d'un sycomore. Vie rurale observée de façon fort détaillée, panorama précis de la vie quotidienne dans l'Égypte ancienne. Vie paradisiaque aussi, comme en témoignent son jardin exubérant et le bassin rempli de poissons et d'oiseaux... Sur une autre portion de fresque, Nebamum chasse le volatile avec sa femme et sa fille. Notez, là encore, la précision des détails et la délicatesse du dessin ! Clin d'œil : ce chat attrapant un oiseau avec ses dents, tandis qu'il en saisit deux autres avec ses griffes... Avec la scène du festin, on atteint le sublime dans l'art pictural : grâce et légèreté des personnages véritablement fascinantes. Photo sociale de l'époque : les couples sont ensemble, les filles célibataires papotent entre elles... En prime, de merveilleuses musiciennes, superbes servantes nues... Cette scène teintée d'un érotisme discret devait donc accompagner Nebamum dans l'éternité. On retrouve encore cette grande qualité graphique dans Nebamum supervisant ses troupeaux d'oies et de bœufs.

– ***Salles 62 et 63 :*** momies et sarcophages. Essayez d'éviter les heures de pointe : c'est le coin préféré des groupes scolaires ! Les pièces sont saisissantes, il faut l'avouer. Certaines sont dorées ou peinturlurées, d'autres simplement emmaillotées ou recouvertes de chiffons usés (depuis le temps !). La pièce 6704 (à vous de chercher... Allez ! un indice : regarder sous les pieds !) est la plus frappante : les bandelettes épousent chaque partie du corps, créant comme une seconde peau à la dépouille ! Des radiographies permettent de connaître l'âge, le sexe et les problèmes médicaux des personnes momifiées... Vous vous imaginez ainsi « ausculté » dans deux millénaires ? Brrr... Dans les vitrines (à l'un des angles), adorables momies d'animaux : un chat mimi comme tout, un chacal, des poissons, un ibis, des faucons, un bébé crocodile, de minuscules souris et même un ver de terre. Impressionnant *livre des morts* qui décrit en détail tous les rituels et tâches qui incombaient aux morts dans l'autre vie. Également une belle collection de statuettes *Shaouabti* accompagnant les textes du livre des morts (figurines magiques placées souvent dans des boîtes peintes).

– ***Salle 66 :*** accessible depuis la salle 63. L'Égypte copte. Figurines, tapisseries, et surtout des fragments de tissus imprimés intacts parmi les plus anciens du monde (IVe-VIIe s apr. J.-C.) avec une rare imagerie chrétienne...

– ***Salle 64 :*** l'Égypte des débuts. Sculptures, amphores, etc. Le plus incroyable : la dépouille d'un homme, surnommé *Ginger* et ayant vécu 3 400 ans av. J.-C. Comme le temps passe... La peau (on serait tentés de dire le cuir) a été conservée par le désert. Restent même quelques cheveux !

– ***Salle 65 :*** galerie d'Afrique et d'Égypte. Pierres sculptées, bijoux, statuettes et vases. Au fond, reconstitution d'un mur de la chapelle d'un temple de basse Nubie, avec ses bas-reliefs.

Antiquités grecques et romaines

L'un des départements les plus riches. Il contribue, avec les antiquités égyptiennes, à la célébrité du musée. Les sculptures les plus grandioses se trouvent au rez-de-chaussée, qui présente l'évolution chronologique de l'art grec, de l'âge du bronze à l'époque romaine. Au 1er étage, art grec dans les colonies d'Italie du Sud, antiquités préromaines et romaines.

Rez-de-chaussée et sous-sol

– ***Salles 11 et 12 :*** les fondements de l'art grec. Art primitif des Cyclades (autour du IIIe millénaire av. J.-C.) avec sa statuaire en marbre très caractéristique (dont Brancusi s'est inspiré) et de jolies figurines de marbre. Objets datant de la civilisation minoéenne qui s'était développée en Grèce pendant l'âge du bronze. Elle servit de fondation à l'art mycénien, dont on découvre quelques exemples, notamment des bijoux. Vestiges du palais de Minos à Knossos ; curieux mobilier de terre cuite (coffre, baignoire, sarcophage, jarres, etc.). Magnifique collection de bijoux, colliers, bagues et, surtout, des diadèmes funéraires en or découverts à Chypre (1400 av. J.-C.).

– ***Salles 13 et 14 :*** vases de la période géométrique qui débuta à Athènes au IXe s av. J.-C. Les motifs géométriques laissent peu à peu la place aux motifs figuratifs, très stylisés au début (hommes, dieux, animaux). Ce sont les éléments de base que les artistes grecs utiliseront désormais en les affinant. La Grèce archaïque (VIIe-VIe s av. J.-C.) : bronzes, céramiques et bijoux de la période orientalisante (VIIe s av. J.-C.), pendant laquelle les Grecs digérèrent le savoir-faire et le style des artisans du Proche-Orient. Voir surtout la parure trouvée dans une tombe à Rhodes, ainsi que deux jolies poignées de chaudron en forme de griffon. Superbe vase athénien à figures noires (vers 570 av. J.-C.). La frise supérieure représente les *Noces de Pélée* (le père d'Achille) *et de Thétis.* Remarquez le soin apporté à la décoration du col, la partie la plus visible lorsque le vase était posé sur son socle. La technique de la figure noire était en vogue à cette époque : les figures sont peintes en noir et les détails incisés. En revanche, la couleur blanche utilisée pour les visages et les parties visibles du corps n'a résisté au temps qu'à quelques endroits. Les dessins intacts conservés au British n'en sont que plus précieux.

Impressionnante collection d'amphores et de coupes dans la salle du sous-sol. La salle 14 est consacrée à la technique de la figure rouge, inventée à Athènes à la fin du VIe s. C'est en fait l'inverse de la technique précédente : le vase est peint en noir, excepté les figures qui apparaissent dans la couleur rouge de l'argile. Les détails ne sont plus gravés à la pointe à tracer, mais sont peints au pinceau, ce qui permet de traiter avec plus de réalisme les corps et les drapés. Quelle révolution ! Au passage, on salue un vase superbe *(Dionysos et les Deux Satyres),* œuvre du célèbre potier Andokides.

QUI A VOLÉ DES MORCEAUX DU PARTHÉNON ?

En 1802, lord Thomas Bruce Elgin, ambassadeur d'Angleterre à Constantinople, réussit un coup de maître en obtenant l'accord du sultan turc pour prélever des fragments du Parthénon, la Grèce faisant alors partie de l'Empire ottoman. Ainsi, il rapporta dans ses bagages la quasi-totalité de la frise qui courait en haut de la galerie extérieure du temple. Précisons pour sa défense que le site était à l'abandon depuis son explosion, en 1687, lorsqu'il faisait office de poudrière ! Depuis l'indépendance grecque, le gouvernement tente désespérément de récupérer les fragments, et on comprend pourquoi en les voyant.

– ***Salle 15 :*** Athènes et la Lycie présentées de façon thématique : la démocratie, le corps humain, les guerres persanes, le peuple d'Athènes, etc. Beaux cratères, coupes et lécythes à figures rouges. Les frises animalières de Xanthos nous amènent au début de la période classique, où le coup de ciseau s'affine considérablement. Au milieu des coqs et des poules, un satyre rôde. Voir la tombe du roi lycien de Xanthos (480 av. J.-C.), avec ses sirènes qui allaitent (symbole de la vie qui continue !). Très beau buste de Périclès.

– ***Salle 16 :*** autour de la mezzanine, superbe frise provenant du *temple d'Apollon à Bassae,* aux figures trapues et athlétiques (autour de 400 av. J.-C.). Le peu que l'on voit révèle cependant la richesse et la souplesse des drapés.

– ***Salle 17 :*** reconstitution spectaculaire de la façade ionique du *temple funéraire des Néréides à Xanthos* (Lycie). Entre les colonnes, les nymphes laissent subtilement découvrir leurs formes sous un drapé presque transparent et qui semble vibrer. Absolument magique.

– ***Salle 18 :*** voici le clou du spectacle, les *marbres d'Elgin.* Le thème choisi par Phidias, le sculpteur génial du Parthénon, est la *Fête des Grandes Panathénées,* célébrée tous les 4 ans à Athènes en l'honneur de la déesse protectrice. À l'issue d'une longue procession rassemblant cavaliers, magistrats et serviteurs, le peuple apportait solennellement à Athéna un nouveau *péplos,* sa tunique de laine. Le fronton, dont il reste peu de chose, représente la naissance peu banale d'Athéna en présence des autres dieux rassemblés pour l'occasion : elle sortit en armure de la tête de Zeus, après qu'Héphaïstos lui eut fendu le crâne d'un coup de hache. Le coup de ciseau adroit semble donner du poids aux étoffes. Les formes se laissent deviner sous les plis tourbillonnants. Sur le côté gauche, l'une des séquences résume tout l'art de cette salle : char tiré par quatre chevaux, mouvement remarquablement recréé par les muscles tendus, les crinières vibrantes, la cape du conducteur qui flotte au vent... Notez que les sculptures sont aussi bien travaillées devant que derrière.

– ***Salle 19 :*** suite et fin du butin d'Elgin avec l'une des fameuses *cariatides de l'Érechtéion,* faisant toujours imperturbablement office de colonne. Les plis du *péplos,* couvrant la jambe tendue, rappellent les cannelures d'une colonne.

– ***Salle 20 :*** imposante *tombe de Payava* à Xanthos. Ce mélange d'arts grec et oriental est caractéristique de l'art de Lycie, contrée d'Asie Mineure occupée par les Grecs. Plusieurs jarres et amphores, remarquables exemples des techniques de peinture rouge et de peinture noire.

– ***Salle 20a*** (en mezzanine) ***:*** salle entièrement consacrée aux différentes techniques de peintures utilisées sur des vases et des objets de vaisselle. Techniques de la figure rouge surtout, mais aussi vernis noir et *white ground.*

– ***Salle 21 :*** vestiges de deux des Sept Merveilles du monde, des œuvres monumentales de premier choix. Superbe tête de cheval qui appartenait au quadrige trônant au sommet de la *tombe du roi Mausole* à Halicarnasse (à l'origine du « mausolée »). Belles frises guerrières : *Expédition d'Hercule et Thésée contre Themiskyra, Combat des Amazones.*

– ***Salle 22 :*** salle consacrée à Alexandre le Grand et aux Ptolémées. Impossible de tout décrire, se laisser transporter par l'émerveillement. Magie des objets présentés : petits bronzes, bijoux, pierres précieuses, vases ciselés, vaisselle en verre de Canosa, statuettes, sculptures, bustes... Chien molosse particulièrement impressionnant. Et puis cette stupéfiante collection de Tanagra, d'une élégance et d'une délicatesse infinies !

– ***Salle 23 :*** l'un des chefs-d'œuvre du musée, *Aphrodite prend son bain* de Lely, au grand plaisir des spectateurs... Elle tente vainement de cacher sa nudité. Petits coquins, va !

1er étage (level 3)

– ***Salle 73 :*** impressionnant ensemble d'amphores, cratères et lécythes d'Italie du Sud, parmi lesquels nos vases préférés : les cratères à volutes. Jarre en bronze du Ve s av. J.-C. découverte en Campanie, et son couvercle très original sur lequel des archers à cheval entourent un couple dansant. Cratères à figures rouges d'une sublime richesse et jarre décorée sur les flancs de chevaux peints d'un grand raffinement. Belle poterie de Canosa (IIIe s av. J.-C.), joyaux en or et un rare casque corinthien (VIe s av. J.-C.).

– ***Salle 72 :*** antiquités chypriotes. Techniques du travail du bronze (entre autres). Jolis bijoux, insolites objets domestiques, bustes, verres, bronzes et de fascinantes représentations de femmes en terre cuite de 1450 av. J.-C. aux oreilles largement percées.

– ***Salle 71 :*** antiquités préromaines et en particulier étrusques, où l'on sent l'influence décisive des artistes grecs. Présentation chronologique depuis l'âge du bronze. Urne funéraire, sarcophage en terre cuite, superbes bijoux en or et armes en bronze parfaitement conservées. Remarquable collection de casques de toutes formes.

– ***Salle 70 :*** tous les jours, conférence sur l'ancienne Rome de 30 mn environ *(dans l'ap-m, se renseigner sur le site ou sur place).* C'est la salle la plus intéressante de l'étage. Remarquable par la qualité des objets présentés. Ne manquez pas le fameux *vase Portland* (voir « Une visite éclair du musée »). Nombreux objets en bronze de tailles et de fonctions diverses. Ravissant bas-relief figurant les quatre saisons. En dessous, scène gracieuse de Bacchus enfant. À côté, trois jolies urnes funéraires d'enfant ciselées. Bols et coupes en argent très travaillées, délicats

petits bronzes. Voir aussi la *tête en bronze d'Auguste de Méroé* (27-25 av. J.-C.), retrouvée au Soudan. Les billes de verre sont encore dans leur orbite. Veste et casque en peau de crocodile provenant d'une armure de parade utilisée par les soldats romains après l'invasion de l'Égypte. Enfin, fragments de fresques de Pompéi et deux remarquables mosaïques (poissons et fruits de mer).
– ***Salle 69 :*** intéressante exposition didactique sur les arts et les techniques dans l'Antiquité gréco-romaine. Explication des techniques de travail du métal, de l'or, des fabricants de sceaux, des sculpteurs de pierre, etc. Belle collection d'objets en verre sur la mezzanine, parmi lesquels de petits flacons à parfum délicatement peints. Intéressant : face à face, les équipements assez rares d'un *hoplite* (soldat grec) et d'un *mirmillon* (casque légendaire du gladiateur romain). D'autres vitrines thématiques riches sur la vie sociale et culturelle, autour du mariage, des rites funéraires, des enfants, des jeux, de la mode, du théâtre antique, de l'écriture, de la lecture, de la musique, avec la reproduction d'une lyre à partir d'une carapace de tortue.

L'UN DES PREMIERS CATALOGUES COMMERCIAUX DE L'HISTOIRE !

L'urne funéraire est un objet caractéristique de la période étrusque. Avec son couvercle orné d'une représentation du défunt. Le plus souvent d'ailleurs, celle du couple, dans une position élégante, voire tendre, symbole d'une harmonieuse union. Les riches faisaient travailler de vrais artistes pour obtenir une œuvre originale. Les plus désargentés pouvaient choisir, « sur catalogue », un modèle qui était moulé en série. On choisissait, bien sûr, celui qui était le plus ressemblant. Et ça explique qu'on retrouva ensuite tant d'urnes funéraires identiques !

Antiquités du Proche-Orient

Les salles de ce département fantastique font revivre les anciennes civilisations d'Asie occidentale, notamment assyrienne, sumérienne, babylonienne et phénicienne. L'étendue géographique de ces royaumes méconnus (en gros, de l'Asie Mineure au Pakistan) et leur longévité (de 2500 av. J.-C. jusqu'au VIIe s) expliquent la richesse des collections. L'Assyrie ancienne, qui occupe plusieurs salles du rez-de-chaussée, est la mieux représentée, grâce aux palais royaux mis au jour en Irak au XIXe s et en partie reconstitués pour les visiteurs du musée. « Kolossal »...

Rez-de-chaussée

– ***Salle 6 :*** à l'entrée, les monumentaux gardiens de la porte du *palais d'Assurbanipal* (900-612 av. J.-C.). Notez qu'ils sont dotés de cinq pattes, pour qu'on puisse, d'où que l'on soit, de face ou de profil, toujours en apercevoir quatre. Ingénieux, non ? De l'autre côté, le dieu et le monstre de Nimrud et des obélisques noires comme des bandes dessinées. Voir aussi l'aigle protecteur des esprits finement sculpté (et qui semble porter un sac à main). Juste derrière, reconstitution des *portes de Balawat* (6 m de haut !), dont le bronze a survécu. De l'autre côté de l'allée, un des lions qui gardaient le *temple d'Ishtar*. Superbe gueule ouverte et corps entièrement sculpté.
– ***Salles 7 et 8 :*** sur des dizaines de mètres, des scènes sculptées racontent en détail les conquêtes assyriennes. Ces œuvres finement exécutées proviennent principalement du *palais de Nimrud* (IXe s av. J.-C.). La représentation précise des chars, chevaux, guerriers et animaux blessés constitue un précieux témoignage sur les mœurs de l'époque. Notez, par exemple, les techniques des soldats pour attaquer les places fortes défendues par des fossés remplis d'eau : ils traversaient à la nage, soutenus par des outres gonflées. Du pain bénit pour les historiens. D'autres thématiques : chasse au lion, scènes de libation...
– ***Salle 9 :*** encore des scènes en relief, découvertes celles-ci dans le *palais de Nineveh,* plus connu sous le nom de Ninive (vers 700 av. J.-C.). Notez la diversité

des motifs : guerre, chasse, pêche, agriculture... On remarque même des esclaves transportant l'un des colossaux taureaux ailés, emblèmes du royaume. Au fond à gauche, spectaculaire attaque de la ville d'Alummu (700 av. J.-C.). Une scène qu'on aime beaucoup aussi : cette campagne paisible dans le sud de l'Irak exprimée avec un grand souci du détail. Superbe rendu de la rivière, avec son petit peuple de poissons et crabes de toutes sortes.

– ***Salle 10 :*** les taureaux ailés à tête humaine gardaient les portes de la cité de Khorsabad, nouvelle capitale du roi assyrien Sargon II (VIIIe s av. J.-C.). Ils faisaient office de gardiens contre l'infortune. Fresques superbes retraçant des scènes de chasse au lion, rapportées du *palais du roi Assurbanipal* (645 av. J.-C.). Remarquez la lionne blessée par la flèche, première représentation de la douleur. Dans la galerie attenante, scènes sculptées glorifiant la prise de la cité biblique de Lakish par les Assyriens (700 av. J.-C.).

1er étage (level 3)

Retournons à la salle 4 pour remonter au 1er étage par l'escalier ouest.

– ***Salle 58 :*** les premières cités. Reconstitution d'une tombe découverte à Jéricho (âge de bronze) et des urnes funéraires.

– ***Salle 57 :*** l'ancien Levant, dont la Syrie. *Le roi d'Alalakh,* Idrimi, nous accueille avec des vêtements recouverts d'inscriptions ! À voir aussi : les premières écritures relevées sur des terres cuites, des bustes trouvés à Palmyre, des bas-reliefs provenant du site de *Tell Halaf* (Mésopotamie), des bijoux phéniciens, des vestiges de Carthage, d'étranges têtes de sarcophages philistins... Délicats ivoires ciselés phéniciens trouvés à Nimrud (IXe s av. J.-C.).

– ***Salle 59 :*** idoles en terre cuite datant de 6 000 ans av. J.-C.

– ***Salle 56 :*** Mésopotamie ancienne, autrement dit, l'aube de la civilisation. Un bélier original en lapis-lazuli et or, les *statues de Gudea* et les *bronzes du temple de Ninhursag* (voir « Une visite éclair du musée »). C'est aussi ici que l'on retrouve l'*étendard d'Ur* en ivoire et lapis-lazuli, illustrant les victoires du roi. Dans une vitrine, superbes instruments de musique, dont une lyre en argent à tête de taureau. À côté, un jeu royal de 2600 av. J.-C. ressemblant à une marelle.

TABLETTE D'ORIGINE

Les Sumériens, comme on le rappelle à point nommé dans cette salle 56, sont aussi à l'origine de l'écriture ! On reconnaît aisément les caractères de cette écriture, dite « cunéiforme », à leur dessin en forme d'encoches triangulaires creusées dans des tablettes d'argile. Les archéologues en ont découvert de nombreux spécimens parfaitement conservés par le climat sec du désert et par les incendies qui, en les cuisant, ont rendu ces tablettes inaltérables.

– ***Salle 55 :*** Mésopotamie. Très belles bornes frontières gravées. Vestiges des bibliothèques royales de Ninive. Incroyable colonnette octogonale recouverte de microscopiques mots en écriture cunéiforme et qui détaille la vie civile et militaire d'un roi. Une vitrine explique l'importance du royaume de Nabuchodonosor, avec des vestiges du *temple du Soleil* à Sippar (près de Babylone). Et toujours ces fascinantes tablettes en terre cuite livrant la riche vie sociale de l'époque : liste des rations de nourriture à allouer aux travailleurs immigrés de l'époque (des Égyptiens), instructions pour teindre la laine, actes de vente, etc.

– ***Salles 54 et 53 :*** ancienne Anatolie. De bien jolies pièces parmi les figurines, poteries, bijoux, statuettes d'ivoire, etc. Remarquez le curieux casque pointu en bronze, ainsi que les pieds de lion en bronze. Salle 53, l'*Arabie du Sud* (900 av. J.-C. à 600 apr. J.-C.). Tablettes de bronze indiquant les offrandes à faire aux dieux.

– ***Salle 52 :*** art de l'Iran. De chaque côté de la pièce, des fresques de pierre, venues de Persépolis. Quelques chefs-d'œuvre : le cylindre de Cyrus, du VIe s av. J.-C., réalisé par un scribe de Babylone en écriture cunéiforme, mais aussi le trésor achéménide, ciselé, en or, découvert à la frontière de l'Afghanistan et du Tadjikistan, ainsi que de délicats petits bronzes. Somptueux bas-reliefs de Persépolis, en particulier les lions au magistral dessin attaquant un taureau.

Préhistoire, art celte et antiquités anglo-romaines

– ***Salle 49 :*** la Grande-Bretagne pendant la domination romaine (du Ier s av. J.-C. au Ve s apr. J.-C.). Fresques et mosaïques témoignent de son implantation. Belles pièces d'orfèvrerie comme le *trésor de Mildenhall* et son grand plat en argent orné de bacchantes, ainsi que celui de *Thetford* (un ensemble de bijoux découvert en 1979). Une des plus belles pièces est ce casque allié à un masque en bronze (utilisés surtout pour les joutes sportives à cheval). Plein d'objets et de témoignages aussi qui nous font rentrer dans l'intimité des colonies romaines. Comme ces diplômes militaires en bronze et, surtout, les exceptionnels écrits (les plus anciens d'Angleterre) retrouvés dans le *fort de Vindolanda,* à proximité du célèbre mur d'Hadrien (92-120 apr. J.-C.), au point extrême de la conquête.

– ***Salle 50 :*** ne ratez pas le plus étonnant, l'*homme de Lindow* (voir « Une visite éclair du musée »). Cette salle concerne également l'art celte à l'âge du fer (2000 à 100 av. J.-C.). Les Celtes avaient des mœurs barbares mais un goût raffiné. Ils maîtrisaient le travail des métaux et avaient un faible pour les décorations exubérantes. *Flacons de Basse-Yutz* en bec de canard, ornés d'une anse délicate en forme de chien. Disque en bronze dans un style végétal d'une élégance surprenante. Leur art s'est déployé complètement dans les armes et les parures. *Bouclier de Battersea* (voir aussi « Une visite éclair du musée ») et casque à cornes trouvés dans le port de Londres, sous le Waterloo Bridge. Une pièce unique ! Splendides *torques de Snettisham,* sortes de colliers formés d'une torsade en or, notamment le *Great Torc* (enterré vers l'an 100 av. J.-C.), fait d'un mélange d'or et d'argent.

– ***Salle 51 :*** période s'étendant de 4000 à 800 av. J.-C. Rien que du classique : armes, poteries... Là aussi, un bouclier à l'ornementation assez élaborée, montrant un haut degré dans l'artisanat. Tombe d'un homme décédé en 2330 av. J.-C.

Du Moyen Âge au XXe s

– ***Salle 40 :*** tous les arts du Moyen Âge, c'est-à-dire orfèvrerie, émaux, sculpture, peinture, etc. Superbe ciboire royal en or émaillé, représentant les scènes de la légende de sainte Agnès. Apprécier aussi l'échiquier de Lewis, du XIIe s, trouvé en 1831 sur cette île au large de l'Écosse, en ivoire.

– ***Salle 41 :*** haut Moyen Âge. Salle d'une grande richesse. Collection d'ivoires, de bronzes et de bijoux byzantins. Sinon, par périodes, présentation des bijoux et outils des Vikings, Ottomans et chrétiens.

– ***Salle 45 :*** abrite la *donation Waddesdon* du baron Ferdinand de Rothschild, qui rend un bel hommage à la créativité des artisans européens des XVe, XVIe et XVIIe s. Plats en argent, porcelaines, émaux de Limoges, etc. S'il n'y avait que trois pièces à voir, ce serait le ravissant *retable flamand* du XVIe s, si petit mais délicatement sculpté et ciselé, d'une finesse incroyable, le *reliquaire en or et émail* commandé par le duc de Berry en 1400 pour conserver une épine de la Couronne du Christ et la *châsse de sainte Valérie* (1170) en émail champlevé et cuivre de Limoges. D'ailleurs, on y découvre une exceptionnelle collection d'émaux limougeauds (bon, faut aimer). En prime, de superbes fusils ornementés du XVIIe s.

– ***Salle 46 :*** arts du XVe au XVIIIe s en Europe (vaisselle, argenterie, émaux, bijoux, arts du verre). L'orfèvrerie sous les Tudors révèle une période fort créative.

– ***Salle 47 :*** une salle un peu fourre-tout, essentiellement le XIXe s. Objets d'art de tous styles, vaisselle, bijoux, camées, émaux, céramiques. On y trouve même le masque mortuaire de Bonaparte, moulé 2 jours après sa mort. Cette salle démontre combien le XIXe s pilla allègrement dans les styles des siècles précédents et manqua quelque peu d'inspiration !

– ***Salle 48 :*** elle survole l'époque de 1900 à nos jours, surtout la période Art nouveau et Art déco. Intéressante vaisselle reproduisant la propagande soviétique des années 1930...

– ***Salle 37 :*** consacrée au temps et à la culture. Démontre comment le temps découpe la vie de l'individu et structure l'ordre de la société. En vedette, une magnifique pendule-baromètre en cuivre gravé.
– ***Salles 38 et 39 :*** collections d'antiques pendules. En valeur, une rare pièce allemande de 1650. En regard, illustrations mettant en scène l'objet. Ingénieux mécanismes. Salle suivante, à nouveau horloges, pendules et montres, dont de beaux exemples d'horloges marquetées du XVIIe au XIXe s. Ne pas rater : une pièce insolite en cuivre ciselé en forme de bateau, avec automates (datant de 1585).
– ***Salle 68 :*** les lecteurs numismates se régaleront ici. Toute l'histoire de l'argent présentée en une muséologie pas ennuyeuse du tout. Bien sûr, histoire de la monnaie papier aussi. Machines à fabriquer les pièces et imprimer les billets de tous les âges.

Antiquités d'Extrême-Orient

Les collections asiatiques du musée sont disséminées dans plusieurs salles, d'autres présentées au gré des expositions. Une bonne partie est visible dans la salle 33, dans l'aile nord (bâtiment Édouard VII). Accès par l'escalier nord, derrière la bibliothèque.
– ***Salle 33 :*** à gauche, les pièces d'Inde et d'Asie du Sud-Est, à droite celles de Chine. En vrac : superbe *Shiva,* représentations de scènes d'amour indiennes, grande statue népalaise en bronze du XVIe s. Collections de vases de toutes les dynasties chinoises, dont les célèbres « cloisonnés ». Une des plus belles pièces est un *Shiva et Parvati* du XIIe s venant d'Orissa, tout auréolé de musiciens ciselés avec une extrême finesse.
Sculptures du grand *stûpa d'Amaravati* (en Inde) du IIIe s av. J.-C. tout au fond. Un travail incroyable : des centaines de personnages inextricablement mêlés dans des scènes pleines de vie (racontant généralement la vie de Bouddha).
Magnifiques jades chinois et leur histoire sur 7 000 ans (salle 33b).
– ***Salle 67 :*** l'art de Corée, avec la reconstitution d'une maison traditionnelle, *sarangbang.* Ici, surtout porcelaines et faïences.
– Au 4e étage, ***salles 92, 93 et 94*** : l'art japonais avec armures de samouraï, sabres et paravents cinétiques. Quelques estampes dont la célèbre *Vague et le mont Fuji* d'Hokusai. Très zen.
– ***Salle 34 :*** l'art islamique. Redescendre au niveau inférieur de la salle 33. Quelques filtres de gargoulettes pour protéger les becs de jarres (vitrine 11). Fragments de bouteilles de verre (vitrine 13), premier exemple de verre doré connu. Notez la présence de la somptueuse *aiguière Blacas* (vitrine 13) de l'époque ayyubide. De splendides *céramiques d'Iznik* (vitrine 27) ; il y en a même une avec un lutin rigolo. Au passage, appréciez le *vase Vescovali* (vitrine 23) avec les signes du zodiaque, en bronze incrusté d'argent, en provenance d'Iran ou d'Afghanistan. Un beau paon d'époque qadjar (vitrine 40 ; XIXe s en Iran) qui semble nous observer. Dans la vitrine 36, une base de narguilé avec Khosrow et Shirin, les Roméo et Juliette de l'Orient ! Remarquables faïences d'Iznik dont on admire le célèbre « bleu » (Turquie XVIe s) et beaux carreaux de céramique de Damas de la même époque. Enfin, ne partez pas sans voir la somptueuse *tortue de jade de Kashgar* du début du XVIIe s (vitrine 43) ainsi que la série d'astrolabes (vitrine 45) !

Arts des Amériques

Si vous avez le temps et, bien sûr, si le sujet vous intéresse, remarquables salles consacrées aux arts indien et amérindien. Certains objets fragiles ou sensibles à la lumière sont changés régulièrement, mais la présentation reste la même.
– ***Salle 24 :*** salle thématique autour de scènes de la vie quotidienne des *civilisations indiennes* : costumes, rituels, traditions. Petite section consacrée à la Papouasie-Nouvelle-Guinée (masques, boucliers). Statue de l'île de Pâques.
– ***Salle 26 :*** les *civilisations du Grand Nord* : les *Lapons*. Riche collection d'objets domestiques et outils, costumes traditionnels. Évocation des activités de la vie quotidienne. Sans oublier les Indiens des plaines canadiennes (artisanat, totems de Colombie-Britannique).

– **Salle 27 :** le *Mexique*. Superbes bas-reliefs mayas, poteries et sculptures précolombiennes (cultures *mixtec, aztèque, zapotèque...*). Au fond, fascinante et lumineuse présentation d'objets décorés d'incrustations de turquoises, pyrites et malachites, notamment un masque assez élaboré et le serpent à deux têtes... le fameux serpent à plumes.

Arts des Afriques

– **Salle 25 :** au sous-sol, l'*Afrique*. Présentation resserrée, mais assez complète et intégrant subtilement des œuvres contemporaines. Divisée en plusieurs sections : sculpture sur bois, métal forgé, poterie, masques et textiles. Impressionnantes statues fétiches du Congo, magnifique porte Yoruba (Nigeria), riche collection de masques traditionnels. Une des sections les plus remarquables reste les plaques en laiton forgé et ciselé qui ornaient les palais des empires d'Afrique de l'Ouest, notamment au Nigeria. Présentation détaillée des costumes et personnages importants au XVIe s. Dans les œuvres contemporaines, saisissantes sculptures réalisées uniquement à partir de centaines d'armes récupérées dans les nombreux conflits africains. Message de paix, refus de la culture de la violence à l'évidence, tout en démontrant le grand sens artistique et l'ingéniosité des artistes africains. En particulier, un fort original *Arbre de la vie*, réalisé par un sculpteur mozambicain.

British Library *(plan d'ensemble F1, **566**) : 96 Euston Rd, NW1. ☎ 020-7412-7332. • bl.uk • Ⓜ King's Cross ou Euston Sq. Lun et mer-ven 9h30-18h, mar 9h30-20h, sam 9h30-17h, dim 11h-17h. Fermé pour Pâques, Noël et le Nouvel An. Café, resto. Entrée libre.* ***Se procurer un plan (gratuit) dès l'arrivée.***

Voici un vrai lieu de vie, dans un vaste bâtiment aux lignes industrielles réhabilité avec son architecture de brique – qui fit l'objet de maintes controverses en son temps, mais suscite à présent l'admiration pour son aménagement intérieur aéré et agréable.

Le visiteur est d'abord ébloui devant l'impressionnante et magnifique *King Library* qui domine le hall. Dans cette bibliothèque vitrée colossale, haute de 17 m (!), sont conservés les quelque 85 000 ouvrages de la collection personnelle du roi George III. On ne sait pas s'il a réussi à tout lire, mais cet héritage constitue un trésor inestimable pour les historiens...

La British Library abrite par ailleurs plus de 18 millions d'ouvrages, dont une Bible de Gutenberg (XVe s), qui n'a pas inventé l'imprimerie (encore un mythe qui tombe !). Il a seulement amélioré la technique en inventant les lettres mobiles.

Le fonds est d'une richesse inouïe et de vrais trésors sont visibles dans la *John Ritblat Gallery*, plongée dans la pénombre pour préserver les textes les plus anciens. Mythique *Magna Carta* de Jean sans Terre (1215), à laquelle les sujets de Sa Gracieuse Majesté vouent une passion bien compréhensible : elle représente un rempart contre tout pouvoir arbitraire. Vous découvrirez également la première édition des œuvres de Shakespeare, le journal de bord de Nelson à Trafalgar, voisin de celui du capitaine Cook, et des manuscrits de Virginia Woolf, James Joyce, Charles Dickens, Lewis Carrol (l'original d'*Alice au pays des merveilles*, écrit à la main de façon très scolaire, avec des illustrations dans la marge !). Gravures de William Blake, partitions de Bach, Rossini et même des paroles des Beatles griffonnées sur des chiffons de papier *(Yesterday)* !

Belle sélection de cartes – guère précises – dont la plus ancienne, représentant la Grande-Bretagne, fut tracée vers 1250. Et ce n'est qu'un début, car la collection

EUH... PAS SI BROUILLÉS !

Un matin de 1965, au 57 Wimpole Street, Paul McCartney, chez sa petite amie Jane Asher, se précipite sur le piano. Il tient une mélodie qui lui plaît bien. En revanche, côté paroles, il a un problème : ça donne Scrambled eggs, *soit « œufs brouillés ». Pas très glamour. Au dernier moment, il change le titre de la chanson. Ce sera* Yesterday.

s'intéresse aussi à l'Asie et à l'Orient, représentés par des corans anciens aux délicates arabesques, des tantras bouddhistes ou encore de magnifiques enluminures chinoises... Pour en savoir plus, des bornes interactives et des documents audio (la mémoire du futur ?) permettent de feuilleter des ouvrages ou d'entendre James Joyce faisant lui-même une lecture de son *Ulysse*... Pour finir, signalons à nos lecteurs les plus timbrés la superbe section philatélique du rez-de-chaussée, halte indispensable pour les passionnés.
Par ailleurs, la British Library accueille régulièrement d'intéressantes expos temporaires dans l'une ou l'autre de ses galeries.
N'oubliez pas, avant de sortir, de faire un tour à la librairie, où l'on peut dégoter de bons guides thématiques de la ville, des reproductions de vieux plans de Londres, des livres de photos, etc.

La galerie Gagosian *(plan d'ensemble F1,* ***583****) : 6-24 Britannia St, WC1X 9JD. ☎ 020-7841-9960. • gagosian.com • Ⓜ King's Cross. Mar-sam 10h-18h. Entrée gratuite.* Dans un vieil immeuble de pierres sombres, à la déco minimale et virginale, l'un des « faiseurs d'artistes » les plus connus du monde, Larry Gagosian. Il représente aussi bien Jeff Koons que Cy Twombly ou Richard Wright, des pointures de l'art contemporain. Selon les expos temporaires, vous aurez l'occasion d'apercevoir quelques-uns des artistes de la galerie.

London Canal Museum *(plan d'ensemble F1,* ***568****) : 12-13 New Wharf Rd, N1 9RT. ☎ 020-7713-0836. • canalmuseum.org.uk • Ⓜ King's Cross. Dans une ruelle qui donne sur Wharfdale Rd. Mar-dim 10h-16h30 (19h30 le 1er jeu du mois). Fermé lun, 24-26 et 31 déc. Entrée : 4 £ ; réduc.* Ce petit musée sympatoche présente un aspect méconnu de l'histoire de Londres : la vie de ses canaux. Le bâtiment servait, aux XIXe et XXe s, à stocker la glace que l'on importait par cargo depuis... la Norvège ! On la revendait en été, et c'est en péniche que le plus gros du transport se faisait. Le Regent's Canal, ouvert en 1820 pour relier Limehouse et Paddington, était une artère vitale pour le transport des marchandises à Londres. Concurrencée par le rail et la route, la navigation fluviale a doucement périclité à travers le pays. Amarrées derrière le musée, on peut admirer quelques spécimens de ces péniches privées étroites *(narrow boats)* et peinturlurées de toutes les couleurs, à la mode *roses and castle* de l'époque. Les familles vivaient à bord, et aujourd'hui encore, certaines péniches sont habitées. À l'étage, maquettes, photos et documentaire télé.

Charles Dickens Museum *(plan d'ensemble F-G2,* ***567****) : 48 Doughty St, WC1. ☎ 020-7405-2127. • dickensmuseum.com • Ⓜ Russell Sq. Attention : le musée est fermé jusqu'à déc 2012 inclus pour complète réfection.* Le célèbre écrivain a vécu ici d'avril 1837 à décembre 1839, 2 années pendant lesquelles sa plume fut prolifique puisqu'il écrivit, entre autres, le célèbre *Oliver Twist*. La maison, caractéristique de l'époque, a été soigneusement meublée en suivant à la lettre les témoignages des visiteurs de Dickens. Les fans apprécieront sans doute la reconstitution minutieuse de la dizaine de pièces (de la salle de bains à la bibliothèque, en passant par le salon), et seront comblés par les lettres, portraits et autres « reliques » ayant appartenu au grand homme.

New London Architecture *(centre 1, E3,* ***579****) : The Building Center, 26 Store St, WC1E 7BT. ☎ 020-7636-4044. • newlondonarchitecture.org • Ⓜ Goodge St. Lun-ven 9h30-18h, sam 10h-17h. Fermé dim. Entrée gratuite.* Une maquette de Londres au 1/1500, des schémas, des croquis, c'est retour vers le futur, cette exposition ! Tous les projets, les grands chantiers à venir pour le Londres urbain de 2015, de la « Râpe à fromage » (la tour Leadenhall) au « Toboggan » (la tour de Bichopsgate) dans le quartier de la City. Et aussi des expos thématiques.

CAMDEN TOWN

Au nord de Londres, le quartier de Camden Town est évidemment célèbre pour son marché aux puces, beaucoup plus « folklorique » et « fringues » que Portobello. Bien que cela évolue très vite à ce niveau-là aussi ! Question hébergement, ce n'est pas le point de chute idéal pour explorer la ville. Le quartier est un peu excentré et l'ambiance se révèle franchement triste en dehors des week-ends bondés autour du marché. On y vient d'abord pour observer toute la foule d'excentriques urbains *typically* londoniens et pour la vie nocturne toujours aussi éclectique, du punk-rock alternatif au hip-hop en passant par le jazz et l'électro pointue. Quand le marché se vide et que les visiteurs diurnes se font la malle, bars et clubs se remplissent. Grosse affluence les vendredi et samedi soir, nombreux groupes live et chaude ambiance (ne pas manquer de consulter le programme de *Time Out*). Une étape indispensable dans tout séjour londonien pour découvrir le *swinging London* du troisième millénaire !

Où dormir ?

Auberge de jeunesse (moins de 35 £, soit 41 €)

St Christopher's Camden *(plan Camden Town B3,* ***1****)* **:** *48-50 Camden High St, NW1 0LT. ☎ 020-7388-1012. • bookings@st-christophers.co.uk • st-christophers.co.uk • Ⓜ Mornington Crescent. En dortoir mixte ou séparé 6-10 lits, env 13-22 £/pers selon période et promo, avec petit déj. Sinon, 1 seule double avec sdb à partir de 55 £. Tarifs réduits sur Internet. Bar ouv jusqu'à minuit en sem, 2h le w-e.* Comme à son habitude, cette chaîne bien connue de *youth hostels* privés mêle ambiance festive et qualité des prestations. Au rez-de-chaussée, le désormais classique *Belushi's Bar,* toujours bondé le soir et servant quelques plats à prix doux ; à l'étage, bien défendus par des cartes magnétiques, une poignée de dortoirs (total : 60 lits), sans double vitrage, petits et basiques, mais acceptables et flanqués de douches et w-c pas trop mal tenus ; au sous-sol, petite salle commune avec sofas, TV. Un bémol : pas de cuisine... mais réductions au bar pour les résidents.

Prix moyens (50-90 £, soit 59-106 €)

Camden Lock Hotel *(plan Camden Town A2,* ***2****)* **:** *89 Chalk Farm Rd, NW1 8AR. ☎ 020-7267-3912. • reservations@camdenlockhotel.co.uk • small-hotels.co.uk • Ⓜ Chalk Farm. À deux pas des entrepôts du marché aux puces. Doubles 79-89 £, avec petit déj. Discount si vous réservez par e-mail à l'avance (mais pas d'annulation possible).* Voilà un petit hôtel sans prétentions, où l'on est bien accueilli, avec son café rutilant au rez-de-chaussée. Oh, rien d'exceptionnel, mais des chambrettes un peu exiguës, assez coquettes, toutes avec salle de bains, téléphone, TV, chauffage, nécessaire à thé, etc. Si elles sont progressivement rénovées (moquette épaisse, TV écran plat, etc.), la bonne tenue générale et la propreté restent de mise dans toutes les chambres. Évitez si possible celles qui donnent sur le carrefour. Pour ceux qui veulent dormir dans un quartier atypique et qui savent bien jongler avec les transports en commun, dormir à Camden peut être un bon choix.

Spécial coup de folie (plus de 185 £, soit 218 €)

York and Albany *(plan Camden Town B3,* ***3****) : 127-129 Parkway, NW1 7PS. ☎ 020-7387-5700. • y&a@gordonramsay.com • gordonramsay.com • Ⓜ Camden Town. Doubles 185-235 £. Promos sur Internet.* Dormir chic à Camden ? Original. C'est pourtant le défi qu'a relevé Gordon Ramsay, l'un des chefs les plus prestigieux d'Angleterre. Son hôtel-boutique donne l'impression d'un pub élégant et cossu : au rez-de-chaussée, le bar et le restaurant (chers), mais aussi son *deli* (voir « Où manger ? ») et, à l'étage, une dizaine de chambres tout confort et très soignées. Certaines sont décorées dans un style ancien, avec des bibelots de prix et du mobilier ad hoc, d'autres sont résolument contemporaines. On aime bien celle dans la tour ronde. La suite donne sur l'arrière, avec sa petite terrasse privée. Tapis épais, parquets grinçants, lits à baldaquin, tout ce qu'il faut pour un week-end cocooning, en amoureux.

Où manger ?

Très bon marché

Le week-end, le marché est envahi de nombreux stands de cuisine exotique qui rivalisent pour titiller vos papilles. Les stands situés dans le ***Stables Market,*** sous la partie couverte (nourritures chinoise, indienne, marocaine...) nous ont paru de qualité moyenne. On peut toutefois y trouver de quoi reprendre des forces et se remplir la panse à moindre frais. Petit coup de cœur au passage pour le stand ***Terra Nera Tea & Coffee House,*** tenu par 2 frères italiens. Cadre rustique très sympa, avec les sacs de cafés et bocaux en verre qui invitent à déguster ces breuvages aux arômes alléchants. Leur *espresso* est sensas et le cappuccino, mousseux à souhait. Vente de cafés et de thés avec ce qu'il y a de meilleur au monde (si, vraiment !). Il existe aussi des gargotes engageantes, côté canal, près du cabaret *Dingwalls* : cuisines chypriote, libanaise, argentine... Dans tous les cas, suivez votre flair (et votre bon sens) et installez-vous sur un coin de table avant de repartir à l'assaut des puces...

De bon marché à prix moyens (10-18 £, soit 12-21 €)

Nonna's Deli at York & Albany *(plan Camden Town B3,* ***3****) : 127-129 Parkway, NW1 7PS. ☎ 020-7255-9254. Ⓜ Camden Town ou Mornington Crescent. Tlj 9h-20h. Plats 6-12 £.* Une adresse de poche derrière laquelle se trouve Gordon Ramsay, l'un des chefs cuisiniers anglais les plus renommés. Quelques tables à peine dans cette boutique aux allures d'épicerie d'antan. Ça sent bon les cakes ou les pizzas tout juste sortis du four, plateau de charcuterie ou de fromages anglais, les *steack sandwiches* vous caleraient une équipe de rugby, le tout exécuté sous vos yeux avec des produits frais. Sans oublier la *Old Spreckled Hen,* une bière blonde corsée. Quelques tables en terrasse. Service sympa.

Café Seventy Nine *(plan Camden Town A2,* ***18****) : 79 Regent's Park Rd, NW1 8UY. ☎ 020-7586-8012. Ⓜ Chalk Farm. Lun-sam 8h30-17h (18h sam), dim 9h-18h. Snacks env 6-8 £, salade env 9 £.* Charmant salon de thé installé dans le quartier chic de Primrose Hill, proche de Regent's Park. Petite salle proprette et claire derrière une baie vitrée, photos et dessins encadrés, fleurs fraîches sur les tables en saison. Le midi, bons petits plats essentiellement végétariens, soupes, quiches, etc. Excellente sélection de gâteaux maison préparés avec des produits *organics* : cheese-cake à la fraise ou traditionnels *scones* à se damner ! Thés et cafés corsés pour accompagner le tout. Idéal pour papoter ou bouquiner tranquille.

🍴 ♿ ***Marine Ices*** *(plan Camden Town A2,* ***10****) : 8 Haverstock Hill, NW3 2BL. ☎ 020-7482-9003. • giulio@marineices.co.uk • Ⓜ Chalk Farm. Tlj sf lun 12h-15h, 18h-23h (en continu le w-e). Pizzas et pasta 7-10,50 £. Repas complet env 20 £ si l'on opte pour une viande ou un poisson.* Une escapade en Italie, à l'écart de la faune branchée du marché aux puces. La façade et la déco rétro de la vaste salle lumineuse évoquent un peu les *diners* américains à l'ancienne, genre de cafétéria impersonnelle, mais la cuisine simple et authentique vaut le détour. Une vingtaine de sortes de pizzas (hmm, la *pescatore* !). Clientèle familiale appréciant les plats copieux et les crèmes glacées (plus de 20 parfums !) qui ont fait la réputation de la maison. Une institution locale, établie à Camden depuis 1931 !

🍴 ♿ ***Haché*** *(plan Camden Town B2,* ***12****) : 24 Inverness St, NW1 7HJ. ☎ 020-7485-9100. • camden@hacheburgers.com • Ⓜ Camden Town. Tlj 12h-22h30 (minuit dim). Burgers 7-13 £, accompagnement env 3 £.* *Haché* ? Avec ce nom pas possible, il fallait un challenge à la hauteur : rien de moins que des burgers... pour « connoisseurs » ! D'ailleurs, élu meilleur « burger londonien ». Tout un programme. Après avoir précisé à la commande la cuisson, le type de pain, la sauce et les accompagnements, le fameux hamburger s'avère effectivement digne d'éloges. Produits de qualité supérieure, frais, parfaitement cuits et assaisonnés. Le bœuf vient d'Écosse (le fameux *Aberdeen angus* !). Il existe également des burgers végétariens, au thon, au poulet ou même au reblochon.

🍴 ♿ ***Trojka*** *(plan Camden Town A2,* ***17****) : 101 Regent's Park Rd, Primerose Hill, NW1 8UR. ☎ 020-7483-3765. Ⓜ Chalk Farm. Tlj 8h-21h30 (22h le w-e). Menus le midi en sem 7,95 ou 9,95 £. Plats env 8-14 £.* Dans la rue principale du quartier résidentiel de Primrose Hill, un très honnête resto-salon de thé russe à des prix fort abordables. Cadre sympa coloré rouge vif et or, poupées gigognes et cadres dorés comme il sied en ces lieux. Chaleureux donc, à l'image des groupes de musique folklorique qui viennent égayer la maison le vendredi et le samedi soir. Spécialités de l'ex-Europe de l'Est comme le filet de saumon mariné au gingembre, le goulasch ukrainien, le borchsch, les harengs, les blinis et autres *pirogui*, et puis de délicieux gâteaux à toute heure. Service un tantinet longuet s'il y a du monde, mais toujours souriant.

🍴 ***VEG*** *(plan Camden Town B2,* ***19****) : 6 Kentish Town Rd, NW1 9NX. ☎ 020-7284-4004. Ⓜ Camden Town. Tlj 12h-22h. Midi 5,90 £ et soir 6,90 £.* Un buffet

Où dormir ?

1 St Christopher's Camden
2 Camden Lock Hotel
3 York and Albany

Où manger ?

3 Nonna's Deli at York & Albany
10 Marine Ices
12 Haché
13 Crown and Goose
14 Cottons
15 Mango Room
16 The Queens
17 Trojka
18 Café Seventy Nine
19 VEG

Où boire un verre ?

20 World's End
21 The Enterprise
22 Bar Vinyl Café
23 The Grand Union
24 Black Cap

Où sortir ?

20 The Underworld
30 HMV Forum
31 Jazz Café
32 Dingwalls
33 KoKo
34 Green Note

Shopping

41 Ray Man Eastern
42 British Boot Company
43 Modern Age

À voir. À faire

50 Marché aux puces de Camden Town

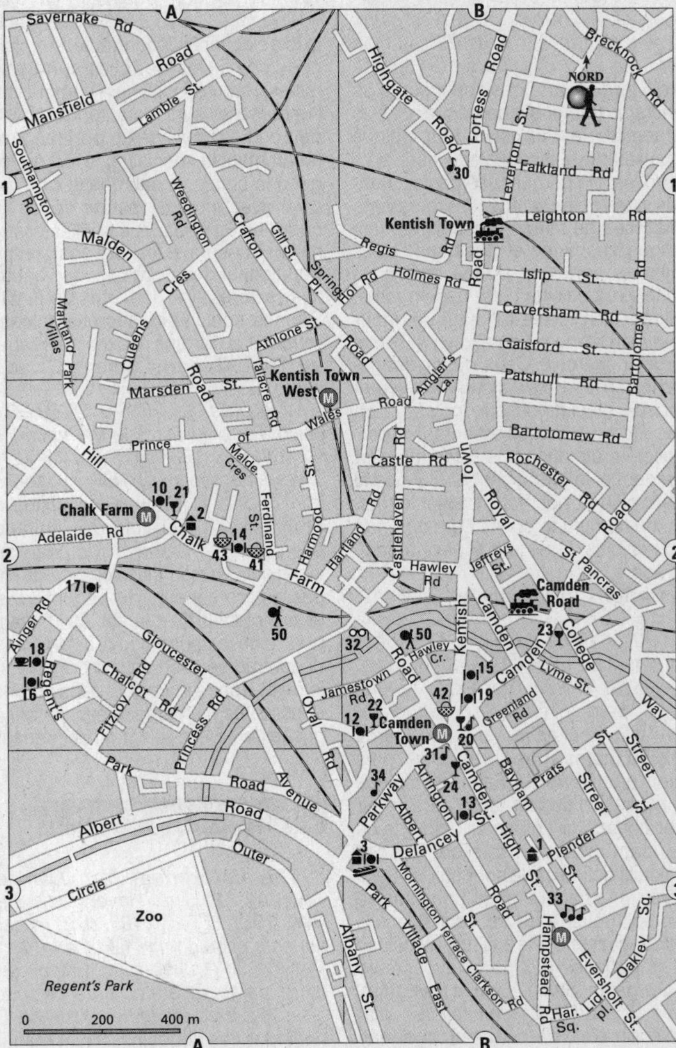

CAMDEN TOWN

illimité de petites et délicates choses végétariennes thaïes et chinoises. Tout ce qui peut exister (légumes, tofu, salades, rouleaux de printemps, etc.), tout plein de fraîcheur et de couleurs, sans commettre d'attentat au porte-monnaie... et qui plus est dans un cadre agréable.

De prix moyens à plus chic (10-25 £, soit 12-29,50 €)

|●| ***Crown and Goose*** *(plan Camden Town B3,* ***13****)* ***:*** *100 Arlington Rd, NW1 7HP.* ☎ *020-7485-8008.* ● *info@*

crownandgoose.co.uk • Ⓜ *Camden Town. Ouv 12h-minuit (2h ven-sam). Cuisine tlj 12h-15h, 18h-22h.* Lunch menu *en sem 8 £. Plats 10-13,50 £.* Sans fard ni artifices, au coin d'un vénérable immeuble de brique, ce pub authentique est un havre tout indiqué pour ceux que lassent les « néobars » survoltés. Un parquet usé par les habitués, une équipe sympa, des murs verts rehaussés de miroirs à moulures, une antique cheminée et quelques tables épaisses sont une bonne entrée en matière. La cuisine n'est pas en reste, solide et bien ficelée, à l'image des moules au vin blanc ou du *Crown & Goose burger* généreux. Ceux qui envisageraient d'en faire leur cantine y trouveront un choix de plats du jour, toujours bien faits et souvent intéressants. En particulier, le dimanche, le *Sunday Roast* pour lequel le chef obtint une année le grand prix. Et pour faire passer le tout, rien de tel qu'une bonne *London Pride* sans chichis. Quelques tables dehors. On adore !

Cottons *(plan Camden Town A2,* ***14****) : 55 Chalk Farm Rd, NW1 8AN.* ☎ *020-7485-8388.* • *info@cottons-restaurant.co.uk* • Ⓜ *Camden Town. Lun-jeu 17h-23h, ven-dim 12h30-minuit.* Happy hours *17h-19h. Plats env 15 £.* Pour faire son choix parmi les 270 rhums à la carte, c'est plus coton que *Cottons* ! Faites confiance à l'inspiration du barman. Il aura le flair pour concocter un nectar digne de ce charmant restaurant caraïbe. Car ces cocktails délicieux ne sont qu'une belle entrée en matière pour une cuisine colorée, tout en saveurs, servie dans le cadre intimiste d'une enfilade de petites salles patinées aux noms évocateurs de *Margarita, Santa Lucia* et *Barbados.* Spécialité de *jerky chicken* (un plat jamaïcain plein de parfums), chevreau au curry, *tilapia* grillé et farci chili-tomate. Et quitte à bien faire, la maison invite chaque vendredi et samedi soir un DJ (et le dimanche soir : *live music*) pour réchauffer l'atmosphère. Un remède idéal pour ceux qui fileraient un mauvais coton !

Mango Room *(plan Camden Town B2,* ***15****) : 10 Kentish Town Rd, NW1 8NH.* ☎ *020-7482-5065.* • *info@mangorooms.co.uk* • Ⓜ *Camden Town. Tlj 12h-23h (1h le w-e). Plats 7,50-10 £ le midi, 11-15 £ le soir.* Intérieur à la fois élégant et décontracté, aux salles cosy pointillées de toiles contemporaines. Réputé à juste titre comme étant l'un des meilleurs restaurants caraïbes de Londres : cuisine de poisson, avec notamment la spécialité, le filet de rouget à la créole, le saumon et *cod fishcake* avec frites de patate douce, les coquilles Saint-Jacques grillées sauce melon et pomme, le *curry goat,* un plat traditionnel des Caraïbes, servi autrefois pour les grandes fêtes de famille. Bonnes spécialités sucrées-salées à savourer au rythme relaxant du reggae.

The Queens *(plan Camden Town A2,* ***16****) : 49 Regent's Park Rd, NW1 8XD.* ☎ *020-7586-0408.* Ⓜ *Chalk Farm. Face au parc de Primrose Hill. Tlj 12h-15h, 18h-22h ; w-e 12h-21h. Plats élaborés 8,50-15£, ou snacks le midi 6-10 £.* Dans le joli village de Primrose Hill, non loin de l'agitation des puces de Camden. Un beau pub classique un rien classieux, fréquenté par les promeneurs du Regent's Park et les notables du quartier. Au 1er étage, la salle de restaurant cosy à l'ambiance décontractée et un balcon donnant sur le parc. Bonne nourriture sans surprise et assiettes bien présentées, ce qui ne gâche rien. Belle sélection de gâteaux.

Où boire un verre ?

The Enterprise *(plan Camden Town A2,* ***21****) : 2 Haverstock Hill, NW3 2BL.* ☎ *020-7485-2659.* • *camdenenterprise.com* • Ⓜ *Chalk Farm. Tlj 11h-23h (1h ven-sam). Prévoir une petite participation les soirs de spectacle.* Bar food *servie tte la journée.* Eh non, tous ces bouquins faisant craquer les étagères ne font pas que de la figuration ! Régulièrement, l'*Enterprise* propose des petites représentations théâtrales et organise des soirées lecture... mais pas n'importe lesquelles. Quelques-unes des meilleures plumes britanniques se prêtent parfois à l'exercice ! Pas de panique toutefois : la salle à l'étage accueille aussi toutes sortes de concerts. Pour le reste, le comptoir usé jusqu'à la corde, les épaisses tables communes et les fauteuils fatigués font le bonheur des réguliers, qui plébiscitent l'atmosphère chaleureuse et les petits plats de pub, honorables. L'hiver, un bon feu crépite dans la cheminée et les matchs de foot animent les foules.

Bar Vinyl Café *(plan Camden Town B2,* ***22****) : 6 Inverness St, NW1 7HJ. ☎ 020-7485-9318. Ⓜ Camden Town. Ouv jusqu'à minuit (1h le w-e), happy hours 17h-20h, DJ à partir de 20h.* Rétro mais pas vieillot, un minuscule DJ-bar où pré-*clubbers* et fans de techno profitent des bonnes vibrations, bien calés sur les poufs ou les banquettes. Convivial, comme l'accueil, et chargé en décibels. Au sous-sol, boutique de vinyles techno, house et garage. Possibilité de se restaurer (cuisine d'inspiration mexicaine).

World's End *(plan Camden Town B2,* ***20****) : 174 Camden High St, NW1. ☎ 020-7482-1932. • gmtwe@theworldsend.co.uk • Ⓜ Camden Town. Face à la station de métro. Ouv jusqu'à 23h (1h le w-e).* Avec sa déco imitant une rue victorienne (alliance de verre, métal et brique, beaucoup de lumière), ce pub immense est le point de ralliement de tous les fêtards et touristes. N'y manque que Charles Dickens, qui y avait ses habitudes. Après avoir réussi à vous faufiler entre les rangées de buveurs pour passer commande, vous devriez dégoter sans problème un recoin plus intime dans l'une des salles ou en mezzanine.

The Grand Union *(plan Camden Town B2,* ***23****) : 102-104 Camden Rd, NW1 9EA. ☎ 020-7485-4530. • camden@gugroup.co.uk • grandunion group.co.uk • Ⓜ Camden Town. Lun-jeu 12h-23h, ven-sam 12h-1h30, dim 12h-22h30.* Voir le programme des soirées sur le site. Possibilité de grignoter d'excellents burgers (et originaux : certains sont même servis sans pain !) et copieuses salades. Une parfaite alliance de calme et de folie. Bonne musique (genre années 1970, souvent *extra loud* !), ambiance conviviale, plus de 40 cocktails proposés. Beau cadre bourgeois : papier peint à grosses fleurs, cadres dorés et miroirs, nombreuses estampes et gravures, festival de lustres et lampes baroques, moelleuses banquettes alignées le long de la grande verrière. Le comptoir fait presque un cercle parfait. Cependant, malgré son isolement, le *Grand Union* est un refuge à peine plus calme que le reste du quartier. Pour ceux qui veulent décompresser, terrasse toute l'année. D'autres adresses à Londres, notamment à Brixton.

Black Cap *(plan Camden Town B3,* ***24****) : 171 Camden High St, NW1 7JY. ☎ 020-7428-2721. • theblackcap.com • Ⓜ Camden Town. Night-club ouv mar-jeu 22h-2h, ven-sam 22h-3h, dim 21h-1h. Entrée payante (2-5 £). Gratuit dim.* L'un des plus vieux cabarets et *dance bars* du circuit homo, toujours très populaire et animé. C'est aussi l'un des plus anciens pubs de Camden (1751), avec des tas d'histoires et de légendes sur son compte, comme celle de *Red Cap Mother* ! Les soirs en fin de semaine, c'est un véritable défilé d'excentriques aux looks et aux maquillages les plus fous. Parfois concours de drag-queens (certaines sont même derrière les platines !). Pub séparé à l'étage, bien plus sage.

Où sortir ?

HMV Forum *(plan Camden Town B1,* ***30****) : 9-17 Highgate Rd, NW5. ☎ 020-7284-4099 ou 0844-847-2405 (résas et achat des billets). • kentishtownforum.com • Ⓜ Kentish Town. Entrée selon notoriété du groupe.* C'est LA salle (2 400 places) où les jeunes groupes doivent passer pour prétendre à une parcelle de gloire « rock'n'rollesque ». Ce qui n'empêche pas les grosses cylindrées de revenir faire un tour de piste pour le plaisir... Excellente acoustique, et une bonne vue sur la scène du rez-de-chaussée comme de la mezzanine.

Jazz Café *(plan Camden Town B2-3,* ***31****) : 5 Parkway, NW1 7PG. ☎ 0844-847-2514 ou 0870-060-3777. • jazzcafe@meanfiddler.com • jazzcafe.co.uk • Ⓜ Camden Town. Ouv ts les soirs à partir de 19h. Résa conseillée. Entrée : env 6-30 £ selon thème ou notoriété du groupe.* Cette ancienne boîte de jazz très célèbre a revu sa programmation : désormais, en plus des concerts classiques (pas mal de grosses pointures), on a toutes les chances de tomber sur de la soul, du funk et du hip-hop. On y a même vu MC Solaar, Keren Ann (pas le même soir !) et.... Boy George ! Le samedi soir est même dévolu aux soirées *I love the eighties,* très étudiantes, très disco. Salle de resto (pas terrible) sur la mezzanine.

Green Note *(plan Camden Town B3,* ***34****) : 106 Parkway, NW1 7AN. ☎ 020-7485-9899. • greennote.co.uk • Ⓜ Camden Town. Mer-sam 19h-23h (minuit ven-sam) ; dim 14h-17h30, 19h-23h. Entrée : 6-15 £.* Ici, c'est l'ambiance qui compte. Pas mal d'habitués fréquentent ce petit bar un peu *roots,* au parquet et aux meubles en bois qui en ont vu d'autres, où chaque soir des groupes ou des chanteurs solos s'essaient au jazz, au *bluegrass* ou à la country. Chaleureux, relax et pas compliqué, comme la cuisine végétarienne qui permet de se sustenter entre deux tours de chants.

Dingwalls *(plan Camden Town B2,* ***32****) : Middle Yard, Camden Lock, NW1 8AL. ☎ 020-7428-5929. • thehighlight.co.uk • Ⓜ Camden Town. Au début de Chalk Farm Rd, à gauche après le pont au-dessus du canal. Spectacle tlj à partir de 19h. Entrée : 5-15 £.* Les Anglais appellent cela un *comedy club,* un genre de café-théâtre en beaucoup plus grand et plus élaboré. *Dingwalls* est désormais une chaîne de salles de spectacle connue pour ses spectacles comiques bien montés, qui ne sont pas un prétexte pour servir une cuisine insipide. En 25 ans, plus de 1 500 comédiens y passèrent et une bonne vingtaine devinrent même célèbres. Cuisine correcte donc, majorité des plats à 7 à 10 £ : *chicken tikka masala,* chili, burgers, etc. Pas forcé d'y manger d'ailleurs, pour le spectacle, également des *standing places.* Et après ? On danse jusqu'à l'aube.

The Underworld *(plan Camden Town B2,* ***20****) : 174 Camden High St, NW1 0NE. ☎ 020-7482-1932. • theunderworldcamden.co.uk • Ⓜ Camden Town. Tlj à partir de 23h. Concert à partir de 19h. Entrée : 4-15 £.* Sous l'immense pub *World's End* (face au métro Camden Town), une boîte sans déco notable mais connue pour ses « soirées délire », avec des groupes live, rock, métal et même *extreme metal* !

KoKo *(plan Camden Town B3,* ***33****) : 1 A Camden High St, NW1 7JE. ☎ 0870-432-5527. • koko.uk.com • Ⓜ Mornington Crescent. Droit d'entrée selon groupe.* Ancien théâtre (Chaplin y a joué) devenu cinéma en 1911, théâtre à nouveau de 1945 à 1965, puis salle de concerts (dans les années 1970, concerts mémorables des Sex Pistols et des Clash) et enfin night-club ! Des groupes se produisent sur scène jusqu'à 22h30 (on y a vu Madonna, dont ce fut le 1er concert en Grande-Bretagne, Eurythmics, les Babyshambles ou Vanessa Paradis), puis le club prend le dessus. Dans la vaste fosse qui fait office de *dance floor* ou dans les différents étages, bonne ambiance, bonne musique, bonnes *vibes,* le tout dans un décor magistral.

Shopping

Outre les innombrables stands du marché aux puces de Camden, le quartier abrite quelques bonnes adresses alternatives pour faire son shopping.

Chaussures et vêtements

British Boot Company *(plan Camden Town B2,* ***42****) : 5 Kentish Town Rd, NW1 8NH. ☎ 020-7485-8505. • britboot.co.uk • Ⓜ Camden Town. Tlj 10h30-19h.* C'est minuscule, mais c'est pourtant LA boutique originelle de Doc Martens. Leur devise : « Si nous ne l'avons pas, c'est que ça n'a pas été fabriqué. » Toutes les vedettes de la musique s'y sont chaussées, de même que les *bobbies* de la Metropolitan Police. Visite impérative pour les amoureux de ces chaussures indestructibles. Pas donné, mais les fins de séries sont parfois soldées. Et puis celles vendues moins chères au marché sont souvent des contrefaçons !

Modern Age *(plan Camden Town A2,* ***43****) : 65 Chalk Farm Rd. ☎ 0770-295-8995. • modern-age.co.uk • Ⓜ Chalk Farm. Tlj 10h-18h.* Boutique spécialisée dans les fringues années 1930-1970. Robes de sortie ou de bal, vestes et manteaux, chaussures, fourrures synthétiques...

Instruments de musique

Ray Man Eastern (plan Camden Town A2, **41**) : 54 Chalk Farm Rd, NW1. ☎ 020-7692-6261. • info@raymaneasternmusic.co.uk • Ⓜ Chalk Farm. Lun 13h-17h, mar-sam 10h30-18h, dim 11h-17h. Pour les fans de *world music*, cette petite boutique aligne une sélection éclectique d'instruments d'Orient, d'Afrique et d'Amérique latine, à des prix raisonnables : gongs chinois, tambourins marocains, sitars pour gauchers, ukulélés, clochettes tibétaines... Choix très impressionnant !

À voir. À faire

Le marché aux puces de Camden Town (plan Camden Town A2 et B2, **50**) : *ouv le w-e 10h-18h. Visite incontournable pour découvrir tte l'excentricité britannique. Très rapidement accessible en bus ou en métro. Et pourquoi ne pas y aller par le chemin des écoliers ? Il suffit de prendre l'un de ces bateaux qui partent de Bloomfield Rd (Ⓜ Warwick Ave) et suivent le canal jusqu'à Camden Town. Sinon, station de métro Camden Town pour les plus pressés. Rens : ☎ 020-7284-2084.* Au bord de l'eau, très vivant, on l'appelle le *Camden Lock* ou *Dingwalls Market*. Passer allègrement la première partie de Camden High, non sans admirer le délire fantasmagorique de la décoration des façades... Disquaires, boutiques de fringues branchées ou friperies has been, salons de piercing et tatouages. Un peu plus loin, il y a le marché proprement dit, coincé entre le canal et Camden High Street, dont 90 % des antiquités sont plus jeunes que vous. Nombreux stands de vêtements psychédéliques, rastas ou gothiques, objets d'Asie, affiches de films, bouquins et beaucoup de gadgets *seventies*. Ne pas hésiter à s'enfoncer dans le dédale de ruelles, près du chemin de fer, là où sont installées les boutiques les plus délirantes au cœur des anciennes halles *(Stables Market)*. Des tonnes de fringues de récup' et des magasins complètement déments ! Un incontournable, le ***Cyberdog***, immense espace futuriste gardé à l'entrée par deux robots gigantesques faisant office d'atlantes, où la techno pulse à fond et où vous trouverez de superbes tenues de l'espace pour frimer dans les raves les plus déjantées. Hors de prix, mais les mannequins décérébrés ne laissent pas indifférent ! Même les vendeurs, les danseuses (si, si !) et le DJ derrière ses platines cosmiques valent le coup d'œil... Les pin-up dans l'âme ou fans de rockabilly des années 1940 et 1950 ne manqueront pas la boutique ***Collectif*** *(3 autres adresses, notamment à Spitafields)*, qui vend à prix honnêtes des modèles rétro conçus et créés à Londres. Les robes baby-doll ou cintrées à pois sont un must l'été. Quant aux fétichistes de tout poil et autres accros de *heavy metal*, ils trouveront leur compte au ***Black Rose***. Également des entrepôts de meubles design des années 1960-1970.

ANGEL ET ISLINGTON

➧ Pour se repérer, voir le plan d'ensemble en fin de guide.

Islington fait partie de ces anciens quartiers populaires accaparés par les nomades de la nuit. L'effet de mode a joué très rapidement, ajoutant aux bars de la première heure une foule de pubs, restos et boîtes. Du coup, Islington n'est déjà plus « branché » à proprement parler, mais fait assurément partie des classiques de la nuit londonienne. La plupart des enseignes en vogue ont leur succursale sur Upper Street. Et le week-end, c'est carrément la foule des grands jours ! Toutefois, si Upper Street concentre l'essentiel de l'animation, les ruelles immédiates demeurent très résidentielles avec leur lot de maisons individuelles à jardinets. Baguenaudez sur Camden Passage, entre Duncan Street et Charlton Place, la vie est douce et calme, avec des boutiques et des coins sympas. N'hésitez pas à vous perdre du côté du canal, histoire de connaître un autre visage de Londres, vrai et naturel, loin des clichés. On y déniche toutes sortes de disquaires, librairies et antiquaires, ainsi que le Chapel Market, petit marché populaire bien sympathique. Le dimanche, les magasins restent ouverts, ce qui attire les foules et donne vie au quartier. Convaincu ? Alors, en route...

Où manger ?

De bon marché à prix moyens (10-18 £, soit 12-21 €)

|●| ***Viet Garden*** *(hors plan d'ensemble par G1,* ***190****) : 207 Liverpool Rd, N1 1LX. ☎ 020-7700-6040. Ⓜ Angel. Tlj 17h30-23h et 12h-23h le w-e. Repas complet env 15 £.* La cuisine revendique ses origines et refuse toute concession occidentale. Bravo ! Soupes *(phó)* servies comme là-bas, avec soja, piment et quart de citron séparés, plats en sauce coco ou tamarin. Mais aussi nouilles délicieuses et nems frits à point, fraîchement farcis et enrobés d'une pâte fine ou au *banh xeo* (crêpe dorée au porc et crevettes), vous ne serez pas déçu. Le tout servi avec le sourire dans une salle apaisante, entre les plantes vertes et le glouglou de l'aquarium.

De prix moyens à plus chic (10-25 £, soit 12-29,50 €)

|●| ***Crown*** *(plan d'ensemble G1,* ***258****) : 116 Cloudesley Rd, N1 0EB. ☎ 020-7837-7107. ● crown.islington@fullers.co.uk ● Ⓜ Angel. Lun-ven 12h-15h, 18h-23h ; dim 22h30. Plats principaux 10-20 £.* Porté par la vague du renouveau de la cuisine anglaise, ce pub vieille école a gagné sa place au rang des *gastropubs* londoniens... sans renier pour autant ses origines ! Cadre XIXᵉ s qui n'a guère changé. Décor intérieur d'ailleurs classé, festival de glaces gravées et biseautées. Noter ces petites glaces tournantes sur le bar de chêne sculpté qui permettaient aux gentlemen d'avoir une conversation discrète sans être sous le regard des serveurs. Du coup, on s'accoude sur de solides tables de taverne réparties autour de l'ancien bar, tout en profitant

d'une cuisine bien ficelée. Bons plats de poisson ou de viande traditionnels, copieux et très fréquentables. Quelques plats végétariens. Clientèle de bobos et d'habitués satisfaits du changement. Belle terrasse pour les beaux jours.

IOI ***Duke of Cambridge*** *(plan d'ensemble H1, **362**) : 30 Saint Peter's St, N1 8JT. ☎ 020-7359-3066. • duke@dukeorganic.co.uk • Ⓜ Angel. Lun-sam 12h-15h (15h30 le w-e), 18h30-22h30 (22h dim). Plats 14-22 £.* Cette taverne *organic* fait toujours le plein. La clientèle, on ne peut plus bobo, apprécie son parquet usé, ses grandes tables de bois, son brouhaha convivial dans lequel on aime se fondre et sa cuisine de saison. Le menu, constamment renouvelé (visez le tableau noir), est élaboré en fonction du marché : soupes exotiques et salades végétariennes côtoient par conséquent les grands classiques anglais. Une belle sélection de vins au verre, ou d'excellentes bières *organic* à la pression (comme la rafraîchissante *Eco Warrior*) accompagnent à merveille cette cuisine anglo-*fusion* bien maîtrisée.

IOI ***Charles Lamb*** *(plan d'ensemble H1, **201**) : 16 Elia St, N1 8DE. ☎ 020-7837-5040. • food@thecharleslambpub.com • Ⓜ Angel. Cuisine ouv 12h-15h (sf lun et mar), 18h-21h30). Pub jusqu'à 23h (22h30 dim). Plats 9-12 £.* Fatigué de la foule et des paillettes ? Rappliquez dare-dare au *Charles Lamb,* véritable pub de quartier, mais dans une version de café des amis. L'ambiance est décontractée (échecs et Scrabble pour les amateurs), la déco cosy et chaleureuse (parquet, cheminée, bibelots sympas), et la cuisine du jour, annoncée au tableau noir, toujours goûteuse et pleine de bonnes idées. Pas de burgers ici, mais des petits plats bien sentis à prix modiques (pour Londres). Terrasse.

IOI ***Le Sacré-Cœur Bistro*** *(plan d'ensemble G-H1, **259**) : 18 Theberton St (petite rue perpendiculaire à Upper St), N1 0QX. ☎ 020-7354-2618. Ⓜ Angel. Tlj 11h-23h (22h30 dim). Menus 3 plats 18,50-21,50 £, sinon plats 8-12,50 £ et même des petits déj servis à partir de 11h pour les lève-tard.* Un petit bistrot français convivial, pourvu de tous les attributs propres à sa catégorie, avec ses nappes à carreaux et ses affiches de ciné-spectacles... On mange au coude à coude dans cet espace chaleureux, un p'tit bout de France recréé avec tant de conviction qu'on n'y voit que du feu ! À la carte, une cuisine régionale très classique et convenable : cuisses de grenouilles *(shocking !),* jarret de porc aux lentilles, coq au vin, crème brûlée, crêpes et tarte Tatin... et quelques classiques anglais, comme un large choix de saucisses-purée, notamment de Toulouse, peu chère ! Pour les petits appétits ou les portefeuilles moins garnis, omelettes et croques pas trop chers. En semaine, avant 19h, coupe de champ' offerte.

IOI ***Le Mercury*** *(hors plan d'ensemble par H1, **260**) : 140 A Upper St (à l'angle de Almeida St), N1 1QY. ☎ 020-7354-4088. Ⓜ Angel ou Highbury & Islington. Lun-sam 12h-1h, dim 12h-23h30. Menu 3 plats 9,95 £. Plats 7-10 £.* L'une des bonnes adresses du circuit d'Islington : il suffit d'observer, à travers la vaste baie vitrée arrondie, le sourire satisfait des habitués pour en être convaincu. Cadre plaisant dans les tons jaunes sur 3 étages (assuré d'y trouver de la place). On y vient pour déguster une cuisine d'inspiration française pas trop copieuse, mais bien tournée et surtout à prix doux (rare pour ce type de cuisine). Bon poisson, magret de canard, épaule d'agneau au romarin, entrecôte à l'échalote... rien que du classique !

Où déguster l'un des meilleurs petits déj de Londres ?

☕ ***Ottolenghi*** *(hors plan d'ensemble par H1, **271**) : 287 Upper St, N1 2TZ. ☎ 020-7288-1454. Ⓜ Angel. Tlj 8h-23h (dim 9h-19h). Plats 8-13 £.* Des 4 *Ottenlenghi* londoniens, c'est le seul vrai resto, réputé pour la fraîcheur de ses produits. D'abord la boutique, puis la grande salle design, d'une blancheur immaculée. Au centre, la longue table commune, encadrée de petites tables pour les amoureux. Et là, les *trendies* d'Islington se battent presque pour le petit déj complet, excellent, ou les délicieux *scramble eggs and salmon.* File d'attente assurée le week-end ! Pour dîner, une autre fête des papilles : thon à la coriandre, souris d'agneau orange et pistache, haddock fumé et pâté de saumon-crevettes et patate douce... et 10 autres plats tout aussi séduisants ! Si c'est plein, tentez *Carluccio's* plus bas, moins classe, mais très bon aussi (surtout le chocolat chaud !).

Où boire un verre ? Où sortir ?

Voir également plus haut, dans « Où manger ? », **Duke of Cambridge** *(plan d'ensemble H1, **362**)* et **Crown** *(plan d'ensemble G1, **258**)*, ainsi que **King's Head** *(hors plan d'ensemble par G-H1, **400**)* cité dans « Théâtre », plus loin.

The Lexington *(plan d'ensemble G1, **409**) : 96 Pentonville Rd, N1 9JB. ☎ 020-7837-5371. • thelexington.co.uk • Ⓜ Angel. Lun-jeu 12h-2h, ven-sam 12h-4h, dim 12h-minuit. Droit d'entrée : env 10 £.* Un lieu délicieusement éclectique. Au rez-de-chaussée, le bar, amusant avec ses papiers peints à ramages et ses abat-jour kitsch... mais souvent trop petit pour accueillir les nombreux fêtards attirés par (l'insolite !) sélection de bourbons et de bières made in USA. Bonne ambiance donc, qu'on retrouve à l'étage, dans la salle de concert chaleureuse. Super programmation.

Island Queen *(plan d'ensemble H1, **396**) : 87 Noel Rd, N1 8HD. ☎ 020-7354-8741. Ⓜ Angel. Tlj 12h-23h (minuit ven-sam). Plats 7-13 £.* Immuable. Cette île, pourtant battue par les flots de la branchitude, a su préserver sa délicieuse atmosphère *Old England*. On ne se lasse pas de détailler ses vitres ciselées, son haut plafond à moulures, ses boiseries éminemment victoriennes... Une vraie pièce de musée dans son genre. En revanche, la clientèle d'habitués a désormais tendance à céder la place aux noceurs d'Islington. Évidemment, l'accueil s'en ressent parfois, un peu moins à la bonne franquette. Terrasse aux beaux jours pour deviser du beau temps.

Old Red Lion Theatre & Pub *(plan d'ensemble G1, **301**) : 418 Saint John St, EC1V 4NJ. ☎ 020-7837-7816 (loc). • oldredliontheatre.org.uk • Ⓜ Angel. Lun-jeu 12h-minuit, ven-sam 12h-1h, dim 12h-23h.* Pub chaleureux et sans façons situé dans le hall d'un vénérable théâtre. Grande vitre gravée qui cloisonne la salle, larges et moelleuses banquettes un peu défraîchies, tables patinées qu'occupe nonchalamment une clientèle jeune et visiblement portée sur les arts. Que ce soit avant ou après la pièce (3 ou 4 représentations par semaine), on trouve la même ferveur théâtreuse, le même attachement aux valeurs *old school*... dont l'amour de la pinte fait partie intégrante !

Albert and Pearl *(hors plan d'ensemble par G-H1, **400**) : 181 Upper St, N1 1RQ. ☎ 020-7704-1070. • albertandpearl.com • Ⓜ Highbury & Islington ou Angel. Lun-mer 16h-minuit (1h jeu, 3h ven), sam 12h-3h, dim 12h-23h.* Un pub bourré de charme, soigneusement rénové dans le style années 1930-1940, à l'image de l'élégante *Gramophone Suite* au fond. Superbes sofas Art déco, paravents japonais et profonds fauteuils devant la cheminée. Voir aussi la très belle *Pearl's Parlour Room*. Bonne ambiance et très bons cocktails, au bar comme en salle.

Gallipoli Bazaar *(hors plan d'ensemble par G-H1, **400**) : 107 Upper St, N1. ☎ 020-7226-5333. • cafegallipoli.com • Ⓜ Angel ou Highbury & Islington. Dim-jeu jusqu'à 23h, ven-sam jusqu'à minuit. Plats 7-12 £.* Dans une déco excentrique très New Age, avec d'innombrables loupiotes des murs au plafond, l'odeur enivrante du narghilé se mêle à celle du thé à la menthe et aux effluves épicés de la cuisine. Mais autant vous prévenir, ce bar conceptuel hyper tendance nous abreuve plutôt de musique *chill out* (tendance *ambient* assourdissante), de *mezze* ordinaires et de thé un peu décevant. À part ça, choix de 4 petits déjeuners différents. Malgré tout, le *Gallipoli* figure parmi les adresses sympas d'Islington, avec sa petite terrasse pour bavarder. D'ailleurs, le succès est tel que le *Gallipoli* a 2 petits frères dans la rue.

Narrow Boat *(plan d'ensemble H1, **358**) : 119 Saint Peter's St, N1 8PZ. ☎ 020-7288-9821. Ⓜ Angel. Tt au bout de Noel Rd. Lun-sam 12h-23h, dim 12h-22h30.* Ce pub hors des sentiers battus arbore une façade bien ordinaire. Mais c'est un leurre. Une fois à l'intérieur, on s'aperçoit qu'il est échoué au bord du canal, et que sa longue salle s'étire le long de fenêtres donnant sur les flots. Un escalier conduit même sur le quai, où les habitués sirotent leur pinte en profitant de l'environnement paisible. En fin de journée, les rayons du soleil, jouant parmi les gréements des quelques embarcations, distillent un charme irrésistible. En revanche, ce n'est pas ici qu'on fera la fête une fois la nuit tombée...

Théâtre

King's Head *(hors plan d'ensemble par G-H1,* ***400****)* **:** *115 Upper St, N1 1QN.* ☎ *020-7226-8561.* • *kingsheadtheatre.org* • Ⓜ *Highbury & Islington ou Angel. Face à l'église Saint Mary. Lun-jeu 12h-1h, ven-sam 12h-2h, dim 12h-0h30.* Un endroit surprenant. On se glisse ici dans la chaude atmosphère d'un petit pub aux murs rouge opéra, où les habitués investissent les fauteuils de théâtre élimés quand ils ne sont pas accoudés au bar sous les antiques projecteurs. Et puis, derrière les portes battantes, un vrai théâtre de poche avec de vrais comédiens sur les planches ! Tom Stoppard et Hugh Grant y jouèrent. De plus, 37 pièces partirent dans le West End après leur succès ici ! Après 22h, la fête se termine parfois par un bon concert rock-blues bien arrosé.

HOLBORN, FARRINGDON ET CLERKENWELL

▸ Pour se repérer, voir le plan d'ensemble et le centre 1 en fin de guide.

En gros délimité au sud par le Smithfield Market, à l'est par Saint John Street, au nord par Clerkenwell et à l'ouest par Farringdon Road, encore un quartier qui monte et qui tient son petit bout de gras de l'animation nocturne londonienne. Grouillant de cols blancs la journée, Farringdon s'anime le soir, rejoint par l'élégant Clerkenwell, dont les lofts et entrepôts ont trouvé quelques heureux repreneurs parmi les designers et autres galeries d'art. Les adresses de restos, bars et boîtes à la mode fleurissent, et l'ambiance un peu « village » de ces quartiers apporte une certaine convivialité. Tandis que Holborn, coincé entre Covent Garden et la City, reste pour l'instant hermétique à cette agitation. Ce quartier est le bastion d'un certain classicisme à l'anglaise. Les *Inns of Court* et les grands pubs séculaires reclus dans d'étroites ruelles sont sa marque de fabrique (voir la balade « Le Londres des traditions et de la finance » dans le chapitre « La City, Tower Bridge et les Docklands »).

Où dormir ?

Prix moyens (50-90 £, soit 59-106 €)

■ ***High Holborn Residence*** *(centre 1, F3, **124**) : 178 High Holborn, WC1V 7AA. ☎ 020-7107-5737. • high.holborn@lse.ac.uk • lsevacations.co.uk • Ⓜ Holborn. Ouv de mi-août à fin sept. Résa obligatoire. Doubles sans sdb 47£, 75 £ avec. Promos sur Internet.* À 10 mn de Covent Garden, une résidence universitaire moderne, très bien tenue. Surveillée 24h/24 : contrôles des entrées et des sorties, cartes magnétiques. Chambres petites, sans charme mais confortables et fonctionnelles. Cuisine sympa à dispo, bar, salle de jeux et machines à laver.

■ ***Travelodge*** *(centre 1, F3, **112**) : 10 Drury Lane, 166 High Holborn, W2B 5RE. ☎ 020-7836-0877 ou 020-7208-9988. • travelodge.co.uk • Ⓜ Holborn ou Tottenham Court Rd. Nuitée en général env 100 £ ; plus cher à certaines dates ; réduc sur Internet.* Sans charme et efficace : du mobilier fonctionnel, salles de bains petites mais propres, des chambres bien tenues, petit déj payant (mais plein de cafés dans le coin). Propose aussi des familiales. Bon rapport qualité-prix.

Spécial coup de folie (plus de 185 £, soit 218 €)

■ |●| ***The Zetter*** *(plan d'ensemble H2, **123**) : Saint John's Sq, 86-88 Clerkenwell Rd, EC1M 5RJ. ☎ 020-7324-4444 et 4567 (résas) ou 4455 (resto). • thezetter.com • Ⓜ Farringdon ou Barbican. Doubles env 222-438 £ selon confort et période. Resto ouv midi et soir jusqu'à 22h30.* Un hôtel design, avec son puits de lumière, ses chambres personnalisées disposées tout autour, où se mêlent pierre, métal et bois, dotées d'un éclairage rouge rosé. Les angles droits des meubles s'entrechoquent avec le moelleux des couettes immaculées, tapis acidulés et autres peignoirs de bain bien épais. On adore les bouillottes et les douches multijets. Plein d'autres gadgets inutiles, donc essentiels. Mention spéciale aux chambres les plus chères, avec terrasse privée et bains de soleil pour contempler Londres. Ça vaut le coup d'œil. La nuit tombée, la façade en pierre s'éclaire de néons rouges. Bistrot français au rez-de-chaussée, joliment décoré, tendance Art déco scandinave et anglaise. Excentrique à souhait !

The Zetter Townhouse *(plan d'ensemble H2,* ***123****) : 49-50 Saint John's Sq, EC1V 4JJ. ☎ 020-7324-4444. • thezettertownhouse.com • Ⓜ Farringdon ou Barbican. Doubles à partir de 246 £ selon période et confort.* Non contents de nous accueillir dans leur univers design, les proprios du *Zetter* ont ouvert une annexe juste derrière. Et quelle annexe ! Bienvenue chez tante Wilhelmina, ancêtre excentrique et un peu fofolle, qui ouvre les portes de sa caverne d'Ali Baba. 13 chambres, dans une ancienne bâtisse géorgienne, avec kangourou empaillé et bouillottes tricotées, en passant par les papiers peints raffinés. Au rez-de-chaussée, bar à cocktails cosy avec canapé Chesterfield. Ascenseur capitonné et panneaux stylisés. Dans les chambres, même les plus petites, grands lits moelleux, vieux parquets et confort moderne (douche ou bains, selon les catégories, lecteur DVD, base iPod, téléphone d'antan au goût du jour), vieux miroirs, tableaux joyeusement décalés (Mickey passe la tête dans un vieux décor !) et fenêtres secrètes dans les salles de bains. Au sous-sol, de quoi passer le temps (billard). Décidément, tante Wilhelmina sait recevoir...

Où manger ?

Grosse concentration de restos sur *Exmouth Market,* une rue ancienne bordée de demeures basses à un ou deux étages. Le soir, une bonne cible, car rue bien animée et possédant un certain charme. Nombreux restos ethniques (thaïs, indiens, chinois, caraïbes, pays méditerranéens, etc.).

Sur le pouce (moins de 10 £, soit 12 €)

Gail's *(plan d'ensemble G2,* ***300****) : 33-35 Exmouth Market, EC1R 4QL. ☎ 020-7713-6550. Ⓜ Angel. Lun-mer 8h-21h, jeu-sam 8h-22h, dim 8h-21h.* Une boulangerie-épicerie-fromagerie-salon de thé ! Cadre moderne, très blanc, un poil aseptisé, mais produits généreux, originaux (concours de créations de pains fréquents aussi farfelus que bons), excellents fromages de la maison *Paxton & Whitfield,* dont quelques trouvailles bien anglaises *(pennard ridge, cornish yard)* et pâtisseries (*Chelsea bun* délicieux) pour le petit déj ou le goûter. Un lieu où l'on passerait volontiers sa journée affalé dans les gros fauteuils.

Dose *(plan d'ensemble H3,* ***317****) : 70 Long Lane, EC1A 9EJ. ☎ 020-7600-0382. • james@dose-espresso.com • Ⓜ Barbican ou Farringdon. Lun-ven 7h-17h, sam 9h-16h.* La petite cafét' moderne et artisanale à la fois, entièrement dévolue au café *espresso* ! Les employés du quartier viennent y prendre leur « dose » de caféine et sont devenus accros aux crus de James, un passionné. Café issu du commerce équitable et variant au gré des saisons, snacks variés et douceurs à base de bons produits bio ou locaux. Une halte sympa dans le quartier.

Bon marché (moins de 10 £, soit 12 €)

Muratori *(plan d'ensemble G2,* ***135****) : 162 Farringdon Rd, EC1. En face du Holiday Inn. ☎ 020-7837-4015. Ⓜ Farringdon ou King's Cross. Ouv à 7h pour le petit déj, midi et soir jusqu'à 22h. Fermé le w-e (sf pour le petit déj du sam). Plats 7-8 £.* On a une tendresse particulière pour ce petit caboulot, dès lors que c'est l'un des rares restos ouvriers authentiques subsistant à Londres. Oh, rien d'extraordinaire, rien pour séduire ! Une façade marron foncé, une salle très banale, 2 bancs à dossier des temps prolétariens et juste une petite carte sur les tables. Mais les derniers ouvriers qui n'ont pas été liquidés par le blairisme, quelques employés du gros bureau postal en face et surtout les gens du quartier aiment à se retrouver ici autour de petits plats de famille goûteux et servis très généreusement. Toujours un plat du jour ou bien un copieux *mixed grill,* des côtelettes d'agneau, poulet, *fish cake,* omelette, salades, etc. Avec une grosse *cup of tea* ou un *white coffee* (pas d'alcool), c'est le bonheur.

Clerkenwell Kitchen *(plan d'ensemble G2,* ***266****) : 27-31 Clerkenwell Close, au bout de Bowling Green Lane, EC1R 0AT. ☎ 020-7101-9959. • info@theclerkenwellkitchen.co.uk • Ⓜ Farringdon. Lun-ven 8h-15h (17h pour le café). Sandwich env 4 £ ; plats 8-12 £.* Café-resto ou resto-café, difficile de trancher. Car ce charmant établissement au cadre contemporain accueille ses habitués depuis le petit déj jusqu'au *teatime...* mais c'est pour son déjeuner qu'il s'est forgé une solide réputation. Chaque jour, le tableau noir affiche de nouveaux plats alléchants, toujours originaux, de saison, et préparés avec les meilleurs produits. Très soigné, donc, et définitivement dans l'air du temps.

Look Mum No Hands ! *(plan d'ensemble H2,* ***288****) : 49 Old St, EC1V 9HX. ☎ 020-7253-1025. • info@lookmumnohands.com • Ⓜ Barbican. Lun-ven 7h30-22h, sam 9h-22h, dim à partir de 10h. Repas env 10 £.* Un café-bar-*workshop* qui offre une halte relax dans le quartier. Grande salle ouverte avec ses baies vitrées sur la rue et joli coin de terrasse aux beaux jours. Déco entièrement consacrée à la petite reine. Pour cause, l'adresse est tenue par des fanas de bicyclette... en ville ! Les bobos-cool du quartier viennent y faire réparer leur engin et siroter un jus de fruits ou un bon café. On a aussi aimé les petits plats du jour, préparés avec les produits frais de saison, soupe, salades, sandwichs, etc. Bons desserts également, et une petite sélection de bières locales. Soirées à thème. On en sort requinqué et avec un petit vélo dans la tête !

Strada *(plan d'ensemble G2,* ***209****) : 8-10 Exmouth Market, EC1 4QR. ☎ 020-7278-0800. Ⓜ Farringdon. Lun-sam 12h-23h, dim 12h-22h30. Pizzas et pasta env 8 £, lunch menu midi en sem 9 £.* Une chaîne de restos jouant la carte de la Botte. C'est bon, frais, pas cher et l'ambiance est conviviale. On y trouve tous les classiques avec une pointe d'originalité. Petite lumière tamisée à la nuit tombée, carafe d'eau bien fraîche et service attentionné ont fini de nous charmer sur cette placette calme à souhait, très agréable avec sa terrasse en été. Beaucoup de monde : résa conseillée.

Gulshan *(plan d'ensemble G2,* ***138****) : 15-17 Exmouth Market, EC1. ☎ 020-7837-7437. Ⓜ Farringdon ou King's Cross. Bus n° 63. Tlj 12h-14h30, 17h30-minuit (23h30 dim). Menu végétarien 10,95 £ le midi. À la carte, 15-20 £.* Cadre simple pour une bonne cuisine du Bangladesh. Quelques vases chinois en vitrine. Musique discrète. Tous les classiques : *curries* divers, les *chicken masala, vindaloo,* les tandooris, *rogan josh,* etc. Pains traditionnels *(naan, roti, paratha...).* Plats de riz copieux.

Kolossi Grill *(plan d'ensemble G2,* ***302****) : 56-60 Rosebery Ave, EC1R 4RR. ☎ 020-7278-5758. • info@kolossigrill.com • Ⓜ Farringdon. Tlj midi et soir sf sam midi et dim. Lunch env 5,50 £ avec entrée, plat et fruits. Plats 8-14 £.* Un resto grec aux petits oignons, reconnaissable à sa devanture à colonnes très kitsch. Bonne introduction à ce quartier vivant et encore méconnu. Jugez plutôt : une cuisine saine et goûteuse à souhait, des serveurs chaleureux, un intérieur relaxant avec sa cuisine nichée dans une fausse maisonnette, des plantes qui dégoulinent du plafond et des murs lambrissés, le tout baignant dans un air de bouzouki. Et, cerise sur le gâteau, les fruits sont offerts à la fin du repas. Une adresse rare, et ça fait plus de 40 ans que ça dure. Les habitants du quartier l'ont compris, ils restent fidèles au *Kolossi* !

De prix moyens à plus chic (10-25 £, soit 12-29,50 €)

Voir aussi un peu plus loin nos adresses de pubs, comme le ***Cittie of Yorke,*** où l'on mange bien et qui plus est, dans un cadre incomparable.

Hix Oyster & Chop House *(plan d'ensemble H2-3,* ***139****) : 36-37 Green-*

hill Rents, EC1M 6BN. ☎ 020-7017-1930. • chophouse@restaurantsetcltd.co.uk • Ⓜ Farringdon. Ruelle pas facile à trouver, juste derrière Cowcross St. Tlj 12h-15h, 18h-23h (dim 12h-17h). Plats 16,50-37 £. Une de nos plus belles découvertes. Mark Hix, le patron, est un amoureux fou des bons produits, intraitable sur leur origine et les meilleures saisons, leur culture ou leur élevage... Bref, venez donc vous perdre dans cette espèce de brasserie au cadre d'une rugueuse simplicité pour mieux mettre en valeur toutes ces qualités. Accueil sympa et un service décontracté qui semble improvisé... Tout sauf snob et apprêté donc ! Et pourtant, clientèle classe, mais ravie de se laisser aller, de se laisser prendre par cette atmosphère conviviale (et bruyante), propice aux agapes les plus fines et joyeuses, au comptoir ou en salle. Et prix étonnamment abordables pour un poisson ruisselant de fraîcheur et cuit à la perfection, et toutes les viandes 100 % anglaises. Même si la carte des vins se révèle particulièrement exhaustive, une large part est accordée aux bières. Sur un tableau noir, les huîtres de roche du jour. Service impeccable et personnel ravi de vous conseiller en fonction de vos envies. Beaux desserts et vieilles eaux-de-vie de pomme géniales... Une de nos meilleures adresses sur Londres.

|●| ***Eagle*** *(plan d'ensemble G2, **289**) : 159 Farringdon Rd, EC1. ☎ 020-7837-1353. Ⓜ Farringdon. Bar ouv lun-sam 12h-23h, dim jusqu'à 17h. Cuisine ouv 12h30-15h (15h30 sam), 18h30-22h30 ; fermé dim. Plats 9-15 £.* L'un des pères fondateurs des *gastropubs* poursuit sa route sur les courants ascendants. On adore l'atmosphère très conviviale et le cadre sans chichis, le large bar hérissé de pompes à bière et les tables usées dispersées un peu au hasard. Un menu quotidien annonce sur le tableau noir des spécialités à tendance méditerranéenne, souvent de bonne tenue, mais pas toujours diététiques. L'*Eagle steack sandwich* comblera les grosses faims. Portions généreuses. La formule plaît, mais les places manquent. On attendra donc son tour au bar, en profitant du spectacle haut en couleur de la cuisine ouverte. À savoir, qui dit bar dit nécessairement ambiance bruyante et grosse foule au comptoir. À l'arrière, galerie d'art contemporain. Tables en terrasse.

|●| 🍷 ***The Coach and Horses*** *(plan d'ensemble G2, **140**) : 26-28 Ray St, EC1R 3DJ. ☎ 020-7278-8990. • info@thecoachandhorses.com • Ⓜ Farringdon. Bus nº 63. Ouv 12h-23h (18h sam), dim 12h-17h. Le midi, plats 5-9,50 £ ; le soir, 9-14 £.* Encore un fameux *gastropub*. Sa devise : « *Non vendimus quod non bibimus.* » (« Nous ne vendons pas ce que nous ne buvons pas. ») Il possède une vraie physionomie de pub, même s'il ne fait pas tout à fait ancien et patiné (à part la façade restée victorienne). Il date pourtant de 1855. Clientèle de quartier qui y vient autant pour la pinte bien tirée que pour la savoureuse cuisine anglaise modernisée. Ici, tout est maison et mijoté. Réputé également pour la fraîcheur de ses produits, mais surtout pour ses *scotch eggs* (œufs durs, panés et frits dans de la chair à saucisse). Ne pas s'attendre à une salle à manger à part, on se retrouve mélangé aux buveurs sans cérémonie. Grosses tables fleuries dehors aux beaux jours.

|●| ***Saint John*** *(plan d'ensemble H2, **261**) : 26 Saint John St, EC1 M4AY. ☎ 020-3301-8069. • reservations@stjohnrestaurant.com • Ⓜ Farringdon. Resto 12h-15h (sf sam), 18h-23h ; dim slt 13h-15h30. Bar ouv lun-ven 11h-23h, sam à partir de 18h et dim 12h-15h. Plats 15-25 £, env 10 £ au bar.* Installé dans un ancien fumoir à jambon, ce restaurant, dont l'emblème est un cochon, obéit à une devise gourmande : « *From the nose to the tail* », littéralement « Du nez (en l'occurrence le groin) à la queue » ; cela rejoint notre « Dans le cochon, tout est bon » ! Il n'y a pas que du cochon à manger, rassurez-vous, mais on déniche à la carte des morceaux qu'on n'a pas forcément l'habitude de voir dans nos assiettes. Le talent du chef fera la différence et saura probablement convertir les réfractaires. Tout bonnement délicieux ! Déco minimaliste, salle immaculée comme le tablier des serveurs. Agréable véranda où l'on a installé un bar, idéal pour prendre l'apéro ou se restaurer de façon plus simple : assiette de fromages, soupes onctueuses, terrines et snacks divers. Le tout arrosé de petits vins de propriété. *So chic,* la boulangerie intégrée où l'on peut faire emplette

de superbes pains maison...

The Modern Pantry *(plan d'ensemble H2,* ***141****) : 47-48 Saint John's Sq, EC1V 4JJ. ☎ 020-7250-0833. • enquiries@themodernpantry.co.uk • Ⓜ Farringdon. Tlj 8h-11h pour le petit déj, 12h-15h, 18h-22h30 pour le resto (fermé le dim soir). Formules 20 £ le midi en sem ; plats 15-20 £.* Installé dans un élégant édifice géorgien. Café au rez-de-chaussée, ou salles de style post-moderne d'une blancheur immaculée à l'étage. Clientèle un poil bobo branchée. Cuisine de type *fusion* ayant picoré des recettes ou des influences du monde entier (où domine cependant une petite musique méditerranéenne). Ça donne des petits plats inspirés à partir de produits traditionnels frais, avec quelques télescopages de couleurs et de saveurs judicieux. Très bien également pour le brunch dominical. Service gentil comme tout.

Medcalf *(plan d'ensemble G2,* ***142****) : 38-40 Exmouth Market, EC1R 4QE. ☎ 020-7833-3533. • mail@medcalfbar.co.uk • Ⓜ Farringdon. Tlj sf dim soir 12h-15h (16h le dim ; brunch 12h-16h le sam), 18h-22h (22h30 ven-sam). Plats 11-16 £.* Cette ancienne boucherie de 1912 (belle enseigne d'origine) tout en longueur, au style primitif recherché, assez sombre, est impeccable pour se restaurer de manière décontractée et informelle. Mobilier dépareillé semblant avoir été récupéré sur le trottoir. Plus inconfortable, moins séduisant, tu meurs ! Un peu mieux tout au fond, plus lumineux, avec quelques banquettes (et minipatio aux beaux jours). Pas une cuisine très sophistiquée, mais produits frais et viandes tendres, bœuf à la Guinness, moules marinière, pâté de maquereau fumé, bonnes quiches et tartes, snacks divers, desserts sympa... Mon tout bien servi à prix tout à fait abordables. Juste à côté, galerie d'art contemporain.

Où boire un verre ?

Voir aussi un peu plus haut nos adresses de restos, comme ***The Coach and Horses*** ou le ***Eagle.***

Jerusalem Tavern *(plan d'ensemble H2,* ***387****) : 55 Britton St, EC1M 5UQ. ☎ 020-7490-4281. • stpetersbrewery.co.uk • Ⓜ Farringdon. Lun-ven 11h-23h.* Difficile de repérer de loin l'étroite façade sombre de cette taverne parcheminée bâtie en 1720, mais qui se balada en d'autres endroits du quartier avant. L'un de ses ancêtres était tenu par Richard Hogarth (père du célèbre peintre qui imposait qu'on y parle latin !). Clientèle fort mélangée. Fidèles de toujours et novices d'un soir se partagent un minuscule espace tout en boiseries sombres et compartimenté comme une ruche. Et toutes les jeunes abeilles sont occupées à butiner le nectar de la maison, une savoureuse bière artisanale brassée par *Saint Peter* dans le Suffolk. On en a même goûté une à la groseille à maquereau ! Notre pub préféré dans le coin. On peut même y manger un morceau pour le petit déj ou le midi.

Cittie of Yorke *(centre 1, G3,* ***385****) : 22-23 High Holborn, WC1V 6BS. ☎ 020-7242-7670. Ⓜ Holborn ou Chancery Lane. Lun-sam 12h-15h, 17h-21h (bar 23h). Plats 6-12 £.* Inauguré en 1430, ce pub formidable, reconstruit en 1695 avec les éléments du pub précédent, n'a jamais plus abdiqué, malgré les différentes campagnes de restauration. Belle façade de style Tudor. On adore la hauteur de plafond (dans le bar principal, on se croirait dans une église), les vitraux colorés, les vénérables boiseries, les passerelles métalliques, les immenses barriques (de 500 à 1 000 gallons)... Une clientèle fidèle, à laquelle se mêlent les touristes, se serre les coudes au bar ou autour du vieux poêle en fonte datant de 1815 (et dont la fumée est dégagée par en dessous !), quand elle ne préfère pas l'intimité des petits box à peine éclairés. À l'époque, ça permettait aux avocats de discuter tranquillement avec leurs clients. Un monument ! Dommage toutefois que le service fasse preuve d'autant d'amateurisme.

Ye Olde Cheshire Cheese *(plan d'ensemble G3,* ***390****) : 145 Fleet St, EC4A 2BU. ☎ 020-7353-6170. • info@yeoldcheshirecheese.com • Ⓜ Blackfriars. Lun-sam 11h-23h (21h30 pour la cuisine), dim 12h-17h. Plats 6-15 £ servis tlj sf dim.* L'entrée se fait par un petit passage perpendiculaire à Fleet Street. Date de 1538 (il s'appelait alors le *Horn*

Tavern). Reconstruit l'année suivant le terrible incendie de 1666, ce vieux pub confit dans la bière n'a guère changé depuis. À droite de la porte, la longue liste des monarques qui auraient pu y boire. Il eut comme clients Carlyle, Dickens, Voltaire, Thackeray, Mark Twain, Theodore Roosevelt, Conan Doyle, Yeats. Le célèbre docteur Samuel Johnson (auteur du dictionnaire) vivait juste au coin. La mort du perroquet de la maison (qui vécut, dit-on, 40 ans) fut même annoncée par la BBC ! L'intérieur vaut le coup d'œil : un vrai labyrinthe avec plusieurs salles sombres, basses de plafond, toutes bardées de chêne noir et souvent dotées de cheminées qui crépitent, un chapelet de caves médiévales rescapées des flammes (vestiges d'un couvent de carmélites du XIVe s), un resto (cuisine correcte sans plus, ou un *bar menu* classique) et des recoins intimes partout. Le soir, difficile d'atteindre le comptoir sans jouer des coudes. Incontournable.

🍷 ***The Three Kings*** *(plan d'ensemble G2,* ***351****) : 7 Clerkenwell Close, EC1R 0DY. ☎ 020-7253-0483. Ⓜ Farringdon. Dans le village de Clerkenwell, face à l'église. Lun-ven 12h-23h, sam 18h-23h. Petits plats à prix doux.* Petit pub attachant à la déco rigolote : de petits personnages en papier mâché habitent les murs de ce repaire convivial. Clientèle d'habitués qui célèbrent l'esprit « grande famille » de la maison et trinquent volontiers à la santé des 3 rois : King Kong, Elvis et Henri VIII. Peu de touristes se perdent dans ce coin pourtant charmant, peuplé de designers et d'architectes, alors avant d'aller avaler l'une des bières pression originales, comme la *London Pride* ou une Guinness bien épaisse, musardez donc un peu au hasard des ruelles alentour.

🍷 ***Princess Louise*** *(centre 1, F3,* ***386****) : 208 High Holborn, WC1V 7VW. ☎ 020-7405-8816. Ⓜ Holborn. Lun-sam 11h-23h (20h30 pour la cuisine). Quelques petits plats pour grignoter* (fish & chips, steak and kidney pie) *6-7 £.* Pub magnifique datant de 1872 et qui prit le nom de la 4e fille de la reine Victoria. L'un des plus beaux décors de Londres : lambris, superbes miroirs gravés recouvrant les murs, plafonds ciselés, et d'insolites paravents permettant de compartimenter le bar... Même les toilettes valent le coup d'œil. Très fréquenté et franchement bruyant, mais ô combien pittoresque. À l'étage, salle plus tranquille où les habitués se regroupent autour de la cheminée.

🍷 ***Ye Olde Mitre*** *(plan d'ensemble G3,* ***388****) : 1 Ely Court, EC1N 6SJ. ☎ 020-7405-4751. • enquiries@yeoldemitre.co.uk • Ⓜ Chancery Lane ou Farringdon. Donne sur Hatton Garden. Lun-ven 11h-23h.* On hésite presque à donner l'adresse de cette pépite cachée dans un passage large comme une meurtrière entre Ely Place (cul-de-sac perpendiculaire à Charterhouse) et Hatton Garden. Créé en 1547, reconstruit en 1772, ce pub minuscule bourré de charme est l'un des plus vieux de la ville et aussi l'un des plus secrets. On raconte que certaines personnes travaillant dans le quartier mirent plusieurs mois (l'un plusieurs années !) avant de tomber dessus ! Clientèle d'habitués en complet-cravate et de curieux doués d'un bon sens de l'orientation. Déco cosy et atmosphère chaleureuse. Quelques bières rares. Pour les retardataires, quelques tonneaux à l'extérieur pour s'accouder quand les 2 salles riquiqui sont pleines à craquer !

🍷 ***Old Bell Tavern*** *(plan d'ensemble G-H3,* ***389****) : 95 Fleet St, EC4Y 1DH. ☎ 020-7583-0216. Ⓜ Aldwych. Lun-ven 10h-23h30 ; sam 12h-18h. Cuisine de pub servie 10h-22h sf sam, dont la sélection de* sausages & mash *env 6-8 £.* En plein quartier de la presse, ce pub historique est le rendez-vous des journalistes, cela va de soi. Construit en 1678 pour abreuver les maçons qui reconstruisaient l'église Saint-Bride après le Grand Incendie. Le dallage de l'entrée, son vieux parquet et son bar central en font une étape intéressante pour ceux qui effectuent un *pub crawl* historique. Cependant, la qualité de la bière et de la nourriture se révèle assez irrégulière, et les serveurs ne sont guère réputés pour leur amabilité.

Où danser ?

♫ ***Fabric*** *(plan d'ensemble H3,* ***454****) : 77 A Charterhouse St, EC1M 3HN. ☎ 020-7336-8898. • fabriclondon.*

com • Ⓜ *Farringdon. Slt ven-dim. En général, 22h ou 23h-6h (parfois 8h). Entrée : 10-20 £ ; réduc.* Installé dans un ancien entrepôt à viande de 3 000 m², cet immense club voit s'agglutiner par grappes les *clubbers,* qui ne se laissent pas rebuter par la foule pour pénétrer dans l'antre de la house, techno (samedi) ou drum'n'bass. Un incontournable.

Shopping

Space *(plan d'ensemble G2) : 25 Exmouth Market, EC1R 4QL.* ☎ *020-7837-1344. Lun-sam 10h30-18h.* Ⓜ *Farringdon.* Des gadgets comme s'il en pleuvait, des objets déco rigolo, des bavoirs décalés, des tasses amusantes. Bref, que des choses essentielles !

Marché

– ***Smithfield Market*** *(plan d'ensemble H3) : halles centrales pour la viande.* Ⓜ *Barbican ou Farringdon. Lun-ven 3h-12h.* On vous conseille de venir avant 8h (après, il n'y a souvent plus rien !). Vous vous consolerez de ce réveil matinal avec un bon breakfast, accompagné comme il se doit d'une petite mousse, dans l'un des pubs installés tout autour du marché. Viande, volaille et gibier en gros depuis plus de 800 ans ! À l'endroit même où l'on brûlait les sorcières et les protestants... Brrr !

Galeries et musées

Sir John Soane's Museum *(centre 1, F3,* ***569****) : 13 Lincoln's Inn Fields, WC2A 3BP.* ☎ *020-7405-2107.* • *soane.org* • Ⓜ *Holborn. Mar-sam 10h-17h (dernière entrée 16h30). Fermé dim-lun et j. fériés. Le 1ᵉʳ mar de chaque mois, visite supplémentaire à la bougie 18h-21h. Entrée gratuite. Nombre limité de visiteurs, il faut donc parfois prévoir un peu d'attente (très peu).* Bordant Lincoln's Inn Fields, l'une des plus vastes places de Londres, dessinée au début du XVIIᵉ s, on ne soupçonne pas ce que dissimule la façade banale du nº 13. Voici la maison de l'excentrique sir John Soane, architecte et collectionneur d'objets de toutes sortes. Il l'a dessinée pour abriter ses très nombreux marbres, moulages antiques, tableaux et bibelots. Rappelons qu'il fut l'architecte de la *Bank of England* (il ne reste plus aujourd'hui que la façade extérieure du bâtiment d'origine). Voyez sa trombine au-dessus de la cheminée, dans la salle à manger. Ce musée étrange est tel qu'il l'a laissé à sa mort, en 1837. Tout est resté figé dans le temps, ou presque, car les vénérables horloges sonnent encore les heures. Et quel fouillis ! Un entassement de merveilles, une folie pure, un capharnaüm qui ferait rêver n'importe quel archéologue, surtout lorsque l'éclairage à la bougie (certains soirs) ajoute encore au mystère de ce formidable cabinet de curiosités. Mais le plan de la maison est tout aussi intéressant que les objets exposés. On sent bien l'architecte torturé, romantique et mégalomane. Plusieurs années de travaux permettront d'ouvrir une annexe du musée à quelques pas, sur le même trottoir, au nº 12.

Huntarian Museum *(centre 1, F3, en face de* ***569****) : 35-43 Lincoln's Inn Fields, WC2A 3PE.* ☎ *020-7869-6560.* Ⓜ *Holborn.* • *rcseng.ac.uk/museums* • *Mar-sam 10h-17h. Au 1ᵉʳ étage du Collège royal de chirurgie. Entrée gratuite.* Un musée dans une école de chirurgie, créé à partir de la collection de John Hunter, anatomiste au XVIIIᵉ s pour le roi George III. Belle collection d'exemples chirurgicaux, conservés dans d'innombrables bocaux de formol. Les étudiants viennent d'ailleurs s'entraîner au dessin des organes en tout genre dans ces pièces. Autres découvertes, comme le premier antiseptique de Lister, et des spécimens qui pourraient choquer les enfants. D'autres sections de présentation des avancées de la chirurgie. Instructif, mais pour public averti.

Old Curiosity Shop *(centre 1, F-G3,* ***570****) :* *13 Portsmouth St, WC2. ☎ 20-7405-9891. Ⓜ Holborn. Lun-sam 10h30-19h.* Dans une jolie maisonnette blanche et verte en encorbellement, avec son toit rouge, un petit magasin hors d'âge qui prétend avoir été immortalisé par Dickens dans le livre du même nom. C'est devenu une boutique de chaussures. Quoi qu'il en soit, la bâtisse date réellement du XVIIe s, et c'est l'une des très rares rescapées du terrible incendie de 1666. De quoi se faire une petite idée de l'aspect du quartier avant le désastre...

TROPHÉE MACABRE

À l'Huntarian Museum, on peut reluquer le squelette de Charles O'Brien, géant irlandais de 2,34 m qui vécut au XVIIIe s et dont Hunter convoitait la dépouille... Du pain bénit pour lui, vous pensez ! Mais l'homme sur son lit de mort refusa de léguer son corps, et demanda à ce qu'il soit lesté de plomb, scellé et jeté en mer. Hunter soudoya des plongeurs à la mort de O'Brien et récupéra la dépouille, qu'il fit bouillir pour étudier le squelette que vous pouvez encore apercevoir...

Saint Bartholomew The Great *(église Saint-Bartholomé ; plan d'ensemble H3) :* *près de Saint Bartholomew's Hospital. Ⓜ Farringdon.* Pour prier, c'est gratuit. Pour visiter, c'est 4 £ ! L'église la plus vieille de Londres. Elle a servi de cadre aux films *Quatre mariages et un enterrement* et *Shakespeare in love.*

LA CITY, TOWER BRIDGE ET LES DOCKLANDS

▸ Pour se repérer, voir aussi le plan d'ensemble en fin de guide.

À l'ouest, le monde de la finance, à l'est celui des docks, en cours de réhabilitation et, entre les deux, autour de Tower Bridge et de la Tower of London, l'un des pôles touristiques les plus courus de Londres. Ambiance trépidante aux heures de bureau, mais beaucoup d'adresses fermées le week-end.

Adresses utiles

i ***City of London Tourist Information Centre*** *(plan d'ensemble H3,* ***2****) : Saint Paul's Churchyard, EC4M 8BX. ☎ 020-7606-3030. • visitthecity.co.uk • Ⓜ Mansion House. Lun-sam 9h30-17h30, dim 10h-16h.*

i ***Liverpool Street Travel Information Centre*** *(plan d'ensemble I-J3) : Liverpool St Station, EC2, dans la station de métro. Lun-sam 7h15-21h15, dim 8h15-20h15.*

Où dormir ?

Très bon marché (moins de 35 £, soit 41 €)

⌂ ***YHA London Saint Paul's*** *(YHA ; plan d'ensemble H3,* ***125****) : 36 Carter Lane, EC4V 5AB. ☎ 020-7236-4965 ou 0845-371-9012. • stpauls@yha.org.uk • yha.org.uk • Ⓜ Blackfriars ou Saint Paul's. Derrière la cathédrale Saint-Paul. Réception 24h/24. Selon période, env 18-30 £/pers en dortoirs 3-11 lits. Compter 3-4 £ de réduc pour les moins de 18 ans. Une poignée de doubles env 60-70 £. Supplément de 3 £ pour les non-membres. Petit déj non inclus.* 💻 📶 Vaste AJ nichée dans une belle et longue maison ancienne de style victorien (ancienne école de la chorale de garçons de Saint-Paul). Environ 200 lits (dont 4 *singles* et 3 doubles). L'intérieur est évidemment moins séduisant : l'ensemble est globalement vieillot, et les dortoirs basiques n'ont rien d'autre à offrir qu'un lit et éventuellement des casiers. Très bonne adresse toutefois, car fort bien située, dans une rue calme proche des transports. De plus, propre, personnel pro et plutôt accueillant. Sur place : agréable cafétéria pour le petit déj et le dîner (mais pas de cuisine), salon TV, laverie et consigne.

⌂ ***YHA London Thameside*** *(plan Les Docklands A1,* ***10****) : 20 Salter Rd, SE16 5PR, Rotherhithe. ☎ 020-7232-2114. • thameside@yha.org.uk • yha.org.uk • Ⓜ Rotherhithe. Prendre à gauche en sortant du métro et faire 300 m. Sinon, bus n° 381 (qui fonctionne également de nuit) depuis Trafalgar, Waterloo ou London Bridge. Selon période, env 18-30 £, avec petit déj, en dortoirs 3-6 lits (réduc pour les moins de 18 ans).* Cette vaste AJ (320 lits) est très excentrée, mais elle a l'immense avantage d'avoir presque toujours un lit de libre pour les étourdis qui auraient oublié de réserver ailleurs. Pas de panique toutefois, le métro n'est jamais qu'à 5 mn à pied et le quartier est si pépère et résidentiel qu'on peut vous garantir un séjour au calme. Chambres classiques et claires, toutes *en suite*. Et comme les équipements sont corrects (cuisine, cafétéria, accès Internet, parking à vélo, *lockers*), l'entretien soigneux et l'accueil chaleureux, cette option se révèle tout à fait intéressante.

De prix moyens à vraiment plus chic (50-120 £, soit 59-142 €)

Premier Inn London City (plan Les Docklands A1, **11**) : *22-24 Prescot St, E1 8BB. ☎ 0870-423-6498. • premierinn.com • Ⓜ Tower Hill. Doubles 80-160 £ selon période et événements spéciaux. Réduc sur Internet, moins cher le w-e. Gratuit pour les moins de 16 ans.* Situation éminemment stratégique pour ce *Premier Inn* : à deux pas du métro, de plusieurs pôles touristiques majeurs, et malgré tout dans une rue assez calme. Pour le reste, il a tous les attributs de la chaîne (chambres nickel, confortables, fonctionnelles et plutôt agréables dans leur genre, car de taille raisonnable).

Andaz (plan d'ensemble J3, **145**) : *40 Liverpool St, EC2M 7QN. ☎ 020-7961-1234. • london.liverpoolstreet.andaz.com • Ⓜ Liverpool St. Selon période, double à partir de 130 £, suite env 260 £. Réduc sur Internet, moins cher le w-e.* Un hôtel de luxe de la chaîne *Hyatt*, conçu par sir Terence Conran. Stratégiquement situé, au pied de Liverpool Station et aux portes de la City, dans un bâtiment à la façade victorienne de 1884. Art et design se conjuguent ici avec brio, mêlant éléments anciens et ultra-contemporains. Le hall d'accueil, dans un esprit japonisant, met tout de suite dans l'ambiance... Les chambres arborent des couleurs sobres et des lignes pures, et les salles de bains un joli carrelage rétro. Pas moins de 4 restaurants et 5 bars. Le *1901 Restaurant & Wine Bar* met à l'honneur la nouvelle gastronomie british, le *Catch Restaurant & Champagne Bar* joue la carte « iodée », tandis que le *George Pub* met à l'aise son monde autour d'une bière et d'un classique *fish & chips*. Quant au *Miyako*... bon, vous l'aurez compris ! Ajoutez à cela un service personnalisé, particulièrement remarquable, et vous avez là une des meilleures adresses de ce standing à Londres.

Où manger ?

Sur le pouce (moins de 10 £, soit 12 €)

De Gustibus (plan d'ensemble H3, **125**) : *53-55 Carter Lane, EC4V 5AE. ☎ 020-7236-0056. • city@degustibusbakery.com • Ⓜ Blackfriars ou Saint Paul's. Lun-ven 7h-17h. Petit déj anglais env 6 £, formules et menus 7-10 £.* Les lignes sobres et modernes de la boutique manquent sans doute de chaleur, mais ce qui enflamme l'imagination autant que l'appétit se passe dans le fournil. Car ici tout est fait et cuit sur place. D'ailleurs, la maison est connue dans tout Londres pour ses pains spéciaux : céréales originales, croûtes croustillantes et mies moelleuses ont conquis depuis longtemps gourmands, gourmets et professionnels de la restauration ! Elle a gagné de nombreux prix pour la qualité de ses pains, utilisant avec bonheur des recettes du monde entier. Autant dire que les sandwichs servis ici n'ont rien de commun ! *Autres adresses sur Borough Market et Marylebone.*

Si vous n'avez pas le temps de faire le détour, sachez que la City regorge de boutiques et de snacks pour acheter de quoi manger sur le pouce. Ainsi on trouve un ***Pret A Manger*** ou un ***EAT*** à chaque coin de rue (attention, la plupart sont fermés le dimanche).

De bon marché à prix moyens (10-18 £, soit 12-21 €)

Wagamama (plan d'ensemble J4, **170**) : *Tower Pl, EC3N. ☎ 020-7283-5897. Ⓜ Tower Hill. Tlj 12h-21h. Un autre au 109 Fleet St (☎ 020-7583-7889 ; Ⓜ Saint Paul's ; fermé le w-e).* Voir le texte sur l'autre *Wagamama (centre 1, F3,* ***170****)* dans le chapitre « Bloomsbury, King's Cross, Euston et Saint Pancras », rubrique « Où manger ? ».

Café Below (plan d'ensemble I3, **297**) : *Saint Mary-Le-Bow, Cheapside, EC2V 6AU. à l'angle de Bow Chur-*

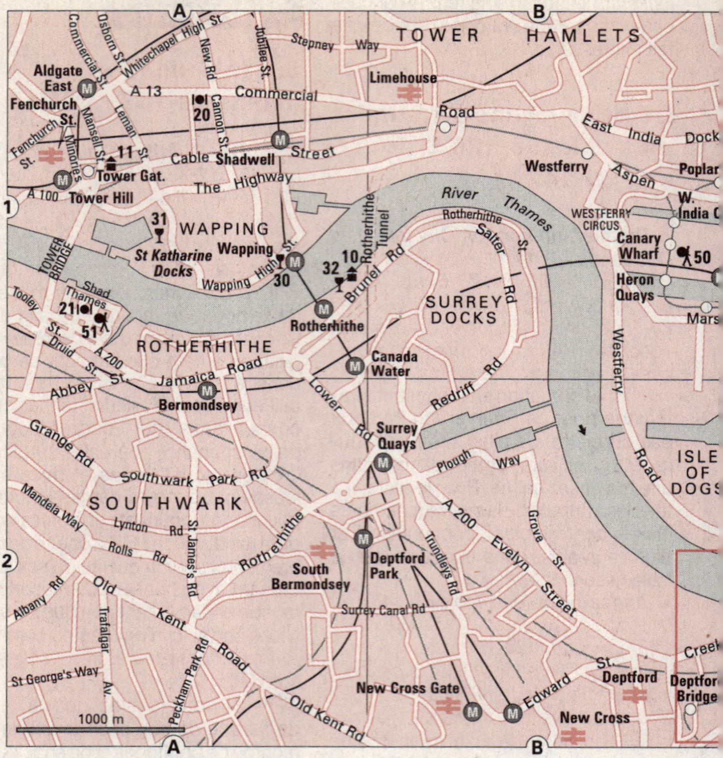

Où dormir ?

10 YHA London Thameside
11 Premier Inn London City

Où manger ?

20 Lahore Kebab House
21 Chop House

chyard. ☎ 020-7329-0789. • info@cafebelow.co.uk • Ⓜ Saint Paul's. Lun-ven 7h30-21h. Plats et sandwichs 5-10 £. Les Anglais adorent les cryptes ! Mais pas forcément pour y prier. À Saint Mary-Le-Bow, le seul repas qu'on partage n'a rien de spirituel, mais consiste en une sélection de bons sandwichs et plats du jour maison (même le pain, savoureux !), en partie végétariens, préparés avec des produits de saison (visez la liste des producteurs) et à prix doux. Quant à la crypte, elle se définit désormais comme un café chaleureux et convivial. Très sympa.

De prix moyens à plus chic (10-25 £, soit 12-29,50 €)

The George & Vulture *(plan d'ensemble I3, **226**) : 3 Castel Court, EC3V 9DL. ☎ 020-7626-9710. Ⓜ Bank. Dans une ruelle tellement petite qu'elle n'est inscrite sur aucun*

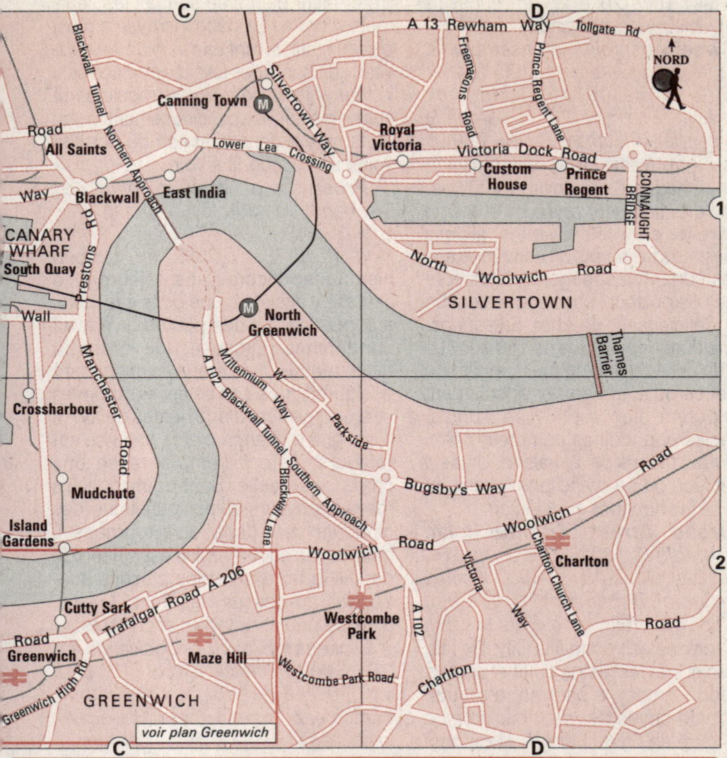

LES DOCKLANDS, DE TOWER BRIDGE À THAMES BARRIER

Pubs	À voir
30 Prospect of Whitby	**50** Museum of London Docklands
31 Dickens Inn	**51** Design Museum
32 Mayflower	

plan ! Du métro, prendre Cornhill, puis tourner à droite dans Birchin Lane, dans un creux se cache Castel Court. Lun-ven 12h-14h45. Plats 12-16 £. Un lieu secret fréquenté en son temps par Charles Dickens (qui y a même écrit certaines pages de son *Mr Pickwick,* mais où n'a-t-il pas écrit dans Londres, nous direz-vous ?). Rien n'a changé depuis, si ce n'est la couleur de la cravate ou le nombre de boutons que ces messieurs de la City arborent sur leur gilet (eh oui, on croise très peu de jupons par ici !). La maison existe depuis 900 ans environ, mais le resto tel qu'on le voit date du XVIIe s. Autant dire qu'il s'agit d'un monument, en tout cas d'une institution. Murs jaunes patinés, box en bois, belle cheminée. Parmi les spécialités maison (100 % british) : *steak and kidney pie,* côtes de moutons grillées à la menthe, *bread pudding* noyé sous la *custard...* Si vous voulez découvrir une authentique et savoureuse cuisine britannique, c'est ici ! Et si vous restez rétif aux saveurs d'outre-Manche, essayez la sole de

Douvres ou une pièce de bœuf écossais (servi « bleu » sur demande)...

Sweetings *(plan d'ensemble I3, **264**) : 39 Queen Victoria St, EC4N 4SA. ☎ 020-7248-3062. Ⓜ Mansion House. Lun-ven 11h30-15h (dernière commande). Plats env 13-35 £.* Plus british, introuvable ! Une véritable institution. Chaque midi, environ 200 costumes gris finement rayés et le même nombre de cravates voyantes, alignés sur de hauts tabourets ou accoudés aux tables communes, dégustent les spécialités de poisson, sans sophistication mais délicieuses, de chez *Sweetings*. Et cela dure depuis plus de 150 ans ! La sole de Douvres est un must, le plat de référence qu'il faut goûter absolument (pas donné bien sûr !). *Fish & chips*, crumbles et puddings comptent parmi les autres gloires de la maison. Un seul regret : ici, on ne prend pas la résa, et comme les habitués sont légion...

Bread Street Kitchen *(plan d'ensemble I3, **333**) : 10 Bread St, EC4M 9AJ. ☎ 020-3030-4050. • info@breadstreetkitchen.com • Ⓜ Saint Paul's ou Mansion House. Plats 13-35 £.* Une adresse en vogue à la City. De fait, le dernier-né des restos du chef anglais Gordon Ramsay a pas mal d'atouts. Au rez-de-chaussée, petit bar propice à un verre en fin de journée et de quoi se restaurer sur le pouce. Un escalier et une passerelle métalliques mènent à l'immense salle de bistrot, superbe avec son carrelage à damier, ses hauts plafonds, ses poutrelles en acier et ses grandes baies vitrées. Cuisine classique qui fait la part belle aux produits anglais. Le petit déj est d'ailleurs servi ici jusqu'à 11h. Au final, un rapport qualité-prix honnête, même si le traditionnel « hamburger » nous a un peu déçus. Opter plutôt pour les poissons du jour, de première fraîcheur, ou pour les plats un peu plus « excentriques », british quoi !

Pubs

Blackfriars *(plan d'ensemble H4, **391**) : 174 Queen Victoria St, EC4. ☎ 020-7236-5474. Ⓜ Blackfriars. Lun-sam 10h-23h, dim 12h-22h30.* Avec un gros moine jovial en guise d'enseigne, le *Blackfriars* annonce la couleur : convivialité et bière bien tirée sont ici les seuls mots d'ordre ! La déco incroyable n'est pas en reste, livrant une version Art nouveau amusante des félicités monacales... le tout enrobé de dorures, moulures et autres mosaïques délicieusement kitsch (notamment dans l'espèce de boudoir voûté tout au fond). À voir.

Prospect of Whitby *(plan Les Docklands A1, **30**) : 57 Wapping Wall, E1W 3SH. ☎ 020-7481-1095. Ⓜ Wapping. Tlj 12h-23h (22h30 dim).* Un pub historique (encore !). Le célèbre juge Jeffreys y assistait, une pinte à la main, aux pendaisons des pirates qu'il avait condamnés. Dickens, lui, préférait dîner tranquillou à l'étage en griffonnant quelques lignes. Les boiseries racornies et le dallage hors d'âge hérités du XVIe s n'ont guère changé... et la potence est toujours prête à l'emploi, avec une corde toute neuve ! Sans doute pour les mauvais payeurs. Hyper touristique (des cars l'incluent dans leurs tournées !), mais la vue sur la Tamise est splendide depuis la terrasse et les balcons suspendus au-dessus des flots. Au bar, plats de pub abordables et corrects.

Dickens Inn *(plan Les Docklands A1, **31**) : Saint Katharine's Way, E1W 1UH. ☎ 020-7488-2208. • dickensinn@btinternet.com • Ⓜ Tower Hill. Suivre le fléchage depuis le métro et emprunter les souterrains qui mènent au Saint Katharine's Dock. Lun-sam 11h-23h, dim 12h-22h30.* Le vaste bâtiment, tout de brique et de bois, donne sur le quartier des docks, joliment réhabilité. Le tableau est pittoresque, avec des bateaux de plaisance au milieu des immeubles, inauguré par l'arrière-petit-fils de Dickens lui-même. C'est l'endroit le plus agréable que nous ayons trouvé ici pour prendre un verre, dans une immense salle aux allures de taverne très chaleureuse l'hiver, ou en terrasse l'été. Également 2 étages réservés, l'un à une pizzeria, l'autre à un restaurant classique. Cuisine moyenne.

Mayflower *(plan Les Docklands A1, **32**) : 117 Rotherhithe St, SE16 4NF. ☎ 020-7237-4088. Ⓜ Rotherhithe. Du métro, prendre Railway Ave, qui longe la station et débouche sur le pub. Lun-ven 11h-23h, w-e 12h-23h.* Sur la rive sud, un pub du XVIIe s où les passagers du *Mayflower*, en route pour l'Amérique, éclusèrent leur dernier gorgeon... Intérieur digne des romans de pirates, avec force boiseries patinées, recoins sombres et cheminées. Mais si c'est bien le point de départ du *Mayflower*, il ne reste pas grand-chose du pub de l'époque... même si la rumeur prétend qu'une partie des matériaux proviendrait du célèbre navire ! On se consolera avec la belle vue sur la Tamise depuis la charmante terrasse.

Sans oublier 2 adresses des plus originales pour qui veut tâter le pouls de la City *(plan d'ensemble I3)* : ***The Royal Exchange,*** l'ancienne Bourse, aujourd'hui devenue un bar plutôt chic et design ; plus tradi, à quelques pas de là, de vénérables banques ont, elles aussi, été transformées en pubs. Le décor est souvent d'origine, avec force bois moulés et stucs dorés... Parmi elles, la ***Counting House*** *(50 Cornhill).*

Théâtre et concerts classiques

Barbican Centre and Art Gallery *(plan d'ensemble I2-3) : Silk St, EC2Y 8DS. ☎ 020-7638-8891 ou 4141. • barbican.org.uk • Ⓜ Barbican ou Moorgate. Galerie d'art tlj 11h-20h, sf mer 11h-18h. Entrée gratuite.* Salle de concerts aussi, entre autres, du célèbre *London Symphony Orchestra*. Concerts pratiquement tous les soirs. Places à 50 % pour les étudiants chaque mercredi soir. En parallèle, programmation du *BITE (Barbican International Theatre Event)* : danse et surtout théâtre... Lieu très éclectique puisqu'il accueille aussi quantité d'expos, de conférences, de films...

Marché

– ***Leadenhall Market*** *(plan d'ensemble I3) : l'accès principal se fait par Gracechurch St. • leadenhallmarket.co.uk • Ⓜ Bank ou Monument. Petites échoppes ouvrant à des horaires différents, mais en général lun-ven 7h-16h.* Ses origines remontent au XIVᵉ s, ce qui en fait un des plus anciens marchés de Londres. Fruits et légumes au détail, volaille, viande et poisson.

Musée

Museum of London *(plan d'ensemble H3) : London Wall, EC2Y 5HN. ☎ 020-7001-9844. • museumoflondon.org.uk • Ⓜ Saint Paul's. Tlj 10h-18h (galeries fermées 20 mn avt). Fermé 24-26 déc. Entrée gratuite, sf pour les expos temporaires. Visite gratuite en anglais (40 mn ; en français sur demande) à 11h, 12h, 15h et 16h. Consigne payante. Sur place, cafétéria.*

Il offre une vision plus didactique qu'artistique sur l'histoire de Londres, une sorte de résumé génial de la vie des Londoniens depuis plus de 10 millénaires.

Après un rapide survol de la période préhistorique et des balbutiements de l'implantation humaine dans le secteur, on attaque le cœur du sujet. En 54 av. J.-C., César, qui avait déjà tout colonisé – sauf un petit village d'irréductibles Gaulois –, envahit l'île. On découvre que son camp abrite aujourd'hui... l'aéroport d'Heathrow ! L'histoire de Londres ne débute vraiment qu'à cette époque, soit il y a à peine 2 000 ans. Les salles « romaines » s'intéressent autant à la cuisine, à la santé qu'à l'architecture et à la vie quotidienne. Pour s'en rendre compte, des intérieurs de maisons et d'ateliers ont été soigneusement reconstitués en utilisant les nombreux objets d'époque découverts lors des fouilles. On s'y croirait ! Pêle-mêle, on trouve une

LES PREMIERS BRITANNIQUES SONT VENUS À PIED !

Aux alentours de 8 000 ans avant notre ère, l'actuelle Grande-Bretagne était encore reliée au continent. Les premiers habitants chassaient l'aurochs et taillaient le silex comme tout le monde. La formation de l'île ne se fit définitivement que 3 000 ans plus tard, empêchant ainsi toute migration. Peut-être le caractère insulaire des Britanniques s'est-il forgé à cette époque ?

vitrine consacrée au *temple de Mithra* (découvert à Londres en 1954) ou une évocation du premier Grand Incendie en l'an 60 de notre ère. La reine Boadicea, rebelle à l'autorité de Rome, avait donné l'ordre à ses troupes de détruire totalement les villes de Colchester, Saint Albans, et bien sûr Londres. Un mot d'ordre : « Pas de prisonnier ! » Bilan, des viols, des crucifixions et des massacres : 70 000 morts ! Par la vitre, on peut apercevoir un vestige du mur médiéval (XIIIe s), lui-même construit sur les fondations du mur romain.

Les sections suivantes s'intéressent à la période de transition entre la fin de l'époque romaine (datée vers 410) et l'aube de l'ère médiévale, marquée par l'arrivée des Saxons. Voici Lundenvic, « le port de Londres ». Période trouble, violente, hantée par les raids des Vikings. De nombreuses armes retrouvées dans la Tamise attestent de la fréquence des pillages, tandis que la reconstitution d'une maison typique donne une idée de ce à quoi ressemblait l'habitat anglo-saxon il y a 1 000 ans. On entre ensuite de plain-pied dans le monde médiéval (avec l'arrivée aux affaires des Normands, et toutes sortes de joyeusetés comme la Grande Peste de 1348 : 40 000 morts en 18 mois), transformé en profondeur lorsque s'amorce la période de la Renaissance. Évocation de la première *Saint Paul's Cathedral.* Le Grand Incendie qui réduisit en cendres les quatre cinquièmes de la ville modifia, on s'en doute, considérablement le visage de Londres. 13 000 maisons brûlées, 200 000 sans-abri (et seulement 6 morts !). Des toiles apocalyptiques et une vidéo permettent d'imaginer quel impressionnant bûcher ç'a été ! La reconstruction de Londres fut confiée à l'architecte Wren. Il y avait urgence, il fallait reloger l'immense majorité de la population. Le nouveau Londres fut bâti en un temps record (et en pierre !) et la « nouvelle » *Saint Paul's Cathedral,* plus moche que l'ancienne, en est le symbole le plus marquant. Les galeries suivantes relatent l'expansion de la ville et ses profondes mutations de 1666 à nos jours. Tout est passé en revue (l'industrialisation, les évolutions du mode de vie), avec force détails et une mise en scène moderne et interactive (vidéos, audio, ou encore le superbe *Victorian Walk,* une rue typique entièrement reconstituée) ou la section *Changing London,* avec l'inauguration du premier escalator en 1898 et l'invention de la minijupe par Mary Quant en 1955. Génial pour les enfants.

POURQUOI LES CABINES TÉLÉPHONIQUES ONT FAILLI ÊTRE GRISES OU VERTES ?

On apprend au musée que les fameuses cabines téléphoniques rouges, typiquement anglaises, furent mises en place en 1926. Giles Gilbert Scott gagne le concours pour le design des « K2 » (nom de code du projet). Mais il veut les peindre en gris ou en vert ! Tollé de La Poste, qui craint qu'on les confonde avec... des panneaux de signalisation. Décision est prise alors de les peindre en rouge pour ne pas confondre.

Monuments et balades

Le Londres des traditions et de la finance : Holborn, la City et Tower of London

Aligné le long de la Tamise, du Waterloo Bridge au Tower Bridge, voici le Londres 100 % londonien, celui des hommes en perruque (quartier des *courts*), des chapeaux melon ou, disons plutôt, des costards-cravates, car même dans la City, rien n'est immuable, des journalistes (Fleet Street) et des *Yeomen* (garde royale de la Tour de Londres)... Ici s'est forgée une grande partie de l'histoire du royaume, au milieu des cris de la Bourse, de la Cour de justice et de la vieille prison. Dans ces quartiers soigneusement entretenus sont jalousement conservés les plus grands trésors d'Angleterre : les lingots de la *Bank of England,* les secrets de la *Lloyd's* et les joyaux de la Couronne. Vous y verrez beaucoup de gens affairés, beaucoup de touristes, mais aussi le superbe *Tower Bridge,* qui garde avec fidélité l'accès à cette ville dans la ville... Pour se repérer, pas de problème ! Depuis 2004, *The Gherkin,* autrement dit le « cornichon », l'imposant immeuble de bureaux, sert de phare à la City. C'est simple, on le voit de partout ! Alors autant s'y habituer... Représentation phallique, obus, crayon, suppositoire... on a tout entendu. Et c'est vrai que l'architecture audacieuse de cette tour de verre de 180 m, arrondie et élancée, a fait couler beaucoup d'encre. Mais cette œuvre de l'incontournable architecte Norman Foster est rapidement devenue le symbole du nouveau Londres. Ville qui assume depuis toujours son goût pour l'audace et la provocation. Et puis, allez, il faut avouer qu'elle a bien belle allure, cette tour... Un peu plus loin, vers Saint Paul's, appréciez la Stealth Bomber de Jean Nouvel, le premier Français depuis 200 ans à construire un bâtiment à Londres ! Quasiment collé à la cathédrale, son édifice, One New Change, à l'angle de Cheapside, une première fois rejeté par le prince Charles, est un centre commercial, unique dans la City !

Inns of Court *(centre 1, F-G3)* **:** à la lisière de la City, un quartier très secret, réservé aux juristes ! Pour y aller, métro jusqu'à la station Temple. Les Inns of Court sont les quatre collèges d'avocats de Londres, établis depuis le XVIe s dans le quartier compris entre Holborn et Temple. Si Lincoln's Inn et Gray's Inn (vers Chancery Lane) méritent largement une visite pour leur enchevêtrement de bâtiments séculaires et de beaux jardins, le quartier de Temple, siège des deux dernières écoles, est sans doute le plus emblématique. On y accède par Fleet Street (au no 16) ; depuis le métro Temple, remonter vers Blackfriars en longeant la Tamise et emprunter la petite ruelle qui grimpe sur la gauche.

La visite de ce lieu hors du temps est des plus intéressante, ne serait-ce que pour le charme du quartier, bourré de ruelles soignées, de passages pittoresques, de jolis jardins, de vieilles cours et de bâtiments anciens. Les visiteurs sont les bienvenus, excepté en période d'examens. Toutefois, la tranquillité légendaire des Inns est sérieusement mise à mal depuis le succès planétaire du *Da Vinci Code.* Car c'est au cœur de Temple qu'est dissimulée la désormais célèbre ***Temple Church*** (accessible par Middle Temple Lane, depuis Fleet Street) ! Pistant les traces des héros de Dan Brown et Ron Howard, de nombreux touristes auscultent les murs de la chapelle primitive du XIIe s, au plan circulaire caractéristique de l'ordre des Templiers, avant de s'engager dans la rotonde pour détailler les gisants. Le chœur à chevet plat est un ajout du XIIIe s, copieusement remanié au XIXe s.

Le succès est tel qu'on y organise encore des visites guidées, et même des débats sur le thème : « Da Vinci Code, quid du mythe et de la réalité ? » Une publicité dont les juristes fréquentant les Inns se seraient probablement bien passés. Moins populaire mais d'un intérêt historique notable, le beau bâtiment *Middle Temple Hall* (sur Middle Temple Lane) est célèbre pour sa salle Tudor, où Shakespeare fit jouer l'une de ses pièces.

UNE VILLE DANS LA VILLE

Les Inns of Court forment un micro-arrondissement indépendant, fonctionnant en circuit fermé. Ici vivent, étudient et plaident les avocats londoniens, qui trouvent sur place tout ce dont ils ont besoin : hébergement, centres d'étude, clubs privés et, bien sûr, pubs. D'ailleurs, inns signifie « auberges ». Ils ont leurs rites, leur langage, leur code vestimentaire, leur hiérarchie et leur règlement intérieur. Un peu comme à Oxford... D'ailleurs, tout le quartier des Inns est bouclé la nuit (à partir de 19h) !

Royal Courts of Justice *(centre 1, G3)* **:** *The Strand, WC2A 2LL (coin de Bell Yard). ☎ 020-7947-6000. Ⓜ Temple. Lun-ven 9h30-16h30. Fermé le w-e, ainsi qu'en août-sept. Visites guidées payantes tlj (en anglais) à 11h et 14h.* Inaugurée en 1882 par la reine Victoria. Imposant ensemble de style néogothique, comprenant près de 1 000 pièces et 5 km de couloirs ! Passé le dispositif de sécurité, on peut jeter un coup d'œil à l'impressionnant hall de la Cour de justice, vaste comme une nef de cathédrale, et assister à un procès civil depuis la galerie publique (plusieurs salles d'audience). Amusant à voir, avec juges et avocats portant perruque. Surtout, ne pas oublier de saluer les juges en entrant ! Une courbette suffit. Il vaut tout de même mieux connaître l'anglais... Sinon, on se consolera avec une petite exposition offrant un résumé de l'histoire du costume légal (perruques, capelines et tout le tremblement).

Le complexe Barbican (plan d'ensemble I2-3) : *au Barbican Centre, Silk St, au nord d'Holborn et de la City.* Ⓜ *Barbican.* Seulement pour les fans d'urbanisme. Ne pas y aller un dimanche, vous n'y rencontrerez que le cafard. Une intéressante tentative d'architecture moderne. Bâtiments résidentiels, commerciaux et culturels fleuris, terrasses, pelouses, lacs intérieurs, jeux d'eau, galeries piétonnes aériennes. Mais le traitement de l'ensemble est résolument « brutaliste ». Le béton grisâtre et la brique sont laissés nus, ce qui donne cette impression d'inachevé un peu morose. Les Londoniens l'ont surnommé « la brosse à dents » ! Voir le *Barbican Centre* avec jardins suspendus et salles d'exposition. C'est aussi le temple de la musique classique avec, entre autres, les concerts du *London Symphony Orchestra*.

Saint Paul's Cathedral (plan d'ensemble H3) : *Ludgate Hill, EC4. ☎ 020-7246-8357. • stpauls.co.uk •* Ⓜ *Saint Paul's. Tlj sf dim 8h30-16h. Fermé 25 déc. Billet unique pour la totalité de la visite : 15 £ ; réduc. Possibilité de réserver en ligne (2 £ de réduc). Visites guidées (en anglais) à 10h, 11h, 13h et 14h. Audioguide en français : 4 £. Attention, horaires modifiés quelques jours par mois. Vérifier sur le site internet.*
À l'époque romaine, un temple consacré à la déesse de la Chasse avait été construit à cet endroit. Du temps des Saxons, on y éleva une cathédrale de bois dédiée à saint Paul. L'église fut incendiée et reconstruite plusieurs fois. Après un dernier désastre en 1087, les Normands entreprirent la construction d'une cathédrale. De style romano-gothique, cette ancienne cathédrale, qui dépassait largement en taille l'actuelle, devint l'un des hauts lieux de la chrétienté. On venait de loin pour se recueillir ici, mais également pour voir la flèche la plus haute jamais construite à cette époque. En 1666, le Grand Incendie détruisit totalement l'édifice. On confia à Christopher Wren le soin de reconstruire la cathédrale : Saint Paul's représente l'apogée du savoir-faire de l'architecte.
On entre par le grand escalier de la façade ouest. Le portique, formé de colonnes corinthiennes géminées, est surmonté d'un tympan représentant la conversion de saint Paul. Si vous n'êtes pas un mordu de soutanes et de bondieuseries un peu kitsch, contentez-vous d'admirer l'intérieur depuis l'entrée. À notre avis, vu le prix de la visite, c'est nettement suffisant pour se faire une idée. D'autant que le site internet propose une bonne petite visite virtuelle... et gratuite !
Si vous décidez néanmoins de faire la visite, arrêtez-vous sous la coupole pour admirer le chœur. L'ensemble, avec les mosaïques, les stalles en chêne, le buffet d'orgue, le maître-autel à baldaquin (1958) et les grilles ouvragées, donne une impression de richesse pas forcément du meilleur goût. Derrière l'autel, la chapelle du Mémorial rend hommage aux 28 000 soldats américains qui étaient basés en Angleterre, morts durant la Seconde Guerre mondiale. Au bout du transept nord, superbes fonts baptismaux en marbre jaune du XVIIIe s. Dans la crypte – la plus grande d'Europe –, 200 tombes parmi lesquelles celles de Nelson, Wellington, Turner, Henry Moore, Lawrence d'Arabie, Wren et, depuis peu, un mémorial en l'honneur de Churchill.

EXERCICE VOCAL

Vous verrez dans Saint Paul la Whispering Gallery (« galerie des Murmures »). Son nom vient de son acoustique particulière : si vous murmurez un secret contre le mur, votre copain (ou copine) l'entendra sans problème de l'autre côté. Si vous beuglez la même chose vers l'extérieur, on n'entendra rien et on vous regardera bizarrement.

On trouve également un joli resto dans une belle salle voûtée (accès libre par le transept), parfait pour le *teatime.* Maquettes de l'actuel édifice et de l'ancienne cathédrale du XIIe s. Elle était beaucoup plus belle, mais on ne va pas le dire trop fort. Si vous êtes (très) en forme, tentez l'ascension du dôme. Il n'y a que 528 marches pour arriver jusqu'au sommet, d'où la vue sur la City, par beau temps, est superbe. Pour les moins sportifs, on peut déjà atteindre la *Whispering Gallery* en grimpant 259 marches.

The Cafe & Restaurant at St Paul's : *au sous-sol, dans la crypte.* ☎ *020-7248-2469. Lun-sam 9h-17h, dim 10h-16h. Au café, snacks env 5-10 £ ; menus au resto (tlj 12h-15h) env 22-25 £.* Déjà, le cadre est agréable, dans la crypte de la cathédrale, avec ses plafonds voûtés et son mobilier clair. Surtout, la cuisine y est fameuse, des gâteaux maison (*lemon drizzle cake, Chelsea buns, lavender shortbread,* etc.) en passant par les sandwichs à base de pain frais, soupes du jour et plats british faisant la part belle aux produits du cru. Intéressant buffet de salades, quiches et fromages locaux, de quoi se confectionner un délicieux en-cas. Le resto permet aussi de goûter une cuisine anglaise de saison, avec des formules d'un bon rapport qualité-prix. Enfin, l'*afternoon tea (lun-sam 14h30-17h, résa conseillée)* est un must !

– À droite, en sortant de Saint-Paul, ***The Temple Bar*** est le seul vestige de la muraille qui autrefois enserrait la cité. Maintes fois détruite, elle fut toujours reconstruite. Celle-ci fut commandée par Charles II à l'architecte Wren. Démontée pierre par pierre en 1870, elle ne fut remontée qu'en 2004 ! Elle symbolise de nouveau la limite entre Westminster et la City...

La City *(plan d'ensemble H-I3)* **:** bordée par les *Inns of Court* à l'ouest, la *Tower of London* à l'est, Barbican au nord et la Tamise au sud. Considérée comme le vrai cœur de Londres, la City est surtout son centre vital, économique et financier. L'équivalent à l'échelle planétaire de Wall Street et de la Bourse de Tokyo. Et 100 fois l'importance du quartier de la Bourse à Paris.

N'oublions pas que la City fut le centre économique du monde à l'époque de l'empire... Même si l'on ne peut plus aujourd'hui s'en rendre compte (à cause du Grand Incendie de 1666, puis du *Blitz*), nous sommes ici dans la partie la plus ancienne de Londres. On peut d'ailleurs, par endroits, observer des vestiges du mur d'enceinte romain mis au jour par les bombardements allemands. Exemple : dans la petite Noble Street, entre London Wall et Gresham Street, quelques restes du fort romain. Artisans et commerçants prospérèrent entre les murs de la City, remplacés ensuite par les banquiers, assureurs, agents de change et autres as de la finance. Le *Royal Exchange* (la Bourse royale) devint, à la glorieuse époque des colonies, l'incontournable lieu d'échange des marchandises pour le monde entier. Le *Stock Exchange* faisant office, quant à lui, de Bourse la plus importante d'Europe, les Rothschild parvenant, de leur côté, à faire fixer ici même le cours de l'or, dans leur propre banque ! Il faut préciser que les affaires se faisaient avant tout au pub ou chez le barbier (la plupart des courtiers n'avait qu'un rare bout de table pour travailler tellement ils s'entassaient dans les bureaux !). Avec tout cela (et le reste), on comprend comment cette cité dans la ville a pu conserver une telle autonomie : la Couronne s'est toujours appuyée sur ce centre névralgique, n'hésitant pas à y puiser l'argent nécessaire pour financer les guerres, quitte à y perdre de son pouvoir.

Aujourd'hui encore, la City possède certains privilèges : son lord (maire) élu chaque année, une

MAIRE ET LORD-MAIRE

L'actuel maire, Boris Johnson, est le chef exécutif du Greater London *(Grand Londres), élu au suffrage universel depuis 2000. À ne pas confondre avec le* lord mayor of London, *titre donné depuis la fin du XIIe s au maire de la cité de Londres (la City). Celui-ci est élu chaque année et tient essentiellement un rôle honorifique. Il dispose d'un logement de fonction à* Mansion House.

administration indépendante et sa propre police. La reine, chaque année, se fait remettre les clés de la City lors d'une pompeuse cérémonie.
Si vous ne disposez que de peu de temps, sortez au moins une tête depuis le métro *Bank* et rayonnez dans les deux ou trois rues alentour (et éventuellement déjeunez chez *George & Vulture* ou chez *Sweetings,* voir plus haut « Où manger ? »), cela vaut vraiment le coup d'œil. En revanche, ne venez pas le week-end, le quartier est désert et le spectacle désolant.

Bank of England *(plan d'ensemble I3)* **:** *Threadneedle St, EC2R 8AH.* ☎ *020-7601-5545.* • *bankofengland.co.uk/museum* • Ⓜ *Bank.* Les murs d'enceinte de 10 m de haut, équipés de caméras, signalent tout de suite la *Banque d'Angleterre,* dont les sous-sols regorgent d'or. Il fallut 45 ans (!) à son architecte, John Soane, pour achever les travaux. Pour ceux de nos lecteurs que les mécanismes bancaires passionnent, on trouve un musée sur le côté droit de l'édifice *(Bartholomew Lane ; lun-ven 10h-17h ; entrée gratuite ; brochure en français).* Il présente un historique bien ficelé de la *Banque d'Angleterre.* Cadre somptueux.

GARDE RAPPROCHÉE

Pendant près de 200 ans, jusqu'en 1973, la Bank of England *a été gardée toutes les nuits par un détachement militaire appelé « Bank Guard » ou « Picquet ». Cette tradition remontait aux* Gordon Riots, *« révoltes de Gordon », émeutes anticatholiques qui provoquèrent d'importants dégâts à Londres en juin 1780.*

Royal Exchange *(plan d'ensemble I3)* **:** *face à la banque.* Beau bâtiment aux colonnes corinthiennes, inauguré au XIXe s. Cette Bourse de commerce est pourtant bien plus ancienne et participa activement à l'enrichissement de la ville, à travers toutes sortes de transactions. Remarquez la sauterelle géante qui surmonte l'édifice. C'était l'emblème du fondateur des lieux, conseiller commercial de la Couronne, qui n'a pas hésité, selon la légende, à distribuer des lingots aux ouvriers pour que les travaux soient exécutés à temps ! La Bourse royale, supplantée par le *Stock Exchange,* s'est reconvertie dans les assurances. On peut y voir des expositions, ce qui permet d'admirer les vestiges du bâtiment antérieur (du XVIe s), dont une jolie cour où l'on peut boire un verre.

Stock Exchange *(plan d'ensemble H3)* **:** *10 Paternoster Sq, à côté de Saint Paul's Cathedral.* Ⓜ *St Paul's.* C'est la nouvelle Bourse de Londres : on y échange plus de titres qu'à Wall Street. Les milliards y sont toujours brassés, mais dans une atmosphère plus morose que jadis ! Ne se visite pas.

L'immeuble de la Lloyd's *(plan d'ensemble I3,* **572***)* **:** *Lime St.* Ⓜ *Bank ou Monument.* Le groupement d'assurances le plus important au monde. On remarque tout de suite cette immense structure de verre et d'aluminium, qui fit hurler plus d'un conservateur de la City lors de sa construction. Ce bâtiment moderne est dû à Richard Rogers, l'un des deux architectes de Beaubourg, et il y a, en effet, une ressemblance frappante. Le nom *Lloyd's* vient d'un aubergiste du XVIIe s, chez qui se réunissaient armateurs et assureurs. D'ailleurs, ce bonhomme qui s'appelait Edward Lloyd fit bien des métiers, mais ne fut jamais lui-même assureur... La *Lloyd's* prend en charge tous les types d'assurances possibles : aussi bien la cargaison d'un pétrolier que les jambes d'une danseuse ou le temps qu'il fera à votre mariage. Fidèle à la tradition, le tintement fatidique d'une cloche signale les mauvaises nouvelles, les naufrages étant aussitôt inscrits sur le livre des sinistres, à la plume d'oie... Ne se visite malheureusement plus. À voir la nuit, illuminé. Le carrefour est un lieu hautement stratégique pour les amateurs d'architecture et de contrastes urbanistiques. Imaginez : d'un côté, la *Lloyd's* ; en face, le fameux *Gherkin* et, au milieu, plantée fièrement comme un vestige du Grand Incendie, une vieille église gothique...

The Monument *(plan d'ensemble I4) : Monument St. Ⓜ Monument. Juste à la sortie du métro. ☎ 020-7626-2717. • themonument.info • Tlj 9h30-17h30 (dernière admission 30 mn avt). Fermé 24-26 déc et 1er janv. Entrée : 3 £ ; réduc. Billet combiné possible avec Tower Bridge Exhibition (voir plus bas) : 9 £.* Colonne romaine de style dorique d'une soixantaine de mètres de haut, élevée par Christopher Wren pour fêter la fin du Grand Incendie (1666). Celui-ci se déclencha tout près d'ici, dans une boulangerie de... Pudding Lane (ça ne s'invente pas !). Les 61 m de hauteur correspondent à la distance entre le point de départ du feu (la boulangerie) et la colonne. Possibilité de grimper au sommet. Du haut des 311 marches, beau panorama sur la Tamise et la Tower of London.

UN PAPE INNOCENT

Élevée en 1677, la colonne fut, à l'époque, la plus haute du monde. En 1842, on ajouta au sommet une cage, car trop de gens l'utilisaient pour se suicider ! À propos, le Grand Incendie fut longtemps attribué aux cathos ! Si, si... Ainsi, au bas de la colonne, une phrase avait été gravée : « Mais la frénésie papale, qui a forgé de telles horreurs, n'est pas encore éteinte ! » Ce texte fut heureusement enlevé en 1831...

Tower of London *(plan d'ensemble J4) : Tower Hill, EC3 N4AB. ☎ 0844-482-7799. • hrp.org.uk/toweroflondon • Ⓜ Tower Hill. Mars-oct, mar-sam 9h-17h30, dim-lun 10h-17h30 ; nov-fév, mar-sam 9h-16h30, dim-lun 10h-16h30. Dernière admission 30 mn avt fermeture (mais prévoir 2h30 de visite !). Fermé 1er janv et 24-26 déc. Entrée : 20,90 £ ; réduc. Moins cher en ligne. Guide officiel en français dans la boutique de souvenirs, audioguides (4 £), et visites guidées gratuites en anglais ttes les 30 mn. Visites nocturnes (« twilight tours » ; 1h30) à réserver sur le site ou par tél. À noter, pass annuel très intéressant si vous avez l'intention d'enchaîner les visites : 43 £/adulte ; forfait famille. Il permet un accès illimité pdt 1 an aux sites suivants : Tower of London, Hampton Court Palace, Banqueting House, Kew Palace et Kensington Palace. L'hiver (nov-janv), on peut même faire du patin à glace sur la superbe patinoire, payant. Résa conseillée.*

Vraiment très cher... et pourtant il y a toujours 2h de queue en août. Ceux qui ne chavirent pas d'émotion devant les joyaux de la Couronne et n'ont aucune sensibilité médiévale peuvent toujours se contenter des extérieurs, très photogéniques avec leur restauration victorienne à la « Walter Scott ». En famille, en revanche, la visite prend une tout autre dimension car elle plaira à coup sûr aux enfants (et il existe un forfait famille assez « attractif »).

Ensemble fortifié très vaste dont le cœur (la tour Blanche) a été construit dès la fin du XIe s par Guillaume le Conquérant à la suite de la bataille d'Hastings, pour servir de palais royal et défendre la ville. Aux XIIIe et XIVe s ont été ajoutés deux enceintes concentriques, des bastions et des fossés pour en faire une forteresse imprenable. Tour à tour résidence royale, atelier de frappe pour la monnaie, ménagerie, observatoire et chambre du Trésor, c'est surtout comme lieu d'exécution pour les têtes couronnées et comme prison d'État que la « Tour sanglante » a acquis sa triste réputation. Les opposants à la royauté, quels qu'ils soient, y étaient incarcérés.

Aujourd'hui, on n'enferme plus et on n'exécute plus, mais les hallebardiers de la garde, les *Yeomen warders* (*the « Beefeaters »* ou buffetiers, autrement dit les gardiens du Buffet royal), sont toujours là. Un seul événement est venu troubler leurs habitudes, ô combien réglées, à savoir l'arrivée dans leurs rangs d'une femme en 2007 ! Ils semblent participer à un jeu de rôle lorsqu'ils procèdent à la cérémonie des clés, tradition nocturne où les portes de la tour sont fermées précisément à 21h53. Aucun événement, aucune catastrophe n'a jamais pu empêcher son déroulement. Et cela dure depuis sept siècles ! Malheureusement, il faut écrire (longtemps à l'avance) pour y assister (gratuitement !). *God save the queen !* Au-delà des douves, on entre dans la cour extérieure par la tour du Mot-de-Passe *(Byward Tower)*. En face, dans la tour de la Cloche *(Bell Tower)*, « Bloody Mary » fit enfermer sa demi-sœur Élisabeth, future reine d'Angleterre. À droite, la porte des Traîtres *(Trators Gate)*, donnant sur la Tamise, servait à débarquer les prisonniers qui venaient d'être condamnés à Westminster. Passez en face sous la Tour sanglante *(Bloody Tower)* pour entrer dans la cour intérieure. Son surnom est lié à un événement macabre de la monarchie anglaise : les enfants d'Édouard IV y furent, selon la légende, exécutés en secret sur ordre de leur oncle, le futur roi Richard III, afin d'assurer son accession au trône. Un jeu non moins macabre attend les visiteurs dans l'une des salles : après avoir soigneusement étudié les faits de l'époque, chacun est invité à voter pour désigner le véritable assassin.

WHO'S WHO MACABRE

Au rang des célèbres prisonniers de la Tour de Londres, on compte les bourgeois de Calais, le roi de France Jean II le Bon, et même Rudolf Hess, la triste âme damnée de Hitler, emprisonné avant d'être remis aux Alliés pour être jugé au procès de Nuremberg. Les deux femmes adultères d'Henri VIII, Ann Boleyn et Catherine Howard, furent exécutées dans la cour intérieure, près de la pelouse de la tour. Vous marcherez sur les pas de Dickens qui, toute sa vie, fut obsédé par le souvenir de son père faisant de la prison pour dettes.

Les joyaux de la Couronne

Au sous-sol du bâtiment Waterloo, là où les gens font la queue. Il faut dire qu'ils sont nombreux, tous ceux qui viennent s'extasier devant ce trésor inestimable. Pas mal de bijoux de procession, pour le couronnement notamment, ou d'ornement, tout simplement, très symboliques aussi. L'épée rappelle le pouvoir militaire et l'ordre de chevalerie auquel appartient la reine. Cela rappelle aussi qu'elle se doit de défendre le bien et punir le mal. Quant aux bracelets, ils symbolisent la vertu et la sagesse. Puis on arrive aux plus beaux bijoux : les couronnes. Pour écouler le flux de visiteurs, il a fallu installer un tapis roulant (estampillé du sceau de la reine quand même !), limitant à quelques secondes le passage devant ces joyaux. Qu'on se rassure, plusieurs vidéos permettent, dans les salles précédentes, de les observer en détail. Hors saison, on est un peu plus tranquille. Si ce n'est pas le cas, vous pouvez vous hisser jusqu'à la rampe supérieure, d'où l'on voit aussi bien. Ces joyaux ne sont pas antérieurs au milieu du XVIe s, car, à la suite de l'exécution de Charles Ier et de l'instauration de la république, Cromwell décida de vendre les bijoux royaux. Parmi les objets les plus insolents, le sceptre royal de 1661 surmonté de l'*Étoile d'Afrique*, le plus gros diamant du monde, la couronne de feue la reine mère ornée du *Koh-i-Noor*, un autre diamant stupéfiant rapporté du Penjab à la reine Victoria lors des conquêtes britanniques, et surtout la couronne d'État d'Elizabeth II, éclairée par le rubis du Prince Noir et la deuxième *Étoile d'Afrique*. Victoria la porta pour son couronnement. Très kitsch tout de même... Ces joyaux sont encore utilisés dans la vie « courante » de la famille royale, c'est pourquoi on peut voir de temps à autre des étiquettes « *in use* »...

La tour Blanche (White Tower)

Donjon carré très massif trônant au milieu de la cour intérieure. Cette architecture militaire normande réduite à sa plus simple expression est la partie la plus ancienne de la forteresse (XIe-XIIe s). Ce fut la résidence de Guillaume le Conquérant, avant de servir de prison. Magnifique *chapelle de Saint-Jean*, émouvante de simplicité. Construite par Guillaume le Conquérant avec le donjon, c'est la plus ancienne chapelle de Londres. Une nef et un déambulatoire, surmontés de tribunes et d'une simple voûte en berceau, incarnent la pureté du début de l'art roman. Surtout, très belle collection d'armes et d'armures, dont une incroyable lance de tournoi pesant 9 kg (!) et une non moins impressionnante armure d'Henri VIII. Ne pas rater non plus l'exposition très intéressante sur la célèbre conspiration des Poudres. On insiste sur le souci pédagogique de la présentation. Résultat, les gosses adorent !

Le palais médiéval
Reconstitution de quelques salles pour revivre l'époque d'édouard Ier au XIIIe s. C'était à la fois une résidence royale de luxe et une forteresse militaire. Notez la réplique de son lit, et surtout la taille ! Pouvait inviter pas mal de monde dans sa couche...

ATTENTION, CORBEAUX DE GARDE !

Des corbeaux, de bon augure pour une fois, veillent sur les vieilles pierres. On dit que le royaume s'effondrera lorsqu'ils quitteront la tour. D'ailleurs, un décret royal de 1662 (!) fixe à six minimum le nombre de ces corbeaux la gardant. Pour éviter le pire, on les gave de nourriture... et on leur rogne le bout des ailes. Belles bêtes !

Le musée des Fusiliers royaux
Pour les fans du service militaire et des uniformes. Petit musée à la gloire du premier régiment de fusiliers royaux évoquant toutes les campagnes, batailles et guerres, de Napoléon jusqu'aux Malouines, *sorry,* aux Falkland. Il faut quand même verser une obole pour le visiter. Bof !

La tour Beauchamp
Elle abrita de nombreux prisonniers. Amusez-vous à déchiffrer leurs graffitis gravés sur les murs. Un de nos compatriotes enfermé ici en 1571, Charles Bailly, fut particulièrement prolixe.

Les nouvelles armureries
Pour faire le plein de munitions... caloriques ! Ce beau bâtiment abrite désormais un café agréable.

Saint Katharine's Docks *(plan d'ensemble J4 ; plan Les Docklands A1)* **:** *tt près du Tower Bridge. Ⓜ Tower Hill ou Tower Gateway.* Un vieux coin du port joliment transformé en luxueuse marina. Enclave de charme. Architecture récente au look ancien. Au milieu des voiliers, quelques vieux navires, histoire de faire bonne figure. Promenade agréable au milieu des bâtiments futuristes, par les quais et passerelles. On peut prendre un pot dans le gigantesque pub *Dickens Inn* (voir « Pubs » plus haut). Romantique le soir, quand les lumières se reflètent sur l'eau et incroyablement calme et vivifiant au petit matin.

Tower Bridge Exhibition *(plan d'ensemble J4)* **:** *☎ 020-7403-3761. • towerbridge.org.uk • Ⓜ Tower Hill. Avr-sept, tlj 10h-18h ; oct-mars, 9h30-17h30. Dernière admission 30 mn avt. Fermé 24-26 déc. Entrée : 8 £ ; réduc et forfait famille. Possibilité de billet combiné avec The Monument (voir plus haut).*
Avec Big Ben, l'une des cartes postales les plus envoyées de Londres. Autant dire que le site est incontournable. Mais là encore, vu le prix, la visite ne s'impose pas. Édifié en 1894 dans le style néogothique cher à la reine Victoria, ce pont servit à désengorger le trafic du London Bridge et à favoriser le développement de la capitale vers l'est. Avec un peu de chance, vous verrez la chaussée se lever en quelques secondes pour laisser passer un gros navire, mais ces moments se font de plus en plus rares. Environ 900 fois par an ; les horaires sont annoncés sur place. Au milieu des années 1970, un système de levage électrique a remplacé l'ancien système à la vapeur mais, bien sûr, on n'a pas touché à l'architecture d'origine du pont le plus célèbre du monde. En 1952, un chauffeur de bus, dont le véhicule était largement engagé au moment où les deux moitiés de pont commençaient à se lever, accéléra et sauta au dernier moment sur l'autre partie du pont (délivra-t-on ensuite un « certificat souvenir » aux pas-

L'AMOUR EST AVEUGLE

Un milliardaire américain fou amoureux du pont décida de l'acheter. Les Anglais lui livrèrent un pont en pierre sans grand intérêt. Le milliardaire, comme beaucoup d'étrangers, avait tout simplement confondu le Tower Bridge avec... le London Bridge !

sagers ?)... La traversée offre déjà de bons points de vue et il n'est pas nécessaire pour cela de monter sur la passerelle, d'où le panorama n'a rien de spectaculaire. Cette passerelle permettait aux piétons de passer la Tamise pendant les incessantes manœuvres du pont. Quelques belles photos en noir et blanc retracent l'histoire de la construction du pont. À deux pas, sur la rive sud, la salle des machines. Pas inintéressant, mais décidément trop cher.

Le Londres futuriste : les Docklands

Au sud de l'East End et dans le prolongement de la City, juste après le *Tower Bridge (hors plan d'ensemble par J3-4),* on entre dans un nouveau royaume, celui de la mégalomanie des promoteurs immobiliers et que le gouvernement Thatcher rêvait de transformer en City de l'an 2000. Bienvenue aux Docklands ! Pour visiter les Docklands, prendre la « *DLR* », la ligne de métro Docklands Light Railway (sans chauffeur !), à la station Bank ou Tower Gateway. N'oubliez pas de payer pour deux zones si vous ne voulez pas écoper d'une amende ! Coincé dans un méandre de la Tamise, cet ancien quartier portuaire servait autrefois de point d'ancrage pour les bateaux faisant la navette avec les Indes. Fini tout cela. Place à une minipole (on dit bien méga !) composée d'un centre d'affaires, de gratte-ciel, de centres commerciaux, d'un port de plaisance, de résidences pour yuppies et de sa propre ligne de métro. Bref, un mélange Manhattan-Silicon Valley, ou, pour prendre une image parisienne, une brochette La Défense/Bercy/Marne-la-Vallée ! Le chantier démarra sur les chapeaux de roues, puis les promoteurs, frappés de plein fouet par la crise immobilière entraînée par la récession, se rendirent compte qu'ils avaient vu trop grand. Les chantiers se ralentirent, certains s'arrêtèrent. On ne saura jamais combien de millions de livres furent perdus dans l'aventure. Toujours est-il que la population hésite encore à s'y installer. Malgré la venue d'éditeurs de journaux et de quelques grandes entreprises, de nombreux bureaux restent désespérément vides. Un gâchis monumental, dénoncé par la presse, et une pilule amère à avaler pour les classes sociales modestes qu'on avait délogées. Cela dit, il faut reconnaître que le projet ne manquait pas d'ambition. Le vieux dock pourri a été transformé en un village moderne et – parfois – animé au bord de la Tamise. Les amateurs d'architecture y découvriront des ensembles de buildings « pavés » de verre fumé, armés de fer, aux lignes audacieuses. Dans certains coins, les vieux pâtés de maisons ont été simplement restaurés, et les immeubles futuristes s'allient harmonieusement avec la brique rose. Les espaces ménagés donnent une respiration à l'ensemble, et l'on a même tenté de recréer une vie de quartier en maintenant la tradition des pubs et des restos. Une catastrophe surtout financière, donc, puisque les urbanistes, eux au moins, semblent avoir bien fait leur boulot. En outre, la crise de fin 2008 n'a pas arrangé les choses (60 000 personnes licenciées dans les boîtes de la finance). Bon, parions que les J.O. de 2012 auront redonné un gain d'intérêt à cette zone de Londres.

Où manger bon marché ?

L'embarras du choix : nombreux restos dans le centre commercial abritant la station de métro, ainsi qu'autour des places extérieures.

À voir

Canary Wharf Tower *(plan Les Docklands C1)* **:** nous voici au cœur du centre d'affaires des Docklands. Symbole des lieux : la *Canary Wharf Tower,* building de verre haut de 244 m, surmonté d'une pyramide, soit 272 m au total. Construit en 1991 par César Pelli. On peut monter jusqu'à la terrasse couverte, mais on ne peut pas, hélas, monter sur le toit de peur des attentats ! En revanche, vous pourrez visiter la station de métro, imaginée par Norman Foster (encore lui), aussi large que la tour est haute ! Une vraie prouesse artistique.

Si vous avez le temps, une annexe du *Museum of London* mérite largement le détour : le ***Museum of London Docklands*** *(plan Les Docklands B1,* ***50****), sur West India Quay, E14 4AL. ☎ 020-7001-9844. • museumindocklands.org.uk • Ⓜ Canary Wharf. DLR : West India Quay. Tlj 10h-18h. Fermé 24-26 déc. Entrée gratuite.*

Musée consacré à la Tamise, son port, son histoire, ses acteurs... Le bâtiment servait à entreposer le sucre et les épices en provenance des Indes. Ces docks, datant de l'époque géorgienne, étaient, en leur temps, les plus grands du monde ! **La visite commence au 3e étage.** Par le biais d'une splendide scénographie, ludique et aérée (pas mal d'animations interactives pour les enfants), on découvre avec intérêt l'importance du commerce du temps des Romains, les attaques vikings, la conquête du *Strand* qui n'était encore qu'une plage longeant la Tamise. Des maquettes montrent le pont de Londres à différentes périodes et l'on apprend que depuis les Romains, il se situe peu ou prou au même endroit. De beaux tableaux de l'école flamande ou anglaise (*Westminster Waterfront* de W. Marlow, 1771) décrivent avec précision l'environnement. Quelques vestiges significatifs comme ce baril datant de 50 apr. J.-C., dégorgeant encore de goudron ou cette amphore ayant contenu de la sauce de poisson espagnole.

Viennent ensuite la Renaissance, le développement du commerce avec les Amériques, l'Inde et la France.

Le XVIIIe s, avec une augmentation sans précédent des échanges et des transactions, impose une réorganisation totale des ports, de la marine marchande, rendant du même coup les adorables Saint Katharine's Docks totalement obsolètes car bien trop petits pour accueillir les nouveaux géants des mers. C'est la naissance des « *Legal Quays* » (que l'on appellera « docks » seulement après qu'Albert Dock leur eut laissé son nom). Dès lors, tout s'accélère. De nombreuses industries s'implantent le long de la Tamise et l'on assiste à l'émergence de nouvelles classes sociales, de nouveaux métiers, à la naissance des syndicats. Épopée de la chasse à la baleine fort bien évoquée. Elle atteignit son apogée en 1788 avec 91 baleinières en course. Tout sur le commerce maritime et la construction des bateaux. Notez ces énormes tampons en bois ciselé qui marquaient les ballots de façon souvent artistique. Comme dans tout musée anglais qui se respecte, un quai et des entrepôts grandeur nature ont été reconstitués afin de restituer l'atmosphère qui régnait dans ces nouveaux quartiers. On s'y croirait : odeurs et cris des mouettes. On est frappé par tant de misère, et pourtant, il faut bien comprendre que tout l'argent brassé à la City provenait des richesses accumulées ici. Insolite cage en fer où l'on mettait à pourrir le corps des pirates pendus. Hommage à Toussaint Louverture qui mit fin à la domination française à Saint-Domingue en 1791. Émouvante affiche imprimée sur tissu pour l'abolition de l'esclavage.

Au 2e étage, continuation de l'expansion du port de Londres. Reconstitution remarquable d'une ruelle du quartier, avec pubs (où l'on peut s'asseoir !), boutiques... Tout sur la construction des bateaux, les usines, les machines. Notez ces incroyables images d'entrepôts remplis à ras bord de peaux de tigres et de léopards.

La dernière partie est consacrée à l'histoire contemporaine des Docklands. Vie des marins bien rendue (et celle des femmes de marins, pas vraiment rose !). Intéressante section sur l'organisation des dockers, les grandes grèves (notamment celle de 1889, fondatrice du mouvement syndical). Pour finir, les docks pendant la Seconde Guerre mondiale et leur inévitable réhabilitation ces dernières années. Le musée accueille de nombreuses expos temporaires. Une section permanente offre également un regard nouveau sur l'esclavage et le commerce triangulaire. Le but est bien plus de donner à réfléchir et de permettre à chacun de faire le lien entre le commerce et l'esclavage, de comprendre l'urgence actuelle à démocratiser les échanges et à développer un commerce plus équitable. On découvre, entre autres, l'existence d'un certain Olaudah Equiano (1745-1797), symbole de l'ascension sociale des Noirs, ou encore l'importance des femmes dans la lutte pour l'abolition de l'esclavage et dans l'émergence de l'idée de commerce équitable *(fair trade).* Cette lutte politique étant le prélude de l'engagement, de l'indépendance des femmes et donc du féminisme...

Un musée très riche, on l'aura compris. Mieux vaut bien maîtriser l'anglais.

|●| Pour le déjeuner, pas besoin de courir (même si vous trouvez tout ce qu'il faut pour grignoter sur le pouce au centre commercial au pied de la tour du Canary Wharf), le musée abrite un resto tout à fait recommandable : ***1802,*** ☎ *0870-444-3886. Le midi, plats et sandwichs env 4-10 £.* Excellent *fish & chips,* à déguster dans un cadre agréable (vaste salle lumineuse, ou terrasse donnant sur une grande allée piétonne).

– Une suggestion : terminez la visite des Docklands par un petit tour à *Greenwich,* à quelques stations de *DLR,* charmant village de la périphérie londonienne qui abrite son lot de sites historiques et culturels (voir, plus loin, « Les autres quartiers de Londres »).

SHOREDITCH ET HOXTON

◗ Pour se repérer, voir le plan d'ensemble et le centre 3 en fin de guide.

Shoreditch et Hoxton font partie aujourd'hui des incontournables des soirées londoniennes. En fait, pas grand-chose à voir concrètement, mais beaucoup à faire une fois passée l'heure du thé. Tous les oiseaux de nuit qui se respectent fréquentent les bars du quartier en fin de semaine ; on s'y amuse beaucoup, on y mange fort bien. À votre tour ! C'est là aussi qu'ont atterri plusieurs stars, dont celle de la télécuisine anglaise, Jamie Oliver. Rien que pour le petit déj, idéal pour l'*after* !

Où dormir ?

De prix moyens à spécial coup de folie (50-245 £, soit 59-290 €)

The Hoxton (centre 3, I2, **134**) : *81 Great Eastern St, EC2A 3HU. ☎ 020-7550-1000. • info@hoxtonhotels.com • hoxtonhotels.com • Ⓜ Old St. Un système de prix original : 59 £ si on réserve 5-6 mois à l'avance, après ça augmente... jusqu'à 199 £ plus la date se rapproche ! Quant à la chambre mythique à 1 £, il faut rejoindre la mailing list pour en connaître les conditions !* Accueilli dans un vaste *lounge,* conduit à travers des couloirs aux néons rouges, on pénètre dans des chambres résolument design, aux teintes chocolat, mêlant cuir, pierre et métal. Sofa, écran plasma, journaux à disposition, il faut reconnaître que l'un des fondateurs des *Pret A Manger* sait y faire aussi question hôtellerie. Resto, bar et sachet de thé pour le petit déj dans la chambre. La classe ! 1h d'appels gratuits sur fixes inclus dans le prix de la chambre en sus. Une adresse très intéressante dans un quartier qui l'est tout autant. Et en plus, il offre un petit guide avec plan du quartier, fort bien fait.

The Boundary (centre 3, J2, **47**) : *2-4 Boundary St (entrée sur Redchurch St), E2 7DD. ☎ 020-7729-1051. • rooms@theboundary.co.uk • theboundary.co.uk • Ⓜ Old St ou Liverpool St. Doubles 220-260 £. Moins cher le dim. Également des suites à partir de 290 £ le dim.* Pour beaucoup, dormir branché ne signifie plus forcément dormir à Soho. C'est en tout cas plus que vrai au sujet du *Boundary,* un boutique-hôtel luxueux au concept très tendance : intimité garantie avec moins de 20 chambres, toutes décorées par un designer différent. Très classe et hyper cosy. Bar et restos haut de gamme, notamment le *Rooftop*, avec terrasse panoramique sur le toit *(avr-sept slt),* ou encore *Albion* (voir « Où manger ? »). Quant à l'accueil, il est charmant.

Où manger ?

Bon marché (moins de 10 £, soit 12 €)

Viet Hoa Café (centre 3, J1, **263**) : *70-72 Kingsland Rd, E2 8DP. ☎ 020-7729-8293. Ⓜ Old St. Lun-ven 12h-23h30, w-e 12h30-23h30. Plats 6-8 £.* Ce restaurant familial continue de faire le plein. Pas pour son cadre, devenu moderne et tendance depuis sa rénovation, mais pour sa bonne cuisine traditionnelle vietnamienne, des nems croustillants à souhait aux soupes épicées avec doigté, en passant par les plats de viande riches en saveurs. Goûter au *tilapia* grillé servi avec sa mangue ou au « poisson ivre » (cuit au vin blanc et champignons). Spécialité de *phó*. Et, plus rare, de petits déj !

Voir aussi le ***Bean Bags Jaguar Shoes*** *(centre 3, J1, **460**)*, pour une bonne pizza dans une ambiance alternative. *Slt le soir jusqu'à 22h, cafét' la journée.*

Prix moyens (10-18 £, soit 12-21 €)

Albion *(centre 3, J2, **303**) : 2-4 Boundary St, E2 7DD. ☎ 020-7729-1051. Ⓜ Old St ou Liverpool St. Tlj 8h-23h30. Plats 8-12 £ ; sandwich 6 £ et breakfast env 10 £.* *Albion* symbolise bien le renouveau du quartier. Vous êtes ici chez Terence Conran, le célèbre designer anglais. Branché ? À peine, car l'excellent concept vise avant tout la convivialité. *Albion,* c'est donc un grand espace en longueur, lumineux, divisé entre une partie pour la boutique, une autre pour la cuisine ouverte, et la dernière pour le resto aux allures de brasserie contemporaine. La carte est à son image : à la fois de bons breakfasts, des plats du jour bien vus et des classiques préparés dans les règles (ici, le *fish & chips* n'a rien de graillonneux !). Mais l'adresse est encore plus prisée pour sa terrasse-grill sur le toit de l'hôtel, accessible aux beaux jours. Attention, il va falloir jouer des coudes pour avoir son rond de serviette !

Rochelle Canteen *(centre 3, J2, **459**) : Rochelle School, Arnold Circus, E2 7ES. ☎ 020-7729-5677. • info@arnoldandhenderson.com • Ⓜ Shoreditch High St. Au sein même de l'école ; sonner à l'interphone « Canteen ». Lun-ven 9h-16h30. Plats env 13 £.* Une vraie trouvaille que cette petite cantine nouvelle génération... Établie dans une ancienne école victorienne, la *Rochelle School* abrite aujourd'hui plusieurs lieux alternatifs, notamment le *Studio Block,* lieu de vie d'artistes contemporains. La *Canteen* se réduit à une grande salle toute blanche sous l'ancien préau, avec cuisine ouverte et une dizaine de tables. On se concentre sur l'assiette, car ici la cuisine est assurée par Arnold et Henderson, 2 passionnés de cuisine anglaise. Menu variant tous les jours avec des produits de saison d'une grande fraîcheur, une petite sélection de vins qui se marient bien et une atmosphère relax qui finit de vous convertir aux bancs de l'école !

The Princess of Shoreditch *(centre 3, I2, **332**) : 76 Paul St, EC2A 4NE. ☎ 020-7729-9270. • info@theprincessofshoreditch.com • Ⓜ Old St. Tlj 12h-23h (22h30 dim) ; service jusqu'à 22h, 20h le dim. Au pub, plats env 10-15 £ ; au resto, env 16-20 £.* Dans un vénérable bâtiment datant de 1742, l'un des *gastropubs* les plus courus du quartier. L'endroit reste très chaleureux, fréquenté par des habitués venus partager de belles pièces de bœuf, des joues de cochon grillées ou autres plats de fruits de mer. Pain maison, *ale* du mois et *black pudding* pas mauvais du tout. Le traditionnel *roast lunch* du dimanche est fameux : *Kilravock farm pork belly, Irish sirloin, organic chicken*... Cadre joyeusement rétro, parquets bien usés, et vieux comptoir pour patienter, sous le vrouvroutement des pâles du ventilo. Rançon du succès, c'est assez bruyant.

Pizza East *(centre 3, J2, **298**) : 56 Shoreditch High St, E1 6JJ. ☎ 020-7729-1888. Ⓜ Old St ou Liverpool St. À l'angle avec Bethnal Green Rd. Tlj 12h-minuit (1h jeu et 2h ven-sam, 22h dim). Pizzas 8-15 £.* Situé à l'étage d'un ancien entrepôt, ce vaste espace façon loft joue à fond la carte de la déco industrielle à la new-yorkaise (parquet usé, piliers de béton, tubulures, brique...). Très réussi dans son genre. Et par conséquent hyper *trendy*. Comprendre par là que la clientèle comme le service sont parfois un peu snobs. Quant aux pizzas, elles sont fines, croustillantes, et bien bonnes. Au sous-sol, bar et concerts le week-end.

Saf *(centre 3, J2, **299**) : 152-154 Curtain Rd, EC2A 3AT. ☎ 020-7613-0007. Ⓜ Old St. Tlj sf dim soir 12h-15h30, 18h30-22h30. Plats 8-14 £.* Pour beaucoup, c'est le meilleur végétarien de Londres. C'est exagéré, mais il faut reconnaître que le risotto du moment, les salades ou le curry sont préparés avec soin et pleins de saveurs. Le tout servi dans une salle contemporaine, joliment éclairée, pour ne pas dire, encore une fois, très *trendy*.

Plus chic (18-25 £, soit 21-29,50 €)

Rivington Bar and Grill *(centre 3, I-J2,* ***291****) : 28-30 Rivington St, EC2A 3DZ. ☎ 020-7729-7053. Ⓜ Old St. Ouv petit déj lun-ven 8h-11h ; lunch 12h-15h ; dinner 18h-23h. Brunch le w-e 11h-16h. Breakfast env 13 £. Plats 10-28 £.* Cadre à la fois sobre et élégant : murs blancs, vénérable plancher en bois, nappes en tissu... Aux murs, des œuvres hyper modernes, genre néons élaborés, pour bien cibler une clientèle d'amateurs de galeries d'avant-garde, tout autant que de gourmets. Superbe petit déj (nominé pour le titre de meilleur petit déj londonien). Goûter au *Rivington English*, un grand moment. Pour les repas, retour à une authentique cuisine anglaise familiale à partir de vrais produits de saison, à l'image du poulet du Devon élevé en plein air (farci aux oignons et sauge), des crevettes d'Anglesey, ou simplement de l'indéboulonnable *fish & chips*. Long bar où l'on peut déguster en continu des fruits de mer, huîtres de roche, *lamb burger and chips*... Le tout pas trop snob, un peu bruyant quand même, avec une musique de fond parfaitement inutile.

Très chic (plus de 25 £, soit 29,50 €)

Fifteen *(plan d'ensemble I1-2,* ***175****) : 13-15 Westland Pl, N1 7LP. ☎ 0871-330-1515 ou 0870-787-1515. Ⓜ Old St. Resto tlj 12h-15h, 18h-21h30. Trattoria lun-sam ; petit déj 7h30-11h (8h dim), lunch 12h-15h, dinner 18h-22h (21h30 dim). Petit déj env 10 £. À la trattoria, plats 10-20 £. Au resto, le midi en sem (hors j. fériés), menus 26, 30 et 36 £. Le soir, à la carte.* Le petit prodige de la gastronomie londonienne, Jamie Oliver (Jamie O pour les intimes), a toujours le vent en poupe. Son concept audacieux, mariant à la fois la fantaisie, la créativité et une bonne dose d'altruisme, n'a effectivement pas pris une ride. Au rez-de-chaussée d'un bel immeuble victorien, la trattoria décontractée chic séduit les amateurs avec son petit déj soigné (porridge aux fruits frais, *smoothie* extra, un saumon écossais sauvage fumé sur œufs brouillés savoureux, café plein d'arômes et tarifs encore abordables, le vrai bon plan), sa *pasta* fraîche de haute volée, tandis que la carte du resto, situé en sous-sol, aligne des spécialités de cuisine nouvelle, largement influencées par les saveurs méditerranéennes (surtout italiennes). Pour couronner le tout, il a choisi un staff de jeunes en difficulté, 15 en tout (et une promo par an), d'où le nom du resto. Tous les profits sont d'ailleurs reversés à l'école hôtelière qu'il a créée. Du coup, on lui pardonne tout, de sa déco excentrico-rétro à son carnet de bal plus que plein, en passant par des temps d'attente au bar sans trop de raison ! Réservation indispensable pour espérer dîner au resto (non obligatoire pour la trattoria, mais conseillée).

Où boire un verre ? Où sortir ?

C'est ce quartier de Londres qu'il faut venir arpenter, à la découverte de nouveaux coins qui bougent sans prendre encore la poussière. Faut dire que l'éclosion et le renouveau d'Hoxton Square sont encore frais, et on emboîte volontiers le pas à de nombreux artistes rapatriés vers des terres plus abordables. C'est là en tout cas que la fête bat son plein. De plus, pour les trekkeurs urbains, l'occasion d'une chouette promenade nocturne le long des ruelles de ce vieux quartier en pleine mutation. Au passage, au 380 Old Street, noter l'élégante architecture victorienne du **Shoreditch Town Hall.** Construit en 1866, il opéra comme mairie jusqu'en 1965. Aujourd'hui, loué pour des fêtes, mariages, etc. Monumentale façade à colonnes. Au début du XXe s, on lui rajouta la tour et une statue symbolisant le progrès... À l'intérieur, immense salle de bal au décor fin XIXe s intact.

Bean Bags Jaguar Shoes *(centre 3, J1,* ***460****) : 32-36 Kingsland Rd, E2 8DA.*

☎ *020-7729-5830.* • *jaguarshoes.com* • Ⓜ *Shoreditch High St ou Hoxton Rail. Tlj 12h-1h, parfois 3h.* Le nom fait référence aux enseignes de ces ex-boutiques de fringues... Voici un bar alternatif qui cache bien son jeu, fondé par un collectif d'artistes en tout genre, musiciens, photographes, dessinateurs... Expos variées et déco éclectique très réussie. Atmosphère relax autour du bar, assis autour des petites tables ou dans un des canapés. La musique est bonne et pour cause, on ne rigole pas avec ça ici ! Au sous-sol, les concerts programmés certains soirs font toujours le plein. Cocktails et bières à prix honnêtes, servis avec le sourire. De quoi fidéliser la foule interlope du quartier. En prime, on peut y manger une bonne pizza à pâte fine et croustillante, de quoi garder le cap pour affronter la nuit londonienne. L'adresse a même été classée parmi les 5 meilleures pizzerias par *Time Out* en 2010 !

🍸 ***Callooh Callay*** *(centre 3, J2, **462**) : 65 Rivington St, EC2A 3AY.* ☎ *020-7739-4781.* • *calloohcallaybar.com* • Ⓜ *Old St. Tlj 18h-minuit, jusqu'à 1h jeu-sam. Cocktail env 9 £ ; boissons 5-11 £.* LE bar à cocktails de Shoreditch ! Dans une ruelle confidentielle, à l'enseigne très discrète, ce bar est rapidement devenu un must des soirées londoniennes. Il recèle bien des merveilles... Déco excentrique en diable, évoquant à la fois l'univers de Tim Burton, les vieux James Bond, Austin Powers et l'appart d'une grand-tante anglaise. Mais question cocktails, la maison prend les choses très au sérieux et concocte de succulents breuvages. La carte des alcools est d'ailleurs impressionnante (une trentaine de whiskys !). Snacks et autres petits plats généreux et bien tournés. Du jeudi au samedi soir, un DJ anime les lieux sur fond de soul, disco, électro, rock, pop, etc. Bref, de quoi attirer une foule curieuse et enthousiaste.

🍸 ***The Bricklayer's Arms Free House*** *(centre 3, J2, **393**) : 63 Charlotte Rd, EC2A 3PE.* ☎ *020-7739-5245.* Ⓜ *Old St. Lun-sam 11h-minuit, dim 12h-23h.* On aime bien ce pub *roots* et sans complication, fréquenté par une jeunesse ouverte et bigarrée. Objets chinés et comptoir fatigué en font une enclave bohème rafraîchissante dans ce secteur très *fashion*. DJ les vendredi et samedi soir à partir de 21h, l'heure de fermeture pouvant être repoussée jusqu'au milieu de la nuit ! Bon resto au 1er étage.

🍸 ***The Barley Mow*** *(centre 3, J2, **325**) : 127 Curtain Rd (et Rivington), EC2A 3BX.* ☎ *020-7729-3910.* Ⓜ *Old St. Tlj sf dim 12h-23h (18h30 sam).* Un des derniers vrais pubs de quartier, résistant vaillamment à la *gentrification*. Petit, intime, avec une nombreuse clientèle bohème 25-35 ans appréciant la belle sélection de *ales* et la chaleureuse atmosphère (d'ailleurs, dans la soirée, la température monte vite). *Good crack, good company,* comme on dit !

🍸 ***Bar Music Hall*** *(centre 3, J2, **393**) : 134 Curtain Rd, EC2A 3AR.* ☎ *020-7729-7216.* • *info@barmusichall.co.uk* • *barmusichall.com* • *M. Old St. Lun-jeu 11h-minuit, ven-sam 11h-3h, dim 10h-minuit (et brunch 11h-17h). Entrée gratuite avt 21h.* Une adresse très appréciée pour son atmosphère festive. Vaste salle, petites tables pour siroter un verre et bonne musique, essentiellement live. Immense bar au milieu et un espace dégagé faisant office de *dance floor.* En pression, quasiment que des bières belges, dont *La Chouffe* à 8°. Groupes de jazz et d'autres univers (en général, les lundi, jeudi et vendredi ; DJ le samedi).

🍸 ***Zigfrid*** *(centre 3, J2, **329**) : 11 Hoxton Sq.* ☎ *020-7613-1988.* • *office@zigfrid.com* • *zigfrid.com* • Ⓜ *Old St. Tlj 12h-1h. Zigfrid* doit son succès à une bonne alchimie : un décor underground néorétro, très éclectique, légèrement baroque avec ses abat-jour et chandeliers d'une autre époque, ses statues et sculptures en bois. Concerts en début de semaine et, en général, une bonne dose de musique électronique, de rock et de house. Coins et recoins partout, et une belle terrasse donnant sur la placette. Bien pour s'échauffer au début de la tournée des bars. Possibilité de grignoter toutes sortes de petits plats.

🍸 ***Electricity Showrooms*** *(centre 3, J2, **315**) : 39 A Hoxton Sq, N1 6NN.* ☎ *020-7613-4140 ou 020-7739-6934.* Ⓜ *Old St. Lun-mer 12h-23h, jeu 12h-minuit, w-e 12h-1h.* Fait tout l'angle d'une rue. Ancien bureau des services de l'électricité dont on a gardé quelques témoignages d'activité et les grands volumes. Noter le plafond assez élaboré et les éclairages assez originaux. Tableaux et estampes partout, coins et recoins, musique pop des années 1970-1980... Fut quelque temps très à la mode, avec de grandes queues le week-end. Ça s'est un peu calmé, mais reste le havre de beaux jeunes gens branchés.

The Princess of Shoreditch *(centre 3, I2,* ***332****) : 76 Paul St, EC2A 4NE. ☎ 020-7729-9270. • info@theprincessofshoreditch.com • theprincessofshoreditch.com • Ⓜ Old St. Lun 12h-15h ; mar-ven 12h-17h30, 18h30-22h ; sam 12h-16h, 18h30-22h ; dim 12h-20h.* N'hésitez pas à pousser la porte de ce *gastropub* qui propose une petite bière du mois toujours bien choisie.

Mother *(centre 3, J2,* ***327****) : 333 Old St (au 1er étage), EC1V 9LE. ☎ 020-7739-5949. • 333mother.com • Ⓜ Old St. Dim-jeu 20h-3h ou 4h, ven-sam 22h-2h30. Entrée généralement gratuite.* Au 1er étage. Une institution. 2 salles de taille moyenne, avec déco kitsch, curieux mélange de tapisseries à ramages, de papier peint à l'ancienne, de fauteuils Louis XV et de lourds sofas. DJ du dimanche au mercredi, *band* du jeudi au samedi et ambiance assurée, mais souvent surpeuplé et assez m'as-tu-vu.

Au carrefour de Old Street et de Kingsland, dans un pittoresque paysage urbain, d'autres lieux de la nuit comme le ***Jam,*** un peu chicos, grand volume, décoré de graffs (parfois des concerts). En face, le ***Old Shoreditch Station*** *(1 Kingsland Rd).* Café *organic* chaleureux délivrant cakes et sandwichs, avec, attenant, *No One,* une intéressante petite boutique de jeunes créateurs de mode *(dim-mar, ferme à 21h, sinon 1h).*

Bar Kick *(centre 3, J2,* ***318****) : 127 Shoreditch High St, E1 6JE. ☎ 020-7739-8700. • admin@cafekick.co.uk • Ⓜ Shoreditch High St. Tlj 10h-23h.* Encore un bar qui a réussi à se nicher dans une ancienne boutique-entrepôt et en a conservé le volume. Vieux zinc, plancher ripoux, mobilier dépareillé, décor dans les tons reggae jaune, rouge et vert, staff et clientèle jeunes. Ça rappelle les grands troquets des années 1950, surtout avec les 4 baby-foot hors d'âge dans la salle. Les jours de match de foot, on vous raconte même pas l'ambiance ! Super musique pas trop tyrannique. Bon choix de bières et, bien entendu, possibilité de se restaurer d'une honnête cuisine aux heures des repas. Prix fort abordables. Le kil de rouge est servi en verre *Duralex* (est-il précisé !).

Comedy Café *(centre 3, J2,* ***323****) : 68 Rivington St, EC2A 3AY. ☎ 020-7739-5706. • info@comedycafe.co.uk • Ⓜ Old St. Ouv mer-sam 19h (18h ven) et shows 20h ou 21h. Arriver plus tôt pour être sûr d'avoir une table. Dîner correct. Entrée : 10-26 £ (gratuit mer, car le show est assuré par des étudiants).* L'un des *comedy clubs* les plus courus. Spectacle pendant le dîner. Il y a aussi un bar à part à l'entrée. Sympathique atmosphère.

Strongroom *(centre 3, J2,* ***316****) : 120-124 Curtain Rd, EC2A 3SQ. ☎ 020-7426-5103. • dean@strongroom.com • strongroom.com/bar • Ⓜ Old St. Parfois, lun, ttes les bouteilles de vin 12 £. Mer, concerts. Ven 20h-1h, soirée spéciale « DJ vinyl » d'un éclectisme réjouissant (soul, funk, trash, garage, freakbeat, boogaloo...). DJ aussi sam.* Dans une pittoresque cour pavée, ce bar chaleureux de djeun'z est lié à l'un des plus gros studios d'enregistrement de Londres (Grace Jones, Babyshambles, Boomtown Rats, Ash, etc.). Satisfera bien sûr ceux qui souhaitent effectuer le circuit branché intégral. Clientèle décontractée de musicos. Plutôt plus intime que les autres, une salle au sous-sol, une autre à l'étage, le tout décoré de tableaux et de plafonds peints. Fond musical rock et blues. Possibilité de grignoter burgers, pizzas, steak, etc., à prix doux. Très agréable terrasse sous le lierre aux beaux jours.

Club 333 *(centre 3, J2,* ***327****) : 333 Old St, EC1V 9LE. ☎ 020-7729-5949. • 333mother.com • Ⓜ Old St. Jeu-sam 22h-4h ou 5h. Entrée : 5 £ avt 23h, 10 £ après 23h.* Tout près de Hoxton Square, au rez-de-chaussée du bar *Mother,* l'un des plus vieux clubs du quartier. Décor sans fioritures, tout comme la foule de *clubbers* qui s'égaie sur les 3 niveaux du lieu (avec à chaque fois un style musical différent). Rendez-vous au sous-sol pour les fous d'électro, funk, soul, hip-hop, aux tympans increvables.

Plus chic

Great Eastern Dining Room *(centre 3, J2,* ***270****) : 54-56 Great Eastern St, EC2A 3QR. ☎ 020-7613-4545. • greateastern@rickerrestaurants.com • greateasterndining.co.uk • Ⓜ Old St. Lun-ven 12h-minuit, sam 18h-minuit.* Un grand bar-resto très baroque-New Age côté *lounge,* plus minimaliste au resto. Sophistiqué, à l'image de la clientèle assez chicos. Les DJs passent au club attenant *Gloglo's (slt mer-jeu).* Possibilité de grignoter au comptoir façon tapas, petits légumes, *tempura,* mini-salades, le tout fort bon et tendance asiatique.

The Hoxton Pony *(centre 3, J2,* ***324****) : 104-108 Curtain Rd, EC2A 3AH. ☎ 020-7613-2844. • info@thehoxtonpony.com • Ⓜ Old St. Lun-jeu 17h-1h, ven 17h-2h, sam 18h-2h.* Lieu intéressant pour son décor très design. L'architecte, ancien de l'école Camondo à Paris et designer chez Ralph Lauren, l'a joué sur 2 tableaux : pureté minimaliste, confrontation des couleurs franches, blanc, noir et rouge, dans des auras bleutées... Comptoir en acier et matières brutes qui se télescopent. On aime le joli bar du rez-de-chaussée, avec son décor d'oiseaux et d'images tropicales. Clientèle résolument *trendy,* musique assourdissante au sous-sol et excellents cocktails pour pimenter le tout. Possibilité de se restaurer : *fish & chips,* burgers, sandwichs, confit de canard, maquereau fumé grillé.

Cargo *(centre 3, J2,* ***463****) : 83 Rivington St, EC2A 3AY. ☎ 020-7749-7840. • cargo-london.com • Ⓜ Old St. Sous les arches du chemin de fer. Bar ouv lun-jeu 18h-1h, ven-sam 18h-3h, dim 18h-minuit. Entrée : 6-10 £ selon DJs.* Avec ses plafonds voûtés, ses beaux volumes et surtout ses excellents concerts live, le *Cargo* est une étape incontournable pour les noctambules avertis. Les 2 salles en brique rassemblent la quintessence de la branchitude londonienne venant s'affaler dans les profonds fauteuils et sur les poufs, autour des meilleurs DJs. Comptoir central original décoré de dessins. Par ailleurs, si vous voyez le plafond vibrer, ce n'est pas parce que vous êtes trop saoul, c'est seulement un train qui passe ! Vaste terrasse pour souffler.

The Loungelover *(centre 3, J2,* ***146****) : 1 Whitby St, E1. ☎ 020-7012-1234 ou 0872-148-0023. • info@loungelover.co.uk • Ⓜ Shoreditch High St. Dim-jeu 18h-minuit, ven 17h30-1h, sam 18h-1h. Entrée gratuite, sf certaines soirées payantes.* Une adresse au sud de Shoreditch (presque sur Bricklane), dans un secteur en pleine mutation. C'est ici que Madonna *herself* a fêté ses 47 printemps. Genre de vaste hangar aménagé de façon sophistiquée par les proprios du resto *Les Trois Garçons* (voir « Où manger ? » à Bricklane). Baigné par une musique *lounge* (logique), *chill out,* et décoré selon leurs origines, ici un vase chinois, une tête de bouddha, là des meubles design scandinaves et des rangées de bons vins français entre deux ! C'est baroque, et un peu, beaucoup, passionnément kitsch et assez classe à la fois. En tout cas, on s'y délecte de fameux cocktails... malheureusement pas donnés, surtout après avoir ajouté le service.

Marché

– ***Marché aux fleurs*** *(centre 3, J1) : Columbia Rd, près du coin de Ravenscroft St, à moins de 10 mn à pied de Brick Lane, dans le quartier de Shoreditch. Ⓜ Hoxton. Slt dim mat.* Tout le long de la rue. Assez animé en fin de matinée, quand les fleurs sont bradées à tout-va.

Galeries et musées

White Cube Gallery *(centre 3, J2,* ***329****) : 48 Hoxton Sq, N1 6PB. ☎ 020-7930-5373. • whitecube.com • Ⓜ Old St. Mar-sam 10h-18h. Entrée gratuite.* Peinture, vidéo, collages et autres œuvres plastiques trouvent toujours une place de choix dans cette galerie réputée. Expos temporaires renouvelées chaque mois.

Rivington Place *(centre 3, J2,* ***463****) : Rivington Pl, EC2A 3BA. ☎ 020-7749-1240. • rivingtonplace.org • Ⓜ Old St. Mar-mer et ven 11h-18h, jeu 11h-21h, sam*

12h-18h. Fermé dim. Entrée libre. La première galerie publique consacrée aux arts visuels et à la photo, dans un but d'éducation populaire. Une superbe architecture extérieure à damiers, et des espaces de rêve pour de très intéressantes expos, principalement de photos. Abrite également la *Stuart Hall Library* (arts visuels contemporains, sur rendez-vous) et une petite cafét'.

Geffrye Museum *(centre 3, J1, **585**) : Kingsland Rd, E2 8EA. ☎ 020-7739-9893. • geffrye-museum.org.uk • Ⓜ Old St. Ouv 10h-17h, dim 12h-17h. Fermé lun et j. fériés. Entrée gratuite.* Installé dans une ancienne *almshouse* (hôpital) du XVIIIe s dont on peut admirer l'élégante architecture horizontale, avec sa chapelle au milieu. Abrite aujourd'hui un intéressant musée de l'habitat des classes moyennes de 1620 à nos jours. Au fil des pièces, pour chaque siècle, on a aussi les événements de l'époque en regard. Salles à manger, salons, arts de la table, objets domestiques, modes de vie, tout est détaillé de façon fort documentée, avec le mobilier original. Au milieu du parcours, la chapelle dans son état d'origine avec ses *pews* (box). Belles peintures du XIXe s. sur la vie de famille. Notamment *Maternal Anxiety* avec sa superbe lumière rasante. Pittoresque reconstitution d'une demeure londonienne de 1880. Et puis encore d'intéressants tableaux de la période edwardienne et des années 1920 à 1940. Expos temporaires thématiques également. Boutique et cafétéria dans une agréable partie moderne. Visite du « jardin des herbes » en saison.

Bethnal Green Museum of Childhood *(hors plan d'ensemble par J2) : Cambridge Heath Rd, E2 9PA. ☎ 020-8983-5200. • museumofchildhood.org.uk • Ⓜ Bethnal Green. À 100 m de la station de métro, en remontant vers le nord. Tlj 10h-17h45. Fermé 1er janv et 24-26 déc. Entrée libre.* Ce beau bâtiment de verre et de métal du milieu du XIXe s accueille les collections de jouets du *Victoria and Albert Museum*. Un vaste panorama de l'évolution du jouet dans le monde depuis le XVIIe s. Du cheval à bascule au théâtre animé, de la voiture à pédales de luxe à la poupée africaine, le voyage laisse rêveur. Également des expos temporaires sur le monde de l'enfance (personnages célèbres, illustrateurs...).
On peut manger sur place car il y a une cafétéria.

Dennis Sever's House *(plan d'ensemble J2, **571**) : 18 Folgate St, E1 6BX. ☎ 020-7247-4013. • dennissevershouse.co.uk • Ⓜ Liverpool St. Attention, ouv slt dim 12h-16h (8 £/pers), ainsi que 1er et 3e lun (suivant les 1er et 3e dim du mois) sf fériés 12h-14h (5 £). Enfin, « Nuit silencieuse » ts les lun, sf pdt vac scol, avec visite à la bougie : prévoir 12 £, résa obligatoire.* Une expérience unique sur les traces de Spitalfields. Dennis Sever, un artiste, reconstitua cet environnement pour vivre comme au XVIIIe s. On a vraiment l'impression de rentrer à l'improviste dans une maison encore habitée. Les odeurs, les couleurs, les lumières, mais aussi le mobilier sont vos seuls guides dans ces 10 pièces aménagées pour retracer l'histoire de cette famille, de ce quartier, de ces époques (sur plus de deux siècles) et le tout en silence. Extraordinaire grande pièce principale, avec ses ors, ses lourdes tentures, son plafond mouluré, son magnifique mobilier, sa cheminée de marbre blanc ciselé... Terriblement différent.

Monuments et balades

Le Londres des faubourgs : East End

Quel contraste entre la City, toute proche, et les quartiers populaires de l'East End, pauvres et cosmopolites, grouillants et colorés, héritiers directs des banlieues industrielles typiques du XIXe s britannique... N'hésitez pas à venir y flâner, il n'y a rien à craindre ! Surtout dans les secteurs à la mode qui voient fleurir chaque jour de nouvelles adresses branchées. L'East End a su conserver un charme qui lui est propre, mélange de dérive urbaine et de poésie prolétarienne. On retrouve dans ses rues les héros de Dickens et de Stephen Frears, les exclus du Londres de la finance, les rescapés d'un empire planétaire naufragé. Si Piaf avait été anglaise, sans doute serait-elle née ici...

Après le Grand Incendie de 1666, c'est ici que les SDF de la ville vinrent s'établir, alléchés par les offres d'emploi des docks. Ils furent rejoints par des huguenots français victimes des persécutions religieuses, puis au XVIIIe s par des milliers d'émigrés écossais, gallois et irlandais. Devant l'afflux croissant de réfugiés, la demande de main-d'œuvre dans le port et les usines de textile cessa brutalement, entraînant un chômage puis une misère tels que l'East End acquit une réputation de quartier insalubre.

GIN MADNESS

Au XVIIIe s, l'essor des distilleries londoniennes favorisa l'alcoolisme. Ce que l'on appela par la suite la « folie du gin » entraîna l'East End dans la délinquance et le délitement des mœurs. Normal : tout le monde s'était mis à vendre des bouteilles, encouragé par les fabricants ! Une législation (votée en 1751) sur les alcools ramena un semblant d'ordre.

À la fin du XIXe s, l'East End voit arriver les juifs fuyant les pogroms russes. Grâce à la politisation des masses (Marx et Engels ont trouvé beaucoup d'écho dans le quartier), les prolétaires de l'East End découvrent la solidarité. Des millionnaires anglais, surtout influencés par Dickens, construisent des foyers ouvriers et lancent des projets ambitieux pour embellir les rues. Depuis, l'East End s'est bien assagi, mais n'est pourtant pas figé. Chacun de ses îlots conserve une certaine cohérence ethnique, tout en continuant à établir une grande tradition d'hospitalité et de tolérance... Anciennement industriels et ouvriers, ces quartiers se transforment aujourd'hui sous la patte des agents immobiliers et des promoteurs. La réhabilitation des usines et des entrepôts accompagne ces mutations sociales, comme en témoigne la reconversion de l'ancienne Truman Brewery en bars et boîtes à la mode. Les classes laborieuses y font peu à peu place à des gens en quête de nouveaux « territoires », des artistes en premier lieu. L'East End, vers Shoreditch, Brick Lane et Hoxton, en est un parfait exemple. Il suffit de se promener le nez en l'air dans certaines rues. De grands lofts rénovés y abritent agences de graphisme, ateliers, etc. Certains de ces quartiers vivent une douce mutation, comme à Brick Lane où la forte communauté indienne, présente depuis longtemps, continue de tenir restaurants et commerces, trouvant une nouvelle clientèle avec les nouveaux venus. D'autres coins, comme Hoxton et Hackney, accueillent une population plus « mode » qui investit les vieux immeubles retapés par les promoteurs. La vie s'y reconstruit peu à peu et de plus en plus de bars, restaurants et clubs attirent le soir les noctambules de tous les quartiers de Londres. Les vendredi et samedi soir, la station de métro Old Street en déverse des flots intarissables.

BRICK LANE, WHITECHAPEL ET SPITALFIELDS

Pour se repérer, voir le plan d'ensemble et le centre 3 en fin de guide.

Un coin de Londres qu'on adore. Vieux quartiers sentant encore bon leur XIXe s ouvrier... en plein développement cependant car les trentenaires branchés de la capitale ont investi depuis quelques temps ces rues typiques. Résultat, voilà un coin où ça bouge le soir : tranquille en semaine, surpeuplé et ultra-festif les soirées de week-end, on se retrouve dans des bistrots et boîtes parmi les plus originaux de Londres. Pour n'en citer qu'un exemple, jetez un œil du côté des usines désaffectées de Brick Lane. Une visite qu'il faudra associer à celle de Shoreditch et Hoxton, en y associant plus au nord le quartier en vogue de Dalston (on vous a donné quelques bons plans dans le coin d'ailleurs).

VIVE LA FRANCE !

La réputation du mélange de cultures et de religions de l'Est londonien n'est plus à faire. Pour preuve, le beau monument au coin de Fournier Street et de Brick Lane. Construite par les huguenots français en 1742, cette église devint ensuite synagogue en 1898, pour finalement être transformée en mosquée en 1990. L'un des seuls monuments au monde à avoir accueilli autant de confessions différentes en un seul endroit.

Où manger ?

Le quartier très populaire de Whitechapel recèle encore nombre de restos indiens ou bengalis. Le pire y côtoie le meilleur, notamment sur l'infernale Brick Lane, inondée de gargotes à touristes, mais le dépaysement est assuré. Pas mal d'endroits hybrides également, où l'on mange, où l'on boit, voire les deux en même temps ! Bien sûr, ce quartier de plus en plus branché offre de moins en moins de bons plans. Déco et cuisine se font plus sophistiquées et les additions moins légères. Il reste malgré tout intéressant de venir se perdre dans l'*East End*. Vers Hoxton ou Spitalfields, restauration plus classique, mais tout aussi tendance.

Sur le pouce (moins de 10 £, soit 12 €)

***Beigel Bake** (plan d'ensemble J2, **274**) : 159 Brick Lane. ☎ 020-7729-0616. Ⓜ Shoreditch.* Cette petite boutique, une vraie légende, ouverte 24h/24, vous fera fondre de plaisir. Si vous dites « bagel », tout le monde vous enverra ici (il faut voir la queue le dimanche). Des bagels à emporter, bien frais (facile, vu le débit) et pour 3 fois rien. Également toutes sortes de *pies and pastries*. Et quelques délices sucrés. Pour se caler un coin avant d'aller guincher.

***Pilpel** (plan d'ensemble J3, **268**) : 38 Brushfield St, E1 6EU. ☎ 020-7247-0146. Ⓜ Aldgate East ou Liverpool St. Lun-ven et dim 10h-20h* *(en hiver, jusqu'à 16h ven). Fermé sam. Pitas env 3-4 £.* Ici, la star, c'est le falafel. Préparé chaque jour selon une vieille recette familiale, on le déguste sous forme de portions, ou tout simplement dans une pita. À moins de se composer son en-cas préféré à base de salades, houmous, guacamole ou feta. Simple, très bon et impeccable pour une pause rapide.

Bon marché (moins de 10 £, soit 12 €)

Aladin *(plan d'ensemble J2-3,* ***265****) : 132 Brick Lane, E1. ☎ 020-7247-8210. • info@aladinbricklane.co.uk • Ⓜ Aldgate East. Tlj 12h-minuit (1h ven-sam). Formule lunch env 8 £ avec 3 plats. Plats 5-10 £.* Cadre propret genre petit *coffee shop* sans fioritures avec sa devanture rutilante, mais plus sobre à l'intérieur. Ici on propose une bonne cuisine *bengla* et *balti* (Cachemire). Ne sert pas d'alcool, mais il y a du *lassi* (entre le yaourt et le lait fermenté, sucré ou salé). Très fier que le prince Charles ait honoré un jour l'établissement.

Lahore Kebab House *(plan Les Docklands, A1,* ***20****) : 2 Umberston St, E1 1PY. ☎ 020-7481-9737 ou 9738. • contact@lahore-kebabhouse.com • Ⓜ Aldgate East et Whitechapel. Dans une rue qui donne sur Commercial St, dans la partie sud de Whitechapel Rd. Tlj 12h-0h30. Plats 6-8 £.* Depuis plus de 40 ans, propose une excellente cuisine pakistanaise à des prix toujours aussi modiques. Même avec plus de 300 places sur 2 étages, vous pourrez être amené à attendre un poil. Chouchou des employés du quartier et des touristes aventureux, qui apprécient notamment l'accueil souriant. Autant le savoir, extraordinairement bruyant aussi. Cuisine ouverte sur la salle, très simple mais bien tenue.

Market Coffee *(plan d'ensemble J3,* ***268****) : 50 Brushfield St, E2. ☎ 020-7247-4110. Ⓜ Aldgate East. Tlj 8h-18h. Sandwichs et bagels 3-6 £.* Le *Market Coffee* a tout des vieilles cartes postales d'avant guerre ! Mais ses boiseries sans âge, son comptoir à l'ancienne et ses vieilles pubs n'expliquent pas à eux seuls son succès. Les gourmands font la queue pour ses soupes de grand-mère, ses bons sandwichs et ses excellents *scones,* autres témoignages de la vieille Angleterre à déguster sans hâte dans une salle charmante. Impeccable également pour l'*afternoon tea.*

Leon *(plan d'ensemble J3,* ***273****) : 3 Crispin Pl, E1 6DW, dans le Spitalfields Market. Entrée sur Brushfield Rd ou Commercial Rd. ☎ 020-7247-4369. • leon@leonrestaurant.co.uk • Ⓜ Aldgate East. Lun-sam 8h-22h30 ; dim 8h-20h. Plats 6-8 £.* Service en continu. Un « fast-food naturel » ! Tonton Leon nous invite à sa table, avec ses bonnes petites recettes rapportées de voyages très méditerranéens (falafels, couscous, maquereau, aïoli). Propose aussi de belles salades et différentes spécialités de poulet. Sans oublier les *smoothies,* fruits frais pressés avec purée de fruits, aux mélanges pour le moins osés (Tonton reste original), le tout dans une ambiance grande famille décontractée. Terrasse vaste et déco rétro hétéroclite très sympa, tout est fait pour manger en paix correctement. À moins que vous ne soyez tenté par la table de ping-pong réservée aux clients !

Café 1001 *(plan d'ensemble J3,* ***267****) : 1 Dray Walk, une impasse qui donne sur Brick Lane, presque à l'angle de Hanbury St. ☎ 020-7247-9679. Ⓜ Aldgate East. Lun-sam 6h-minuit, dim 6h-23h30. Sandwichs et salades extra à composer soi-même à partir de 3 £ et plat chaud env 4-5 £.* Un endroit complètement déjanté en plein milieu d'une ancienne usine, occupée aujourd'hui par toutes sortes de boutiques et de cafés. Atmosphère décontractée pendant la journée et super bon plan au petit déj ou le midi : on se sert comme à la cantine et les plats aux accents très italianisants sont d'un bon rapport qualité-prix. En revanche, changement de registre radical le soir. Entre les étudiants affalés sur les sofas déglingués de la mezzanine et ceux qui se déchaînent sur les rythmes ciselés par le DJ, le *Café 1001* abandonne sa vocation de resto pour celle d'un bar. Concerts et *mix* pratiquement chaque soir de la semaine.

S & M, Sausage & Mash *(plan d'ensemble J3,* ***268****) : 48 Brushfield St. ☎ 020-7247-2252. • brushfield@*

sandmcafe.co.uk • Ⓜ Aldgate East. Lun-ven 7h30-22h30, w-e 8h30-22h30. Plats 8-10 £. On craque pour la déco années 1960 de ce petit troquet, un tantinet régressive avec ses vieilles pubs, ses nappes à carreaux et son menu « saucisse-purée ». Quelques classiques anglais à la carte : *pies,* soupes, sandwichs, mais, on l'aura compris, la spécialité de la maison, c'est la saucisse... Avec une dizaine de sortes, de la plus traditionnelle à la plus originale (au gibier, aux asperges, au cheddar, voire aux tomates séchées...). Ne reste plus qu'à choisir sa ou ses purées : nature, cheddar, chou, poivre... et sa sauce... Quelques plats pour échapper aux saucisses : le *smoked haddock and fish cakes* ou le classique *fish & chips*.

Prix moyens (10-18 £, soit 12-21 €)

I●I *Canteen* *(plan d'ensemble J3, **273**) : 2 Crispin Pl, E1 6DW, dans le Spitalfields Market. ☎ 084-5686-1122. • spitafields@canteen.co.uk • Ⓜ Shoreditch. Lun-sam 8h-23h (9h sam) ; dim 9h-22h. Plats env 11 18 £.* Déjà 4 succursales à Londres ! Le concept est bien en vogue puisqu'on retrouve ici les classiques de la cuisine anglaise préparés avec les produits du marché. *Sausage & mash, shepherd's pie, roast/ fish of the day, welsh rarebit,* etc. Sans oublier le traditionnel *English breakfast,* servi à toute heure, quelques salades fraîches, snacks, *puddings* et autres cakes bien sucrés pour le *teatime*. Leur slogan : « *great British food* ! » tient la route. La déco, quant à elle, joue plutôt un registre scandinave, avec ses longues tables en bois clair, son mobilier design et ses baies vitrées. Grande terrasse également.

I●I *Saint John* *(plan d'ensemble J2-3, **261**) : 94-96 Commercial St, E1 6LZ. ☎ 020-7251-0848. • reservations@stjohnrestaurant.com • Ⓜ Liverpool St. Lun-ven 9h-23h, sam 10h-23h, dim 10h-22h30 (21h pour la cuisine). Plats 12-15 £.* C'est l'annexe à l'est du célèbre *Saint John* de Smithfield. Grande salle et décor minimaliste. Long comptoir pour les pressés, plein de clous pour accrocher ses vêtements et des tableaux noirs indiquant les p'tits vins de propriété. Bonne cuisine de brasserie un poil canaille et personnalisée. Service pas plus chaleureux que ça. Huîtres de roche, pigeon farci, potage maison, anguille fumée-radis noir, moules au cidre, caille et aïoli, queue de bœuf purée, faisan-*black cabbage...*

I●I *Tayyab's* *(hors plan d'ensemble par J3) : 83-89 Fieldgate St, E1 1JU. ☎ 020-7247-9543. • info@tayyabs.co.uk • Ⓜ Whitechapel. En sortant du métro, prendre à droite et tourner à gauche au niveau de l'immense cheminée de la fonderie. Tlj 12h-23h30. Compter 10-15 £ par repas.* Difficile de reconnaître le 1er café ouvert en 1974 par Mohammed Tayyab. Le restaurant, qui s'est largement agrandi avec les années, bénéficie aujourd'hui d'un cadre moderne, rythmé de toiles contemporaines et de luminaires design. On regrette cette course à la branchitude : le service est désormais inégal, de même que la cuisine pakistanaise (principalement du Penjab). Venir de préférence en période creuse (le week-end, les queues sont dantesques !) : on retrouve alors l'ancien *Tayyab's*.

I●I *Rosa's* *(plan d'ensemble J2-3, **261**) : 12 Hanbury St, E1 6QR. ☎ 020-7247-1093. • reservations@stjohnrestaurant.com • Ⓜ Liverpool St. Tlj 11h-22h30. Plats 6-14 £.* Quelques tables communes, des panneaux de bambou et une ribambelles de lampes aux abat-jour rouges suffisent à la déco de cette agréable adresse, qui n'a pas mis longtemps à fidéliser de nombreux locaux. Pas de mystère là-dedans : les spécialités thaïes sont joliment présentées, fort bonnes, et surtout de qualité régulière.

Très chic (plus de 25 £, soit 29,50 €)

I●I *Les Trois Garçons* *(centre 3, J2, **146**) : 1 Club Row, E1 6JX. ☎ 020-7613-1924. • info@lestroisgarçons.com • Ⓜ Liverpool St. Lun 18h-22h, mar-jeu 18h-22h30, ven-sam 18h-23h. Compter 40,50-47 £. Menu gastronomique 63,50 £ (sans le vin).* Installé dans un quartier en plein bouleversement social et architectural, voilà un resto qui se place donc pour l'avenir. Pas loin de *Brick Lane,* toujours entouré pour le moment de murs tagués, il occupe un ancien pub dont il a gardé l'essentiel du charme (superbes glaces gravées et dorées). Plus un décor extravagant, mélange éclectique d'objets beaux ou kitsch, élégant mobilier et chandeliers d'argent, sous l'œil inquiétant d'un tigre et d'un crocodile empaillés. Et dans l'assiette, une cuisine française évolutive, inspirée, pas moins sophistiquée... chère et appréciée des stars du showbiz.

Où prendre le thé ?

TeaSmith *(plan d'ensemble J2-3,* **466***) : 6 Lamb St, E1 6EA.* ☎ *020-7247-1333.* • *info@teasmith.co.uk* • Ⓜ *Shoreditch. Tlj 11h-18h. Compter 3,50-5 £.* Un *teashop* au cadre moderne et reposant. L'endroit se prête bien à une halte après un tour dans le *Spitafields Market*. On vous propose ici plus de 30 variétés de thés à déguster au comptoir. Spécialité de Oolong, fameux. Pas moins de 3 tasses par infusion, quelques biscuits et chocolats pour accompagner la dégustation ; de quoi prendre le temps d'apprécier ce breuvage... D'autant que le personnel est charmant et disposé à vous faire goûter d'autres variétés, servies avec l'art et la manière. Pour les passionnés, master-class et *afternoon tasting menu (20 £/pers ; 1h30).*

Où boire un verre ? Où sortir ?

Brick Lane est devenue en quelques années l'un des points de chute favoris des noctambules londoniens. De nouvelles adresses de bars-boîtes apparaissent régulièrement tout autour. En voici quelques-unes qui nous ont bien plu – et qui durent. On ajoute aussi quelques spots qui émergent au nord de Brick Lane, vers Daston, près du métro du même nom. Folle ambiance en fin de soirée !

Brick Lane Coffee *(plan d'ensemble J2,* **274***) : 157 Brick Lane, E1.* ☎ *020-7729-2666.* Ⓜ *Shoreditch High St. Tlj 7h-20h.* Café tout en longueur fréquenté par une jeunesse relax confortablement calée dans des fauteuils hors d'âge. Bon *espresso*. Sert également des en-cas *organic* : soupes, falafels...

The Ten Bells *(plan d'ensemble J3) : 84 Commercial St, E1 6LY.* ☎ *020-7366-1721.* Ⓜ *Shoreditch High St. Juste en face de l'entrée du marché de Spitafields.* Avec son long comptoir de bois usé, vestige de la grande époque du marché. Date de 1753. En fermant les yeux, pas trop de mal à l'imaginer plein de mandataires, portefaix, commerçants, dames de mauvaise vie et bruyants noceurs en bordée... Une grande et belle céramique au mur rappelle d'ailleurs ce temps-là. Les 2 dernières victimes de *Jack the Ripper* y burent une pinte avant de faire sa tragique rencontre. Étonnant, alors que le quartier s'est largement « boboïsé », pub pas encore rénové, les quelques chaises dépareillées et divans défoncés semblant même flotter dans ce trop grand volume. Peu de monde en journée, on peut se détendre, lire, écrire ses mémoires... En revanche, le soir beaucoup plus fréquenté et assez *trendy.*

Dirty Dick's *(plan d'ensemble J3,* **269***) : 202 Bishopsgate, EC2M 4NR.* ☎ *020-7283-5888.* • *dirtydicks@youngs.co.uk* • Ⓜ *Liverpool St. Lun-jeu 11h-minuit, ven-sam 11h-1h, dim 11h-23h.* Écoutez donc l'histoire de Nathaniel Bentley, ce riche quincaillier dont la promise mourut la veille de leurs noces. Fou de désespoir, il ferma sa porte à double tour et se négligea totalement, s'enlisant un peu plus chaque jour dans une saleté repoussante. Après sa mort, un promoteur transforma la désormais célèbre maison de *Dirty Dick's* en pub. Aujourd'hui, les habitués et les touristes profitent des charmes de la maison, restaurée depuis belle lurette. Plusieurs salles obscures imbriquées les unes dans les autres : intime et populaire à la fois ! Cuisine très correcte.

Café 1001 *(plan d'ensemble J2,* **267***) :* *voir le commentaire dans « Où manger ? ».*

93 Feet East *(plan d'ensemble J2,* **464***) : 150 Brick Lane, E2.* ☎ *020-7770-6006.* • *93feeteast.com* • Ⓜ *Shoreditch. Lun-jeu 17h-23h (1h ven-sam),* *dim 12h-22h30. Entrée : 5-10 £ ; gratuit avt 23h.* Dans une annexe de l'ancienne *Brasserie Truman*, un célèbre DJ-bar-boîte qui se partage entre 3 espaces : le *Main Room*, le *Gallery Bar* et le *Pink Bar*. Une ambiance dézinguée. Tout ce que la scène londonienne compte de nouvelles tendances musicales (et expérimentales !) passe par là. En été, on apprécie la vaste terrasse pavée pour boire ou pour dévorer un barbecue.

Vers Dalston (hors plan d'ensemble par J1)

Dalston Superstore : *117 Kingsland High St, E8 2PB. ☎ 020-7254-2273. Ⓜ Dalston Junction ou Dalston Kingsland Rail. Lun-ven 12h-2h, sam 11h-2h.* À priori, en passant devant, on n'imagine pas le côté déjanté de ce bar-club, devenu un incontournable du circuit gay. Longue salle, comptoir, ici on consomme de la bière et pas de cocktails raffinés. On vient pour danser et s'amuser, sur des sets enflammés de DJs, aussi branchés garage que pop ou acid house. Soirées à thème toutes les semaines ou presque. Et que ça pulse !

Passing Clouds : *1 Richmond Rd, E8 4AA. ☎ 020-7951-9898. • passingclouds.org • Ⓜ Dalston Kingsland Rail.* Dans une ancienne imprimerie, sur 2 étages. Musique live. Afro, jazz, reggae et plein d'autres formes d'expressions musicales. Bien vérifier le programme sur le site pour l'affiche, les horaires varient. Consos pas chères.

Off Broadway : *63-65 Broadway Market, E8 4PH. ☎ 020-7241-2786. Ⓜ Haggerston. Lun-ven 16h-23h, w-e 10h-23h.* Mais avouons que ce sera plus simple d'y aller en taxi, car en effet c'est un peu excentré. Bar sympa à expérimenter en début de parcours, pourquoi pas ? On y croise pas mal de stars – Keira Knightley, entre autres, mais sans ses pirates des Caraïbes !

Vortex : *11 Gillett Sq, N16 8AZ. ☎ 020-7254-4097. • vortexjazz.co.uk • Ⓜ Dalston Kingsland.* Autrefois vers Hoxton, ce club de jazz, qui reçoit des pointures du monde entier, a migré au nord sur une petite placette toute mignonne. Là aussi, programmation pointue. Musique live tous les soirs. Ne pas manquer de consulter le programme avant d'y aller.

Shopping

Alimentation

Taj Store *(plan d'ensemble J2-3) : 112 Brick Lane. ☎ 020-7377-0061. Ⓜ Liverpool St. Tlj 9h-21h.* Un supermarché indien, tout simplement. De petites merveilles au rayon fruits et légumes, des variétés insoupçonnées de riz et de lentilles.

A Gold *(plan d'ensemble J3, **268**) : 42 Brushfield St, E1 6AG. ☎ 020-7247-2487. Ⓜ Liverpool St. Ferme à 17h30 (18h dim).* Toutes les joies de la gastronomie anglaise, du thé au gin, en passant par les fromages fermiers, les *pork pies,* les *scotch eggs,* les biscuits, les chutneys, marmelades et autres douceurs du genre, dans cette adorable boutique vintage, pour d'orgiaques emplettes.

Androuet *(plan d'ensemble J3, **273**) : Old Spitafields Market, 107b Commercial St, E1 6BG. Ⓜ Shoreditch High St.* C'est une succursale londonienne du célèbre fromager français (la maison affine depuis 1909). Mais ici le savoir-faire n'est pas seulement au service des produits hexagonaux : la moitié des fromages sont britanniques (stilton, cheddar...), évidemment de première qualité, et à découvrir sans hésiter au coin dégustation.

Disques

Rough Trade East *(plan d'ensemble J2, **267**) : Dray Walk, 91 Brick Lane, E1 6QL. ☎ 020-7392-7788. Ⓜ Shoreditch High St. Lun-jeu 8h-21h, ven 8h-20h, sam 10h-20h, dim 11h-19h.* Des vinyles sur des mètres et des mètres. L'espace en lui-même vaut le coup d'œil... très rock ! On peut aussi y grignoter un bout (pas de vinyle, hein !).

Vêtements, accessoires

Burberry *(hors plan d'ensemble par J2) : 29-53 Chatham Pl, Hackney, E9. ☎ 020-8985-3344. Ⓜ Bethnal Green. Du métro, prendre les bus nos D6, 254* *ou 106 (en face du musée) ; descendre à Hackney/Town Hall, prendre Morning Lane à 100 m, puis la 3e à droite. Sinon, en train, descendre à la gare de London Fields Station. Lun-sam 10h-18h, dim 11h-17h.* Assez excentré, mais magasin d'usine incontournable pour les amateurs du fameux imprimé à carreaux : le stock *Burberry* brade le parapluie pour la belle-mère, le carré en soie pour la copine, le trench tendance... Vraiment de bonnes affaires à faire, surtout en ce qui concerne les accessoires (encore plus lors des soldes). En revanche, ne pas y aller avec une envie précise... et cela reste tout de même cher.

Absolute Vintage *(plan d'ensemble J2) : 15 Hanbury St, E1. ☎ 020-7247-3883. • absolutevintage.co.uk • Ⓜ Liverpool St. Pas loin de Commercial St et du Old Spitalfields Market. Tlj 11h-19h.* Grande friperie spécialisée dans le vintage de marque (vêtements, chaussures, accessoires...). Plus de 10 000 pièces en stock. Arrivages réguliers de trenchs *Burberry* à prix déjà plus abordables. On retrouve une de ses filiales, ***Blondie,*** *au 114-118 Commercial St.* Large choix de sacs et chaussures.

Dolly Dare *(plan d'ensemble J3) : 107A Commercial St, E1 6BG. ☎ 020-7247-0472. • dollydare.com • Ⓜ Liverpool St. Au niveau du Spitalfields Market. Tlj 11h-19h.* Pas sûr que maman approuve votre choix pour le mariage du cousin, mais pour celles qui ont passé des heures à habiller leur Barbie ou fantasmé devant la robe d'Alice au pays des merveilles, cette boutique est un vrai conte de fées ! Avec ses frous-frous et une touche d'esprit rock-manga par-dessus, les créations de *Dolly Dare* méritent le coup d'œil. De là à craquer pour une petite robe à volants, il n'y a qu'un pas ! En prime tout est made in England. Et les prix restent sages. *Une autre boutique à Soho, au 37 Marshall St.*

Collectif *(plan d'ensemble J3) : 69 Brushfield St, Spitalfields Market, E1 6AA. ☎ 020-7247-3430. • collectif.co.uk • Ⓜ Liverpool St. Lun-sam 10h30-19h (18h30 lun-mer) ; dim 10h-19h.* Ici, place à *Fonzie* et toute la clique de *Happy Days* ! Les baby-dolls devraient trouver la robe rêvée version 40's ou 50's, avec décolleté, taille de guêpe et joli jupon. Quelques articles plus sobres et sexy pour le coup, de quoi jouer sur le registre de Dita Van Teese... Et des prix très raisonnables.

The Laden Showroom *(plan d'ensemble J2) : 103 Brick Lane, E1. ☎ 020-7247-2431. • laden.co.uk • Ⓜ Liverpool St. Lun-ven 11h-18h30, sam 11h-19h, dim 10h30-18h.* Cette friperie nous a tapé dans l'œil, car elle accueille une soixantaine de créateurs indépendants et de jeunes stylistes à prix relativement abordables, travaillant de belles matières, et parce qu'on peut y dénicher de superbes vintages.

Rokit Vintage *(plan d'ensemble J2) : au 101 et au 107 Brick Lane. ☎ 020-7375-3864 ou 020-7247-3777. • rokit.co.uk • Ⓜ Liverpool St. Lun-ven 11h-19h, w-e 10h-19h.* Des fripes, des fripes et encore des fripes. Un choix incroyable. Une boutique pour les hommes, une boutique pour les femmes, sur le même trottoir, comme ça, pas de jaloux ! *D'autres boutiques à Londres, notamment à Camden Market, 255, High St.*

Tatty Devine *(plan d'ensemble J2) : 236 Brick Lane, E2 7EB. ☎ 020-7739-9191. • tattydevine.com • Ⓜ Shoreditch High St. Lun-ven 10h-18h30 ; sam 11h-18h et dim 10h-17h.* Les modeuses dignes de ce nom connaissent forcément *Tatty Devine* ! Des bijoux insolites en plastoc, créations 100 % british, plutôt rock et aux couleurs pop, que l'on voit fleurir sur toutes les séries de mode. On peut y faire faire un collier avec son nom en lettres de vinyle, montées sur une chaînette façon reine du hip-hop ! Plus sobrement, les hirondelles de toutes les couleurs ont beaucoup de succès. *Une autre boutique à Covent Garden, 44, Monmouth St.*

Lomography Gallery Store East London *(plan d'ensemble J2) : 117 Commercial St, E1 6BG. ☎ 020-7426-0999. • lomographyuk.com • Ⓜ Liverpool St. Tlj 10h-19h.* Une boutique insolite, entièrement consacrée au fameux Lomo, cet appareil photo qui s'apparente à une boîte de sardines ou à un jouet *Fisher Price* ! On trouve ici tous les modèles en vente (couleurs délirantes), et une galerie-labo au sous-sol, qui assure les tirages et propose des sorties dans le quartier pour apprivoiser l'engin.

Cinephilia *(plan d'ensemble J2) : 97 Sclater St, E1 6HR. Donne sur Brick Lane. ☎ 020-7729-9533. • cinephilia.co.uk • Ⓜ Liverpool St. Tlj sf lun 12h-19h.* Une librairie de cinéma bien fournie : livres, revues diverses et de bons conseils.

Marchés

– ***Petticoat Lane Market*** *(plan d'ensemble J3) : sur Middlesex St et ttes les rues adjacentes. Ⓜ Liverpool St ou Aldgate. Lun-ven 10h-14h30, dim 9h-14h.* C'est le dimanche que la fête bat son plein. Beaucoup de fringues bon marché, de sacs, de chaussures, de montres de pacotille... Le tout saupoudré d'un nuage d'antiquités dans les rues avoisinantes. Très touristique, très *cheap* aussi, mais rigolo.

– ***Brick Lane Market*** *(plan d'ensemble J2) : le long de Brick Lane, mais surtout de Cheshire St et de Sclater St. Ⓜ Bethnal Green, Shoreditch ou Liverpool St, puis 10 mn de marche. Dim 8h-13h ou 14h.* Authentique et fréquenté par les Londoniens. Pour l'ambiance de l'East End. Celui qu'on préfère de loin. Le paradis des chineurs : antiquités, bibelots, disques, vêtements, un amoncellement invraisemblable ! À côté du carrefour de Sclater Street et Brick Lane, grand entrepôt sous les arcades de brique : des tonnes de fringues, chemises, cuirs, etc. On dit qu'on vend ici ce dont les autres marchés ne veulent pas.

– Tout près, les quelques marchands du *Vallance Road Market* s'abritent sous les voûtes d'un vieux chemin de fer. Y aller pour l'endroit. C'est indiqué.

– ***Old Spitalfields Market*** *(plan d'ensemble J2-3) : entre Brushfield, Commercial et Lamb St. • visitspitalfields.com • Ⓜ Liverpool St. Bus nos 6, 8 ou 22. Lun-ven et dim 9h-17h. Fermé sam.* La dernière campagne de rénovation a intégré au vieux marché une excroissance moderne, qui accueille désormais toutes sortes de boutiques branchées et de restos de chaîne. Dommage. Il ne faut pas le bouder pour autant : ambiance très sympa et rencontres garanties au hasard des étals. Car c'est *The* marché *organic* (bio) de Londres. Une mode qui fait fureur auprès des « bobos » qui ont investi en masse le quartier.

Galerie

Whitechapel Art Gallery *(hors plan d'ensemble par J3,* ***573****) : 77-82 Whitechapel High St, E1 7QX. ☎ 020-7522-7888. • whitechapel.org • Ⓜ Aldgate East. Juste à côté du métro. Mar-dim 11h-18h (21h jeu). Fermé lun, 1er janv et 24-26 déc. Entrée gratuite, sf pour certaines expos.* Une belle galerie d'art contemporain spécialisée dans les expos temporaires : peinture, sculpture, photographie... Toujours des artistes de niveau international. Les vendredis soir (de 20h à 23h : l'entrée se fait alors par la *Angel Alley*), ciné, musique ou poésie à la cafét'.

Monuments et balades

Le Londres des faubourgs : East End

Voir aussi le chapitre « Shoreditch et Hoxton ».

Spitalfields *(plan d'ensemble J3) : derrière la gare de Liverpool St. Ⓜ Aldgate East.* Pour son marché, l'ambiance de sa rue principale (Brick Lane) et son coin de campagne du côté de Shoreditch. Aujourd'hui, une vague d'immigration indienne et pakistanaise a quasiment remplacé la population juive.

Noter en passant le bel alignement de maisons avec façades en escalier (en principe classées) sur *Hanburry Street,* à droite en remontant Brick Lane.

Plus haut, le dimanche matin, toujours sur Brick Lane, se tient l'un des plus authentiques marchés aux puces de Londres. Sur *Brushfield* se déroule le marché aux fruits et légumes de Spitalfields (vieilles enseignes des anciennes corporations de la laine, des marchands fruitiers, etc.). Encore quelques maisons caractéristiques du XIXe s derrière Brushfield Street. Notamment, au carrefour *Widegate Street, Artillery Passage* et *Sandy's Row,* un lambeau intact de Spitalfields, échappé par miracle au *Blitz* et à la tourmente immobilière !

PAMPHLETS ASSASSINS

Grub Street était une rue de l'East End, aujourd'hui disparue, où vivotaient des journaleux corrompus et maîtres chanteurs qui publiaient des libelles contre les puissants et nobles français. Les accusations étaient souvent violentes et fausses. Les Anglais ont toujours respecté la liberté de la presse, même de caniveau (encore aujourd'hui). Louis XVI et Marie-Antoinette en furent deux grandes victimes.

Le quartier de Whitechapel *(plan d'ensemble J2-3) : descendre à* Ⓜ *Whitechapel Station.* De nombreux juifs russes s'installèrent ici dès 1881. Beaucoup de tailleurs et commerçants (Brady Street). Ce quartier fut aussi le témoin des crimes de Jack l'Éventreur qui terrorisa les populations de Spitalfields et Whitechapel (voir ci-dessous). Bien plus loin à l'ouest, sur Middlesex Street, marché de *Petticoat Lane,* tous les jours. Sur Heneage Place, parallèle à Creechurch Lane, synagogue datant de 1700. Tout le secteur se restructure rapidement, et les grands immeubles d'affaires poussent comme des champignons, ne laissant que de rares vestiges du passé.

D'OÙ VIENT BIG BEN ?

Sur Whitechapel Road, au n° 34, vous trouverez la Bell Foundry, *créée en 1570, qui faisait de la concurrence à notre Villedieu-les-Poêles nationale pour la fabrication des plus belles (et des plus grosses !) cloches du monde. Il s'agit là de la plus ancienne manufacture d'Angleterre. La cloche de Big Ben est tout droit sortie de ces usines en 1858.*

➢ ***Balade sur les traces de Jack l'Éventreur*** *(plan d'ensemble J4)* **:** *départ et retour* Ⓜ *Tower Hill. Distance : 6 km. Durée : 2h30.*
Les Anglais l'appellent « Jack the Ripper ». Il secoua l'opinion publique en automne 1888, des deux côtés de la Manche. Il faut dire que Jack avait la détestable habitude de trancher la gorge des prostituées dans les quartiers de Whitechapel et de Spitalfields. Scotland Yard ne parvint jamais à démasquer le coupable.
Pour cette balade, tout ce qu'il y a de moins romantique, le principal est de se mettre dans l'ambiance. Choisissez de préférence une soirée brumeuse, sans rater le dernier métro, histoire de ne pas jouer un remake, et imprégnez-vous de l'atmosphère de l'époque : le brouillard, les immeubles insalubres, les passages douteux, la réputation glauque du quartier. Un siècle plus tard, retour sur les lieux du crime.

Comment faire la visite ?
– Il existe plusieurs visites organisées sur ce thème, notamment celle-ci : « Jack the Ripper Walk », *tlj 19h30. Rdv 15 mn avt à la sortie de la station de métro Tower Hill. En principe, à 15h, sam aussi (vérifier). Compter 7 £ par adulte ; réduc (☎ 020-7624-3978 ; • jacktheripperwalk.com •).* Un guide déguisé en Sherlock Holmes vous fait découvrir, à la tombée de la nuit, les ruelles et sombres passages du quartier. Ambiance garantie. Sinon, visite en français le vendredi à 19h avec London Walks *(slt 1 fois par mois hors saison ; rdv au métro Tower Hill ; prix : 10 £, réduc ; durée : 2h).* Voir aussi la partie « Monuments et balades » dans la rubrique « Patrimoine culturel » du chapitre « Hommes, culture, environnement » (ouf !).

– Sinon, pour mener votre enquête sans Sherlock, depuis la station de métro Whitechapel, rejoignez l'hôpital de Londres (construit en 1740) situé juste en face, de l'autre côté de l'avenue. Traversez le hall de l'hôpital, puis le jardin, passez devant la statue de la reine Alexandra. Contournez la *Garden House* par la droite, vous arriverez à la *Saint Philip's Church,* entièrement en brique. Dans la crypte se trouve le *Royal London Hospital Archives and Museum* *(ouv mar-ven 10h-16h30 ; ☎ 020-7377-7608 ; gratuit et passionnant).* On y trouve le masque de Joseph Merrick, le tristement célèbre *Elephant Man* (John dans le film de David Lynch), ainsi que plein d'infos sur Jack the Ripper : un plan localisant sa quatrième victime et un couteau semblable à celui qu'il a utilisé. Retournez sur vos pas et retraversez Whitechapel Road pour rejoindre Winthrop Street, puis Durward Street (autrefois Buck's Row). Mary Ann Nichols, 42 ans et mère de cinq enfants, y fut trouvée par un portier, assassinée, le 31 août 1888 à 3h45 du matin. Sa gorge avait été deux fois tranchée et son ventre lacéré. Premier indice : l'assassin est un perfectionniste.

Traversez le parking et prenez sur la droite par Vallance Road, Old Montague Street, Greatorex Street, Hanbury Street. La traversée de Brick Lane vous permet de continuer sur Hanbury Street. Au niveau du nº 29, le corps de la deuxième victime, Annie Chapman, fut trouvé à 6h du matin, le 8 septembre 1888. Deuxième indice : c'est un noctambule, mais on s'en doutait avec l'histoire de la première.

Revenez à Brick Lane pour rejoindre Whitechapel Road, puis Fieldgate Street et tout de suite à droite Plumbers Row, Coke Street, Commercial Road (à l'angle de Fournier Street et Commercial Road, on trouve le pub *The Ten Bells* – voir « Où boire un verre ? Où sortir ? » plus haut –, où Jack venait boire déjà des demis !) et enfin Henriques Street (autrefois Berner Street). La troisième victime, Elizabeth Stride, une Suédoise de 45 ans, fut découverte au niveau de l'école actuelle, le 30 septembre 1888. Troisième indice : c'est un homme aux (dé)goûts éclectiques : Anglaises, Scandinaves...

Revenez à Commercial Road pour rejoindre Aldgate High Street et Mitre Street. Les restes de la quatrième victime, Catherine Eddowes, furent identifiés ce même jour dans Mitre Square. Elle avait subi de nombreuses mutilations après sa mort. Quatrième indice : s'acharner au cours d'une même nuit sur deux pauvres femmes, ce n'est plus du zèle, c'est qu'il a vraiment un problème (avec sa mère peut-être ?).

Traversez Duke's Place et Houndsditch pour arriver sur Stoney Lane et Middlesex Street, connue autrefois sous le nom de Petticoat Lane. Continuez par Commercial Street et Thrawl Street. La cinquième victime, Mary Jane Kelly, vivait au nº 18. Son propriétaire la renvoya, voyant son état d'ivresse avancé au milieu de la nuit. Elle retourna vers Buck's Row où elle eut la malchance de rencontrer Jack, à 2h du matin. Son dernier crime marqua l'apothéose de cette macabre série. Le corps fut retrouvé entièrement dépecé. Cinquième indice : et si on appelait Rintintin ?

Scotland Yard ne ménagea ni ses efforts ni son imagination pour découvrir le coupable. On photographia même les yeux des victimes, suivant les méthodes policières de l'époque, espérant que leur rétine avait conservé la dernière vision de l'assassin. On soupçonna bien l'avocat John Druitt qui se suicida en se jetant dans la Tamise en décembre 1888, ou encore le Polonais George Chapman qui fut pendu en 1903. On alla même jusqu'à suspecter un membre de la famille royale – le duc de Clarence qui n'était autre que le petit-fils de la reine Victoria –, mais rien ne fut jamais prouvé. C'est ainsi que le « Ripper Case » entra dans la légende. Jusqu'à ce que Patricia Cornwell s'intéresse à son tour au personnage et publie son enquête sur l'enquête dans son ouvrage *Jack l'Éventreur* (Livre de Poche, nº 37007). Depuis, le cinéma s'est lui aussi emparé du mythe...

SOUTHWARK, SOUTH BANK ET WATERLOO

Pour se repérer, voir le plan d'ensemble et le centre 1 en fin de guide.

Contrairement à Paris, où la ville s'est développée de façon égale sur les deux rives, Londres a longtemps ignoré le sud de la Tamise (sauf les quartiers résidentiels de l'ouest, comme Putney ou Wimbledon). Bombardé en 1940, déserté par les habitants, mutilé par la reconstruction, le South Bank est désormais sorti du purgatoire, soutenu par une volonté urbanistique de rompre avec le bétonnage à tout-va. Au-delà de Waterloo Station, les quartiers, notamment Lambeth, à l'écart du fleuve, ne sont pas spécialement attirants. En revanche, la réhabilitation des docks de Southwark jusqu'au *Butler's Wharf* mérite une exploration approfondie. On aime beaucoup l'esprit village de Bermondsey. Avec l'aménagement de la promenade le long de la Tamise, tout le secteur est même devenu très à la mode. Londoniens et touristes y affluent pour profiter de ses innombrables atouts : l'immense roue ou *London Eye,* les quais colorés du *Gabriel's Wharf,* la *Tate Modern* avec sa silhouette industrielle, le célèbre *Globe Theatre,* théâtre shakespearien et enfin The Shard, dont la silhouette élancée domine les quartiers de Borough et Bermondsey, en plein essor... Sans oublier le *Millenium Bridge,* cette élégante passerelle pour piétons qui enjambe le fleuve et relie la City à la « *Tate* ». Ce musée, consacré à l'art contemporain, symbolise le d'ailleurs renouveau de ce quartier et l'extraordinaire capacité de Londres à se réinventer sans cesse, à faire du neuf avec du vieux. En outre, avec ses innombrables restos et bars séduisants, Southwark est plus que jamais un incontournable de tout circuit londonien.

« L'ÉCLAT »

Voici la traduction de « The Shard », spectaculaire flèche de verre qui surgit dans le paysage de Southwark, haute de 308 m, ce qui en fait aujourd'hui la plus haute tour habitée d'Europe. Soit un peu plus que la tour Eiffel, mais occupée de bureaux, d'appartements et d'un hôtel, Shangri-La. *Dessiné par Renzo Piano, c'est le nouveau symbole d'un Londres en grand mouvement... Dont le resto-bar panoramique livre une vision éclatante la nuit tombée !*

Info utile

Pas mal d'infos sur • **visitsouthwark.com** • *et* • **southbanklondon.com** •

Où dormir ?

Studios et appartements

Think Bermondsey Street *(plan d'ensemble J5,* ***80****) : 190 Bermondsey St, SE1 3TQ. ☎ 020-7378-2300. • info@think-apartments.com • think-apartments.com • Ⓜ London Bridge. à 10 mn à pied du métro. Studios et appartements (2-6 pers) 99-250 £ la nuit. Réduc pour les lecteurs du Routard, ne pas oublier de le mentionner à la résa (dites « routard » par mail, par tél, ou sur le site de résa en code promo).* Déco moderne et élégante de bois blond, parquet, cuisine laquée tout équipée avec micro-ondes, lave-vaisselle, lave-linge. On aime bien aussi les petites touches colorées des tableaux, des dessus-de-lit, ou encore du canapé. Tout confort. Belles salles de bains carrelées avec douche à l'italienne. Les étages supérieurs ont même droit en arrivant à une vue sur Londres (mais pas depuis les chambres). Tout le nécessaire pour les familles (lit bébé). Ménage 1 fois par semaine. Le tout dans un quartier agréable et assez vivant.

Think Tower Bridge (*plan d'ensemble J5*, **81**) : *4 Maltings Pl, 169 Tower Bridge Rd, SE1 3LF.* ☎ *020-7367-6300.* • *info@think-apartments.com* • *think-apartments.com* • Ⓜ *London Bridge. Studios et appartements (2-6 pers) 99-250 £ la nuit. Réduc pour les lecteurs du* Routard, *ne pas oublier de le mentionner à la résa (dites « routard » par mail, par tél, ou sur le site de résa en code promo).* Pas très loin de l'adresse précédente. Les studios et appartements se répartissent entre 2 espaces. La partie moderne propose des appartements plutôt récents, avec parquets blonds, cuisine équipée (frigo, lave-linge, lave-vaisselle, four), au calme, très spacieux, avec TV et lecteur DVD. Mais on préfère ceux de la partie ancienne, construits dans une ancienne vinaigrerie, avec le même confort, mais le charme en plus des vieilles pierres rouges et des colombages pour certains, répartis autour d'une cour occupée en journée par les employés des bureaux (pub, com' et avocats). Ménage 1 fois par semaine.

Think London Bridge (*plan d'ensemble J5*, **82**) : *203 Long Lane, SE1 4PN.* ☎ *020-7940-1220.* • *info@think-apartments.com* • *think-apartments.com* • Ⓜ *London Bridge. Studios et appartements (2-6 pers) 99-250 £ la nuit. Réduc pour les lecteurs du* Routard, *ne pas oublier de le mentionner à la résa (dites « routard » par mail, par tél, ou sur le site de résa en code promo).* Pas très loin des adresses précédentes. Le petit dernier de cette chaîne qu'on aime bien ! Un peu à l'écart, mais même confort, mêmes équipements. Lumineux, un peu moins charmant, mais fera très bien l'affaire !

Auberges de jeunesse et *student halls* (moins de 35 £, soit 41 €)

St Christopher's Inns (*plan d'ensemble I5*, **126**) : *réception au Village, 161-165 Borough High St, SE1 1HR.* ☎ *020-7939-9710.* • *village1@st-christophers.co.uk* • *st-christophers.co.uk* • Ⓜ *London Bridge ou Borough. Par pers, 17-28 £ selon type de chambre (4-20 lits) et, surtout, selon demande. Le w-e on paie le max. Double 60 £. Promos sur Internet.* Cette chaîne d'AJ en pleine expansion aligne pas moins de 3 adresses sur Borough High Street. Ce n'est pas vraiment son confort (dortoirs basiques de 4 à 20 lits au *Village*, 4 à 8 lits dans les autres adresses), ou sa propreté (parfois limite en haute saison) qui expliquent son succès, mais le concept porteur du « *Beds & Bars* ». Les auberges sont couplées aux désormais célèbres *Belushi's Bars*, où les résidents bénéficient de réductions sur les boissons, les plats et les soirées concerts. Bruyant, évidemment, mais les jeunes routards se couchent rarement avant la fin de la fiesta. Au *Inn*, au n° 121 de la rue, on trouve cependant un grand pub qui n'est pas un *Belushi's* ! Par ailleurs, notez que seul le *Village* dispose d'une salle commune (avec écran vidéo géant). Pour vos objets de valeur, coffres payants (à code) ou casiers gratuits (avoir son cadenas). Enfin, sachez que *The Orient Expresso*, la 3e option de la chaîne (sans bar mais avec un petit *coffee shop*), est désormais réservé aux femmes. Accueil sympa et ambiance fraternelle.

Friendship House (*plan d'ensemble H5*, **102**) : *3 Belvedere Pl, SE1 0AD.* ☎ *020-7803-0950.* • *friendship@lhalondon.com* • *lhalondon.com* • Ⓜ *Borough. Dans une impasse perpendiculaire à Borough Rd (venant de Saint George Circus, la dernière ruelle avt d'arriver au pont). Env 24,50 £/pers en chambre double et env 116 £/sem si on loue plus de 14 nuits. Ne prend pas de résas, sf 1 sem à l'avance.* Très moderne, ce vaste complexe étudiant de 140 chambres se distingue par ses lignes sobres et ses espaces aérés. Ça change des habituels blockhaus ! Évidemment, la déco est à l'image de la maison, aseptisée mais très fonctionnelle. Bon confort (chambres en suite nickel) et équipements satisfaisants (2 salons TV, cuisine à chaque étage, laverie...).

The London Eye Hostel *(plan d'ensemble G6, **97**) : 73 Lambeth Walk, SE11 6DX. ☎ 020-7582-3088 ou 0870-042-9292. • londoneyehostel@yahoo.com • Ⓜ Lambeth North. Bus nos 3, 59 et 159. Lits env 17-22 £ en dortoir, avec petit déj.* Une AJ correcte, sans plus, car un poil excentrée et au confort somme toute assez rudimentaire. Au total, 120 lits, répartis dans des dortoirs basiques de 6 à 15 personnes, et une poignée de doubles (trop chères). Toilettes et salle de bains sont sur le palier, en nombre insuffisant. L'ensemble est néanmoins assez bien tenu. Sur place, bar, cuisine, consignes payantes (au rez-de-chaussée), billard, et une petite terrasse.

De bon marché à prix moyens (50-90 £, soit 59-106 €)

Tunehotels.com *(plan d'ensemble G5, **83**) : 120 Westminster Bridge Rd, SE1 7RW. Pas de tél. • tunehotels.com • Ⓜ Lambeth Bridge. Doubles à partir de 45 £, sans petit déj* (of course !). À deux pas du métro. Le concept des hôtels *low-cost* fait des petits. Plus vous réservez tôt, moins c'est cher. Bâtiment pas bien fringant, mais bon, ça peut dépanner. Ménage toutes les 3 nuits. Tout est en option, de la télé aux sèche-cheveux en passant par les serviettes. Vous avez quand même un lit inclus dans le prix ! Attention, certaines chambres sans fenêtre, bien vérifier à la réservation.

De prix moyens à plus chic (50-120 £, soit 59-142 €)

London City Hotel *(plan d'ensemble I5, **75**) : 200 Borough High St. ☎ 020-7378-0415. • welcome@london-city-hotel.co.uk • london-city-hotel.co.uk • Ⓜ Borough. Juste au-dessus de la bouche de métro, réception à l'étage. Doubles 80-110 £ selon période.* Ce petit hôtel familial ne possède d'autre charme que celui d'offrir des chambres confortables pimpantes. C'est déjà beaucoup. Propre donc, très bien tenu, bien situé et pas trop cher, c'est presque un exploit à Londres ! Pas de petit déj possible, mais il y a tout ce qu'il faut dans le coin. Excellent accueil.

Premier Inn Southwark *(plan d'ensemble I4, **394**) : Anchor, Bankside, 34 Park St, SE1 9EF. ☎ 0871-527-8676. • london.southwark.pti@premierinn.com • premierinn.com • Ⓜ London Bridge. Double env 115 £ en sem, 100 £ le w-e. Réduc si l'on réserve sur Internet.* Hôtel de chaîne, ultra-fonctionnel et confortable, mais qui, pour une fois, est à taille humaine et ne manque vraiment pas de charme. Il occupe un bâtiment de brique typique du quartier et profite d'une jolie déco marine et bois... Les salles de bains font un peu penser à des cabines de bateau. Lits *king size* partout. Rapport qualité-prix digne d'intérêt, à condition d'éviter les chambres du rez-de-chaussée, trop exposées au tapage nocturne.

Où dormir dans les environs ?

Church Street Hotel *(hors plan d'ensemble par H6) : 29-33 Camberwell Church St, SE5 8TR. ☎ 020-7703-5984. • info@churchstreethotel.com • churchstreethotel.com • Ⓜ Oval ; puis bus n° 36. Doubles 120-150 £, avec petit déj.* À l'heure du tout design, ce petit hôtel familial a choisi l'option vintage... à la mode hispanique ! En plein Londres, ça détonne : mobilier exubérant (et fleuri), bibelots colorés, azulejos chamarrés, bref, le dépaysement est garanti. Le charme latin a vite conquis une clientèle *arty*, également séduite par le confort soigné de la maison (bar cosy, DVD à dispo, petit déj *organic*...) et l'accueil agréable. Et puis, en cas de petite faim, on peut même se laisser tenter par l'élégant bar à tapas de la maison.

Spécial coup de folie (plus de 120 £, soit 142 €)

Bermondsey Square Hotel *(plan d'ensemble J5, **84**) : Bermondsey Sq. ☎ 020-7378-2450. • bermondseysquarehotel.co.uk • Ⓜ London Bridge. Doubles 120-300 £.* Un hôtel-boutique qui joue la carte du design et de l'insolite, avec une ambiance très *sixties.* D'ailleurs, les suites sont toutes nommées d'après une chanson des Beatles. Couleurs pop et acidulées dans certaines, contre blanc immaculé pour d'autres. Confort total (Apple TV dans toutes les chambres). Les plus chères ont même un hamac sur la terrasse, voire un jacuzzi, avec vue splendide sur le toit et Londres. De quoi vraiment siffloter « *Lucy in the sky...* ».

Où manger ?

Du côté de London Bridge

Sur le pouce (moins de 10 £, soit 12 €)

Bermondsey Street Coffee *(plan d'ensemble J5, **467**) : Bermondsey St. ☎ 020-7403-7513. Ⓜ London Bridge. Lun-ven 7h-20h, w-e 8h-19h. Sandwich env 5 £.* Un bon plan dans le quartier pour s'offrir un café ou un thé accompagné d'un muffin ou cookie bio. Pour la pause *lunch,* soupe maison et sandwichs frais bien préparés. À emporter ou déguster sur place, tranquillement installé dans les canapés ou autour des quelques tables. Également un coin de terrasse sur rue pour les fumeurs. Accueil relax, revues et journaux à dispo, grand tableau avec les petites annonces du coin, une vraie petite ambiance à la cool, quoi !

Nombreux stands et petits restos dans et autour de ***Borough Market*** : sandwichs bio, boulangeries à l'ancienne, poulet rôti tout chaud... de quoi se caler pour pas cher dans ce quartier si attachant et en plein renouveau. Penser également à l'annexe locale de ***Konditor and Cook*** (voir texte plus loin, secteur Waterloo).

Fine Foods *(plan d'ensemble J5, **392**) : 218 Long Lane (tt en bas de la Bermondsey St, puis à droite). ☎ 020-7403-7513. Ⓜ London Bridge. Tlj 7h30-20h (18h30 ven-sam, dim 10h-16h). Sandwich env 4 £.* Proche du célèbre marché. Vieille boutique de coin de rue rénovée (en respectant son charme) pour en faire une épicerie fine de produits italiens (petits producteurs). Dans ce cadre délicieusement *Old England,* vous dégusterez les lasagnes du jour, ou d'excellents sandwichs et paninis préparés avec vos ingrédients préférés. Derrière, une minuscule salle tranquille et intime pour se détendre devant un bon *espresso.* À emporter, de délicieux fromages comme le *pecorino sardo* (brebis), le *monte capra* (chèvre) et toute la charcutaille traditionnelle italienne.

Tout le long de la Tamise (avec une grosse concentration vers South Bank), on retrouve les traditionnelles chaînes et franchises. Du bon (***EAT*** et ***Pret A Manger***), et du moins bon.

Bon marché (moins de 10 £, soit 12 €)

Market Porter *(plan d'ensemble I4, **191**) : 9 Stoney St, SE1 9AA. ☎ 020-7407-2495. Ⓜ London Bridge. À l'angle de Park St. Cuisine ouv lun-ven 6h-9h, 12h-15h ; w-e 12h-17h. Plats 9-15 £, snacks et sandwichs env 7-9 £.* Coincé entre la voie ferrée et les halles du Borough Market, ce pub à l'ancienne n'a pas cédé grand-chose aux effets de mode et aux sirènes de la consommation. En effet, les boutiques chic investissent en force ce nouveau territoire branché. Du coup, la clientèle a bien changé – finis les livreurs, débardeurs et autres piliers du petit monde du marché – mais le *Porter,* lui, n'a pas bougé d'un *inch.* En bas, pub classique. À l'étage, salle surannée avec cheminée, mobilier cossu et tapisserie d'époque. On y mange une cuisine de pub solide, fraîche et généreusement servie, à l'image de ses bons plats du jour (attention, pas de *bar food* le samedi) et de ses fromages venus du fromager d'à côté.

The Table *(plan d'ensemble H4,* ***292****) : 83 Southwark St, SE1 0HX. ☎ 020-7401-2760. • eat@thetable cafe.com • Ⓜ Southwark ou London Bridge. Cuisine ouv lun-ven 7h30-14h30, w-e 8h30-16h (18h dim). Le soir, slt mar-sam 18h-22h30. Plats et en-cas 5-10 £.* Ce café lumineux au mobilier à la suédoise fait toujours salle comble. Il faut reconnaître que, dans son genre, c'est une aubaine : chaque jour, la carte change (les invendus sont partagés le soir entre les employés), et les plats – par conséquent bien frais – ne manquent pas d'imagination et sont élaborés avec des produits de qualité. Qu'il s'agisse d'un sandwich, d'une quiche, d'une salade ou d'un plat chaud, c'est toujours très bon... et servi avec le sourire. Carton plein !

Wagamama *(plan d'ensemble I4,* ***170****) : Clink St, SE1 9BU. ☎ 020-7403-3659. Ⓜ London Bridge. Sous les arcades du pont de chemin de fer. Ouv 12h-23h (22h dim).* Très haut de plafond, murs en brique nus, cadre sobre... très nippon et zen, tout ça ! De la vitrine où sont installés quelques tabourets, vue sur Saint-Paul. Voir le texte sur l'autre *Wagamama* dans la rubrique « Où manger ? » du chapitre « Bloomsbury, King's Cross, Euston et Saint Pancras ».

Prix moyens (10-18 £, soit 12-21 €)

Garrison *(plan d'ensemble J5,* ***295****) : 99-101 Bermondsey St (au coin de Whites Ground). ☎ 020-7089-9355. Ⓜ London Bridge. Tlj 8h (9h le w-e)-23h30 (21h30 dim). Cuisine ferme à 22h. Plats 12-18 £.* Un vrai *gastropub* qui se la joue bistrot façon « revue *Côte Ouest* », avec ses murs lambrissés dans les tons beige et gris, son décor disparate, ses grosses tables de bois et son mobilier de (pseudo) récup'... Cuisine ouverte avec sa vaste ardoise au-dessus. Ne pas se laisser abuser par ce côté faussement désinvolte, vous découvrirez ici une cuisine tout en finesse, des saveurs originales et des mets joliment présentés (cabillaud aux épices, risotto aux Saint-Jacques, cuisse de lapin braisé à l'ail...). Également quelques sandwichs élaborés et un beau petit déj.

Tapas Brindisa *(plan d'ensemble I4,* ***296****) : 18-20 Southwark St, SE1 1TJ. ☎ 020-7357-8880. Ⓜ London Bridge. Tapas froides 12h-23h (chaudes 12h-15h, 17h30-23h). W-e, petit déj 9h-11h, lunch 12h-16h, dinner 17h30-23h. Tapas env 4-12 £.* Cadre bistrot assez banal, ici tout est dans le pittoresque alignement des bouteilles et surtout dans l'ambiance. Là, on vous la garantit ! Beaucoup de monde même en début de semaine (assez bruyant). Belle sélection de charcuteries régionales espagnoles, avec jambon de Téruel, chorizo, *salchichon,* pain et huile. Bien pour une faim moyenne et fort bien présenté. Certaines tapas pas excessivement copieuses, mais toujours à base d'excellents produits, comme ces filets de bœuf aux oignons caramélisés. Spécialité de fromages ibériques, dont le fameux bleu des *Picos de Europa* (Cantabrie). Vin du jour et du mois au tableau noir.

Tas Pide *(plan d'ensemble H-I4,* ***177****) : 20-22 New Globe Walk, SE1 9DR. ☎ 020-7928-3300. Ⓜ Southwark ou London Bridge. Tlj 12h-23h30 (22h30 dim). Menus 9-18 £ ; carte 16-20 £.* Dans un cadre chaleureux et raffiné qu'on n'imagine pas de l'extérieur (charpente, bois sculpté, verres gravés...), on se régale d'une cuisine originaire d'une contrée magique de Turquie, l'Anatolie. On redécouvre les *mezze* avec des falafels croustillants, on enchaîne avec l'*incik,* un agneau rôti au four, et l'on termine par un voluptueux baklava. À moins de se laisser tenter par les *pide,* variante turque de la pizza, à la pâte ultrafine et à la garniture parfumée (une quinzaine de variétés). Service plein de gentilles attentions.

Sans oublier le ***resto de la Tate Modern*** (voir plus loin). Bien sûr, on grimpera directement au 7e étage... *Plats env 10-15 £. Le soir, compter plutôt 20 £.* Vue époustouflante sur Londres. Au 2e étage (qui correspond au rez-de-jardin côté Tamise), cafétéria un peu moins chère, mais cadre moins sensationnel, on s'en doute. La vue n'a toutefois rien de déshonorant, embrassant un agréable jardinet avec Saint-Paul en arrière-plan.

Plus chic (18-25 £, soit 21-29,50 €)

|●| ***Village East*** *(plan d'ensemble J5,* ***295****) : Milliners House, 173 Bermondsey St, City of London, SE1 3UW. ☎ 020-7357-6082. Ⓜ London Bridge. Lun-ven 12h-15h, 18h-22h ; sam 11h-16h, 18h-22h ; dim 11h-17h, 18h-21h30. Plats 12-18 £. Menu le midi en sem 13 £.* Tables bien mises, comptoir du bar rutilant, banquettes en cuir moelleux et brique confèrent à cette brasserie un charme indéniable, dans un quartier qu'on adore. Petits coins et recoins, lumière tamisée et tables bien mises ont fini de nous séduire. Cuisine gourmande (porc braisé, maquereau de Cornouailles et *fish & chips* excellents). Service extra. Une belle adresse.

|●| ***Fish !*** *(plan d'ensemble I4,* ***276****) : Cathedral St, SE1 9AL. ☎ 020-7407-3803. • info@fishkitchen.com • Ⓜ London Bridge. Lun-jeu 11h30-23h, ven-sam 12h-23h, dim 12h-22h30. Menus 17,95-21,95 £.* Ici, on joue carte sur table ! Le concept est clair : du poisson, et encore du poisson... Cette volonté de transparence se retrouve aussi bien dans la structure translucide, genre aquarium chic de verre et de métal, que dans la cuisine ouverte offerte aux regards des convives. Le menu est lui aussi un modèle de clarté : méthodes de pêche, d'élevage, tout est détaillé. Selon les arrivages, une dizaine de poissons au choix et cuisinés selon vos goûts (cuisson et assaisonnement). *Fish & chips* parfait et bien copieux (ce qui n'est pas toujours le cas des autres plats). Malgré un brouhaha généralisé, l'adresse reste très prisée, surtout sa belle terrasse au pied des vénérables tours gothiques de la cathédrale de Southwark. Un conseil : réservez, ou venez en dehors des heures de pointe.

|●| 🍷 ***Cantina Vinopolis*** *(plan d'ensemble I4,* ***394****) : 1 Bank End, SE1 9BU. ☎ 0870-899-8856. • cantina@vinopolis.co.uk • Ⓜ London Bridge. Lun-mer 18h-22h30 ; jeu 12h-15h, 18h-22h30 ; ven-sam 12h-22h30 ; dim 12h-16h. Menus 26-30 £. À la carte, à partir de 40 £.* Dans une immense salle voûtée de brique, dans un cadre élégant. Clientèle chic, pas routarde du tout, et accueil empesé pour une cuisine classique modernisée, bonne mais sans génie. Évidemment, la star ici, ce n'est pas le menu, mais la magnifique carte des vins. Pour les amateurs.

|●| ***Chop House*** *(plan Les Docklands A1,* ***21****) : The Butler's Warf Building, 36 Shad Thames, SE1 2YE. ☎ 020-7403-3403. • bwchophouse@danddlondon.com • Ⓜ Tower Hill (puis traverser le pont) ou London Bridge. Tlj dès 8h pour le petit déj. Fermé dim soir. Au bar le midi, formules 12 et 13,50 £ ; au resto, menus midi 23-27 £. Le soir, plats 14-20 £.* Cette belle brasserie moderne et lumineuse, sise en bord de Tamise avec vue sur la Tour de Londres, est une des nombreuses adresses estampillées Conran. Les spécialités anglaises se trouvent en bonne place dans une carte éclectique. Les sauces sont excellentes, la présentation soignée et le service impeccable (petite tendance tout de même à pousser à la conso, attention !). Clientèle chic et atmosphère quelque peu conformiste. Bon rapport qualité-prix, en particulier si l'on mange côté bar. Quelques tables en terrasse, au bord de l'eau, qui s'arrachent bien évidemment dès que pointe un rayon de soleil.

Du côté de Waterloo

Sur le pouce (moins de 10 £, soit 12 €)

Konditor and Cook *(centre 1, G4,* ***275****) : 22 Cornwall Rd, SE1 8TW. ☎ 020-7261-0456. • cornwallroad@konditorandcook.com • Ⓜ Waterloo. Lun-ven 7h30-18h, sam 8h30-17h.* Cette boulangerie de compétition a tout pour plaire : une façade à croquer, des gâteaux *so British and so good* et quelques snacks délicieux, servis encore chauds par une équipe dynamique, au sourire inusable. Soupes, salades, *jacket potatoes, lunchbox* : de quoi faire son marché les yeux fermés, avant d'aller savourer son butin sur les berges de la Tamise. Plusieurs autres adresses en ville, notamment au Borough Market *(10 Stoney St)*, ou sur Chancery Lane *(46 Grays Inn Rd)*.

De prix moyens à plus chic (10-25 £, soit 12-29,50 €)

Anchor & Hope *(plan d'ensemble G5, **304**) : 36 The Cut, SE1 8LP. ☎ 020-7928-9898. Ⓜ Southwark. Lun 17h-23h, mar-sam 11h-23h, dim 12h30-17h. Plats 12-18 £. Dim, lunch 30 £.* « L'Ancre et l'Espoir » ravit tous les suffrages pour sa cuisine de *gastropub* inventive et sa magnifique sélection de vins, le tout à des prix encore abordables. Ragoût de poisson, pigeon farci, cassoulet ou encore faisan rôti... On vous laisse saliver sur le menu. La déco hyper sobre, à l'extérieur comme à l'intérieur, laisse toute sa place au contenu de l'assiette. On peut aussi venir prendre un verre et un en-cas le long du chaleureux comptoir, surtout s'il n'y a plus de place au resto. Car c'est le seul grand défaut de l'endroit : la réservation n'est pas possible (sauf le dimanche) et il faut souvent attendre pour obtenir une table. Franchement, vaut tout de même le détour.

Où boire un verre ?

Bars à vins

Bar Blue *(Cantina Vinopolis ; plan d'ensemble I4, **394**) : 1 Bank End, SE1 9BU. ☎ 020-7940-8333. • barbluevinopolis.com • Ⓜ London Bridge. Lun-mer 17h-23h, jeu-sam 12h-23h.* C'est le bar du fameux complexe œnologique (voir plus loin « Monuments, galeries et musées »). Intéressant pour ceux qui souhaitent parfaire leurs connaissances en vins de l'Ancien et du Nouveau Monde. Décor très moderne dans les tons bleus lumineux assez réussis. C'est un des rares endroits où l'on peut goûter du vin produit en Angleterre (dans le Kent plus exactement). Pas franchement inoubliable, ce blanc se laisse néanmoins tout à fait boire à l'apéro. Pour accompagner le tout, la maison propose toutes sortes d'assiettes et de petites choses à grignoter. Atmosphère quand même assez chicos.

Oxo Tower *(plan d'ensemble G4, **368**) : Wharf Barge House St, SE1 9PH. ☎ 020-7803-3888. • oxo.reservations@harveynicols.com • Ⓜ Blackfriars ou Waterloo. Bar ouv lun-mer 11h-23h, jeu-sam 11h-minuit, dim 11h-22h30. Env 50 £ dans la partie resto et 40 £ à la brasserie (lun-sam 12h-23h, dim 12h-22h30).* Les pieds dans la Tamise, cette tour, coiffée d'une belle verrière, abrite au sommet un restaurant, un bar, et une brasserie en terrasse... le tout plutôt huppé. La cuisine est moyenne et très onéreuse, donc c'est surtout pour la vue extraordinaire et pour boire un verre au bar qu'on se hissera au 8e étage. Magique en soirée, lorsque le pianiste enchaîne quelques morceaux choisis de jazz.

Pubs et bars

The George Inn *(plan d'ensemble I4, **395**) : 77 Borough High St, SE1 1NH. ☎ 020-7407-2056. Ⓜ London Bridge. Lun-sam 11h-23h, dim 12h-22h30. Plat env 10 £ servi midi et soir (sf dim soir).* Il fut un temps où Charles Dickens et William Shakespeare y avaient leurs habitudes ; aujourd'hui on croise surtout d'heureux touristes et les cols blancs du secteur. Mais ce pub historique, propriété du *National Trust*, fut reconstruit en 1676 après le terrible incendie qui ravagea Londres. Il a conservé tout son charme. Dissimulée dans une vaste cour pavée tranquille, cette immense bâtisse chaulée hérissée de grosses lanternes et parcourue par une galerie abrite une enfilade de petites salles confortables. Bonne cuisine de pub et bonnes bières, bref, une halte de choix fort pittoresque... d'autant plus qu'on joue parfois les pièces du grand Will dans la cour. On aime bien la toute 1re salle avec son antique et rustique cheminée et, surtout, le 3e lundi du mois, lorsque des fous de musique cajun viennent y faire une *jam session* d'enfer (de 19h à 22h). Terrasse chauffée.

Gladstone Arms *(plan d'ensemble I5, **407**) : 64 Lant St, SE1 1QN. ☎ 020-7407-3962. Ⓜ Borough. Lun-*

sam 11h-23h (minuit sam), dim 12h-22h30. Plat env 6 £ servi midi et soir. De la rue principale, on repère la bâtisse en brique uniquement grâce à la fresque peinte sur le mur. Tant mieux. La petite salle coquette aux bibelots rétro supporterait mal la foule. À la place, on partage les sofas et les tables rondes avec une ribambelle d'habitués, qui picorent des *pies* bio en jouant aux échecs ou au scrabble... sauf les soirs de concert ! Dans ces cas-là, on joue un peu plus des coudes, mais l'ambiance reste tout aussi chaleureuse.

The Anchor *(plan d'ensemble I4,* ***394****) : 34 Park St, SE1 9EF. ☎ 020-7407-1577. Ⓜ London Bridge.* Malgré les bières un peu chères, la *food bar* médiocre et le trop-plein de touristes, *The Anchor* reste une étape indispensable. Pour le souvenir surtout. Car ce vénérable pub londonien, qui échappa au Grand Incendie de 1666 (mais pas à celui du Southwark quelques années plus tard), miraculeusement épargné par les bombes du *Blitz,* a fini par perdre une partie de son cachet au fil des rénovations. Le dédale des salles reste tout de même bien agréable, et sa terrasse géniale, surplombant la Tamise au pied du pont de chemin de fer, fait partie des incontournables dans le secteur.

Dans le quartier de Waterloo

Cubana *(plan d'ensemble G5,* ***398****) : 48 Lower Marsh (à l'angle de Baylis Rd), SE1 7RG. ☎ 020-7928-8778. • reservations@cubana.co.uk • cubana.co.uk • Ⓜ Waterloo. Lun-mar 12h-minuit, mer-jeu 12h-1h, ven 12h-3h, sam 15h-3h. Happy hours 17h-18h30. Plats à partir de 5 £. Soirées salsa et musique latine mer-sam à partir de 23h (entrée payante slt ven-sam, env 5 £).* La charmante *salsera* peinte sur le mur extérieur fait l'effet d'une invitation au soleil. Entrez sans hésiter dans ce resto-bar cubain convivial, à la peinture arc-en-ciel écaillée, aux tables de bois bancales dispersées dans plusieurs petites salles, avec une bonne musique latino pour enrober le tout. Si les cocktails (aux fruits frais) délient les langues, ce n'est plus franchement pour planifier la révolution ! Les affamés se jetteront sur une cuisine colorée et riche en UV (majoritairement *organic food*), les autres sur les tapas et les *empanadas.* Concerts mercredi et samedi.

Où sortir ?

Ministry of Sound *(plan d'ensemble H5,* ***465****) : 103 Gaunt St, SE1 6DP. ☎ 0870-060-0010. • info@ministryofsound.com • ministryofsound.com • Ⓜ Elephant and Castle. En sortant du métro, prendre au nord Newington Causeway, puis la 2e rue à gauche. Ven 22h30-6h, sam 23h-7h. Entrée : 13-20 £.* Cette légende de la nuit londonienne depuis 1991 est plus que jamais sur le devant de la scène, notamment grâce à son excellent système son. Il suffit de voir la liste des DJs invités pour s'en convaincre... Beaucoup, beaucoup de monde.

Théâtres et concerts classiques

Le **Southbank Centre** regroupe 3 salles mythiques de spectacle et de concerts : **Royal Festival Hall,** le **Purcell Room** et le **Queen Elizabeth Hall** : *☎ 0844-847-9911. • southbankcentre.co.uk • Ⓜ Waterloo ou Embankment (et traverser la passerelle).* Riche programmation : concerts classiques, théâtre, expos, ballets...

Royal National Theatre *(centre 1, G4) : South Bank, SE1 9PX. ☎ 020-7452-3000. • nationaltheatre.org.uk • Ⓜ Waterloo.* Une sélection judicieuse. Beaucoup de créativité. À la même adresse, le **National Theatre Bookshop** propose plus de 3 000 pièces, critiques ou essais sur le théâtre.

Albany Theatre Empire : *Douglas Way, Deptford, SE8 A4G. ☎ 020-8692-4446. • thealbany.org.uk • Ⓜ New Cross (East London Line, à prendre depuis Whitechapel).* Très excentré, près de Greenwich. Un des lieux qui vibrent le plus à Londres. Très bon théâtre pour enfants également.

Sans oublier la programmation estivale du ***Shakespeare's Globe Theatre.*** Pour revivre in situ la splendeur du théâtre élisabéthain (voir, plus loin, « Monuments, galeries et musées »).

Cinémas

■ ***IMAX Cinema*** *(centre 1, G4)* **:** *1 Charlie Chaplin Walk, SE1 8XR. ☎ 0870-787-2525. • bfi.org.uk/whatson/bfi_imax • Ⓜ Waterloo.* Juste en face de la sortie de *Waterloo Station.* Abrite l'un des plus grands écrans d'Europe (26 m x 20 m).

■ ***BFI Southbank*** *(centre 1, G4)* **:** *Belvedere Rd, SE1. ☎ 020-7928-3232. • bfi.org.uk/whatson/bfi_southbank • Ⓜ Waterloo.* En bord de Tamise, les vastes bâtiments abritent une médiathèque, une galerie, des bars, une boutique. Lieu vivant et convivial. Intéressante programmation de vieux films.

Shopping

Neal's Yard Dairy *(plan d'ensemble I4,* ***191****)* **:** *6 Park St, SE1 9AB. ☎ 020-7367-0799. • bronwen.percival@nealsyarddairy.co.uk • nealsyarddairy.co.uk • Ⓜ London Bridge. Lun-ven 9h-18h, sam 8h-17h. Fermé dim.* Encore plus beau, encore plus grand qu'à Covent Garden ! Cette incontournable boutique toute bleue, spécialisée dans l'affinage et la vente de fromages fermiers, fait la part belle aux fromages anglais, écossais et irlandais. L'occasion de découvrir, si vous n'êtes pas encore convaincu, que l'Angleterre est aussi « l'autre pays du fromage »... Elle travaille avec plus de 60 producteurs. On y trouve même un délicieux « *stinking bishop* » (un « évêque qui pue »). Son centre d'affinage est juste à côté, dans les vénérables entrepôts victoriens en brique, sous la voie de chemin de fer Londres-Douvres, bénéficiant idéalement d'une atmosphère cool et humide. Là, ils sont chouchoutés, retournés, grattés, lavés... Accueil gentil comme tout ; on se fera un plaisir de vous guider et de vous faire goûter. Et puis d'autres produits : huiles, chutneys, biscuits, *piccalilli* traditionnel, etc. Un rêve de gourmand !

Marchés

– ***Borough Market*** *(plan d'ensemble I4)* **:** *Southwark St. • boroughmarket.org.uk • Ⓜ London Bridge. Jeu 11h-17h, ven 12h-18h, sam 9h-16h.* Un des plus beaux marchés alimentaires de Londres. De plus en plus bobo, mais bien pittoresque tout de même. Beaucoup de petits producteurs, pas mal de bio, et que du bon ! Et c'est ici (entre autres) que la star de la « télé-cuisine » anglaise, Jamie Oliver, vient s'approvisionner.

– ***Bermondsey Market*** *(plan d'ensemble J5)* **:** *ven mat, sur Abbey St. Ⓜ Borough ou London Bridge.* Beaucoup de professionnels. Antiquités, bijoux, porcelaines, etc. Beau, beau, mais tout de même cher.

– ***Bermondsey Farmers Market*** *(plan d'ensemble J5)* **:** *sam 10h-14h, au Bermondsey Sq. • lfm.org.uk • Ⓜ Borough ou London Bridge.* Petits producteurs de fruits, légumes... massivement bio.

Monuments, galeries et musées

Imperial War Museum *(plan d'ensemble G5,* ***574****)* **:** *Lambeth Rd, SE1 6HZ. ☎ 020-7416-5320. • iwm.org.uk • Ⓜ Lambeth North ou Elephant and Castle. Tlj 10h-18h. Fermé 15 et 24-26 déc). Entrée gratuite, sf expos temporaires. Audioguide en français : 3,50 £.* On ne peut que saluer l'aspect éminemment ludique et pédagogique de ce musée passionnant, bien qu'entièrement consacré à la guerre (si, si, c'est possible !) et tout... en anglais. D'ailleurs, la visite plaît beaucoup aux enfants et ce musée draine en permanence une foule d'écoliers anglais. Outre la quincaillerie habituelle (avions de chasse, tanks et fusées), il a la bonne idée d'impliquer ses visiteurs (par exemple avec la *Blitz experience,* qui reconstitue les bombardements de Londres pendant la Seconde Guerre mondiale, avec bruits et odeurs !). Il les fait aussi réfléchir sur différents thèmes parfois inattendus comme les histoires d'amour pendant la guerre, le sort des enfants, la propagande, les tranchées de 1914-1918 sous les attaques au gaz, ou encore les opérations high-tech de la guerre du Golfe. Dans le grand hall, quelques pièces rares ou curiosités en vrac : une torpille humaine italienne, une voiture victime d'une bombe en Irak en 2007, une fusée V2, l'ancêtre des missiles balistiques, et même une sœur jumelle de la bombe lancée sur Hiroshima en 1945, un sous-marin *Biber* pour un seul homme. Puis le musée aborde tous les conflits qui ont déchiré le XXe s (et il y en a !). Ne pas rater la reconstitution très réaliste d'une tranchée, une autre d'une maison typique pendant la guerre (avec tout son ameublement) et l'explosion vécue en direct, et la fameuse machine à coder allemande *Enigma*. Sa découverte par les troupes alliées est l'un des tournants décisifs de la Seconde Guerre mondiale. Une exposition permanente, « *Secret War* », retrace d'ailleurs l'histoire de l'espionnage britannique de 1909 à nos jours. Le musée propose enfin une poignante évocation de l'holocauste, très complète, mais surtout digne et sobre. Et c'est là que l'on prend toute la mesure (immense) de ce musée intelligent : il n'exalte pas la guerre... mais la vie. Attention, très émouvant. Également des projections de films et, certains soirs, des exposés, conférences ou reportages sur des sujets d'histoire ou d'actualité. En sortant, un morceau du mur de Berlin.

Florence Nightingale Museum *(plan d'ensemble F-G5,* ***575****)* **:** *2 Lambeth Palace Rd, SE1 7EW. ☎ 020-7620-0374. • florence-nightingale.co.uk • Ⓜ Westminster ou Waterloo. Tlj 10h-17h. Entrée : 6 £ ; réduc.* Sur le côté du Saint Thomas Hospital, intéressant musée consacré à l'une des grandes figures féminines en Angleterre : Florence Nightingale (1820-1910). Sa terrible expérience des séquelles des combats de la guerre de Crimée (1854-1856, une vraie boucherie) et sa volonté de fer lui permirent de surmonter tous les obstacles et la misogynie de la société victorienne pour créer la première école d'infirmières (au Saint Thomas Hospital, justement) et organiser un service médical d'assistance aux pauvres dignes d'une société industrielle moderne. Ses efforts ont largement contribué à une nette amélioration des soins et de l'hygiène en milieu médical. La célébration du centenaire de sa mort a donné l'occasion de revoir entièrement la muséographie, qui s'articule désormais autour de trois périodes clés : la jeunesse de Florence Nightingale, la guerre de Crimée, son œuvre, toutes replacées dans le contexte social et historique du moment. La présentation moderne s'appuie sur de nombreux documents, uniformes et objets personnels.

Royal Mile *(plan d'ensemble F6)* **:** c'est à partir de Lambeth Bridge, côté Saint Mary-at-Lambeth, que débute la promenade aménagée et balisée le long de la rive sud de la Tamise. Beaucoup de choses à voir sur ce parcours qui mène jusqu'à Buttler's Wharf. Le meilleur point de vue pour contempler la rive nord et la City.

London Eye (centre 1, F5) **:** *South Bank, Jubilee Gardens, SE1. ☎ 0870-500-0600. • londoneye.com • Ⓜ Waterloo. Tlj 10h-20h30 (21h en avr-juin et 21h30 juil-août). Fermé 25 déc, horaires restreints 31 janv et 24 déc. Départs ttes les 30 mn. Tarif : 18,90 £ ; forfait famille et réduc ; gratuit moins de 4 ans. Mieux vaut réserver son tour à l'avance ; facile à faire via Internet et tarifs préférentiels ! (retrait sur place 15 mn avt). Sinon, billetterie en face, dans le County Hall. Formule onéreuse pour les pressés : le Fast Track : 28,80 £ sans réduc.* Elle tourne, elle tourne, la grande roue construite par British Airways. En face de Westminster, elle projette ses reflets dans la Tamise en envoyant ses visiteurs au septième ciel à 135 m d'altitude pour goûter aux joies d'un panorama incomparable. L'expérience dure environ 30 mn et permet, par temps clair, de distinguer les paysages jusqu'à une quarantaine de kilomètres. Possibilité de louer des jumelles au County Hall.

Face aux *Houses of Parliament*, le **County Hall** *(• londoncountyhall.com •)* et sa façade néoclassique en demi-cercle. Il abrita pendant la première moitié du XXe s le

Great London Council, en charge du développement de la ville. Il abrite aujourd'hui, en plus de l'aquarium, le London Film Museum. Vu les prix d'entrée, les visites sont à réserver aux inconditionnels.

Sealife – London Aquarium *(plan d'ensemble F5)* **:** *County Hall, Riverside Building, sur la rive sud, à deux pas du Westminster Bridge. ☎ 020-7967-8000. • sealife.co.uk • Ⓜ Westminster. Lun-jeu 10h-18h, ven-dim 10h-19h ; dernière admission 1h avt. Entrée : 21 £ en saison ; réduc hors saison, enfants et forfait famille.* Un site agréable, notamment grâce à une déco ludique qui plaît aux enfants (des statues de l'île de Pâques immergées dans le grand bassin, un environnement précolombien...). Sur trois niveaux sont présentées différentes espèces provenant des principaux océans, ainsi que la vie dans les milieux coralliens, la mangrove, la forêt tropicale, etc. Original : une passerelle survole l'aquarium des requins ! Brrr...

Hayward Gallery *(centre 1, G4)* **:** *South Bank Centre, Belvedere Rd, SE1 8XX. ☎ 0844-875-0073. • southbankcentre.co.uk • Ⓜ Waterloo. Tlj sf lun 10h-18h. Entrée : tarif selon expo ; gratuit pour les étudiants et moins de 12 ans.* Expositions temporaires d'arts anglais et international.

Tate Modern *(plan d'ensemble H4)* **:** *Bankside, SE1 9TG. ☎ 020-7887-8888. • tate.org.uk • Ⓜ Southwark ou Blackfriars. Accès depuis la City par la passerelle pour piétons dans l'axe de la cathédrale Saint-Paul. Bon plan : une navette (payante) relie la Tate Britain à la Tate Modern. Depuis la Tate Britain, départs ttes les 40 mn 10h30-17h30 env (10h-17h depuis la Tate Modern), jusqu'à 20h30 le w-e. Prix : 5,50 £ ; pour les détenteurs d'une Travelcard : env 3,70 £ ; réduc. Musée tlj 10h-18h (nocturne ven jusqu'à 22h). Dernière admission 45 mn avt. Fermé 24-26 déc. Entrée gratuite, payante pour les expos temporaires. Intéressant guide multimédia (dispo en français) : 4 £. Visites guidées gratuites tlj à 11h, 12h, 14h et 15h. Nos chers bambins iront dare-dare au stand « start », au niveau 3, pour retirer leurs jeux à faire dans le musée.*

Depuis son inauguration par la reine en 2000, la nouvelle coqueluche des musées londoniens, consacrée à l'art moderne et destinée à rivaliser avec le Centre Pompidou à Paris, le MoMA à New York et le Guggenheim à Bilbao, ne désemplit pas. Plus de 42 millions de visiteurs en plus de 10 ans ! Il faut dire que sa conception est vraiment audacieuse.

Herzog et de Meuron ont réussi la prouesse de faire littéralement fusionner le passé industriel du bâtiment avec les collections exposées.

À l'intérieur, attention au choc esthétique : on entre par l'impressionnante salle des turbines, aux dimensions dignes d'une nef de cathédrale. Cet espace en pente douce de 150 m de long, qui abritait les génératrices, est aujourd'hui le lieu de rendez-vous des visiteurs ! En étant attentif, on perçoit un ronronnement ambiant. Eh oui ! C'est bien un transformateur qui fonctionne toujours.

UNE BELLE USINE À GOUACHE

Imaginez une centrale électrique construite dans les années 1940, un gros parallélépipède disgracieux de brique rouge, coiffé d'une cheminée d'usine, voué à la pioche des démolisseurs et finalement transformé par le génie d'architectes suisses en un superbe hall d'exposition de 34 000 m² et de 35 m de haut, complétée bientôt par une pyramide destructurée. C'est ça, la Tate Modern !

Le bâtiment compte sept niveaux : les troisième et cinquième sont réservés aux expos permanentes, le quatrième et la salle des turbines aux expos temporaires. Les autres niveaux se partagent des salles pédagogiques, des auditoriums, des cafés, un restaurant (voir plus haut « Où manger ? ») et une boutique. La structure industrielle est atténuée par un éclairage tamisé, des planchers de bois brut et des coins lecture judicieusement disposés. Les vastes baies vitrées offrent d'extraordinaires points de vue sur la Tamise et le Millenium Bridge.

Au rayon du contenu, les temps forts sont légion : un accrochage intelligent, résolument antiacadémique, multiplie les confrontations percutantes en réécrivant l'histoire complexe de l'art du XXe s. Impossible de vous donner le nom d'œuvres précises, celles des expos permanentes changeant elles-mêmes régulièrement... de quoi y perdre son latin ! Le concept est souple et original : les œuvres sont réunies autour de thèmes suffisamment vagues pour oser les rapprochements les plus audacieux. Les nouvelles collections présentées depuis 2006 réunissent notamment des œuvres tournant autour des thèmes de la poésie et du rêve. D'autres mettent en lumière les grands courants artistiques du XXe s, les filiations entre les artistes et les principales innovations qui découlent de la fusion des genres. Dans le désordre et au hasard des accrochages, vous croiserez des à-plats de Mark Rothko, des collages de Kurt Schwitters, des sculptures de Joseph Beuys, Epstein, Henry Moore, Giacometti, César et Arman, des photos d'Irving Penn, des tableaux de Matisse, Mondrian, Miró, Picasso, Dalí, de Chirico, Magritte, Yves Klein, Jackson Pollock, Kirchner, et l'on en passe. Les réserves de la Tate Modern sont inépuisables !

Shakespeare's Globe Theatre Tours and Exhibition *(plan d'ensemble H4,* ***576****)* **:** *New Globe Walk, Bankside, SE1 9DT. ☎ 020-7902-1500. • shakespeares-globe.org • Ⓜ Southwark. Fin avr-fin sept, tlj 9h-17h ; oct-fin avr, 10h-17h. Fermé 24-25 déc. Entrée : 11,50 £ ; réduc. Durée de la visite : env 1h.* Face à la Tamise se dresse un véritable mythe : le *Globe,* théâtre du légendaire William Shakespeare. Bon, d'accord, il ne s'agit pas du bâtiment d'origine. Le premier, construit en 1599, fut détruit par un incendie accidentel en 1613. Quant au deuxième, il fut démoli en 1644 lorsque les puritains prirent la décision de fermer tous les théâtres. Mais tout de même... ce théâtre circulaire à ciel ouvert a fière allure, aussi fidèle à l'original que possible : murs de torchis, galeries, colombages, magnifique charpente de bois, et même, détail insolite, un toit de chaume. C'est le seul de Londres, puisqu'ils sont formellement interdits depuis le Grand Incendie de 1666. À l'époque, on comptait pas moins de quatre théâtres dans le quartier, tous construits sur le même modèle, inspiré des cours d'auberge où les acteurs avaient jusque-là l'habitude de se produire. Les vestiges de l'un d'eux, *The Rose,* ont été mis au jour lors de récentes fouilles (c'est ce même Rose qui avait été reconstruit en studio pour les besoins du film *Shakespeare in love*). Bref, la visite ici comprend le musée (tout sur le théâtre shakespearien, depuis le règne de la grande Élisabeth jusqu'à nos jours : contexte historique, costumes, musique, instruments, personnages... dans une muséologie moderne et interactive très réussie) et un tour guidé du théâtre. On apprend, par exemple, qu'on ne jetait pas des tomates à l'époque aux acteurs, mais des oranges, parce que ça sentait meilleur ! D'autant que les acteurs pouvaient renvoyer lesdites oranges sur les spectateurs ! À noter que pendant la saison théâtrale, les visites guidées de l'après-midi concernent le *Rose* à la place du *Globe,* ce dernier étant inaccessible en raison des répétitions et des représentations qui s'y déroulent. Enfin, on trouve sur place un bar *(lun-sam 11h-1h, dim 12h-20h)* et une brasserie *(lun-sam 12h-14h30, 18h-22h ; dim 12h-17h).* Belle vue sur la Tamise.

Vinopolis World of Wine *(plan d'ensemble I4,* ***394****)* **:** *1 Bank End, SE1 9BU. ☎ 020-7940-8333. • vinopolis.co.uk • Ⓜ London Bridge. Jeu-ven 14h-22h, sam 12h-22h, dim 12h-18h. Visites à partir de 21 £.* Un complexe tout entier consacré aux vins et spiritueux et opportunément installé dans d'anciens entrepôts de brique ! En cette matière, les Anglais ne sont pas des manchots. N'oubliez pas qu'à une époque ce sont eux qui vendangeaient et vidangeaient l'Aquitaine. Bref, tout ce que vous voulez savoir sur le vin, sa fabrication, sa culture, son histoire, au travers d'un circuit de visite comprenant à la fois des petites expos et des arrêts aux stands pour goûter différents crus et cocktails (dont le nombre et la qualité dépendent de la somme déboursée au départ). Assez cher et commercial.

Golden Hinde *(plan d'ensemble I4)* **:** *Saint Mary Overie Dock, Cathedral St. ☎ 020-7403-0123. • goldenhinde.com • Ⓜ London Bridge. Tlj 10h-17h30 ; en* *réalité, horaires extrêmement fluctuants à cause de visites guidées, contées, privées et d'animations en tt genre. Entrée : 6 £ ; réduc. Tickets à prendre dans la boutique tte proche, dans Clink St.* Ce bateau est la réplique fidèle d'un navire de guerre du XVIe s, avec lequel le redoutable sir Francis Drake fit le tour du monde de 1577 à 1580. Il rapporta de riches trésors et fit flotter le pavillon anglais sur des eaux jamais encore explorées par ses compatriotes. Il est aujourd'hui connu comme le corsaire britannique ayant remporté le plus grand nombre de duels, et n'est pas étranger à la défaite de l'Invincible Armada en 1588. Visite vraiment rapide, mais intéressante pour les passionnés d'histoire maritime et très appréciée des enfants. On devine les conditions de vie des quelque 60 hommes d'équipage en déambulant dans les cales et en lisant une petite brochure explicative.

Clink Prison Museum *(plan d'ensemble I4,* ***394****) : 1 Clink St, Bankside, SE1 9DG. ☎ 020-7403-0900. • clink.co.uk • Ⓜ London Bridge. Juin-sept, tlj 10h-21h ; oct-mai, lun-ven 10h-18h, w-e 10h-19h30. Entrée : 6 £ ; réduc.* C'est dans une ambiance de recueillement assurée par des chants d'église que l'on visite cette prison du XIIe s. Détruite en juin 1780 pendant les émeutes dites « de Gordon », elle a vu défiler maintes générations de truands dans ce quartier autrefois grouillant de scélérats de tout poil, de filles de peu de vertu et de dangereux hérétiques. Pour peu que vous lisiez l'anglais, vous apprendrez quantité de charmants détails sur le système carcéral du Moyen Âge. Par exemple, les prisonniers devaient payer pour leur détention (un comble, vu les conditions pourries !). On y apprend aussi que les femmes étaient souvent enfermées en compagnie de leurs enfants, et que certains prisonniers engraissaient des rats d'égout afin d'ajouter un peu de viande à leur pitoyable menu... C'est moins gore – et moins cher – que le *London Dungeon,* et autant le dire, beaucoup plus informatif, même si le site est petit et la visite assez rapide.

APPORTEZ DES ORANGES !

Le prêtre jésuite John Gerard, incarcéré pour catholicisme à Clink Prison, taillait des crucifix dans la peau des oranges qu'on lui apportait. Puis il écrivait des lettres avec leur jus, et faisait passer ce courrier. Ce moyen de communication lui permit d'organiser avec succès son évasion, et de mourir peinard à Rome à l'âge respectable de 73 ans !

Southwark Cathedral *(plan d'ensemble I4) : sur la rive droite de la Tamise, près du London Bridge. ☎ 020-7367-6700. Ⓜ London Bridge. Lun-ven 8h-18h, w-e 8h30-18h. Entrée libre.* On ne s'attend pas à trouver un lieu de prière calme et verdoyant au milieu des voies ferrées et du trafic du London Bridge. Élevé au rang de cathédrale depuis 1905, cet intéressant sanctuaire fait pourtant remonter ses origines à l'aube du XIIIe s. Il occupe l'emplacement d'un ancien couvent de nonnes du VIIe s, devenu prieuré par la suite. Il reste de l'édifice d'origine, en gothique primitif, le beau chœur et son déambulatoire, les piliers massifs à la croisée du transept et la chapelle Notre-Dame derrière le chœur. Le reste fut remanié de nombreuses fois. Le transept date du XVe s et la nef imposante et haute, terminée par une abside profonde en plein cintre, a été reconstruite au XIXe s dans le style néogothique suite à un effondrement. Une cafétéria très agréable a été aménagée dans l'ancien réfectoire.

Winston Churchill's Britain at War Experience *(plan d'ensemble J4,* ***577****) : 64-66 Tooley St, SE1 2TF. ☎ 020-7403-3171. • britainatwar.co.uk • Ⓜ London Bridge. Tlj avr-oct 10h-17h ; oct-mars 10h-16h30. Fermé 24-26 déc. Entrée : 12,95 £ ; réduc. Brochure en français.* Ceux qui ont visité l'excellent Imperial War Museum s'en passeront. Sinon, c'est un petit musée intéressant qui évoque en détail les conditions de vie des Londoniens sous les bombes des avions du maréchal Goering. Différentes sections thématiques présentent des objets d'époque, tandis que quelques reconstitutions donnent une idée de la réalité du quotidien. Bonne restitution de l'humour et du flegme british qui permettaient de supporter ce calvaire. Effets sonores, olfactifs et lumineux assez réussis, ambiance des nuits dans l'underground et les abris, approvisionnement et tickets de rationnement dans une épicerie de quartier, studio de la BBC, visite du *Rainbow,* bar à GIs avec les pin-up de Varga, jusqu'au grand *Blitz* reconstitué de façon très réaliste... Compter une bonne heure de visite.

London Dungeon *(plan d'ensemble I4,* ***578****) : 28-34 Tooley St, SE1 2SZ. ☎ 0871-423-2240. • thedungeons.com • Ⓜ London Bridge. Sous la gare de London Bridge. Horaires fluctuants selon jours et période : ouv 9h30-10h (voire 11h certains j. fériés) ; les caisses ferment 17h (voire 16h)-19h. Entrée : 23,10 £ ; réduc (jusqu'à 50 % si résa en ligne à certaines périodes), et notamment si vous visitez également Madame Tussauds, London Eye, et l'Aquarium (même maison).* Le prospectus déconseille d'y emmener les jeunes enfants ! Pourtant, le donjon est toujours pris d'assaut par des hordes de gamins, l'impressionnante file d'attente déborde jusque devant la bouche du métro et cela malgré un prix d'entrée prohibitif ! Qu'est-ce qui attire les foules ? Le spectacle. Car il ne s'agit pas d'un « musée des horreurs », mais d'un véritable show : les visiteurs sont conduits par petits groupes tout le long d'un circuit effrayant, rythmé par des saynètes jouées par des comédiens et dopé par des attractions façon maison hantée de fête foraine. Beaucoup de mauvais goût en cire sur le thème « torture, maladie et sorcellerie médiévales », pire que la chambre des tortures au sous-sol de Madame Tussauds. Des exemples ? On y voit les victimes de Jack l'Éventreur, un pendu, une femme battue, des lépreux, des accessoires de sorcières et toutes les formes de sadisme : main bouillie, tête dans le feu, éviscération en direct, arrachage des dents, des yeux, etc. Bon appétit ! Quelques informations à glaner, tout de même : sous Henri VIII (XVIe s), la mort par ébouillantage était une exécution officielle ! On trancha la tête de Charles Ier car on craignait sa résurrection... Richard II (XIVe s), grand coquet, se faisait saigner tous les jours pour garder un teint blême, très à la mode en son temps. On apprend aussi que la syphilis se disait *French evil* (le « mal français ») et que la torture marche de mère en fille, avec Mary la Sanglante (« Bloody Mary »), la fille d'Henri VIII. Son obsession : purger son pays des hérétiques. Et par tous les moyens ! Berk !

Hay's Galleria *(plan d'ensemble I-J4) : Tooley St, SE1. • haysgalleria.co.uk • Ⓜ London Bridge.* Belle réalisation architecturale, habile rénovation d'anciens entrepôts où étaient stockés les ballots de thé de Chine et d'Inde, coiffée d'une verrière sur piliers métalliques. Au centre, une fontaine cinétique de David Kemp qui rend hommage aux navigateurs. Chouette endroit pour avaler quelque chose sur le pouce dans un *sandwich bar* avant de reprendre la balade. Des concerts de jazz et des aubades de classique égaient régulièrement les lieux.

HMS Belfast *(plan d'ensemble J4) : Tooley St, SE1. ☎ 020-7403-0719 ou 020-7940-6300. • hmsbelfast.iwm.org.uk • Ⓜ London Bridge. Au pied du pont, côté ouest. Tlj 10h-18h (17h l'hiver). Dernière admission 1h avt fermeture. Fermé 24-26 déc. Entrée : 13,50 £ ; réduc ; gratuit moins de 15 ans. Audioguide gratuit. Plan en français.* Ancré sur la Tamise, à deux pas du superbe Tower Bridge, ce beau croiseur, lancé en 1938 à Belfast, aux célèbres chantiers navals *Harland & Wolf* (ceux du Titanic), est l'un des rescapés de la flotte britannique ayant participé au débarquement en Normandie. Il fut le premier à bombarder les défenses allemandes des plages *Gold et Juno* le 6 juin 1944... et le seul à avoir échappé à la casse, après avoir dûment arrosé les troupes chinoises lors de la guerre de Corée. Il prit sa retraite en 1963 après avoir couvert plus de 500 000 miles... On a la chance de pouvoir le visiter de fond en comble. Et quelle chance ! Annexe de l'*Imperial War Museum,* il cherche d'abord à témoigner des conditions de vie à bord à l'époque : batteries d'artillerie, dortoirs, cabinet de dentiste, infirmerie, carré des officiers, salle des machines, cuisines, magasins de munitions... Des mannequins hyper réalistes donnent vie à l'ensemble, sans parler des sons, des odeurs... Parfait pour une visite en famille (ateliers pendant les vacances scolaires). Cafétéria aménagée dans la cale.

Au-delà du Tower Bridge, sur la rive sud toujours, le ***Butler's Wharf*** *(plan d'ensemble J4-5)* est un quartier de docks en pleine résurrection à l'initiative de l'omniprésent Conran. Les prix de l'immobilier atteignent ici encore des sommets vertigineux. Les amateurs d'urbanisme et d'architecture seront comblés. La réhabilitation du *Butler's Wharf* est emblématique du nouveau Londres avec cette rénovation d'anciens entrepôts de briques reliés par des passerelles métalliques. Chaque année, de nouveaux bâtiments sont rénovés et le circuit s'étend aujourd'hui bien au-delà du Design Museum. Les boutiques et les adresses du coin se positionnent résolument vers le haut de gamme branchouille. En semaine, les cols blancs y déboulent pour déjeuner et, le week-end, des badauds de tous horizons viennent flâner sur les quais et dans les ruelles. Et pourtant, le coin, résidentiel avant tout, a su rester étonnamment secret, charmant et confidentiel. On adore ! Autre secteur qui s'est développé, qui nous plaît tout autant : la ***Bermondsey Street.*** Jadis bordée également de nobles entrepôts, aujourd'hui adroitement réhabilités. Surtout dans la partie après les voies de chemin de fer. Restos et bars éclosent désormais comme champignons de rosée (mais toujours pas de chaîne), tandis qu'au bout de la rue une vénérable boulangerie industrielle continue d'embaumer tranquillement le quartier de ses longues fournées, que la vieille église en face ne semble plus guère fréquentée et que des créateurs de mode fleurissent, le long de cette rue, dans ce quartier aux allures de village, avec son église et son parc.

Design Museum *(plan Les Docklands A1,* ***51****)* **:** *28 Shad Thames, Butler's Wharf, SE1 2YD, dans les Docklands. ☎ 0207-940-8790. • designmuseum.org • Ⓜ Tower Hill. Traverser le Tower Bridge et longer la Tamise sur 200 m. Tlj 10h-17h45. Fermé 25-26 déc et Nouvel An. Entrée : 10 £ ; réduc ; gratuit moins de 12 ans. Un café au rdc, le* Design Museum Café *; un resto au 1er étage (mais entrée et gestion indépendantes), le* Blue Print. Un bel espace contemporain dédié à la gloire du design industriel, des années 1900 à nos jours. Expositions temporaires autour d'un thème, d'un produit ou d'un créateur. On s'intéresse, par exemple, à l'évolution des formes pour des produits aussi banals que la chaise, le téléphone ou l'aspirateur. Intéressant en général, mais l'entrée est quand même très chère, dommage ! En tout cas, les Anglais font bien de se demander pourquoi leur bouilloire ressemble à une bouilloire.

Fashion and Textile Museum *(plan d'ensemble J5,* ***581****)* **:** *83 Bermondsey, SE1 3XF (dans une rue perpendiculaire à Tooley St). ☎ 020-7407-8664. • ftmlondon.org • Ⓜ London Bridge. Mar-sam 11h-18h. Entrée : 7 £ ; réduc.* Ce lieu d'exposition appartenant à Zandra Rhodes, fameuse styliste britannique, a ouvert ses portes dans un quartier dévolu au « design vestimentaire » et à la création artistique. Il propose des expositions temporaires entièrement consacrées à la mode et aux créateurs.

Balade

➢ ***Thames Path, balade pédestre sur les bords de la Tamise :*** le Thames Path propose 16 miles (25 km) de randonnée le long de la Tamise et croise même le degré zéro du méridien à Greenwich. Un sentier à suivre depuis les sources du fleuve dans les Costwolds (Kemble, Gloucestershire) jusqu'à la mer, près du barrage de Greenwich (Thames Barrier). Les différents bureaux d'information du quartier proposent des brochures (gratuites) fort bien faites : *Walk this way.* Vous pouvez aussi les commander sur *• southbanklondon.com/walkthisway •* Cinq itinéraires balisés (avec photos), dont un qui s'adresse spécifiquement aux familles et aux enfants.

BRIXTON

Ce quartier populaire et vivant du sud de Londres a perdu depuis longtemps son image de « coupe-gorge », repaire de dealers et théâtre de violentes émeutes dans les années 1980. Ce que chantaient les Clash dans *Guns of Brixton.* Artistes et gays sont venus s'y installer en nombre et cohabitent sans heurt avec la communauté afro-antillaise. L'identité du quartier est toujours étroitement liée à la musique : nombreux magasins de disques, adresses branchées et folles soirées avec des concerts live endiablés jusqu'à pas d'heure... C'est aussi là, sur Stansfield Road, que le petit Bowie David vit le jour. Dans des styles très différents, Van Gogh vécut un moment ici, ainsi que John Major, Premier ministre conservateur de 1990 à 1997, qui y a passé une partie de son enfance, après que son paternel eut fait faillite ! Décidément, Brixton accueille des destinées pour le moins variées...
Sinon, aucune difficulté pour se repérer : la majorité des restos, bars et boîtes se concentrent dans un petit périmètre autour de la station de métro.

Où manger ?

De bon marché à prix moyens (moins de 10-18 £, soit 12-21 €)

|●| **Franco Manca** *(plan Brixton B2, **20**) : 4 Market Row, SW9 8LD. ☎ 020-7738-3021. • info@francomanca.co.uk • Ⓜ Brixton. Lun-dim 12h-17h (sf jeu-sam 22h). Pizzas 5-8 £.* Tout est possible dans le marché couvert de Brixton, même dénicher un authentique four *made in Napoli* ! Comme la farine provient du même coin et que les ingrédients sont *organic* (même la bière !), on fait abstraction de l'absence de déco (2 microsalles de part et d'autre l'allée centrale) et du service inégal, pour se régaler de bonnes pizzas à pâte légère et bien levée sur le bord, comme il se doit. Terrasse.

|●| **Fujiyama** *(plan Brixton B2, **21**) : 5-7 Vining St, SW9 8QA. ☎ 020-7737-6583. • info@newfujiyama.com • Ⓜ Brixton. Lun-jeu 12h-15h, 17h-23h ; ven-dim 12h-minuit. Plats 6-16 £.* Ses 2 petites salles laquées n'en finissent plus de rougir de plaisir, au regard des files d'attente les soirs de fête. Longues tables communes pour chanter en chœur les louanges d'une cuisine japonaise simple mais bien faite, comme les formules de sushi et de sashimi d'un bon rapport qualité-prix, les typiques *Bento boxes* à arroser de bières du Levant ou encore les traditionnelles *noddles* et soupes *miso.* Brixton n'étant plus à un paradoxe près, ces spécialités nippones se dégustent l'été en profitant de concerts jazz de bonne tenue. Une adresse désormais classique.

|●| **Phoenix 441** *(plan Brixton B2, **22**) : 441 Coldharbour Lane, SW9 8LN. ☎ 020-7733-4430. Ⓜ Brixton. Tlj sf dim 6h30-17h. Rien à plus de 6 £.* L'un de ces petits cafés prolos hors du temps, intimes et chaleureux, où il fait bon se retrouver autour du goûteux et consistant plat du jour. Quelques tables en formica se battent en duel, vite remplies par la clientèle locale. Petit déjeuner extra, copieux sandwichs maison faits à la demande. Goûter à l'*home made stewed steak*

pour à peine 6 £. Accueil aimable et excellent expresso.

🍽 **SW9** *(plan Brixton A1, **23**) : 11 Dorrell Pl, SW9. ☎ 020-7738-3116 ou 087-2148-3644. À deux pas du métro. Tlj 9h30-23h30 (1h ven-sam) ; la cuisine ferme à 22h.* Happy hours *en sem 17h-19h. Plats 6-12 £.* Petite salle cosy vite pleine à craquer ou terrasse dans la ruelle piétonne, le tout trusté par des trentenaires bavards et souriants. Beaucoup de monde les vendredi et samedi soir, ou même le matin pour le petit déj servi sur un rythme techno. Un peu violent pour ceux qui ne sortent pas directement de boîte ! Pour les affamés, petite cuisine de brasserie internationale (*pasta*, burgers, assortiments de *mezze*...), sans surprise mais convenable, bien servie et à base de produits bio. Mention spéciale pour le petit déj végétarien, le meilleur du quartier. *Gay friendly.*

🍽 **Satay** *(plan Brixton B2, **24**) : 447 Coldharbour Lane, SW9 8LP. ☎ 084-4474-6080. • info@sataybar.co.uk • Ⓜ Brixton. Service tlj jusqu'à 22h30. Lun-sam, lunch 4,95 £ 12h-17h. Plats 5-8 £.* Happy hours *17h-20h.* Découvrez ici une bonne cuisine du Sud-Est asiatique (surtout malaise et indonésienne) dans un cadre ethnique chic soigné et plaisant. Longue carte, vraiment l'embarras du choix entre les menus pas chers et les *nasi goreng*, poulet au gingembre, *penang fish curry* et autres brochettes de seiche, agneau ou tofu...

BRIXTON

Où boire un verre ?
Où sortir ?

🍸 **Effra Hall** *(plan Brixton B2, **30**) : 38 Kellet Rd, SW2 1EB. ☎ 020-7274-4180. Ⓜ Brixton. Une rue perpendiculaire à Atlantic Rd. Dim-jeu 15h-23h, ven-sam 12h-1h.* Quel cocktail détonant ! Dans une rue tranquille où les maisons victoriennes fatiguées s'alignent comme à la parade, ce pub, vieilli dans son jus, patiné par des générations d'ouvriers, vit aujourd'hui à l'heure brixtonnienne : toutes les communautés s'y retrouvent. Certains habitués arborent de longues dreadlocks et de larges bonnets, des anciens disputent d'âpres parties de dominos (avec les mises bien cachées sous le tapis), quelques poètes déclament pendant que les sportifs commentent les retransmissions de matchs sur écran géant... le tout stimulé par des concerts jazz de haute volée (sauf lundi et vendredi). Atmosphère bohème et fraternelle à savourer sans heurt, à petites gorgées.

🍸 **Plan B** *(plan Brixton B1, **31**) : 418 Brixton Rd, SW9 7AY. ☎ 0870-116-5421. • office@planbgroup.co.uk • plan-brixton.co.uk • Ⓜ Brixton. Lun-jeu 22h-5h, ven-sam 21h-6h, dim 21h-4h. Entrée : 5-20 £ jeu-sam selon concert et heure d'arrivée (gratuit avt 23h ven, 22h sam).* Happy hours *tlj jusqu'à 21h.* Néons bleus et lueurs rouges se reflètent sur la déco industrielle, glissant sur les nombreux oiseaux de nuit réfugiés autour du bar *trendy*... à moins qu'ils ne brûlent les pistes de leurs danses, sur un rythme house, techno, disco... Clientèle très mélangée. Connu pour ses DJs de grande renommée et ses excellents cocktails. Un club qui marche fort : pas mal de queue le week-end.

🍸 **Trinity Arms** *(plan Brixton A2, **32**) : 45 Trinity Gardens, SW9. ☎ 020-7274-4544. • trinityarms@youngs.co.uk • Ⓜ Brixton. Accessible par la Brighton Terrace, perpendiculaire à Brixton Rd. Tlj 11h (12h le w-e)-22h.* Les voyageurs un peu dépassés par la branchitude des bars de Brixton trouveront au *Trinity Arms* un bastion de la vieille Angleterre. Bien dissimulé sur une placette arborée paisible comme tout, il rassemble les inconditionnels de la bière au tonneau et les spécialistes des brèves de comptoir. Boiseries, bonne atmosphère, petite terrasse sur la place et *beer garden* reposant à l'arrière. Quelques bières du mois. À la carte, on retrouve quelques grands classiques de la cuisine de pub (*sausage and mash*, chili con carne, *beef burger*, etc.).

♪ **Brixton 0_2 Academy** *(plan Brixton A1, **33**) : 211 Stockwell Rd, SW9. ☎ 020-7771-3000, 0905-020-3999 (infoline) ou 0844-477-2000 (tickets). • mail@02academybrixton.co.uk • 02academybrixton.co.uk • Ⓜ Brixton. Achat des tickets sur place slt 2h avt le concert.* Au nord de la station de métro. Le grand théâtre de Brixton (capacité de presque 5 000 personnes) est l'endroit

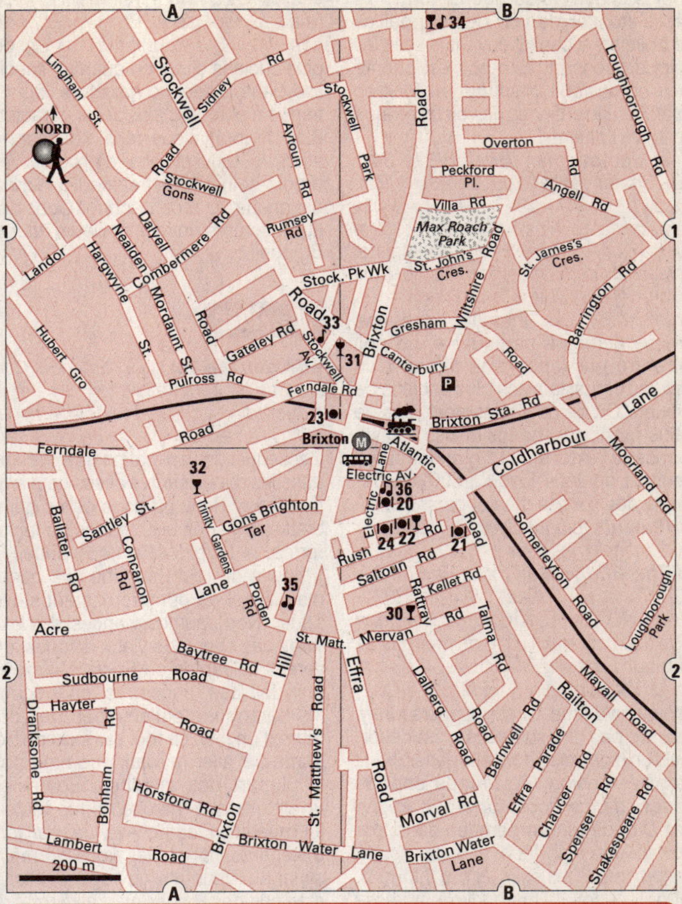

BRIXTON

Où manger ?

20 Franco Manca
21 Fujiyama
22 Phoenix 441
23 SW9
24 Satay

Où boire un verre ? Où sortir ?

22 Phoenix
30 Effra Hall
31 Plan B
32 Trinity Arms
33 Brixton 0_2 Academy
34 Jamm
35 The Fridge Bar
36 Club 414

le plus chaud du sud de Londres. Ne pas s'étonner de voir des patrouilles de policiers à cheval devant la salle les soirs de concert. L'endroit est orienté rock et musique black (rap et funk en tête). Peu de chances de voir un groupe de folk à l'affiche !

🍷 ♩ ***Jamm*** *(plan Brixton B1,* ***34****) : 261 Brixton Rd (et Loughborough Rd). ☎ 020-7274-5537. • info@brixtonjamm.org • brixtonjamm.org • Ⓜ Brixton. Bus n° 3 (depuis Crystal Palace-Oxford Circus) et n° 133 (depuis Liverpool St). Ouv 19h-3h (6h le w-e). Entrée : 8-12 £.* Installé dans une grosse demeure particulière, un poil excentré par rapport au métro. L'un des lieux musicaux les plus anciens de Brixton. On dit qu'y passèrent près de 3 000 musiciens, bands et DJs... Vaste terrasse à l'extérieur et 2 grandes salles pouvant contenir jusqu'à 600 personnes et des soirées d'enfer garanties.

🍷 ***Phoenix*** *(plan Brixton B2,* ***22****) : voir « Où manger ? ».*

♫ ***The Fridge Bar*** *(plan Brixton A2,* ***35****) : Town Hill Parade, SW2. ☎ 020-7326-5100. • robert@fridgebar.com • fridgebar.com • À 150 m du métro Brixton, sur Brixton Hill, juste après Acre Lane. Ven-dim 22h-6h. Entrée : 5-20 £.* Un lieu mythique, à l'atmosphère funky, pour ne pas dire sulfureuse, est désormais un night-club nouvelle génération : mobilier design, éclairages sophistiqués, *dance floor* sur lequel règne des DJs de renom perchés dans leur tour d'ivoire high-tech, et super *sound system* (selon les soirs, R'n'B, hip-hop, rétro, techno...). Une nouvelle adresse tendance et classe qui renouvelle le genre à Brixton : on se croirait dans le West End !

♫ ***Club 414*** *(plan Brixton B2,* ***36****) : 414 Coldharbour Lane. ☎ 020-7924-9322. • info@club414ent.co.uk • club414ent.co.uk • Ⓜ Brixton. Ven-sam 23h-10h (mais alcool servi jusqu'à 2h), dim 18h-minuit. Entrée : 5-10 £.* Un des plus anciens clubs du quartier, spécialisé dans la techno *hardcore,* dont le temps a permis d'aiguiser le caractère. Rien de sophistiqué dans la déco ou les effets, ici, tout est dans l'ambiance. Vendredi : soirée funk ; samedi : techno ; dimanche : trance, techno. Considéré aussi comme un des meilleurs *after* de Brixton !

Marché

– ***Brixton Market :*** *tlj à partir de 8h (dim à partir de 10h) ; attention, les parties alimentaires couvertes ferment vers 16h-17h, le reste à peine plus tard.* L'essentiel de l'animation se concentre dans les réjouissantes allées couvertes de *Market Row,* ou dans celles qui se blottissent sous les arcades de la voie ferrée, le long d'*Atlantic Avenue.* On y trouve de tout : marché aux puces, mais aussi de nombreux stands exotiques avec légumes, viandes, des *take-away* pas chers, de vieux disques, des ventes militantes du *Socialist Worker* ; on y fait des rencontres, on y écoute les harangues enflammées des orateurs d'un jour. Le tout sur fond de Bob Marley. Y aller le matin, comme pour la plupart des marchés. Également un pittoresque marché de rue toute la journée sur *Electric Avenue,* sur fond d'élégants immeubles (tous de même style) aux fenêtres ouvragées. Riches étalages des magasins d'alimentation. Exotisme garanti. Même les bouchers font du poisson halal et les nombreux poissonniers ne sont pas vraiment une espèce en voie de disparition... Vêtements pas chers du tout. La providence des petits budgets !

LES AUTRES QUARTIERS DE LONDRES

GREENWICH

Au sud-est de Londres, sur la rive droite, Greenwich se présente comme un adorable village, bien préservé, très animé le week-end. Si vous avez la chance de séjourner plusieurs jours à Londres, on ne peut que vous inciter à faire ce charmant petit détour sur les bords de la Tamise. Le site a si peu changé depuis les XVIIe et XVIIIe s, quand il était un lieu de villégiature royale et l'un des sujets de prédilection du peintre Turner... Hélas, le quartier a été tristement à l'honneur avec l'incendie du *Cutty Sark* en mai 2007. Mais ouf ! Il a été entièrement restauré et réouvert à la visite. Prévoir une bonne demi-journée de visite pour ce quartier. Entre autres curiosités : un joli port, un splendide musée de la Marine, et, à 5 mn à pied, un parc royal (encore un !) célèbre pour son observatoire.

ZÉRO POINTÉ

C'est ici, à Greenwich, que fut tracé le méridien du même nom, « centre du temps et de l'espace », qui marque la longitude zéro ! Le nombril du monde, en quelque sorte.

Comment y aller ?

➢ ***En train :*** de Charing Cross Station, de Cannon St ou de London Bridge. Trains ttes les 30 mn. Env 10-20 mn de trajet selon la gare de départ.

➢ ***En métro ou bus :*** métro jusqu'à Bank ou Tower Hill, puis emprunter la Docklands Light Railway *(DLR)* en direction de Lewisham (départs env ttes les 10 mn ; compter 15-20 mn pour l'arrêt Cutty Sark, le plus central). La *Travelcard* et l'*Oyster Card* sont valables sur la *DLR* (Greenwich est en zone 2). Rapide et efficace, c'est la solution la plus simple pour le centre de Greenwich. Sinon, les bus n°s 177, 180, 188 (pratique : à prendre à Russell Sq) et 199 conduisent également à Greenwich.

➢ ***En bateau :*** moyen le plus original pour s'y rendre. Au choix, on embarque à bord des navettes du *Commuter River Service* (genre de bateau-bus public), ou bien à bord des bateaux appartenant à différentes compagnies touristiques. Concernant le *Commuter River Service* (☎ 0870-781-5049 ; ● thamesclippers.com ●), départs ttes les 20 mn des ports (entre autres) situés au niveau du London Eye ou de la Tower of London, grosso modo 7h-minuit. Durée : env 30 mn. Compter 5,50 £ l'A/R et 3,60 £ le trajet simple ; réduc, notamment avec la *Travelcard* et l'*Oyster Card.* Évidemment, ce n'est pas à proprement parler une croisière. Pour des balades avec des commentaires en anglais, il faut s'adresser aux compagnies touristiques, comme *Thames River Service* (☎ 020-7930-4097 ; ● thamesriverservices.co.uk ●) ou *City Cruises* (☎ 020-7740-0400 ; ● citycruises.com ●). Horaires moins étendus et pré-

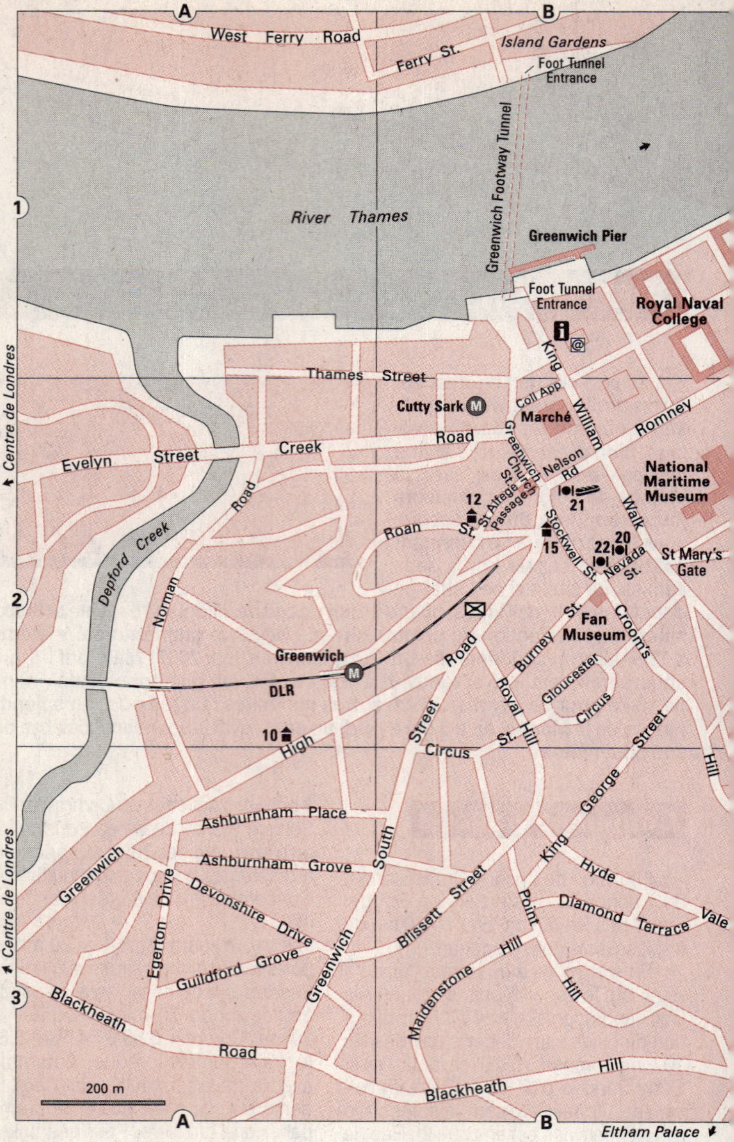

■ **Adresse utile**

i @ Greenwich Tourism Information Centre

Où dormir ?

10 St Christopher's Inns
12 Number 16
15 Hôtel Ibis

GREENWICH

Où manger ?

20 Nevada Street
21 Le Bar du Musée
Café et Bar du Musée
22 The Spread Eagle

Où boire un verre ?

30 Trafalgar Tavern
31 Cutty Sark Tavern

voir 13 £ l'A/R et 10 £ le trajet simple ; réduc, notamment avec la *Travelcard* et l'*Oyster Card.* Autre possibilité : prendre un ticket « River Red Rover », pour une utilisation illimitée à la journée. Prix : 13 £.

Adresse utile

ℹ @ ***Greenwich Tourism Information Centre*** *(plan Greenwich B1) : Pepys House, 2 Cutty Sark Gardens, SE10 9LW. ☎ 0870-608-2000. • visitgreenwich.org.uk • Derrière l'entrée du Cutty Sark. Tlj 10h-17h. Fermé à Noël. Propose 2 visites guidées/j. (à 12h15 et 14h15). Payant ; réduc ; gratuit moins de 15 ans. Durée : 1h30.* Sur place, des infos, des bornes Internet, une expo sur Greenwich et un café. Bon accueil.

Où dormir ?

Si l'on arrive en voiture, c'est un très bon plan de loger à Greenwich pour éviter de se fourvoyer dans le centre de Londres. Greenwich est à 20 mn d'Oxford Street par la *DLR,* mais attention, le dernier train est à 0h30 ! (23h30 le dimanche...). Idéal pour ceux qui recherchent du calme et des contacts humains. Adressez-vous au centre d'information pour obtenir la liste des hébergements.

Très bon marché (moins de 35 £, soit 41 €)

St Christopher's Inns *(plan Greenwich A2,* ***10****) : 189 Greenwich High Rd, SE10. ☎ 020-8600-7500. • st-christophers.co.uk • À deux pas de la station DLR Greenwich. Lits en dortoir 8-23 £ selon période et promo, avec petit déj.* Bien moins cher que ses homologues du centre de Londres, ce membre de la chaîne d'AJ *St Christopher's* se démarque également par sa petite taille (seulement 54 lits au total) et son atmosphère plus tranquille. Pas le grand confort cela dit (pas de cuisine, dortoirs basiques de 6 à 9 lits superposés avec sanitaires en commun), mais *coffee shop,* salon TV, accès Internet, laverie et pas de couvre-feu. Et même un dortoir réservé à la gent féminine, hélas plus cher *(18-24 £ la nuit).*

De prix moyens à plus chic (50-120 £, soit 59-142 €)

Number 16 *(plan Greenwich B2,* ***12****) : 16 Saint Alfege Passage, SE10 9JS. ☎ 020-8853-4337. • info@st-alfeges.co.uk • st-alfeges.co.uk • Juste derrière l'église, une adresse de charme cachée derrière les fleurs. Doubles 75-90 £, avec petit déj.* Robert accueille ses hôtes avec grand plaisir dans l'une des 3 chambres de son adorable petite maison remplie d'un bric-à-brac de qualité, glané au hasard des brocantes. Notre préférée : la double décorée en toile de Jouy, avec lit à baldaquin, bergère Louis XV et salle de bains privée. 2 autres jolies chambres (1 double et 1 simple) aux meubles chinés, avec toilettes à partager mais douche dans la chambre. On vous conseille de réserver au plus tôt. Accueil sans pareil, comme à la maison. On adore !

Hôtel Ibis *(plan Greenwich B2,* ***15****) : 30 Stockwell St, SE10 9JN. ☎ 020-8305-1177. • h0975@accor.com • ibishotel.com • Double env 90 £ en sem ; 80 £ le w-e. Plus cher lors de certains grands événements. Petit déj en sus. Parking.* Cet hôtel de chaîne tout en brique offre des chambres conventionnelles impeccables, évidemment sans surprise côté déco. Il a en revanche l'avantage d'être très bien situé, de ne pas être trop grand, et abrite au rez-de-chaussée un café-brasserie coquet, bien agréable pour le petit déj ou le *tea-time.* Accueil multilingue et pro.

Où manger ?

Sur le pouce (moins de 10 £, soit 12 €)

Le Bar du Musée Café *(plan Greenwich B2,* ***21****) : 19 Nelson Rd, SE10 9JB. Tlj 8h30-18h. Petits plats env 3-5 £. Foccacia,* sandwich club ou soupe du jour ? Tartes salées ou sucrées ? C'est le *deli* du resto voisin, une annexe gourmande bienvenue... pour les papilles comme pour le porte-monnaie ! Car tout est fort bon et à prix doux. Quelques places assises, mais le Greenwich Park vous tend les bras pour un pique-nique romantique.

De bon marché à prix moyens (10-18 £, soit 12-21 €)

Ι●Ι ***Nevada Street*** *(plan Greenwich B2,* ***20****) : 8 Nevada St, SE10 9JL. ☎ 020-8293-9199. Lun-ven 8h-18h, w-e 9h-17h. Petits plats 4-6 £.* Minuscule. C'est son seul défaut. Pour le reste, carton plein : caché derrière ses vastes fenêtres à petits carreaux, ce *deli* chaleureux prépare chaque jour une cuisine de saison, simple et goûteuse, à base de bons produits. On choisit au comptoir parmi les soupes, salades, sandwichs et assiettes à composer soi-même, puis on s'attable sans façons à l'une des tables communes. Très convivial.

Ι●Ι ***Bar du Musée*** *(plan Greenwich B2,* ***21****) : 17 Nelson Rd, SE10 9JB. ☎ 020-8858-4710. • info@greenwich-inc.com • Tlj 12h-23h. Plats 9-20 £.* Café à la française engageant, avec sa façade rouge, ses murs sombres, son plancher en bois, ses vieilles gravures... et surtout sa véranda aménagée en délicieux jardin d'hiver. Dissimulée tout au fond, vaste et reposante, c'est une halte de choix pour faire la pause entre deux musées. Cuisine bien troussée avec un poil d'originalité, mais également quelques plats de brasserie tout simples (croques, moules, steak-frites...). Belle sélection de bouteilles de tous horizons.

Plus chic (18-25 £, soit 21-29,50 €)

Ι●Ι ***The Spread Eagle*** *(plan Greenwich B2,* ***22****) : 1-2 Stockwell St, SE10 9JN. ☎ 020-8853-2333. Résa conseillée. Tlj, midi et soir. Formules midi lun-sam 16,50-19,50 £. Le soir, plats 18-22 £.* Romantique, c'est le mot qui convient le mieux pour décrire cet adorable restaurant, visiblement fier de ses boiseries, de sa cheminée et de son bel escalier tournant en fer forgé. Le service attentionné ajoutant au charme de la maison, on se laisse facilement convaincre par une cuisine franco-italienne raffinée et servie avec générosité. Pas donné cela dit, comme les vins...

Où boire un verre ?

Deux pubs qui vous permettront de longer la Tamise, de voir le Millenium Dome, euh, pardon, l'O2 Arena et même la statue de Nelson !

🍷 ***Trafalgar Tavern*** *(plan Greenwich C1,* ***30****) : Park Row, SE10 9NW. ☎ 020-8858-2909. Tlj 12h-23h (minuit ven-sam). Cuisine jusqu'à 22h (16h dim). Bar menus 8-12 £.* Solidement ancré sur les bords de la Tamise, ce pub élégant déroule ses salles, ornées de marines et de portraits d'amiraux, directement le long de la berge. Génial les jours de tempête, lorsqu'on savoure sa bière bien au chaud en observant le ballet des flots en furie. Cuisine de pub correcte côté brasserie, plus élaborée mais trop chère dans la partie restaurant. Concerts de jazz l'été et, tous les mercredis, toute l'année, concert acoustique.

🍷 ***Cutty Sark Tavern*** *(plan Greenwich C1,* ***31****) : Ballast Quay, SE10. ☎ 020-8858-3146. À l'angle de Lassell St. Pub grub env 6-10 £.* Une vraie taverne à matelots où, l'hiver, les habitués s'accoudent aux tonneaux tout en se réchauffant auprès de la cheminée. L'été, c'est la terrasse qui fait le plein de touristes et de promeneurs, car stratégiquement perchée en surplomb de la Tamise. Rustique et convivial. Salles plus cossues à l'étage, coiffées d'une charpente apparente et ourlées de larges fenêtres panoramiques. Quelques plats de pub classiques et très corrects à la carte *(pie, jacket potatoes...)*.

Shopping et marché

– ***Greenwich Market*** *(plan Greenwich B2) : plusieurs accès dans Greenwich Church St. ☎ 020-8293-3110.*

Jeu-dim 10h-17h30. Marché aux antiquités jeu. Sympa comme tout avec ses enfilades de stands et de boutiques, ses terrasses de cafés, sa clientèle bigarrée et sa marchandise hétéroclite. Fripes, fringues de créateurs, artisanat du monde, produits du terroir, déco, brocante... on trouve de tout. Un autre marché uniquement le week-end, dans Burney Street, un peu plus au sud.

Monuments et balades

L'église Saint-Alfege *(plan Greenwich B2)* **:** *☎ 020-8853-0687.* Église du XVIIIe s. Cimetière romantique à souhait à l'extérieur.

Queen's House *(plan Greenwich C2)* **:** *dans l'enceinte du parc royal. ☎ 020-8858-4422. • nmm.ac.uk • Tlj 10h-17h. Dernière entrée 30 mn avt fermeture. Fermé 24-26 déc. Entrée gratuite.* Aujourd'hui on y visite les collections de peinture du Musée maritime – constituées principalement de portraits de marins et héros divers et variés –, ainsi qu'une courte exposition sur l'histoire de Greenwich (maquettes et représentations d'époque)... Un peu soporifique. On retiendra tout de même quelques compositions intéressantes signées Hogarth ou Reynolds. Également un beau portrait de sir Francis Drake, le célèbre corsaire, et un portrait de la non moins fameuse Élisabeth Ire. Prenez aussi le temps de vous attarder devant le Canaletto qui représente, une fois n'est pas coutume, une jolie vue de Greenwich... Vous verrez à quel point rien n'a changé ! Le bâtiment mérite par ailleurs le coup d'œil, notamment pour son *great hall* et son célèbre *Tulip Stairs.*

UN ROI PAS CHIEN

Cette villa de style palladien est signée par l'un des grands architectes du début du XVIIe s, Inigo Jones. Elle était destinée à devenir la résidence d'été de la reine Anne de Danemark, offerte par son mari, le roi James, pour s'excuser d'avoir insulté la pauvre femme après qu'elle eut tué son chien à la chasse ! Rien que ça ! Mais la malheureuse mourut avant la fin des travaux... De chagrin, certainement !

National Maritime Museum *(plan Greenwich B2)* **:** *à côté de la Queen's House. ☎ 020-8858-4422. • nmm.ac.uk • Tlj 10h-17h. Dernière entrée 30 mn avt la fermeture. Fermé 24-26 déc. Entrée gratuite.* Les amoureux du monde de la mer seront comblés. D'emblée, le rez-de-chaussée vous plonge au cœur du sujet avec la superbe barge d'apparat dorée à l'or fin du prince Frédéric, réalisée en 1732 : elle annonce la richesse des collections et la muséographie exemplaire. Sur différents niveaux, les vastes galeries organisées de façon thématique évoquent tour à tour le temps des croisières transatlantiques, les grandes batailles navales, mais aussi des univers moins connus comme celui de l'exploration sous-marine. Les aspects les moins reluisants du commerce sur la mer ne sont pas passés sous silence, comme le trafic des esclaves et la contrebande de l'opium. Sont également exposées des œuvres de *war artists* (artistes de guerre) comme sir Muirhead Bone, le premier d'entre eux, dont les dessins sont remarquables. Mais le véritable joyau de cette collection, c'est la tunique de l'amiral Nelson, déchirée à l'épaule gauche par la balle mortelle et imbibée de son sang, conservée pieusement comme une relique... Les Anglais vouent un véritable culte au vainqueur de Trafalgar.
Également des expos temporaires, et une section interactive où les enfants petits ou grands se mettent aux manettes d'un navire. Ludique et génial en famille.

Royal Observatory *(plan Greenwich C2)* **:** *dans le parc royal, au sommet de la colline. ☎ 020-8858-4422. • nmm.ac.uk • Tlj 10h-17h. Dernière admission 30 mn avt. Fermé 24-26 déc. Entrée : 7 £ (n'inclut pas le planétarium, 6,50 £) ; réduc. Audioguide en français : 3,50 £.*
Site ravissant, qui offre en prime un large panorama sur Londres. L'observatoire, fondé en 1675 par Charles II, construit par Christopher Wren (l'architecte de Saint-

Paul), a tout de ces petits châteaux pour savants fous qu'on voit dans certains vieux films de science-fiction !
Dans la cour d'entrée de l'observatoire, le célèbre méridien, symboliquement représenté sur le sol par un tracé lumineux. Chevauchez-le, et dites-vous qu'à cet instant précis vous avez un pied dans l'hémisphère ouest et l'autre à l'est ! Sur l'axe, on trouve aussi une horloge, la « Millenium Clock », qui égrène le temps depuis l'an 2000. Le Royal Observatory se compose de deux bâtiments voisins, la *Flamsteed House* et le *bâtiment méridien.*

Ô TEMPS, PRENDS TON ENVOL

Au sommet de l'observatoire, vous verrez un curieux ballon rouge surmonté d'une croix (Time Ball), *qui monte tous les jours à 12h55 à mi-chemin, puis à 13h tapantes au sommet. Cette « balle » fut installée en 1833 pour permettre aux marins de régler leurs montres avec précision... Auparavant, un système moins pratique avait été mis au point : une time lady se rendait chaque jour au port pour donner l'heure exacte affichée à Greenwich !*

Zone bleue (payante)
– Flamsteed House : nommée ainsi en référence au premier astronome royal, chargé par Charles II d'établir une carte du ciel suffisamment précise pour servir à la navigation. C'est dans ce petit bâtiment du XVIIe s que le scientifique s'installa, de même que ses 14 successeurs. On y découvre les différentes pièces à vivre meublées comme à l'époque, ainsi qu'un petit musée sur l'histoire de l'astronomie. Amusant : dans la salle octogonale où l'on observait les étoiles, le grand télescope est simplement fixé... aux barreaux d'une échelle. Les curieux en seront d'ailleurs pour leurs frais, car la lunette ne montre aucun astre, mais Pluto (le chien de Mickey !). L'inimitable humour anglais... Dans les galeries du sous-sol, exposition interactive et très ludique sur la mesure du temps, mettant en scène de belles horloges anciennes, toutes sortes de sphères armillaires, des *time keepers* et d'autres instruments de mesure complexes.
– Bâtiment méridien : nombreux instruments de mesure, certains très anciens, et surtout le plus grand télescope à réfraction d'Angleterre, vieux d'un siècle et toujours en forme. Le bâtiment est lui-même étonnant : les murs sont constitués d'un assemblage de panneaux s'ouvrant sur commande pour mieux admirer le ciel... C'est en 1884, lors de l'*International Meridian Conference,* qu'on décida que le méridien de Greenwich serait longitude zéro et le *Greenwich Mean Time* la base du système de temps international. On verra enfin une petite exposition sur le temps, sa « domestication » et ses implications sur notre quotidien...

Zone rose (gratuite)
Après la visite, la visite continue. En route, appréciez l'*Altazimuth,* hélas fermé au public, mais construit spécialement pour accueillir un télescope sous son dôme. Puis place au ***Weller Astronomy Center*** avec sa météorite Gibéon, là pour vous accueillir depuis qu'elle a chu sur le sol namibien. Elle serait vieille de 4,5 billions d'années. Alors, ça fait combien de 0 ? 4 500 000 000 ans ! Plusieurs salles aussi pour vous poser des questions existentielles (qu'est-ce que l'Univers ? où vont les étoiles mortes ?), et essayer d'y répondre. De là, vous pouvez rejoindre le planétarium *(6,50 £).*

Fan Museum *(plan Greenwich B2)* **:** *12 Crooms Hill, SE10 8ER. ☎ 020-8305-1441. • fan-museum.org • Mar-sam 11h-17h, dim 12h-17h. Entrée : 4 £ ; réduc. Audioguide (gratuit, mais en anglais). Mar et dim à 15h,* afternoon tea *servi dans l'orangerie pour 5-6 £.* Petit musée craquant comme une maison de poupée, entièrement consacré aux éventails (et non pas aux « fans » de Robbie Williams ou de Lady Di !). Les amateurs feront sans hésiter un détour car il s'agit de la plus grande collection au monde, avec pas moins de 4 000 modèles en réserve, exposés principalement par roulement en fonction du thème du moment. La première salle, qui renferme la seule collection permanente du musée, est consacrée en toute logique à l'histoire et à la fabrication de ces petits chefs-d'œuvre. Quelques pièces aussi fantastiques qu'extravagantes, en nacre, ivoire, plumes, dentelles et autres fanfreluches. Les expositions tournantes occupent deux charmantes salles à l'étage, encombrées de vitrines à la manière d'un cabinet de curiosités. Joli jardin et salon de thé dans l'orangerie.

DANS LES ENVIRONS DE GREENWICH

Thames Barrier *(le grand barrage de la Tamise ; hors plan Greenwich par D1)* **:** *à l'est de Greenwich. Infos auprès de la compagnie* Thames River Service *: ☎ 020-7930-4097 ou • thamesriverservices.co.uk • Slt avr-fin oct. Compter 10 £ l'aller simple et 13 £ l'A/R au départ de Westminster. Plusieurs départs/j.* Il s'agit de sept portes monumentales en acier dont la forme en coquille rappelle celle du célèbre opéra de Sydney. Cette barrière doit servir, en cas de crue, à empêcher la Tamise de sortir de son lit. L'idée de sa construction remonte à 1953, année où des inondations catastrophiques ont noyé 2 000 Londoniens. Le barrage lui-même ne se visite pas.

Eltham Palace *(hors plan Greenwich par B3)* **:** *Court Yard, off Court Rd, Eltham, SE9 5QE. ☎ 020-8294-2548. • elthampalace.org.uk • Prendre le bus n° 286 depuis Greenwich jusqu'à la gare d'Eltham et poursuivre quelques mn à pied. Avr-fin oct, dim-mer 10h-17h. Nov-déc et fév-mars, dim 10h-16h. Fermé en janv et fin déc. Entrée : 9,60 £ ; réduc.* Ceux qui en disposent consacreront un peu de temps à ce joyau Art déco. Ce manoir médiéval a été entièrement redécoré dans les années 1930 par les propriétaires de l'époque. Mobilier et mosaïques à couper le souffle.

HAMPSTEAD ET HIGHGATE

À quelques kilomètres du centre de la capitale et pourtant si loin dans l'esprit, Hampstead et Highgate, séparés par le grand parc Hampstead Heath, sont d'anciens villages que l'urbanisation a englobés au début du XXe s dans le « Grand Londres ». Ils ont su garder un caractère villageois et résidentiel, facilité par la configuration des ruelles (surtout à Hampstead), qui épousent les reliefs de la colline. Les touristes ne s'y aventurant guère, ils sont toujours aussi authentiques avec leurs cottages géorgiens du XVIIIe s, leurs maisons blanches de style victorien et leurs pubs en embuscade au débouché des venelles pavées. Ce charme inné attire, depuis des siècles, artistes, écrivains et penseurs en mal d'isolement et de quiétude : Robert Louis Stevenson, George Orwell, le poète John Keats et, plus récemment, Elton John, Jeremy Irons ou Sting. Karl Marx a même « choisi » de mourir et de reposer ici (en 1883).

Comment y aller ?

➢ ***En métro :*** par la Northern Line, descendre à Hampstead (direction Edgware) pour le quartier du même nom, à Archway ou Highgate (direction High Barnet ou Mill Hill East) pour le quartier de Highgate. Dans ts les cas, pensez à récupérer, en sortant du métro, un *street map,* très utile pour vous repérer. Si vous avez l'intention de visiter les 2 quartiers, on vous conseille de commencer par Hampstead et de finir par Highgate, en traversant le parc. Déjà parce que, dans ce sens, ça descend (et que dans l'autre, ça monte sec), et surtout parce qu'il vaut mieux s'attarder dans le quartier de Hampstead, nettement plus attrayant. En aucun cas vous ne pourrez visiter l'ensemble des musées, aux horaires vraiment très réduits. De toute façon, on vient avant tout ici pour respirer le bon air de la campagne...

Où dormir ?

Auberge de jeunesse (moins de 35 £, soit 41 €)

Palmers Lodge : *40 College Crescent, Swiss Cottage, NW3 5LB. ☎ 020-7483-8470. • reception@palmerslodge.co.uk • palmerslodge.co.uk • Ⓜ Swiss Cottage. 180 lits en tt : dortoirs 2-28 lits. Env 16-25 £/pers. Quelques chambres doubles (ou twin) avec leur propre sdb 27-36 £/pers, avec petit déj. Parking gratuit sur la place.* À 2 stations de Baker Street et à 5 de Westminster, autant dire que cette auberge de jeunesse n'est pas bien loin du centre. Et ce n'est pas là son moindre attrait. Installée dans un authentique manoir victorien, elle possède un charme fou. Même les dortoirs ont du cachet ! Les lits superposés doubles (dortoirs conçus pour des couples !) et fermés à l'aide de petits rideaux de toile blanche nous replongeraient presque en pleine Renaissance. Très théâtral tout ça ! Les dortoirs aménagés sous les combles ont gardé leurs poutres apparentes. Le réfectoire n'est pas en reste, vu que les repas sont servis dans les anciennes cuisines du manoir, celles-ci ayant conservé une grande partie de leur décor d'origine (cheminée, céramiques...). Excellente ambiance : bar sur place (un genre de petit pub), salon TV, billard, jeux de fléchettes, barbecue aux beaux jours sur l'une des terrasses. Dommage toutefois qu'il n'y ait pas de cuisine en accès libre (on se contente d'un micro-ondes, ou des repas servis le soir). Pas d'adhésion, ni de limite d'âge. À noter que la maison possède un autre *hostel*, le **Hillspring Lodge** *(233 Willesden Lane, NW2 5RP ; ☎ 020-7099-2435 ; • reception@hillspringlodge.co.uk • hillspringlodge.co.uk • Ⓜ Willesden Green).* Sis dans un bâtiment moderne et sans charme, c'est un point de chute propre, fonctionnel, confortable... mais excentré.

Où manger ?

N'oubliez pas que les pubs cités plus loin servent aussi souvent des plats de bonne qualité, notamment le traditionnel *carvery lunch* du dimanche.

Bon marché (moins de 10 £, soit 12 €)

Giraffe : *46 Rosslyn Hill, NW3 1NH. ☎ 020-7435-0343. • smiles@giraffe.net • Ⓜ Hampstead. Tlj 7h30 (9h le w-e)-22h30. Repas env 15 £.* Burgers, brunchs, salades... c'est la trilogie gagnante pour ce tout petit café coloré, très apprécié des familles. Normal, il est *children-friendly* ! Mais dans ces conditions, on préférera les délicieux jus de fruits frais à la carte des vins du Nouveau Monde. Nombreuses adresses à Londres, notamment à Marylebone et Kensington.

Brew House : *Kenwood House, Hampstead Heath, NW3 7JR. ☎ 020-8341-5384. Ⓜ Highgate. Mêmes horaires que la Kenwood House (voir plus loin « Monuments et balades »). Plats 5-10 £.* Nichée dans les anciennes remises de ce beau manoir, la *Brew House* est le salon de thé typique des monuments historiques britanniques. La cuisine ne fait donc pas dans le créatif, mais ses soupes du jour, gâteaux maison et *today's special* bien typiques se goûtent fort bien sur la très belle terrasse luxuriante. Délicieusement champêtre. D'autant plus que l'on peut emporter le tout et s'offrir un pique-nique dans le magnifique parc qui s'étire à perte de vue.

Prix moyens (10-18 £, soit 12-21 €)

The Horseshoe : *28 Heath St, NW3 6TE. ☎ 020-7431-7206. Ⓜ Hampstead. Tlj 12h-15h30, 18h30-22h30 (23h pour le bar et jusqu'à minuit ven-sam). Plats 7-15 £.* Ce pub nouvelle génération ne retient pas vraiment l'attention, avec sa déco moderne proprette et neutre... mais tout se passe en coulisse ! Car la cave abrite une brasserie de poche, une vraie, qui fait le bonheur des amateurs de real ale, tandis qu'en cuisine chefs et marmitons composent chaque jour un menu plein de bonnes idées et toujours bien réalisé. Ça change des *pub grub* étouffe-chrétiens !

Plus chic (18-25 £, soit 21-29,50 €)

I●I ***La Cage Imaginaire :*** *16 Flask Walk, NW3 1HE.* ☎ *020-7794-6674.* Ⓜ *Hampstead. Dans une petite rue perpendiculaire à Hampstead High St. Tlj 11h30-23h. Formule le midi en sem 12,95 £ env et, sinon, menu-carte 20 £.* Un resto chic et français, aux prix serrés, niché dans une maison victorienne fort coquette. Une petite salle intime à l'atmosphère feutrée, propice aux confidences amoureuses. Les plats classiques (bons poissons notamment) sont élaborés avec de bons produits, la cuisson est soignée et les portions sont très correctes. Si l'on ajoute l'accueil chaleureux du personnel, on obtient une adresse à tous points de vue séduisante.

Pubs

🍷 I●I ***Spaniards Inn :*** *Spaniards Rd, NW3 7JJ.* ☎ *020-8731-8406.* Ⓜ *Hampstead. Du métro, bus nos 603 (en sem slt) et 210, arrêt Spaniards Inn. Tlj 12h -23h (22h30 dim). Plats 10-15 £.* Pub vieux de 500 ans, le plus célèbre de Hampstead. Le bandit de grand chemin Dick Turpin y préparait ses mauvais coups et Byron, Keats, Dickens ou Bram Stocker y trouvaient l'inspiration entre deux bières. Bref, malgré ses multiples rénovations et transformations, ce mythe résiste encore aux siècles et offre un véritable saut dans le temps : plafonds bas, poutres mal dégrossies et vrai feu de bois ne décevront pas les amateurs de romans d'aventures. Vaste jardin ombragé à l'arrière, très apprécié aux beaux jours. Bons petits plats de pub et bières locales.

🍷 ***Flask :*** *14 Flask Walk, NW3 1HE.* ☎ *020-7435-4580.* Ⓜ *Hampstead. Tlj 11h-23h (22h30 dim). Jazz live ts les ven à 20h30.* Voici une solide institution locale appréciée du voisinage depuis 1950. À l'avant, *public room* conviviale et large comptoir où officie le maître des lieux, puis 2 grandes salles sous verrière avec cheminée, boiseries, papiers peints et moquettes fleuris comme il se doit. Le lieu idéal pour siroter tranquillement une bonne bière, en goûtant l'atmosphère très populaire. Doisneau aurait sûrement fait des merveilles en tirant le portrait des mamies et des papis fringants qui fréquentent les lieux...

🍷 I●I ***The Holly Bush :*** *22 Holly Mount, NW3 6SG.* ☎ *020-7435-2892. • info@hollybushpub.com •* Ⓜ *Hampstead. Du métro, suivre la direction de la Fanton House, puis tourner à droite dans la petite impasse. Tlj 12h-23h (22h30 dim) ; service jusqu'à 22h (21h30 dim). Plats 9-12 £. Réserver dim.* Attention, perle rare ! On est plongé dans l'Angleterre profonde en entrant dans ce pub hors d'âge, perché en haut de la colline de Hampstead. Vieilli dans son jus depuis le milieu du XIXe s, il abrite 4 belles salles remplies de souvenirs, des recoins sombres pour les amoureux et de grandes tables patinées pour les familles ou les virées entre amis. Clientèle d'habitués qui se retrouvent autour de la cheminée en hiver. La cuisine est à l'image des lieux, rustique et généreuse, notamment le *carvery lunch* du dimanche, fameux. Sinon, spécialités de saucisses et de *pies*, et toutes sortes de sandwichs. Pour les amateurs, la *real ale* et les bières artisanales valent le détour.

🍷 I●I ***The Flask :*** *77 Highgate West Hill, N6 6BU.* ☎ *020-8348-7346.* Ⓜ *Highgate ou Archway (mais assez loin du métro dans les 2 cas). Tlj 12h-23h (22h30 dim). Plats 8-15 £.* Ces pubs de la « ceinture » de Londres ont vraiment du charme. Envolée la vieille patine de grand-papa, le *Flask* a fait peau neuve dans un style bobo pas mal du tout. Bien sûr, les habitués n'ont pas gagné au change avec ce mobilier moderne, bousculant sans ménagement les tables et tabourets imprégnés d'histoire. Mais ses multiples recoins et ses plafonds bas dégagent toujours le même magnétisme, ce petit quelque chose de chaleureux et de convivial qui maintient la maison au rang des bonnes escales sur la route de la bière. Et par beau temps, sa vaste terrasse ne se refuse décidément pas, car on organise dans la bonne humeur des barbecues. La même terrasse, chauffée en hiver, fait la joie des fumeurs.

Où prendre le thé ?

☕ 🍷 ***Louis – Hungarian Confectionery :*** *32 Heath St, NW3 6TE.* ☎ *020-7435-9908.* Ⓜ *Hampstead. Tlj 9h-18h.* Un salon de thé resté intact depuis 1963. Déco vieillotte et kitsch à souhait, avec boiseries patinées, banquettes en moleskine et moquette fleurie. Plateau croulant de pâtisseries hongroises qui défient l'apesanteur. Idéal pour accompagner les thés corsés ou le cappuccino bien crémeux. Même le service est *old fashion...* à l'image de sa clientèle.

Monuments et balades

Hampstead était, traditionnellement, un quartier d'artistes et d'intellectuels. Il est toujours très prisé par quelques stars du théâtre ou du cinéma britanniques en mal de tranquillité ou en quête de calme et d'élégance. Le quartier est, en effet, un havre de paix avec de jolies maisons anciennes. Vu les prix de l'immobilier, il est aussi devenu un repaire de riches financiers. Bishop Avenue (dans le prolongement de Spaniards Road, vers East Finchley) est d'ailleurs surnommée « *the millionaires' row* », voire « *the billionaires' row* ». Des magnats du pétrole ou de l'industrie s'y sont installés en nombre. On y trouve les maisons les plus chères du monde. Pas toutes du meilleur goût ! Heureusement, le vieux Hampstead a conservé tout son charme.

Après les ruelles escarpées du vieux Hampstead, il faut aller savourer la tranquillité de ***Hampstead Heath,*** cette lande verdoyante qui fait la liaison entre Hampstead et Highgate. Un véritable coin de campagne à quelques kilomètres du centre ; sauvage et formidablement préservé. Les bois touffus, les étangs au bord desquels on se donne des rendez-vous galants et les grandes étendues de pelouses doucement vallonnées sont très prisés par les Londoniens du dimanche. Le matin, été comme hiver, ce sont les baigneurs téméraires que l'on croise aux abords des *ponds.* Car rien de tel qu'un plongeon dans l'eau glacée des étangs pour bien commencer sa journée ! L'un d'entre eux est même exclusivement réservé à la gent féminine. De *Parliament Hill* au sud du parc, vue dégagée sur les environs. En marchant en direction du nord, on arrive dans le domaine de Kenwood, où des concerts ont lieu en plein air en été, dans un cadre très bucolique, tout près de *Kenwood House.*

Hampstead Heath est également l'un des points les plus élevés de Londres ; c'est le rendez-vous de tous les amoureux de cerfs-volants le dimanche matin, quand il ne pleut pas. C'est évidemment un lieu idyllique pour un pique-nique. Les Londoniens en profitent, été comme hiver, au moindre rayon de soleil.

Pas mal d'animations sont proposées, toute l'année, en plus des concerts, comme des marches commentées ou des découvertes-nature.

Kenwood House : *Hampstead Lane, NW3.* ☎ *020-8348-1286.* • *english-heritage.org.uk* • Ⓜ *Hampstead ou Archway, puis bus n° 210. Entrée gratuite.* ***Attention :*** *fermé pour travaux de rénovation jusqu'à l'automne 2013.* Au nord de la lande, cette belle et vaste demeure aristocratique du XVIIIe s dessinée par le célèbre architecte britannique Robert Adam (connu pour le *Charlotte Square* d'Édimbourg et *Hopetoun House* près de South Queensferry) se distingue par ses remarquables façades de stucs à l'antique. Elle abrite la *Donation Iveagh,* une collection prestigieuse de peinture (Turner, Gainsborough, Constable, Reynolds, Van Dyck, Frans Hals, Vermeer, Rembrandt, Rubens, etc.). La bibliothèque est très originale avec sa riche décoration, ses deux absides et son plafond voûté orné de stucs.

Profitez donc de votre flânerie dans Hampstead pour découvrir le parc de ***Hampstead Heath*** et faire une pause au *Brew House Restaurant* (voir « Où manger ? »), pour prendre le thé dans un cadre idyllique. Ne pas manquer non plus le vieux ***cimetière.*** En sortant du métro Hampstead, descendre Heath Street en face, puis, un tout petit peu plus loin, prendre Church Row à droite. N'y cherchez pas trop de tombes célèbres, ce sera juste le prétexte à une promenade agréable. On aime bien ce cimetière pentu et « en désordre », son côté romanesque : ses tombes simples et penchées, ses petites allées pavées grignotées par l'herbe folle, ses arbres en fleurs au printemps...

Highgate Cemetery : *Swain's Lane, N6. ☎ 020-8340-1834. • highgate-cemetery.org • Ⓜ Archway. Tlj 10h (11h le w-e)-17h (16h nov-fin fév). Entrée pour la partie est (plan à disposition, visite guidée possible : 7 £) : 3 £ ; gratuit moins de 16 ans ; et pour la partie ouest (visite guidée obligatoire, sur résa en sem) : 7 £ à heure fixe (14h en sem, sf l'hiver ; ttes les heures à partir de 11h le w-e). Sam, visite autour de Charles Dickens et des tombes des membres de sa famille, 10 £.*

LA MORT VOUS VA SI BIEN

C'est dans ce cimetière que Dracula, le héros de Bram Stocker, dépose Lucie Westenra. On raconte aussi que ce dernier conseilla à son ami peintre et poète Dante Gabriel Rossetti, désespéré de la mort de son épouse Elizabeth Sidal, d'ouvrir la tombe de sa douce, morte 7 ans plus tôt. La jeune femme était intacte, comme à peine endormie... Les mystères autour de ce cimetière perdurent donc !

Karl Marx, qui repose ici, n'aurait pas forcément apprécié. Grandiose entrée « égyptienne » de la partie ouest et conférence des guides vraiment captivante. Plein d'anecdotes intéressantes, souvent insolites. Riches et pittoresques tombeaux victoriens que le bon peuple allait admirer en famille au XIXe s... D'ailleurs, quand on commence à aimer l'exubérance de ce cimetière, dont les tombes et les monuments funéraires se perdent dans une végétation romantique, on devient vraiment anglais. Quant à Karl qui repose dans la partie est (visite libre), il n'aurait pas non plus aimé cet énorme buste au goût très stalinien !

Fenton House : *Windmill Hill, NW3 6SP. ☎ 0149-475-5563 (no payant). • nationaltrust.org.uk • Ⓜ Hampstead. Début mars-fin oct, mer-dim 11h-17h. Entrée : 6,50 £.*

En sortant du métro, prendre en face Holly Bush Hill. La maison est devant soi en arrivant à la fourche, ceinte par un charmant jardin à l'anglaise. Ses buissons de roses et ses parterres d'orchidées font d'ailleurs le bonheur d'une colonie d'abeilles, dont le miel est en vente à l'accueil !

Dans cette grande demeure de brique rouge de la fin du XVIIe s, intérieur anglais tel qu'on se l'imagine : mobilier de style Régence, broderies, bibelots et porcelaines d'époque à faire tomber par terre les mamies anglaises. Nous, ça nous laisse plus sceptiques. En revanche, la belle collection de clavecins et d'épinettes des XVIIe et XVIIIe s mérite toute l'attention des mélomanes.

DANS LES ENVIRONS DE HAMPSTEAD

Freud Museum : *20 Maresfield Gardens, NW3 5SX. ☎ 020-7435-2002. • freud.org.uk • Ⓜ Finchley Rd. Bien indiqué en sortant du métro. Mer-dim 12h-17h. Entrée : 6 £ ; réduc. Audioguide en français : 2 £.* Une belle maison où papa Sigmund passa ses derniers mois, jusqu'à sa mort en 1939. D'origine juive, le père génial de la psychanalyse avait dû fuir l'Autriche, annexée par Hitler un an plus tôt. Installé ici, Freud reconstitua le célèbre intérieur de sa demeure viennoise : divan, bien sûr, bureau, bibliothèque... et une collection insolite d'antiquités égyptiennes, grecques et romaines. Un vrai cabinet de curiosités ! Une petite présentation vidéo et quelques textes où Freud lui-même évoque les grandes étapes de sa vie éclairent la personnalité du grand homme, sans oublier bien sûr une petite section sur l'interprétation des rêves, un joli jardin anglais pour les beaux jours, et quelques expositions temporaires.

LE GRAND LONDRES

WINDSOR CASTLE

☎ 020-7766-7304. • royalcollection.org.uk • Tlj 9h45-17h15 mars-oct ; jusqu'à 16h15 nov-fév ; dernière admission 1h15 avt. Fermé 25-26 déc, ainsi que lors des réceptions et cérémonies officielles. Entrée : 17 £ ; réduc, audioguide (en français, 1h30) compris. Tarif réduit lorsque les State Apartments sont fermés (rare). Noter que le billet est valable 1 an (le faire tamponner à la sortie). Penser à vérifier les jours de fermeture exceptionnels (ça peut arriver !) avt de faire le déplacement. Sont ouv à la visite : State Apartments, George IV's Apartments (ouv slt oct-mars), Queen Mary's Dolls House et The Gallery, ainsi que les chapelles. Attention, celles-ci sont fermées dim, sf si vous participez à la totalité du culte. À 11h, relève de la garde (tlj sf dim avr-juil, sinon 1 j. sur 2). Parcours d'activités thématiques disponibles pour les enfants pdt vac scol, sinon demander le kit de visite avec coloriages. Evensong (messe chantée) par le chœur de la chapelle Saint-George, tlj à 17h15. Gratuit car c'est un office religieux. Bon à savoir : on peut sortir faire une pause à l'heure du déj dans un des restos de la ville (bracelet à prendre à la sortie).

UN PEU D'HISTOIRE

Paraît-il la plus grande forteresse du monde encore habitée. La reine y séjourne le week-end et tous les ans, courant juin. À cette occasion, c'est bien évidemment l'étendard royal qui flotte au-dessus du donjon (la *Round Tower*), à la place du drapeau britannique. L'architecture de la propriété a de quoi surprendre, avec sa superbe silhouette médiévale tout en tours crénelées et mâchicoulis. Entièrement remanié au XIVe s par Édouard III, puis à l'époque victorienne, Windsor n'a plus rien à voir avec la modeste forteresse de bois construite par Guillaume le Conquérant pour surveiller l'accès de Londres, il y a 1 000 ans... Seule l'imposante *Round Tower* rappelle l'emplacement de la première motte et du donjon normand.

L'aile sud du château brûla en 1992, une *annus horribilis* selon les propres mots de la

DÉCORATION SEXY

En 1348, lors d'un bal, une jeune comtesse perdit sa jarretière et le roi Édouard III s'empressa de la lui remettre. Exaspéré par les éclats de rire dans son dos, il eut alors cette réplique : « Honni soit qui mal y pense, tel qui rit aujourd'hui demain s'honorera de la porter... » Ce qui fut dit fut fait, et le lendemain les plus éminents seigneurs du royaume se voyaient obligés d'arborer une jarretière ! Le plus surprenant, c'est que l'ordre de la Jarretière, ce club très fermé des meilleurs chevaliers anglais, existe toujours. Ils sont actuellement 24, auxquels s'ajoutent la reine et le prince de Galles. Seule la reine est autorisée à porter la jarretière... au bras.

reine ! S'ensuivit une vive polémique médiatico-politique : il fut pour la première fois question de reconsidérer les sommes énormes allouées par l'État à la reine... Qu'à cela ne tienne, la Couronne daigna payer la moitié de la facture (qui s'élève à 50 millions de livres), le tarif de visite pour les touristes est depuis très élevé (pour le remboursement) et près de 5 ans de travaux furent nécessaires pour rendre à Windsor son aspect d'origine.

Comment y aller ?

À 20 miles (32 km) à l'ouest de Londres.

➢ ***En train :*** accès direct de Waterloo Station en 50 mn-1h, puis env 5 mn de marche. Trajet moins long de Paddington Station (35 mn), mais changement à Slough (facile) et on arrive à deux pas du château. Trains ttes les 15 mn (dim, ttes les 45 mn). Billet A/R 7-16 £ selon période de pointe, jour de la sem et saison. N'oubliez pas de montrer votre *Oystercard* si vous en avez une, au moment de l'achat du billet, pour ne pas repayer sur la partie du trajet déjà couverte par la carte.

➢ ***En bus :*** nos 700, 701 et 702 avec la compagnie *Green Line* ; départ de Victoria Coach Station *(plan d'ensemble D6)*. Moins cher que le train, mais compter au moins 1h15 sans les embouteillages...

➢ ***Par la route :*** sortie no 6 sur la M 4, sortie no 3 sur la M 3.

Visite

La visite du château n'est autorisée que dans la partie nord. C'est largement suffisant, vu les proportions de l'ensemble. Outre les deux cours intérieures, les labyrinthes des jardins (immenses) et le beau panorama sur la Tamise procuré par les terrasses, on visite (avec les excellents commentaires de l'audioguide) :

– ***La chapelle Saint-George :*** *attention, ferme à 16h, mais evensong (messe chantée) tlj à 17h15. Gratuit, car c'est un office religieux.* Immense et superbe, certainement la pièce maîtresse du château. Elle abrite les sépultures de 10 monarques, dont George V, George VI, Henri VIII et Charles Ier et, depuis 2002, celle de la reine mère. Elle date du XVe s et présente une voûte cintrée en éventail, fourmillant de détails. Un miroir évite de se tordre le cou. Dans le coin gauche, dos au portail, noter le monument en marbre, assez poignant de réalisme, évoquant la mort en couches en 1817 de la princesse Charlotte, unique héritière de George IV. La couronne revint à sa cousine, une certaine... Victoria. Dans le chœur, stalles en bois, finement ciselées, attribuées à chaque membre de l'ordre de la Jarretière, avec leurs emblèmes. De la vraie dentelle (on parle des stalles bien sûr !).

– ***State Apartments :*** la partie principale du château ouverte à la visite. Au rez-de-chaussée, collections de services en porcelaine pour le moins... surchargés ! À l'étage, on traverse le ***Grand Vestibule*** (tête de tigre en or, belle panoplie d'armes anciennes et la balle qui tua Nelson à Trafalgar le 21 octobre 1805 !), le ***salon Waterloo,*** où se fête chaque année l'anniversaire de cette victoire britannique (portraits des protagonistes, tous peints par le même artiste), différents salons et cabinets décorés de toiles de maîtres (Rubens, Van Dyck, Holbein... la couronne en possède 7 000 !), la salle de bal de la reine, la salle du trône... Voir surtout le ***Saint George's Hall,*** vaste salle magnifiquement restaurée depuis l'incendie où sont visibles les blasons de tous les chevaliers de la Jarretière. Un banquet somptueux s'y tient tous les ans : une seule table et... 160 couverts parfaitement alignés. C'est de la petite salle suivante, hexagonale, qu'est parti l'incendie de 1992. Remarquez l'amusante armure d'Henri VIII. De profil, on réalise qu'il était franchement rondelet !

– ***Les George IV's Apartments (Semi-State Apartments),*** dans le prolongement des *State Apartments,* ne sont malheureusement accessibles que d'octobre à mars. Très endommagé par l'incendie, un des plus beaux (et des plus riches) décors du château a retrouvé son panache d'antan. Très belles vues sur la campagne depuis les fenêtres.

– ***La maison de Poupée (Dolls House) :*** adorable petit palais construit pour la reine Marie en 1921. Tout y est miniaturisé, de nombreux artistes ont offert une réplique d'un livre ou d'un tableau. Un chef-d'œuvre du genre, car rien ne manque : électricité, système de plomberie opérationnel... et même un service complet en argent dressé dans la salle à manger ou encore le dernier gadget en vogue, un aspirateur ! Également en exposition, une sélection de vêtements et d'accessoires de poupée.
– ***The Drawings Gallery,*** à ne pas manquer, expose par roulement une sélection de chefs-d'œuvre (gravures, photos, etc.) provenant de la collection royale. Avec un peu de chance, vous verrez une partie des 600 (!) dessins de Léonard de Vinci, quelques œuvres de Raphaël, Michel-Ange, ou encore Hans Holbein. Excusez du peu !
– ***La Grande Cuisine (Great Kitchen) :*** en fonctionnement depuis 750 ans, la cuisine de Windsor est ouverte au public depuis 2010. *Visites guidées slt, certains j. de l'année, sur résa.*

Si vous avez du temps, le fameux ***Eton College*** est à 15-20 mn à pied du château. Fondée au XVe s, c'est la troisième université britannique la plus prestigieuse, après Oxford et Cambridge. Elle est surtout réputée pour son système de bourse destiné aux élèves les moins fortunés. De ses bancs prestigieux sont sortis de nombreuses célébrités, parmi lesquelles 18 Premiers ministres, George Orwell, John Le Carré et... le prince Harry (cherchez l'intrus !). ☎ *017-5367-1117.* • *etoncollege.com* • *Visites guidées Pâques-oct.*

DANS LES ENVIRONS DE WINDSOR CASTLE

Legoland : ☎ *0871-2222-001 (depuis la France) ou 0870-504-0404 (de Grande-Bretagne).* • *legoland.co.uk* • *À 3 km de Windsor et à 1h de Londres sur la B 3022, par les autoroutes M 4 et M 3, ou par le train jusqu'à Windsor, puis navette vers Legoland. Sinon, bus n° 702 de la compagnie* Green Line *; départ derrière Victoria Coach Station. Horaires variables. En hte saison, tlj 10h-19h. Vérifier sur le site internet. Entrée hyper chère : 43,20 £ ; 34,20 £ pour les enfants ; réduc en réservant sur le site internet. Restauration possible sur place.* Fondée en 1932 par un Danois, la société Lego (du danois *leg godt,* qui signifie « bien joué ») a ouvert plusieurs parcs d'attractions de par le monde. La petite brique y est bien sûr à l'honneur. On y trouve des reconstitutions de villes à taille d'enfant comme Londres avec le Millenium, Paris (avec un impressionnant Sacré-Cœur), Amsterdam et même Honfleur (dernière colonisation britannique en terre normande !). En tout, plus de 800 bâtiments qui ont demandé 3 ans de travail aux 100 experts-monteurs en Lego. Et le parc crée toujours de nouvelles attractions (une cinquantaine en tout), mettant l'accent sur sa vocation à la fois créative, éducative et ludique. Ainsi, les enfants peuvent, par exemple, conduire de petites voitures électriques (sur des circuits avec feux rouges et passages piétons), naviguer à bord d'un bateau de pirates de 18 m de long ou encore descendre des rapides en canoë. Également des attractions plus classiques (du type montagnes russes) ainsi que des spectacles de marionnettes et de clowns. Il ne vous reste plus qu'à faire aussi bien à la maison !

HAMPTON COURT PALACE

☎ *0844-482-7777.* • *hrp.org.uk* • *Tlj 10h-18h (16h30 nov-mars). Dernière admission 1h avt fermeture. Fermé 24-26 déc. Entrée : env 16,95 £ pour les adultes, audioguide en français compris ; réduc (notamment sur Internet). On vous rappelle l'existence d'un pass annuel très intéressant si vous avez l'intention d'enchaîner les visites : à partir de 43 £/adulte ; forfait famille. Il permet un accès illimité pdt 1 an aux sites suivants : Hampton Court Palace, Tower of London, Banqueting House, Kew Palace et Kensington Palace. Les jardins ferment à la tombée de la nuit : accès aux jardins seuls 5,30 £ avr-sept (gratuit en hiver) ; 3,85 £ pour le labyrinthe. Activités pour les enfants (quiz, costumes Tudor, rencontre avec Henri VIII, etc.) Une patinoire est aménagée en hiver ; tt rens sur • hamptoncourtpalaceicerink.com •* Château à deux faces, l'une Tudor en brique rouge, l'autre néopalladienne, d'un grand intérêt architectural vu les nombreux remaniements que ses hôtes successifs (des têtes couronnées) lui ont fait subir. Intérieurs fastueux et mobilier superbe, tapisseries et peintures appartenant à la collection royale. S'il fait beau, les jardins, l'autre merveille du palais, vous raviront. On vient depuis des lustres à Hampton Court rien que pour se perdre dans son célèbre labyrinthe végétal. Et puisqu'il est question de labyrinthe, un petit conseil : pensez à demander les deux plans, celui du palais et celui des jardins ! En bref, l'entrée est certes un peu chère, mais on trouve à Hampton Court largement de quoi passer une belle journée. C'est aussi un excellent moyen de se familiariser avec l'histoire anglaise.

Comment y aller ?

À 25 km au sud-ouest de Londres, lové dans une boucle de la Tamise.

➢ ***En train :*** accès en 30 mn de train depuis la gare de Waterloo ou à 20 mn depuis Wimbledon (plus pratique si vous résidez dans l'ouest de Londres) jusqu'au terminus Hampton Court. Accès également possible par Vauxhall, voire Clapham Junction. Dans tous les cas, prendre un *Day Travelcard* pour 1-6 zones qui vous permettra de faire l'A/R. Si vous possédez l'*Oystercard,* n'oubliez pas de la montrer au moment de l'achat du billet, pour ne pas repayer sur la partie du trajet déjà couverte par la carte.

➢ Les plus courageux pourront même venir ***à vélo*** en longeant la Tamise : 29 miles, soit 47 km, depuis le London Bridge par le Thames Path.

Visite

Entrée majestueuse du palais avec sa façade rouge de style Tudor, crénelée de blanc et ornée de fines cheminées en brique et de tourelles.

Dans la cour de l'Horloge, à droite, colonnade de style antique qui tranche avec le reste de la cour. Cette même cour est le centre du château, elle sert de point de départ à l'ensemble des circuits. C'est aussi ici que l'on retire son audioguide, bourré d'anecdotes savoureuses et traduit en français, c'est une mine d'informations. On vous le recommande d'autant plus qu'il est gratuit !

LE SOLEIL A RENDEZ-VOUS AVEC LA TERRE

Dans la cour de l'Horloge, observez cette étrange horloge astronomique datant d'Henri VIII : elle donne l'heure, la date, les phases de la Lune, ainsi que les marées au London Bridge ! Toujours aussi bizarre : Copernic n'étant pas encore né, c'est le Soleil qui tourne autour de la Terre.

Story of the palace

C'est peut-être par cette exposition qu'il faut commencer. Une bonne introduction à l'histoire du palais, les différents rois et reines qui y ont traîné leurs guêtres, les remaniements architecturaux, jusqu'à l'incendie du 31 mars 1986 qui a marqué les esprits. La réouverture n'eut lieu qu'en 1992, en présence de la reine. Ce palais n'avait rien de royal à l'origine. Il fut construit au début du XVIe s pour servir de résidence au cardinal Wolsey, archevêque d'York et ministre d'Henri VIII (dit le Gros). « Une maison un peu trop luxueuse pour un catho ! », se dit le roi, mort de jalousie, qui lui confisqua son jouet. Le souverain agrandit la demeure pour le plaisir de ses nombreuses femmes. Le troisième et dernier grand remaniement du palais fut entrepris à la fin du XVIIe s par Guillaume III et sa femme Mary. Ils choisirent Christopher Wren pour son inégalable style néo-Renaissance. Le but était de faire aussi bien que Versailles ! Heureusement, il manqua d'argent pour redécorer tout le palais et ne put s'attaquer qu'à l'aile orientale. Après eux, un autre couple s'attacha à modifier l'allure du château, mais ils n'entreprirent que des travaux de déco. Il s'agit de George II et de son épouse Caroline, à qui l'on doit bon nombre de restaurations dont celle de Windsor.

Henri VIII's apartments (période des Tudors)

Entrée sous le porche d'Ann Boleyn. C'est la partie la plus ancienne du palais, celle que l'on préfère aussi. Le dépouillement des pièces attire l'attention sur les beautés architecturales de la période Tudor. La *Grande Salle* est ornée d'un superbe plafond en bois sculpté et ajouré. Tapisseries flamandes racontant l'histoire d'Abraham. Dans la salle suivante, la grande *salle des Gardes,* plafond cloisonné et orné de pendentifs. Dans la *Galerie hantée,* notre bon roi Henri VIII avait fait enfermer ici sa cinquième femme (Catherine Howard) avant de la faire exécuter dans la Tour de Londres. Selon la légende, son esprit erre encore dans le palais... Accès à la tribune de la *chapelle royale* d'où l'on profite d'une belle vue sur le retable et sur le superbe plafond de bois (en chêne, couleurs bleu et or). On peut y lire la devise « Dieu et mon droit » avec le « N » à l'envers, comme on l'écrivait à l'époque.

Mary II's apartments (période des Stuarts)

On y accède depuis les précédents appartements. Changement d'époque avec les fastes baroques des Stuarts à la fin du XVIIe s. Succession de pièces lambrissées et décorées de peintures baroques ou de superbes tapisseries. Film très bien fait (écran géant) sur l'histoire d'une de ces tapisseries. Dans la *Drawing room,* les enfants peuvent fabriquer une réplique du lit de la reine Ann. Par les fenêtres, vue sur les somptueux jardins.

Georgian private apartments (période géorgienne)

Enfilade de pièces, celles des deux derniers monarques à avoir habité à Hampton Court : la reine Caroline et son époux George II. Dans la *galerie de la Communication* qui relie les appartements du roi à ceux de la reine, ne pas manquer les joues rosées des *Beautés de Windsor* par l'Anglais Peter Lely, des dames de la cour de Charles II. Une manière d'affrioler le roi avant ses visites nocturnes. Un couloir mène à l'adorable *cabinet de Wolsey (Wosley closet).* Au bout, la longue *galerie des Cartons,* recouverte du sol au plafond de lambris et pompeusement décorée par Wren. Aux murs, des copies (parfaites) des cartons de Raphaël. Les originaux ont été offerts par la reine Caroline au Victoria and Albert Museum.

William III's apartments

Entrée sous la colonnade de la cour de l'Horloge. Une enfilade de pièces aux dimensions royales, très hautes de plafond. Les lits sont largement plus hauts que larges ! Ces appartements reviennent de loin après l'incendie qui eut lieu dans cette aile du palais en 1986. Les restaurateurs ont rendu leur splendeur à ces pièces décorées par Wren (jusqu'à l'écœurement) pour le compte de Guillaume d'Orange. Plafonds en trompe l'œil et panneaux de cheminée en bois de tilleul ou de chêne sculpté. Somptueuses tapisseries, là encore, et nombreuses peintures allégoriques.

Young Henry VIII's story

Tyrannique, homme à femmes, gros ? Le portrait du roi Henri VIII dressé ici essaie d'envisager les choses sous un autre angle et s'attache aux premières années de règne. Le monarque, couronné à l'âge de 18 ans en 1509, se révélait alors plutôt charismatique, athlétique et éclairé. Bon, c'est quand même lui qui plus tard inventa l'anglicanisme pour avoir le droit de divorcer. Six mariages ! Chronologiquement : un divorce, une exécution, une mort naturelle, une répudiation, encore une exécution ; la dernière lui survécut. Il eut trois descendants qui tous régnèrent. D'abord Edouard VI puis Marie Tudor, dite « Bloody Mary ». Cette dernière rétablit le catholicisme et fit enfermer sa demi-sœur, Élisabeth Ire, laquelle, ensuite, régna presque 50 ans et rétablit l'anglicanisme.

Les cuisines

Il fallait bien des cheminées gigantesques et des passe-plats aussi longs qu'un comptoir pour nourrir tout ce petit monde (jusqu'à 800 personnes !). Les cheminées ont été entièrement rénovées et constituent désormais un des clous de la visite (elles sont considérées aujourd'hui parmi les plus belles et les plus grandes d'Europe). De belles pièces de viande et des *pies* alléchantes plus vraies que nature rendent la visite plus réaliste. Il y a même les odeurs. Et pourtant, il ne reste en fait qu'une petite part de ce qui fut un complexe gigantesque.

Mantegna's Triumphs of Caesar

Juste à droite, après l'entrée de la Grande Cour. On peut y admirer les *Triomphes de César,* neuf toiles imposantes peintes en 1485 par Mantegna, un des maîtres de la Renaissance italienne. Grand souci du détail dans le traitement des costumes, des armes et des monuments.

Les jardins

Aussi plaisants et somptueux que le palais qu'ils entourent. Les dessinateurs se sont largement inspirés des jardins de Le Nôtre à Versailles. Splendides au printemps avec les jonquilles en fleur. Près de l'orangerie, remarquez la grande treille formée d'un seul cep de vigne qui pousse depuis plus de 200 ans ! Terrain de jeu de paume, l'ancêtre du tennis, et balade possible en carriole à cheval.

Le labyrinthe (maze)

C'est le plus ancien labyrinthe végétal connu, construit pour Guillaume III à la fin du XVIIe s. Même si les haies sont bien hautes et bien touffues, on ne s'y perd pas réellement, d'autant que le plan est affiché à l'entrée, mais ça amuse beaucoup les bambins. Jerome K. Jerome le mentionne dans *Trois hommes dans un bateau* et, si vous vous perdez quand même, ce qui est arrivé à l'ours Paddington, suivez la méthode de ce dernier : faites-vous des repères avec de la marmelade !

Où manger ?

I●I Vu le temps que prend la visite, il vous faudra sans doute déjeuner sur place. Pas de problème, comme d'habitude, on a pensé à tout ! On trouve une cafét' plutôt modeste dans les anciennes cuisines (*Privy Kitchen,* qui propose des recettes inspirées des Tudors) et un self agréable dans les jardins, le ***Tiltyard Café*** (suivre la direction du labyrinthe). On trouve tout ce qu'il faut (soupes, salades, plats du jour), à prix raisonnable, pour nourrir toute la famille (formule enfants possible). Frais, sain et pas mauvais du tout !

Sinon, le pique-nique est autorisé.

KEW GARDENS

À 15 km au sud-ouest de Londres, au bord de la Tamise. ☎ 020-8332-5655. • kew.org • Ⓜ Kew Gardens (à 30 mn du centre de Londres par la District Line, direction Richmond ou par la London Overground depuis le nord de Londres, attention on passe en zone 3). À l'arrivée, franchir la voie ferrée et suivre en face Lichfield Rd. Également accessible en train depuis Waterloo (descendre à gare de Kew Bridge) et en bus (lignes nos 65, 391, 237 et 267). Tlj avr-août 9h30-18h30

(19h30 le w-e et vac scol) ; ferme plus tôt le reste de l'année (horaires variables). Fermé 24-25 déc. Les serres ferment 30 mn à 1h avt les grilles. Entrée : 13,90 £ selon saison ; réduc ; gratuit pour les moins de 17 ans accompagnés par un adulte. Différents types de visites guidées sont organisés pour découvrir le parc, dont des visites gratuites 2 fois/j. à 11h et 14h (durée 1h). Inscription 15 mn avt. Départ depuis le bureau des guides à Victoria Plaza. Le sujet varie au gré du temps, des saisons, de la nature et de la spécialité du guide. Fin nov-début janv, une patinoire en plein air est parfois installée devant la Temperate House. Ainsi qu'un gigantesque sapin de Noël. Des festivals ont lieu ts les ans selon saison. Renseignez-vous !

Visite

On vous le dit tout de suite, c'est une visite à ne pas manquer... Superbe jardin botanique d'une extraordinaire variété : 90 000 végétaux différents sur pas moins de 120 ha, le Jardin des plantes de Paris fait figure de square à côté ! C'est le résultat de la « collectionnite » aiguë dont souffraient les aristocrates anglais au XIXe s. Kew est aujourd'hui un parc d'agrément mais surtout un centre de recherche botanique de renommée mondiale. On y recueille notamment des spécimens de toute la flore britannique. Les graines suivent un traitement spécial qui leur permet de résister à des températures de - 20 °C et d'être conservées plus de 200 ans ! La période idéale pour visiter Kew Gardens est bien sûr le printemps, lorsque les rosiers et les rhododendrons sont en fleur.
Mais le bel aménagement de la nature, où les changements surprenants de paysages rappellent que rien n'est laissé au hasard, permet de se promener toute l'année sans jamais se lasser. Jardin japonais avec pagode, pinède, bambouseraie, roseraie... rien ne manque. Au sud-ouest du parc, on passe brusquement d'une forêt de conifères à une forêt de feuillus. De là, vue sur la « Tamise à la campagne », calme et bucolique, et sur *Syon House*, un manoir du XVIe s un peu austère. Les plus aventureux ne manqueront pas le *Rhizotron and Xstrata Treetop Walway*, un parcours dans la canopée.

Les serres

Ne manquez pas de les visiter. Immenses architectures de fer et de verre, ce sont elles qui ont fait la renommée de Kew Gardens. On peut y passer facilement beaucoup de temps !
- ***Princess of Wales Conservatory :*** des serres très design dans lesquelles 10 zones climatiques différentes sont reproduites, du désert jusqu'à la forêt tropicale : c'est l'occasion d'admirer de superbes orchidées (l'une des grandes spécialités de Kew), des cactus géants, des nénuphars de 2 m de diamètre et d'incroyables plantes carnivores.
- La ***Palm House,*** plus ancienne, abrite une forêt tropicale en miniature et toutes les espèces de palmiers du monde. Au sous-sol, des aquariums présentent des coraux multicolores et de jolis poissons.
- La ***Temperate House,*** encore plus grande que les précédentes (4 800 m² et 42 m de haut !), abrite elle aussi des plantes tropicales, des bambous et des rhododendrons géants. On peut y voir le *Chilean wine palm,* la plus grande plante d'intérieur du monde. Une coursive permet d'apprécier les plantes vues d'en haut. Attention, on déconseille cette balade en hauteur avec des enfants.
- Derrière cette serre, on trouve l'***Evolution House,*** plus vieillotte, ou comment la vie est apparue sur Terre.

Les galeries d'art

Installée dans un bâtiment moderne, la *Shirley Sherwood Gallery* présente l'évolution des plantes à travers les arts picturaux (peintures, dessins, etc.). Une approche originale et didactique de la taxonomie ! Et de magnifiques œuvres au final. Dans la galerie adjacente, une autre collection tout à fait inattendue : 832 tableaux de Marianne North, tous consacrés aux plantes et fleurs du monde entier ! Cette routarde talentueuse de l'époque victorienne a parcouru cinq continents et 17 pays et en a rapporté cet album de voyage tout à fait saisissant, ainsi que toutes sortes d'échantillons de bois exotiques. C'est elle qui a financé la construction de ce beau bâtiment à l'ancienne et a agencé l'ensemble de ses œuvres entre elles. Un coup de cœur !

Kew Palace

Pour les fans de résidences royales, dans le parc même, près de la porte principale : *ouv fin mars-oct, tlj sf lun 10h-17h. Entrée : 5,30 £. On vous rappelle l'existence d'un pass annuel très intéressant si vous avez l'intention d'enchaîner les visites : à partir de 43 £/adulte ; forfait famille. Il permet un accès illimité pdt 1 an aux sites suivants : Hampton Court Palace, Tower of London, Banqueting House, Kew Palace et Kensington Palace.*

Ce palais servit d'asile au roi George III lorsqu'il devint fou. À l'intérieur, collection de jouets royaux dont une merveilleuse maison de poupées ayant appartenu aux filles du roi.

CRAZY GEORGE

On a longtemps pensé que George III était devenu fou à la fin de sa vie. On sait maintenant qu'il était atteint de la porphyrie, une maladie due à un déficit au niveau des enzymes et dont certains symptômes peuvent être de type psychiatrique. Le nom de la maladie vient du mot porphyre, roche magmatique, rouge comme le marbre, car l'un des premiers signes typiques de la crise reste la coloration des urines en rouge.

Spécial enfants

Pour les enfants, plusieurs espaces de jeux interactifs et très bien faits : *Climbers and Creepers* (une incursion dans des galeries creusées par une souris), *Treehouse Towers* (toboggans et compagnie), *Badger Sett* (un tunnel de 1 m de haut creusé cette fois-ci par un blaireau)... Également un *Kid's Kew guide* à se procurer aux entrées ou dans les boutiques du parc.

Où manger ?

|●| N'oubliez pas votre pique-nique, ce serait dommage, d'autant que les pelouses sont complètement libres d'accès. Sinon, restos ou selfs à plusieurs endroits du parc.

|●| Un self-service se trouve dans l'***ancienne orangerie.*** *Ouv de 10h jusqu'à 1h avt fermeture des jardins.* Pratique et dans un beau cadre, mais il ne faut pas s'attendre à de la grande cuisine. C'est le plus grand bâtiment d'architecture classique du jardin (28 m de long et 10 m de large).

DANS LES ENVIRONS DE KEW GARDENS

Si vous êtes venu jusqu'ici, ça vaut le coup de reprendre le métro jusqu'à la prochaine station (Richmond) puis prendre le bus nº 371 ou le nº 65 jusqu'à l'entrée piétonne Petersham Gate pour voir la nature livrée à elle-même dans ***Richmond Park.*** ☎ *020-8332-2730. ● royalparks.org.uk ● Ouv de 7h en été (7h30 en hiver) à la tombée de la nuit. Entrée gratuite. Plan téléchargeable sur Internet.* Cet immense domaine en grande partie boisé servait de terrain de chasse à Charles Iᵉʳ. C'est le plus vaste parc royal de Londres avec ses 1 000 ha. Pas loin de 650 daims et des cerfs y vivent en liberté. Balade très sympa et vue superbe sur les méandres de la Tamise du haut de *Richmond Hill,* le panorama le plus peint des îles Britanniques. Le domaine est sillonné de pistes cyclables et autant dire que cette partie du Grand Londres est la plus huppée.

Osterley Park : *à l'ouest de Londres, station de métro du même nom, encore techniquement dans l'enceinte londonienne.* ☎ *020-8232-5050. ● nationaltrust.*

org.uk • Ouv mars-1er nov ainsi que j. fériés, mer-dim (jardins 11h-17h, manoir 12h-16h30). Parc ouv tte l'année 8h-18h, ou 19h30 selon saison. Entrée manoir + jardins : 8,70 £ ; jardins seuls : 3,80 £. Une autre banlieue résidentielle très plaisante malgré le bruit de Heathrow. Le château et le parc valent la promenade si vous êtes dans le coin. Beau manoir de l'époque élisabéthaine, pompeusement remanié au XVIIIe s dans le style néoclassique. Entrée « à l'antique » avec fronton et colonnade, et déco très chargée des salles d'État. À l'intérieur, salle des *Tapisseries des Gobelins* et un surprenant *Salon étrusque*.

DULWICH PICTURES GALLERY

Gallery Rd, SE21 7AD. ☎ 020-8693-5254. • dulwichpicturegallery.org.uk • Au sud de Londres. Train jusqu'à West Dulwich à partir de la gare de Victoria (ttes les 15 mn en sem et ttes les 30 mn dim). Trajet en 12 mn. De la gare, prendre à droite sur Thurlow Park Rd, puis la 1re à gauche sur Gallery Rd. Mar-ven 10h-17h, w-e 11h-17h, dernière entrée 16h30. Fermé lun sf j. fériés, ainsi que 1er janv et 24-26 déc. Entrée : 5 £ ; 8 £ en cas d'expo temporaire ; réduc. Visite guidée gratuite le w-e à 15h. Dans le « village » huppé de Dulwich aux belles façades géorgiennes – ne prononcez pas le « w » si vous voulez vous faire comprendre –, ce musée abrite la collection de peinture des XVIIe et XVIIIe s la plus intéressante du Grand Londres. C'est aussi la plus ancienne galerie publique, puisqu'elle fut ouverte en 1817, une dizaine d'années avant la National Gallery. Le fondateur du musée est aussi le père du Dulwich College, réservé à l'origine aux enfants des familles pauvres. Détail insolite, il repose avec sa femme dans le mausolée du musée. Dans un délicieux environnement de pelouses et de champs, nombreux tableaux de maîtres, parmi lesquels Gainsborough, Van Dyck, Le Brun, Poussin, Rembrandt, Watteau, Reynolds, Canaletto... Superbe *Fille aux fleurs* de Murillo, d'une grande délicatesse, un portrait de sa fille et peut-être aussi une « vanité ». Ce type de toile, en vogue au XVIIIe s, est une allégorie du temps qui passe. Les objets représentés sont souvent les mêmes (un fruit trop mûr, un crâne humain, etc.). Ici, l'association des fleurs qui fanent avec ce jeune visage ne symbolise-t-elle pas le caractère furtif du temps ? Cafétéria, salle de conférences et un atelier pour les visiteurs scolaires.

QUITTER LONDRES

EN BUS

● *megabus.com* ● Le site des bus *low-cost* qui relient Londres au reste de l'Angleterre à des prix défiant toute concurrence. Y jeter un œil !

Compagnie National Express : ☎ 0871-781-8178. ● *nationalexpress.com* ● La compagnie *National Express* dessert de nombreuses villes de Grande-Bretagne à partir de Londres, au départ de Victoria Coach Station *(plan d'ensemble D6)*. Ces trajets sont sans changement.
On vous donne les fréquences et certains horaires pour les principales villes et les bus directs uniquement. Attention, ces horaires fluctuent. Bien vérifier avant votre départ.

➢ **Birmingham :** départs ttes les heures, 6h-0h30. Trajet : env 3h.
➢ **Brighton :** 1er train à 3h30 puis ttes les heures, 7h-23h30. Trajet : env 2h.
➢ **Bristol :** ttes les heures env, 8h-23h30. Trajet : env 2h30.
➢ **Cambridge :** non-stop : un changement, 0h30-6h55 puis direct ttes les heures. Trajet : env 2h40. Un arrêt souvent à l'aéroport de Stansted.
➢ **Canterbury :** ttes les heures ou heures et demie, 7h-23h30. Trajet : moins de 2h.
➢ **Cardiff :** 12 départs, 8h-23h30. Trajet : 3h30 env.
➢ **Exeter :** 10 départs/j. 7h45-23h30. Trajet : 4h15-5h.
➢ **Glasgow :** 6 départs/j. 7h-23h. Trajet : 8h15-11h15.
➢ **Leeds :** départs ttes les heures, 8h-23h30. Trajet : 4-4h30.
➢ **Liverpool :** 10 départs/j. directs, 8h-23h30. Trajet : 5h10-6h35.
➢ **Manchester :** 15 départs/j., 7h-0h30. Trajet : 5-6h.
➢ **Newcastle-upon-Tyne :** 5 départs/j., 9h-23h30. Trajet : 6h25-7h55.
➢ **Nottingham :** 11 départs/j., 8h30-23h30. Trajet : 3-3h30.
➢ **Southampton :** 13 départs/j., 7h-23h30. Trajet : env 2h15.

Nombreux points de vente

– **Victoria Coach Station** *(plan d'ensemble D6)* : Buckingham Palace Rd. Ⓜ Victoria.
– *Résas par tél, avec une carte de paiement, au ☎ 0871-781-8178. Tlj, 24h/24 (0,10 £/mn). Depuis l'étranger : ☎ (00-44) 8717-818-178. Ou sur Internet : ● nationalexpress.com ●* Prévoir un délai de 5 j. pour l'envoi du ticket.

EN TRAIN

Le système de chemins de fer n'est pas très bien organisé. On sait à peine quand on part, et encore moins quand on arrive ! De plus, de nombreuses compagnies se partagent le gâteau. Pas facile dans ces conditions de donner une info précise. Voici grosso modo les villes desservies depuis les principales gares de Londres.

Départ de la gare de Euston *(plan d'ensemble E1-2).*
➢ Trains pour Birmingham, Dundee, Édimbourg, Glasgow, Liverpool, Manchester, Newcastle et Oxford.

Départ de la gare de Saint Pancras King's Cross *(plan d'ensemble F1).*
➢ Trains pour Cambridge, Édimbourg, Glasgow, Leeds et Newcastle.

Départ de la gare de Paddington *(plan d'ensemble A3).*
➢ Départs pour Cardiff, Oxford, Penzance et Plymouth.

Départ de Victoria *(plan d'ensemble D6).*
➢ Départs pour Brighton, Portsmouth et Southampton.

Départ de Waterloo *(centre 1, G5).*
➢ Trains pour Bristol, Exeter, Penzance, Windsor et Plymouth.

Renseignements

Rens sur • nationalrail.co.uk • ou au ☎ 0845-748-4950. Depuis l'étranger : ☎ (00-44) 20-7278-5240.
– ***En France :*** ces trajets sont vendus sur • *visitbritain.com* •

les ROUTARDS sur la FRANCE 2013-2014

(dates de parution sur • *routard.com* •)

DÉCOUPAGE de la FRANCE par le ROUTARD

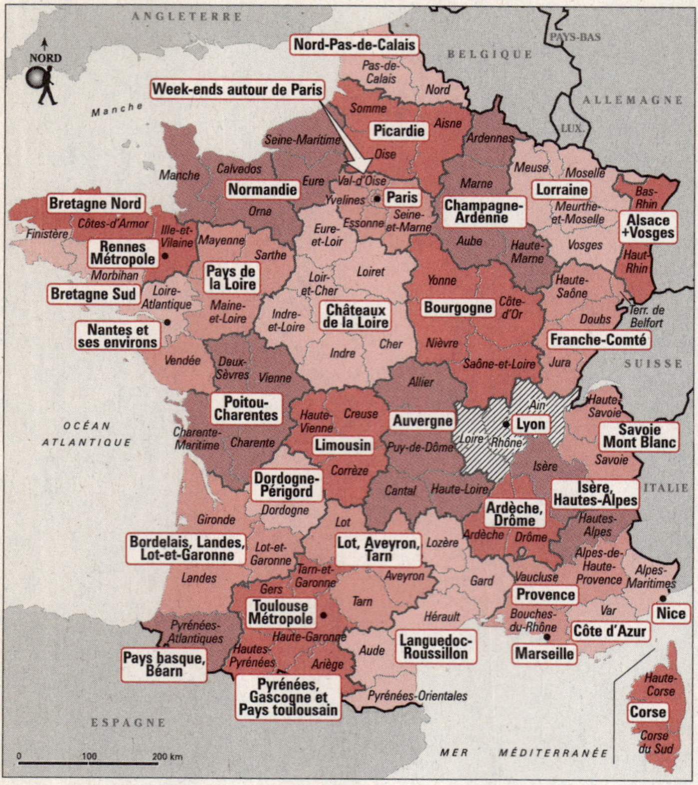

Autres guides nationaux

- Les grands chefs du routard
- Nos meilleures chambres d'hôtes en France
- Nos meilleurs campings en France
- Nos meilleurs hôtels et restos en France
- **Nos meilleurs sites pour observer les oiseaux en France (octobre 2012)**
- Tourisme responsable

Autres guides sur Paris

- Paris
- Paris à vélo
- Paris balades
- Restos et bistrots de Paris
- Le Routard des amoureux à Paris
- Week-ends autour de Paris

les ROUTARDS sur l'ÉTRANGER 2013-2014

(dates de parution sur • routard.com •)

Europe

Pays européens

- Allemagne
- Andalousie
- Angleterre, Pays de Galles
- Autriche
- Baléares
- Belgique
- Budapest, Hongrie
- Catalogne (+ Valence et Andorre)
- Crète
- Croatie
- Danemark, Suède
- Écosse
- Espagne du Nord-Ouest (Galice, Asturies, Cantabrie)
- Finlande
- Grèce continentale
- Îles grecques et Athènes
- Irlande
- Islande
- Italie du Nord
- Italie du Sud
- Lacs italiens
- Madrid, Castille (Aragon et Estrémadure)
- Malte
- Norvège
- Pologne
- Portugal
- République tchèque, Slovaquie
- Roumanie, Bulgarie
- Sardaigne
- Sicile
- Suisse
- Toscane, Ombrie

Villes européennes

- Amsterdam et ses environs
- Barcelone
- Berlin
- Bruxelles
- Copenhague (mai 2013)
- Dublin (novembre 2012)
- Florence
- Lisbonne
- Londres
- Milan (décembre 2012)
- Moscou (avril 2013)
- Prague
- Rome
- Saint-Pétersbourg (avril 2013)
- Stockholm (mai 2013)
- Venise
- Vienne (mars 2013)

Amériques

- Argentine
- Brésil
- Californie
- Canada Ouest
- Chili et île de Pâques
- Équateur et les îles Galápagos
- États-Unis Nord-Est
- Floride
- Guatemala, Yucatán et Chiapas
- Louisiane et les villes du Sud
- Mexique
- Miami (octobre 2012)
- Montréal (mars 2013)
- New York
- Parcs nationaux de l'Ouest américain et Las Vegas
- Pérou, Bolivie
- Québec, Ontario et Provinces maritimes

Asie

- Bali, Lombok
- Bangkok (octobre 2012)
- Birmanie (Myanmar)
- Cambodge, Laos
- Chine
- Inde du Nord
- Inde du Sud
- Israël, Palestine
- Istanbul
- Jordanie
- Malaisie, Singapour
- Népal, Tibet
- Shanghai (avril 2013)
- Sri Lanka (Ceylan)
- Thaïlande
- Tokyo, Kyoto et environs
- Turquie
- Vietnam

Afrique

- Afrique de l'Ouest
- Afrique du Sud
- Égypte
- Kenya, Tanzanie et Zanzibar
- Maroc
- Marrakech
- Sénégal, Gambie
- Tunisie

Îles Caraïbes et océan Indien

- Cuba
- Guadeloupe, Saint-Martin, Saint-Barth
- Île Maurice, Rodrigues
- Madagascar
- Martinique
- République dominicaine (Saint-Domingue)
- Réunion

Guides de conversation

- Allemand
- Anglais
- Arabe du Maghreb
- Arabe du Proche-Orient
- Chinois
- Croate
- Espagnol
- Grec
- Italien
- Japonais
- Portugais
- Russe
- G'palémo (conversation par l'image)

Adresses utiles

1 Office [redacted]sme
[redacted]

44 Restaura[redacted]ndo
45 Res[redacted]
46 A[redacted]
47 [redacted]
48 [redacted]
49 [redacted]
50 Te[redacted]
51 R[redacted]
52 Re[redacted] Pedro
53 C[redacted]
54 [redacted]
55 [redacted]
56 [redacted]
57 [redacted]

Où dormir ?

11 Pension [redacted]es
12 [redacted]
23 R[redacted]s
24 H[redacted]
25 Ho[redacted]Melo

Où boire un verre ?

61 Caruag[redacted]m Bar
62 Bar d[redacted]
63 Pin[redacted]
64 B[redacted]
65 C[redacted]
66 [redacted]a
67 [redacted]a
68 Ca[redacted]
69 C[redacted]
70 B[redacted]
71 C[redacted]
72 O[redacted]
73 Ti [redacted]
74 Caf[redacted]elem
75 Caf[redacted]
76 Es[redacted]rde

Où manger ?

30 Restaurante F[redacted]ndo
31 Rest[redacted]
32 A[redacted]
33 C[redacted]
34 T[redacted]
35 [redacted]
37 [redacted]elem
38 [redacted] Pedro
39 C[redacted]te
40 C[redacted]
41 [redacted]
42 [redacted]

Où sortir?

83 Pingo[redacted]
84 Pa[redacted]
85 C[redacted]
86 [redacted]a
87 B[redacted]
88 Ca[redacted]

À voir

90 Palacio do [redacted]onte
91 Pavilh[redacted]
92 Ce[redacted]ral
93 M[redacted]
94 [redacted]

INDEX GÉNÉRAL

100 Club 116
12 Bar Club 116
1802 270
93 Feet East 282

A

A Gold 283
ABBEY ROAD 209
ABC de londres 30
Abercrombie & Fitch 119
Abingdon (The) 188
Absolut IceBar 114
Absolute Vintage 284
Achats 40
ADMIRALTY ARCH 151
Aéroports (arrivée aux) 38
Agent Provocateur 119
Aglio e Olio 159
Ain't Nothin' But...
Blues Bar 116
Aladin 280
Albany Theatre Empire 295
Albert (The) 140
Albert and Pearl 244
ALBERT HALL MANSIONS 177
ALBERT MEMORIAL 176
Albion 272
Alhambra Hotel 213
Alounak 194
American Bar 115
Anchor (The) 295
Anchor & Hope 294
Andaz 255
Androuet 283
ANGEL (quartier d') 242
Anglesea Arms 161
Anthropologie 118
Antidote Wine Bar 113
Aphrodite Café 193
Aphrodite Taverna 196
Apple Store 120
Architecture 75
Argent, banques, change 36
Arosfa Hotel 215
Art of Life (The) 221
Artiste Musclé (L') 108
Aster House 156
Astor Museum Inn 212
Astor's Quest Hostel 192
Astor's Victoria Hostel 136
Atlas (The) 185, 186
Au Fil des Mots 163
Automat 110
Avant le départ 30

B

B & B Belgravia 137
Ba Shan 106
Baker and Spice 162, 163
Balmoral House Hotel 201
Banger Bros 194
BANK OF ENGLAND 264
BANQUETING HOUSE 146
Bar Blue 294

Bar du Musée 311
Bar du Musée Café 310
Bar Italia 115
Bar Kick 275
Bar Music Hall 274
Bar Vinyl Café 239
Bar-Chocolate 104
BARBICAN (complexe) 262
Barbican Centre and Art Gallery 259
Barley Mow (The) 274
Barmy Badger Backpackers 183
Barrafina 106
Base 2 Stay 182
BATTERSEA (usine électrique de) 181
BAYSWATER (quartier de) 191
B.B.B. 198
BBC TELEVISION CENTRE 186
Bean Bags Jaguar Shoes 272, 273
Bea's of Bloomsbury ... 219
Beatles Store 205
Beatroot 102
Beauchamp (The) 216
BEAUCHAMP PLACE 177
Beaufort (The) 156
Beigel Bake 279
Belgo Centraal 105
BELGRAVE SQUARE 178
BELGRAVIA (quartier de) 175
Belowzero 114
Bentley's 110
BERMONDSEY FARMERS MARKET 296
BERMONDSEY MARKET 296
Bermondsey Square Hotel 291
BERMONDSEY STREET 302
Bermondsey Street Coffee 291
BERWICK STREET MARKET 123
BETHNAL GREEN MUSEUM OF CHILDHOOD 277
BIG BEN (horloge) 147
Big Chill House (The) 219
Black Cap 239
Blackfriars 258
Blondie 284
BLOOMSBURY (quartier de) 211
Blue Jade 139
BM Soho 120
Bocca di Lupo 109
Boisdale of Belgravia ... 140
Boissons 77
Books for Cooks 194
BOROUGH MARKET 296
Borough Market 291
Bouchée (La) 159
Boundary (The) 271
BOURGEOIS DE CALAIS (Les) 148
BRASS RUBBING CENTRE 145
Bread Street Kitchen 258
Breakfast Club 102
Brew House 315
BRICK LANE (quartier de) 279
Brick Lane Coffee 282
BRICK LANE MARKET 285
Bricklayer's Arms Free House (The) 274
British Boot Company 240
BRITISH LIBRARY 232
BRITISH MUSEUM 221
British Museum 220
British Red Cross 163
BRIXTON (quartier de) 303
Brixton 0_2 Academy 304
BRIXTON MARKET 306
BROMPTON (quartier de) 155, 175
BROMPTON CEMETERY 186
BROMPTON ORATORY ... 177
Browns 109
Browns Labels For Less 118
BUCKINGHAM PALACE 153
Budget 43
Buona Sera at the Jam 159
Burberry 283
BURLINGTON ARCADE ... 132
Busaba Eathai 107
BUTLER'S WHARF 302
Byron Hotel (The) 193

C

CABINET OFFICE 147
Cadenhead's 205
Cadogan (The) 157
Café 1001 .... 280, 282
Cafe & Restaurant at St Paul's (The) 263
Café Below 255
Café de Fred 188
Café Diana 195
Café in the Crypt 105
Café in the Gardens 219
Café Seventy Nine 235
Cafétéria de l'ICA ... 138
Caffe Forum 184
Cage Imaginaire (La) 316
Callooh Callay 274
Camden Lock Hotel 234
CAMDEN TOWN (marché aux puces de) 241
CAMDEN TOWN (quartier de) 234
Camino 217
Canal 125 219
Canal Cafe Theatre 204, 205
CANARY WHARF TOWER 268
Candy Cakes 112
Canteen 281
Cantina Vinopolis 293
Cargo 276
Carluccio's ... 121, 158
CARLYLE'S HOUSE 181
CARNABY STREET 133
Casa Mamma 217
Cath Kidston 121
Cave à Fromages (La) 159, 163
Cecconi's 110
Celtic Hotel 214
CÉNOTAPHE 147
Cha Cha Moon 104
CHAMBRE DES COMMUNES 148
CHAMBRE DES LORDS 148
Chandos (The) 104
Chanel 165
Chapel (The) 205
CHARLES Ier (statue équestre de) 146
CHARLES DICKENS MUSEUM 233
Charles Lamb 243
Charlie's 194
CHELSEA (quartier de) .. 155, 179
CHELSEA OLD CHURCH 181
CHELSEA PHYSIC GARDEN 180
Chelsea Potter 158
CHEYNE WALK 180
Chimes 139
CHINATOWN 134
Chop House 293
Chowki 107
CHRISTIE'S 153
Church Street Hotel 290
Churchill Arms 195, 198
CHURCHILL WAR ROOMS 142
Cinephilia 285
Citadines South Kensington 182
Citadines Trafalgar Square 100
Cittie of Yorke 248, 250
CITY (quartier de la) 254, 260, 263
CLARENCE HOUSE 153
CLERKENWELL (quartier de) 246
Clerkenwell Kitchen 248
Climat 44
Clink78 211
Clink261 211
CLINK PRISON MUSEUM 300
Club 333 275
Club 414 306
Coach and Horses (The) 249
Coal Hole (The) 115
Collectif 244, 284
Comédies musicales 80
Comedy Café 275
Comptoir libanais (Le) .. 203
Conran Shop 165

Cottons 238
Counting House 259
COUNTY HALL 297
County Hotel 214
COURTAULD
GALLERY 128
COVENT GARDEN
(marché) 123
COVENT GARDEN
(quartier de) .. 100, 133, 134
Cow (The) 196
Crestfield Hotel (The) 214
Crown 242
Crown and Goose 237
Crusting Pipe 108, 113
Cubana 295
Cuisine.................................. 80
Cumberland (The) 202
Cutty Sark Tavern 311

D

Dalston Superstore ... 283
Dangers et
enquiquinements.................. 45
Daquise 159
Décalage horaire 45
DE GAULLE (statue en bronze
du général) 152
De Gustibus 255
Dean Street Townhouse ... 101
DENNIS SEVER'S
HOUSE 277
DESIGN MUSEUM 302
DIANA MEMORIAL
PLAYGROUND 176
Dickens Inn 258
Dingwalls 240
Dinings 203
Dirty Dick's 282
Dishoon 105
DOCKLANDS
(quartier des) 254, 268
Dolly Dare 284
Dose 247
Dove (The) 186
Dover Street Market 123
DOWNING STREET 147
Duke of Cambridge 243
Duke of York Fine Food
Market 157
DULWICH PICTURES
GALLERY 328
Durley House (The) 157
Dwell 221

E

E&O 198
EAT 102, 255, 291
Eagle 249
EARL'S COURT
(quartier de) 182
Earl's Court Youth Hostel ... 183
EAST END (quartier de) .. 277, 285
Easy Hotel 137
Easy Hotel South
Kensington 54
Easyhotel Paddington 200
Économie 82
EDITH GROVE 181
ÉDOUARD VII (statue d') .. 152
Ed's 103
Effra Hall 304
Egg (The) 220
Electric House &
Brasserie 195, 198
Électricité............................... 45
Electricity Showrooms 274
Elephant & Castle 189
ELTHAM PALACE 314
Elysee Hotel 201
Enfants 45
English National Opera 117
Enterprise (The) 238
Environnement 83
ETON COLLEGE 322
Euro Hotel 215
European Bookshop
(The) 120
Eurostar (arrivée en)................. 37
EUSTON (quartier de)........... 211

F

Fabric 251
FAN MUSEUM 313
FARMER'S MARKET 205
FARRINGDON (quartier de) 246
FASHION AND TEXTILE MUSEUM 302
FENTON HOUSE 318
Fêtes et jours fériés 48
Fifteen 273
Fine Foods 291
Fish ! 293
Flask 316
Flask (The) 316
FLORENCE NIGHTINGALE MUSEUM 297
Food Court de Harrods 159
Food for Thought 156
FOPP 119
Forbidden Planet 122
FORTNUM & MASON 132
Fortnum & Mason 122
Foyles 120
Franco Manca 303
Franx 105
French Bookshop (The) 163
French House (The) 114
Fresco 195
Freud 113
FREUD MUSEUM 318
Fridge Bar (The) 306
Friendship House 289
Fromagerie (La) 203
Frontline Restaurant 204
Fujiyama 303

G

G-A-Y 117
GAGOSIAN GALLERY 233
Gail's 194, 300
Gallipoli Bazaar 244
Garden & Grill 196
Garden Court Hotel 193
Garrison 292
Gastronomia Italia 138
Gay Hussar (The) 109
Gay's the Word 221
Geales 195
GEFFRYE MUSEUM 277
Generator (The) 213
George & Vulture (The) 256
George Inn (The) 294
Georgian House Hotel 137
Giraffe 315
Gladstone Arms 294
GOLDEN HINDE 299
Gordon's Wine Bar 113
Gosh ! 120
Gourmet Burger Kitchen 185
Govinda's 104
GRAND LONDRES (quartier du) 320
Grand Plaza 191
Grand Union (The) 239
Great Eastern Dining Room 276
Green Café (The) 138
Green Note 240
GREEN PARK 133
Greenfields Café 158
GREENWICH (quartier de)............ 307
GREENWICH MARKET 311
Grenadier (The) 161
Gucci 165
Guinea Grill (The) 110
Gulshan 248

H

Haché 236
Hafez 196
Hamley's 121
HAMMERSMITH (quartier de).. 182
HAMPSTEAD (cimetière de) 318

HAMPSTEAD (quartier de) 314
HAMPSTEAD HEATH 317, 318
HAMPTON COURT PALACE 322
Harold Moores Records 120
Harrods 163, 178
Harvey Nichols 164
Hatchard's 132
Hatchard's 120
Haunch of Venison 130
Hawksmoor – Seven Dials 110
HAY'S GALLERIA 301
HAYWARD GALLERY 298
Heal's 221
Heaven 117
Hébergement 49
Henley House Hotel 183
High Holborn Residence 246
HIGHGATE (quartier de) 314
HIGHGATE CEMETERY 318
Hillspring Lodge 315
Histoire 85
Hix Oyster & Chop House 248
HMS BELFAST 301
HMV 119
HMV Forum 239
HOLBORN (quartier de) 246, 260
HOLLAND PARK (quartier de) 187
Holland Park Youth Hostel 187
Holly Bush (The) 316
HOLY TRINITY CHURCH 179
Honest Jons 198
HORSE GUARDS (Caserne des) 146
Horseshoe (The) 315
Hôtel Ibis 310
HOUSEHOLD CAVALRY MUSEUM 144, 147
HOUSES OF PARLIAMENT 147
Housmans 220
HOXTON (quartier de) 271
Hoxton (The) 271
Hoxton Pony (The) 276
Hummingbird Bakery (The) 162, 197
Hummus Bros 103
HUNTARIAN MUSEUM 252
HYDE PARK 178

I-J

IMPERIAL WAR MUSEUM 296
Inaho 197
Inn The Park 139
INNS OF COURT 261
INSTITUTE OF CONTEMPORARY ARTS (ICA) 146
International Students House 213
Island Queen 244
Island Restaurant 204
ISLINGTON (quartier de) 242
JACK L'ÉVENTREUR (balade sur les traces de) 286
Jakobs 157
Jam 275
James Purdey and Sons 122
James Smith & Sons 220
Jamie's Italian 106
Jamm 306
Jazz After Dark 117
Jazz Café 239
Jenkins Hotel (The) 215
Jenny Lo's Tea House 139
JERMYN STREET 152
Jerusalem Tavern 250
JEWEL TOWER 148
Joseph 165
Journey's Hostel 212
Julie's 188

INDEX GÉNÉRAL

K

KENSINGTON (quartier de) 187
KENSINGTON GARDENS 176
Kensington House Hotel 188
KENSINGTON PALACE 176
Kensington Wine Rooms (The) 197
KENWOOD HOUSE 317
Kevin Moran, The Nag's Head 161
KEW GARDENS 325
KEW PALACE 327
Kitchen and Pantry 194
KING'S CROSS (quartier de) 211
King's Head 245
Kings Head (The) 186
KING'S ROAD 181
KNIGHTSBRIDGE (quartier de) 175, 178
KoKo 240
Kolossi Grill 248
Konditor and Cook 291, 293

L

Ladbroke Arms (The) 196
Laden Showroom (The) 284
Lahore Kebab House 280
Lamb and Flag 114
LAMBETH PALACE 151
Lancaster Hall Hotel 201
Langue 52
LEADENHALL MARKET 259
LEGOLAND 322
LEICESTER SQUARE 134
Leon 102, 280
Lexington (The) 244
LHA, Belvedere House 183
LHA, Bowden Court House 191
LHA, Halpin House 155
LHA, Leinster House 192
LHA, New Mansion House 201
LHA, Sandeman Allen House 192
Liberty 122
Lillywhites 122
LITTLE VENICE (quartier de) 209, 210
Livres de route 53
LLOYD'S (immeuble de la) 264
Locanda (La) 108
Loft (The) 118
Lombok 221
Lomography Gallery Store East London 284
LONDON AQUARIUM (Sealife) 298
LONDON CANAL MUSEUM 233
London City Hotel 290
LONDON DUNGEON 301
LONDON EYE 297
London Eye Hostel (The) 290
London House Hotel 192
LONDON RITZ 133
London Town Hotel 184
LONDON TRANSPORT MUSEUM 130
Londres gratuit 55
Look Mum No Hands ! 248
Louis – Hungarian Confectionery 317
Loungelover (The) 276
Luna Simone Hotel 137

INDEX GÉNÉRAL

M

M&M's World 121
Madame JoJo's 117
MADAME TUSSAUD 205
Magma 121
Maison Bertaux 112
MALL 151
Mango Room 238
MARBLE ARCH 179
Marine Ices 236
Market Coffee 280
Market Porter 291
Market Thaï 197
MARYLEBONE (quartier de) 200, 209
Mary's Living & Giving Shop 198
Masala Zone 104
MASON'S YARD 152
MAYFAIR (quartier de) 131
Mayflower 258
Mayflower Hotel (The) 184
MDC Music & Movies 120
Medcalf 250
Médias 87
Meininger 155
Mekong 139
Mercury (Le) 243
MICHELIN HOUSE 177
Ministry of Sound 295
Minus Zero 198
Modern Age 240
Modern Pantry (The) 250
Mômo 112
Monarchie : dieu va-t-il sauver la reine ? 89
Monmouth Coffee Company 111
MONUMENT (The) 265
Mother 275
Mother Mash 103
Mr Christian's 193
Mr Wu 105
Muffin Man (The) 373
Mungo & Maud 163
Muratori 247
MUSEUM OF LONDON 259
MUSEUM OF LONDON DOCKLANDS 269
Museum Tavern 219
Music and Video Exchange 198
My Old Dutch 158
Myhotel Bloomsbury 216
Myhotel Chelsea 156

N

Narrow Boat 244
NATIONAL ARMY MUSEUM 174
NATIONAL GALLERY 123
NATIONAL MARITIME MUSEUM 312
NATIONAL PORTRAIT GALLERY 128
National Trust (The) 141
NATURAL HISTORY MUSEUM 171
Natural Lebanese Restaurant 184
Nayland Hotel 202
Neal's Yard Dairy 121, 191
Nevada Street 311
NEW BOND STREET 132
New Culture Revolution 158
New Linden Hotel 192
NEW LONDON ARCHITECTURE 233
Nonna's Deli at York & Albany 235
North Sea Fish 218
NOTTING HILL (Portobello ; quartier de) 191
Noura 158
Number 16 310
Number Sixteen 156

O

O' Bar (The) 115
Oakley Hotel 156
Off Broadway 283
Office 119
Ognisko « Polish Club » 160, 161
OLD ADMIRALTY (citadelle de l') 152
Old Bell Tavern 251
OLD BOND STREET 132
OLD CURIOSITY SHOP ... 253
Old Red Lion Theatre & Pub 244
Old Shoreditch Station 275
OLD SPITALFIELDS MARKET 285
Open Air Theatre 205
Orangery (The) 162
OSTERLEY PARK 327
Ottolenghi 189, 243
OXFORD CIRCUS (quartier de) 108
Oxford Hotel London 201
OXFORD STREET (quartier de) 131, 133
Oxford Street Youth Hostel 100
Oxo Tower 294

P

PADDINGTON (quartier de) ... 200
Page (La) 163
Pain Quotidien (Le) 160
PALL MALL 152
Palmers Lodge 315
Pantechnicon Rooms (The) 160
Paperchase 221
Parlour @ The Sketch (The) 112
Partridges of Sloane Street 163
Passing Clouds 283
Pasta Plus Italian Restaurant 218
Pâtisserie Deux Amis 217
Pâtisserie Valérie 189
Patogh 203
Patrimoine culturel................... 90
Paul Smith 119
Pavilion (The) 202
PEACE PAGODA 180
Pembroke (The) ... 185, 186
PETTICOAT LANE MARKET .. 285
Peyton & Byrne 217
Phoenix 441 .... 303, 306
PHOTOGRAPHER'S GALLERY 131
PICCADILLY (façades de) ... 132
PICCADILLY (quartier de) 100, 131
PICCADILLY ARCADE 132
Piccadilly Backpackers 101
PICCADILLY CIRCUS 131
Pickwick Hall 212
Pig's Ear (The) 159, 162
Pilpel 279
PIMLICO (quartier de)........... 136
Pizza East 272
Pizza Express Jazz Club .. 116
Pizzeria Malletti 102
Place (The ; Robin Howard Dance Theatre) 220
Place Café (The) 217
Plan B 304
Poids et mesures..................... 57
Polpo 106
Pop Boutique 118
Population 92
PORTOBELLO (Notting Hill ; quartier de) 191
Portobello Hotel (The) 193
PORTOBELLO ROAD (marché aux puces de) 198
Poste 58
Pourboire.................................. 58
Premier Inn Earl's Court 184
Premier Inn Euston 215
Premier Inn King's Cross St Pancras 216
Premier Inn London City ... 255
Premier Inn Southwark 290

Premier Inn Victoria 137
Prestat 120
Pret A Manger 102, 203, 291
Primark 118
PRIMROSE HILL PARK 209
Prince Bonaparte (The) 196
Prince of Wales 189
Princess Louise 251
Princess of Shoreditch (The) 272
Prospect of Whitby 258
Punjab (The) 107
Purcell Room 295

Q

QUADRANT (The) 131
Queen Elisabeth Hall (The) 295
Queens (The) 238
QUEEN'S GALLERY 142
QUEEN'S HOUSE 312
Quilon (The) 140

R

Racine 160
Rainforest Café 108
RANELAGH GARDENS 180
Ranoush Juice Bar 203
Ray Man Eastern 241
Regency Café 138
Regency House Hotel 215
REGENT'S PARK (quartier de) 209
REGENT'S STREET 131
Relish 138
Resto de la Tate Modern 292
Revival Records 119
RICHMOND PARK 327
Richoux 112
Ridgemount Private Hotel 214
Riverside Studios 186
Rivington Bar and Grill 273
RIVINGTON PLACE 276
Robin Howard Dance Theatre (The Place) 220
Rochelle Canteen 272
Rock and Sole Plaice (The) 103
Rockwell Boutique Hotel (The) 184
Rokit Vintage 284
Ronnie Scott's Club 116
Rosa's 281
Rossopomodoro 106
Rough Luxe Hotel 216
Rough Trade 198
Rough Trade East 283
ROYAL ACADEMY OF ARTS 130
ROYAL ALBERT HALL 162, 177
Royal Albert Hall 162
ROYAL COLLEGE OF MUSIC 177
ROYAL COURTS OF JUSTICE 261
ROYAL EXCHANGE 264
Royal Exchange (The) 264
Royal Festival Hall 295
ROYAL HOSPITAL CHELSEA 180
ROYAL MEWS 142
ROYAL MILE 297
Royal National Theatre 295
ROYAL OBSERVATORY 312
Royal Opera House 117
Rules 111

S

S & M, Sausage & Mash .. 280
S'orienter dans Londres 55
SAATCHI GALLERY ... 174, 179
Sacré-Cœur Bistro (Le) 243
Saf 272
SAINT BARTHOLOMEW THE GREAT 253
SAINT JAMES'S (quartier de) 151
SAINT JAMES'S CHURCH 132
SAINT JAMES'S PALACE 153
SAINT JAMES'S PARK (quartier de) ... 136, 151, 154
SAINT JAMES'S SQUARE 152
SAINT JAMES'S STREET 153
Saint John 249, 281
SAINT KATHARINE'S DOCKS 267
SAINT MARGARET'S CHURCH 149
Saint Martin's Lane 101
Saint Martin's Theatre 118
SAINT MARTIN-IN-THE-FIELDS CHURCH 144
Saint-Martin-in-the-Fields Church 144
SAINT PANCRAS (quartier de) 211
SAINT PANCRAS YHA 213
SAINT PAUL'S CATHEDRAL 262
SAINT-ALFEGES (église) .. 312
Salisbury (The) 114
Santé 58
Sarastro 107
Satay 304
Satay House 203
Savoir-vivre et coutumes 95
SAVOY HOTEL 135
SCIENCE MUSEUM 173
Sa boutique 163
Scarsdale Tavern (The) 188
Scoop 112
Seafresh Fish Restaurant (The) 138, 140
SEALIFE – LONDON AQUARIUM 298
SERPENTINE GALLERY ... 176
Shakespeare's Globe Theatre 296
SHAKESPEARE'S GLOBE THEATRE TOURS AND EXHIBITION 299
SHEPHERD MARKET 133
SHEPHERD'S BUSH (quartier de) 182
SHEPHERD'S BUSH MARKET 186
Sherlock Holmes 114
SHERLOCK HOLMES MUSEUM 206
SHOREDITCH (quartier de) 271
Sidney Hotel 138
Signor Sassi 161
Simpson's in the Strand 111
SIR JOHN SOANE'S MUSEUM 252
Sister Ray 120
Sites inscrits au patrimoine mondial de l'UNESCO 96
Sites internet 59
Size ? 119
SLOANE SQUARE 179
SMITHFIELD MARKET 252
Smithy's 218
Social (The) 113, 116
SOHO (quartier de) 100, 133
Soho Theatre 118
SOMERSET HOUSE 128
Sophie's Steakhouse 106
SOTHEBY'S 132
Sounds of the Universe ... 120
SOUTH BANK (quartier de) 288
Southbank Centre (The) 295
SOUTH KENSINGTON (quartier de) 155, 175

SOUTHWARK (quartier de) 288
SOUTHWARK CATHEDRAL 300
Space 252
Spaniards Inn 316
SPEAKER'S CORNER 178
SPITALFIELDS (quartier de) 279, 285
Sports et loisirs........................ 96
Spread Eagle (The) 311
St Christopher's Camden 234
St Christopher's Inns ... 289, 310
St Pancras YHA 213
St Stephen's Tavern 140
Station de métro Picadilly Circus 116
Sticky Fingers « Home of rock and roll » 189
STOCK EXCHANGE 264
Stockpot (The) 104, 158
Strada 248
Strongroom 275
Studios @82 B & B Belgravia 136
Stylotel 200, 201
SW9 304
Sweetings 257

T

Table (The) 292
Taj Store 283
Tapas Brindisa 292
Taqueria 194
Taro 103
Tas Pide 292
TATE BRITAIN 141
Tate Britain 141
TATE MODERN 298
Tatty Devine 284
Tayyab's 281
Tea House (The) 122
TeaSmith 282
Téléphone – télécoms............. 60
TEMPLE BAR 263
TEMPLE CHURCH 261
Ten Bells (The) 282
Thai Cottage 108
THAMES BARRIER 314
THAMES PATH (balade pédestre sur les bords de la Tamise)...................... 302
Thanet Hotel 216
Think Bermondsey Street 288
Think Earl's Court 182
Think London Bridge 289
Think Tower Bridge 289
Three Kings (The) 251
Tibits 108
Tiltyard Café 325
Tintin Shop 121
TITE STREET 180
Tokyo Diner 107
Tom's 197
Tom's Kitchen 160
Tom's Kitchen at Somerset House 109
Toucan Bar (The) 115
TOWER BRIDGE (quartier de) 254
TOWER BRIDGE EXHIBITION 264
TOWER OF LONDON (quartier de la) .. 260, 265
TRAFALGAR SQUARE (quartier de) 144, 145
Trafalgar Tavern 311
Transports............................... 62
Travailler à Londres 69
Travel Bookshop 198
Travelodge 246
Travelodge King's Cross 214
Travelodge Marylebone 202
Trinity Arms 304
Trois Garçons (Les) 281
Trojka 236
Troubadour 185
Tunehotels.com 290
TURNER COLLECTION 141
TWININGS MUSEUM 129

U-V

UCL Bloomsbury Theatre 220
Ulu 219
Umu 111
Underworld (The) 240
Union Jacks 218
Unique Georgian Town House 202
Urgences 72
VEG 236
Vicarage Private Hotel 187
VICTORIA (quartier de) 136
VICTORIA AND ALBERT MUSEUM 165
Victoria and Albert Museum 162
VICTORIA TOWER 148
VICTORIA TOWER GARDENS 148
Viet Garden 242
Viet Hoa Café 271
Viet Noodle Bar 103
Village (The) 115
Village East 293
Vincent Rooms (The) 139
Vingt-Quatre 160
Vinmag.com 122
VINOPOLIS WORLD OF WINE 299
Visites guidées 72
Vivienne Westwood 119
Vortex 283

W-Y-Z

Wagamama 107, 185, 204, 218, 255, 292
WALLACE COLLECTION 207
WALTON STREET 177
Water Rats (The) 219
WATERLOO (quartier de) .. 288, 293
Waterstone's Booksellers ... 120
WEST BROMPTON (quartier de) 182
Westbourne Tavern .. 196, 197
WESTMINSTER (quartier de) 136, 144
WESTMINSTER ABBEY 149
WESTMINSTER BRIDGE 147
WESTMINSTER CATHEDRAL 154
WESTMINSTER HALL 148
WHITE CUBE GALLERY .. 276
WHITECHAPEL (quartier de) 279, 286
WHITECHAPEL ART GALLERY 285
WHITEHALL (quartier de) 144
Whole Foods Market 102
WIMBLEDON LAWN TENNIS MUSEUM 181
WINDSOR CASTLE 320
Windsor Castle 195, 198
WINSTON CHURCHILL'S BRITAIN AT WAR EXPERIENCE 300
World Food Café 105
World's End 239
Yauatcha 109
Ye Olde Cheshire Cheese 250
Ye Olde Mitre 250
YHA London Saint Paul's ... 251
YHA London Thameside 254
YORK (colonne du duc d') 152
York and Albany 235
Zetter (The) 246
Zetter Townhouse (The) 247
Zigfrid 274
Zizzi 204
ZSL LONDON ZOO 209

INDEX GÉNÉRAL

Les **Routards** *parlent aux* **Routards**

Faites-nous part de vos expériences, de vos découvertes, de vos tuyaux. Indiquez-nous les renseignements périmés. Aidez-nous à remettre l'ouvrage à jour. Faites profiter les autres de vos adresses nouvelles, combines géniales... On adresse un exemplaire gratuit de la prochaine édition à ceux qui nous envoient les lettres les meilleures, pour la qualité et la pertinence des informations. Quelques conseils cependant :

– Envoyez-nous votre courrier le plus tôt possible afin que l'on puisse insérer vos tuyaux sur la prochaine édition.
– N'oubliez pas de préciser l'ouvrage que vous désirez recevoir.
– Vérifiez que vos remarques concernent l'édition en cours et notez les pages du guide concernées par vos observations.
– Quand vous indiquez des hôtels ou des restaurants, pensez à signaler leur adresse précise et, pour les grandes villes, les moyens de transport pour y aller. Si vous le pouvez, joignez la carte de visite de l'hôtel ou du resto décrit.
– N'écrivez si possible que d'un côté de la lettre (et non recto verso).
– Bien sûr, on s'arrache moins les yeux sur les lettres dactylographiées ou correctement écrites !

En tout état de cause, merci pour vos nombreuses lettres.

Les Routards parlent aux Routards :
122, rue du Moulin-des-Prés, 75013 Paris

e-mail : • ***guide@routard.com*** •
Internet : • ***routard.com*** •

Le Trophée du voyage humanitaire ROUTARD.COM s'associe à VOYAGES-SNCF.COM

Ils ont aidé à la création d'un poste de santé autonome au Sénégal, à la reconstruction d'un orphelinat à Madagascar... Et vous ?
Envie de soutenir un projet qui favorise la solidarité entre les hommes ? Le Trophée du Voyage Humanitaire Routard.com est là pour vous ! Que votre projet concerne le domaine culturel, artisanal, écologique, pédagogique, en France ou à l'étranger, le *Routard* et Voyages-sncf.com soutiennent vos initiatives et vous aident à les réaliser ! Si vous aussi vous voulez faire avancer le monde, inscrivez-vous sur • *routard.com/trophee* • ou sur • *tropheesdutourismeresponsable.com* •

Routard Assurance *2013*

Routard Assurance et Routard Assurance Famille, c'est l'Assurance Voyage Intégrale. Dépenses de santé et frais d'hôpital pris en charge directement sans franchise jusqu'à 300 000 € + caution + défense pénale + responsabilité civile + tous risques bagages et photos. Assurance personnelle accidents : 75 000 €. Très complet ! Tarif à la semaine pour plus de souplesse. Tableau des garanties et bulletin d'inscription à la fin de chaque *Routard* étranger. Pour les départs en famille (4 à 7 personnes), demandez le bulletin d'inscription famille. Pour les longs séjours, contrat Plan Marco Polo « spécial famille » à partir de 4 personnes. Pour un voyage éclair de 3 à 8 jours dans une ville de l'Union européenne, bulletin d'inscription adapté dans les guides villes avec des garanties allégées et un tarif « light ». Également un nouveau contrat Seniors pour les courts et longs séjours. Si votre départ est très proche, vous pouvez vous assurer via Internet • *avi-international.com* • ou par fax : 01-42-80-41-57, en indiquant le numéro de votre carte de paiement. Pour en savoir plus : ☎ 01-44-63-51-00.

Édité par Hachette Livre (43, quai de Grenelle, 75905 Paris Cedex 15, France)
Photocomposé par Jouve (45770 Saran, France)
Imprimé par Lego SPA Plant Lavis (via Galileo Galilei, 11, 38015 Lavis, Italie)
Achevé d'imprimer le 3 septembre 2012
Collection n° 13 - Édition n° 01
24/5558/2
I.S.B.N. 978-2-01-245558-0
Dépôt légal : septembre 2012

OÙ TROUVER LES CARTES ET LES PLANS ?

- Brixton 305
- Bus (plan des).................... 66-67
- Camden Town 237
- Docklands (les), de Tower Bridge à Thames Barrier 256-257
- Earl's Court (centre 2), *plan détachable* .... verso
- Greenwich..................... 308-309
- Hoxton, Shoreditch (centre 3), *plan détachable* .... verso
- Londres (l'agglomération de).......... 10-11
- Londres (plan d'ensemble), *plan détachable* .... recto
- Métro (plan du), *plan détachable* .... recto
- Soho, Covent Garden (centre 1), *plan détachable* .... verso

NOUVEAU ET IMPORTANT : DERNIÈRE MINUTE

Sauf exception, le *Routard* bénéficie d'une parution annuelle à date fixe. Entre deux dates, des événements fortuits (formalités, taux de change, catastrophes naturelles, conditions d'accès aux sites, fermetures inopinées, etc.) peuvent modifier vos projets en voyage. Pour éviter les déconvenues, nous vous recommandons de consulter la rubrique « Guide » par pays de notre site ● *routard.com* ● et plus particulièrement les dernières *Actus voyageurs.*